BADASSON & Cie

DU MÊME AUTEUR

L'Environnement végétal. Flore, végétation et civilisation, Neuchâtel et Paris, Delachaux et Niestlé, 1972.

Il libro dei frutti selvatici, Milan, Rizzoli, 1974.

Les Simples entre nature et société, Mane, EPI, 1983.

L'Herbe qui renouvelle. Un aspect de la médecine traditionnelle en haute Provence, Paris, éditions de la Maison des sciences de l'homme, 1986.

Le Livre des simples médecines. Un printemps de la pensée médiévale du corps et de la nature, Paris, Vilo, 1990.

Jardin des savoirs, jardin d'histoire, suivi d'un *Glossaire des plantes médiévales*, Mane, Alpes de lumière, Conservatoire ethnologique de Salagon, 1992.

Le Livre des bonnes herbes, Arles, Actes Sud, 1996.

La Plante compagne. Pratique et imaginaire de la flore sauvage en Europe occidentale, Arles, Actes Sud, 1997.

Lisières du temps, textes sur des photographies de Marie Baille, Trézélan, Filigrane, 2000.

Le Livre des arbres, arbustes et arbrisseaux, Arles, Actes Sud, 2004.

Jardins du chêne blanc, Arles-Mane, Actes Sud-Musée départemental ethnologique de Haute-Provence, 2005.

Plantes, sociétés, savoirs, symboles. Matériaux pour une ethnobotanique européenne. Actes du Séminaire d'ethnobotanique de Salagon, *Les cahiers de Salagon*, vols. 8, 2003, 10, 2004, 11, 2006 (publications codirigées avec Danielle Musset).

Petite ethnobotanique méditerranéenne, Arles, Actes Sud, 2006.

Aux origines des plantes, vol. 2, *Des plantes et des hommes*, Fayard, 2008 (ouvrage codirigé avec Francis Hallé).

Toutes les photographies, noir et couleur, sont de l'auteur.
Les illustrations des monographies de plantes (originaux en couleur) proviennent de O. W. Thomé et W. Migula, *Flora von Deutschland, Osterreich und der Schweiz*, vol. 1-4, Gera, 1903-1913, sauf arnica des montagnes, cardère, merisier, grand plantain, pommier cultivé, prunellier, vélar, véronique officinale, tirés de A. Masclef, *Atlas des plantes de France, utiles, nuisibles et ornementales*, 3 vol., Paris, 1891 – toutes publiées avec l'aimable autorisation de la Bibliothèque des Conservatoire et Jardin botaniques de Genève.
Les dessins de ballote, genévrier cade, paliure, tilleul sont de l'auteur.

ISBN 978-2-7427-8192-8

BADASSON & Cie

TRADITION MÉDICINALE ET AUTRES USAGES DES PLANTES EN HAUTE PROVENCE

Une enquête ethnobotanique
analysée et commentée
par

Pierre Lieutaghi

ACTES SUD

A la mémoire de Pierre Martel,
qui fut passionnément de ce pays,
l'a regardé dans les yeux des hommes,
la patience des pierres,
l'insouciance des feuilles,
les gestes où l'avenir s'assure,
l'a partagé comme source.

Cet ouvrage rompt avec le propos et la forme de ceux, du même auteur, que les éditions Actes Sud ont déjà publiés. Ce n'est pas plus une "petite ethnobotanique" haut-provençale, d'intention généraliste, qu'un guide des "plantes utiles" communes avec des préférences méditerranéennes. Ce n'est pas davantage un livre de recettes directement issues de la médecine populaire, qu'on tiendrait à mettre entre toutes les mains, qui endosserait alors un rôle suspect de "passeur de savoirs" bruts, remis au bon vouloir de chacun. L'intention centrale, ici, est d'éditer le bilan complet d'une enquête sur les connaissances de tradition orale associées à la flore, de s'interroger sur les modalités d'élaboration, de fonctionnement et d'évolution de ces connaissances.

L'information d'ordre médicinal transmise dans ces pages est considérée dans la seule perspective ethnologique, hors tout critère de validité thérapeutique – même si l'intérêt de telle ou telle plante-remède ou de telle ou telle prescription est souligné quand il y a lieu. Certes, une grande partie des recettes médicinales recueillies lors de l'enquête, testées par des siècles de pratique, possèdent une efficacité indubitable ; mais la conversion de données ethnographiques en conseils de "soins par les plantes" est un travail à part entière, étranger à la perspective envisagée ici. Ce livre ne peut être regardé comme un manuel de phytothérapie que validerait l'ethnobotanique. Par contre, il offre des perspectives sur l'arrière-plan de la phytothérapie dans la tradition orale, et témoigne aussi bien des ancrages lointains du savoir savant que des attributions oubliées. Le pharmacologue, de son côté, peut y rencontrer bien des repères utiles, précisant sa recherche ou lui offrant de nouvelles perspectives.

Même s'il revendique le propos de vulgarisation dans (on l'espère) le meilleur sens du terme, ce livre a pour une bonne part l'aspect d'un "corpus[1]" de données : transcription exhaustive d'une enquête ethnobotanique conduite dans les années 1980, en haute Provence occidentale, sur les relations qu'entretenait la société locale d'alors avec la flore. Il en résulte des listes d'informations qui, à première vue, peuvent sembler peu accessibles, mais dont un classement par espèces végétales et un "mode d'emploi" précis facilitent l'accès. A ces données brutes se relie, dispersé au fil des monographies, un commentaire aussi attentif que possible, proposant parfois de simples éléments de réflexion, parfois des développements plus approfondis. Cette lecture est par définition incomplète : elle laisse de côté un bon nombre d'informations considérées comme secondaires dans la perspective adoptée ici.

Répondre à un tel propos de publication et de compréhension de la parole populaire disant la flore et ses usages ne pouvait aller sans des principes de mise en forme, ordonnée selon des critères définis plus loin, ni le recours à des techniques d'analyse, où la comparaison avec d'autres enquêtes et les données de la littérature tiennent une place importante. Il en résulte une forme d'allure "universitaire" un peu raide, qu'on invite à franchir.

S'il opte pour la rigueur de la structure et de l'analyse, ce travail n'en espère pas moins, en effet, rencontrer un public aussi large que possible, de l'étudiant au chercheur, du curieux de faits de société en relation avec la flore au simple amateur de plantes qui, ouvrant par hasard le livre, y verra que la plus banale des herbes familières peut partager un grand champ de mémoire avec les sociétés, témoigner des modalités parfois surprenantes de l'élaboration des connaissances traditionnelles. Mémoire des inventions, expérimentations, mises en œuvre des multiples propositions de la flore, constructions mentales de tout ordre dans l'écho des savoirs anciens, consignés ou non par les textes, mais aussi nouveauté sans cesse émergeant des rencontres de savoirs ou de l'attention aux signes de la nature.

Tandis que les livres de recettes médicinales ou les guides de reconnaissance des plantes alimentaires sauvages

1. On entend ici par "corpus" l'ensemble des matériaux bruts réunis par les enquêtes de l'association EPI, auxquelles s'ajoutent des recueils antérieurs, en particulier ceux de P. Lieutaghi.

ont pour propos de transmettre des pratiques bien définies (ou supposées telles), le présent livre tend à questionner savoirs et pratiques dans l'apparente indéfinition de l'espace traditionnel, dans la diversité de l'interprétation orale. La réflexion, ici, a donc aussi valeur de repère de compréhension pour qui s'intéresse à la libre expression du rapport au végétal, où se sont construites (non sans perdre une certaine part des dynamiques initiales) les connaissances savantes et leurs traductions vulgarisées.

L'enquête, tournée en priorité vers les *emplois des plantes en médecine humaine*, domaine où elle a rassemblé un grand nombre de témoignages, a touché à beaucoup d'autres aspects de l'ethnobotanique française : *remèdes vétérinaires*, *plantes alimentaires de ramassage*, *petits trucs domestiques*, *jeux buissonniers*, *artisanat rural*, *agronomie traditionnelle*, *magie et symbolique associées au végétal*, etc. C'est donc le miroir des relations d'une société rurale à sa flore à la fin du XXe siècle, en un temps où des pratiques étaient encore actives – tandis que, plus d'une génération plus tard, c'est au mieux la mémoire des pratiques dont on peut recueillir la trace. Le corpus ainsi constitué, s'il manque d'homogénéité, avec des "blancs" qui limitent certaines interprétations (les raisons en sont données plus loin, et, quand il y a lieu, au texte), est, dans l'ensemble, suffisamment documenté pour permettre des questionnements, voire des hypothèses dont on verra, au fil des chapitres, l'intérêt pour une meilleure compréhension de la pensée populaire du remède, de la maladie, des aspects multiples de la relation société/végétal.

Outre la publication intégrale d'un matériau d'enquête souvent très riche, dont on est loin d'avoir épuisé l'apport, ce livre souhaite aider à préciser les problématiques encore très lacunaires de l'ethnobotanique française, dans le domaine des recours médicinaux en particulier. Tout expérimental qu'il soit, il voudrait aussi tenir lieu de modèle à parfaire pour l'étude des enquêtes de même nature ; il n'en existe pas à ce jour d'équivalent en français.

Dans cette approche des modes de construction et d'évolution des savoirs traditionnels associés à la flore, dans la haute Provence du XXe siècle finissant, on trouvera bien des raisons de reconsidérer une "tradition" souvent regardée comme routinière, alors qu'elle évolue sans cesse dans une mobilité discrète, peu au fait d'elle-même mais extrêmement attentive aux signes des choses.

Historique de la recherche

Les matériaux qui fondent cette publication ont été collectés en plusieurs phases, résumées ici dans l'ordre chronologique :

• Recueils personnels de P. Lieutaghi antérieurs à 1979, concernant surtout le bassin de Forcalquier, habituellement simples notes de terrain hors propos d'enquête structurée.

• Résultats haut-provençaux de l'enquête nationale conduite en 1979-1980 par l'association Etudes populaires et initiatives (EPI, 04300 Mane) dans le cadre d'un projet de recherche de la Fédération nationale des foyers ruraux. Cette enquête, "Médecine populaire par les plantes, réalités et renouveau", qui a intéressé plusieurs régions françaises, a surtout été conduite par des non-spécialistes souvent peu au fait des méthodes de la collecte orale. D'où le laconisme de bien des données[1]. Toutefois, on trouve ici des témoignages de pratiques de la société rurale encore actives au début des années 1980 et qui ne tarderont pas à disparaître par la suite, en particulier à propos de médecine vétérinaire ; certaines de ces informations présentent un très grand intérêt[2]. Cette recherche a initié une exposition itinérante, *Les Simples entre nature et société*, avec livre/catalogue associé[3].

• Recherche ethnobotanique réalisée en 1982-1983 dans le cadre du projet pluridisciplinaire "Les plantes médicinales françaises de moyenne montagne", sous régie administrative de l'OPIE (Office pour l'information

1. L'ensemble, relativement modeste, des résultats d'enquête qui sont parvenus en leur temps à l'EPI a d'abord été mis en forme par Huguette Flamand (1981), puis a fait l'objet d'une publication imprimée. Voir Lieutaghi, P., *op. cit.*, 1984. Se reporter à ce bilan pour l'historique et le propos détaillé de la recherche en question.

2. Le corpus intègre ici des informations extérieures au territoire préférentiel de l'enquête. Il s'agit en particulier des données recueillies auprès d'une informatrice de Saint-Laurent-des-Arbres (Gard), femme au savoir très étendu qui a souhaité rester anonyme. Ses connaissances empruntent à la fois au champ traditionnel et au domaine savant contemporain. Même s'il s'agit d'une collecte extérieure au terrain, la relative indéfinition de celui-ci comme la primeur obligée accordée à la substance des informations sur les contingences sociales où elles se situent rendaient légitime la prise en compte d'un aussi riche complément de matériau. Il en va de même avec ce qui a été transmis par M. C., berger à Allos.

3. Voir P. Lieutaghi, *op. cit.*, 1983.

éco-entomologique, Versailles). L'intention de la recherche répondait à l'appel d'offres "Savoirs naturalistes populaires" proposé en 1981 par la Mission du patrimoine ethnologique du ministère de la Culture. Conduite par Dorothy Dore, membre de l'EPI, cette enquête a concerné en priorité les Alpes-de-Haute-Provence occidentales, avec une attention particulière au bassin de Forcalquier. L'Est du Vaucluse et l'extrême Sud-Est de la Drôme ont aussi été concernés. Quelques données de l'Est des Alpes-de-Haute-Provence sont intégrées, en partie pour les raisons invoquées plus bas, p. 17-19 (flexibilité du terrain, priorité à l'intérêt des informations), et aussi parce que certaines d'entre elles ont été recueillies dans la région de Forcalquier auprès d'informateurs originaires des Alpes internes[1].

• Poursuite de l'enquête en 1985-1986 dans le même périmètre par Anne-Laure Rigouzzo, grâce à une bourse de recherche accordée par la Mission du patrimoine ethnologique. Plusieurs des informateurs rencontrés précédemment ont été revus, d'autres sont nouveaux. Des enregistrements ont eu lieu, alors que les informations antérieures ne sont pour la plupart que des notes d'entrevues, consignant ce qui semblait le plus utile à titre de repérage. On a donc à la fois des compléments importants aux recueils précédents et un bon nombre de données inédites.

• Collectes de James Molina, en 1986-1987, surtout sur la commune de Saint-Michel-l'Observatoire, dans le cadre d'un travail concernant la gestion traditionnelle de l'espace pastoral. Inscrite dans les programmes d'études du Groupe de recherche et de développement "Patrimoine génétique" Provence-Alpes-Côte-d'Azur (GRD PAGE-PACA), sous l'égide du Conservatoire botanique national de Porquerolles, cette enquête confiée à l'EPI, qui n'a pas donné lieu à publication[2], concerne en général des sources non identifiées autrement que sur un mode collectif : "cercle du 3e âge" de la commune concernée, "enquête J. M.", etc.

---

1. C'est de cette enquête de D. Dore qu'est issu le rapport de P. Lieutaghi, "Les plantes dépuratives de la pharmacopée populaire haut-provençale", 1984 a (voir Bibliographie).

2. L'association, en difficultés pour cause d'inadéquation excessive entre le coût de ses actions et ses possibilités budgétaires, a dû interrompre ses activités pendant un long moment. Depuis 2002, l'EPI a repris des activités permanentes. L'association gère désormais un inventaire de longue haleine des arbres remarquables en région PACA. Elle a réalisé en 2007 l'exposition *Des gens et des plantes en haute Provence* (voir le site de l'association : www.nature-interactive.org/epi).

• Informations anonymes, la plupart en rapport avec les déplacements de l'exposition *Les Simples entre nature et société* dans les Alpes-de-Haute-Provence et zones limitrophes. Un cahier était alors mis à la disposition des visiteurs, où ont été recueillis un certain nombre de témoignages (surtout de l'ordre de la recette médicinale), rarement accompagnés de précisions d'ordre géographique ou social.

L'ensemble de ces données, obtenues sur des modes parfois peu orthodoxes, cause d'inégalités dans leur nature comme dans leur précision, ne répond sans doute pas aux critères de l'enquête ethnographique ; il possède cependant une valeur intrinsèque dont on verra qu'il est susceptible d'alimenter, en bonne place, l'épistémologie des connaissances orales de nos pays.

Le territoire des enquêtes

Le milieu physique, la végétation et son évolution

Les recueils oraux qui ont permis la rédaction de ce livre proviennent pour l'essentiel d'un territoire sans définition administrative ni culturelle précise, qui concerne à la fois l'Ouest du département des Alpes-de-Haute-Provence, l'Est et le Nord du Vaucluse, la “Drôme provençale”. La région prospectée peut être circonscrite géographiquement à l'est par la Durance (vallée elle-même exclue de l'inventaire), au sud par les Luberon, au nord par la vallée du Jabron, au pied de l'ubac de Lure (vallée que l'enquête a concernée partiellement), à l'ouest par une ligne brisée ouest du Petit Luberon/Sault/Séderon (Sud-Est de la Drôme). La plaine du Comtat n'a pas été prise en compte.

Le substrat géologique est surtout de nature calcaire, tendre et souvent marneux dans les cuvettes, dur et compact sur les hauts plateaux (Albion, monts du Vaucluse) et les crêtes les plus élevées. Un long affleurement siliceux (sables et grès crétacés) traverse la région du sud-ouest au nord-est, approximativement de Roussillon (bassin d'Apt) au pied est de la montagne de Lure. Il permet l'installation d'une flore acidophile particulièrement manifeste : bruyère à balais, bruyère callune, ciste à feuilles de sauge, châtaignier, etc. Ces “terres froides” sont peu requises par l'agriculture et leurs plantes médicinales les plus caractéristiques ignorées de l'enquête, ou n'y ont qu'une place très restreinte. Les sols du plateau

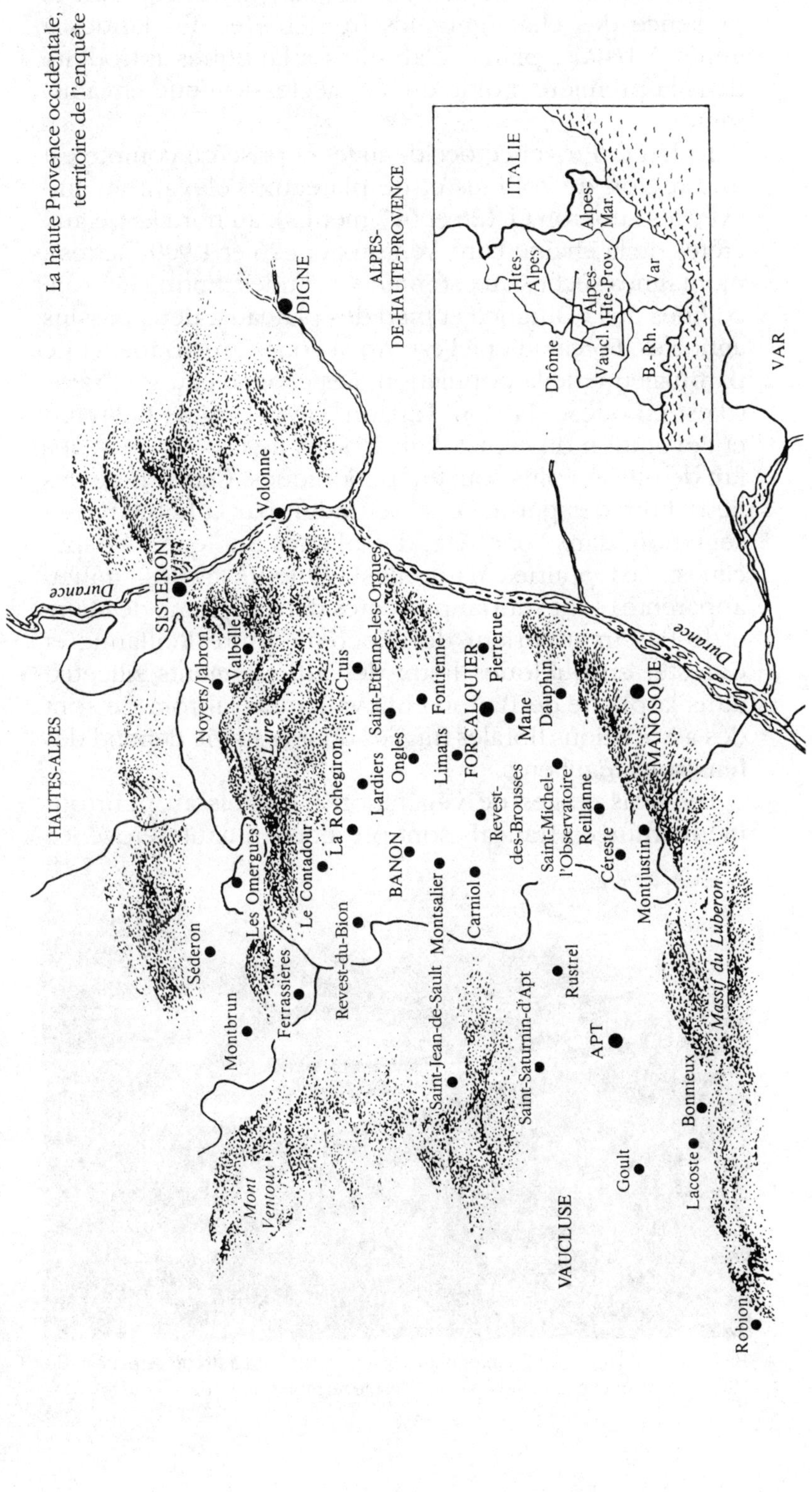

La haute Provence occidentale, territoire de l'enquête

d'Albion, sur un substrat dolomitique lessivé en surface, sont aussi dépourvus de calcaire actif, ce qui explique la présence des châtaigneraies fruitières et des landes à genêt à balais, plante d'affinités atlantiques introduite dans la première moitié du XXe siècle, devenue envahissante.

La haute Provence occidentale ici prise en compte est une région de collines et de plateaux s'élevant au sud avec les Luberon (1 126 et 697 mètres), au nord jusqu'aux crêtes de la chaîne Lure/Ventoux (1 826 et 1 909 mètres), montagnes sèches aux sommets dénudés. Entre Luberon, collines de la Durance et pied des plateaux, deux bassins agricoles, Forcalquier à l'est, Apt à l'ouest, regroupent une part majeure de la population. Les cours d'eau sont rares (d'est en ouest : Jabron, Lauzon, Laye, Largue, Calavon) et l'évolution du climat dans le sens de la sécheresse les fait de plus en plus souvent périodiques. Cette rareté des lieux humides permanents se traduit par la faible représentation, dans l'enquête, des plantes qui leur sont spéciales. Les prairies naturelles (et leurs fossés, milieu apparenté) sont surtout présentes dans la plaine de Mane et le bassin supérieur de l'Encrème entre Reillanne et Céreste, en quelques lieux des affleurements siliceux, dans la plaine de Banon et la vallée du Jabron. Ce sont des associations florales fragiles dont la survie dépend des fenaisons régulières.

Les trois étages de végétation habituels au pourtour méditerranéen français sont présents en haute Provence

Bassin de Reillanne. Au premier plan, Villemus ; au fond à droite, le plateau de Vaucluse, à gauche le Petit Luberon. C'est le territoire ouest de l'enquête.

occidentale. Les zones les plus chaudes des basses altitudes dépendent de l'étage des chênes à feuilles persistantes, chênes vert et kermès. Le premier, largement distribué en Vaucluse où il constitue de vastes taillis purs, reste fréquent sur les coteaux de la Durance jusque vers le confluent de la Bléone. Le chêne kermès, élément important des garrigues sur sols compacts, a une grande extension au sud du Luberon et s'égrène jusque vers Château-Arnoux ; il pénètre largement le bassin d'Apt ; le romarin le suit fidèlement. Cet *étage mésoméditerranéen* de la géographie botanique est aussi l'aire majeure du pin d'Alep, conifère pionnier en grande extension depuis la fin du XIXe siècle. Lui succède l'*étage supraméditerranéen* des forêts caducifoliées caractérisées par le chêne pubescent ou chêne blanc, constituant majeur du taillis des collines et basses montagnes jusque vers 1 200 mètres d'altitude. A ce niveau, le hêtre de l'*étage montagnard* prend le relais, mêlé au sapin vers sa limite supérieure, sapin qui peut se faire dominant sur les ubacs les plus élevés de Lure et du Ventoux. Le pin sylvestre tend à remplacer le chêne pubescent en milieux frais, et le hêtre en conditions sèches, substitution très favorisée par l'influence humaine.

Si les stades forestiers constituent le terme de la végétation naturelle, ils procèdent d'étapes intermédiaires, *pelouses* (dominance de plantes herbacées et de sous-arbrisseaux) que le pâturage peut maintenir en l'état pendant très longtemps, et *landes* (surtout à épineux au niveau des collines, à genêt cendré/lavande officinale en altitude) qui témoignent de la disparition des troupeaux et du retour progressif vers la forêt. Sur les crêtes les plus élevées, des landes basses à genévrier couché et des pelouses rocailleuses aux plantes en coussinets ont une allure "alpine" à une altitude où, dans les Alpes internes, l'étage subalpin des forêts de grands conifères commence à peine. Vents violents et longue sécheresse estivale, mais aussi des millénaires d'action humaine, expliquent ici l'absence des arbres. Les sommets du Grand Luberon, avec leurs pelouses à genêt de Villars, sous-arbrisseau prostré en touffes compactes, ont aussi le paysage végétal caractéristique des crêtes méditerranéennes.

On doit faire remarquer tout de suite que, en dépit de la richesse de l'étage montagnard en plantes médicinales (aspérule odorante, calament à grandes fleurs, alchémilles, verge d'or, bouleau, belladone, etc.), seules deux ou trois espèces sont connues et récoltées (gentiane jaune, absinthe, autrefois résine du sapin au Ventoux...)[1]. Dans l'ensemble, la haute Provence occidentale tourne le dos à la montagne, n'emploie qu'un lot assez restreint de plantes méditerranéennes strictes, celles-ci pourtant bien représentées dans la zone des collines. Elle s'en tient, comme beaucoup d'autres régions au couvert végétal diversifié, à la flore des lieux habités et de l'espace rural fréquenté au quotidien, commune au Midi et à une bonne partie de l'Europe (voir p. 567 et *sq.*).

Entre la Durance et la chaîne Lure/Ventoux croissent au moins 1 700 espèces végétales. C'est le nombre inventorié par la *Flore du département de Vaucluse* de B. Girerd (1991). Pour ce qui concerne la partie des Alpes-de-Haute-Provence prise en compte par l'enquête, il est vraisemblable d'avancer un décompte d'au moins 1 500 espèces. L'inventaire floristique du département, en cours, permettra un bilan plus précis. Comme dans toute la région méditerranéenne, ce sont les milieux ouverts qui présentent la plus grande diversité botanique. A titre de comparaison, la flore du Massif armoricain dans son ensemble ne compte qu'un peu plus de 1 700 plantes.

Les deux bassins agricoles d'Apt et de Forcalquier concentrent les productions "à l'arrosage" (maïs, fruitiers,

Bassin de Forcalquier, territoire central de l'enquête, vu depuis la crête de Volx, à l'automne. Au premier plan, chênaie mélangée de chêne vert et de chêne pubescent, pinède de pin d'Alep. Au second plan, "plaine de Mane", Dauphin, Mane, Forcalquier. Au fond, la montagne de Lure.

1. En dépit de quelques rares exceptions, on retrouve la même lacune dans les inventaires ethnobotaniques réalisés en Luberon (cf. M. Amir, *op. cit.*, 1994-1995) et au Ventoux (cf. O. Madon, *op. cit.*, 1999).

melon et autres légumes de plein champ, etc.). Les grandes exploitations fruitières et maraîchères de la Durance et du Comtat se situent hors terrain d'enquête. En collines et plateaux non irrigables mais en bonnes conditions de sol, la céréaliculture est dominante, à laquelle peuvent se substituer lavandin et lavande, celle-ci particulièrement cultivée sur le plateau d'Albion.

La quasi-disparition de la "céréaliculture sèche" sur les collines les plus pauvres, et le recul non moins manifeste du pâturage extensif, font que les anciens champs et les parcours à l'abandon passent à la friche. Une première phase d'abandon, à la fin du XIXe siècle et au début du XXe, épisode qui culmine avec la Grande Guerre, se reconnaît à une vaste surface de taillis surimposés à l'ancien parcellaire agropastoral, dont on trouve de nombreuses traces en sous-bois : tas d'épierrement ("clapiers"), murs de terrasses, bories, etc. La phase actuelle de "déprise" se traduit par l'extension de la végétation pionnière, friche puis lande à épineux (genévriers, églantiers, nerprun des teinturiers, etc.) où se propagent les grands ligneux qui installeront le couvert forestier, chênes et érables de Montpellier en particulier. Les troupeaux (ovins et caprins) restent surtout présents dans la partie du territoire d'enquête qui dépend des Alpes-de-Haute-Provence.

Imprécisions du terrain et pertinence des données

Sans identité géographique bien précise, la région prospectée ne peut être définie comme un "terrain" dans le

"Céréaliculture sèche" collinéenne. Champ d'épeautre, *Triticum monococcum*, vers 1 000 mètres, à Redortiers (04).

sens de l'ethnographie[1]. Et d'abord parce qu'il n'y a pas eu, à ce sujet, de réflexion suffisante avant la mise en œuvre de la recherche : celle-ci s'est d'abord passée sur le mode du sondage, sans grand souci de cohérence spatiale, ce mode impliquant de surcroît de visiter le plus possible de communes et d'informateurs/trices. Par la suite, des reprises d'enquête ont touché de nouveaux interlocuteurs, tandis que disparaissaient des gens âgés qu'on eût espéré revoir. Cerner une véritable identité territoriale devenait donc encore plus problématique, tandis que l'unité de temps s'effritait au fil des années.

Faute de pouvoir avancer bien loin dans la compréhension du contexte social où circulent et opèrent les connaissances relevées par l'enquête EPI, l'interprétation du fait ethnobotanique (ce qui prête à interrogation d'ordre ethnologique) peut, en certains cas (signalés au texte), en être contrariée, voire devenir impossible. Heureusement, si les limites du terrain restent assez floues, si la société entendue reste à distance de sa propre parole, beaucoup des connaissances inventoriées sont bien cernées spatialement et temporellement, et répondent en partie aux critères de fiabilité du matériau ethnographique. L'information recueillie possède souvent une densité suffisante pour déjà prêter à questionnement hors contexte : on est en droit de l'interroger au regard des données historiques (voir, p. 27, "Les témoignages de l'écrit ancien") ou de ce qui peut être mis en parallèle dans les recueils des folkloristes ou les enquêtes récentes (y compris celles qui concernent des terrains distincts).

Il était donc sage de renoncer à traiter le matériel ethnographique obtenu dans sa relation avec les informateurs comme individus (ce qui n'aurait pu être fait que de façon bien fragmentaire, donc peu valide) et de considérer plutôt le savoir global d'une société rurale à un moment donné de l'Histoire – moment privilégié, fût-ce *a contrario*, puisqu'il témoigne d'une sorte de chant du cygne de la transmission orale pour ce qui concerne la perception et l'emploi des plantes de nos pays.

Au fil des commentaires, on verra une ethnomédecine et une ethnopharmacologie haut-provençales se constituer bel et bien, sans parler des données qui concernent les

1. Sur cette notion et les techniques de l'enquête ethnobotanique en général, voir la très utile synthèse de D. Musset, *in* D. Musset et D. Dore, *op. cit.*, 2006, p. 40-62.

autres domaines de la relation au végétal. Chaque fois que possible, les commentaires en signalent les jalons majeurs. Il faut souhaiter que des recherches ultérieures, et d'abord de nouvelles enquêtes auprès des ultimes témoins de l'ancienne société, puissent, dans un comparatisme élargi, favoriser une meilleure définition de ce qui appartient en propre au territoire considéré. La mise en évidence, ici, de nombreux thèmes de questionnement jamais définis auparavant (en tout cas pour ce qui concerne la France) tient lieu de première entrée pour mieux appréhender ce qui revient, ou non, au terrain exploré dans les années 1980 – et par conséquent permettre d'approcher de façon analogue l'apport des enquêtes extérieures. Comme on l'a dit, ce type de repère à valeur didactique manquait à l'ethnobotanique française.

La flore

Les notices botaniques

Etudier un corpus de données ethnobotaniques issues de la collecte de terrain implique de *faire la part du domaine naturaliste*, c'est-à-dire de *ce qui intéresse les plantes elles-mêmes et leur situation dans le territoire concerné.* C'est une exigence qui est rarement prise en compte par les comptes rendus d'enquête, où le végétal reste habituellement circonscrit dans son ou ses noms français/vernaculaires, l'identité botanique pouvant de surcroît faire question.

Il importe, pour l'analyse des données, de savoir si elles se rapportent à une plante commune ou rare, de connaître les milieux qui sont sollicités lors des récoltes, leur position par rapport aux lieux habités, etc. Lorsque les espèces apparues dans une enquête appartiennent à des groupes taxonomiques peu précis au niveau vernaculaire, comme les bouillons-blancs ou les camomilles, une mise au point descriptive s'impose afin de permettre l'approche au plus près des taxons[1] perçus par la société.

1. "Taxon" (du grec *taxis*, "arrangement", "ordre") qualifie les *unités systématiques* de tout ordre, de la famille à la variété. Dans la pratique, ce terme s'applique surtout aux espèces et sous-espèces : la flore du Vaucluse renferme environ 1 700 taxons. Quand on parle de "taxonomie indigène" (ou populaire), on se réfère à ce que la culture considérée regarde comme des unités taxonomiques, lesquelles ne répondent pas forcément aux catégories savantes (des plantes à odeur

Dans tous les cas, la situation spatiale des plantes "en relation[1]" dans le territoire concerné doit être précisée le plus attentivement possible : habitat, distribution, degré d'abondance, association compagne, etc.

Ici, la publication se veut particulièrement précise. Chacune des plantes citées par les informateurs est située dans le contexte floral de la haute Provence, ses particularités écologiques et sa distribution sont résumées avec le maximum d'exactitude au regard du propos de la publication (qui n'a pas les exigences d'une flore). Lorsqu'ils s'avèrent nécessaires, quelques caractères utiles à l'identification sont fournis, en particulier à propos des plantes qui prêtent à confusion chez les informateurs, voire du côté de l'interprétation des données.

La fonction des notices botanique*s* ainsi proposées en tête de chaque monographie d'espèce est aussi de tenir lieu de repère lors du traitement d'enquêtes ultérieures, en haute Provence comme dans d'autres secteurs analogues au point de vue biogéographique. Les espèces végétales ont chacune leur habitat privilégié ; une bonne définition de celui-ci vaudra comme aide-mémoire sur d'autres terrains de recherche.

La recherche de l'identité précise des plantes citées dans les enquêtes, la prise en compte de leurs conditions de croissance ne valent pas seulement dans un propos d'exactitude naturaliste. Les connaissances d'une société en matière de perception et d'usage du végétal sont étroitement associées à un territoire floral. La simple comparaison entre les savoirs de deux "pays" limitrophes ("pays" pris dans le sens de territoire culturel pas nécessairement calqué sur une région administrative) se révèle

---

d'iode peuvent représenter un taxon vernaculaire), ni aux modes de classification de ces entités. La *taxonomie* est le domaine de la botanique (et des autres sciences naturelles) qui s'occupe plus spécialement de la dénomination des taxons.

1. Pour l'ethnobotaniste français R. Portères, l'un des fondateurs de la discipline dans le cadre de l'ex-Laboratoire d'ethnobotanique et d'ethnozoologie du Muséum national d'histoire naturelle, les plantes sont "en relation" avec l'homme "dans tous les cas d'usage sans nom, de nom sans usage, de nom et usage" (*Cours d'ethnobotanique générale*, p. 52-61, *op. cit.*, 1969). Il en résulte la notion de "taux d'ethnobotanicité", expression de la part florale reconnue par la société considérée (les plantes "en relation") au regard du nombre total de taxons présents sur son territoire. Ce concept, où l'acception du terme "usage" doit être élargie à l'ordre symbolique, est discuté dans *L'Herbe qui renouvelle, op. cit.*, 1986, p. 36-39, et plus loin aux Annexes, p. 578.

souvent très riche d'enseignement. L'attention aux paramètres floristiques (distribution des espèces, abondance, rareté, etc.) et phytosociologiques (composition, fût-ce dans leurs grandes lignes, des peuplements végétaux) au regard des particularités sociales, dans un même territoire comme dans la comparaison entre territoires, fournit à elle seule des propositions de recherche inédites, quand elle n'aide pas déjà à construire des hypothèses. C'est l'objet de "l'écologie des savoirs", dont il est reparlé longuement en annexe[1].

Sources et constitution du matériau étudié

Les informateurs et la distribution des connaissances relatives à la flore

"Informatrice" ou "informateur" désignent les personnes qui, au cours de l'enquête (antérieurement pour certains), ont fourni des renseignements sur une ou plusieurs plantes et leur(s) usage(s). Il importe de garder à l'esprit que ces interlocuteurs, ici pauvrement réduits aux données qu'ils ont transmises, sont chacun des histoires singulières sollicitant une attention à leur mesure. Attentive aux contingences d'un monde dont on ne parle plus qu'au passé, leur vie a parfois traversé des péripéties exceptionnelles qui auraient valu d'être consignées. Du moins les traces qu'on en trouve ici sont-elles un peu de leur mémoire.

Cent dix informatrices et informateurs ont été rencontrés dans la phase initiale de l'enquête haut-provençale proprement dite, conduite par D. Dore en 1982-1983. C'est à eux que se rapporte le bref bilan numérique proposé plus loin. La part relativement importante de données issues des recueils antérieurs et ultérieurs, des rencontres dans les cercles du 3e âge, des sources anonymes, etc. exclut qu'on puisse établir et analyser un état global de la population intervenue dans la constitution du corpus définitif.

Les *informateurs* ne sont pas seulement les donneurs de l'information. Ils témoignent d'une société avec ses spécificités culturelles, ses pratiques dans l'ordre matériel,

1. Sur ce sujet, on trouvera des précisions dans P. Lieutaghi, *op. cit.*, 2003. Se reporter aussi à ce qui est à dit à "salades sauvages".

ses croyances, ses modes d'échanges, etc. Il est important de connaître leur sexe, leur âge, leur origine géographique et sociale, leur métier, etc. C'est sur cet arrière-plan qu'on recueille les connaissances d'ordre ethnobotanique dont l'essai de compréhension nécessite, si possible, la prise en compte attentive des contingences sociales où elles se situent. La "recette" hors contexte perd toujours beaucoup de ses potentialités informatives dans une perspective ethnologique digne de ce nom. Ici, elle est au moins associée à un arrière-plan floral/écologique bien défini. La majorité des informations ici réunies ont leurs jalons de base (sexe, âge, localité, souvent profession), mais ce qui concerne en propre les aspects sociaux en relation avec le végétal et ses attributions – origine des savoirs, modalité de leur partage, situation d'un(e) connaisseur(-euse) de remèdes dans une communauté donnée, etc. – ne dispose que de jalons fragmentaires[1].

Comme l'enquête a déjà près d'un quart de siècle, que beaucoup d'informatrices et d'informateurs ont malheureusement disparu, qu'il s'avérait problématique de reprendre contact avec les plus jeunes d'entre eux, on a choisi de laisser l'ensemble des personnes rencontrées dans l'anonymat des initiales qui les désignent au texte. Comme on ne s'attachera pas plus avant aux contingences sociales, ces informations en raccourci doivent suffire. C'est mieux que chez les "folkloristes", où l'on s'en tient très habituellement aux faits bruts[2].

La société rencontrée au début des années 1980, lors de la première phase de l'enquête (conduite par D. Dore), avait une forte spécificité rurale. 61,5 % des informatrices et des informateurs exerçaient alors, ou avaient exercé, une activité en rapport avec l'agriculture et/ou l'élevage. Un fait à signaler, qui est souvent contredit par les a priori : sur les 110 informateurs de la collecte 1982-1983, 45 (près de 41 %) sont des hommes, et parmi eux 14 connaissaient plus de 10 plantes et un ou plusieurs de leurs emplois. Il

1. Pour des renseignements plus précis sur les informateurs, on renvoie à ce qui a été dit dans *L'Herbe qui renouvelle* (*op. cit.*, 1986), où les contingences générales du terrain et de la société concernée par les enquêtes ont été traitées de la façon le plus détaillée possible.

2. L'histoire des deux folkloristes français qui ont le plus ajouté à la connaissance de la relation plantes/sociétés en France est résumée par Maryse Carraretto, "La contribution des folkloristes français à l'ethnobotanique : Paul Sébillot, Eugène Rolland", *in* F. Hallé et P. Lieutaghi (éd.), *op. cit.*, 2008, p. 486-501.

est toutefois difficile de savoir aujourd'hui si la mise en pratique des connaissances, en matière de médecine humaine particulièrement, était partagée à égalité entre les sexes. Il semble, en tout cas, que la distribution "classique" médecine humaine/femmes, médecine vétérinaire/hommes soit en gros vérifiée, la dernière citée étant bien d'attribution masculine majeure.

Faut-il préciser que les informateurs, considérés isolément, sont loin de jamais posséder l'intégralité de la connaissance locale d'ordre ethnobotanique ? Même les gens les plus concernés par la flore et ses usages, parfois utilisateurs de sources livresques actuelles, qui se réfèrent alors à l'écrit pour trouver ou préciser les emplois des plantes locales, ignorent certaines, sinon beaucoup de celles qui sont nommées et parfois mises en œuvre dans la commune, voire dans une maison voisine. La connaissance populaire européenne est en général diffuse, diversement répartie entre beaucoup de personnes ; c'est la somme de ces savoirs qui constitue le corpus ethnobotanique d'un territoire. Cependant, comme en ce qui concerne la distribution des divers intérêts d'ordre culturel dans la société actuelle, le monde traditionnel a des "spécialistes", en particulier pour ce qui intéresse la santé. La collecte a ainsi permis de rencontrer 9 informatrices et informateurs connaissant plus de 25 plantes et des attributions les concernant ; sur ce nombre, 4 pouvaient parler de plus de 35 plantes. C'est la limite maximum observée dans le cadre de l'enquête EPI, à l'est du Rhône.

Les "grands informateurs" peuvent avoir une fonction implicite de guérisseurs ; ils sont consultés par la famille et les voisins ; certains se voyaient parfois appelés à distance pour un traitement. La reconnaissance "officielle" de ce statut était validée par l'appartenance à une catégorie sociale déjà respectée : dans les années 1930, Reillanne avait ainsi un curé guérisseur, le père d'Avignon, renommé dans tout le pays, dont l'enquête a retrouvé quelques traces cinquante ans plus tard (voir "cerisier sauvage"). Mais il n'est pas nécessaire de détenir un large éventail de recettes pour intervenir à l'extérieur du cercle familial ; certains parmi les "informateurs de base", sans connaissances particulièrement étendues, peuvent diffuser un remède utile à une affection plus ou moins particulière à la société concernée ; il en va ainsi du chardon bénit, traitement efficace de la brucellose, que Mlle A., de Montjustin, ramassait encore à 90 ans pour fournir ceux qui en avaient besoin.

Le plus souvent, toutefois, les connaisseurs de recette(s) – souvent un héritage familial – opèrent dans la discrétion ; ils/elles appliquent ce qu'ils savent dans leur proche entourage, conseillent éventuellement des voisins, mais n'interviennent pas au-delà de ce cercle restreint. Nous n'avons pas eu connaissance de cahiers de recettes provenus des générations précédentes. Une informatrice de Revest-des-Brousses, très curieuse des choses de la nature, a recopié les informations de plusieurs sources écrites (postérieures à 1960), comme le faisaient souvent les gens du passé, lorsque le livre était rare dans les classes peu fortunées – d'où un certain nombre de "cahiers de recettes" qui sont souvent pris à tort comme la précieuse traduction écrite de la connaissance orale, alors qu'ils s'inspirent parfois à 100 % des écrits vulgarisateurs du temps.

La répartition des savoirs en matière de pharmacopée, toute dissemblable qu'elle soit de personne à personne, paraît homogène dans le territoire considéré : il y a un peu partout, vraisemblablement dans chaque village sinon dans tout hameau, quelqu'un(e) qui détient une ou plusieurs recettes médicinales à l'intention de l'homme ou de l'animal, sans parler des emplois ménagers ou artisanaux. Si l'on avait rencontré un plus grand nombre d'informateurs, il est vraisemblable que cette large diffusion des connaissances en matière de soins par les plantes aurait

Mme S. cueille la *chantelame*, *Chondrilla juncea*, sur une jachère griffonnée. Forcalquier, 1979.

été mieux attestée. En témoigne déjà la popularité du plantain badasson, dont le nom déjà était familier à la plupart des interlocuteurs dans les années 1980. Ce vulnéraire polyvalent pouvait s'appliquer à de nombreuses affections externes courantes dans la société rurale, en médecine humaine comme chez l'animal ; il représente le remède de base qu'il importe de connaître, sinon de maîtriser (voir ce nom au texte).

Un tel mode de distribution des connaissances en matière d'usage de la flore, médicinale en particulier, n'est nullement une constante applicable sans discernement à d'autres territoires. Les particularismes culturels, économiques, historiques, voire écologiques, peuvent induire de tout autres façons d'appréhender et de mettre en œuvre les ressources du milieu naturel. Ici aussi, le comparatisme ethnographique pourrait mettre en évidence des facteurs explicatifs, tant de l'organisation des savoirs en un lieu donné que de leurs différences d'une région à l'autre – travail qui reste en bonne partie à conduire dans le domaine français.

C'est dans la tranche d'âge de 60 à 85 ans chez les femmes, et de 70 à 85 ans chez les hommes, que se rapporte, par personne, le plus grand nombre de plantes connues, associées à un bagage variable quant aux emplois. 10 hommes et 18 femmes connaissent plus de 15 plantes. Au-dessous de 70 ans, une nette différence apparaît, les savoirs en la matière étant alors surtout détenus par les femmes : chez les 17 concernées, 9 citent plus de 15 plantes ; du côté masculin, un seul des 9 informateurs parle de plus de 10 plantes. Il est vraisemblable de voir ici l'incidence du "passage au modernisme" des hommes, tenus de se plier aux exigences de l'agriculture et de l'élevage productivistes, et de ce fait détournés plus que les femmes des contingences de la vie rurale traditionnelle. Celles-ci, pendant un certain temps encore, perpétueront les usages de la flore. On souhaite que le plus grand nombre possible des informatrices âgées de 55 à 70 ans dans les années 1980 soient, au moment où s'écrivent ces lignes, encore en vie (dont l'espérance s'accroît davantage de leur côté…), et qu'avec elles persiste au moins la mémoire de l'ancienne connivence avec les "plantes utiles" et des grandes lignes de leurs emplois – la mise en pratique des diverses recettes, que ce soit dans le domaine médicinal, alimentaire ou domestique, ayant pour une très large part déjà disparu.

Le savoir des usages de la flore change de détenteurs en ce début du XXIe siècle. Bientôt perdus par la société rurale (elle-même en grande régression numérique – mais pas forcément pour très longtemps encore), ils sont retrouvés par les nouveaux "usagers de la nature", gens soucieux des recours de santé, des saveurs, des couleurs et autres bénéfices proposés par la flore contre un vrai retour d'attention. Les livres de vulgarisation, les sorties de terrain ou encore les week-ends d'initiation à la connaissance des "plantes utiles" concernent des citadins de plus en plus nombreux. Il en résulte une nouvelle "culture populaire du végétal" sans lien direct avec la tradition orale mais nourrie à diverses sources où cette tradition a sa part. Aussi le statut d'"informateur", en mutation sous nos yeux, se perpétuera-t-il sous des formes encore indécises. Il est probable que, dans quelques décennies, les ethnologues de nos pays pourront envisager des enquêtes auprès de sociétés non rurales (en tout cas par les activités professionnelles) mais néanmoins détentrices d'un nouvel état de la connaissance populaire en rapport avec les plantes – où il n'est pas exclu que le présent livre ait sa part…

Les sources écrites

A la différence de beaucoup de sociétés tropicales, l'ancien monde tempéré s'est donné, depuis plus de trois millénaires, un témoin à la mémoire infaillible, gravée dans l'argile ou la pierre, tracée sur l'écorce, le papyrus, le parchemin ou le papier, signes capables de voyager dans le temps jusqu'à notre présent avec, intactes, les pensées des hommes d'autrefois. Dans les sociétés sans écriture, les récits d'origine de toute relation importante au végétal s'imbriquent étroitement avec le mythe, tiennent lieu de repères où s'explique la constitution des savoirs – mais on les voit parfois aussi repris dans les textes, ainsi dans la Chine ancienne. Les civilisations de l'écrit, elles, ont fixé depuis si longtemps les états successifs des connaissances, celles qu'on jugeait dignes de consigner, qu'il est assez souvent possible d'y trouver de précieux repères pour l'essai de compréhension de leur cheminement jusqu'à nous. Comme les plantes, en particulier médicinales, sont au nombre des premiers objets recensés puis décrits dans les textes, ceux-ci conservent des anciennes époques de la pensée du végétal, comme de sa mise en œuvre, de multiples empreintes que ne peut ignorer l'ethnobotanique considérée comme discipline à velléités globales et non comme un simple inventaire de recettes[1].

L'écriture, pour ce qui concerne le domaine proche-oriental et méditerranéen, évoque la flore dès les premiers textes importants qui nous soient parvenus. Hésiode, Homère, la Bible citent des plantes. L'Egypte ancienne, la Mésopotamie, plus près de nous et plus précis les textes hippocratiques du Ve siècle avant J.-C., consignent des savoirs sur de nombreux remèdes végétaux. Au IVe siècle, le Grec Théophraste fonde la botanique sur une observation attentive qui attendra deux millénaires pour trouver un relais à sa mesure. Au Ier siècle de notre ère, Dioscoride, dans sa *Matière médicale*, recense tout le savoir thérapeutique méditerranéen, où les plantes ont une part majeure. Pline l'Ancien, son contemporain, sur les 37 livres de l'immense *Histoire naturelle*, en consacre 16 à peu près entièrement à la flore et à ses usages. Suivent l'Antiquité tardive, le Moyen Age, les Temps modernes, qui nous lèguent un vaste corpus de témoignages encore en grande partie inexploité, voire inconnu[2].

L'écrit ancien au regard de l'interprétation des données d'enquête

Pour des raisons déjà évoquées plus haut ("Imprécisions du terrain et pertinence des données"), les lacunes de l'enquête quant aux origines de l'information ont incité à considérer les éléments de la collecte qui intéressent le domaine médical au regard des textes du passé d'une part, de quelques repères contemporains d'autre part. Cette approche biaisée, où l'on s'éloigne plus ou moins loin du terrain et de l'époque pour mieux comprendre ce qui a été recueilli comme savoirs[3] d'un lieu et d'un temps définis,

1. Ce paragraphe est un emprunt remanié à P. Lieutaghi, *op. cit.*, 2003.
2. La plupart des manuscrits antérieurs aux Temps modernes ne sont pas publiés, ou n'ont pas été traduits. Beaucoup de manuscrits plus récents, de livres et de brochures peu diffusés n'ont pas été explorés. Une "ethnobotanique de bibliothèque" reste à conduire, ne serait-ce qu'en ce qui concerne les textes français.
3. Par "savoirs", on entend ici, dans un souci de simplification, l'ensemble des faits de transmission orale (ou consignés dans l'écrit d'obédience empirique) en relation avec le végétal, et non des ensembles de connaissances répondant à des systèmes cohérents qui seraient reconnus comme tels "du dedans" ; ce qui n'exclut nullement que ces savoirs s'échafaudent implicitement en systèmes, fussent-ils diffus, susceptibles d'être analysés du dehors.

montre que la pharmacopée populaire et les modalités de sa mise en œuvre s'organisent sur des plans souvent très distants des contingences actuelles, même si l'on y voit parfois aussi le reflet de certaines sources récentes. Sans pouvoir expliquer les modes de constitution des connaissances au fil du temps, on parvient parfois à mettre en évidence des jalons qui aident à les circonscrire.

Les échos de l'ancienne médecine écrite, dont il est difficile, souvent impossible, de retracer le périple jusqu'à la parole qui, tout ignorante qu'elle soit de leur source, les perpétue, peuvent prêter à interrogation indépendamment du terrain où on les recueille. Encore faut-il arriver à les

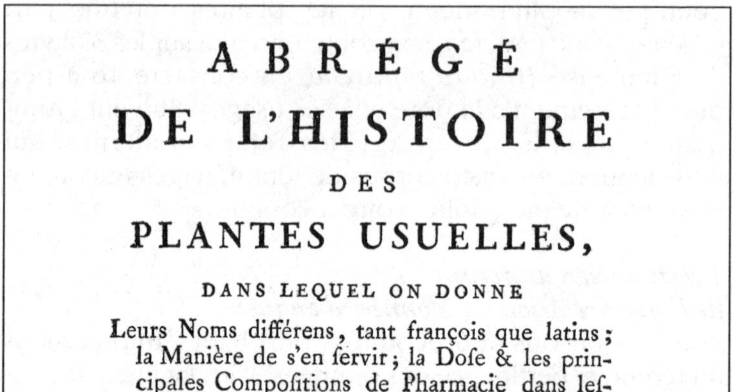

ABRÉGÉ
DE L'HISTOIRE
DES
PLANTES USUELLES,
DANS LEQUEL ON DONNE
Leurs Noms différens, tant françois que latins ; la Manière de s'en ſervir ; la Doſe & les principales Compoſitions de Pharmacie dans leſquelles on les emploie.

Par feu PIERRE-JEAN-BAPTISTE CHOMEL, Docteur-Régent & ancien Doyen de la Faculté de Médecine de Paris, Conſeiller-Médecin ordinaire du Roi, Aſſocié vétéran de l'Académie royale des Sciences.

NOUVELLE ÉDITION.

A PARIS,
CHEZ LES LIBRAIRES ASSOCIÉS.

M. DCC LXXXII.
AVEC APPROBATION, ET PRIVILÈGE DU ROI.

Pharmacopée de large diffusion populaire au XVIIIe siècle, l'*Abrégé de l'Histoire des plantes usuelles* appartient à ces manuels qui ont contribué aux chevauchements entre l'écrit et l'oral, aux Temps modernes.

percevoir dans un corpus de données. En tête de chaque monographie consacrée à une plante importante, l'ouvrage propose donc un bref rappel de la situation du végétal dans l'ancienne médecine savante, esquissant l'arrière-plan sur lequel évoluent les connaissances orales de nos pays. Par ailleurs, on aura fréquemment recours aux mêmes sources dans l'analyse des données (voir, par exemple, la référence à P. A. Matthioli à propos de l'ellébore, à Dioscoride pour la prêle, à sainte Hildegarde pour la ronce, etc.). Elles représentent un repère temporel capital pour estimer la pertinence de cette notion de "tradition orale" exclusive où l'on range trop hâtivement les savoirs médicaux populaires.

Peut-on définir ce qui appartient en propre au domaine oral ?

La mise en perspective de l'enquête avec quelques jalons majeurs de l'écrit ancien (surtout en ce qui concerne la médecine humaine) permet la distinction approximative entre ce qui est depuis longtemps connu du domaine "savant" et ce qui semble propre à la transmission orale. Toutefois, il reste très aventureux d'affirmer qu'une donnée issue de l'enquête orale est sans aucun antécédent dans les écrits français ou européens, sinon dans les textes de la tradition méditerranéenne globale, voire asiatique. On ne peut pas explorer l'immensité des manuscrits ou des imprimés, ne serait-ce que latins et français, et l'apparition d'un témoignage méconnu peut invalider un aspect ou un autre du simple essai de repérage proposé ici. Du moins peut-on s'essayer déjà à relever ce qui, directement ou indirectement, a figuré dans quelques écrits majeurs, considérés comme des jalons de l'histoire des plantes en Europe. On définit ainsi, par défaut, une zone de probabilité où les plantes peuvent n'avoir que des antécédents oraux – jusqu'à preuve du contraire.

Il va de soi que la présence, dans les écrits du passé, de connaissances attestées de nos jours par les enquêtes orales ne signifie pas que ces connaissances en procèdent obligatoirement. Des savoirs ont très bien pu se constituer avant l'écrit, ou parallèlement à lui, et perdurer jusqu'à nous indépendamment du domaine sous influences savantes. La puissance et la constance de la transmission orale (voir, par exemple, ce qui est dit à "jusquiame") peuvent porter à travers les siècles des savoirs et des pratiques préservés de toute influence des textes – ceux-ci

Véritable Extrait Dépuratif
de
Notre Dame de Lure

Notre-Dame de LURE

préparé dans les Laboratoires MAGNY, selon la formule de l'Abbé PREYRE

LIBERTE DE L'INTESTIN — PROPRETE DU SANG

Cet extrait obtenu avec des plantes recueillies sur la Haute montagne de Lure, renommée pour la diversité de sa flore, est un stimulant et un régulateur puissant de la circulation du sang qu'il fluidifie et débarrasse des impuretés, lui rendant ainsi son libre cours dans l'organisme.

Il fait disparaître promptement : Rougeurs, Furoncles, Démangeaisons, Dartres, Eczémas, Urticaire, Ulcères, Boutons, etc., etc.., affections ayant toutes pour origine, les vices du sang.

Remède remarquable contre l'Artério-Sclérose, les Rhumatismes, la Goutte et maladies du Foie : son action curative et dépurative apporte un soulagement immédiat qu'un traitement sérieux fera disparaître.

Infaillible contre la Constipation (même dans les cas les plus opiniâtres), il libère l'intestin de tous résidus toxiques et lui facilite la parfaite régularité de ses fonctions.

Doses et Mode d'Emploi. — *Adultes, une cuillerée à soupe*
Enfants de 10 à 15, une cuillerée à dessert. Enfants de 6 à 10, une cuillerée à café. } le matin à jeun

Les doses ci-dessus, peuvent être légèrement modifiées en plus ou en moins, selon le tempérament des malades.

En vente dans toutes les bonnes Pharmacies et aux Laboratoires Pharmaceutiques MAGNY, MANOSQUE (Provence) chargés de la préparation et de la vente. Prix imposé : 14,50 (impôts compris)

Le remède dépuratif remonte au moins à la médecine antique. Etabli en concept thérapeutique de ce nom au XVIIIe siècle seulement, très présent dans les pratiques populaires méditerranéennes, il témoigne des interférences complexes entre domaine savant et oralité, interférences propres aux pays de tradition écrite. Ici, notice d'un dépuratif fabriqué à Manosque dans les années 1930, qui table sur la notoriété des "plantes de Lure" – pourtant très peu présentes dans la pharmacopée locale…

en étant peut-être même de simples témoins. Comme il est dit plus loin (voir, p. 587, "Hypothèse sur la constitution du fonds commun des médicinales européennes"), il est vraisemblable de supposer une très grande ancienneté au corpus initial de la médecine populaire par les plantes, d'où procède une bonne part de ce que consignera (et fixera) un jour le domaine savant. Sur cet arrière-plan, il est sans doute illusoire de vouloir déterminer ce qui, dans nos pharmacopées populaires, relève au sens strict de l'oral et de l'écrit. Du moins, le témoignage de celui-ci nous permet de relativiser ce qu'on regarde habituellement comme "traditionnel" (dans le sens de "propre à la transmission orale"), et d'étayer quelque peu l'épistémologie de la connaissance et de la mise en œuvre des remèdes végétaux dans nos cultures. Ces réserves ne minimisent en rien la part de l'écrit, livres de recettes en particulier, dans au moins la consolidation et la redistribution des savoirs médicinaux du domaine regardé comme "traditionnel" depuis les débuts du XVIe siècle.

S'il est nécessaire, dans la perspective évoquée ici, de prendre à témoin le plus possible de sources écrites, encore les faut-il elles-mêmes pertinentes. Dans la tradition européenne, jusqu'au XVIIIe siècle inclus, les pharmacopées doivent une grande part de leur contenu aux ouvrages antérieurs, lesquels sont issus des ouvrages antérieurs, etc. Le Moyen Age emprunte énormément aux Grecs, aux Latins et aux Arabes, tout en ajoutant ici et là une information nouvelle (l'exception se trouve au XIIe siècle chez Hildegarde de Bingen, visionnaire qui invente elle-même une thérapeutique souvent sans antécédents, et qui restera sans échos ultérieurs). D'où l'intérêt de s'en remettre aux sources majeures, même si la compilation y a toujours sa part, plutôt qu'aux textes dérivés où la nouveauté a en général peu de place. Au fil des siècles, on s'en tiendra ainsi à moins d'une dizaine de textes fondateurs ou de compilation critique.

Outre les diverses sources secondaires citées au fil des monographies, les commentaires des données de l'enquête se réfèrent aux ouvrages suivants (plus de détails et brèves analyses à la Bibliographie, p. 654-664) :

• Pour l'Antiquité : Dioscoride, *Sur la matière médicale* (Ier siècle) ; Pline l'Ancien, *Histoire naturelle (idem).*

• Pour le Moyen Age : Platearius, *Le Livre des simples médecines* (XIIe-XVe siècle), imprimé au début du XVIe siècle sous le titre *Le Grant Herbier en françoys.*

• Pour la Renaissance : Matthioli, *Les Commentaires sur* [...] *Dioscoride* [source majeure : traité charnière entre le Moyen Age. et les Temps modernes] ; Daléchamps, *Histoire générale des plantes.*

• Pour les XVIIe-XVIIIe siècles : Chomel, *Abrégé de l'Histoire des plantes usuelles* ; Garidel, *Histoire des plantes qui naissent aux environs d'Aix* ; Geoffroy, *Traité de matière médicale.*

• Pour le XIXe siècle ; Cazin, *Traité* [...] *des plantes médicinales indigènes* ; Mérat et de Lens, *Dictionnaire universel de matière médicale.*

Le premier dégrossissage établi au regard de ces sources met en évidence 134 citations sans antécédent écrit repérable, se rapportant à 58 plantes. Cela représente 18,33 % d'emplois considérés comme "inédits" (sur 731 citations de couples plante/indication[1]). A noter toutefois que ce qui concerne le seul plantain badasson (voir au texte) représente 50 mentions d'emplois thérapeutiques

1. On prend ici en compte une mention d'indication (par exemple "mal de gorge") pour une espèce donnée. La même indication peut bien sûr se retrouver à propos de plusieurs plantes.

différents ; en excluant cette plante tout à fait à part, propre à la pharmacopée locale, on tombe à 11,49 % d'inédits, ce qui pourrait correspondre à un taux moyen pour nos régions, où la part qui relève de la tradition orale avoisinerait les 10-12 %, celle qui revient au domaine écrit les 90 %.

Ces chiffres ne valent que comme hypothèse de travail. A ma connaissance, ils sont formulés ici pour la première fois. D'autres recherches analogues doivent en vérifier la validité, sur la base d'un nombre de plantes d'emploi médicinal proche de celui qui est pris en compte ici, c'est-à-dire 154 espèces spontanées ou cultivées dans la région (celles qui n'ont pas d'usage en médecine humaine sont exclues). Aux annexes, p. 675, on trouvera le détail des plantes et des indications concernées.

Les sources ethnographiques en Provence

Les écrits relatifs aux divers domaines de l'ethnobotanique provençale sont particulièrement rares, et ceux dont on dispose souvent peu précis. Les textes antérieurs au XIXe siècle font à peine allusion, ici et là, à la connaissance populaire (ainsi chez Garidel, 1715). On doit l'une des sources les plus intéressantes au pharmacien J. M. F. Réguis (*op. cit.*, 1897), qui a recueilli dans la région Arles/Nîmes de nombreuses informations sur la pharmacopée végétale, animale, minérale, et sur ce qu'il qualifie de "superstitions" (ceci afin d'en faire, en bon scientiste, le procès virulent, et d'appeler à des mesures policières contre "l'obscurantisme", où la médecine végétale est comprise...). C'est l'un des repères grâce auxquels on peut estimer l'ancienneté de certaines recettes concernant des plantes d'acclimatation plus ou moins récente, comme l'épiaire laineuse, ou le degré de diffusion de certaines pratiques (voir "jusquiame", "pariétaire", etc.). *Le Folklore de la Provence* de Claude Seignolle (*op. cit.*, 1963) aborde brièvement la médecine populaire p. 317-350, mais les plantes, parfois mal identifiées, ont très peu de commentaires utiles.

Les enquêtes actuelles

Parmi les enquêtes contemporaines citées à la Bibliographie, une seule a été largement consultée, celle que Magali Amir a conduite dans l'aire du parc naturel régional du Luberon en 1994-1995. Ce travail particulièrement attentif, dont il résulte un vaste corpus de données (certaines utilisées pour la rédaction des *Cueillettes de confiance*, *op. cit.*, 1998), chevauche en partie la zone prospectée lors de l'enquête EPI des années 1980. Cela rendait valides les mises en parallèle intéressant la perception et les emplois des plantes communes aux deux collectes, très majoritaires. Souvent riche en détails sur les usages médicinaux, les pratiques domestiques, alimentaires, etc., de l'ancienne société, ce corpus majeur est malheureusement inédit à ce jour. Consulté avec l'accord de M. Amir et du PNR du Luberon, il a permis des comparaisons très utiles. Comme on souhaitait s'en tenir surtout aux enquêtes locales, on a aussi pris en compte, pour certaines plantes, *La Flore du Ventoux*, d'O. Madon (*op. cit.*, 1999), et, occasionnellement, *Plantes et gens des hauts*, de D. Delcour (*op. cit.*, 2004), ouvrage issu d'une enquête approfondie en Briançonnais.

Le traitement des données

L'édition d'une enquête ethnographique consiste d'abord à structurer le matériau collecté de la façon le plus cohérente possible, afin d'en faciliter l'accès et de préparer au mieux l'analyse ethnologique. Ici, ce travail, qui tient compte de l'expérience acquise depuis les premiers traitements d'enquête de 1985 (cf. *L'Herbe qui renouvelle*, *op. cit.*, 1986), a été conduit parallèlement à la réflexion sur la mise en place d'une base de données informatisée. Il voudrait aussi servir de repère de comparaison et d'inducteur de réflexion pour des recherches ultérieures dans le domaine de l'ethnobotanique, de l'ethnomédecine et de l'ethnopharmacologie européennes.

Options de classement

Dans le classement brut du corpus initialement mis en œuvre, les informations recueillies répondent à *trois entrées principales* qui sont en rapport avec *les plantes*, *les informateurs* et *les fonctions attribuées au végétal* dans la société considérée. L'accès aux données peut privilégier l'une ou l'autre de ces entrées, ou, mieux, les associer. Ce qui concerne les informateurs, évoqué en détail plus haut, ne sera que brièvement rappelé dans ce qui suit, où "l'entrée plante" est prioritaire.

"L'entrée plante"

On regroupe sous le nom français courant d'une espèce ("absinthe", "romarin", "sureau", etc.) tout ce que l'enquête a produit à son propos. Cette mise en forme du recueil ethnobotanique, à la fois ouverte et souple, est aussi la plus propice au traitement comparatif des données ; c'est elle qui rassemble le plus naturellement l'ensemble des diverses informations. Elle intègre aussi ce qui concerne la botanique vernaculaire – nom(s) et description populaires du végétal, perception de son habitat, etc. – en tant que savoirs à considérer pour eux-mêmes (voir plus bas).

"L'entrée plante" est facile à formaliser. Elle permet de distribuer l'ensemble du matériau recueilli en chapitres qui suivent l'ordre alphabétique des espèces. A partir de cette amorce, les divers aspects de la relation au végétal deviennent accessibles. Tandis que les autres entrées classiques, par fonctions et par informateurs, retiennent surtout ce qui les concerne en propre et mettent les plantes au second plan. Cette primauté au classement par plantes n'est en rien incompatible avec un traitement des données par domaines d'usage (plantes de la médecine infantile, soins des rhumatismes, remèdes vétérinaires particuliers aux chevaux, etc.) ; au contraire, la sélection des thèmes en est favorisée. On accorde aussi à l'ethnobotanique, ici, de rappeler ses liens étroits avec le champ naturaliste.

Le classement des données par fonctions

Dans le cadre de chaque monographie d'espèce, les diverses attributions sont classées du domaine médicinal à l'ordre symbolique et aux croyances en passant par les usages alimentaires et domestiques, l'artisanat, les jeux, etc. Chacune de ces entrées représente un thème propre, qui pourrait, dans l'idéal, appeler une analyse particulière ; elles figurent ici comme des paragraphes de chaque chapitre consacré à une plante donnée.

Comme les informations relatives aux emplois médicinaux sont de loin les plus nombreuses, ce sont elles qu'on a privilégiées ; elles constituent souvent la majeure partie des monographies, bien que certaines plantes puissent se situer dans d'autres champs d'usage. En raison de la complexité de ce matériau, un codage numérique appuyé sur une classification hiérarchisée a été mis au point (voir plus loin).

Le classement des données par informateurs

Ce classement rapporte les données, de quelque ordre qu'elles soient, aux personnes qui les ont transmises. Etabli lors de la mise en forme brute des informations, c'est le seul qui permette d'appréhender (si l'enquête a été bien conduite) la nature et la distribution des connaissances dans la société considérée au regard des classes d'âge, des professions, du lieu de vie, etc. Il ne figure pas dans le cadre de cet ouvrage dont il accroîtrait beaucoup le volume, et il resterait peu utilisable à cause de la brièveté des renseignements collectés à propos des interlocuteurs, comme il est dit plus haut.

En résumé, le corpus analysé ici privilégie deux classifications conjointes : 1. "entrée plante", mode d'accès principal à l'information ; 2. "fonctions médicinales" codées, avec possibilités de comparaisons entre espèces. Des index par attributions thérapeutiques (noms des indications et des propriétés avec renvoi aux plantes), en médecine humaine comme en médecine vétérinaire, permettent les mises en parallèle et les croisements. Les autres fonctions du végétal, usages alimentaires, domestiques, artisanaux, etc., complètent chaque monographie quand il y a lieu, et sont aussi indexées.

La description populaire du végétal

La description des plantes exprimée par les informateurs, même si elle est loin de concerner toutes les espèces et reste souvent laconique, a été considérée comme un domaine à part entière de l'enquête. C'est qu'elle répond à une perception strictement non savante, où les modes de description et de désignation du végétal, de ses diverses parties, de sa couleur, etc., rappellent de très près ce qui est consigné dans les textes antérieurs à l'apparition de la botanique comme science, au XVIe siècle. Comme les gens du passé, la plupart de nos contemporains ne connaissent pas le langage propre à la botanique, indispensable pour établir la description fiable de la plante (calice, sépales, étamines, feuilles alternes ou opposées, etc.). Le mot "pétale" n'apparaît en français qu'au début du XVIIIe siècle. Il s'agit sans doute ici de la seule part des savoirs recueillis par les enquêtes dont on peut dire qu'elle échappe complètement, ou peu s'en faut, aux influences de l'écrit.

Les témoignages obtenus en ce domaine ne sont pas assez nombreux pour permettre de dégager des éléments structurants susceptibles d'aider à définir une "botanique populaire", et encore moins une classification empirique – laquelle n'est plus guère perceptible dans nos cultures, si ce n'est au niveau des plus grands groupes de plantes ("arbres", "herbes", "fleurs", "plantes", etc.). Toutefois, comme il s'agit d'un lieu d'expression quasi spontanée, qui ne répond pas à une transmission de connaissances bien établies (chaque informateur improvise lorsqu'il décrit une plante, en fonction d'un certain nombre de repères issus de sa propre expérience), il peut toujours prêter à innovation indépendamment de la notion d'usage : quiconque est un tant soit peu attentif à la flore peut s'essayer à décrire un végétal. On est donc ici dans un domaine de l'ethnobotanique peu exposé à l'étiolement, susceptible de fournir des repères intéressants sur l'évolution des modes de perception des plantes. Cela vaut aussi bien dans le milieu urbain et pour d'autres objets naturels que les végétaux.

Les *noms provençaux* des plantes notés lors des enquêtes sont peu nombreux, en bonne partie du fait de l'impréparation des enquêteurs dans ce registre de la connaissance orale. Pour la même raison, la façon dont ils sont transcrits fait problème. L'assistance de Claude Martel, linguiste du CNRS, a permis dans la plupart des cas de les rétablir dans la forme correcte, les questions en suspens faisant l'objet de notes infra-paginales.

Les fonctions médicinales

La médecine humaine

Une analyse des données où de nouvelles questions surgissent

Les données de l'ethnomédecine humaine en rapport avec la flore, qui constituent l'élément majeur du corpus EPI, ensemble d'informations d'une grande complexité, proposent de nombreuses pistes de réflexion concernant aussi bien des thèmes classiques de l'ethnomédecine, comme les représentations du corps et de la maladie (encore que ces questions n'apparaissent que de façon incidente, l'enquête ne les ayant pas visées pour elles-mêmes), que des domaines "vierges", tant l'analyse des cultures traditionnelles de nos pays les a jusqu'à ce jour ignorés. On trouvera en annexe quelques exemples d'interprétation de ce matériau dans ses rapports avec l'usage des milieux. Mais c'est surtout au fil des commentaires, dans le corps du texte, que des amorces d'interrogation seront proposées.

Trier et organiser les données a en effet révélé des questionnements d'un grand intérêt touchant à des thèmes fondamentaux de l'anthropologie cognitive. Au fil des interrogations survenues, des commentaires plus ou moins détaillés ont donc été rédigés, valant comme introductions à des analyses plus approfondies (les explorer plus loin est davantage un travail d'équipe qu'une entreprise solitaire). Ces commentaires concernent aussi bien l'histoire des usages (voir par exemple "jusquiame"), les spécificités de la médecine traditionnelle dans ses représentations du corps et de la maladie (germandrée petit-chêne, pariétaire, etc.), les modes de constitution des savoirs (aigremoine, aubépine, ronce, etc.) et leur évolution (chardon bénit, orpin reprise…), que la part du "fonds commun[1]" des connaissances médicinales populaires et les spécificités de la pharmacopée végétale en haute Provence, l'expérimentation empirique (cerisier, cyprès, dorycnie hérissée, etc.), les aspects symboliques dans la perception du remède (anémone hépatique, dompte-venin, etc.), et bien d'autres domaines, certains

Marchande de plantes médicinales et d'aromatiques à Forcalquier, 1976. Elle vendait le plantain "badasson", *Plantago sempervirens*, "pour les plaies", contribuant à la diffusion des connaissances sur cette panacée locale.

1. Ce thème, qui se réfère aux plantes médicinales les plus en usage depuis les témoignages de l'Antiquité dans le domaine européen (armoise, bardane, noyer, sureau, etc.), est développé dans P. Lieutaghi, *op. cit.*, 1986, et plus loin, aux Annexes, p. 583.

étrangers à la médecine humaine, auxquels renvoie l'Index des thèmes de questionnement en fin d'ouvrage (p. 670-674). Ce qui concerne la médecine vétérinaire est traité à part (voir plus bas).

Un simple coup d'œil à cet Index des thèmes de questionnement montrera la diversité, dans bien des cas la nouveauté, des questions rencontrées dans l'analyse du corpus médicinal, qui pourraient s'étoffer encore avec une reprise des enquêtes auprès des derniers témoins du monde rural traditionnel. Faute de pouvoir les suivre aussi loin que nécessaire (ce que les matériaux recueillis ne permettraient qu'ici et là), on a défini au mieux les pistes de questionnement : aux monographies des plantes, à chaque occurrence importante, on situe la problématique soulevée dans le cadre conceptuel considéré comme le plus adéquat, éventuellement avec rappel de l'arrière-plan historique. On soulignera que la seule analyse de ce qui concerne les pratiques de cures dépuratives (particulièrement bien représentées) a déjà justifié la rédaction de *L'Herbe qui renouvelle*, livre de 374 pages…

Les entrées analytiques définies dans l'Index des thèmes de questionnement ne sont pas spécifiques à la présente enquête. Elles désignent des questions valables pour toutes les recherches analogues conduites dans le domaine français, et s'adaptent certainement pour une bonne part aux données des autres pays méditerranéens d'Europe occidentale. L'édition du corpus EPI est donc aussi, on le souligne encore, l'invite à des interrogations comparatives approfondies, sur une large échelle géographique, pour tout ce qui concerne la mise en œuvre du végétal, en particulier dans le domaine médicinal.

On doit faire remarquer la quasi-absence au corpus des croyances, conjurations, rituels magiques ou religieux associés à la mise en œuvre des plantes, dans le domaine médical comme en d'autres lieux. Ce manque ne traduit pas la réalité du terrain mais les défauts de l'enquête, qui n'a pas accordé d'attention particulière à ces aspects de la relation au végétal. Il se peut que le territoire prospecté, où les traditions religieuses tiennent aujourd'hui une place mineure au regard d'autres régions françaises, se prête mal au questionnement dans l'ordre de ce qu'on qualifiait naguère de “superstition”. Il n'empêche : un bon nombre de guérisseurs, magnétiseurs, leveurs de feu et de zona exercent de nos jours en haute Provence, davantage peut-être qu'il y a vingt-cinq ans. Même si l'alliance guérisseur/médecine par les plantes est loin d'être habituelle, elle a été rencontrée parfois hors enquête dans les années 1980, et pourrait sans doute l'être encore ici, comme récemment en Piémont italien, non loin de Barcelonnette[1]. De nouvelles prospections côté français ne devraient pas négliger la part des croyances dans la relation au végétal.

La médecine vétérinaire, un domaine mal connu

L'enquête EPI a recensé un certain nombre de pratiques de la médecine vétérinaire traditionnelle en haute Provence occidentale, parfois associées à des informations intéressantes sur la perception des végétaux et l'action des remèdes (voir par exemple "ail", "bifora", "églantier", "frêne", "mauve", etc.). Ces données ont une valeur particulière comme témoignages des connaissances propres à la société pastorale, connaissances qui semblent s'être la plupart perdues depuis l'époque des enquêtes, avec le grand recul de l'élevage traditionnel. Il n'y a presque plus de "petits" troupeaux, mais des concentrations de plusieurs centaines de bêtes. Les pratiques à caractère artisanal sont largement éclipsées par les méthodes industrielles, le vétérinaire a la responsabilité des soins, etc.

On observe des chevauchements fréquents d'attributions des plantes entre la médecine humaine et la médecine vétérinaire. Celle-ci tend à reprendre les emplois courants de la première (voir par exemple "aigremoine"), mais n'en a pas moins ses spécificités. Les savoirs qui lui sont propres (plutôt d'obédience masculine, comme on l'a vu) ont été bien moins exposés aux interférences avec l'écrit que ce qui concerne le soin des gens. Même si, dans l'ancienne société, certains livres de recettes font la part des maladies des animaux, si les almanachs et les traités de maréchalerie diffusent des conseils de soins, ces connaissances semblent avoir relativement peu migré dans le domaine oral, peut-être en partie par défaut de ces vecteurs lettrés (prêtres, "dames de charité", etc.) qui étendaient l'audience des manuels de santé destinés aux humains, au temps où une grande partie de la population ne savait pas lire. On constate par ailleurs, au niveau

1. Une magnétiseuse/guérisseuse par les plantes, au savoir étendu, a été rencontrée lors de l'enquête conduite en vallée Stura par D. Musset et D. Dore. Voir ces noms à la Bibliographie, p 654.

vétérinaire, une permanence manifeste d'indications anciennes (antiques et médiévales) de la médecine humaine qui ont déserté celle-ci en notre temps, parfois depuis très longtemps (voir "mauve"), ainsi que des pratiques à caractère archaïque comme la fumigation (voir "ail") et l'abcès de fixation (voir "cerisier sauvage"), dont les origines et l'évolution restent à préciser. L'ethnographie, l'ethnopharmacopée vétérinaire végétale (et aussi bien animale, minérale), représentent peut-être, quand il ne s'agit pas d'un calque de ce qui concerne l'homme, un état des connaissances plus "originel". C'est à ce titre, déjà, qu'il convient de l'étudier, en parallèle avec l'ethnopharmacopée humaine et ses modalités d'application, non sans considérer les passages de l'une à l'autre. Malheureusement, le corpus français, à ce jour très fragmentaire et dispersé, peine désormais à s'étoffer en la matière du fait des profondes mutations techniques et sociales. Si certaines régions d'élevage européennes conservent encore, fussent-elles en déclin, les pratiques où s'assure la mémoire des connaissances[1], les collectes dans le domaine des soins traditionnels (au sens large) aux animaux s'avèrent désormais problématiques. Ici encore, il conviendrait, pendant qu'il en est encore temps, de mettre en place des recherches spécifiques qui permettraient de construire l'ébauche de corpus qui fait entièrement défaut en ce domaine, du moins pour la France.

Outre l'intérêt proprement épistémologique de ces questions, il faut souligner que ce versant mal connu de l'ethnomédecine recèle aussi des matériaux de valeur pour l'étude tant de l'action intrinsèque des remèdes végétaux que des mécanismes en jeu dans certaines thérapies spécifiques, comme l'abcès de fixation, ou dans des pratiques à caractère magique comme les bouquets suspendus, où un effet d'ordre matériel n'est pas à exclure d'emblée (voir "ellébore"). En un temps où les aberrations de l'élevage industriel obligent à repenser la gestion des diverses "filières" (et l'on ne parle guère des pratiques vétérinaires, qui prêtent pour le moins à suspicion avec les excès d'antibiotiques, d'antiparasitaires dangereux, etc.), il n'est pas déplacé d'aller voir du côté de la "tradition", où notre temps peut encore trouver matière à perfectionnement.

---

1. Voir par exemple les informations particulièrement riches et souvent inédites recueillies par Sabine Brüschweiller, *op. cit.*, 1999, p. 127-159.

L'herbe-aux-chats, *Nepeta cataria*, procure aux chats une véritable ivresse.

On signalera encore dans le même champ, et tout rares qu'ils soient, les témoignages particulièrement précieux intéressant ce qu'on qualifie d'"automédication animale". Il s'agit des mentions de soins spontanés où les bêtes, malades ou blessées, s'adressent d'elles-mêmes à une plante-remède – comportement dont témoignent les textes anciens, y voyant un "signe" à ne pas négliger. La recherche actuelle, qui croise l'éthologie à la pharmacologie, a mis en évidence de façon indiscutable des pratiques de soins "ciblés" chez les grands primates africains[1]. Voir ce qui est dit en particulier à "chiendent", "mauve" et "pariétaire".

Les informations relatives à la médecine vétérinaire n'ont pas donné lieu à codage mais pourraient se prêter à ce mode de traitement. C'est que les mentions d'indications sont ici bien moins nombreuses qu'en médecine humaine ; on a plutôt affaire à des domaines pathologiques assortis de symptômes généraux qui peuvent recouvrir des affections diverses : "maladies du pied", "coliques", etc. Il est probable que l'imprécision tient ici pour une bonne part à l'impréparation des enquêteurs qui, dépourvus de toute base adéquate, ne pouvaient dialoguer avec les informateurs et obtenir des détails sur leur perception des affections autant que sur leurs pratiques

1. A ce sujet, voir la référence donnée en note aux Annexes, p. 589, note 2.

de soins. Comme il est dit plus haut, l'érosion des connaissances est telle en ce domaine qu'il sera probablement difficile d'obtenir des résultats plus précis à partir de nouvelles collectes.

Les maladies

Fréquence, traitements, prévention

Cet aspect de l'enquête est abordé ici de façon succincte ; il prête aussi à certains développements au texte. On considère le nombre de données en rapport avec une douzaine de "domaines pathologiques" principaux, qui correspondent à la classification codée adoptée pour le traitement de l'enquête EPI (voir plus bas). Il prêterait à développements si l'on disposait d'éléments analogues issus d'autres recherches de terrain.

Il s'agit ici de comparer les occurrences de ces domaines pathologiques dans le matériau recueilli, comparaison qui traduira, fût-ce de façon approximative, la fréquence des diverses affections et de certains traitements généraux dans la société considérée.

Représentation des domaines pathologiques dans l'enquête EPI

Domaines pathologiques	Nombre de citations	Sommes éventuelles	Taux
Appareil digestif : estomac, intestin, foie, glandes abdominales	245		24,87 %
idem, avec bouche, dents	*(30)*	*275*	*27,91 %*
Soins externes (plaies, brûlures, contusions, etc.) et maladies de peau	223		22,63 %
idem, avec yeux et rhumatismes	*(43)*	*286*	*29,03 %*
ORL/voies respiratoires	121		12,28 %
Cœur, circulation	65		6,59 %
Domaine dépuratif (mentions de propriétés)	60		6,09 %
Maladies infectieuses, fièvre	50		5,07 %
Domaine gynécologique, sexualité masculine	46		4,67 %
Rhumatismes et assimilés	43		4,36 %
Affections de la bouche, maladies dentaires	30		3,04 %
Troubles nerveux	30		3,04 %
Reins, voies urinaires	27		2,74 %
Maladies métaboliques (diabète, etc.)	25		2,53 %
Troubles oculaires	20		2,03 %
Total des citations	**985**		

Le tableau précédent résume ce qui concernait la haute Provence occidentale dans les années 1980. Les mentions de propriétés générales (comme "diurétique", "cicatrisant", etc.) sont exclues, hormis ce qui a trait au domaine dépuratif.

Les enquêtes extérieures consultées ne fournissent pas de données chiffrées qui permettraient des mises en parallèle[1], mais la lecture des rapports ou des ouvrages qui en procèdent laisse supposer que les trois domaines ici majoritaires le sont aussi en d'autres circonstances. Ce qui concerne d'une part l'appareil digestif, d'autre part les soins externes associés aux plaies, aux dermatoses, à la douleur, etc., représente les occasions de soins les plus fréquentes dans la société traditionnelle rurale. Dans l'ordre des occurrences exprimé ici, ou dans son inverse, ces domaines sont habituellement en tête de ce qu'on recueille en matière d'indications des plantes médicinales (auxquelles il faudrait ajouter le reste de la pharmacopée, substances d'origine animale et minérale, non pris en compte ici).

Les travailleurs manuels sont plus affectés que les autres corporations par les divers accidents à caractère traumatique, de l'ecchymose à la plaie, de l'entorse à la fracture. Les paysans sont exposés de surcroît aux épines, aux piqûres d'insectes, aux morsures de vipère. La médecine populaire dispose à cet égard de nombreux remèdes vulnéraires (terme employé une seule fois par les informateurs), antiseptiques (surtout dits "désinfectants") et cicatrisants. Au sens strict, cette catégorie d'affections rassemble 107 attributions, un bon nombre d'entre elles se référant à l'aigremoine et au plantain badasson. Dans le tableau ci-dessus, on a ajouté le domaine plus proprement dermatologique (116 mentions) à ce qui concerne les lésions externes à caractère traumatique ; on arrive ainsi à 223 mentions d'indications sur 985 (22,63 %). Si l'on y ajoute les 25 citations des propriétés en rapport avec le champ vulnéraire proprement dit, propriétés exclues du tableau, on obtient un total de 248. En considérant les soins des ophtalmies et une partie de ceux des

1. Il serait souhaitable que leurs responsables en dressent un état statistique élémentaire : liste résumée précise des plantes évoquées avec leurs diverses attributions (S. Brüschweiller est seule à la fournir), milieux de récolte concernés, nombre de plantes, détail et nombre des propriétés et indications citées par informateur, des propriétés et indications attribuées à chaque plante, etc.

rhumatismes comme relevant du même domaine de soins externes, l'ensemble de ceux-ci arrive à 286 mentions (29,03 %), avec les 25 propriétés, 311 mentions. Les traitements externes sont donc largement majoritaires, occupant près du tiers des actes thérapeutiques.

Conséquence probable des pratiques alimentaires dans l'ancienne société, où la diététique était loin de parvenir à l'équilibre (beaucoup de pain et de féculents, salaisons fréquentes ; en hiver très peu de légumes verts et de fruits), où l'eau de boisson était souvent suspecte (on déplorait encore des cas de typhoïde en Luberon, dans les années 1960), les problèmes digestifs se rencontrent à peu près au même niveau de fréquence que ce qui concerne les affections "visibles", susceptibles de traitements externes : 245 (24,87 %) attributions de remèdes végétaux s'y rattachent, 275 si l'on tient compte de ce qui concerne la bouche et les dents (27,91 %). Ce domaine pathologique reste en bonne place parmi les soucis de santé dans la société actuelle, en dépit d'une hygiène alimentaire très différente…

Sans examiner en détail les divers autres domaines de soins apparus dans l'enquête, il est intéressant d'en souligner quelques aspects. Ce qui concerne les voies respiratoires et les maladies fébriles arrive en troisième place avec 171 mentions, soit 17,36 %. Dans nos sociétés, c'est un domaine majeur de l'automédication pharmaceutique, associé à ce qui concerne les maux de tête et névralgies analogues, cibles de l'aspirine, du paracétamol et autres analgésiques/fébrifuges. Dans ces dernières indications, la collecte de l'EPI ne révèle que 9 mentions de maux de tête et 2 de la propriété "calmant" dans le sens d'analgésique.

On pourrait être tenté de supposer, au passage, que la gestion de la douleur, dans la haute Provence rurale des années 1980, était bien différente de ce que nous connaissons aujourd'hui. Il faut toutefois tenir compte du fait que les antalgiques courants de la pharmacie, aspirine en particulier, sont présents dans les campagnes depuis très longtemps, qu'ils sont sans équivalents dans la pharmacopée végétale de base, où les plantes vénéneuses capables d'action antidouleur sont tenues à distance (voir ce qui est dit aux monographies à propos de la jusquiame). Si le traitement de la douleur ne semble occuper qu'une place secondaire dans les attributions de la pharmacopée végétale, c'est davantage par défaut de remèdes vraiment efficaces que pour des raisons de moindre sensibilité à la souffrance – même si l'on ne doit pas négliger le fait que le vécu de la douleur a changé au cours des temps : dans les années 1970, selon un dentiste de Forcalquier, des paysans âgés refusaient l'anesthésie locale en cas d'extraction dentaire, y voyant un facteur défavorable à la résolution du mal[1].

Les troubles nerveux peuvent se trouver dans une situation analogue : les plantes citées à leur propos dans l'enquête ne sont sans doute déjà que des recours annexes à côté des médicaments de l'officine. Insomnie et nervosisme ne rassemblent que 13 citations sur les 985 occurrences d'indications et de propriétés spécifiques. On notera que l'enquête ne fait pas explicitement allusion à ce qui pourrait être regardé comme dépression, cible importante de la pharmacopée savante actuelle, où s'illustre aussi le millepertuis sous de nouvelles formes pharmaceutiques.

Les statistiques communiquées de nos jours aux pharmaciens sur la fréquence des ventes de spécialités, dans une officine particulière ou à des niveaux plus larges, montrent une distribution des propriétés requises sensiblement différente de ce dont témoigne le recueil de l'EPI. Pour le mois de juillet 2008, au plan national, les sept premières des dix spécialités les plus vendues sur ordonnance sont des antidouleur/fébrifuges (Doliprane, Efferalgan, etc.). Quant aux médicaments non remboursés, le premier appartient à la même classe, suivi par deux somnifères/sédatifs nerveux à base végétale, un remède digestif et quatre veinotoniques. Le domaine digestif, en première position dans l'enquête, est encore représenté par un laxatif en 11e position et deux antispasmodiques en 18e et 20e position dans la première série, par un laxatif en 19e position dans la seconde. Les affections externes, traumatismes divers et dermatoses, qui arrivent au second rang dans l'enquête, ne figurent pas en tête des médicaments les plus vendus en officine[2]. Les maux propres à la société rurale ont à peu près disparu. Les traumatismes graves ne sont plus traités au niveau domestique et n'apparaissent donc pas au niveau du recours pharmaceutique – sauf indirectement, *via* des antibiotiques ou des anti-inflammatoires, par exemple.

1. Recueil P. L. Cette question vaut d'être considérée pour elle-même, aussi bien aujourd'hui que dans le passé ; ce que les historiens ont pu écrire à son propos est sans rapport direct avec la pharmacopée végétale populaire.
2. Informations aimablement communiquées par M. Kuntz, pharmacien à Mane.

Il ne s'agit ici que d'une amorce de comparaison, de surcroît faussée par la mise en parallèle de données non synchrones ; mais elle souligne l'intérêt de prêter attention aux divergences entre gestion populaire de la maladie et ce qui répond de nos jours à l'offre savante. Si les anti-douleur/fébrifuges restent en bonne place, de nos jours, dans l'automédication (mais sont surtout délivrés sur prescription, peut-être dans la foulée d'autres médicaments, voire à la demande des patients qui profitent de la visite au médecin pour reconstituer la réserve d'antalgiques[1]), celle-ci privilégierait plutôt des "remèdes chroniques" comme les toniques veineux, où l'on peut voir des héritiers de la pharmacopée populaire "pour la circulation" (armoise, cyprès, noyer, petit-chêne, etc.).

Ainsi, une enquête ethnobotanique où la phytothérapie populaire et les aspects ethnomédicaux associés sont privilégiés ne peut faire l'économie du questionnement sur les remèdes et pratiques de soins d'obédience savante actuelle, à l'œuvre dans la société considérée. Il est utile, aujourd'hui, de prendre en compte la composition de l'armoire à pharmacie, et l'éventuelle importance attribuée à l'origine végétale des remèdes d'officine non remboursés, qui pourraient représenter les successeurs de la pharmacopée végétale populaire "classique". Si l'enquête EPI avait pris en compte le recours pharmaceutique, dont on ne peut ignorer la présence d'arrière-plan (sinon de premier plan) chez les informateurs/trices, il serait possible d'estimer plus exactement ce qui revient aux ressources médicinales populaires *stricto sensu*, et en même temps de mieux cerner et hiérarchiser les différents domaines de soins. Le tableau donné plus haut ne fournit donc pas une représentation très fiable de la distribution des pathologies dans la société haut-provençale des années 1980, puisqu'il s'en tient aux seuls traitements par les plantes et qu'on manque d'information sur le volet pharmaceutique des pratiques de soins autonomes. Du moins est-ce une première approximation, où les domaines pathologiques majeurs sont vraisemblablement à la place qui leur revient. Les mêmes réserves peuvent

1. Du fait de la polyvalence des spécialités, l'antidouleur est confondu par les statistiques avec les indications fébrifuges, voire anti-inflammatoires. On ne sait donc pas bien à quoi s'adresse l'aspirine, par exemple, en automédication, même si les divers maux de tête sont une attribution prioritaire.

12 LE MEDECIN

maigre, ou premier boüillon de viande, & le prendront, comme a esté dit cy-dessus.

Maniere de faire iniections.

LEs iniections se font pour plusieurs maladies, comme aux vlceres & playes des parties du corps, aux maladies de la verge, & de la matrice, & ce auec seringues propres, dans lesquelles on met eaux, decoctions, huiles, ou autres liqueurs, selon l'aduis du Medecin, pour estre portées au mal.

Lesquelles iniections estans fort differentes en composition pour remedier ausdites maladies diuerses, & s'accommodans à la nature des parties, ne peuuent estre décrites, mais selon l'occurrence, le Medecin present y pouruoit, les faisant à la maison auec facilité.

Toutesfois i'en descriray aucunes pour contenter la curiosité d'aucuns.

Iniection pour Gonorrhée.

Vous ferez iniection auec du laict clair ou eau d'orge tiede pour le commencement; en apres on y adioustera le syrop de roses seiches, sçauoir est, sur vn demy septier vne once & demie, ou deux onces.

Aussi au commencement où y aura inflammation & cuisson grande, on fera iniection en esté auec decoction d'orge, plantin, morelle, nenuphar, & en hyuer auec leurs eaux: aux douleurs on fera iniection auec laict de vache recemment trait.

Maniere de faire pessaires.

Le pessaire est plus gros que le suppositoire, & est

CHARITABLE. 13

est approprié pour la matrice, lequel est fait de cotton, de soye, linge, ou laine peignée, dans lesquels on met medicamens, enuelopant le tout auec linge bien delié, ou tafetas, plus estant trempé en vin, eau, suc ou liqueur conuenable, il est fourré dans le col de la matrice.

On en fait aussi aux herbes, fleurs, semences, &c. pilées dans vn mortier, & enuelopées auec linge delié, qui a grande efficace.

Notez qu'il faut attacher vn petit ruban au bout dudit pessaire pour le lier à la cuisse, de peur qu'il soit attiré au dedans de la matrice. *Notez.*

Pessaire pour prouoquer les mois.

PRenez les fueilles de deux ou trois poignées de l'herbe dite mercuriale, écachez-les dans le mortier auec vn pilon, puis les enueloppez dans vn linge delié, & faites pessaires, lequel moüillerez dans du suc tiede de ladite herbe, & en vsez. *Ce pessaire coustera 1. s. 4. den.*

Pessaire pour arrester les mois.

Prenez les fueilles des herbes suiuantes à sçauoir de centinodia, (en François renoüée) myrrhe, plantin, quinte-feüille, boüillon blanc de chacune demie poignée, pilez-les ensemble apres les auoir nettoyées & lauées, dans le mortier, & en faites pessaires, comme dit est, que moüillerez dans du suc de plantin tiede. *Ce pessaire 2. s.*

Maniere de faire ptysane simple pour le boire ordinaire.

PRenez vne poignée d'orge cõmun preparée, c'est à dire, nettoyée & lauée en belle eau, & le poids d'vn escu de graine d'anis verd, faites *Cette ptys. n'a 1. s.*

B 4

Recettes d'un manuel de santé de 1667 (Ph. Guybert, *Le Médecin charitable*). La part des plantes indigènes est majoritaire. En bas à droite, noter la persistance du terme "ptysane", décoction d'orge de tradition hippocratique *(ptisanê)*, "tisane" qui se perpétuait encore en médecine populaire à l'époque de l'enquête. Au XVIIe siècle, le savoir thérapeutique écrit diffère peu, et déjà dans la forme, de ce que connaît le peuple.

peut-être expliquer la faible place des maladies métaboliques et de ce qui concerne le système nerveux : il est probable que ces pathologies, difficiles à cerner au niveau traditionnel, relevaient surtout, déjà, à l'époque de l'enquête, du traitement d'origine pharmaceutique.

Une autre marge d'imprécision dans la hiérarchisation des domaines de soins populaires tient à la présence, dans la pharmacopée traditionnelle haut-provençale (et généralement ailleurs), de "remèdes de champ" susceptibles de concerner plusieurs pathologies distinctes (ou regardées comme telles). Il s'agit en particulier des dépuratifs. Ceux-ci peuvent être prescrits dans plusieurs visées : dermatoses, troubles supposés en rapport avec l'état du sang (celui-ci miroir de l'état général, dans l'écho de l'ancienne "médecine des humeurs"), rhumatismes, maladies infantiles, etc. Ils se situent aussi dans la catégorie des médications préventives, puisque les plus connus d'entre eux étaient employés en cures, souvent saisonnières[1]. Les 60 mentions d'emploi recueillies à propos de ces remèdes se distribuent diversement parmi les domaines pathologiques retenus ; mais on ne peut explorer plus avant ce qui entre plutôt dans le champ de l'ethnomédecine, non précisément du propos de cet ouvrage. Du moins, les lacunes sur lesquelles on bute ici montrent que l'enquête ethnobotanique, quand elle aborde les plantes médicinales, procure un matériau d'étude d'autant plus utile à l'interrogation ethnologique lorsqu'elle se fait attentive au contexte médical dans son ensemble, où la part du remède pharmaceutique ne peut plus être ignorée.

Classification et codage des informations relatives à la médecine humaine

La quantité et la diversité des données qui intéressent la médecine humaine dans l'enquête ont incité à reprendre à leur propos, pour les ordonner au mieux, un système de classification mis au point dans *L'Herbe qui renouvelle* (*op. cit.*, 1986) et repris depuis lors pour la mise en forme de plusieurs enquêtes ethnobotaniques : M. Amir en Luberon et Verdon, C. Crosnier en Morvan, D. Musset et D. Dore en Piémont italien, etc. Révisé, précisé et

1. Les dépuratifs sont étudiés en détail dans P. Lieutaghi, *L'Herbe qui renouvelle, op. cit.*, 1986.

quelque peu augmenté, cet outil de classement attribue un code numérique à 4 chiffres aux mentions de *propriétés médicinales* et d'*indications*, celles-ci désignant les maladies. Chaque propriété ("cicatrisant", "diurétique", "pour les yeux", etc.) et chaque indication ("plaie fraîche", "ulcère", "rhumatisme", etc.) a ainsi un numéro propre, repris à chacune de ses occurrences dans le texte. La justification et l'explication de ce système sont détaillées en annexe (p. 595-599), où l'on trouvera aussi l'index complet des numéros de code avec les termes médicaux associés, ainsi que l'entrée inverse.

Outre leur fonction générale de classification, ouvrant aux études comparatives à l'intérieur de la présente publication et entre publications utilisant le même système, les codes permettent de sérier les données dans le texte de la même façon à propos de chaque plante, sans qu'il soit besoin de renommer en tête de paragraphe les noms de maladies et/ou de propriétés. On peut ainsi, dans la recherche d'une information aux monographies (par exemple à partir de l'Index des indications et propriétés médicinales, p. 680, où figurent les codes), retrouver facilement les occurrences requises, les données relatives à la médecine humaine étant toujours organisées de la même façon à propos de chaque plante[1].

Les fonctions diverses

Outre ce qui concerne le domaine médicinal, les fonctions attribuées au végétal sont nombreuses et peuvent solliciter des analyses particulières. La focalisation de l'enquête sur les emplois médicinaux les tient en général à l'arrière-plan.

Sauf exceptions (magie érotique au chapitre "frêne", etc.), on cite sans plus de commentaires ce qui intéresse : les "emplois alimentaires, condimentaires et assimilés" où les aliments de ramassage sont privilégiés (leur nature et

1. Ce classement numérique et hiérarchisé a aussi pour propos de faciliter leur *traitement informatisé*. Transféré sur le canevas d'un logiciel adéquat, il se prêtera déjà au croisement des informations touchant aux plantes et à la médecine humaine. Un travail de codage à conduire à propos de la médecine vétérinaire et des fonctions non médicinales de la flore permettra d'intégrer la totalité des informations du recueil. Cette base de données ethnobotaniques est en cours de réalisation au Musée ethnologique de Salagon (04300 Mane),

leur participation éventuelle au domaine des soins sont précisées au chapitre "salades sauvages"), l'économie domestique, l'artisanat, l'économie rurale, les "pratiques de loisir" comme la chasse et les jeux. Des entrées/intitulés, qui se retrouvent d'une plante à l'autre, permettent le classement de ces données, leur regroupement et leur comparaison éventuels.

En résumé…

Quels sont, pour finir, l'apport et l'utilité de cet ouvrage ? En consignant les connaissances d'une société du pourtour méditerranéen français à la fin du XXe siècle, pour ce qui concerne la perception et l'usage de la flore, dans le domaine médicinal surtout, il témoigne de la diversité et de la complexité de ce qui constitue la culture populaire du végétal – dont on a vu à quel point elle est imbriquée avec la tradition savante. Ce rôle de témoin écrit de savoirs et de pratiques surtout transmis par la voie orale lui octroie une fonction de "conservateur" d'un patrimoine déjà en bonne partie perdu dans sa forme des années 1980. En même temps, comme il est arrivé avec d'autres livres, celui-ci pourra tenir lieu de source pour l'élaboration de nouveaux "savoirs populaires", dont l'une

La transmission des connaissances sur les plantes utiles a changé de nature. La grand-mère n'enseigne plus les usages de la flore à sa petite-fille. D'autres "passeurs de savoir", comme le présent livre, la remplacent – mais non la main qui montre, cueille, fait toucher et sentir, ni la parole.

des caractéristiques est de perdre un jour ou l'autre la trace de leurs origines. Il a donc aussi, du simple fait de son édition, à la fois un rôle de "passeur" et de repère pour la compréhension de ce qui favorise le "passage". Il diffuse du savoir et contribue à en comprendre l'évolution.

Comme on l'a dit à plusieurs reprises, le simple recensement de la connaissance ethnobotanique populaire a aussi, d'emblée, fonction de pôle de comparaison. C'est un état des lieux et d'un temps qu'on peut considérer parallèlement à d'autres recueils ethnographiques dans des aires culturelles et des contingences naturelles analogues ou distinctes. On peut prendre à témoin une même plante dans le contexte méditerranéen ou en dehors ; ce qu'on dit du sureau en haute Provence peut aider à comprendre des faits allemands ou scandinaves, ou inversement.

Mais c'est surtout dans la perspective d'un comparatisme périméditerranéen que le matériau prend toute sa valeur. En un temps où des projets d'union des pays méditerranéens s'esquissent (dont les visées, hormis commerce et sécurité, sont peu claires), il n'est pas inutile de prendre la flore à témoin pour attester que, bien avant les politiques, les plantes ont travaillé à construire des liens culturels implicites d'une nation à l'autre, d'une rive à l'autre, et l'ethnobotanique sait les mettre en lumière, voire les consolider. Un travail d'ethnobotanique comparative intéressant des cultures européennes, nord-africaines et proche-orientales serait un territoire de rencontres exemplaire. Il est encore temps de l'initier.

Avec son propos classificatoire, son attention au milieu de croissance des plantes, ses analyses thématiques, ses commentaires au regard des données du passé, les nombreuses pistes de recherche qu'il désigne au fil des pages et en annexe, ses index précis, ce livre prétend aussi à la fonction de "manuel d'ethnobotanique par l'exemple" dans le contexte français contemporain – tout effaçable que soit la notion même de "contemporain" dans nos sociétés. Il peut tenir lieu de jalon pour ceux qui prêtent attention à la connaissance populaire du végétal, aux étudiants, aux chercheurs, à tout(e) honnête homme/femme soucieux(-euse) de dépasser la notion fourre-tout de "tradition" pour s'approcher plus près des réalités de l'usage populaire de la nature, qui ne cesse d'évoluer sous nos yeux.

Liste des abréviations

BP : *before present.* Décompte des années "avant le présent" d'après les datations au carbone 14, celles-ci étant étalonnées sur l'année 1950, considérée par convention comme notre présent.
cf. : *confer* (mot latin signifiant "compare"). Invite à se reporter à un autre passage, à une référence d'auteur, etc. Parfois, renvoie à un nom botanique pris au sens large.
cv. : cultivar. Race de plante cultivée, alimentaire, ornementale, etc.
loc. cit. : *loco citato*, "à l'endroit cité". Désigne un article ou un ouvrage cité dans le chapitre lui-même.
op. cit. : *opus citatus*, "ouvrage cité". Dans le texte ou en note, renvoie ici aux ouvrages cités à la bibliographie générale.
p. p. : "Pro parte." Après un nom botanique, signifie que la plante considérée n'y répond que "pour partie" au regard de la taxonomie moderne.
s. d. : sans date. Se dit d'un article ou d'un livre sans précision d'année de publication.
s. l. : au sens large. S'applique à des espèces végétales où la botanique moderne distingue plusieurs sous-espèces, ou qui sont désormais scindées en plusieurs espèces. Ces groupes sont ici considérés comme un seul taxon, lequel répond habituellement à l'appréhension populaire de l'espèce.
sp. : espèce. Employé après un nom de genre, signifie qu'on a nommé celui-ci mais non l'espèce elle-même ; ex. *Rosa* sp. = églantier indéterminé. S'applique ici aux genres où les espèces ne sont pas ou sont mal différenciées par le regard traditionnel.
SPE : "sans précision d'emploi". La mention d'un usage médicinal n'est pas accompagnée des modalités de préparation (infusion, décoction…) ni de la posologie.
SPI : "sans précision d'indication". Se rapporte à des mentions de propriétés (diurétique, dépuratif, etc.) qui restent sans référence à une ou des affections.
sq. : abréviation du latin *sequens*, "suivant", "qui suit". Dans une citation, renvoie à la source pour compléments.
ssp. : sous-espèce (s'abrège aussi en "subsp.", pour le latin *subspecies*). Dans la terminologie botanique moderne, taxon de rang inférieur à l'espèce mais ne s'en distinguant pas assez pour se voir élevé à ce dernier rang. Dans la perception populaire de la flore, espèce et sous-espèces sont habituellement confondues, sauf lorsqu'il existe des différences morphologiques manifestes.
TDF : *Lou Tresor dou Felibrige* ; dictionnaire provençal-français de F. Mistral.

Les plantes

Dans l'ensemble des monographies, les informations recueillies auprès des informateurs sont imprimées en gris foncé (noir 80 %) ; les commentaires en noir 100 %.

Absinthe

Artemisia absinthium L.

COMPOSÉES (= ASTÉRACÉES)

pl. 20, fig. 66

L'absinthe a son optimum dans l'étage montagnard. Elle atteint 1 800 mètres à Lure. Plutôt nitrophile et quelque peu pionnière, cette belle armoise vivace toute soyeuse-argentée pousse aussi bien près des bergeries et au bord des chemins que dans les rocailles, les éboulis d'altitude, les lieux au sol remué (pistes forestières et coupes). Elle descend çà et là dans l'étage collinéen au bord des routes,

dans les friches sèches et sur les décombres au voisinage des lieux habités, où elle est surtout fréquente au-dessus de 700 mètres. Aux basses altitudes, elle semble souvent le vestige d'une ancienne présence dans les jardins.
Jadis cultivée comme médicinale et pour son essence, base des spiritueux du même nom, l'absinthe était encore distillée dans les années 1980, illégalement... *Avant 1914, tous les enfants du village faisaient des fagots d'absinthe et les portaient à la distillerie pour gagner quelques sous*. On en tirait "l'essence noire". La distillation se faisait après celle de la lavande. *En 1914, on a interdit de distiller l'absinthe ; de l'alcool, on en a fait de* [= on est passé à] *la liqueur* (M. P., 70 ans, Lardiers).
L'absinthisme, pathologie particulière aux grands buveurs d'absinthe, avec crises épileptiformes, hallucinations, etc., traduisait les effets de l'un des principes actifs de l'huile essentielle, la thuyone, poison du système nerveux d'action convulsivante, ici potentialisé par des substances non moins nocives chez d'autres constituants des apéritifs : essence d'hysope, d'anis, etc. D'où l'interdiction des spiritueux à base d'absinthe au début du XXe siècle.
Peu usitée de nos jours en médecine populaire française, l'absinthe a un grand passé thérapeutique de tonique-amère apéritive, emménagogue, fébrifuge, vermifuge, etc. Les pharmacopées anciennes lui octroient une place majeure, en particulier comme stimulante digestive et "herbe aux vers". Cette dernière indication reste la plus courante au niveau populaire. L'absinthe est toxique à forte dose, mais peu probablement abortive, en dépit des préventions fréquentes à ce sujet (voir **5272**). Sa mention comme dépurative ne traduit pas un rôle important à ce niveau dans la médecine populaire haut-provençale, où elle est supplantée par des amers moins extrêmes en même temps que plus polyvalents, comme le petit-chêne et le marrube. Elle entrait autrefois dans la confection de nombreux vins et liqueurs dits "de ménage", emplois où les préparations à base de quinquina l'ont éclipsée avant de tomber elles-mêmes en désuétude.
En Piémont, sur le versant italien du col de Larche, l'absinthe (outre sa réputation de vermifuge) conserve des indications d'anti-ecchymotique ("coups", "bleus") qu'elle ne connaît pas, semble-t-il, dans les Alpes du Sud françaises. On est en droit d'y voir la filiation, *via* les livres de recettes, d'emplois de résolutive en médecine savante ancienne. Mais il y a ici aussi un témoignage des

différences d'attributions d'une même plante dans des cultures géographiquement proches, qui partagent un territoire floral aux grandes similitudes[1].

Emplois médicinaux. Médecine humaine

2121. *L'absinthe, en infusion, c'est digestif* (M. S., La Bastide-des-Jourdans, 84).
2574. *C'est un vermifuge, mais il ne faut pas en abuser* (M. et Mme C., Ongles). Faire sentir l'absinthe écrasée entre les doigts, frotter la plante fraîche sur l'estomac et sur le ventre, *ça fait passer les vers.* Ou bien il faut boire l'infusion à jeun (anonyme, F., origine Italie, Lardiers).
3220. L'informatrice a vu sa mère préparer ce remède pour une petite fille : avec les sommités d'absinthe, sèches, pulvérisées, on poudre des cataplasmes de coton imbibés d'alcool et on applique ces cataplasmes sur la poitrine *quand les bronches sont prises* (Mme L., 69 ans, Banon).
Cette pratique ne paraît pas relever d'un emprunt à la tradition écrite, mais il s'agit peut-être d'une extension de l'usage fébrifuge ; elle n'est pas sans risques chez l'enfant.
5272. L'absinthe est considérée comme abortive à forte dose (Mme L., 69 ans, Banon).
9110. *C'est un dépuratif.* L'informateur préconise de boire l'infusion à jeun, mais de ne pas en abuser (M. D., 65 ans, Forcalquier).

Emplois médicinaux
Pratiques vétérinaires et assimilées

Coliques. *Pour les chevaux constipés, on leur fait boire 1 litre d'huile d'absinthe ;* [ensuite] *on fait un sinapisme* (Mme L., 69 ans, Banon).
Il s'agit d'une huile de macération des sommités fleuries, et non de l'huile essentielle, extrêmement toxique.

Emplois alimentaires, condimentaires et assimilés

Spiritueux. *C'est trop fort en infusion. On en fait du pastis, de la liqueur. Avant on la distillait soi-même* (cercle du 3e âge, Saint-Michel-l'Observatoire).

1. Cf. D. Musset et D. Dore, *op. cit.*, 2006, p. 156.

Achillée millefeuille

Achillea millefolium L.

COMPOSÉES (= ASTÉRACÉES)

Cette Composée vivace pousse dans tous les lieux herbeux au sol riche et profond : prairies de fauche, talus à brachypode de Phénicie, bord des champs, des routes et des chemins. Dans les parcours à aromatiques et en altitude, l'achillée odorante, *A. odorata* L., s'y substitue. Médicinale de base dans beaucoup de régions, elle est peu ou très peu usitée en région méditerranéenne, où d'autres plantes occupent sa "niche thérapeutique" de plante amère, vulnéraire (c'est l'ancienne "herbe aux coupures"), tonique, remède de la circulation veineuse, emménagogue.

Emplois médicinaux. Médecine humaine

1851. L'achillée est *bonne pour la vue* (anonyme 2, Mane). S'agit-il d'un savoir de tradition orale ou d'une interprétation des données de la pharmacologie contemporaine ? L'huile essentielle d'achillée partage en effet avec la camomille un constituant majeur, l'azulène, qui explique l'action anti-inflammatoire de cette plante dans les inflammations oculaires. Toutefois, il n'est pas exclu que la similitude de morphologie florale (les capitules d'achillée sont des modèles réduits de ceux de la matricaire camomille) et de saveur ait conduit à une communauté d'emploi, par un effet de chevauchement d'indications entre plantes reconnues comme voisines (voir ce qui est dit à ce propos, ci-dessous, à "aigremoine", **1830**).

4321, **4370**. *Pour les hémorroïdes*, chez les jeunes gens, il faut faire des cures de 8 à 15 jours d'infusion d'achillée [sommités]. La plante ferait aussi baisser la tension, d'après une guérisseuse de haute Provence, qui recommande même la prudence aux hypotendus (M. V., 75 ans, Dauphin).

L'achillée est ici dans son rôle classique de tonique veineux puissamment anti-hémorroïdaire. L'action hypotensive, non relatée par la littérature, est une observation qui mérite vérification (voir ce qui est dit, à "ail", **4321**, du concept de "tension" en médecine populaire).

5120. *C'est bon pour les règles irrégulières* (anonyme, F., Saint-Laurent-des-Arbres, 30).

9336. *(pour les bains de pieds).* Voir "millepertuis".

Aigremoine

Agrimonia eupatoria L.

ROSACÉES

pl. 7, fig. 20

Cette plante très reconnaissable à son épi long et grêle de petites fleurs jaunes, non feuillé, dont les fruits couronnés de crochets voyagent dans les toisons des animaux, affectionne les friches herbeuses en sol profond, les fourrés, le

bord des chemins et des champs, les talus, le pied des haies. Dans la région, elle est favorisée par une certaine humidité (suintements, voisinage des fossés). On l'appelle *agrimoine*, *aigrimoine*, ou, parfois, *la grimoine*.

Même si l'aigremoine est bien moins courante en haute Provence que dans les régions plus septentrionales, elle y a un statut médicinal très important. Ceci plaide en faveur de la grande ancienneté des savoirs associés à cette plante dont on trouve les fruits en abondance dans les stations lacustres néolithiques du Nord des Alpes (sans qu'on puisse toutefois les rapporter à un emploi défini), et qui est d'usage dans toute son aire européenne, en particulier comme vulnéraire cicatrisante et anti-inflammatoire dont les témoignages recueillis montrent l'efficacité, par ailleurs "décongestionnante" hépatique d'emploi courant – cette dernière attribution ne trouvant pratiquement pas d'applications dans la région prospectée.

Perception de la plante

La tige a des feuilles tout le temps ; les racines sont longues ; ça fait un parterre comme de la salade (M. et Mlle C., Banon). — *L'aigremoine, c'est l'eupatoire, elle n'est pas tout à fait jaune, la fleur, avec un petit cœur rougeâtre* (M. M., Seyne, 04 — [Cette description évoque de très près celle des manuscrits médiévaux.]

Emplois médicinaux. Médecine humaine

1111, 1112, 1117. L'aigremoine est citée comme remède des *plaies* et des *blessures*, comme *désinfectant des plaies*, par plusieurs informateurs. On emploie la décoction de la plante, en compresses. Mme V. précise qu'elle fait bouillir une poignée de plante dans une marmite pleine d'eau, recette apprise au début du XXe siècle de la grand-mère qui l'a élevée, et qu'elle a mise à profit jusqu'aux années 1970, en particulier pour les plaies du bétail (Mme A., 65 ans, Forcalquier ; Mme V., 75 ans, Dauphin ; anonyme, F., Saint-Laurent-des-Arbres, 30 ; anonyme, H., 75 ans, Montsalier).
1116. Pour résorber une enflure de cicatrice (opération d'appendicite de son fils), une voisine de l'informatrice s'est servie de compresses de décoction d'aigremoine, répétées toute la journée (Mme C., 55 ans, Saint-Etienne-les-Orgues).
1313, 1942. En bains et en compresses de décoction, cette plante a été employée en traitement prolongé contre *une enflure des membres* (jambes et, surtout, bras), à la suite d'une opération du cancer du sein. C'est une voisine de l'informatrice qui a suivi cette cure, dite bénéfique ; son bras était enflé et douloureux (Mme D., 84 ans, Banon).
1180, 1221, 1240, 1451, 1540. A la suite d'une piqûre d'insecte à la main, un informateur de Noyers-sur-Jabron a développé un abcès et un début de septicémie [?] avec une enflure importante, de la température ; la main était *énorme et violette.* Un médecin de Sisteron a conseillé des bains de décoction des sommités fleuries de la plante. L'enflure et la température ont disparu le lendemain. La décoction a servi aussi à traiter, outre des plaies anciennes, des ulcères de jambe (Mme G., 70 ans, Noyers).
1221. Pour traiter les *vieilles plaies* qui ne cicatrisent pas, des agriculteurs de la plaine de Mane se servaient de cataplasmes de décoction de plante entière d'aigremoine : *c'est efficace en 3 ou 4 jours ; en hiver, on emploie simplement la*

racine ; on la trouve en cherchant les tiges passées. Cette racine a guéri un coup de pied de cochon qui ne cicatrisait pas (M. V., Dauphin ; recueil P. L., 1974).
1433, 1914. La décoction des parties aériennes (une poignée environ pour une casserole d'eau) était couramment employée en bains de pieds après les foulaisons. *L'aigremoine, c'est très très bon. Un vieux monsieur ramassait chaque année l'aigremoine. Il tenait ça de son père. C'était pour les pieds, quand ils avaient foulé les aires, ils avaient chaud dans les gros souliers, ils faisaient des bains de pieds. C'est délassant après le travail et la marche* (Mme L., 69 ans, Banon). — Voir ce qui est dit plus bas, en **1830**.
1520, 1530, 1611. En bains et en compresses de décoction, l'aigremoine est utilisée contre les panaris (anonyme 4, Forcalquier). — *C'est un désinfectant pour les infections de la peau, la décoction de la plante en compresses. Pour les furoncles, on fait tremper le doigt* [dans la décoction jusqu'à la guérison] (M. R., 40 ans, Mane). — *Quand on avait des boutons ou des poussées de furoncles, on faisait tremper la main dans l'aigremoine* (enquête J. M., Saint-Michel-l'Observatoire).
1611, 2540, 3111. *C'est pour le mal de gorge ; ça enlève toute l'irritation dans les intestins et aussi l'irritation au bord des boutons* (enquête J. M., Saint-Michel-l'Observatoire).
1830. *C'est pour l'inflammation des yeux* (enquête J. M., Saint-Michel-l'Observatoire).
Indication très inhabituelle pour cette plante, mais qui atteste l'étendue d'interprétation de ses propriétés anti-inflammatoires. On notera que l'aigremoine croise ici le plantain, au statut de vulnéraire très voisin, dont le champ d'application va des plaies anciennes et des dermatoses aux "enflures" de diverse nature en passant par les inflammations oculaires. L'aigremoine rejoint aussi les plantains dans le soin des pieds enflammés (cf. **1433**, ci-dessus, et plus bas, aux emplois vétérinaires, "sabot"). La comparaison détaillée des attributions de ces plantes très éloignées dans la classification botanique, et que rien d'explicite n'associe dans la mise en œuvre populaire, pourrait aider à mettre en lumière les effets inducteurs qui déterminent la sélection des végétaux de la pharmacopée traditionnelle dans une flore donnée, et celle des indications à l'intérieur de leurs potentialités curatives. Qu'est-ce qui amène à retenir le plantain et l'aigremoine comme remèdes oculaires parmi les nombreuses plantes

anti-inflammatoires susceptibles, à première vue, d'emploi analogue ? Cette question de "l'émergence d'indication", qui n'intéresse guère le pharmacologiste, est au centre de l'interrogation sur la genèse des savoirs médicinaux. Plus que parmi les attributions d'une plante prise isolément, où l'avènement d'une indication d'allure exotique est souvent d'interprétation difficile, sinon impossible, un tel problème se fait plus abordable sur le mode comparatif lorsqu'on se trouve devant des remèdes végétaux botaniquement distincts (ou, du moins, non reconnus comme apparentés dans la classification populaire), qui ont en commun un nombre significatif d'indications analogues, au point d'apparaître (aux yeux de l'analyste assez averti pour savoir croiser les données) comme appartenant à un même champ d'attributions curatives. On signalera encore qu'*agrimonia* déforme *argemonia* (du grec *argemonê*), nom d'une plante employée dans l'Antiquité pour traiter la cataracte, confusion de noms qui a pu induire des emplois antiophtalmiques de l'aigremoine ; mais est-il possible d'en supposer un écho à Saint-Michel-l'Observatoire dans les années 1980 ? — Voir aussi ce qui est dit à "plantain badasson", option **1831**.

1918. *C'est pour les difficultés à bouger les membres* (Mme D., 84 ans, Banon).

1943, **1970**. *C'est pour les rhumatismes chroniques et la sciatique* (anonyme, F., Saint-Laurent-des-Arbres, 30).

1945. *Pour les douleurs des rhumatismes, on fait bouillir la plante dans une grande casserole, on ajoute du frêne, ça fait meilleur effet* (M. V., 75 ans, Dauphin).

L'emploi antirhumatismal de l'aigremoine n'est que rarement attesté, même s'il s'accorde avec le champ de "décongestionnante" de la plante. On pourrait peut-être reconnaître dans les exemples haut-provençaux qui précèdent une relation avec le champ dépuratif évoqué plus bas (**9110**), où la visée "rhumatismes" peut être implicite. L'association avec le frêne fait un remède cohérent, qui associée le diurétique et l'anti-inflammatoire.

2211, **2512**. *C'est bon pour le mal aux dents et le mal au ventre : mon frère avait des douleurs au ventre, on ne savait pas de là où ça provenait, il a pris "l'agrimoine" en infusion et ça lui a calmé les douleurs* (M. et Mlle C., Banon).

Aucun des informateurs ne mentionne l'action astringente et souvent constipante de l'aigremoine bue en cure un peu prolongée. Aucune allusion non plus, hormis peut-être, indirectement, dans la présente donnée, au “remède du foie” d’ancien renom, bien connu en d’autres régions mais à peine attesté par les enquêtes en haute Provence occidentale. Cette lacune est au nombre des indices qui aident à préciser l’autonomie du territoire prospecté en matière de connaissances ethnobotaniques.

2240, 2271. [En infusion] *ça fait des gargarismes pour la bouche, ça raffermit les gencives et ça guérit les aphtes* (M. et Mme C., Ongles).

Attribution fréquente des astringents. “Tout le monde sait que la décoction d’aigremoine est le gargarisme le plus ordinaire pour les maux de gorge” (Chomel, *op. cit.*, 1782, p. 361).

2315, 7141, 9311. Voir “germandrée petit-chêne”.

3222. *Pour la bronchite*, on boit l’infusion de la plante (M. C., 55 ans, Saint-Etienne-les-Orgues).

Il y a fréquemment un lien entre maux de gorge et affections respiratoires en médecine populaire ; l’aigremoine rejoint ici la ronce, peut-être dans le seul champ de la tradition orale, voire locale.

4311, 5113. En infusion, *c’est bon pour la circulation du sang. C’est pour les règles* (Mme B., 75 ans, Mane).

5123. *L’aigremoine, c’est pour les femmes* (M. G., Saint-Michel-l’Observatoire).

Les deux propriétés/indications précédentes, rarement attestées dans la littérature et les enquêtes, rappellent toutefois la prescription (elle-même peu fréquente) de la plante comme emménagogue, dans l’ancienne médecine (cf. Matthioli, *op. cit.*, 1680, p. 383).

5243. On s’est servi de compresses d’aigremoine contre l’engorgement des seins (anonyme, F., Saint-Laurent-des-Arbres, 30).

Cet emploi, non relevé dans la littérature consultée, est toutefois en lien avec l’ancienne réputation de résolutive de la plante, qu’on employait au XVIIIe siècle dans “la tumeur des bourses et des autres parties où il y a inflammation” (Chomel, *ibid.*, p. 360).

6213. *C’est bon, l’aigremoine, pour le mal de tête. “Al mau de testo, vòu me faire uno infusioun d’agrimouano”* (Mme A., Saint-Michel-l’Observatoire).

7120, 7121. *Quand ils avaient la grippe, la vraie, pendant 8 à 10 jours, on prenait une infusion d’aigremoine dans une grande casserole, et aussi du thym* (enquête J. M., Saint-Michel-l’Observatoire). — *Pour la grippe et les coups de froid*, on conseille de faire infuser une sommité fleurie d'aigremoine dans du vin chaud (Mme M., 58 ans, Bonnieux, 84).

Ces emplois se rattachent à l'ancienne et très classique indication de la plante dans les maux de gorge, et en "rafraîchissante". Sur le plan strictement pharmacologique, ils peuvent être mis en parallèle avec les propriétés anti-inflammatoires et quelque peu antivirales de la plante, attestées récemment au laboratoire. Voir, plus haut, le commentaire à **2240** et **3222**.

7160. La décoction de la plante a été employée avec succès, en lavements, chez un enfant de 5 ans atteint de paratyphoïde, vers 1946, à Sisteron, sur le conseil d'un médecin local, le Dr Tron (Mme G., 70 ans, Noyers-sur-Jabron).

Information sans attestation écrite, issue de l'expérimentation médicale d'une époque où les praticiens de campagne pouvaient tirer parti du savoir populaire relatif aux plantes et le croiser avec les données de la pharmacologie, sinon de la clinique savante.

9110. L'infusion d'*aigrimoine* est *bue de temps en temps* comme *dépuratif* (Mme A., 65 ans, Forcalquier).

9341. L'aigremoine est considérée comme un *adoucissant externe et interne*, en lotions ou en tisane (Mme B., 75 ans, Mane).

9352. *C'est un désinfectant.* On emploie la décoction de la plante, en bains ou en compresses (M. F., 50 ans, Valbelle).

Emplois médicinaux
Pratiques vétérinaires et assimilées

Affections du sabot ou du pied. Pour le piétin des brebis, on leur trempait les sabots dans la décoction d'une bonne poignée de plante bouillie dans l'eau. Pour l'informateur, c'est la même utilisation que le badasson, qu'il n'emploie pas. *"L'agrimouano" est aussi bonne* (M. B., 75 ans, Montsalier).

Autre attestation, cette fois explicite, des analogies d'usage entre l'aigremoine et les plantains, dont on a souligné l'intérêt ci-dessus (cf. **1830**).

Blessures. Pour traiter les blessures des chevaux et des moutons, on se servait de la décoction d'une poignée de la plante dans une pleine marmite d'eau, en bains ou en compresses. *C'était courant dans le temps* (Mme V., 75 ans, Dauphin ; voir aussi, plus haut). — *Pour les*

plaies, on en fait des compresses (M. B., 75 ans, Montsalier).
Mise bas. On donnait un lavement de décoction d'aigremoine aux brebis et aux chèvres dans la rétention du placenta (M. F., 50 ans, Valbelle).

Ail

Allium sativum L.

ALLIACÉES (ex-LILIACÉES)

Légume-condiment cultivé dans tous les jardins, et sur une large échelle dans les régions à l'arrosage pour la production d'ail nouveau. L'ail est de surcroît un grand remède, sans doute aussi ancien que sa consommation, celle des bulbes sauvages étant bien antérieure à la suprématie de l'espèce domestique. Celle-ci, inconnue à l'état sauvage, probablement apparentée à une espèce d'Asie centrale (*A. longicuspis* Regel), est l'une des plus anciennes condimentaires cultivées dont fassent mention les écrits de l'Antiquité méditerranéenne.

Emplois médicinaux. Médecine humaine

1540. *Pour un abcès, on écrase l'ail sur l'abcès seulement* (anonyme, F., Saint-Laurent-des-Arbres, 30).
1761. L'ail pilé est mis en cataplasmes sur les verrues. L'informatrice connaît l'effet caustique de l'ail sur la peau saine et conseille de l'appliquer *seulement sur les verrues* (anonyme, F., 75 ans, Forcalquier). — On fait une purée d'ail, ou bien on coupe une gousse d'ail en deux, qu'on pose sur la verrue *: c'est l'acide de l'ail qui tue la verrue* (M. B., Montjustin. — M. B. a des verrues grosses et étendues ; il traite l'une d'elles avec l'ail et elle régresse visiblement ; la différence avec les verrues voisines est très nette).
1765. *Pour les cors aux pieds,* on met de l'ail pilé sur le cor (M. S., 80 ans, Séderon, 26).
2212, 9371. *L'ail, c'est bon pour tout, sauf pour l'haleine* (M. B., Montjustin).

2231. (Voir ci-dessous, **2571**, “vers dans les dents”.)
2416. *L'aïgo boulido fait grand bien, c'est aussi un remède du foie ; une voisine, quand elle a une crise de foie, elle se met à l'aïgo boulido. On laisse les organes au repos* (Mme A., 65 ans, Forcalquier).
2523. *Ça avait l'odeur de chrysanthème, les lavements d'ail, on ne connaissait que ça* (Mme N., 90 ans, Mane) — voir aussi ce qui est dit ci-dessous.
2571, **2574**. L'ail en usage externe chasse les oxyures [SPE] (anonyme, F., Saint-Laurent-des-Arbres, 30). — *Pour les vers, il faut manger de l'ail* (M. F., 50 ans, Valbelle). — *Pour les vers, il faut en manger cru* (M. et Mlle C., Banon). — *C'est un vermifuge ; on met un collier d'ail pour les vers, autour du cou des enfants.* Mme C. raconte qu'une petite fille à qui on avait mis ce collier pleurait, car ça la brûlait et ça la piquait. *Les gousses décortiquées lui avaient fait des plis dans le cou.* [Elle n'avait] *plus de vers après* (Mme A., Saint-Michel-l'Observatoire). — *On mettait l'ail épluché, cru, dans un mouchoir* [4 gousses dans le mouchoir], *sur le ventre, toute la nuit, et les vers sortaient. Les enfants portaient un collier d'ail ; je ne voulais pas le mettre car ça sentait* (Mme D., 65 ans, Forcalquier). — *L'aîné en avait* [des vers], *ils sortent le soir, à l'anus ; il faut leur faire des lavements à l'ail parce que le ver craint l'ail ; les lavements d'ail, on ne connaissait que ça ! C'est pour chasser les vers par le bas intestin, mais c'est pas suffisant pour le gros intestin. Ça donne la fièvre.* — Mme T. avait *des vers dans les dents.* Elle avait fait un cataplasme d'ail sur le nombril et les vers ressortaient par le nombril (Mme T., Saint-Michel-l'Observatoire).
L'ail est un vermifuge très actif contre les ascaris. Les écrits médicaux les plus anciens en relatent les bons effets. Toutefois c'est aussi, à l'état cru, une substance irritante souvent responsable d'accidents plus ou moins graves, en particulier chez l'enfant. Certains modes d'administration traditionnels irréfléchis ont eu des conséquences fâcheuses ; ainsi de la gousse d'ail en suppositoire, lorsqu'on a blessé la chair du bulbe et libéré son suc caustique. D'où le recours fréquent à des modes d'emploi externes, comme ceux qui sont relatés par les informateurs. On rappellera que l'imaginaire associé aux vers, s'il se manifeste peu ici, est l'un des plus riches et des plus tenaces de la pensée médicale populaire. Plusieurs auteurs, dont F. Loux (*op. cit.*, 1976, 1979), s'y sont intéressés. La dernière donnée se rapproche de certaines observations

des médecins du XVIIe siècle, qui rapportent des infestations vermineuses affectant toutes les issues corporelles.

4321. *Pour l'hypertension*, il faut manger 3 gousses d'ail dont on a enlevé le germe, tous les matins (Mme B., 65 ans, Volonne). — *C'est bon pour la tension, il faut en manger cru* (Mme A., Saint-Michel-l'Observatoire). — *L'ail, ça baisse la tension ; on fait un biberon d'eau avec de l'ail* [la mention du biberon doit sans doute être comprise comme une mesure de volume] (enquête J. M., Saint-Michel-l'Observatoire). — *Pour l'hypertension*, il faut faire macérer des gousses d'ail dans l'alcool et en boire quelques gouttes par jour, en cure. Information transmise par une infirmière de Céreste, en 1940-1945 (Mlle A., 90 ans, Montjustin). — L'ail est conseillé en remède de la *tension élevée* (M. M., 75 ans, Pierrerue ; anonyme, F., Saint-Laurent des-Arbres, 30). — *C'est pour diminuer la tension ; il faut manger une gousse d'ail sauvage* [?] *dans les crudités* (M. S., La Bastide-des-Jourdans, 84). — Le genre *Allium* compte au moins une douzaine d'espèces dans la région ; hormis le poireau des vignes, *A. polyanthum* Schultes, non perçu comme "ail", qui reste consommé çà et là, leur récolte à des fins condimentaires n'a pas été attestée lors des enquêtes.

L'indication de l'ail en hypotenseur, dont la pratique populaire de la fin du XXe siècle se fait largement l'écho, appellerait une étude particulière, comme ce qui concerne la même indication chez l'aubépine. Le concept même de tension artérielle n'apparaît qu'à la fin du XIXe siècle, formalisant toutefois des observations médicales bien antérieures, où les symptômes de l'hypertension se retrouvent en particulier dans des affections qu'on associe au tempérament sanguin. Quant aux propriétés hypotensives de l'ail, elles ne paraissent pas nommément décrites avant les années 1920, où elles passent aussitôt dans les manuels de vulgarisation. Il serait intéressant, pour la compréhension des modes de constitution de la connaissance médicale populaire, de rechercher du côté de la vulgarisation les voies de passage de ce nouveau savoir vers l'expérimentation empirique, non sans relever les fluctuations probables des modes d'emploi, dont témoignent déjà les quelques exemples ici réunis. On doit rappeler aussi que, dans cette situation où l'on s'interroge sur le passage d'une découverte d'obédience savante à l'empirisme actuel, il convient toujours de regarder du côté des remèdes pharmaceutiques aujourd'hui disparus, dont certains ont induit des apprentissages d'indications avant d'inciter à des modes d'emplois autonomes. Dans l'entre-deux-guerres, et jusqu'à la fin des années 1950, de nombreuses spécialités de la pharmacie, industrielle ou artisanale, ont appliqué les découvertes de la phytothérapie, et la mémoire orale de la fin du XXe siècle en conservait encore des traces implicites, voire explicites.

5232. *Il ne faut pas en manger quand on allaite, ça pourrait arrêter le lait* (Mme A., Saint-Michel-l'Observatoire).

8131. *Pour l'inflammation glandulaire,* on applique un cataplasme d'ail écrasé et de sel, dans un tissu, pour ne pas brûler la peau (M. S., Digne).

Cette indication est floue. L'adjonction de sel évoque l'ancienne médecine. "Inflammation glandulaire" peut s'appliquer à un certain nombre d'affections dans la perception populaire ; mais l'action irritante de l'ail paraît exclure son emploi sur des inflammations. Peut-être est-il fait allusion à la mémoire d'un usage dans les adénites scrofuleuses.

Emplois médicinaux
Pratiques vétérinaires et assimilées

Coliques du cheval. La tresse de queues d'ail est mise sur la braise, l'*estubé*[1], sous le ventre du cheval ; *c'est un remède d'autrefois* (M. M., 60 ans, Banon ; M. F., 80 ans, Reillanne). — *L'ail, passé sous le ventre du cheval pour chauffer le cheval, c'était "l'estubé". Quand il avait les coliques, le ventre ballonné, il pouvait mourir. Ça faisait de la fumée, ça chauffait le ventre et puis ça le dégageait. Les chevaux étaient constipés, ça marchait* (Mme T., 60 ans, Limans). — On fait la fumigation sous le ventre du cheval resté debout ; ensuite on fait boire à la bête de l'infusion de camomille ou on lui fait des lavements avec cette infusion (M. G., 75 ans, Noyers-sur-Jabron). — On couvre le cheval d'une couverture, après quoi, *avec un chauffe-lit chauffé avec de la braise, on fait fumer une tresse d'ail sous le ventre* [de l'animal]. Cette pratique était encore en usage après la dernière guerre (M. J., 75 ans, Revest-du-Bion). — *Si les chevaux avaient la colique, on*

1. *Estubé* est une forme de français régional correspondant à *estuba* qui signifie "enfumer" (infinitif) ou "enfumé" (part. passé masc.) *(Note Cl. Martel.)*

mettait une tresse d'ail séchée, une queue d'ail dans l'écurie, et on enfumait l'écurie [en faisant consumer cette tresse]. *Pour le ventre du cheval, ça faisait du bien* (Mme F., 70 ans, Reillanne).
La "queue" est ce qui reste de la tresse des pieds séchés qu'on suspend au mur ou au plafond, procédé habituel de conservation des têtes d'ail dans le Midi. Qu'est-ce qui a suggéré son emploi en fumigation pour traiter les "coliques" du cheval, emploi sûrement intentionnel puisque bien des plantes peuvent être usitées dans le seul propos de fumigation ? Les indications de l'ail en médecine humaine ne semblent pas pouvoir expliquer directement les applications chez l'animal. Plante à caractère aromatique, l'ail a peut-être ici une fonction purificatrice, comme peuvent l'être l'absinthe et la lavande dont on fait des fumigations dans les étables en Piémont[1]. Par elle-même, la fumigation est une pratique très ancienne, sans doute associée primitivement à des rituels.
Digestion ruminants. *Quand les bêtes ont des problèmes digestifs, on met l'ail et les gousses sur la braise* [dans un seau] *et, quand elles ont des difficultés à respirer, elles respirent par la bouche ; on met la tête dans le seau sous un sac* (Mlle B., Courson, 04).
Mise bas. Pour la délivrance du placenta des brebis, on cuit une tête d'ail dans un verre ou deux d'eau, on la réduit en purée et on la fait avaler à la bête. Cette recette ancienne est encore utilisée par l'informateur, berger (M. C., Fontienne). — L'ail est associé à *un vin bien chaud* pour la délivrance des brebis [SPE] (enquête J. M., Saint-Michel-l'Observatoire).
Vers. *Le jus d'ail avec de l'huile d'olive, c'est bon pour les vers chez les agneaux.* On en donne une cuillerée par bête (Mlle B., Courson).

Emplois alimentaires, condimentaires et assimilés

Cuisine. *L'aïgo boulido, on en mangeait quand on avait fait un bon repas, alors le lendemain, on se mettait un peu au régime. On fait bouillir un brin de sauge avec une gousse d'ail. C'est un potage économique qui fait grand bien* (Mme A., 65 ans, Forcalquier). On pouvait y ajouter

1. Voir D. Musset et D. Dore, *op. cit.*, 2006, p. 158.

des pâtes. Ce potage se faisait aussi avec des feuilles de menthe.
Pour beaucoup de Haut-Provençaux d'autrefois, l'*aïgo boulido* ("eau bouillie") n'avait pas cette indication "diététique" mais pouvait, au contraire, constituer la base alimentaire en temps de vaches maigres : on y faisait tremper le pain.

Magie et symbolique

Saint-Jean, bouquet de la. *Le matin de la Saint-Jean, avant le lever du soleil, on ramassait 3 têtes d'ail et un épi de blé barbu, avec des immortelles jaunes. On le mettait dans la maison pour avoir de l'argent. C'est un porte-bonheur. On le gardait toute l'année dans la maison* (Mme F., 70 ans, Reillanne).
Dans les croyances populaires de tout le Sud de l'Europe, l'ail a une situation de plante bénéfique et protectrice. Sa rencontre, ici, avec l'immortelle (sauvage) et le blé construit une alliance de symboles qui vaut d'être analysée au regard de la situation respective de ces végétaux dans les traditions antiques et médiévales.

Amandier

Prunus amygdalus Batsch [*Pr. dulcis* (Mill.) D. A. Webb]

ROSACÉES-PRUNOÏDÉES

Fruitier le plus courant en haute Provence jusqu'à la guerre de 1939-1945. Sur les 2 200 000 amandiers dénombrés par l'enquête agricole de 1929 en France, le plateau de Valensole en comptait 500 000. En régression très accentuée de nos jours, cet arbre, de plus en plus rare dans le paysage rural après avoir été coupé en masse à l'avènement du tracteur et du machinisme associé, est de surcroît très parasité par le gui, atteinte qui lui est rapidement fatale quand l'homme n'intervient pas.
Jusque vers le milieu du XIXe siècle, on ne multipliait l'amandier que par semis, ce qui faisait réapparaître

fréquemment le caractère amer, dominant sur le doux. Par la suite, on privilégia la greffe des seules variétés douces. Beaucoup des arbres issus de semis naturel, qu'on rencontre fréquemment au bord des chemins, dans les friches, les murs des terrasses, les rochers, etc., produisent des amandes amères. Celles-ci sont hautement toxiques (acide cyanhydrique), mais peuvent servir à l'extraction de l'huile dite d'amande douce, le principe vénéneux, non liposoluble, restant dans le tourteau.
Le cassage des amandes, pratiqué à la veillée pendant les mois d'hiver (mais aussi dans des ateliers spécialisés, les "cassoirs"), a tenu lieu de ralliement social dans toutes les régions de production. C'était un moment d'échange d'informations où les connaissances en matière d'usage de la flore avaient leur part. Il est intéressant de constater que l'emploi médicinal des coques, sous-produit du cassage, est ce qui est surtout retenu par les informateurs au détriment de celui des fruits eux-mêmes.

Perception du milieu

Les amandiers fleurissaient tout blanc devant Saint-Michel ; maintenant ils ont tous disparu, ils ont été arrachés pour planter le lavandin, dès que les cultures ont pris le dessus, après la guerre de quarante-cinq, petit à petit (M. G., Saint-Michel-l'Observatoire).

Emplois médicinaux. Médecine humaine

3111. *Pour les maux de gorge,* on boit la décoction simple de coques d'amande, sucrée au miel (Mme V., 75 ans, Dauphin). — Les coques d'amande en décoction avec la mauve, la violette et des figues, *c'est un adoucissant, contre l'irritation de la gorge* (M. et Mme C., Ongles). — *Pour les maux de gorge,* on boit une tisane de coques d'amande préparées en décoction avec d'autres plantes, comme la feuille de ronce (M. B., 80 ans, Ferrassières, 26 ; Mme S., 80 ans, Séderon, 26).
3120. *Pour le rhume,* on fait une tisane de coquilles d'amande avec des pelures de pomme (M. F., 50 ans, Valbelle).
3215. *Pour la toux, on fait une infusion de coquilles d'amande avec 1/4 de pomme entière, quelques fleurs de mauve, quelques jujubes et un pruneau* (Mlle B., Courson).
4222, 8122. Il est conseillé de manger des amandes douces *pour le rachitisme et l'anémie* (anonyme, F., Saint-Laurent-des-Arbres, 30).
7120. *Quand on a la grippe, qu'on est mal fichu, l'hiver, on fait la tisane de fruits. On mélange des coquilles d'amande, des pruneaux, de la pomme reinette en tranches, de la figue sèche et une pincée de guimauve. On fait bouillir le mélange et il faut boire avec une cuillerée de miel* (Mme L., 69 ans, Banon).
Les diverses attributions des coques d'amande qui sont données ci-dessus, qui intéressent les "coups de froid" au sens large, se retrouvent dans toutes les recensions de savoirs médicinaux de la flore en Provence. Pour Réguis (*op. cit.*, 1897), "la coquille des amandes dures est le premier pectoral populaire". Ces coques, partie de l'amandier bien oubliée de nos jours, renferment une substance aromatique apparentée à la vanilline de la vanille (d'où leur emploi pour parfumer les crèmes et autres desserts, où on les fait bouillir dans le lait), et aussi un principe antibiotique mis en évidence récemment

(cf. Bézanger-Beauquesne *et al.*, *op. cit.*, 1990). Dans les années 1970, il y a des attestations de liqueurs obtenues par macération de coques d'amande dans l'alcool (recueil P. L., région de Forcalquier).
9383. *La tisane de coques d'amande, c'était naturel. Si ça faisait pas de bien, ça faisait pas de mal. C'était connu de tout le monde* (Mme D., 84 ans, Banon).

Emplois médicinaux
Pratiques vétérinaires et assimilées

Vers. Contre le ténia du chien, on fait absorber à l'animal des amandes (ainsi que des noix et des noisettes) plus 1 cuillerée d'huile. *Les vers viennent sur les amandes et s'en vont grâce à l'huile* (anonyme, Cadenet, 84).
L'imaginaire associé aux vers, déjà évoqué à propos de l'ail, hérite d'une ancienne représentation des pathologies infectieuses en lien direct avec l'idée de génération spontanée. Les vers, animaux blancs, sont alors regardés comme le produit d'un désordre digestif où, chez l'enfant en particulier, l'assimilation du lait, aliment blanc, est mise en cause : les vers naissent de l'aliment mal digéré. Dans cette pensée, l'amande, qui a beaucoup à voir avec la blancheur dans l'ordre symbolique, aura une affinité particulière avec les vers, comme l'atteste cet intéressant témoignage.

Amélanchier

Amelanchier ovalis Medic.

ROSACÉES-MALOIDÉES

pl. 19, fig. 62

Arbrisseau de grande extension altitudinale, l'amélanchier croît dans les milieux secs et ensoleillés, en sols pierreux. Il est surtout répandu, parfois dominant, dans la chênaie pubescente dégradée gagnée par l'aphyllanthaie, où sa floraison est superbe en avril. Les fruits, toutes petites pommes d'un noir bleuâtre, à allure de myrtille, en grappes, sont comestibles. Jadis consommés par les enfants, ils semblent oubliés. Des emplois médicinaux analogues ont été relevés dans l'Est de l'Espagne et dans les Hautes-Alpes, mais non en haute Provence.

Emplois domestiques

Balais. *On s'en sert pour faire des balais pour nettoyer les aires* (enquête J. M., Saint-Michel-l'Observatoire).
Divers. Les jeunes branches étaient utilisées comme brochettes, pour les grillades sur le feu : le bois ne brûle pas. On en faisait aussi des balais (Mme A., 90 ans, Robion, 84). Expérience faite, les brochettes de bois d'amélanchier vert se révèlent en effet parfaitement incombustibles, du moins le temps d'une grillade. Des charbons de bois d'amélanchier ont été trouvés dans le gisement du Bau de l'Aubésier (gorges de la Nesque, 84), daté du Paléolithique moyen (cf. P. Lieutaghi, *op. cit.*, 2004, p. 190). Les balais d'amélanchier, s'ils n'ont ici que deux attestations, étaient très courants en haute Provence.

Anémone hépatique

Hepatica nobilis Schreber

RENONCULACÉES

pl. 20, fig. 63

Annonciatrice du printemps dans les bois, cette superbe anémone aux fleurs violettes ou lilas, parfois pourprées, a son optimum écologique dans la chênaie blanche fraîche où elle peut constituer des peuplements étendus. Dans une flore sylvestre très peu requise par la pratique médicale populaire, elle a une place privilégiée. Elle conserve le statut de remède analogique qui était déjà le sien au Moyen Age dans la sphère "foie" de la médecine populaire.

Ramassage

Un informateur conseille de cueillir les fleurs déjà plus ou moins sèches le 1er avril (M. et Mme C., 70 ans, Revest-des-Brousses).

Emplois médicinaux. Médecine humaine

2120, 2416, 7141. A la suite d'une brucellose, un homme âgé de 50 ans a eu des troubles hépatiques sérieux : il ne digérait plus rien. Il a fait une cure de 2 fois 3 mois, qui l'a guéri (M. R., 40 ans, Mane).

Voir aussi ce qui est dit à "ficaire", **2490** (donnée intéressante qui s'applique probablement à l'anémone).

2416. On utilise les feuilles en infusion *pour le foie* (cercle du 3e âge, Saint-Michel-l'Observatoire). — *C'est une plante pour le foie ; ça vient de la grand-mère ; il faut prendre les feuilles* (enquête J. M., Saint-Michel-l'Observatoire). — *Pour le foie, on faisait une infusion des fleurs et des feuilles de l'herbe au foie.* Le remède était pris en cure de 21 jours (années 1950) (Mme A., 50 ans, Goult, 84). — *La boldo* est employée *pour les problèmes de foie* (Mme B., 45 ans, Saint-Jean-de-Sault, 84).

2430. Une informatrice avait *un point au foie* (calculs ?) ; elle s'est guérie en un mois en buvant chaque jour l'infusion d'une poignée de fleurs et de feuilles sèches dans 2 litres d'eau (anonyme 2, Mane, 1974).

2440. A la fin des années 1960, un homme alors âgé d'une cinquantaine d'années racontait qu'un médecin marseillais lui avait donné 3 ans d'espérance de vie quand il avait 27 ans. Il souffrait depuis longtemps d'*hypertrophie du foie* (nature exacte de l'affection non précisée), et ne digérait plus du tout. Il a employé l'anémone hépatique sur les conseils d'une femme de Manosque, elle-même *sauvée* de cette façon. Pendant 6 mois, il a bu chaque jour l'infusion d'une poignée de fleurs et de feuilles sèches dans 2 litres d'eau. L'affection hépatique a disparu. Il n'y a pas eu d'effets secondaires (M. R., 40 ans, Mane, recueil P. L., 1974).

Comme en ce qui concerne la ficaire anti-hémorroïdaire, l'action "hépatique" de l'anémone du même nom, qui ne peut être mise en doute, est l'une de celles qui ont le mieux corroboré, en son temps, l'interprétation analogique des propriétés des plantes. Simple moyen mnémotechnique, ce qui est peu vraisemblable, ou sélection dirigée parmi les signes innombrables proposés à l'homme ancien (il importe de se rappeler que l'analogie fonctionne aussi dans la relation plantes-animaux, et qu'elle intervient dans les processus de coévolution, ainsi entre orchidées et insectes[1]), la "signature" est un mode d'appréhension

1. A propos des "signatures", voir P. Lieutaghi, *op. cit.*, 1998, p. 147 et suivantes.

des offres de la nature dont la présente enquête montre en plusieurs lieux (comme dans la donnée ci-dessous) qu'il restait actif dans la haute Provence des années 1980. Sur le plan pharmacologique proprement dit, il va de soi que l'anémone hépatique devrait retenir l'attention des chercheurs. Une tentative de notre part a été faite, vainement, auprès d'un laboratoire lyonnais, à l'époque des enquêtes. Nous avons alors appris que l'étude de la flore médicinale française n'était pas libre, mais distribuée sur le mode de la concession minière entre divers laboratoires. Ceux-ci, à travers des brevets relatifs à l'extraction d'une substance ou à d'autres procédés, se réservent le droit éventuel de tirer parti (et si possible profit) des végétaux ou groupes végétaux dont ils s'octroient l'exclusivité de fait. Ainsi, l'anémone hépatique ne pouvait pas être étudiée par l'entreprise que nous avions contactée… Oubliée des pharmacopées actuelles, elle ne figure pas aux tables de la 2e édition des *Plantes médicinales des régions tempérées*, ouvrage de référence qui accueille beaucoup de plantes aux indications banales. Noter l'appellation de "boldo" qui qualifie la plante en **2416**, sous-entendant l'assimilation de l'anémone au remède chilien (*Peumus boldus* Molina, Monimiacées), très propagé comme "remède du foie" dans les années d'après-guerre.

Magie et symbolique

Perception analogique. "C'est l'herbe du foie, on dirait qu'il y a du foie sur la feuille. La feuille est grasse" (cercle du 3e âge, Saint-Michel-l'Observatoire).
Voir ce qui est dit ci-dessus, **2440**.

Angélique

Angelica archangelica L.

OMBELLIFÈRES (= APIACÉES)

Plante originaire des lieux humides du Nord et de l'Est de l'Europe ainsi que de la Sibérie, très anciennement cultivée,

exceptionnelle dans les jardins de la région où elle se développe cependant très bien en sols riches et tenus frais. Très rarement subspontanée (Silvacane, 13).

Emplois médicinaux. Médecine humaine

2313. *On n'utilise la racine que si la plante est gardée 4 ans* [en terre ; souvent bisannuelle, l'angélique peut ne monter en tige que la 4e année]. *Alors on la prend, on la fait sécher et on l'utilise en infusion, coupée en petits morceaux. C'est bon pour l'estomac et pour les brûlures* [d'estomac]. *C'est la plante miracle.* Mme C., qui fait pousser l'angélique dans son jardin, dit que les graines ainsi obtenues sont meilleures que celles du commerce (M. et Mme C., Ongles). [Ces graines, en effet, perdent rapidement leurs facultés germinatives et doivent être semées le plus tôt possible après la récolte.]

Emplois alimentaires, condimentaires et assimilés

Confit au sucre. *Les feuilles jeunes sont utilisées comme fruit confit* (M. et Mme C., Ongles).
C'est, en fait, le pétiole seul qui est confit au sucre. La plante a autrefois été cultivée dans la région d'Apt pour les besoins des confitureries, lesquelles usent de nos jours des côtes de céleri dûment débarrassées de leur saveur propre, réaromatisées (?) et colorées.

Anthyllide vulnéraire

Anthyllis vulneraria L. s. l.

LÉGUMINEUSES-PAPILIONACÉES (= FABACÉES)

Fréquente, mais de distribution inégale, dans les friches au sol maigre, les landes et les bois clairs, cette Légumineuse vivace a une grande amplitude écologique, des pelouses de l'étage du chêne vert à celles des montagnes, où elle se mêle parfois à *Anthyllis montana.* La forme à fleurs jaunes, *Anthyllis vulneraria* ssp. *vulneraria*, est nettement plus commune à l'est de Sisteron et de Digne, tandis que dans les bassins de Forcalquier et d'Apt domine la sous-espèce à fleurs rouges, *Anthyllis vulneraria* ssp. *praepropera* (A. Kern.) Bornm. Les noms de *thé des Alpes* et *thé de campagne* qu'on relève ici s'appliquent, selon les régions françaises, à des plantes diverses. Le premier qualifie habituellement, dans les Alpes internes, la Rosacée *Dryas octopetala* L. (dryade). Quant au *thé de campagne*, lui d'obédience plutôt méridionale, il désigne en général des Labiées à fleurs blanches ou jaunâtres, comme l'épiaire droite *Stachys recta* L., et diverses crapaudines (genre *Sideritis*).

Ramassage

La plante était cueillie chaque année, début juillet, sur le bord de la route qui mène au sommet de Lure (enquête D. D., Saint-Michel-l'Observatoire). — *Je le ramasse près de la maison, au bord des chemins* (Mme F., 70 ans, Reillanne).

Emplois médicinaux. Médecine humaine

2520, 9150. *Pour la constipation,* on fait infuser quelques têtes florales du "thé des Alpes" dans un bol d'eau bouillante : *c'est dépuratif* (Mme L., 69 ans, Banon). Mme L. récolte chaque année la plante, quand elle va à la montagne de Lure ; il s'agit de la sous-espèce à fleurs rouges.
2523, 2524. L'infusion des fleurs du "thé des Alpes", *c'est bon pour la constipation, ça donne des maux de ventre, ça purge* (Mme A., 65 ans, Forcalquier). — *Le thé de campagne, on fait l'infusion des fleurs, ça purge* (anonyme, H., 80 ans, Ferrassières, 26).
"Ça donne des maux de ventre" laisse entendre un effet purgatif violent, ce qui n'est pas une action bien établie pour l'anthyllide vulnéraire, plante regardée comme faiblement laxative. Il n'est pas exclu que certaines sous-espèces comme la ssp. *praepropera* à fleurs rouges, la plus fréquente dans la région, soient ici plus actives.

6123. *L'infusion, le soir, c'est contre l'insomnie* (M. et Mme B., 65 ans, Ongles). — *L'infusion des fleurs, c'est pour dormir* (Mme B., 75 ans, Mane). L'informatrice met souvent à profit cet usage d'apprentissage récent.
Comme le précédent, ce témoignage pourrait concerner non l'anthyllide vulnéraire, mais l'anthyllide des montagnes, *Anthyllis montana* L., aux fleurs très parfumées, parfois prise en infusion vespérale "pour le plaisir".
9382. *Le thé des Alpes, je le ramasse en montagne, il est meilleur en altitude, ça sent pas ; je le prends en infusion* [SPI] (enquête J. M., Saint-Michel-l'Observatoire).
La plante est restée indéterminée, mais le nom comme l'allusion à une plante inodore suggèrent l'anthyllide vulnéraire.

Aphyllanthe

Aphyllanthes monspeliensis L.

APHYLLANTHACÉES (ex-LILIACÉES)

pl. 16, fig. 50

Actrice majeure du printemps haut-provençal, cette jolie fleur d'un bleu céleste, en touffes denses aux tiges grêles sans feuilles, peut se faire dominante ("aphyllanthaie") sur les sols caillouteux et marneux, à l'extrême de la dégradation de la chênaie de chêne blanc, dans les taillis clairs, les garrigues de la Durance, sur les pentes à amélanchiers, etc., recherchant d'autant plus les expositions ensoleillées qu'on s'élève en altitude (elle dépasse rarement 900 mètres). La corolle, qui renferme un nectar sucré, était sucée par les enfants. C'est la plante de parcours préférée des brebis, et les bergers ont soin d'en conserver des localités pour le pâturage d'hiver : les touffes persistent, vertes, pendant la mauvaise saison.

Emplois médicinaux. Médecine humaine

4321. *C'est bon pour la tension, on fait les fleurs en infusion* (M. S., La Bastide-des-Jourdans, 84).
Information inédite : l'aphyllanthe n'est citée dans aucune des pharmacopées savantes ou populaires ni, comme

médicinale, dans les enquêtes consultées (y compris chez M. Amir, enquête en Luberon, *op. cit.*, 1994-1995) ; elle semble ignorée des grands traités de la Renaissance. L'origine du savoir ici relaté pose question car, comme il a été dit ci-dessus à propos de l'ail (**4321**), le concept de "tension" est un emprunt récent (début du XXe siècle) à la médecine savante. Toutefois, l'information est bien laconique ; des compléments d'enquête auraient été souhaitables, ne serait-ce que pour valider la détermination de la plante.

Economie domestique

Brosses. *La racine sert à faire des brosses* (M. B., Montjustin). — *La racine du "brégoun" est très solide* (enquête J. M., Saint-Michel-l'Observatoire).
En région méditerranéenne, la souche d'aphyllanthe, énorme chevelu très tenace, a longtemps connu les emplois économiques du chiendent. On la récoltait encore à cette fin au lendemain de la guerre de 1939-1945.

Economie rurale

Fourrage. Le *"pan de couguou[1]", c'est très nourrissant pour les bêtes ; une poignée de "bregoun[2]" ça vaut une poignée de maïs ; les bêtes en sont friandes. C'est une plante qui garde sa valeur toute l'année. Si vous la faites manger en automne, il n'y en a plus en hiver ; si vous ne la faites pas manger, vous pouvez en avoir encore en hiver* (M. B., Montjustin). — *Les bêtes en sont très friandes* (M. S., La Bastide-des-Jourdans, 84).
Dans toute la haute Provence, l'aphyllanthe est considérée comme une fourragère de première importance, tant

---

1. *Couguou* est la forme marseillaise de *cougiéu*, "coucou". A noter que le nom de *pan de couguou* est très répandu mais ne désigne pas partout les mêmes plantes : Mistral le donne pour la valériane rouge. *(Note de Cl. Martel.)*

2. Il ne s'agit probablement pas de *bregoun*, nom de l'instrument qui sert à broyer la chènevotte du chanvre ou du lin (et dont le nom est bien connu des provençalophones). Il faudrait avoir le contexte de l'enquête et des autres commentaires éventuels mais je pense qu'il s'agit en fait non de *bregoun* mais de *brigoun*, qui signifie "petits morceaux" ou "brins" : et on peut comprendre alors qu'il s'agit de brins de la plante donnés par poignées comme le maïs. *(Note de Cl. Martel.)*

pour les brebis que pour les chèvres. Les parcours collinéens, dans la zone des landes et du taillis très ouvert, lui doivent une bonne part de leur valeur.

Argousier

Hippophae rhamnoides L.
ÉLÉAGNACÉES

L'argousier, "saule épineux" des flores, croît sur les graviers et les alluvions, au bord des torrents et des rivières de régime analogue. En région montagnarde, il envahit fréquemment les marnes dénudées, humides périodiquement. C'est un arbrisseau pionnier qui ne supporte pas le couvert et disparaît quand la végétation riveraine finit par le dominer. Son enracinement traçant le fait utiliser dans les travaux de consolidation des sols ébouleux. Des torrents de l'étage subalpin, l'argousier descend bas dans la vallée de la Durance jusqu'au Rhône. Il existe aussi sur les cours du Jabron et du Lauzon. L'aire générale est très vaste, des Alpes et du littoral de la Manche à l'Himalaya.

Emplois médicinaux. Médecine humaine

3111. *Pour les maux de gorge, on fait des gargarismes avec des fruits d'arbousier* (sic) (M. C., Allos).
L'arbousier, arbuste méditerranéen, n'existe pas dans les Alpes. Il convient probablement d'entendre ici "argousier", les deux noms étant fréquemment confondus. Si c'est le cas, il s'agit d'une information intéressante car l'argousier ne semble pas connaître d'emplois médicinaux populaires en France, où ses fruits sont habituellement perçus comme vénéneux. La médecine ancienne y fait très rarement allusion (dysenterie, goutte). Dans les régions nordiques, les argouses sont au contraire très consommées en façon de condiment. Ce sont des fruits acides, très riches en vitamine C, de nos jours largement exploités à des fins pharmaceutiques, jusqu'à mettre en péril beaucoup de peuplements sauvages des Alpes du Sud. Des mises en culture sur une grande échelle marginalisent toutefois de plus en plus la cueillette sauvage.

Armoise

Artemisia vulgaris L.

COMPOSÉES (= ASTÉRACÉES)

pl. 3, fig. 9 et 10

Cette grande plante vivace, plutôt nitrophile, aux tiges striées de rouge, aux feuilles d'un vert sombre, feutrées-blanchâtres en dessous, fréquente les lieux habités, les terrains vagues, décombres, jardins à l'abandon, cultures et jachères en sols riches. Elle est très commune dans l'espace agricole où les engrais azotés la favorisent. On la trouve aussi sur les alluvions récentes des cours d'eau permanents.

Très largement diffusée en Eurasie, cette armoise a une place majeure dans les pharmacopées populaires et aussi dans les croyances attachées aux végétaux protecteurs. C'est l'une des "herbes de la Saint-Jean" de la France non méditerranéenne. Dans l'Antiquité, le nom d'*artemisia*, "plante d'Artémis", recouvrait plusieurs armoises employées à des fins gynécologiques, dont *Artemisia vulgaris*. Ces herbes aromatiques faisaient partie de celles qu'on brûlait sur les autels sacrificiels. Seule plante à avoir conservé le nom d'une divinité du panthéon païen ("achillée" se rapporte à un héros légendaire, "centaurée" à des seconds rôles mythologiques), l'armoise a aussi à voir avec les rituels du feu[1].

Les données rassemblées en haute Provence à propos des attributions gynécologiques de l'armoise, en particulier comme emménagogue et antispasmodique, sont dans la lignée des nombreux témoignages de la littérature ancienne. Elles attestent l'importance de cette amère-aromatique dans la pratique médicinale féminine de la société traditionnelle. Un dicton (qui reste connu des femmes âgées au début du XXIe siècle) lui octroie un statut de remède mémorable analogue à celui de la sauge (voir les § 4210 à 5272). On notera que la fonction antispasmodique, importante dans l'ancienne médecine, qui fait prescrire la plante dans les convulsions des enfants comme dans l'hystérie, est ignorée.

Emplois médicinaux. Médecine humaine

1761. Pour faire disparaître une verrue, on fait brûler une boulette de feuilles d'armoise posée sur l'excroissance (Mlle B., Courson).

C'est une armoise très voisine d'*A. vulgaris* dont on brûle les feuilles sèches à la pointe du cornet de papier qui les contient, dans la thérapie extrême-orientale par les moxas, stimulation par la chaleur des points d'acupuncture. Une pratique très analogue a été relevée dans les Hautes-Alpes lors d'une enquête du début des années 1980 (hors

1. Plus de détails *in* P. Lieutaghi, *op. cit.*, 1998, p. 176-181, 200-201.

recherches EPI ; l'informateur est un homme âgé, berger), où c'est la pointe en combustion d'un cornet de papier journal rempli d'armoise sèche qu'on approche de la verrue. De telles similitudes à propos de la même plante ne peuvent être fortuites ; elles attestent les très anciennes circulations des connaissances associées au végétal en Eurasie. C'est ce type de donnée qu'il convient de rechercher dans la littérature et les comptes rendus d'enquêtes pour dresser les cartes de distributions de savoirs, à ce jour inexistantes, qui pourraient en apprendre long sur des aires d'influences culturelles peut-être effacées depuis des millénaires[1].

2120, 2130. *On fait des infusions dans les indigestions. On en fait de la liqueur, on laisse macérer 2 à 4 mois* [moitié d'alcool, moitié de sirop fait avec 1,2 kilogramme de sucre]. *En cas de mal de cœur, on met la liqueur sur un sucre, ça fait roter, ça calme* (M. C., Allos).

La présente recette évoque surtout l'emploi digestif de l'absinthe, autre armoise… Une confusion de noms n'est pas exclue.

4210, 4311. L'armoise est considérée comme un *régulateur de la circulation du sang* [des femmes] (Mme D., 84 ans, Banon). — *C'est pour la circulation du sang* (M. S., La Bastide-des-Jourdans, 84). — *L'artémise, ma mère en faisait en infusion, c'était pour le sang* (Mme G., Banon). — *C'est pour le sang, c'est pour les femmes surtout* [en infusion] (enquête J. M., Saint-Michel-l'Observatoire). — *C'est bon pour le "sanguet", c'est la plante pour les femmes* (Mme C., Revest-des-Brousses). — *C'est pour les maux de ventre des femmes* (Sœur T., Mane). — On en fait infuser une poignée pour 1 litre d'eau, *en cure très longue ; c'est le Dr Nalin, dans les années 1930-1940, qui me l'avait conseillé pour la circulation du sang* (Mme L., 69 ans, Banon).

5113, 5121. *L'artémise, c'est bon pour les règles. On la met sur le ventre, ou* [on la prend] *en tisane, quand les femmes sont indisposées. C'est une colique* [douleur] *plus lente, qui donne mal aux reins et qui est différente de la colique d'indigestion, qui est forte* (enquête J. M., Saint-Michel-l'Observatoire). [On notera la description précise de la "colique", entendue comme "douleur" ainsi que dans l'ancienne médecine, alors que le langage courant

1. Au sujet de cette "écologie des savoirs", voir P. Lieutaghi, *op. cit.*, 2003, et p. 567 du présent ouvrage.

actuel en fait un synonyme de “diarrhée”.] — *L'artémise, c'est pour les règles douloureuses et puis pour la circulation du sang* (Mme D., 65 ans, Forcalquier). — *Ça fait venir les règles. C'est pour la circulation du sang* (Mme M., 58 ans, Bonnieux, 84). — *L'artémise, c'est bon pour les règles, la circulation et le sang* (cercle du 3e âge, Saint-Michel-l'Observatoire). — *L'artémise, c'est pour les maux de ventre,* en infusion légèrement bouillie *pour tuer les microbes de l'eau* (Mme B., 75 ans, Mane ; donnée analogue de Mme R., 60 ans, Revest-des-Brousses). — [L'infusion des fleurs et des feuilles,] *c'est contre les douleurs des règles. Il faut en boire 4 jours avant les règles ; j'en ai donné à ma petite-fille qui m'a dit que ça lui faisait du bien ; elle m'en demande toujours et vient en chercher souvent* (M. et Mme C., Ongles). — *Quand on a des règles, ça aide le corps* (Mme A., Saint-Michel-l'Observatoire ; l'informatrice doit sa connaissance des emplois de l'armoise à sa grand-mère, sage-femme). — La mélisse et l'armoise en mélange, *c'est bon pour les ovaires, ça fait venir les règles normales* (M. M., Seyne, 04). — Voir aussi “lavande” **4311-5113**.

5123. *Ah ! l'armoise, c'est pour les femmes, c'est bon pour les douleurs* (M. et Mlle C., Banon). — *“Se li fremo couneissien la vertu de l'artemiso, n'en metrien dins si camiso”* [“si toutes les femmes connaissaient les vertus de l'artémise, elles en mettraient dans (l'ourlet de) leur chemise”] ; *toutes les femmes devraient en porter sous leur chemise* (Mme C., Revest-des-Brousses ; Mme F., 70 ans, Reillanne ; Sœur T., Mane ; Mme A., 65 ans, Forcalquier ; M. G., Forcalquier ; anonyme, Saint-Maime).

Dicton répandu sous diverses variantes dans une grande partie de l'aire occitane, connu de la plupart des informatrices âgées qui ont été rencontrées dans les années 1980. La rime artémise/chemise (ou *artemiso/camiso*) lui assure une place intangible dans les mémoires. La chemise en question n'est pas sans évoquer la tunique d'Artémis, déesse protectrice des femmes en couches.

5272. *Ça fait venir les règles. C'est abortif* [...]. *C'était des choses cachées* (Mme M., 90 ans, Saint-Etienne-les-Orgues).

L'allusion aux “choses cachées” entraîne l'armoise dans une suspicion de plante abortive, ce qu'elle n'est pas, au dire des phytothérapeutes les plus fiables.

Armoise aurone

Artemisia abrotanum L.

COMPOSÉES (= ASTÉRACÉES)

pl. 1, fig. 2

Plante aromatique qui semble seulement connue à l'état cultivé, peut-être originaire de l'Europe orientale ou de la Sibérie. Ne fructifiant pas en France, l'aurone est exclusivement propagée par boutures, de reprise très facile. Elle est couramment citée par les médecins de l'Antiquité, cultivée dans les jardins carolingiens. Présente dans les jardins paysans d'une bonne partie de l'Europe[1], on la rencontre encore çà et là dans ceux de la haute Provence et des Alpes du Sud, mais elle se raréfie. Le nom d'"arquebuse" fait allusion à d'anciens emplois vulnéraires, en particulier lors de blessures causées par des armes à feu ; l'attestation d'usage actuel de la plante en ce domaine est très rare, d'où l'intérêt de la donnée **1140**.

Perception de la plante

C'est une plante vivace, les feuilles sont fines comme la bruyère, elle a une hauteur de 70 à 80 centimètres ; elle repousse du pied ; l'odeur, c'est entre le thym et moins fort que le romarin (M. C., Allos).
Un commentaire sur la forme de cette description, qui se rapproche beaucoup de celles des *herbaria* médiévaux, est donné dans P. Lieutaghi, *op. cit.*, 2008 a.

Emplois médicinaux. Médecine humaine

1140. *L'arquebuse, sur une meurtrissure mauvaise, on fait un emplâtre si la plante est fraîche, sinon on la met dans l'alcool et on imbibe avec un coton, même si c'est ouvert. Il y a quinze ans qu'elle est au jardin* (M. C., Allos).
2150. Mme C. en a dans son jardin ; elle en fait de la liqueur *contre les ballonnements* (M. et Mme C., Ongles). Cette liqueur, aujourd'hui à vocation surtout digestive, dite "arquebuse", est connue sous ce même nom dans les bassins d'Apt et de Forcalquier.

1. Elle connaît 4 citations dans l'enquête de C. Crosnier en Morvan-Bourgogne, *op. cit.*, 1987.

Arnica des montagnes

Arnica montana L.

COMPOSÉES (= ASTÉRACÉES)

L'arnica vrai[1], plante des sols frais acides, ne croît pas en haute Provence occidentale, où, sous le même nom d'"arnica", on lui substitue l'inule des montagnes, *Inula montana* ; voir ce nom plus loin. Les données ici répertoriées sont bien relatives à *Arnica montana*, "l'arnica du pharmacien", grand remède vulnéraire de la médecine

1. "Arnica" est un nom féminin. Toutefois, le langage courant use du masculin, ce qui est entériné ici (P. Fournier, *op. cit.*, 1947-1948, dit aussi "arnica montagnard").

populaire des montagnes, qui a suscité un certain nombre de pseudo-arnicas dans la pratique populaire des basses régions.

Emplois médicinaux. Médecine humaine

1111. *Pour les plaies ouvertes*, on faisait des compresses de décoction ou d'infusion de fleurs. La teinture d'arnica était vendue à l'épicerie dans les années 1906-1907 (Mme M., 90 ans, Saint-Etienne-les-Orgues).
Il s'agit très probablement ici de la teinture d'arnica vrai, "vendu à l'épicerie" ; mais la plante qui sert à soigner les plaies ouvertes, que l'arnica vrai peut irriter dangereusement, est plutôt l'inule des montagnes.
1111, 1324. *Sur une plaie ou sur un coup, on mettait de l'arnica du pharmacien* (Mme A., Saint-Michel-l'Observatoire).
1120. Recette contre les coupures de faucille : *les hommes portaient tous un chapeau ou une casquette sur la tête, tout le temps ; on râpait* [grattait] *le cuir de l'intérieur* [du couvre-chef] *; on faisait une pâte avec la graisse et un peu de macération de fleurs d'arnica dans l'eau-de-vie ; on faisait un pansement, on le posait sur la plaie ; on le laissait jusqu'à ce qu'il tombe ; mais personne n'a jamais eu le tétanos au début du siècle* (M. C., 55 ans, Saint-Etienne-les-Orgues ; cet informateur est originaire du Cheylard, en Ardèche, région où croît l'arnica vrai, *Arnica montana*).
L'emploi des divers phanères et sécrétions corporelles (cérumen, urine, etc.) se rencontre souvent dans la pratique populaire ancienne. On soulignera ici l'originalité d'une pratique disparue en même temps que le port habituel d'un couvre-chef ; et aussi l'usage de l'arnica sur une plaie fraîche, regardé comme susceptible de provoquer des réactions allergiques ; il se peut que l'alliance avec un corps gras ait eu un effet adoucissant.
3111, 3113, 3140. *On mettait quelques gouttes d'arnica* [teinture] *dans le lait, quand on était enroué ou quand on a l'angine ou mal à la gorge, et on le buvait* (Mme A., Saint-Michel-l'Observatoire).
L'usage interne de l'arnica est dangereux : irritante et toxique, la plante, mal dosée, peut provoquer des spasmes, vomissements, vertiges et autres accidents nerveux. Son emploi dans les affections pharyngées n'est pas mentionné dans la littérature consultée. Il est possible, sinon probable, qu'il s'agisse ici de l'inule des montagnes (voir ce nom).

Artichaut

Cynara scolymus L.

COMPOSÉES (= ASTÉRACÉES)

Peu cultivé en haute Provence, où les hivers froids peuvent en détruire les pieds, l'artichaut y est souvent consommé cru à l'état jeune, à l'huile et au sel, pratique inconnue ou peu courante en dehors du Midi, qui évoque des habitudes alimentaires anciennes. C'est d'ailleurs sous cette seule forme qu'il peut exercer une action au niveau biliaire (comme le font les feuilles très amères). L'artichaut cuit n'est nullement un "remède du foie".

Emplois médicinaux. Médecine humaine

2315, **2416**, **2511**. (mélange de plantes *bon pour le pancréas, le foie, l'estomac et l'intestin*). Voir "chicorée".
2413. *C'est pour la vésicule, il faut manger des artichauts jeunes, mais surtout crus* (M. C., Allos).

Asperge

Asparagus acutifolius L., *A. officinalis* L.

ASPARAGACÉES (ex-LILIACÉES)

L'asperge sauvage, *Asparagus acutifolius,* dont on mange les pousses au printemps dans tout le Midi méditerranéen, est une plante toujours verte, aux feuilles en aiguilles courtes un peu piquantes (rameaux modifiés), qui fréquente les bois et les broussailles de la région du chêne vert. Elle est sur sa limite nord en haute Provence, où on la rencontre çà et là sur les lisières, les talus et dans les broussailles ensoleillées des zones les plus chaudes de la chênaie blanche, en particulier dans la vallée de la Durance. Quant à l'asperge cultivée, *A. officinalis* L., probablement originaire des steppes salées d'Europe orientale, elle est aujourd'hui produite en grand, sous plastique, dans les régions à l'arrosage ; on la rencontre ici et là à l'état subspontané dans les régions de culture (bord des champs, talus, sols sableux).

Ramassage

Perception du milieu. *Avant on la cueillait à l'état sauvage, il faisait plus chaud. Maintenant le climat a changé, on les cultive sous plastique* (M. G., Saint-Michel-l'Observatoire). Ce témoignage laisse entendre que l'asperge sauvage et l'asperge cultivée sont deux formes de la même espèce ; comme il est dit ci-dessus, il n'en est rien.

Emplois médicinaux. Médecine humaine

9311. L'asperge est un aliment aux effets diurétiques reconnus (enquête D. D., Saint-Michel-l'Observatoire). Dans l'ancienne médecine, la racine ("griffe") de l'asperge cultivée est au nombre des diurétiques majeurs. Il est très probable que la propriété médicinale est ici, comme en beaucoup de cas, la conséquence logique de l'observation des effets physiologiques induits par l'aliment.

Emplois alimentaires, condimentaires et assimilés

Aliment de ramassage. Les jeunes pousses de l'asperge sauvage sont préparées en omelette (enquête D. D., Saint-Michel-l'Observatoire).

Aspérule odorante

Asperula odorata L.

RUBIACÉES

Plante caractéristique de l'association du hêtre, l'aspérule odorante est fréquente en montagne de Lure (ainsi que dans le Ventoux) aux niveaux supérieurs de la hêtraie et

dans la hêtraie-sapinière, en particulier sur les faces nord, où elle peut constituer d'importants peuplements. Elle est plus disséminée aux adrets, à partir de 1 500 mètres. En dépit de cette abondance dans les massifs élevés, elle est très peu représentée dans la médecine traditionnelle locale, ce qui est vrai de beaucoup de plantes médicinales de l'étage montagnard. Les emplois relatés ci-après sont d'origine extérieure à la région, ou, probablement, livresques (cas des informateurs d'Ongles).

Perception de la plante

[La plante] *a une fleur blanche, très fine, comme un voile* (M. et Mme C., Ongles).

Emplois médicinaux. Médecine humaine

6124, **9331**. [En infusion,] *c'est un calmant, ça fait dormir* (M. et Mme C., Ongles).

9335. *C'est un antispasmodique* (enquête D. D., Saint-Michel-l'Observatoire).

Emplois alimentaires, condimentaires et assimilés

Spiritueux. *On fait du vin de mai avec ; on met les* [sommités fleuries] *à macérer dans du vin* (enquête D. D., Saint-Michel-l'Observatoire).
Cet usage, traditionnel en Alsace et dans les pays germaniques, est à considérer comme un apport extérieur récent dans notre région.

Aubépine

Crataegus monogyna Jacq.

ROSACÉES-MALOIDÉES

pl. 8, fig. 24

Arbuste caractéristique des chênaies caducifoliées, disséminée dans les taillis de chêne blanc, l'aubépine, essence de lumière propagée par les oiseaux, colonise les friches et les landes pâturées d'ancienne culture (ses épines la préservent des troupeaux), se répand facilement dans les haies, et participe en bonne place aux fourrés préforestiers. Très répandue dans la région, elle peut monter jusqu'à 1 500 mètres à Lure, mais se raréfie au-dessus de 1 200 mètres, cédant alors la place ici et là (massif de Lure) à l'espèce voisine *C. laevigata* (Poiret) DC. (= *C. oxyacantha* auct.), l'aubépine épineuse, peu commune. Les haies plantées d'aubépines, dominantes en certaines régions (Morvan, etc.), sont peu courantes en haute Provence.
Voir ce qui est dit plus bas (**3120**) de la situation très particulière de cette plante à l'interface populaire/savant.

Perception de la plante

Les fleurs, c'est comme des pompons blancs, on les ramasse toutes dans les haies, en mai, à la floraison. Ça fleurit en mai, il faut faire vite avant les pluies pour les ramasser (M. et Mme C., Ongles).

Emplois médicinaux. Médecine humaine

1811. *C'est pour soigner les yeux, on fait une décoction des fleurs et on met des compresses sur les yeux* (Mme G., Forcalquier).
Indication peu fréquente de la plante, citée par ailleurs du Languedoc ; il n'est pas exclu d'y voir une influence des emplois antiophtalmiques du sureau, autre fleur en bouquets blancs ; l'aubépine n'est pas connue comme anti-inflammatoire.
2121. La liqueur de fleurs d'aubépine, *c'est digestif.* La recette est la suivante : *bourrer une bouteille de fleurs,* puis couvrir d'eau-de-vie ; laisser macérer 9 jours ; faire un sirop et, pour 1 litre de sirop, ne rajouter qu'un verre de macération filtrée. L'informatrice fait provision de fleurs chaque année, et s'en sert par ailleurs en cure régulière à des fins sédatives et cardiotoniques (M. et Mme C., 70 ans, Revest-des-Brousses).
La liqueur d'aubépine semble avoir, chez d'autres informateurs (hors enquête EPI), le statut de "digestif" au sens large attribué aux divers breuvages de même nature qui, dans la région, mettent en œuvre un bon nombre de fleurs et de fruits sauvages, privilégiant surtout la saveur et le petit rituel des fins de repas.
3120, 9345, 9352. *Pour le rhume, les fleurs d'aubépine, c'est désinfectant et décongestionnant* (M. et Mme C., 70 ans, Revest-des-Brousses).
4111, 4112, 4117, 4120, 4210, 4311, 6111, 6124, 6213, 9331. Les domaines cardiaque et sédatif sont ici associés, comme dans le discours des informateurs. L'infusion des fleurs d'aubépine est conseillée *pour les nerfs, le manque de sommeil et les palpitations cardiaques* (Mme M., 90 ans, Saint-Etienne-les-Orgues). — *Une pincée de fleurs dans une petite casserole d'eau bouillante, c'est un calmant pour les nerfs, c'est bon pour la circulation du sang, pour le cœur et les vaisseaux* (M. et Mme C., 70 ans, Revest-des-Brousses). — *C'est bon pour le cœur, ça fait dormir, ça me remplace le café. J'en bois tous les jours* (Mme A., Saint-Michel-l'Observatoire). — *Quand le cœur est malade, on fait des fleurs d'aubépine et du gratte-cul, c'est comme une masse piquante* (enquête J. M., Saint-Michel-l'Observatoire). [L'informateur peut faire allusion au bédégar, galle de l'églantier, mais il s'agit sans doute plutôt de la bourre intérieure du cynorrhodon, dont les graines ont aussi une action sédative.] — *L'aubépine,*

c'est bon, cueilli en fleur ; c'est bon pour le cœur, pour faire dormir (M. G., Saint-Michel-l'Observatoire). — *Pour dormir et pour la circulation du sang,* on fait une infusion de fleurs d'aubépine, et aussi les fruits en confiture [fruits appelés "poirottes" en Bourgogne, lieu d'origine de l'informatrice] (Mme R., 60 ans, Revest-des-Brousses). — *C'est bon pour le cœur, pour la circulation et les nerfs ; c'est un régulateur ; c'est un calmant* (M. et Mme C., Ongles). — Considérée comme un *tonique-cardiaque (sic)*, l'infusion des fleurs d'aubépine est aussi appliquée en compresses sur le front *contre les maux de tête* (Mme B., 45 ans, Saint-Jean-de-Sault, 84). [Cet emploi externe en sédatif, qui ne semble pas figurer dans la littérature, pourrait être d'invention locale.] — *Toute la plante* [en infusion], *c'est pour la fatigue cardiaque* (anonyme, F., Saint-Laurent-des-Arbres, 30). — A Banon, une autre informatrice prend en infusion des fleurs d'aubépine, le soir, avec du tilleul, et parfois aussi dans la journée, pour son *cœur fatigué* (M. et Mlle C., Banon). — *C'est bon pour le sang, pour les cardiaques, en infusion. On en met aussi dans la liqueur* (M. G., 75 ans, Noyers-sur-Jabron).
L'aubépine est la plante tonicardiaque et sédative majeure de la pharmacopée populaire française (comme de la phytothérapie savante européenne). On notera que les témoignages ici rassemblés associent pour la plupart ces deux propriétés (d'où la mise en commun des indications qui s'y rapportent, et cette analyse globale). Toutes les enquêtes actuelles en France attestent son statut de remède de tradition orale, et la diffusion très large des savoirs précis qui la concernent. Il n'en reste pas moins que cette situation ne se rattache à aucun fonds de tradition écrite. Aucune pharmacopée ancienne, y compris au XIXe siècle, où la plante est habituellement passée sous silence, ne fait mention des indications qui sont aujourd'hui les siennes. En ce qui concerne le Midi, où, il est vrai, les témoignages sur la pharmacopée populaire sont rares et laconiques avant le milieu du XXe siècle, on ne la cite pas davantage dans ses attributions actuelles ; l'emploi des fleurs est inconnu de Réguis, *op. cit.*, 1897. L'aubépine était regardée autrefois surtout comme une astringente, et encore de second plan ; ses fruits, les cenelles, très consommés lors des disettes, étaient privilégiés dans les recettes médicinales (diarrhées, etc.). Ce sont semble-t-il des travaux américains, à la fin du XIXe siècle, travaux rapidement relayés en Europe et particulièrement en

France par le Dr H. Leclerc, qui fondent son renom dans ses attributions modernes. Il existe sans doute de rares témoignages qui prouvent que la plante a connu des emplois populaires antérieurs dans le domaine des troubles cardiaques et nerveux, ainsi dans le Vexin à la fin du XVIIe siècle, et en Lorraine au XIXe siècle[1] ; mais le silence des textes est très surprenant au regard de la notoriété actuelle de ce remède dans la pratique populaire : si cette réputation était déjà établie sur le même mode avant la fin du XIXe siècle, il est très peu probable que les écrits savants n'en eussent pas témoigné. On est donc en droit de supposer une diffusion récente des indications modernes, à la fois à travers la littérature de vulgarisation contemporaine (qui emprunte beaucoup à Leclerc), et *via* le remède pharmaceutique, qui, dès le début du XXe siècle, tire parti des nouvelles découvertes sur l'aubépine (sur ce même sujet, voir "ail", **4321**). L'aubépine apparaît donc comme un marqueur particulièrement intéressant dans l'essai de compréhension des modalités de constitution et de diffusion des savoirs de la médecine populaire par les plantes, dans nos cultures où l'oral rencontre à peu près toujours l'écrit depuis des siècles. Il reste à mieux cerner son passé par l'analyse fine des textes anciens et à rechercher le plus possible de ses occurrences chez les folkloristes et dans les enquêtes d'ethnopharmacologie du XXe siècle.

4311, **9426 (effets secondaires).** *C'est pour la circulation. Mais, comme l'hysope, ça rend fou* (M. C., Allos).

Cette mention d'effets secondaires néfastes, non attestée par l'expérimentation savante, est à mettre en parallèle avec une information hors enquête : chez une jeune femme (très nerveuse, anxieuse), une tasse d'infusion de fleurs séchées (2 cuillères à soupe par tasse) a provoqué des troubles sérieux à l'allure d'éréthisme cardiovasculaire brutal. Quelques minutes après l'absorption, et pendant quelques heures, elle a éprouvé : rythme cardiaque désordonné, tête brûlante, froid aux extrémités (Manosque ; recueil P. L., 1979).

6124, **9331**. *Ça fait dormir, c'est pour les adultes, c'est pour calmer. C'est un calmant qui remplace le tilleul. On fait les fleurs en infusion* (Mme F., 70 ans, Reillanne). — *C'est*

1. Pour plus de détails sur l'histoire de l'aubépine, voir Leclerc, H., *L'aubépine, son histoire, ses propriétés thérapeutiques*, 18 p., Le Mans (extr. *Courrier médical*, 23, avril 1922).

pour calmer ; c'est un calmant ça remplace le tilleul (Mme A., 90 ans, Robion, 84).

9371. *On en faisait en mélange avec la bourrache, le thym, le romarin, la sauge, le tilleul et on en buvait tous les jours. Ça faisait des propriétés pour des longues cures, toute l'année* (Mme R., Mane).

Ce mélange de plantes assez contradictoire, qui réunit surtout toniques et sédatives, est hors influence des tisanes composées de l'herboristerie. Il peut avoir, en particulier, des effets digestifs et antigrippaux. Il atteste l'importance des infusions composées employées en "cures d'entretien" dans la médecine populaire du territoire concerné, pratique qu'on retrouve en bien d'autres régions d'Europe. Voir aussi ce qui est dit à "chicorée", **2315**.

Magie et symbolique

Philtre d'amour. Voir "chèvrefeuille".

Avoine

Avena sativa L.

GRAMINÉES (= POACÉES)

Très cultivée en haute Provence à l'époque de la traction chevaline, puis délaissée, l'avoine avait regagné du terrain comme aliment du bétail et occupait des surfaces assez notables à la fin du XXe siècle, dans le bassin de Forcalquier. Elle régresse de nouveau sensiblement au profit de céréales plus "nobles" ou plus productives, comme le "trical".

Emplois médicinaux. Médecine humaine

8115. *Pour le cholestérol, il faut faire bouillir 1 kilo d'avoine et boire le jus* (anonyme, F., 75 ans, Forcalquier).

Anti-asthénique, sédative, quelque peu hypoglycémiante, l'avoine ne semble pas citée dans la littérature comme remède des problèmes vasculaires liés au cholestérol, domaine pathologique moderne qui peut toutefois "récupérer" des indications anciennes relatives au sang.

Baguenaudier

Colutea arborescens L.

LÉGUMINEUSES-PAPILIONACÉES (= FABACÉES)

Arbrisseau disséminé dans l'étage collinéen du chêne blanc, dans le taillis clair, sur les lisières, les pentes broussailleuses, habituellement par pieds isolés. Assez rare dans l'ensemble de la région.

Jeux

Divers. Les gousses enflées du baguenaudier servaient de "pétards" aux enfants qui les faisaient claquer entre leurs mains (enquête D. D., Saint-Michel-l'Observatoire).
Connue dans toute l'aire de l'arbrisseau, cette facétie est en rapport avec le verbe "baguenauder", anciennement "s'amuser à des choses frivoles", comme les enfants qui font éclater les baguenaudes, du languedocien *bagangaudo*, "fruit du baguenaudier".

Ballote fétide

Ballota nigra L. ssp. *foetida* (Vis.) Hayek.

LABIÉES (= LAMIACÉES)

Cette nitrophile d'allure un peu triste se rencontre à peu près exclusivement au voisinage des villages et des fermes, dans les jardins délaissés, sur les décombres et dans les

fossés, au bord des chemins et des fourrés rudéralisés, au pied des haies, toujours sur sols riches, plutôt frais, où elle accompagne souvent l'ortie. La ballote peut envahir certaines friches pâturées aux abords des lieux habités. A partir de la bergerie, elle progresse vers le parcours sur les zones les mieux fumées. Son écologie se rapproche alors de celle du marrube blanc, lequel se contente toutefois de sols plus secs.
Remède surtout externe dans l'Antiquité (ulcères, morsures, fissures anales), appréciée comme antispasmodique et sédative depuis le XVIIe siècle, et de nos jours encore par la phytothérapie, "vermifuge très actif" (Cazin, *op. cit.*, 1868) oublié, la ballote, desservie par une odeur désagréable, semble à peu près inusitée en médecine populaire française à la fin du XXe siècle. C'est le "marrube noir" des anciens médecins-botanistes.

Emplois médicinaux. Médecine humaine Magie et symbolique

5112. La nuit de la Saint-Jean, on mettait dehors une bassine d'eau où trempaient quelques tiges de ballote ; le lendemain, on se lavait entièrement avec cette macération ; *ça garantissait du mal de ventre.* A Monfroc, quand Mme P. était petite fille, sa mère la lavait ainsi chaque année (Mme P., 80 ans, Ongles).
Cette pratique, inconnue de la littérature de langue française consultée, a aussi été relevée par O. Madon dans la région de Saint-Trinit (Vaucluse limitrophe des Alpes-de-Haute-Provence), où la ballote est dite *èrba de Sant-Joan*, "herbe de Saint-Jean" : "On en faisait des bains rituels pour les brebis et les humains." Le nom d'"herbe de Saint-Jean" peut être propre à l'aire considérée ; s'il s'applique à beaucoup d'autres plantes, il paraît presque incongru pour cette espèce nauséabonde. La mise en œuvre de la magie préventive est ici épaulée par les "forces" de la nuit de la Saint-Jean. A noter que les herbes nauséabondes,

volontiers mises en œuvre par les sorciers, ont parfois aussi une fonction protectrice contre leurs manigances. Le “mal de ventre” auquel il est fait allusion est peut-être à entendre comme “douleurs menstruelles” : c’est une mère qui prend soin de sa fille (magie préventive d’avant la puberté ?). Cet emploi très particulier d’une plante peu connue de la médecine populaire actuelle vaut d’être souligné ; il solliciterait une recherche approfondie.

Bardane

Arctium minus L.

COMPOSÉES (= ASTÉRACÉES)

pl. 3, fig. 8

Cette rudérale/nitrophile des plus caractéristiques, favorisée par les troupeaux, est fréquente sur les sols riches et profonds au voisinage des villages, des fermes et des bergeries, au bord des chemins et dans les jardins négligés. Propagée par l’homme et les animaux (capitules à bractées crochues très efficaces, inspiratrices du “Velcro”, s’agrippant aux toisons et aux basques), elle s’installe facilement sur les sols qui lui sont propices. Toutefois, le déclin de l’économie pastorale et le “nettoyage” de plus en plus maniaque des lieux habités entraînent une régression manifeste de ses populations. La grande bardane, *Arctium lappa* L., espèce officinale, n’existe pas davantage en haute Provence que dans le reste du Midi méditerranéen ; la petite bardane, *A. minus*, a des propriétés identiques aux siennes.
Plante majeure de la pharmacopée populaire haut-provençale (et européenne), la bardane se distingue par une morphologie bien à elle (grandes feuilles et capitules accrochants), que la perception populaire évoque sans ambiguïtés (même si le nom d’“oreille d’âne”, relevé une fois, qualifie habituellement certaines molènes, la consoude, etc.). Suivante fidèle de l’homme, elle appartient au “fonds commun” des savoirs médicinaux du domaine européen. En haute Provence, elle a surtout un statut de remède dermatologique, son indication traditionnelle classique, et d’herbe de cures dépuratives.

Perception de la plante

La plante a des boules qui accrochent ; les fleurs sont violettes et elle a de grandes feuilles (Mme G., Céreste). — *Le "rapo-pèu", c'est la plante qui a des petites boules comme le chardon, qui collent* (Mme A., Saint-Michel-l'Observatoire). — *Le "rapo-pèu", c'est une plante qui fait des boulettes piquantes qui collent et attrapent les poils des chèvres* (M. et Mme B., Céreste). — *Le "rapa-pèu", c'est une plante qui accroche beaucoup quand c'est sec ; elle fait de grosses feuilles vertes et larges* (Mme T., 60 ans, Limans). — *Les feuilles sont comme l'artichaut, elles sont découpées avec des dents, et vert cendré. Ça colle aux tissus, aux vêtements. C'est les fleurs qui collent, elles sont roses comme celles de l'artichaut* (M. et Mlle C., Banon — l'artichaut a des fleurs bleues ; voir aussi la confusion qui est relevée à propos de la carline). — *Les enfants et les animaux accrochent les boules de fruits* (cercle du 3e âge, Saint-Michel-l'Observatoire).

Ramassage

On en avait toujours dans une boîte en fer-blanc ; il faut la ramasser, comme beaucoup de plantes, à la vieille lune (M. C., Allos). — *La plante est bonne quand elle fleurit. La tisane devient bleue comme du vitriol* (Sœur T., Mane). En herboristerie, cette plante bisannuelle est récoltée au printemps ou à l'automne de la première année, avant la montée en tige. Le bleuissement de la décoction se manifeste chez plusieurs plantes à inuline, bardane, artichaut, cardon, etc.

Emplois médicinaux. Médecine humaine

1411, 1430. On l'appelle *oreille d'âne* ou *oredane* ou *tirapèu* ["tire-poil"]. Elle est employée *pour les maladies de peau.* Mme C. fait des lotions avec la décoction de la racine fraîche, récoltée avant la floraison. Il faut laver correctement la racine (M. et Mme C., 70 ans, Revest-des-Brousses). Dans la même indication, on se lave le visage avec *l'infusion verte* [de la racine] (M. et Mme C., Ongles).

1434. *Pour les maux de pieds,* Mme R. prend des bains de pieds de décoction des feuilles. Remède actuel (Mme R., 60 ans, Revest-des-Brousses).

1530. *Pour les furoncles,* on fait bouillir la racine et on en boit la décoction (Mme C., 65 ans, Banon).

1530, 9110, 9130. *C'est un dépuratif. La racine de bardane, c'est bon pour les furoncles et les maladies de peau.* Mlle T., une voisine, avait un eczéma sur le bras et ce remède l'avait guérie (Mme G., Céreste). — *Il fallait boire la racine, 3 ou 4 jours, le matin à jeun, contre les furoncles. On avait toujours des boutons. C'était toujours au printemps, donc avec la racine fraîche. Ça purge le sang* (enquête J. M., Saint-Michel-l'Observatoire). — La tisane, à boire le matin à jeun, *c'est dépuratif pour les furoncles.* On fait bouillir la racine (M. B., 75 ans, Montsalier).

1611, 1650. *Pour l'acné, pour les boutons,* on prend la décoction de racine de bardane (Mme B., 65 ans, Volonne).

1613, 1620. L'informatrice, qui emploie la bardane *pour les dermatoses et l'eczéma,* conseille de boire l'infusion des feuilles (Mme S., 80 ans, Séderon, 26).

1761. *Pour enlever les verrues, il faut frotter avec des feuilles de bardane* (Mme A., Saint-Michel-l'Observatoire). Indication inhabituelle pour cette plante, qui s'intègre toutefois, du moins symboliquement, au large spectre dermatologique.

1946. *La racine* [en décoction], *c'est bon pour les rhumatismes* (M. et Mme B., Céreste). — *Pour les rhumatismes*, on boit la décoction de racine (Mme B., 80 ans, Ferrassières, 26).

1960, **9311**. *C'est un diurétique très efficace pour la goutte* [SPE] (anonyme, Marseille, 13).

2537. L'informateur s'est servi de la bardane pour traiter une amibiase, avec des résultats positifs [SPE] ; (anonyme, Sisteron).

Donnée sans attestation dans la littérature consultée ; elle sous-entend un diagnostic "savant". C'est le genre d'information qui appelle une vérification expérimentale.

3140, **3142**, **7120**, **7121**. L'infusion des feuilles est bue en cas de refroidissements et de grippe. En cas d'angine, l'informatrice boit la décoction de racine (Mme C., 55 ans, Saint-Etienne-les-Orgues).

La phytothérapie contemporaine applique les feuilles de bardane au traitement des angines rouges à streptocoques : gargarismes de décoction et enveloppements de la gorge avec les feuilles fraîches. Une influence livresque est possible.

3230. L'infusion de feuilles est conseillée *pour la coqueluche* (Mme S., 80 ans, Séderon, 26).

Il s'agit sans doute d'une survivance de l'ancien usage antitussif et antipleurétique. Tout à fait délaissé par la phytothérapie actuelle, cet emploi est en accord avec le large champ anti-infectieux de la plante.

9110, **9111**, **9140**. **Perception du corps.** *C'est un dépuratif* (information recueillie auprès de nombreux informateurs, comme Mme E., 65 ans, Mane ; Mme G., Céreste ; Mme B., 75 ans, Mane ; M. J., 75 ans, Revest-du-Bion ; Mme V., 75 ans, Dauphin ; Mme F., 70 ans, Reillanne ; M. B., 80 ans, Ferrassières, 26). — La racine s'emploie macérée ou en infusion, qu'on boit le matin à jeun (anonyme, Saint-Etienne-les-Orgues). — Parfois, c'est l'infusion ou la décoction des feuilles qui est prescrite, à boire le matin, en cure de 3 ou 4 jours (anonyme, Revest-des-Brousses). — [Après qu'on a employé la scabieuse, dépurative du jeune âge,] la racine est administrée en décoction, *comme dépuratif pour les enfants plus grands* (Mme F., 70 ans, Reillanne). — *L'"arrapa-pèu", ça aussi, c'est la racine qui est bonne… C'était pour purger le sang… Ça, ma sœur en faisait beaucoup à mon beau-frère, au printemps. C'est* *maintenant ! On fait comme les plantes, on revit, le sang se rajeunit après l'hiver. Ça fait du bien, ça aide le sang à se purifier. C'est bon quand on n'a plus les règles. C'est bon pour purifier le sang. Si on prend trop, ça peut faire mal ; il ne faut pas trop en prendre, oh ! ça purifie, oh ! on peut en prendre un peu puis s'arrêter, puis en reprendre encore un peu* (Mme T., 60 ans, Limans).

La bardane arrive au second rang des herbes de cure de la médecine populaire haut-provençale (d'après les enquêtes de l'EPI), immédiatement après la germandrée petit-chêne. Cette situation sous-entend qu'on l'a jadis rencontrée plus communément que de nos jours, et que ses utilisateurs ne reculaient pas devant les difficultés d'un arrachage pas toujours évident (racine profonde), qui en découragerait plus d'un de nos jours. Plante familière, toujours présente dans l'espace domestique de l'ancienne société, elle tenait lieu de remède immédiatement accessible, à la saison. Les données de **1530** à **1613-1620**, relatives aux dermatoses, sont à intégrer aussi au champ dépuratif, même si celui-ci n'est pas forcément évoqué.

9336. Lorsqu'on a *mal au genou*, on fait un cataplasme de feuilles fraîches de bardane, maintenu par une bande sur le genou ; on le conserve toute la nuit, *ça calme*. Quelques années avant l'enquête (1982), Mme F. L. a vu cette recette appliquée à une femme de Forcalquier (Mme F. L., 60 ans, Dauphin).

Les grandes feuilles de la bardane permettent des enveloppements ; elles interviennent dans de nombreux traitements externes de la médecine populaire européenne.

Emplois médicinaux
Pratiques vétérinaires et assimilées

Blessures. Abcès de fixation. Pour une blessure suppurant ou des abcès chez la chèvre, l'ellébore fétide est appliquée en vésicatoire ; on fait ensuite un cataplasme de feuilles de bardane, de chou et de plantain, pendant quelques jours ; on complète avec des applications d'huile essentielle de cyprès, pendant 1 mois (M. M., 35 ans, Les Omergues).

Cette information témoigne des capacités d'évolution et de perfectionnement des recettes de la médecine populaire : aux dérivatifs classiques de l'empirisme vétérinaire, dont l'ellébore, on voit ici associer l'essence de cyprès, qui n'est produite que depuis peu par certains distillateurs de la région, dont l'informateur, "néorural" devenu herboriste et producteur de plantes médicinales. Voir ce qui est dit des "correctifs" qui succèdent aux vésicatoires à "chou", 1920.

Emplois alimentaires, condimentaires et assimilés

Aliment de ramassage. Les tiges des feuilles peuvent se manger quand elles sont jeunes, *comme les côtes de céleri* (M. et Mme C., Ongles).
La bardane est un aliment de ramassage des plus anciens, dont on consomme les parties aériennes à leur début, et dont les jeunes racines sont aussi savoureuses que les scorsonères ; il en existe des races cultivées en Asie orientale. Sa consommation, toutefois, est très peu attestée en haute Provence, où il semble que l'emploi dépuratif ait largement supplanté la fonction alimentaire (il n'est d'ailleurs pas exclu que l'information relatée ici procède d'une influence livresque).

Economie rurale

Fourrage. Les chèvres sont friandes des grandes feuilles vertes du *rapo-pèu* (M. et Mme B., Céreste).

Berce

Heracleum sphondyllium L.

OMBELLIFÈRES (= APIACÉES)

Plante des sols riches et frais, très commune dans les prés de fauche de l'étage montagnard des Alpes internes, la berce n'est relativement fréquente en haute Provence occidentale que sur la face nord de la montagne de Lure, au bord des routes et dans les clairières à sol profond (sous-espèce d'altitude ?). Sa situation est analogue au Ventoux. A basse altitude, exclusive des prairies humides, des fossés ombragés, du bord des canaux, etc., elle ne se

rencontre qu'à l'état disséminé. Cette rareté explique l'absence de données propres à la région, les seules informations citées se référant au département du Gard, et pouvant être toutes deux d'origine livresque.

Perception de la plante

Elle ressemble à l'angélique, mais n'a pas le même goût. Mme C. ne sait pas si cette plante a les mêmes propriétés que l'angélique (M. et Mme C., Ongles).

Emplois médicinaux. Médecine humaine

1161, 1450. L'informatrice fait une application de feuilles fraîches, broyées, contre les piqûres d'insectes et les morsures de vipère (anonyme, F., Saint-Laurent-des-Arbres, 30).

5310. La racine est utilisée contre l'impuissance sexuelle [SPE] (*idem* ; influence livresque probable).

Bette

Beta vulgaris L.

CHÉNOPODIACÉES

La bette est une “herbe à cuire” d’origine européenne littorale, connue de l’Antiquité, la variété à larges côtes n’apparaissant qu’au XVIe siècle. Cultivée dans les jardins, elle est couramment consommée dans la région. On rappellera que, dans l’aire ligurienne, c’est le “vert” des feuilles qui est privilégié.

Emplois médicinaux. Médecine humaine

1540, IIII. *Quand on avait des abcès ou des plaies, on mettait dessus des feuilles de blettes en compresses* (cercle du 3e âge, Saint-Michel-l’Observatoire).
La bette est déjà citée comme maturative et adoucissante par les médecins de l’Antiquité (Dioscoride, Galien, etc.), au même titre que l’arroche et d’autres herbes à cuire appartenant aux familles des Chénopodiacées et des Amarantacées. Si “blette” l’emporte de nos jours sur “bette” dans de nombreuses régions françaises, c’est bien “bette” qui s’applique à *Beta vulgaris,* “blette” désignant naguère des légumes de substitution, sauvages ou de semi-culture, chénopodes, amarantes, etc. (ce sont les “blitons” des textes de la Renaissance).

Bifora

Bifora radians Bieb.

OMBELLIFÈRES (= APIACÉES)

Plante messicole souvent abondante dans les céréales de l’agriculture sèche collinéenne, elle fait parfois les champs tout blancs de ses fleurs. Très proche cousine botanique de la coriandre, elle la rappelle en particulier par ses fruits en petites boules jumelles, ainsi que par son odeur. Chez *Bifora*, cette odeur, mélange de punaise et de rue, atteint le niveau fétide, et laisse supposer la présence d'une huile essentielle d'action physiologique puissante. C'est toutefois une plante qui ne semble pas avoir été étudiée. Elle apparaît chez les botanistes de la Renaissance (à partir d'une mention espagnole) sous le nom de "coriandre sauvage", sans qu'on dise rien de ses emplois éventuels. Il est possible que son extension dans les céréales du Midi n'ait eu lieu qu'aux Temps modernes, puisqu'il paraît peu vraisemblable qu'un végétal aussi malodorant ait échappé à l'attention des naturalistes de l'Antiquité.

Emplois médicinaux. Médecine humaine

1161. L'informateur semble se souvenir de l'emploi de cette plante pour traiter les morsures de serpent, mais a oublié son mode d'emploi (M. S., 65 ans, Saint-Saturnin-d'Apt, 84).
Confusion possible avec l'emploi antivenimeux d'une autre plante malodorante, la psoralée (trèfle bitumineux) ? Voir ce dernier nom.

Emplois médicinaux
Pratiques vétérinaires et assimilées

Lactation. La plante est considérée comme capable de *faire passer le lait des brebis* [SPE] (M. S., 65 ans, Saint-Saturnin-d'Apt, 84).
Automédication animale. *Quand on sortait les brebis, au printemps, après la nourriture d'hiver, au lieu de se mettre à brouter l'herbe, elles se jetaient sur cette plante. L'odeur, le soir dans la bergerie, était épouvantable. Par la suite, les bêtes n'y touchaient plus* (M. B., Viens, 84).
L'informateur appelle le bifora *juverdin* ou *juvertin*, noms rapportés par lui à *juvert*, "persil". Cette consommation printanière par les ruminants d'une plante d'ordinaire délaissée est un comportement qu'on retrouve à propos d'autres végétaux comme la fougère mâle, et qui semble en relation avec une nécessité métabolique ou thérapeutique.

Blé

Triticum sativum Lam. s. l.

GRAMINÉES (= POACÉES)

Céréale de très large diffusion dans la région. L'emploi de la décoction de son en adoucissant relève de la médecine la plus ancienne (voir "orge") et se retrouve dans toutes les régions de culture du blé.

Emplois médicinaux. Médecine humaine

1622. Pour soigner *l'eczéma croûteux* des nourrissons, on leur donne des bains de décoction de son bouilli ("eau de son") (Mme S. M., 70 ans, Saint-Etienne-les-Orgues).

2415, 2450, 9345 (cataplasme composé dans l'hépatite virale, la jaunisse). Voir "chou".
5230. *Pour l'allaitement, on prend des germes de blé* [SPE] (anonyme, F., Saint-Laurent-des-Arbres, 30).
Donnée en rapport avec les conseils de la diététique moderne.
5235. *Dans les années 1940-1950, on faisait bouillir du son qu'on ajoutait au lait dans le biberon, à la maternité. C'est bon pour les nourrissons* (Mlle A., 90 ans, Montjustin).
Outre la visée adoucissante, il y a ici un propos nutritionnel que la période d'après-guerre justifiait. Il faut entendre "décoction de son" et non "son" lui-même, comme additif aux biberons.

Magie et symbolique

Saint-Jean, bouquet de la. Voir "ail".

Bleuet

Centaurea cyanus L.

COMPOSÉES (= ASTÉRACÉES)

pl. 9, fig. 29

Plante messicole inégalement répartie, disparue des régions de céréaliculture industrielle, le bleuet conserve des peuplements importants dans le bassin de Forcalquier et plus encore sur le plateau d'Albion. Il se maintient aussi çà et là en lisière des champs "traités". L'emploi antiophtalmique de l'infusion des fleurs, l'un des plus constants de la médecine végétale traditionnelle, est en général le seul à être mentionné dans les enquêtes du domaine méditerranéen français.

Emplois médicinaux. Médecine humaine

1430, 1811. *Toute la plante est bonne pour les inflammations et les maladies de la peau. Les fleurs en infusion, c'est pour les yeux* (M. et Mme C., Ongles).

1811, 1830. *Pour l'irritation des yeux,* l'infusion des fleurs est utilisée en compresses par de nombreux informateurs (anonyme, F., 75 ans, Forcalquier ; Mme V., 75 ans, Dauphin ; Mme C., 70 ans, Forcalquier ; M. et Mme M., 50 ans, Les Omergues ; Mme L., 69 ans, Banon ; Mme R., 60 ans, Revest-des-Brousses). — *C'est pour les yeux quand ils sont irrités, on fait l'infusion des fleurs et on nettoie avec* (cercle du 3e âge, Saint-Michel-l'Observatoire). — *L'infusion est un peu bouillie* [SPI] (M. J., 75 ans, Revest-du-Bion). — *C'est très bon pour les yeux ; on ne met que les pétales, pas la tête, en infusion ou dans de l'eau-de-vie* (enquête J. M., Saint-Michel-l'Observatoire).
La dernière information prête à question : comme il s'agit d'un usage externe sur une zone particulièrement sensible, la teinture obtenue par macération des fleurs dans l'eau-de-vie ne peut être employée telle quelle.
1811 (mélange pour les bains d'yeux). Voir "églantier".

Bouillon-blanc

Molène

Verbascum lychnitis L., *V. chaixii* Vill.,
V. pulverulentum Vill. (= *V. floccosum* Waldst. et K.),
V. sinuatum L., *V. thapsus* L., *V. densiflorum* Bertol.,
V. phlomoides L.

SCROPHULARIACÉES

pl. 10, fig. 31 ; pl. 14, fig. 42, 43

Sous l'appellation de "bouillon-blanc", les informateurs haut-provençaux regroupent habituellement plusieurs espèces distinctes de molènes, et le doute subsiste souvent sur leur identité précise. Le plus répandu des *Verbascum* de la région, *V. sinuatum*, à petites fleurs (lieux rudéralisés, parcours), est rarement usité mais non ignoré. Il semble que *V. lychnitis* L. ou *V. chaixii* Vill., voire *V. pulverulentum* malgré son indument irritant, soient préférés à *V. thapsus*, le bouillon-blanc officinal, plutôt moins fréquent mais qui a parfois des populations importantes dans les terrains vagues et certaines jachères, et sur des sols remués comme ceux des coupes forestières. *V. densiflorum* et *V. phlomoides*, aux grandes fleurs recherchées par l'herboristerie, inégalement distribués, n'ont pas été clairement évoqués. Les hybrides de molènes sont fréquents et rendent parfois difficile l'attribution d'une identité botanique précise.
Plante majeure de la médecine populaire, le bouillon-blanc au sens large conservait en haute Provence, à l'époque des enquêtes, les indications de plante adoucissante, antidysentérique, pectorale, résolutive et vulnéraire qui sont les siennes depuis au moins l'Antiquité et qu'on retrouve dans une grande partie de l'Europe. Il s'y ajoutait des emplois vétérinaires à l'extrême de leur survivance.

Ramassage
Perception de la plante

La fleur est comme un cierge. Il a des grandes feuilles blanches velues (Mme A., Saint-Michel-l'Observatoire). *Il a des fleurs jaunes et la tige veloutée* (M. G., Saint-Michel-l'Observatoire). [Ces descriptions conviennent au bouillon-blanc vrai, *V. thapsus*, à l'inflorescence non ramifiée.]

— *Le doigt de Notre-Dame, celle qui fait le doigt* (M. et Mme C., 70 ans, Revest-des-Brousses) désignent la molène de Chaix, *V. chaixii*, ou la molène faux-lychnis, *V. lychnitis*, dont la grande panicule florifère dressée a un axe terminal allongé, simple, qui se distingue nettement des nombreuses ramifications latérales plus courtes, écartées de la tige et redressées en candélabre. — *C'est une plante avec de larges feuilles, avec de la poussière dessus qui fait tousser. La tige fleurit tous les jours, tout le temps. Les fleurs sont jaunes et ont aussi de la poussière. Il faut bien les nettoyer avant de faire l'infusion. On l'appelle "queue de renard"* (M. et Mlle C., Banon). L'information se rapporte en majeure partie à la molène floconneuse, *V. pulverulentum*, au duvet irritant, mais lui associe des caractères du bouillon-blanc vrai, "tige qui fleurit tout le temps" (voir aussi, à la suite, 1111).

Emplois médicinaux. Médecine humaine

1111. *Une plante qui avait des feuilles longues, qu'on aurait dit des oreilles d'âne, veloutées, un peu blanches. Les gens la mettaient sur les plaies, mais je ne sais plus au juste* (enquête J. M., Saint-Michel-l'Observatoire).
La description peut aussi évoquer l'épiaire laineuse, *Stachys byzantina*, vulnéraire connue dans la région ; voir ce nom.
1312, **5243**. *C'est un résolutif, pour l'engorgement des seins* [SPE] (anonyme, F., Saint-Laurent-des-Arbres, 30).
1371. *Pour un épanchement de synovie, c'est très efficace.* Mme B. fait une pâte avec la poudre de feuilles séchées et de l'eau tiède ; elle l'applique en cataplasme sur l'articulation. Cette recette servait à traiter les chevaux (cf., plus bas, emplois vétérinaires). Elle l'utilise dans sa pratique de guérisseuse (Mme B., 45 ans, Saint-Jean-de-Sault, 84).
1832. *Pour les inflammations oculaires,* on fait une infusion de bouillon-blanc dont on use en collyre (anonyme, Saint-Etienne-les-Orgues).
L'ancienne médecine emploie l'eau distillée des fleurs de bouillon-blanc aux mêmes fins.
1520, **1541**. *C'est bon pour les mals blancs, les panaris. On met les feuilles dessus, ça fait mûrir* (Mme A., Saint-Michel-l'Observatoire).
1540, **9354**. *Par ici, on l'appelle le "marrube", c'est fait pour faire sortir le pus d'un abcès* (cercle du 3e âge, Saint-Michel-l'Observatoire).

Le marrube vrai est dit “mont-blanc” dans la région, ce qui explique probablement la confusion avec “bouillon-blanc”, plante aux emplois distincts, effectivement maturative. Voir “marrube”.

2512, 2530, 2531. Beaucoup d’informateurs utilisent, en cas de coliques [= douleurs abdominales] et diarrhées, y compris les diarrhées des bébés, l’infusion des fleurs fraîches ou séchées de cette plante (Mme P., 80 ans, Ongles ; Mme C., 70 ans, Limans ; Mme C., 55 ans, Saint-Etienne-les-Orgues ; Mme D., 84 ans, Banon, etc.).

2512, 2530, 2535. *Pour les maux de ventre et les diarrhées de l’été,* on fait l’infusion des fleurs de bouillon-blanc fraîches ou sèches mais il faut faire attention à *ne pas ramasser la poudre qui fait tousser.* On peut utiliser *les deux sortes de bouillon-blanc* (M. et Mme C., 70 ans, Revest-des-Brousses). — *Les fleurs de bouillon-blanc sont bonnes* [en infusion] *contre les diarrhées sanguines de l’été et les irritations intestinales. Ma belle-mère en avait pris pour guérir ce mal. Mais il faut éviter de prendre la poudre blanche sur les fleurs ; il faut la tamiser quand on fait l’infusion* (M. et Mme C., Ongles).

Cette “poudre blanche, qui fait tousser” est produite par les filets des étamines couverts de poils irritants pour la gorge quand l’infusion n’est pas filtrée, mais provient aussi de l’indument floconneux des parties vertes qui peuvent polluer la récolte des fleurs, quand celles-ci proviennent de *V. pulverulentum.*

2511, 4370. *Le [sic] molène, le bouillon-blanc, qui fait le cierge,* [les fleurs] *c’est bon pour les intestins et les hémorroïdes* (M. M., Seyne, 04).

2530, 2535. *Pour les diarrhées, on fait l’infusion de fleurs, ça coupe les diarrhées, ça calme le flot de “sangue”* (M. et Mlle C., Banon).

Il est fait allusion à la dysenterie hémorragique.

2535. Pour traiter la dysenterie, l’informatrice fait infuser une poignée de fleurs séchées (ou fraîches) dans 1/4 de litre d’eau (Mme C., 65 ans, Banon).

3120. *Pour le rhume, on fait la tisane de fleurs, un peu bouillie* (Mme R., 60 ans, Revest-des-Brousses).

3221. Les feuilles appliquées en cataplasme sont *bonnes pour les bronches* (M. et Mme C., Ongles).

4370. Quand on a des hémorroïdes, on fait macérer les fleurs de bouillon-blanc dans du lait et on fait des compresses locales. *Ça amène du soulagement et la guérison.* Remède de famille (anonyme, Gréoux-les-Bains, 04).

L'association du lait, image liquide de la douceur, aux adoucissants, constante de la médecine populaire, se retrouve fréquemment dans les indications externes du bouillon-blanc (inflammations, engelures, etc.).
9110, **9341**. *C'est adoucissant* [SPI] ; *C'est épuratif* (sic) (M. S., 65 ans, Saint-Saturnin-d'Apt, 84). M. S. a eu connaissance de cette propriété mais n'en a pas fait usage.
9331, **9382**. L'infusion de fleurs de bouillon-blanc, en mélange avec des fleurs de millepertuis *et peut-être un peu de thym, c'est pour délasser le soir* (Mme L., 69 ans, Banon).

Emplois médicinaux
Pratiques vétérinaires et assimilées

Affections articulaires, cheval. *Le cheval avait un épanchement de synovie, on lui a fait un cataplasme de poudre de feuilles séchées avec de l'eau tiède* (Mme B., 45 ans, Saint-Jean-de-Sault, 84).
L'usage du bouillon-blanc comme vulnéraire chez le cheval est attesté dans la littérature ancienne, en particulier chez Matthioli, XVIe siècle (éd. 1680), et au XVIIIe siècle en Provence. Il s'agit donc ici de la survivance d'une pratique probablement constante en région méditerranéenne sur au moins cinq siècles.
Coliques. *Pour la dysenterie des agneaux*, on donne, dans une bouteille de bière, l'infusion d'une poignée de fleurs fraîches ou séchées pour 1/4 de litre d'eau. *On en donne trois fois pour les agneaux* (Mme C., 65 ans, Banon).
Noter la communauté d'indication avec la médecine humaine.

Bouleau

Betula pendula Roth

BÉTULACÉES

Dans la région, arbre exclusif de l'étage montagnard, se rencontrant à l'état isolé à partir de 1 000 mètres sur le flanc sud de la montagne de Lure, descendant plus bas çà et là en face nord. Manque à l'état spontané au Ventoux. "Arbre néphrétique d'Europe", antirhumatismal populaire des plus courants dans toute son aire, le bouleau reste marginal dans la pharmacopée végétale de la haute Provence occidentale, qui requiert très peu les plantes d'altitude.

Emplois médicinaux. Médecine humaine

1946. Les feuilles sèches, prises en infusion, *c'est bon pour les rhumatismes* (M. et Mme C., Ongles).
Information peut-être d'origine livresque.

Bourdaine

Fangula alnus Miller (= *Rhamnus frangula* L.)

RHAMNACÉES

Très peu répandue dans le Midi, la bourdaine, petit arbuste discret qui recherche les sols frais, voire humides, croît cependant çà et là dans les ripisylves des vallées de la Durance, du Verdon, du Buech, du Jabron, de la Laye, du Lauzon, etc., et aussi çà et là au bord des anciens canaux d'irrigation des grandes vallées, dans les fourrés frais. Ignorée comme plante spontanée, et sans emploi à ce titre dans la région, la bourdaine n'est connue des Haut-Provençaux que par l'intermédiaire des spécialités pharmaceutiques, dépuratives et, surtout, laxatives, dont elle constitue souvent la partie active (écorce sèche). C'est l'une des drogues végétales indigènes encore très requises par le médicament industriel.

Emplois médicinaux. Médecine humaine

2523, 8116. L'informatrice achète la bourdaine en pharmacie et s'en sert pour ses *problèmes d'urée et de constipation* (M. et Mlle C., Banon).

Bourrache

Borago officinalis L.

BORRAGINACÉES

Plante méditerranéenne de culture très ancienne (comme légume et remède), toujours présente dans les vieux jardins et à leurs abords, fréquemment naturalisée dans les lieux habités : terrains vagues, décombres, pied des murs, bord des terrasses dans les villages, etc. Elle aime la lumière, les sols à la fois riches et légers. Son extension par l'homme a rendu incertaines les limites de l'aire naturelle. Remède important des rhumes et autres "refroidissements" dans la pratique populaire, méridionale en particulier, la bourrache est aussi une "plante des bronches" dont l'ancienne médecine savante prescrivait le suc frais dans la pleurésie. Son action sudorifique (elle "fait transpirer") exprime à la fois l'idée de dérivation du mal et de rafraîchissement dans les états fébriles. La médecine médiévale y voyait plutôt une plante "cordiale", administrée en particulier dans les risques de syncope. A noter que l'infusion dans du lait, relevée seulement (en ce qui

concerne cette enquête) dans la région de la montagne de Lure et dans la Drôme limitrophe, n'est pas citée parmi les nombreuses données recueillies dans l'Ouest de la haute Provence et en Vaucluse par M. Amir (1994-1995).

Nos enquêtes ne font pas apparaître les emplois alimentaires, courants au Moyen Age et toujours connus en Languedoc, en Espagne, Italie, etc., rarement relevés ailleurs en haute Provence (feuilles et jeunes tiges cuites en façon d'épinards, fleurs dans les salades). En 2008, la bourrache, "tisane de grand-mère" à l'instar de la camomille, semble n'être pratiquement plus mise en œuvre dans la région, où sa régression, déjà évoquée par les informateurs dans les années 1980, se confirme dans beaucoup de villages.

Perception de la plante
Ramassage

Elle pique, elle a de petites fleurs bleues et une longue tige (Mme F., 70 ans, Reillanne). — *Il y en a moins aujourd'hui, à cause des désherbants* (cercle du 3e âge, Saint-Michel-l'Observatoire).

Emplois médicinaux. Médecine humaine

2417. *C'est pour la rate aussi, ça je l'ai lu dans le livre* (source non précisée ; enquête J. M., Saint-Michel-l'Observatoire).
Le domaine pathologique "rate" se relie aux concepts de la médecine d'obédience galénique, où cet organe est le lieu d'origine de l'une des quatre humeurs, la bile noire, la *melancholia* (du grec *melankholia*, "bile noire"). Le suc de bourrache convient aux "mélancoliques" affectés par l'excès de cette humeur. Il s'agit ici d'une information d'origine livresque sans influence repérable sur les pratiques populaires locales, probablement issue d'un ouvrage de recettes ancien, ou inspiré par l'ancienne médecine.
3111. *Pour les maux de gorge, on fait une infusion de fleurs, une pincée un peu bouillie dans une petite casserole* (Mme A., 65 ans, Forcalquier ; attesté aussi par Mme L., 69 ans, Banon). — Voir aussi "ronce", **3111-3222** (infusion composée *pour les maux de gorge*).
3120, **3216**, **3222**, **7121**, **9312**. *La tisane de bourrache, c'est bon l'hiver, pour le rhume* (Mme D., 84 ans, Banon). — *Quand on est enrhumé, ça fait décoller les crachats* (enquête J. M., Saint-Michel-l'Observatoire). — *Pour les rhumes, la bronchite, les refroidissements*, on associe la guimauve et le sureau à la bourrache ; il faut laisser infuser 5 minutes, retirer les plantes, ajouter 2 cuillerées de miel, remettre à bouillir encore un peu (anonyme, Saint-Geniez). [L'association de la bourrache à d'autres adoucissants et sudorifiques est fréquente.] — *Pour le rhume*, on fait infuser les fleurs dans du lait (M. M., 67 ans, Séderon, 26). — A cette infusion lactée on ajoute parfois de l'eau-de-vie : *ça fait transpirer, pour les coups de*

froid et la grippe (M. C., 55 ans, Saint-Etienne-les-Orgues). — *C'est pour dégager les poumons* [en infusion] ; *on peut mêler avec du lait et ajouter de la mauve* (anonyme, Saint-Etienne-les-Orgues). — *On fait bouillir dans du vin, on boit ça bien sucré, et tu te couches, quand tu es assez malade, quand on a la fièvre, qu'on est mal foutu, c'est pour faire transpirer. Quand on est pris, quand on est enrhumé. C'est pour les bronchites* (enquête J. M., Saint-Michel-l'Observatoire).

3215, 3218, 3221, 3260, 3270, 7120, 9342. On prend l'infusion des fleurs de bourrache lors des bronchites et des pneumonies (M. M., 75 ans, Pierrerue). — *C'est un émollient, bon pour les bronches, pour la toux* [infusion des fleurs] (M. et Mme C., Ongles). — *C'est expectorant, ça fait sortir les glaires de la poitrine* (Mme C., 40 ans, Mane). — La plante *fait sortir les crachats* (Mme V., 75 ans, Dauphin), *fait transpirer quand on a des congestions ; mon mari avait eu une congestion et il en prenait en infusion ; ça lui faisait du bien* (Mme A., Saint-Michel-l'Observatoire). — Une informatrice du Gard, qui a une pratique de guérisseuse, utilise la bourrache pour la pleurésie et la pneumonie, et l'associe à la camomille *pour la grippe* (anonyme, F., Saint-Laurent-des-Arbres, 30). — *Quand on a la bronchite, ça dégage les bronches* (enquête J. M., Saint-Michel-l'Observatoire). — Voir aussi "tussilage" (**3215**).

3221, 3250, 7120, 9312. *La "bourracho", c'est pour les bronches. La "bourracho" c'est pour faire transpirer quand on a la grippe aussi ; on boit les fleurs en infusion* (cercle du 3e âge, Saint-Michel-l'Observatoire). — *C'est bon pour les bronches, mon mari en prenait pour son asthme* (Mme F., 70 ans, Reillanne).

7131. *Pour la rougeole*, on conseillait l'infusion de plante séchée (anonyme, F., 75 ans, Forcalquier).

9341. *C'est adoucissant, on fait une infusion de fleurs, une pincée avec de la violette* (M. et Mme C., 70 ans, Revest-des-Brousses).

9371 (mélange *pour dormir*). Voir "aubépine".

Emplois médicinaux
Pratiques vétérinaires et assimilées

Mammite. *Pour les mammites des vaches, on fait un cataplasme avec les feuilles* (M. M., 67 ans, Séderon, 26).

Bourse-à-pasteur

Capsella bursa-pastoris Medik.

CRUCIFÈRES (= BRASSICACÉES)

Plante spéciale aux terres cultivées, jardins, lieux habités, décombres, etc., très commune dans la région et dans une grande partie du monde. Consommée dans beaucoup de contrées (cultivée en Chine), il est probable que l'aliment a enseigné le remède. La bourse-à-pasteur (allusion à la forme du fruit) est connue comme "sanguinaire" au Moyen Age, où on la prescrit couramment comme hémostatique, et aussi bien en salade. Cette précieuse propriété, de large diffusion dans la médecine populaire, a peu d'occurrences de nos jours car les affections auxquelles on l'appliquait ne sont plus de celles qu'on traite sur le mode symptomatique.

Emplois médicinaux. Médecine humaine

1114. La plante soigne les saignements de nez [SPE] (anonyme, F., Saint-Laurent-des-Arbres, 30).

3219. *Pour les crachements de sang*, l'informateur en buvait l'infusion de temps à autre [années 1950]. Il s'en est servi aussi à la suite d'un traitement médicamenteux, efficace mais qui *lui donnait des hémorragies de temps en temps* (M. S., 50 ans, Forcalquier).

Bruyère callune

Calluna vulgaris Hull.

ÉRICACÉES

Sous-arbrisseau acidophile caractéristique, propre aux terrains siliceux ou décalcifiés, la callune, comme beaucoup de bruyères, est une plante "sociale" qui peut constituer des landes étendues après déboisements et/ou incendies. Sa densité comme son action acidifiante sur les sols contrarient alors le repeuplement forestier spontané. Cette bruyère qui fleurit en septembre/octobre est présente sur tous les affleurements siliceux de la région, en particulière abondance sur la bande des sables et grès cénomaniens des bassins d'Apt et de Forcalquier. En altitude, elle bénéficie localement des processus de décalcification sur replats lessivés, ainsi en face sud de Lure de 1 500 à 1 700 mètres. Diurétique classique de l'ancienne médecine comme de la pratique populaire, elle est peu employée en haute Provence, sans doute parce qu'elle relève surtout de traditions plus septentrionales — et aussi parce que la flore spéciale aux affleurements siliceux, milieux “froids” et peu peuplés, n’est pas requise dans notre région calcaire.

Emplois médicinaux. Médecine humaine

1946. *Pour les rhumatismes des pieds, on fait une décoction en bains de pieds* (anonyme, Lagnes, 84).
Cet usage externe, cité dans la médecine savante du XIXe siècle, apparaît aussi dans une enquête en Languedoc contemporaine de l’enquête EPI.
2650, **9311**. *C’est diurétique, on fait l’infusion des fleurs.* Mlle C. connaissait un homme qui avait été opéré de la prostate et qui venait en cueillir à Sylvabelle (Revest-des-Brousses) (M. et Mlle C., Banon).

Buglosse d’Italie

Anchusa azurea Miller

BORRAGINACÉES

Belle plante messicole méditerranéenne, en général disséminée dans les champs de céréales, mais qui peut se faire plus commune dans les jachères récentes. Habituellement confondue avec la bourrache en haute Provence (et ailleurs dans le Midi), on en dit, comme de cette dernière, qu’elle *est un peu épineuse* (M. M., 75 ans, Pierrerue).

Emplois médicinaux. Médecine humaine

3120. Les propriétés et les indications reconnues à cette plante, dans notre région, sont les mêmes que celles qu’on attribue à la bourrache (Mme D., 84 ans, Banon ; M. et Mme C., 70 ans, Revest-des-Brousses ; Mme A., 90 ans, Robion, 84 ; M. M., 75 ans, Pierrerue).
3215, **3221**. *Pour la toux et les bronches,* on fait une infusion avec les fleurs sèches (Mme A., 90 ans, Robion, 84).

Bugrane

Arrête-bœuf

Ononis spinosa L.

LÉGUMINEUSES-PAPILIONACÉES (= FABACÉES)

Plante des sols plutôt riches, commune dans les prairies de fauche à modalité un peu sèche, où ses repousses après les foins sont très visibles en juillet-août ; fréquente aussi les pelouses et talus à brachypode de Phénicie, les lavandaies, etc. Cette diurétique de large emploi dans l'ancienne médecine, délaissée par la pratique populaire, n'est que rarement citée lors des enquêtes méridionales.

Perception de la plante

Ça a des épines comme des lances, des "agavoun" (M. et Mme C., Ongles).

Emplois médicinaux. Médecine humaine

2621. *Une amie d'Ongles m'a donné une recette italienne, faire les racines en infusion contre les calculs, ça les fait fondre* (M. et Mme C., Ongles).

Buis

Buxus sempervirens L.

BUXACÉES

Compagnon fidèle du chêne blanc, avec lequel il constitue la *chênaie-buxaie*, c'est une plante d'écologie très souple, capable de croître dans des conditions d'éclairement les plus contrastées (sous-bois obscurs, causses très ensoleillés) et sur les substrats les plus arides. Surtout présent sur les roches compactes, où sa rusticité l'avantage au détriment des chênes caducifoliés, exposés à la régression en cas de surexploitation et d'incendies, il n'en est pas moins capable de grande extension en zones de calcaires friables et de marnes.
Sur les substrats compacts où le chêne a plus ou moins disparu, le buis peut constituer des peuplements purs (lapiaz d'Oppedette, de la montagne Pélegrine, landes sommitales du Petit Luberon, etc.). Il occupe une aire très étendue dans le bassin du Jabron, au nord de Lure, s'élevant çà et là jusqu'à 1 500-1 600 mètres, souvent accompagné du genêt cendré. Il peut aussi se mêler au hêtre dans l'étage montagnard.
Absent ou seulement ponctuel dans une grande partie du bassin de Forcalquier (où les marnes et calcaires friables tertiaires semblent peu lui convenir) et à l'adret de Lure, il accompagne le chêne vert sur les pentes et les crêtes de Bellevue comme sur la plupart des affleurements de

roches dures du massif du Luberon. Il est très fréquent dans la chênaie pubescente silicicole des Ubacs (Volx), tandis qu'il manque sur une part majeure des sables et grès crétacés de la région Revest-des-Brousses, Vachères nord, Banon sud. Cette distribution capricieuse ne peut être expliquée par les seules contingences actuelles de l'environnement ; l'histoire passée de la végétation doit sans doute être aussi invoquée.

Dans certaines communes où le buis abonde, comme à Carniol et à Oppedette, et aussi bien dans les régions du Jabron et du Verdon, on l'a longtemps coupé pour la litière des animaux. Il donne un fumier au pouvoir fertilisant élevé. Cette pratique, très courante autrefois dans la plupart des régions où croît l'arbuste, n'est pas étrangère à l'habituelle physionomie buissonnante des buxaies.

Curieusement, certains ouvrages récents (reprenant des assertions erronées du XIXe siècle ?) assurent que le buis n'est pas indigène en France et attribuent son introduction aux Romains. Ceux-ci ont pu le propager çà et là vers le nord, peut-être à des fins cultuelles ; mais l'anthracologie et la palynologie sont formelles : l'arbuste était déjà présent dans l'Aude vers 8000 avant le Présent, se faisant dominant vers 6000 BP ; au Larzac, il apparaît vers 7000 BP[1]. Il est même possible qu'il ait pu survivre aux froids de la dernière glaciation, dans le Sud de l'Europe, en conditions favorables.

Emplois médicinaux. Médecine humaine

1470. *C'est pour les engelures. On fait brûler du buis ; on lui met le feu et on met les pieds gelés dans la fumée. Ça fait du bien* (Mme G., Céreste).

Pratique également connue en Vaucluse, qui ne semble pas figurer dans les sources écrites du domaine méditerranéen, où le buis n'apparaît guère avant le XVIe siècle. En 1897, Réguis relève sa mise en œuvre fréquente contre les rhumatismes, en Provence-Languedoc. Procédé médical des plus anciens, les fumigations ont été abandonnées par la médecine savante au cours du XVIIIe siècle (même si certaines thérapies marginales, comme les cigarettes d'eucalyptus, en restent les héritières aujourd'hui). Leur mention dans les enquêtes doit être entendue comme une survivance des pratiques médicales des temps où la fumée pouvait être perçue comme l'émanation d'un principe essentiel de ce qui se consume (principe non combustible puisqu'il échappe au feu, aptitude qui en désigne à elle seule la puissance), mais aussi comme un mode de communication avec le domaine des puissances supérieures. Certaines volutes de la fumée des sacrifices perdurent dans les fumigations d'ordre thérapeutique.

1946. La décoction de racine de buis servait à traiter les rhumatismes (M. et Mme B., Céreste).

3211, **3221**, **9312**. *Pour les poumons et les bronches*, on fait une décoction de 40 feuilles dans 1 litre d'eau, à bouillir 10 à 15 minutes. *Il faut la boire tasse sur tasse pendant 1 jour. Ça fait transpirer* (Mme B., 75 ans, Mane). [Voir le commentaire donné à **7120**.]

---

1. Heinz, Christine, "Upper Pleistocene and Holocene Vegetation in the South of France and Andorra. Adaptations and First Ruptures : New Charcoal Analysis Data", *Rev. of Paleobot. and Palyn.*, 69, p. 299-324, 10 fig. (carte et tabl.), phot., 1991. — Vernet, J.-L., "Végétations et paléoécologie des Grands Causses", *Grands Causses, nouveaux enjeux, nouveaux regards*, p. 91-105, Millau, 1995 (Fédération pour la vie et la sauvegarde des Grands Causses).

7111, 7112, 9312. *Ça fait transpirer, quand on a beaucoup de fièvre. C'est un fébrifuge* (Mme C., Forcalquier).
7120, 9312. Le buis est un remède antigrippal *qui fait monter la transpiration.* On emploie la décoction des jeunes rameaux (enquête D. D., Saint-Michel-l'Observatoire). — *Pour la grippe,* on fait une décoction à boire chaude : 40 grammes de feuilles par litre ; bouillir jusqu'à réduction d'un quart ; boire dans la journée (Mme B., 65 ans, Volonne).
Cette dernière recette, d'origine livresque possible (elle figure chez H. Leclerc, J. Valnet, etc.), a un dosage excessif car le buis n'est pas dénué de toxicité. D'autres informateurs, comme Mme B., 75 ans, Mane (ci-dessous), parlent de "40 feuilles", nombre qui exprime une posologie "classique" de la tradition orale, qu'on retrouve dans beaucoup de recettes, tant de remèdes que de liqueurs. Dans l'ancienne médecine, c'est surtout la râpure du bois de buis qu'on prescrivait comme sudorifique, cette propriété étant surtout mise à profit contre la syphilis et les rhumatismes.
9110. *C'est un dépuratif.* On boit en un jour et demi une décoction dosée à 40 grammes de feuilles pour 1 litre d'eau (Mme B., 75 ans, Mane ; la recette a été donnée par l'ancien curé de Saint-Michel-l'Observatoire).
Le buis est cité comme dépuratif chez sainte Hildegarde, au XIIe siècle. Voir aussi le commentaire donné ci-dessus.
9383. *Quand vous vous sentez mal, que vous allez mourir, faites-vous une infusion de "buëne*[1]*". Moi, j'avais l'impression que ça me faisait mourir* (enquête J. M., Saint-Michel-l'Observatoire).
Non explicitée par l'informateur, la relation entre le symptôme et l'effet du remède n'est pas claire, mais ne doit sans doute pas être interprétée comme une illustration de la médecine des semblables. Il est plutôt fait allusion au goût détestable de la préparation, et la comparaison est à entendre sur le mode ironique. A noter que certains informateurs trouvent la décoction de buis agréable

---

1. La forme pour "buis" dans l'aire marseillaise est *bouis, bouisse.* Je n'ai jamais entendu autre chose. Il y a peut-être confusion entre l'infusion de buis et d'autres infusions à base d'autres plantes dont les noms commencent souvent par l'adjectif *bono* – prononcé *boueno* à Saint-Michel (*boueno-brouisso* : crapaudine *Sideritis* cf. *hirsuta, bono-damo,* arroche des jardins, etc.). La confusion pourrait se comprendre entre *bouisse* (buis) et *bruisso* qui sert à nommer non seulement la crapaudine mais d'autres plantes (callune commune, germandrée…). Mais ce n'est là qu'une hypothèse… *(Note Cl. Martel.)*

(recueil P. L., hors enquête EPI), alors qu'elle est dite "répugnante" par H. Leclerc.

Artisanat rural

Le buis, c'est pour faire des clavettes (enquête J. M., Saint-Michel-l'Observatoire).
Les clavettes en question sont celles des colliers de brebis et de chèvre.

Société

Fête. *Le buis, il était utilisé à Banon, pour faire des barres fleuries, lors des mariages, associé à d'autres fleurs, les fleurs d'œillet et les fleurs de saison. Ça se met sur les marches de l'église* (M. et Mlle C., Banon).
Plante festive, associée aux cultes païens (on attribue aux armées romaines son acclimatation en quelques localités disjointes de l'aire principale d'extension), puis chrétiens (Rameaux), symbole de survivance comme de ténacité, plus souvent protecteur que funèbre (en Grèce ancienne et dans la tradition celtique), le buis sert encore de nos jours à tresser les guirlandes des mariages, fêtes votives et autres kermesses, où il n'a plus d'autre fonction qu'ornementale.

Café

Coffea arabica L.

RUBIACÉES

Emplois médicinaux
Pratiques vétérinaires et assimilées

Mise bas. *Pour la délivrance des chèvres, on fait une infusion de tilleul ou un bon café fort* (enquête J. M., Saint-Michel-l'Observatoire).
L'administration, au moment des mise bas, de breuvages ou d'aliments (œufs, etc.) habituellement destinés à l'homme traduit ici, outre le propos thérapeutique,

l'attention particulière que requiert l'épreuve vécue par l'animal, qui s'apparente à celle que connaît aussi l'espèce humaine. C'est, au sens propre, une certaine compassion qui s'exprime.

Calament népéta

Calamintha nepeta (L.) Savi

LABIÉES (= LAMIACÉES)

pl. 5, fig. 16

Plante vivace à tendances nitrophiles des friches sèches, anciennes cultures pâturées, abords des fermes et des villages, bord des chemins, etc., dont la floraison de fin d'été se poursuit souvent jusqu'en novembre. Sa forte odeur mentholée la signale quand on marche dans les zones herbeuses au voisinage des lieux habités. Dans l'usage médicinal, le calament népéta a des emplois analogues à ceux des menthes mais l'action excitante l'emporte, au point d'induire parfois, chez les sujets sensibles, des réactions cardiaques analogues à celles que provoque le café[1].

Perception de la plante

En haute Provence occidentale, ce calament est habituellement qualifié de "menthe", voire de "menthe pouliot". Celle-ci, *Mentha pulegium* L., qui a une odeur forte assez analogue, est très rare et sans emploi dans la région. A Viens, en Vaucluse, où le calament népéta est dénommé "menthe pouliot", on l'appelle aussi *poutrarque* (nom absent du dictionnaire de Mistral). Il y est tenu en piètre estime : "c'est de la poutrarque", dit-on de quelque chose de désagréable (M. B., Viens, 84 ; recueil P. L., années 1970). En Corse, la sous-espèce *spruneri* (Boiss.) Nyman [= ssp. *glandulosa* (Réq.) P. W. Ball] de *C. nepeta*, la *nebida*, au parfum quelque peu distinct, est l'un des aromates les plus courants. En Toscane, ce calament a aussi une place en cuisine (en particulier avec les aubergines).

1. Pour plus d'informations sur cette plante, voir P. Lieutaghi, *op. cit.*, 2006 a, p. 43-45.

Dans le Sud du Portugal, la *nêveda*, dite *erva das azeitonas*, “herbe aux olives”, entre dans la saumure de conservation[1]. *La badasse menthée est un dérivé du thym* (M. S., La Bastide-des-Jourdans, 84).

Emplois médicinaux. Médecine humaine

2121. *L'infusion de menthe et de sauge, c'est bon pour tout* [en particulier pour la digestion] ; on y ajoute de l'eau-de-vie, *c'est meilleur en liqueur* (M. P., 70 ans, Lardiers). La “menthe” en question est *Calamintha nepeta.*
3120. *Quand on est enrhumé, on boit de la menthe, de la sauge, de la gnôle et du thym* (Mme L., 69 ans, Banon). Il semble que, en parlant de “menthe”, l'informatrice ait fait allusion au calament népéta.
6170. Fumée par des gens en quête de succédanés indigènes du cannabis, la plante aurait entraîné de la torpeur et des rêves pénibles (anonyme, Villemus, 1976).

Jeux

Parure. *On enfilait les fleurs les unes dans les autres pour faire des colliers et des bracelets* (Mme G., 55 ans, Saint-Saturnin-d'Apt, 84).

Camomille, grande

Tanacetum parthenium (L.) Schultz Bip.
[= *Chrysanthemum p.* (L.) Bernh.]

COMPOSÉES (= ASTÉRACÉES)

pl. 1, fig. 1

Plante originaire des Balkans, cultivée dans toute l'Europe depuis au moins l'Antiquité et le restant toujours dans les vieux jardins de la haute Provence, et d'une grande partie de la France. Fréquemment naturalisée au voisinage immédiat des lieux habités, sur les décombres, les terrains vagues, dans les fossés, etc., plutôt en sols profonds. Elle peut se faire envahissante dans les jardins à l'abandon.

1. Celia de Jesus, communication orale.

Elle refleurit dans l'été quand on la coupe à la première floraison.
La seule "camomille" médicinale croissant dans la région et usitée traditionnellement est toujours *Tanacetum parthenium*, la "matricaire" des Anciens, "mère des herbes" du Moyen Age. Elle a des propriétés analogues à celles de la camomille romaine, sinon plus prononcées. Elle est commercialisée localement sur une petite échelle (et dans le réseau des producteurs biologiques), parfois sous sa forme à capitules "doubles" qui rappellent alors ceux de la camomille romaine vraie. Celle-ci, *Chamaemelum nobile* (L.) All. (= *Anthemis nobilis* L.), ne croît à l'état naturel que dans les régions atlantiques et n'est pas cultivée en haute Provence. Cependant, comme "camomille" et "romaine" vont désormais de pair, certains informateurs appellent *Tanacetum parthenium* "camomille romaine" (M. et Mme C., Ongles, etc.). On ne trouve pas davantage à l'ouest de la Durance la matricaire de l'herboristerie moderne, ou camomille allemande, *Matricaria recutita* L. [= *Matricaria chamomilla* auct., *Chamomilla recutita* (L.) Rausch.], qui croît par contre dans la zone alpine du département des Alpes-de-Haute-Provence. On rappellera que *Tanacetum parthenium* est une camomille de haute taille (30-80 centimètres), aux feuilles découpées en lobes larges et plans rappelant celles des chrysanthèmes, tandis que les genres *Chamaemelum* et *Matricaria* sont des plantes basses aux feuilles finement découpées en segments très étroits, linéaires ou filiformes (analogues à la découpe du fenouil).
Les propriétés anti-inflammatoires, en particulier au niveau oculaire, et digestives au sens large de la camomille, parmi les plus largement diffusées du "fonds commun" des savoirs médicinaux européens, se retrouvent en haute Provence avec leur fréquence habituelle. La confiance en cette plante est attestée par les commentaires de **6213**, **2130** et **9371** : *c'est bon pour tout.*

Emplois médicinaux. Médecine humaine

1412. Quand on souffre de *démangeaison sur la peau*, il faut faire une décoction des fleurs, la filtrer et l'utiliser en compresse ou en lotion. Recette conseillée par un médecin, il y a plus de 50 ans (anonyme 8, Forcalquier).
1450. Mme C. s'était fait piquer par une guêpe et elle avait fait des bains et des compresses de décoction de fleurs (Mme C., 40 ans, Mane).

1520. *Pour les panaris*, on fait un bain local avec la décoction de camomille et de têtes de pavot (anonyme, F., Saint-Laurent-des-Arbres, 30).
1741. *Faire bouillir la camomille, c'est pour éclaircir les cheveux* — sous-entendu : dans les emplois médicinaux, c'est en infusion qu'on utilise la plante (Mme E., 80 ans, Lacoste, 84).
1811. *C'est pour adoucir les yeux, en bains* [infusion des fleurs] (M. et Mme C., Ongles).
1830. L'infusion des fleurs est appliquée en compresses *pour l'irritation et l'inflammation des yeux* (M. et Mme M., 50 ans, Les Omergues ; Mme R., 60 ans, Revest-des-Brousses).
Cette pratique souvent citée, très classique de cette fleur, n'apparaît pas dans l'enquête avec sa fréquence réelle.
1860. D'après la nièce de l'informateur, celui-ci était atteint de cataracte et devenait aveugle ; une *cure assez longue* d'infusion de camomille en collyre *lui a redonné la vue* (M. M., 80 ans, Carniol).
Cette information, où passe quelque peu l'écho des exagérations habituelles aux anciennes pharmacopées, mérite toutefois d'être prise au sérieux comme preuve de la confiance accordée à la camomille, et d'une efficacité qui semble intéresser plus que le symptôme.
1941. *L'huile de camomille, ça calme les douleurs.* On met la plante à macérer dans de l'huile tiède (M. C., Allos).
Cette huile, obtenue par macération des capitules, préparation analogue à l'huile de millepertuis, est un topique antirhumatismal dont l'ancienne médecine a souvent dit les bienfaits.
2110, 2121, 2130, 2416, 9345. L'infusion de camomille est d'emploi courant *pour la digestion* (Mme D., 65 ans, Forcalquier ; M. D., 65 ans, Forcalquier ; M. et Mme C., Ongles ; Mme F., 70 ans, Reillanne ; enquête J. M., Saint-Michel-l'Observatoire). — *Ça donne l'appétit, ça fait digérer, c'est bon pour le foie ; on l'utilisait en infusion des fleurs* (Mme A., Saint-Michel-l'Observatoire). — On boit l'infusion de fleurs de camomille *quand on manque d'appétit* (M. F., 50 ans, Valbelle), et aussi *quand on a mal au cœur* (Mme M., 90 ans, Saint-Etienne-les-Orgues). — L'infusion de 8 ou 9 fleurs sèches ou 6 ou 7 fleurs fraîches pour une tasse d'eau bouillante, *c'est décongestionnant, c'est pour la digestion* (M. et Mme C., 70 ans, Revest-des-Brousses). — *La camomille sauvage, c'est bon pour la digestion, c'est amer* (cercle du 3e âge, Saint-Michel-l'Observatoire. [Il est

probablement toujours question de la grande camomille, souvent ensauvagée ; il n'existe pas d'autre camomille médicinale dans la région concernée.]

2312. *C'est pour les maux d'estomac* (Mme E., 65 ans, Mane ; Mme R., 60 ans, Revest-des-Brousses).

2316, 9112. La macération des fleurs dans l'eau-de-vie [3 semaines à 1 mois], *ça lave l'estomac, mais il ne faut pas le faire trop souvent* (anonyme, 8, Forcalquier).

2412. On boit l'infusion de fleurs de camomille *quand on a une crise de foie* (Mme C., 40 ans, Mane).

2512. *On l'utilisait quand on avait mal au ventre, l'infusion des fleurs* (Mme C., 65 ans, Banon ; M. et Mlle C., Banon).

2515. *Ça chasse les gaz* (anonyme 8, Forcalquier).

3111. *Pour les maux de gorge*, l'informatrice fait des gargarismes avec l'infusion des fleurs (Mme R., 60 ans, Revest-des-Brousses).

4370, 4380. L'huile de camomille, en usage externe, sert à traiter les varices et les hémorroïdes (anonyme, F., Saint-Laurent-des-Arbres, 30). — Voir ci-dessus, **1941**, à propos de l'huile de camomille.

5120. La plante est conseillée *pour les règles irrégulières et insuffisantes* [SPE] (anonyme, F., Saint-Laurent-des-Arbres, 30).

5233. *C'est calmant pour les enfants ; on en met dans leur bain* (cercle du 3e âge, Saint-Michel-l'Observatoire).

6213, 2130. *C'est bon pour tout, quand on a mal à la tête et mal au cœur ; on peut se faire des compresses et se baigner la tête avec* (cercle du 3e âge, Saint-Michel-l'Observatoire). — *Pour les migraines, il faut faire infuser 5 têtes de fleurs pour une tasse* (Mme L., 69 ans, Banon ; Mme A., 65 ans, Forcalquier).

7120. Voir "bourrache".

9110, 9120. *La camomille, le matin, pendant une bonne semaine, en cure, ça fait du bien comme dépuratif* (enquête J. M., Saint-Michel-l'Observatoire).

9356. *La camomille de montagne est meilleure ; en lavages, c'est antiseptique ; on peut faire aussi l'infusion des fleurs ; on en boit le soir en tisane* (M. S., La Bastide-des-Jourdans, 84).

En haute Provence occidentale, "camomille de montagne" ne peut correspondre à aucune espèce particulière. S'il y a une influence italienne dans cette information, on pourrait rapporter ce nom à la *camomilla di montagna* piémontaise, l'achillée naine, *A. herba rotta* All., à propos de

laquelle on dispose de données récentes (voir D. Musset et D. Dore, *op. cit.*, 2006, p. 160). Dans le cas contraire, il faut sans doute voir ici une allusion à la valeur accrue qu'on prête depuis toujours aux plantes qui poussent en altitude.
9371. *C'est bon pour tout ; quand on ne se sent pas bien, on fait une tisane de sauge ou de camomille* (enquête J. M., Saint-Michel-l'Observatoire).
9383. *L'institutrice en demandait aux enfants. Ça n'a pas bon goût pour la tisane. Elle nous a pas dit pourquoi elle en prenait* (Sœur T., Mane).

Emplois médicinaux
Pratiques vétérinaires et assimilées

Coliques du cheval. Voir "ail" (M. G., 75 ans, Noyers-sur-Jabron).

Société

Fête. Mme C. vend des couronnes et des oiseaux en fleurs séchées, où entrent les fleurs de "camomille sauvage" (M. et Mme C., Ongles).
"Camomille sauvage" peut ici se rapporter à des *Anthemis* des moissons comme *A. arvensis* et *A. altissima*, plus ornementales que la grande camomille.

Camomille romaine

Chamaemelum nobile (L.) All. (= *Anthemis nobilis* L.)

COMPOSÉES (= ASTÉRACÉES)

Voir ci-dessus pour ce qui concerne la terminologie et la distribution des camomilles. La camomille romaine au sens strict dont il est question ici provient exclusivement de la pharmacie ou des herboristes des marchés.

Emplois médicinaux. Médecine humaine

1480, 1481. En prévention des coups de soleil chez ceux qui y sont sujets, on emploie l'huile de camomille. Les

fleurs fraîches de camomille romaine sont mises dans un bocal avec de l'huile d'amande douce à couvert. On laisse 40 jours au soleil ou 2 heures au bain-marie. Appliquer le soir. Cette huile est aussi curative : des compresses ont procuré une sédation remarquable dans un fort coup de soleil au visage, et une réparation de l'épiderme sans traces (anonyme, Mane ; origine de l'informateur : Isère).
L'huile de camomille est un remède externe d'usage fréquent dans l'ancienne médecine ; voir aussi la plante précédente, **1941**. La précision du mode d'emploi, le recours à l'huile d'amande douce font ici supposer une origine savante. Les fleurs fraîches ne peuvent provenir que d'une culture domestique.
2430. *Pour traiter les calculs de la vésicule biliaire*, l'informatrice conseille de mettre 3 têtes de camomille (romaine) plus un petit citron coupé en morceaux dans un bol d'eau chaude, le soir. On laisse macérer la nuit et on boit le matin à jeun (conseil d'un vieux masseur) (M. E. M., 60 ans, Banon).
La recette paraît provenir des sources livresques contemporaines ; elle est citée "contre l'embonpoint" chez J. Valnet, 1972, auteur qui s'en tient, lui, à "2 têtes de camomille", mais cite par ailleurs le citron contre la lithiase biliaire. On a ici un exemple possible de la transformation dans le domaine oral des savoirs d'origine écrite. Le recouvrement d'indications qui se manifeste assez fréquemment à partir de ceux-ci peut être cause de problèmes chez ceux qui en éprouvent les effets, mais tend à élargir aussi le champ d'activité des remèdes. On notera l'allusion au "vieux masseur" : l'âge du donneur de conseil tend à en garantir l'efficacité.

Capucine

Tropaeolum majus L.

TROPAÉOLACÉES

Plante introduite du Pérou à la fin du XVIIe siècle comme "cresson d'Inde" : on en mangeait les jeunes feuilles et les fleurs en salades, les fruits verts confits au vinaigre en guise de câpres. Sa parenté gustative (et chimique) avec le cresson alénois lui a fait endosser très tôt les emplois médicinaux habituels des Crucifères à essences sulfurées. De nos jours, les capucines sortent peu du registre de la plante d'ornement.

Emplois médicinaux. Médecine humaine

1114. *La capucine hachée arrête les saignements de nez* (anonyme, F., Saint-Laurent-des-Arbres, 30).
La littérature consultée ne fait pas état de cette propriété.

Cardère

Dipsacus fullonum L. (= *D. silvestris* Miller)

DIPSACACÉES

Grande bisannuelle des sols profonds et plutôt frais, fréquente dans les friches récentes, les terrains vagues, au bord des chemins et des fossés. Parfois récoltée pour le bouquet sec, où elle se retrouve colorée de la tête aux pieds.

Emplois médicinaux. Médecine humaine

9111. *On mélange, quand il est petit, avec la salade ; ça purge le sang* (Mlle B., Courson).
La consommation de la rosette de cardère est rarement attestée en haute Provence (Forcalquier, années 1970, recueil P. L.). Sa grande amertume lui octroie une place parmi les salades de cures dépuratives. La racine a connu anciennement des emplois de diurétique.

Artisanat rural

Textile. *Le* (sic) *cardère, on l'utilise pour carder* (M. C., Allos).
Les capitules de l'espèce cultivée, *Dipsacus sativus* (L.) Honck., servaient à carder la laine. Il y avait encore une

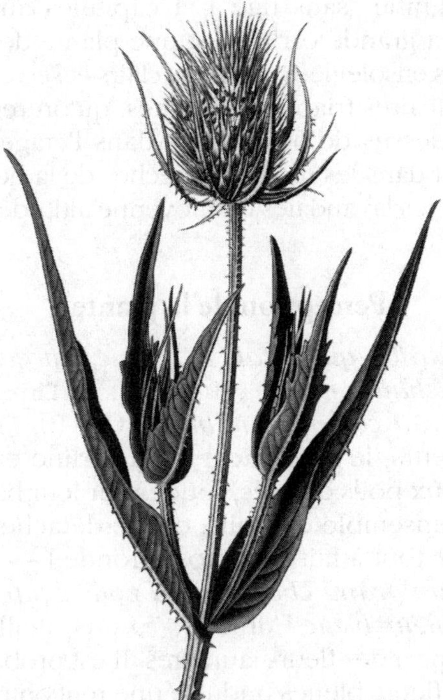

petite production de cette plante aux environs d'Apt (Vaucluse), dans les années 1960.

Carline

Carlina acanthifolia All.

COMPOSÉES (= ASTÉRACÉES)

pl. 16, fig. 51

Même si elle est constituée d'un ensemble de très nombreuses fleurs réunies sur un réceptacle commun, la carline est "la" plus grosse fleur de la flore d'Europe. Ce chardon magnifique "fait un soleil" aux rayons (bractées) dorés, à même le sol, dans une large couronne de feuilles acérées – à la différence de la carline acaule, *Carlina acaulis* L., espèce plus montagnarde dans notre région, souvent en touffe et à tiges plus ou moins développées (en dépit d'un nom qui signifie “sans tige”), à capitules aux bractées argentées. La grande carline est une plante des pelouses caillouteuses ensoleillées, des bois clairs et secs, habituellement sur calcaires friables et marnes, qu’on rencontre en général au-dessus de 600 mètres dans l’étage du chêne pubescent et dans les modalités sèches de la hêtraie, dans les landes et les lavandaies de moyenne altitude.

Perception de la plante

C’est un chardon qui s’étale et qui ne fait qu’une fleur. C’est un artichaut sauvage (M. T., 75 ans, Limans). — *Ça donne un fruit comme une brosse* (M. B., Montjustin). [Entre les fleurs, le réceptacle de la carline est garni de très nombreux poils dressés, soudés par leur base ; à l’automne, cet ensemble de poils, qui se détache du réceptacle, simule tout à fait une brosse ronde.] — *Ça fait un soleil, c’est un grand chardon qui pousse par terre avec une grosse fleur bleue* (Mme F., 70 ans, Reillanne). [La grande carline a des fleurs jaunâtres. Il est probable que la mention de fleurs bleues traduise une rencontre d’images entre carline et artichaut, les deux plantes, bien que très dissemblables, ayant de fortes analogies quant à la dimension des capitules et à l’emploi alimentaire du “fond”.]

Emplois alimentaires, condimentaires et assimilés

Aliment de ramassage. Le fond de carline est mangé cuit comme le fond d’artichaut. On le prépare avec du lait et du gruyère (Mme V. T., 70 ans, Cruis ; l’informatrice est originaire d’Italie). — *Toute l’année, ça se mange comme des artichauts, bouilli, avant la fleur* (Mme B., 75 ans, Mane). La grande carline, plante des terres pauvres, a été couramment consommée dans toute son aire, dont la haute Provence collinéo-montagnarde. Dans certaines régions, les ramassages excessifs, en périodes de disette, en ont beaucoup raréfié les populations. C’est aujourd’hui une plante protégée.

Magie et symbolique

Plante protectrice. *On le mettait sur la porte, on ne sait pas si c’est un porte-bonheur contre le mauvais œil, ou magique* (Mme F., 70 ans, Reillanne).

Le capitule solaire de la grande carline protégeait maisons, étables et granges des influences néfastes dans toutes les régions où croît la plante. A la fin des années 1960, il conservait encore cette fonction dans la région de Forcalquier. Mais cette "fleur" qui se referme par temps humide avait aussi un rôle de baromètre.

Carthame

Carthamus tinctorius L.

COMPOSÉES (= ASTÉRACÉES)

Chardon à fleurs orangées, originaire du Centre-Ouest de l'Asie, cultivé de nos jours comme oléagineux (graines). Les fleurs sont tinctoriales (carthamine, colorant rouge), ont servi et servent souvent encore à contrefaire le safran. Le carthame *était cultivé en 1939-1940, quelle catastrophe !* (M. T., 75 ans, Limans.) Il n'apparaît plus en grande culture dans la région depuis la fin des années 1960, où on le voyait encore sporadiquement dans le pays de Forcalquier.

Perception de la plante

La plante, c'est comme un artichaut poilu, comme un soleil. Les poils [paillettes qui surmontent les fruits ?], *ça faisait un nuage. Ça grattait de partout. Elle pique* (Mme B., 75 ans, Mane). — Cette description intègre des caractères des carlines.

Cassis

Ribes nigrum L.

GROSSULARIACÉES

Arbrisseau des bois humides riverains (aulnaies, frênaies), spontané en Europe moyenne et dans une grande partie de l'Asie centrale, absent en région méditerranéenne. Cultivé dans les jardins depuis au moins la fin du XVe siècle, il semble l'être moins fréquemment en haute Provence de nos jours que par le passé. Inconnu de l'ancienne médecine méridionale, il est cité pour la première fois comme diurétique à la fin du XVIe siècle. De nos jours, *Ribes nigrum* est confirmé comme anti-inflammatoire par la gemmothérapie, et souvent prescrit à ce titre par les médecins homéopathes et phytothérapeutes.

Ramassage

Les feuilles sont cueillies à la Saint-Jean, *car elles sont plus propices, elles ont plus de propriétés, plus de vertus* (Mme A., 65 ans, Forcalquier).

Emplois médicinaux. Médecine humaine

1946. L'infusion des feuilles, *c'est pour les rhumatismes* (Mlle A., 90 ans, Montjustin).
9140. *On prend le frêne et le cassis ensemble, en cure* (Mme E., 65 ans, Mane).
L'indication n'est pas précisée, mais il s'agit très probablement de cure antirhumatismale, les deux plantes étant fréquemment associées dans ce propos, en particulier par les ouvrages de vulgarisation contemporains d'où semble procéder cette donnée.
9383. *Les feuilles, c'était pour l'infusion, mais je ne sais plus* [SPI] (cercle du 3e âge, Saint-Michel-l'Observatoire).

Emplois alimentaires, condimentaires et assimilés

Spiritueux. *On faisait de la liqueur avec les fruits, mais pas trop* (cercle du 3e âge, Saint-Michel-l'Observatoire).
Spiritueux. Confit au sucre. *On faisait de la liqueur avec les baies, elle ne sont pas médicinales, et de la confiture et de la gelée pour le plaisir de goûter* (Mme A., Saint-Michel-l'Observatoire).

Centaurée chausse-trape

Centaurea calcitrapa L.

COMPOSÉES (= ASTÉRACÉES)

pl. 3, fig. 11

Plante nitrophile des parcours en sol riche, surtout fréquente au voisinage des fermes et des bergeries mais aussi dans les cultures fumées. Les épines très vulnérantes des capitules blessent les animaux et, prises dans les toisons, contribuent à la dissémination de la plante. *La "chausse-tripe", elle a des épines et des piquants* (Mme B., 75 ans, Mane).

Emplois médicinaux. Médecine humaine

5272. *C'est une plante pour avortement* [SPE] (Mme B., 75 ans, Mane).

Cette information n'est pas attestée dans les sources écrites consultées.

7141. *La "cauco-tripo", c'est pour couper la fièvre de Malte. C'était une dame, une voisine, qui l'avait dit. Cette plante, sa fille l'a utilisée avec succès sur son fils qui avait la fièvre de Malte* (enquête J. M., Saint-Michel-l'Observatoire). — *La décoction de la racine, c'est pour la fièvre de Malte* (anonyme, F., 75 ans, Forcalquier).

Tonique-amère et fébrifuge importante de l'ancienne médecine, la centaurée chausse-trape a été appliquée au soin de la brucellose, assimilée aux fièvres intermittentes jadis très fréquentes, à l'égal du chardon bénit, autre Composée amère qui partage avec elle une certaine similitude d'aspect et une quasi-communauté de principes actifs. Il n'est pas exclu que les deux plantes aient été parfois confondues. Voir ci-dessous "chardon bénit".

7141, 7160. *C'est strictement contre la fièvre de Malte, et la typhoïde aussi* (M. B., 80 ans, Mane).

Voir le commentaire ci-dessus. On notera l'allusion à la typhoïde, fièvre infectieuse des plus graves qui sévissait encore dans la région vers la fin des années 1960, contre laquelle la pharmacopée populaire proposait d'autres remèdes végétaux comme l'aigremoine et l'oignon.

Centranthe

Lilas d'Espagne

Centranthus ruber D. C.

VALÉRIANACÉES

Plante des rochers, des rocailles, du pied des falaises, elle trouve un habitat substitué au voisinage de l'homme et peut se faire très abondante dans les vieux murs des villages, les ruines, les terrains vagues caillouteux, au bord des terrasses, etc. ; elle fréquente aussi les remblais rocailleux du bord des routes. Le nom de "lilas d'Espagne", parfois relevé dans la région (Volx, etc.), n'est pas attesté ici, non plus que l'emploi des jeunes rosettes en salade, qui avait cours çà et là dans les années 1980.

Emplois médicinaux. Médecine humaine

9331. *De toute façon, vous en trouverez partout, elle pousse sur les murs ; c'est calmant, en infusion ou en gouttes* [...], *en cure* (Mme D., 84 ans, Banon).
L'allusion aux gouttes suppose une influence savante. Le centranthe a des propriétés sédatives voisines de celles de la valériane officinale ; la phytothérapie en prescrit la teinture mère.

Cerisier cultivé

Prunus cerasus L. (s. l.)

ROSACÉES-PRUNOÏDÉES

Le cerisier, qui trouve des conditions de croissance propices en haute Provence, y est largement cultivé sous diverses variétés, à grande échelle dans le bassin d'Apt et au sud du Luberon. Les informateurs n'ont pas précisé si la cerise dont ils parlent est la cerise douce commune ou la griotte (cerise aigre). Celle-ci est bien plus rare en culture de nos jours que les divers cultivars du cerisier commun. Ce sont surtout les queues de cerise que la médecine populaire met en œuvre, dans des indications diurétiques.

Emplois médicinaux. Médecine humaine

1384. *Ça contient de l'iode* (Mme R., Mane).
L'information a été classée sous la rubrique "reminéralisant", mais l'absence de précision d'indication la laisse hors de commentaire. L'iode est une substance minérale intégrée par la médecine populaire depuis la fin du XIXe siècle. La cerise en contient des traces peu notables.
2121. *Quand on ne digère pas, on prend une cerise à l'eau-de-vie, ou de la sauge* (enquête J. M., Saint-Michel-l'Observatoire).

2621, 8117. *On fait un mélange de chiendent, prêle, orge et réglisse, barbe de maïs, queues de cerise et pariétaire ; c'est pour l'acide urique ; il faut en boire toute la journée* [...]. *Les calculs sont sortis. Un guérisseur nous a donné la recette, il a soigné sa fille qui avait des problèmes à la jambe. Chaque semaine, je rajoutais une plante. A la fin de cette longue cure, eh bien j'ai fait des grains de plomb et les calculs sont sortis* (Mme B., 75 ans, Mane).
Ce mélange diurétique s'apparente aux tisanes composées de l'herboristerie classique ; le rajout successif des plantes pourrait relever du conseil du guérisseur.
2650. *Pour l'affection de la prostate, il faut prendre de l'aubier de cerisier* (anonyme, F., Saint-Laurent-des-Arbres, 30).
Cette information, qui semble inédite, s'accorde toutefois au champ d'indications du cerisier, surtout urinaire ; un croisement est possible avec les emplois de l'aubier de tilleul, très en vogue au moment de l'enquête.
9311. *Les queues de cerise, c'est diurétique* (M. S., La Bastide-des-Jourdans, 84 ; Mme G., Céreste ; Mme A., Saint-Michel-l'Observatoire). — *La queue de cerise, c'est pour faire*

uriner (M. et Mlle C., Banon ; M. et Mme U., 80 ans, Banon ; M. G., Saint-Michel-l'Observatoire). — *On en prenait, quand on n'allait pas faire pipi* (enquête J. M., Saint-Michel-l'Observatoire). — On fait une infusion diurétique composée qui réunit queues de cerise, chiendent et barbe de maïs (Mme F., 70 ans, Reillanne — cf. **2621**). — Voir aussi "orge", **2621** (mélange *pour uriner*).

La queue de cerise, l'un des diurétiques populaires les plus courants, n'a pas d'attestation très ancienne en médecine savante ; les textes antérieurs au XIXe siècle semblent l'ignorer, qui privilégient le fruit lui-même, aux effets manifestes sur la diurèse, et son noyau image d'un calcul, pour traiter les affections urinaires et en particulier la lithiase. En 1868, Cazin (*op. cit.*, p. 266) confirme cette appartenance au seul domaine populaire en donnant implicitement pour source de sa connaissance de la propriété "les campagnards [qu'il a vus] employer très fréquemment les [...] queues de cerise [...] comme diurétiques dans l'hydropisie et la gravelle". De son côté, Réguis dit que "la queue de cerise [...] jouit d'une très grande réputation comme diurétique" [dans la région du bas Rhône] (*op. cit.*, 1897, p. 51). On est probablement ici devant un particularisme de la pharmacopée de tradition orale, qui tire parti d'un déchet de la préparation des jus et confitures.

9383. Une informatrice utilise les feuilles de cerisier en décoction [SPI] (Mme E., 65 ans, Mane).

Emplois médicinaux
Pratiques vétérinaires et assimilées

Mise bas. Pour aider à la délivrance des brebis et des chèvres, on fait une tisane très concentrée de queues de cerise. On l'administre en injection et on la fait boire à l'animal (M. F., 50 ans, Valbelle).

La pratique ici décrite se retrouve à propos de plusieurs autres plantes (voir l'Index vétérinaire) ; elle n'a pas d'équivalent actuel recensé en médecine humaine.

Emplois alimentaires, condimentaires et assimilés

Spiritueux. Recette pour faire de la liqueur de cerisier : mettre un verre de noyaux de cerise concassés et 75 feuilles de cerisier dans 1 litre de vin rouge ; laisser macérer pendant 48 heures, presser et filtrer ; ajouter du sucre et un verre à liqueur d'alcool (M. et Mme C., 70 ans, Revest-des-Brousses).

Magie et symbolique

On ne doit pas monter sur un cerisier quand il a plu, sinon les cerises ne viennent pas l'année d'après (Sœur T., Mane).
Au cerisier et à la cerise sont associés de nombreux dictons, dont beaucoup ont trait à la pluie (qui menace la fructification, quand elle dure), d'autres à l'acte de monter dans l'arbre, néfaste aux fruits certains jours du calendrier chrétien. Le conseil ici noté rassemble un peu des deux thèmes.

Cerisier sauvage

Merisier

Prunus avium L.

ROSACÉES-PRUNOÏDÉES

Peu répandu en basse région méditerranéenne, le merisier l'est davantage en haute Provence, dans les chênaies blanches les plus fraîches, les vallons et les ravines boisés, les haies des sols profonds. Il n'est pas toujours facile de distinguer la forme sauvage véritable des arbres issus du semis par les oiseaux des cerises cultivées.

Emplois médicinaux. Pratiques vétérinaires et assimilées

Blessures, lésions externes. Quand les chevaux ont des plaies ou des ulcérations qui suppurent tout l'été, chaque année, on fait des cataplasmes de feuilles de merisier bouillies. Recette donnée par le curé (M. F., 80 ans, Reillanne). [Ce village, dans les années 1930, avait un curé guérisseur, le père d'Avignon, renommé dans tout le pays.]

Blessures. Tétanos. Abcès de fixation. Dans les années 1935-1936, l'informateur avait un cheval *mourant du tétanos, déjà raide,* après avoir été blessé par un clou. Un vétérinaire de Forcalquier avait posé ce diagnostic et déclaré qu'*on pouvait creuser la fosse* où enterrer l'animal. Sur le conseil d'un habitant de Reillanne, M. Numa, qui tenait lui-même sa recette du curé, guérisseur réputé (voir ci-dessus), l'informateur a fait une décoction de feuilles de cerisier sauvage, non greffé, *celui qui donne des petites cerises, mais pas le merisier* (race ensauvagée de *Prunus cerasus* ?) et avec celle-ci des cataplasmes commencés tièdes, puis de plus en plus chauds, renouvelés au moins 10 fois de suite, *dès que ça refroidit,* sur l'os de la jambe qui avait été blessée ; *seulement sur l'os, là où il y a peu de chair. Ça peut entraîner le mal plus à l'intérieur si on l'applique sur la viande.* Ces cataplasmes ont rapidement provoqué un abcès suppurant qui a *tiré le mal. Quatre jours plus tard, le cheval pouvait labourer* (M. V., 75 ans, Dauphin ; recueil P. L, 1981).
La pratique des cataplasmes dérivatifs, comme des abcès de fixation, est largement répandue en médecine vétérinaire européenne ; elle met ordinairement en jeu des plantes caustiques comme l'ellébore, l'écorce des daphnés, etc. C'est un domaine d'un grand intérêt, où l'acte à valeur symbolique ("tirer, faire sortir le mal") ne doit pas faire négliger une action thérapeutique dans bien des cas indéniable, dont l'interprétation scientifique reste à faire. L'emploi des feuilles de cerisier à cette fin n'est pas relaté dans la littérature consultée ; il requiert une étude particulière au regard de l'histoire thérapeutique de cet arbre, peu usité pour ses feuilles.

Champignons

Bien qu'ils apparaissent peu dans cette enquête, les champignons tiennent une place majeure dans les pratiques de ramassage actuelles des Haut-Provençaux. Peu récoltés autrefois, hormis la truffe (à l'histoire naturelle et sociale des plus riches) et les rares espèces hors de tout soupçon, ils suscitent aujourd'hui une véritable frénésie prédatrice, d'autant plus intense qu'elle ne concerne toujours que les quelques variétés “nobles” (même si, grâce aux manuels d’identification, le nombre des comestibles récoltés s’est accru). Comme les gens de la ville en sont les principaux acteurs, qui envahissent en masse les bois durant le week-end, on assiste à de fréquents conflits touchant à la maîtrise du territoire de cueillette. La plupart des communes détentrices d’espaces forestiers propices ont instauré l’obligation d’acquérir une carte de ramassage à validité journalière. La récolte est souvent interdite dans les bois du domaine privé. L’ethnobotanique du champignon (perception, critères d’identification non savants, relations avec le milieu, imaginaire et croyances, etc.) reste à faire dans la région, comme en bien d’autres.

Emplois médicinaux. Pratiques vétérinaires et assimilées

Automédication animale. *Les brebis reconnaissent les champignons vénéneux des bons ; alors, si on les regarde, on ne peut pas se tromper pour le mauvais champignon. Elles reconnaissent les plantes, les bonnes pour elles, et les mauvaises* (M. et Mme B., Céreste).
Cependant, ultérieurement à l’enquête (recueil P. L), des informateurs de Mane ont relaté le décès de plusieurs brebis qui avaient consommé des bolets Satan, souvent très répandus dans les bois feuillus secs vers la fin de l’été. Le “savoir animal” ne vaut pas forcément pour l’homme, surtout quand il est manifesté par des animaux domestiques.

Emplois alimentaires, condimentaires et assimilés

Aliment de ramassage. Les B. cueillent deux types de champignons : le *pinin*, qui pousse sous les pins (lactaire délicieux) : *il a beaucoup de parfum, l’odeur du pin, et ça remplace la viande. C’est délicieux ! Qu’est-ce que j’échangerais pas pour des* [lactaires] *sanguins à la poêle, avec de l’ail et du persil ! Le panicáu : il est gris dessus et blanc dessous ; il pousse sous les “panicáu” à l’automne* (M. et Mme B., Céreste).
Très estimée, la pleurote du panicaut, inégalement distribuée dans la région, se rencontre plus souvent dans l’aire vauclusienne que dans les Alpes-de-Haute-Provence. Sur l’assimilation de la chair du champignon à la viande, voir

P. Lieutaghi, *op. cit.*, 2004 a (où il n'est pas dit que les champignons, aujourd'hui déclassés du Règne végétal, sont plus proches des animaux que des plantes...).

Chardon bénit

Cnicus benedictus L.

COMPOSÉES (= ASTÉRACÉES)

pl. 11, fig. 33

Plante annuelle messicole exclusivement méditerranéenne (limite septentrionale dans le Nord du Vaucluse), le chardon bénit, considéré comme assez commun par les flores, est en fait rare et très localisé en haute Provence occidentale, et en régression manifeste partout. *Autrefois, il y en avait beaucoup, de chardon bénit ; ça disparaît aujourd'hui* (Mme M., 58 ans, Bonnieux, 84). Commensal des céréales (surtout de l'orge dans le bassin de Forcalquier), ce "chardon" à fleurs jaunes, voisin des centaurées, semble de nos jours plus fréquent au bord des champs ou dans les jachères récentes que dans les champs eux-mêmes, où les désherbants l'éliminent. Instable dans ses localités, il ne se rencontre souvent que par pieds isolés, rarement en petits peuplements, et semble tributaire des façons culturales. Les sols légers, caillouteux ou sableux, lui sont favorables. Il se maintient surtout dans les parcelles de l'agriculture sèche collinéenne travaillées périodiquement et quelque peu négligées.

Perception de la plante

[Le chardon bénit] *fait 30 à 40 centimètres, il a une fleur comme la carline, mais de la taille d'une pièce de 5 francs, entourée de piquants. Il a une couleur bois de noyer. Il y en a beaucoup dans les gazons en haute montagne, vers Colmars-les-Alpes* (M. C., Allos).

La description, qui procède par comparaisons avec des plantes ou des objets connus, évoque celle des "herbiers" médiévaux, mais aussi et surtout la carline commune à petits capitules, *Carlina vulgaris* L. ; de surcroît, l'indication de milieu ne correspond nullement à l'écologie du chardon bénit. Bien moins amère que celui-ci, la petite carline semble peu active ; mais c'est aussi à travers des confusions d'espèces que la médecine populaire découvre de nouvelles propriétés, ou prouve involontairement des similitudes de propriétés (voir ce qui est dit à propos de l'inule des montagnes).

C'est un petit chou, avec des épines, à ras du sol, avec une petite tige. La plante s'étale et elle est marron quand on la ramasse, car elle est mûre. Ça pique un peu (anonyme, Mane ?).

La description du port est fidèle, et aussi l'allusion à la faiblesse des épines : le chardon bénit n'en a que de très grêles aux bractées internes du capitule ; "petit chou" évoque bien l'allure "pommée" des capitules, aux bractées externes foliacées enveloppantes.

C'est une espèce de chardon avec des épines et la fleur est jaune. On utilise la fleur et la tige (Mme B., 75 ans, Mane).

Ramassage

Il pousse dans les mauvais terrains, dans les chaumes. On ne le cultive pas. On le ramasse dans les champs, après la moisson, en août, quand il est en fleur, et on le fait sécher (Mme B., 75 ans, Mane).
S'agit-il ici du chardon bénit ou de la centaurée du solstice, *Centaurea solstitialis* L., autre "chardon" à fleurs jaunes, mais très vulnérant, des champs de céréales ? Cette centaurée rejette à la base des tiges coupées et refleurit en plein été, alors que le chardon bénit, comme il est dit ci-dessus, mûrit à peu près en même temps que l'orge, et, après la moisson, ne se rencontre qu'à l'état sec, où il "est marron quand on (le) ramasse". Des confusions ont été relevées, hors enquête, entre les deux plantes.

Emplois médicinaux. Médecine humaine

1312, 1350. On l'utilise *pour les foulures et les enflures* (anonyme, F., Saint-Laurent-des-Arbres, 30).
Les emplois externes actuels de cette plante sont exceptionnels ; dans le passé, ils concernaient surtout le traitement des plaies anciennes.
3112. *C'est bon pour la gorge. C'est très amer, et très mauvais* ; Mme F. conseille aussi, dans la même intention, le mélange chardon bénit/ronce bleue (Mme F., 70 ans, Reillanne).
La littérature consultée ne fait pas allusion à cette indication du chardon bénit, où il faut peut-être voir une extension populaire des anciens emplois d'une part externes contre les ulcères, d'autre part internes dans les maladies pulmonaires aiguës.
7141. Le chardon bénit est un remède réputé de la *fièvre de Malte* [le plus employé à l'époque où la brucellose était endémique dans la région]. La veille de l'emploi, on en fait macérer les parties aériennes dans du vin, préparation répétée au fur et à mesure des besoins (Mlle A., 90 ans, Montjustin ; Mme M., 90 ans, Saint-Etienne-les-Orgues ; Mme F., 70 ans, Reillanne ; Mme B., 65 ans, Volonne ; cercle du 3e âge, Saint-Michel-l'Observatoire ; Mme M., 58 ans, Bonnieux, 84). — *Pour "les fièvres"* [il s'agit toujours de la brucellose], il faut faire bouillir 5 ou 6 fleurs [= capitules] dans 1 litre de vin et laisser réduire de moitié, en boire un verre et faire une cure de 3 jours

environ, *jusqu'à la fin de la bouteille ; parfois on recommence la cure* (Mme M., 70 ans, Lardiers). — On peut aussi en boire chaque jour l'infusion : *en quelques jours, les fièvres sont terminées ; ça coupe très vite les fièvres* (Mme F., 70 ans, Reillanne). — A Mane, on conseillait *pour la fièvre de Malte* de prendre en alternance, 1 jour sur 2, la piloselle et le chardon bénit en décoction dans du vin (anonyme 2, Mane). Même recette à Dauphin, où l'on fait une décoction d'environ une poignée de plante par litre de vin, jusqu'à réduction de moitié, en alternant 1 jour sur 2 avec la piloselle (M. V., 75 ans, Dauphin). — *Il y avait de la fièvre de Malte dans la famille, on utilisait le chardon bénit et le berger en ramassait pour se soigner ; il nous a fait connaître ces fleurs-là ; il paraît que c'est plus efficace que la piloselle.* L'informatrice diffuse cette recette *pour la fièvre de Malte* ; elle cueille quelques têtes de la plante chaque année, en cas de besoin, et elle en fournit à ceux qui lui en demandent (Mlle A., 90 ans, Montjustin). — Dans les années 1910-1920, aux Pourcelles, près d'Oraison, le chardon bénit était déjà employé pour traiter la brucellose, conjointement à l'épervière piloselle, elle remède connu *depuis les années 1920-1925* (Mme M., 90 ans, Saint-Etienne-les-Orgues). On notera que l'emploi de l'épervière piloselle semble ici considéré comme postérieur à celui du chardon bénit, ce qui pourrait contredire le témoignage précédent.

Le chardon bénit n'apparaît dans les textes qu'à la Renaissance, en Italie, où P. A. Matthioli le dit "fort commun" et cultivé dans les jardins. On lui reconnaît alors de hautes vertus, comme de soigner la peste et la syphilis. L'absence d'attestations écrites antérieures ne signifie pas qu'il était ignoré de la tradition orale, la diversité de ses emplois au XVIe siècle laissant supposer tout le contraire (mais les chardons sont mal distingués avant que la botanique s'y intéresse ; les écrits médiévaux sont peu fiables à leur sujet). Son association avec l'épervière piloselle, autre Composée connue dans l'ancienne médecine pour le traitement des fièvres périodiques, est une innovation populaire sans doute postérieure à l'avènement de la brucellose en France, à la fin du XIXe siècle, où cette affection est alors assimilée aux "fièvres" de la nosographie populaire. Cette double thérapie, qui atteste encore la capacité d'innovation populaire, ici dans la maladie infectieuse (ne prescrit-on pas de nos jours une trithérapie dans le traitement du sida ?), met en œuvre des propriétés fébrifuges reconnues de longue date et appliquées au traitement des diverses fièvres périodiques. Avec ces plantes à l'efficacité attestée par la recherche actuelle (action commune anti-inflammatoire, de surcroît puissamment antibactérienne pour le chardon bénit, diurétique pour la piloselle), la médecine populaire, et plus largement l'ancienne médecine, disposaient de "remèdes à large spectre" capables de pallier les incertitudes du diagnostic. Dans les années 1970, où la brucellose touchait encore fréquemment l'homme dans la région de Forcalquier, j'ai pu constater l'intérêt de ces traitements, même là où cette maladie n'avait pas été soignée dès ses premiers symptômes. On soulignera encore que l'emploi du vin dans les préparations de chardon bénit, habituel en ce qui concerne les plantes amères (gentiane, absinthe, etc.), n'a pas seulement une fonction de correcteur de goût : par son alcool, il favorise la mobilisation de principes actifs peu solubles dans l'eau.

7141, 2112. *Ça diminue la fièvre de Malte et ça augmente l'appétit* (M. C., Allos).

Attribution douteuse de cette information au chardon bénit ; voir ce qui est dit plus haut à propos de la description de la plante et de son milieu par le même informateur.

7141. *(Pour la fièvre de Malte.)* Voir "séneçon".

Chardon Marie

Silybum marianum (L.) Gaertner

COMPOSÉES (= ASTÉRACÉES)

Ce chardon bisannuel de belle taille a de superbes grandes feuilles d'un vert lustré marbré de blanc, de gros capitules pourpres aux robustes épines extérieures étalées en étoile, capitules solitaires au sommet des tiges nues dans le haut. Il croît presque toujours en situation rudérale, au voisinage des lieux habités, sur les décombres et les décharges, dans les terrains vagues et les fossés, au bord des routes, etc. ; on le voit parfois dans les

céréales. C'est une plante relativement peu répandue, strictement inféodée aux basses régions méditerranéennes, mais souvent en masse dans ses localités.

Emplois médicinaux. Médecine humaine

2413. *Les racines* [en infusion] *sont bonnes pour la vésicule biliaire* (M. et Mme C., Ongles).
7141, 7142. *La bouchère de La Verdière* [Var] *a été guérie grâce à un berger du Luberon. Les bergers prennent cette plante chaque année en prévention des fièvres* [brucellose] (Mme B., 65 ans, Volonne).
Plante amère à visées traditionnelles surtout hépatiques, considéré de nos jours comme un bon hépatoprotecteur (spécialités pharmaceutiques), le chardon Marie était aussi

un fébrifuge de l'ancienne médecine. Dans les années 1970, il constituait la base de certains remèdes de guérisseurs contre la brucellose (Gard). Très distinct du chardon bénit, il ne peut guère être confondu avec celui-ci que par les personnes les moins attentives. Toutefois, la ressemblance des noms et les analogies d'emplois rendent les chevauchements d'attributions probables.

Châtaignier

Castanea sativa Mill.

FAGACÉES

Peut-être spontané sur les affleurements siliceux de la région Vachères nord, Banon sud, Revest-des-Brousses, où il est associé à une flore acidophile qui rappelle celle des châtaigneraies d'Annot et du Piémont, le châtaignier a été propagé en plantations fruitières çà et là sur ces mêmes substrats, et aussi sur les sols décalcifiés du plateau d'Albion où il s'élève jusque vers 1 100 mètres. On le rencontre aussi planté çà et là, par pieds isolés, sur la molasse du bassin de Forcalquier. L'extension de cet arbre en culture ne semble pas remonter plus haut que le milieu du XIXe siècle, où ses feuilles se sont bientôt substituées à celles de la vigne pour "plier" les tommes[1]. De nos jours, l'étiquette de "banon", qui qualifie un fromage de chèvre enveloppé dans des feuilles de châtaignier, est un label qui s'étend bien au-delà de la région éponyme.

Emplois médicinaux. Médecine humaine

4370. M. F. pense qu'on utilisait l'écorce de cet arbre en décoction, *pour les hémorroïdes* (M. F., 50 ans, Valbelle). Riche en tanin, cette écorce a des emplois d'astringent analogues à celle des chênes.

1. Sur l'histoire du châtaignier sur le plateau d'Albion, voir Elise Bain, "Le châtaignier dans le canton de Banon, éléments d'histoire et d'ethnologie", 70 p., rapport d'études multigraphié, Mane, Musée départemental ethnologique de Salagon, 2005.

9383. *On fait des tisanes de feuilles de châtaignier* [SPI] (Mme S., 80 ans, Séderon, 26).
L'emploi médicinal de ces feuilles est rare, et il est d'autant plus dommage que leur indication ne soit pas précisée ici. Il est cependant possible d'y voir le remède de la toux et de la coqueluche que M. Amir a noté une fois en Vaucluse – savoir jadis, semble-t-il, exporté en Amérique du Nord par les colons européens et que les Indiens du Québec mettaient à profit contre la coqueluche en usant de la décoction des feuilles du châtaignier américain, *Castanea dentata.*

Emplois médicinaux
Pratiques vétérinaires et assimilées

Aliments dangereux. L'informateur signale que les jeunes pousses de châtaignier, quand elles sont broutées avec excès, *font uriner du sang aux brebis* (M. C., Allos).

Emplois alimentaires, condimentaires et assimilés

Diététique ancienne. *On mangeait beaucoup de farineux, l'hiver, des châtaignes le soir* (Mme A., 65 ans, Forcalquier).

Chélidoine

Chelidonium majus L.

PAPAVÉRACÉES

Plante vivace nitrophile des décombres ombragés, murs frais, fossés, haies et fourrés des lieux habités ; anciennes voies de chemin de fer au sol enrichi par les robiniers ; parfois bois riverains en sols riches. Souvent en compagnie de l'ortie et du sureau. Elle croît jusqu'à 1 800 mètres mais se rencontre surtout aux basses et moyennes altitudes.
L'emploi du suc de chélidoine, latex caustique jaune orangé, brunissant à l'air, pour traiter les verrues et les cors, appartient au fonds commun des savoirs médicinaux européens ; mais les médecines antique et médiévale s'en

tiennent plutôt à ses propriétés antiophtalmiques (que rappelle le nom ancien de “grande éclaire” : celle qui éclaircit la vue). La couleur safran de ce latex, qui évoque celle de la bile, est à l'arrière-plan des indications du domaine hépatique, la plante figurant en bonne place dans la pharmacopée analogique. La chélidoine conserve une place notable en phytothérapie.

Ramassage

Perception du milieu. *Il n'y en a pas à Saint-Michel, on la trouve dans les lieux frais* (cercle du 3e âge, Saint-Michel-l'Observatoire). — *Elle pousse sur les murs* (M. et Mlle C., Banon).

Emplois médicinaux. Médecine humaine

1611. *Je mets des cataplasmes de feuilles sur les boutons* (M. C., 75 ans, Forcalquier).

Extension quelque peu risquée de l'emploi du suc de la plante sur les verrues. Ce suc est irritant et pourrait enflammer des dermatoses et léser l'épiderme sain ; mais peut-être y a-t-il assimilation des verrues à des "boutons".

1761. *Elle est bonne pour les verrues* ; *on la frotte sur les verrues* ; *c'est contre les verrues* (Mme L., 69 ans, Banon ; M. et Mlle C., Banon ; cercle du 3e âge, Saint-Michel-l'Observatoire ; anonyme, F., Saint-Laurent-des-Arbres, 30). — On frotte sur les verrues *la tige cassée aux nœuds* (anonyme, Saint-Etienne-les-Orgues). — *C'est une plante jaune qui sent comme le safran ; je mets la chose rouge de la plante sur les verrues et je change tous les jours* (Mme R., Mane).

1761. Perception de la maladie. A Saint-Jean-de-Sault, Mme B. associait la chélidoine à l'orpin reprise *(Sedum telephium)* ; elle précise que *les verrues femelles ont un point noir dessus, c'est contagieux ; les verrues mâles n'ont pas de point et ne sont pas contagieuses ; il faut hacher un peu de* [sedum] *et de chélidoine à part, en deux tas ; pendant 8 à 10 jours, plusieurs fois par jour, on fait des compresses avec alternativement de la chélidoine et du* [sedum], *sur les verrues à point noir. L'enfant qui a des verrues ne doit pas manger d'orange ni de menthe* (Mme B., 45 ans, Saint-Jean-de-Sault, 84).

L'informatrice est une expérimentatrice œuvrant pour l'essentiel à distance des références livresques. C'est un exemple, rare de nos jours, de cette relation inventive au remède végétal qui s'est sans doute perpétuée au fil des siècles, dans nos cultures, au moins depuis le temps des "femmes de Salerne".

1765. *C'est bon pour les cors, il faut la couper au collet et la mettre sur le cor* (enquête J. M., Saint-Michel-l'Observatoire).

2191. *C'est vénéneux* (M. et Mlle C., Banon).

2312, 2412. Il y a un peu plus de 60 ans, à Simiane, quand on avait une crise de foie ou des maux d'estomac, on buvait une infusion préparée avec une petite pincée de la plante. *Il ne faut pas en abuser* (anonyme, F., 75 ans, Forcalquier).

5170. L'informatrice a employé la macération des feuilles dans du vin blanc pour traiter un fibrome. Elle en buvait 2 ou 3 fois par jour, avant les repas. Ce remède avait été conseillé par un médecin en 1967-1968 (anonyme, F., Lagnes, 84).

Antispasmodique des muscles lisses, la plante a peut-être été prescrite ici en rapport avec cette propriété ; mais cette indication semble sans référence écrite contemporaine.

Chêne pubescent
Chêne blanc

Quercus pubescens Willd.

FAGACÉES

pl. 19, fig. 60, 61

Arbre caractéristique de l'étage collinéen du Midi français, le chêne pubescent, ou chêne blanc, constitue le fond du paysage forestier de haute Provence jusqu'à la base de l'étage montagnard, vers 1 200 mètres aux adrets, où le hêtre le remplace. En quelques localités ensoleillées et abritées, il s'élève jusqu'à 1 600 mètres. Traité en taillis, ce chêne est le plus souvent à l'état de cépées, groupes de rejets de souche dépassant rarement 8 mètres de hauteur. Les arbres âgés, qui peuvent vivre plusieurs siècles, se voient habituellement au voisinage des fermes ou des ruines anciennes, au bord des champs, aux lisières, très rarement dans l'espace forestier lui-même.
Aux altitudes inférieures, sur les versants ensoleillés, les pentes sèches, le taillis de chêne blanc se présente sous une modalité claire et maigre, aux arbres souvent rabougris, et la flore compagne est riche en espèces de lumière qu'on rencontre aussi bien sur les pelouses (aphyllanthe de Montpellier, dorycnie arbrisseau, genêt poilu, petit genêt d'Espagne, etc.) ; l'amélanchier y est très fréquent. En altitude, mais aussi dans les ravins au sol profond et aux ubacs de l'étage collinéen, en modalité fraîche, les arbres sont de plus belle venue et la flore associée, de semi-lumière ou d'ombre, représente celle de la chênaie pubescente au sens strict : anémone hépatique, grémil bleu-pourpre, sceau-de-Salomon officinal, asperge à feuilles ténues, etc. Les espèces ligneuses sont variées, où le buis est souvent l'élément majeur (on parle alors de chênaie-buxaie).

Jadis traité en courtes révolutions (7 à 9 ans), le taillis de chêne blanc est rarement coupé de nos jours avant l'âge de 25 ou 30 ans ; certains taillis délaissés prennent une physionomie forestière. De surcroît, l'abandon des anciennes terres à céréales des collines et le recul du pastoralisme offrent des terres de conquête à cet arbre très doué pour l'extension, que les geais ont tôt fait de semer dans les friches.

Surtout exploité comme combustible dans l'ancienne société (son seul emploi de nos jours), le chêne pubescent fournissait aussi du bois d'œuvre pour les charpentes (poutres, chevrons) et la menuiserie grossière (mangeoires, etc.). On employait à cette fin les arbres qu'on laissait vieillir dans l'espace rural et çà et là dans les milieux forestiers. Fréquemment, ce chêne était aussi émondé pour la ramée, fagots de branches feuillues qu'on destinait à l'alimentation du bétail, puis à l'âtre une fois dégarnies.

Oublié de nos jours en phytothérapie classique et devenu très anecdotique en pratique populaire, le chêne, arbre puissant à la forte charge symbolique, avait jadis un rôle médicinal important, en particulier dans les indications des astringents du fait de sa richesse en tanin[1].

Emplois médicinaux. Médecine humaine

1240. On soignait les ulcères avec de la cendre propre de bois de chêne (anonyme, F., Saint-Laurent-des-Arbres, 30).

2230, **2240**. Dans les affections des gencives et des dents, on se frottait les gencives avec de la cendre de bois de chêne (anonyme, F., Saint-Laurent-des-Arbres, 30).

L'emploi médicinal des cendres de bois de chêne, ici évoqué deux fois par la même informatrice, rare dans les sources écrites, appartient vraisemblablement à un fonds de connaissances très ancien ; il est cité chez les Amérindiens ; ses occurrences dans les relations des folkloristes et dans les enquêtes récentes vaudraient d'être étudiées ; il n'est sans doute pas sans rapport avec la préférence accordée à ces mêmes cendres pour la lessive dans l'ancienne société haut-provençale, pratique passée sous silence dans l'enquête mais relevée en bien d'autres occasions.

1. Sur la chênaie blanche, sa flore, sa végétation et les milieux associés, voir P. Lieutaghi, *op. cit.*, 2005.

2530. On prenait une bonne poignée de feuilles fraîches [quantité double en feuilles sèches], qu'on faisait bouillir 20 minutes dans 3 à 4 litres d'eau et dont on buvait 1 à 2 litres par jour pendant 2 jours. *Ça coupe la "cagagne" ; la "cagarelette", c'est la petite diarrhée, celle qui fait courir toute la journée, mais ne fatigue pas* (anonyme, F., 75 ans, Forcalquier).
3120. *Le chêne blanc, quand il germe, pour faire des tisanes, c'est très bon pour le rhume. Moi, j'en prenais une tous les soirs quand j'avais le rhume* (enquête J. M., Saint-Michel-l'Observatoire).
L'emploi des jeunes pousses de chêne est attesté dans la médecine du XVIe siècle, mais surtout dans le domaine hépatique. A noter que la "gemmothérapie", thérapeutique actuelle par les bourgeons, les indique en stimulant du système immunitaire.
3260. *Pour la pneumonie et la congestion pulmonaire*, on mettait une cuillerée à café de suie de bois de chêne à macérer dans un verre d'eau chaude, qu'on buvait ensuite (M. B., 80 ans, Mane).
En médecine populaire, la suie, aux propriétés antiseptiques, a des emplois respiratoires attestés dans beaucoup de régions ; c'est un remède qui n'est pas dénué de risques, en particulier du fait de l'action cancérigène des goudrons.
4370. [La décoction d'écorce,] *c'est pour les hémorroïdes* (M. F., 50 ans, Valbelle).
5140. La décoction d'écorce était employée en bains de siège *pour la leucorrhée* (anonyme, F., Saint-Laurent-des-Arbres, 30).
Dans les deux données précédentes, il s'agit encore d'indications habituelles des astringents.

Emplois médicinaux
Pratiques vétérinaires et assimilées

Mise bas. *Pour les brebis*, quand il y a descente et renversement de la matrice, on fait un lavement d'écorce de chêne en décoction. On fait ensuite boire un verre d'eau-de-vie à l'animal pour qu'il dorme au moins 5 heures sans bouger. *C'est pour les brebis qui viennent d'agneler* (Mme T., 55 ans, Céreste). — Voir aussi ce qui est dit plus haut à "café".

Jeux

Parure. *On faisait des colliers de glands, entre filles* (Mme A., Saint-Michel-l'Observatoire).

Artisanat rural

Divers. L'écorce de chêne vert *sert pour faire les tanins* (enquête J. M., Saint-Michel-l'Observatoire).
L'emploi de cette écorce en tannerie, très courant autrefois au point de menacer l'avenir de certains peuplements dont on extrayait les souches, est abandonné depuis plusieurs décennies.

Chénopode blanc

Chenopodium album L.

CHÉNOPODIACÉES

Plante nitrophile annuelle, favorisée par les engrais azotés, le chénopode blanc est une "mauvaise herbe" très abondante des jardins, des cultures fumées et des décombres, où il est souvent associé aux amarantes.

Emplois alimentaires, condimentaires et assimilés

Aliment de ramassage. *Une personne de Lorraine, pendant l'Occupation, ramassait une plante* [ce chénopode] *qui vient dans les endroits où on a cultivé la pomme de terre ; elle monte et fait de la verdure ; l'extrémité de la plante, comme elle est bonne ! On la donne aux lapins, elle est comestible. Toute herbe a sa valeur, mais il faut la connaître* (Mme D., 84 ans, Banon).
"Herbe à cuire" des plus anciennes, le chénopode blanc est souvent représenté par des graines dans les habitats néolithiques, époque où il est possible qu'on ait plutôt consommé ses semences, qui sont étroitement apparentées au quinoa (*Chenopodium quinoa* Willd.) d'Amérique du Sud. Cette plante n'est pas connue comme

alimentaire de nos jours par les Haut-Provençaux de souche, mais elle est parfois consommée par les "nouveaux habitants".

Chénopode bon-Henri

Chenopodium bonus henricus L.

CHÉNOPODIACÉES

Nitrophile montagnarde des plus caractéristiques, cet "épinard sauvage" (nom habituel dans les Alpes internes) se rencontre à peu près exclusivement, dans la région, aux abords des bergeries d'altitude et des reposoirs de troupeau, parfois le long de leurs trajets habituels (Ventoux, Lure, plateau de Vaucluse) ; çà et là près des villages les plus élevés de la chaîne de Lure et des plateaux. C'est un aliment de ramassage consommé dans toute son aire depuis la préhistoire, et l'un de ceux qui perdurent en notre temps.

Emplois médicinaux. Médecine humaine

9110, 2523. *On la trouve là où couchent les moutons. C'est un dépuratif. Elle est relâchante* (M. D., 65 ans, Forcalquier). C'est au titre de "relâchant", c'est-à-dire de laxatif, que ce chénopode se voit ici rangé parmi les dépuratifs, où il n'a toutefois qu'une situation marginale. Ses propriétés laxatives sont connues de très longue date.

Emplois alimentaires, condimentaires et assimilés

Aliment de ramassage. *On l'appelle "sangari*[1]*". C'est entre l'ortie et l'épinard. Ça se mange en salade cuite et en omelette* (M. B., Montjustin).

Chèvrefeuille

Lonicera etrusca Santi

CAPRIFOLIACÉES

Plante buissonnante, sarmenteuse mais rarement grimpante, des chênaies claires, fourrés, haies des collines, landes à épineux, à spartier, etc., surtout fréquente dans l'étage du chêne blanc où elle s'élève jusque vers 1 200 mètres. Les fleurs en trompette sont très parfumées, les baies rouge vif toxiques. C'est vraisemblablement à cette espèce que se réfèrent les données ci-dessous, car le seul autre chèvrefeuille au sens strict de la région considérée, le chèvrefeuille des Baléares, *L. implexa* Ait., plante cantonnée dans l'étage du chêne vert, a une floraison bien moins manifeste. Toutefois, l'information recueillie à Lourmarin pourrait s'y rapporter.

1. Ce nom est attesté chez Mistral, TDF, *op. cit.*, 1983.

Emplois médicinaux. Médecine humaine

3111. *Pour les maux de gorge*, l'informateur fait des gargarismes avec l'infusion des fleurs (anonyme, Lourmarin, 84). Plante surtout connue comme sédative et antispasmodique dans l'ancienne médecine. L'emploi ici relaté est attesté en Wallonie dans les années 1930 (Bastin, *op. cit.*, 1939, p. 69), où il concerne le chèvrefeuille grimpant non méditerranéen, *L. periclymenum* L. Voir, chez C. Crosnier (*op. cit.*, 1987 et 1998), la situation importante de cette dernière espèce en Morvan, où la fonction de vulnéraire semble privilégiée.

Magie et symbolique

Philtre d'amour. *La liqueur de fleurs de chèvrefeuille, avec des pétales de coquelicot pour colorer, pour donner du reflet, et des fleurs d'aubépine, c'est la liqueur des amoureux. On met une bonne poignée de chacun, 5-6 pétales de coquelicot, et on fait un peu de sirop* (enquête J. M., Saint-Michel-l'Observatoire).
Le chèvrefeuille a une place majeure dans la littérature amoureuse comme dans la magie érotique : c'est la plante qui enlace, dont le parfum fait perdre la tête. Le coquelicot a le rouge de la passion. L'aubépine, toutefois, plante mariale, est plutôt une image de chasteté. Le philtre d'amour aurait-il aussi un souci de continence, une note de retenue ? Il est regrettable que l'enquête n'ait pas sollicité de précisions supplémentaires à propos de cette "liqueur des amoureux".

Chicorée sauvage

Cichorium intybus L.

COMPOSÉES (= ASTÉRACÉES)

Plante vivace des lieux herbeux au sol plutôt fertile, pelouses pâturées au voisinage des fermes, prés secs, jachères, vieilles luzernes, bord des routes et des chemins, décombres. La rosette de feuilles printanières, à la saveur

douce, est récoltée pour la salade. On la repère aux tiges sèches de l'année passée, d'un gris pâle, qui survivent souvent à l'hiver, qui la rangent dans les "chicorées à la bûche" (Languedoc) avec la *sautoulame*, *Chondrilla juncea* L. Comme ce mode d'identification se perd, la plante, au début du IIIe millénaire, n'est pratiquement plus cueillie. A noter que, en haute Provence occidentale, *cicorèias* (ou *cicòri*) peut s'appliquer à d'autres salades amères de ramassage appartenant à la famille des Composées, à commencer par des *Crepis* (voir "salades sauvages").

Ramassage

On ramasse les racines en octobre-novembre (M. et Mme C., Ongles).

Emplois médicinaux. Médecine humaine

2315, 2416, 2418, 2511, 8140. Mme C. a elle-même mis au point un mélange de plantes *bon pour le pancréas, le foie, l'estomac et l'intestin. On met 20 grammes de chaque plante ; si la plante est fraîche, on en met moins ; puis on met une cuillerée à café du mélange par tasse* (M. et Mme C., 70 ans, Revest-des-Brousses). La composition est la suivante :

– Racines de chicorée de Bruxelles [celle aux feuilles] *blanches, pas amères, longues, découpées.* On ramasse les racines en octobre-novembre ; les feuilles sont mangées. *Elle draine le foie, la "chicoureio".* — La description évoque la chicorée "barbe de capucin", endive aux feuilles découpées qui ne semble pourtant pas connue dans la région.

– Racine d'ortie.

– Grande prêle. Les tiges sont ramassées en juin. *C'est un reconstituant, un fortifiant des os et des muscles.* — La "grande prêle" est *Equisetum telmateia* Ehrh., plus fréquente dans la région que la prêle des champs, *E. arvense* L. (voir "prêle").

– Renouée. Il s'agit d'une plante rampante à *fleurs roses en groupes, en épis*, qu'on utilise entière, description qui ne s'applique pas tout à fait à la renouée des oiseaux, *P. aviculare* L. s. l., les fleurs groupées en épi évoquant plutôt la persicaire, *Polygonum persicaria* L., qui semble inusitée en haute Provence. Revue en 1994, la même informatrice dit à propos de la renouée : *c'est la "tirassetto"*, [celle] *qui traîne. C'est bon aussi pour les diarrhées. Comme il y avait cette autre plante qui fleurit en été* [la potentille quintefeuille, elle aussi antidiarrhéique], *on prend plutôt l'autre. Celle-là* [la quintefeuille], *je ne l'ai jamais utilisée.* C'est donc bien, semble-t-il, de la renouée des oiseaux qu'il s'agit, même si la description qui en faite est sans doute "contaminée" par l'inflorescence de l'espèce voisine.

– Géranium herbe-à-Robert. On en ramasse les feuilles en été.

– Cosses sèches de haricot. Elles sont recueillies en fin d'été.

– Feuilles d'artichaut. *Pour le foie.*

– Romarin du jardin. Feuilles et tiges fleuries.

– Feuilles d'eucalyptus. *C'est pour le diabète, comme le géranium et le haricot.*

– Fleurs d'aubépine ; les *pompons blancs* sont à cueillir entiers, dans les haies. *C'est bon pour le cœur, pour la circulation et les nerfs. C'est un régulateur, un calmant. Elle fleurit en mai, il faut la ramasser vite avant les pluies.*
– Aubier de tilleul. *C'est contre les rhumatismes. On le ramasse en automne-hiver, le bois est jeté, l'écorce est gardée. Il y a un arbre devant la maison.*
– Feuille de myrtille. Elle est utilisée, comme le géranium et l'eucalyptus, *pour le diabète. J'achète la feuille. Les fruits sont bons pour les yeux.*
L'informatrice, bergère retraitée, a une pratique personnelle qui s'inspire beaucoup de la vulgarisation contemporaine, dont elle consigne les recettes dans des cahiers. Le mélange ci-dessus atteste une compréhension fine autant qu'une interprétation réfléchie des données livresques, même si le rajout de certaines plantes "hors champ", comme la prêle et l'aubépine, témoigne de la propension empirique à vouloir composer des remèdes "bons pour tout", à l'instar des antiques préparations des apothicaires. Voir aussi ce qui est dit à "aubépine", **9371**.
2416. *La "chicoureio" draine le foie* (M. et Mme C., Ongles). L'idée de "drainage" est la version moderne de la dépuration. La chicorée, amère digestive, stimulante hépatique, est au nombre des plantes dépuratives dès la formalisation du concept, au XVIIIe siècle.
9110, **9121**. *C'est un dépuratif. Au printemps, on fait des cures de la plante en salade, on la mange aussi cuite et on boit l'eau de cuisson ; c'est pour les adultes. Pour les enfants, on donne l'infusion des fleurs à boire, aux bébés, dans le biberon, et aux enfants, en cure, au printemps, c'est dépuratif* (Mlle A., 90 ans, Montjustin).
La fleur, partie la plus "douce" de la plante, à peine amère, est réservée au soin des enfants, en même temps qu'elle les prépare à la rude amertume de la cure dépurative de l'adulte (la fleur de scabieuse colombaire a la même fonction). On relèvera encore ici l'absence de limite définie entre l'aliment et le remède, fréquente depuis les premiers textes dans la médecine traditionnelle de nos pays, qui témoigne en même temps d'un mode central de constitution des savoirs médicinaux.

Emplois alimentaires, condimentaires et assimilés

Aliment de ramassage. Les feuilles sont mangées en salade (M. et Mme C., Ongles). — *On mange en salade tout le* *chicon* (cercle du 3e âge, Saint-Michel-l'Observatoire). — Mme G., de Céreste, consomme beaucoup de salades sauvages au printemps, dont la chicorée : *c'est bon, ça fait du bien, j'en fais 2 ou 3 fois par semaine, je les ramasse en gardant les moutons.*

Chiendent

Gros chiendent

Cynodon dactylon (L.) Pers.

GRAMINÉES (= POACÉES)

Le chiendent a une écologie proche de celle de la renouée des oiseaux. C'est à la fois une plante des ruelles, des chemins, des cours, des aires, lieux où elle supporte parfaitement le piétinement, et des terres cultivées, jardins et champs. Un rhizome très tenace, profond, ocre pâle, gros comme une plume d'oie (d'où "gros chiendent"), qui progresse dans les sols les plus compacts grâce à des pousses blanc ivoire en forme de canine aiguë (d'où "chiendent" : l'analogie avec un croc de chien est frappante), rend cette plante quasi inexpugnable là où elle s'installe : un fragment de rhizome oublié en terre ne tarde pas à reconstituer un pied.
Un autre chiendent, le "petit chiendent" de l'herboristerie, *Elytrigia repens* (L.) Desv. [= *Agropyron repens* (L.) P. B. ; *Elymus repens* (L.) Gould], a une morphologie très distincte : bien plus élevé, avec un épi simple et non digité comme chez *Cynodon*, un rhizome grêle et blanc, c'est une plante envahissante des friches au sol profond, des jardins et des champs, souvent dominante sur les talus du bord des routes où il semble que les brûlis la favorisent. Une forme fréquente dans la région se reconnaît de loin à sa tonalité bleutée.
Très ancien aliment de disette (contingences favorables à l'apprentissage d'une action physiologique), le rhizome du chiendent *Cynodon dactylon* est déjà cité comme diurétique dans l'Antiquité ; par ailleurs "rafraîchissant" et

adoucissant de l'ancienne médecine, resté d'usage courant en herboristerie jusqu'au milieu du XXe siècle, il est quasiment abandonné de nos jours.

Emplois médicinaux. Médecine humaine

1946. La racine en décoction est dite *bonne pour les rhumatismes* (M. et Mme B., Céreste).
2616. *Les racines de chiendent, celui des jardins, c'est pour les urines* (M. C., Allos).
2621, **8117** (mélange "pour l'acide urique"). Voir "cerisier".
5233, **5243**. **Automédication animale.** *Pour les seins enflés et les abcès après l'allaitement,* l'informatrice a fait une cure d'une semaine d'infusion de racines (usage interne). Cette recette venait de sa grand-mère. Celle-ci avait remarqué que ses chattes mangeaient du chiendent quand elles avaient perdu leurs petits, *pour se faire dégonfler les mamelles* (Mme C., 40 ans, Mane). — C'est un exemple de "séquence de compréhension" à partir de

l'observation de l'automédication animale, mode de connaissance des propriétés médicinales qui requiert une étude approfondie dans nos cultures. L'indication n'a pas d'attestation dans la littérature consultée. Il n'est pas exclu, toutefois, qu'elle puisse dériver des anciennes indications du chiendent en adoucissant urinaire.

5280. *Pour les troubles de la ménopause*, l'informatrice conseille la décoction de la racine (anonyme, F., Saint-Laurent-des-Arbres, 30).

Origine savante possible. Certains manuels de phytothérapie des années 1970 donnent le chiendent comme un adjuvant utile dans les troubles cités. L'informatrice a une pratique de guérisseuse.

8112, 9311. La décoction de la racine est utilisée comme *diurétique, en cas d'obésité* (anonyme, F., Saint-Laurent-des-Arbres, 30).

9311. L'infusion des racines est conseillée *pour uriner* (M. T., 75 ans, Cruis). — *C'est très diurétique, en infusion* (M. et Mlle C., Banon). — *"Lou grame", c'était beaucoup utilisé et ça avait une propriété, je crois que c'était pour uriner* (Mme A., Saint-Michel-l'Observatoire). — *C'est diurétique, en cure.* On l'associe *à des médicaments pour la prostate* (M. A., 55 ans, Goult, 84). — Voir aussi "cerisier", "orge".

9341. *C'est adoucissant* [SPI] (Mme A., 90 ans, Robion, 84).

9381. *C'est bon pour l'infusion, ça n'a aucun goût, ça un goût de paille* (enquête J. M., Saint-Michel-l'Observatoire).

La décoction de racine de chiendent est au nombre des anciennes tisanes "rafraîchissantes" qu'on donnait dans les maladies fébriles, en simple breuvage considéré comme salutaire.

Emplois médicinaux
Pratiques vétérinaires et assimilées

Automédication animale. *Les chiens se purgent avec "lou grame", l'herbe ; ils l'avalent et la vomissent avec des glaires. Ça nettoie la vésicule biliaire et l'estomac. C'est peut-être pour ça qu'on appelle cette herbe chiendent. C'est l'herbe du chien* (M. et Mme B., Céreste).

Cette pratique, couramment observée, perçue comme l'automédication animale par excellence, a cependant surtout un effet mécanique. Qu'on lui attribue ici le pouvoir de "nettoyer la vésicule biliaire et l'estomac" fait écho à des représentations de la cure dépurative chez l'homme.

Malheureusement, l'information n'est pas détaillée plus avant. Voir aussi **5233**, **5243**, et le paragraphe introductif.
Coliques. *Pour les coliques chez un mulet,* on a donné à boire la décoction de racines de chiendent (M. G., 65 ans, Saint-Saturnin-d'Apt, 84).
"Coliques", ici, est sans doute à entendre dans le sens ancien de "douleurs abdominales". Il est possible que l'indication du chiendent dans les coliques néphrétiques, en médecine humaine, ait suggéré cet emploi qui ne correspond pas aux emplois classiques de la plante.

Chou

Brassica oleracea L.

CRUCIFÈRES (= BRASSICACÉES)

Cultivé dans les jardins, mais moins couramment que par le passé, le chou est peu présent dans la cuisine haut-provençale actuelle. Sa fréquence sur les marchés au tournant des millénaires, en particulier chez les producteurs "bios", n'est pas sans rapport avec l'intérêt des "nouveaux habitants" pour une diététique où les aliments végétaux tiennent une place importante, en particulier ceux qui, outre une action bénéfique reconnue au niveau nutritionnel, sont susceptibles d'intervenir dans la prévention, voire le soin de certaines affections.
On notera que toutes les pratiques ici recensées ont trait à la médecine externe, domaine où le chou, favorisé par ses grandes feuilles charnues, trouve de multiples emplois depuis l'Antiquité.

Emplois médicinaux. Médecine humaine

1111, **1540**. *On mettait des feuilles de chou en cataplasme, quand on avait un abcès et sur les plaies* (cercle du 3e âge, Saint-Michel-l'Observatoire).
1311, **1350**. *Pour une entorse ou une enflure,* on utilise la feuille de chou en pansement, maintenue par une bande, la nuit (Mme V. T., 70 ans, Cruis).

1321, 1324, 9342. [On en] *faisait des sortes d'emplâtres sur les bleus, les coups à la jambe. C'est émollient, le chou, une feuille pilée* (Mme A., 65 ans, Forcalquier). — Voir aussi "verveine officinale".

1611. *On mettait les feuilles de chou sur le bras en pansement, ou sur les boutons* (Mme A., Saint-Michel-l'Observatoire).

1920, 7121. Le cataplasme de feuilles de chou (ou de salade) succède en tant que correctif tempérant à celui *contre les douleurs, les coups de froid, les torticolis* dont les cantharides (coléoptères à propriétés révulsives qu'on recueille sur le frêne) constituent le principe actif (M. C., Allos).

1943. *Pour l'arthrose*, on applique des feuilles de chou sur la douleur (Mme B., 80 ans, Ferrassières, 26).

2415, 2450, 9345. *Pour l'hépatite virale ou la jaunisse*, on fait un cataplasme de feuilles de chou cru écrasées grossièrement avec une moitié d'oignon cru et une bonne poignée de son de blé. Faire tiédir, mettre dans une gaze et appliquer sur le foie. *Les résultats sont sensationnels ; ça décongestionne et ça purge. Il y a des matières blanches au bout du troisième jour. Il faut faire plusieurs cataplasmes par jour* [années 1965] (anonyme, F., 75 ans, Forcalquier).

Des "matières blanches" dénotent l'insuffisance biliaire grave ; peut-être y a-t-il confusion entre le symptôme et les signes de réactivation biliaire, que traduiraient des matières colorées. La recette n'a pas de référence écrite dans les sources consultées. Le mélange, où le son adoucissant "corrige" l'action révulsive de l'oignon, a la forme des prescriptions de la médecine savante ancienne. Il s'agit d'un traitement percutané où se manifeste la propriété décongestionnante du chou, mise à profit par ailleurs dans les affections pulmonaires aiguës.

2574, 3280, 9425. Perception de la maladie. Perception du corps. Société. *Quand la vache mange du chou, le lait de vache a le goût de chou, alors le bébé qui boit ce lait, il a la diarrhée. Les bébés, ça a l'estomac fragile, c'est délicat, c'est pas habitué. La mère qui avait bu le lait de chèvre quand la chèvre a mangé du sainfoin, le lait est trop fort et le lait de la mère n'est pas bon. Alors les bébés ont des problèmes de diarrhée ou d'autres, à cause du lait de la mère ou quand ils arrêtent de manger au sein… Beaucoup d'enfants sont morts de diarrhée. Avant, il y avait beaucoup de vers intestinaux et de dysenterie chez les*

enfants. Aujourd'hui l'hygiène est meilleure ; avant on ne lavait pas le linge souvent, ni les enfants. Il y avait des problèmes de tuberculose (Mme B., 75 ans, Mane).
Ce témoignage condense les problèmes de la diététique et de l'hygiène infantiles dans l'ancienne société, où la mortalité enfantine tenait pour une bonne part à la méconnaissance de quelques règles pédiatriques de base, comme la réhydratation en cas de diarrhée. C'est une situation qu'on retrouve de nos jours dans beaucoup de régions pauvres du globe.
3111. *Pour le mal de gorge, on se fait un enveloppement avec la feuille* [de chou] *bouillante, ou avec la pomme de terre* (enquête J. M., Saint-Michel-l'Observatoire).
3116. *Quand on a un coup d'air dans les oreilles,* on fait bouillir *la moelle de la tige du chou* dans du vin rouge et on nettoie l'intérieur de l'oreille avec du coton imbibé de cette décoction encore chaude (Mme F., 70 ans, Reillanne).
Il s'agit sans doute ici d'une extension de l'emploi très ancien du chou dans les affections des voies respiratoires et les “coups de froid”. Cette indication ne figure pas dans les sources écrites consultées. La moelle du chou est citée dans les anciennes pharmacopées.
3121, 9312, 9345. *On fait transpirer des feuilles de chou de Milan (à larges feuilles) au-dessus de la braise. Quand les feuilles pleurent, on fait un cataplasme sur la tête, le front, tenu par un fichu, au lit. C'est pour le rhume de cerveau ; ça fait transpirer ; c'est décongestionnant* (Mme D., 84 ans, Banon). — L'information qui suit [SPI] n'est pas sans analogie avec la précédente : *le chou, chez nous, ça a beaucoup de vertus. Le père Ermeline, il se promenait avec une feuille de chou sur la tête, je ne sais pas pourquoi* (enquête J. M., Saint-Michel-l'Observatoire).
6220. *Pour le zona,* une informatrice fait des cataplasmes de feuilles de chou bouillies dans du lait (Mme F., 70 ans, Reillanne).
Origine livresque ? Le procédé est décrit par J. Valnet (*op. cit.*, 1972), mais sans le recours au lait.

Emplois médicinaux
Pratiques vétérinaires et assimilées

Blessures (cataplasme à la suite des vésicatoires chez la chèvre). Voir “bardane”.

Grande ciguë

Ciguë tachetée

Conium maculatum L.

OMBELLIFÈRES (= APIACÉES)

Grande bisannuelle rudérale, préférentielle des lieux habités et de leurs abords : décombres, terrains vagues, bord des routes, fossés, haies fraîches (parfois bois riverains en basse Provence). Rare et disséminée en haute Provence occidentale (ainsi qu'en Vaucluse et dans les Hautes-Alpes), elle est de surcroît instable dans ses localités : abondante une année, elle s'éclipse souvent par la suite[1]. Dans la région (et ailleurs), on qualifie souvent de "ciguë" des Ombellifères de grande taille rencontrées dans les milieux analogues, à commencer par le faux-cerfeuil ou cerfeuil sauvage, *Anthriscus sylvestris* (L.) Hoffm., commun aux abords des villages. La grande ciguë au sens strict se distingue facilement de ses congénères par des tiges robustes, lisses et creuses, couvertes d'une pruine bleuâtre pâle, souvent maculées de taches lie de vin surtout dans leur partie inférieure.

Perception de la plante

2191. *C'est une plante-poison* (M. G., Saint-Michel-l'Observatoire).
Très toxique, la grande ciguë est célèbre pour avoir causé la mort de Socrate. 6 grammes de ses feuilles fraîches peuvent être mortels pour l'homme adulte. Cette plante ne connaît pas plus d'emplois en médecine populaire courante que la plupart des "grandes vénéneuses". Comme il est dit plus haut, elle prête son nom à des espèces bien moins (et parfois non) vénéneuses, qui constituent ainsi une catégorie "ciguë" dont on se défie. Cet amalgame tient à la proximité morphologique des grandes Ombellifères, dont les traits distinctifs ne répondent pas aux critères de discrimination habituels de la perception populaire du végétal.

Citronnier

Citrus limon (L.) Burm.

RUTACÉES

2430 (calculs biliaires). Voir "camomille romaine" pour un emploi du citron en association avec cette plante.

1. Elle est par contre à peu près constante en certains points de la basse Provence, ainsi le long de l'autoroute nord de Marseille, au sortir de la ville, où elle abonde (floraison en avril), et au sud d'Aix, dans la ripisylve de l'Arc.

Clématite

Clematis vitalba L.

RENONCULACÉES

Cette grande liane ligneuse, la plus élevée en Europe avec le lierre et la vigne sauvage, fréquente les haies et fourrés des sols riches, les lisières fraîches et les ruines. Elle est très courante dans les vieux villages et à leurs abords. Plante toxique et caustique, surtout à l'état frais, elle est sans emplois médicinaux actuels. L'enquête ne relève pas l'usage de ses tiges sèches en guise de cigarettes, qui restait connu des enfants dans les années 1970, et qui l'est encore çà et là.

Jeux

Divers. *Les fruits de la clématite, il faut les faire tenir entre les dents d'une petite camarade, et tirer sur les extrémités. Ça s'accroche dans les dents ! On s'enfuit en courant !* (Mme A., 65 ans, Forcalquier.)

Parure. *Avec cette plante, on faisait des couronnes, des ceintures et des voiles de mariée, quand on était gamines, en gardant les chèvres* (Mme C., 70 ans, Forcalquier).

Cette participation de la clématite en fleur aux jeux des petites filles est fréquente en Europe et se retrouve ailleurs dans le Midi français. Elle intéresse probablement aussi la clématite brûlante, *C. flammula* L., à la belle floraison estivale, courante dans les lieux pâturés et les friches buissonneuses de la zone collinéenne.

Cognassier

Cydonia oblonga L.

ROSACÉES-MALOIDÉES

Dans les bassins d'Apt et, surtout, de Forcalquier, le cognassier était sans doute, avec la poire à cuire, le fruitier à pépins le plus courant de l'ancienne société. Rare à l'état isolé, on le rencontre surtout planté en haies aux abords des villages et dans l'espace cultivé, où subsistent encore çà et là des pieds parfois très âgés. Il est rarement subspontané en milieux naturels (bois riverains, ravins frais, haies fraîches). La gelée, et plus encore la pâte de coings, restent des confiseries d'automne très populaires en haute Provence. L'astringence de ce fruit a fait l'essentiel de sa grande réputation médicinale, depuis l'Antiquité, tandis que les pépins, qui renferment un mucilage adoucissant, sont au contraire laxatifs (non cités dans l'enquête).

Emplois médicinaux. Médecine humaine

2121. La liqueur de coing, c'est digestif (M. et Mme C., 70 ans, Revest-des-Brousses).
Dite "eau de coing" en haute Provence, cette liqueur est obtenue par macération de pulpe de coing frais dans du vin blanc auquel on ajoute ensuite, après filtration, de l'alcool et du sucre.
2530. *Quand on a la diarrhée, on prend de la liqueur, de la pâte de coings et de la gelée, on fait aussi de la tisane des feuilles* (Sœur T., Mane).
2530. *Pour la diarrhée*, le coing était séché au four jusqu'à la carbonisation [SPE] (Mme C., 70 ans, Limans). — *Le coing brûlé au four… le boulanger avait eu la diarrhée, il en a pris 2 ou 3 fois, et c'est passé* [SPE] (enquête J. M., Saint-Michel-l'Observatoire). — *Le coing, c'est pour la diarrhée ; on fait brûler le coing au four, moi je l'ai fait, ça ; on fait bouillir le coing et puis vous buvez l'eau* (enquête J. M., Saint-Michel-l'Observatoire).
Ce mode d'emploi particulier n'a pas d'attestation dans la littérature consultée ; il intéresse quelques autres fruits, comme la noix.
2531. On faisait une infusion de coing brûlé, et on la donnait, bouillie en biberon, aux bébés qui avaient la diarrhée (cercle du 3e âge, Saint-Michel-l'Observatoire). — *Dans la diarrhée des bébés, des enfants*, on leur donnait à boire l'infusion de *cœur de coing* (Mme B., 80 ans, Ferrassières, 26). [Par "cœur de coing", il faut entendre la zone centrale du fruit avec ses loges qui renferment les pépins ; ceux-ci, très riches en mucilages, exercent une action adoucissante qui accompagne le pouvoir astringent de la chair du fruit.] — *Dans la diarrhée des bébés, des enfants, on faisait aussi l'infusion de fleurs de coing* (Mme C., 70 ans, Forcalquier).
Cette dernière pratique, héritée de l'ancienne médecine, semble peu relevée par les enquêtes actuelles ; on notera

ici encore que les fleurs, partie “douce” de la plante, comme le “cœur de coing”, semblent réservés à la médecine infantile ; même si le coing brûlé s’administre aussi bien aux adultes qu’aux bébés. L’enquête de M. Amir en Luberon (1994-1995) ne relève que 3 mentions d’emploi du coing.

2534, 9362. *Le coing, c’est astringent ; ça constipe beaucoup* (Mme A., Saint-Michel-l’Observatoire).

Coquelicot

Papaver rhoeas L.

PAPAVÉRACÉES

pl. 9, fig. 27, 28 ; pl. 28, fig. 90 ; pl. 32, fig. 104

Eloquent porte-parole des plantes messicoles, cette fleur des blés d’origine méditerranéenne/proche-orientale, dont l’extension est vraisemblablement contemporaine de celle de l’agriculture, reste très commune dans les céréales (surtout orge) de la haute Provence collinéenne. Notre région est l’une des rares de France où l’on puisse encore admirer, en mai-juin, des “paysages aux coquelicots”. La petitesse de ses graines permet au coquelicot d’échapper au tri des semences, mais les désherbants l’éliminent complètement des terres de production intensive. En renouvelant le stock de graines du sol, les jachères le favorisent. Il croît aussi sur les décombres récents, les talus soumis au brûlis, au bord des routes, dans les ruines des villages, sur les décombres, etc. On l’appelle *jalet* ou *roulet* (Sœur T., Mane)[1].

1. La forme *jalet* est la variante alpine de *galet*, “jeune coq”, et c’est bien le nom du coquelicot en moyenne Provence. Comme en français, le nom du coquelicot, en occitan, fait en effet souvent référence, par analogie de couleur, au coq et plus précisément à sa crête ou à son chant (c’est le cas de coquelicot mais aussi de *karakaka* en occitan). Pour *roulet*, je ne connais pas et cette forme m’étonne ; mais ce pourrait être une confusion avec *rouget*, terme très générique qui s’applique – au masculin ou au féminin – à diverses espèces végétales et animales (oronge, groseille, olives, crassule rouge, petite centaurée, poissons, etc.) de couleur rouge. *(Note Cl. Martel.)*

Les indications médicinales recueillies par l'enquête relèvent pour l'essentiel des propriétés antispasmodiques et sédatives et concernent surtout les affections respiratoires, en second lieu les troubles du sommeil. Elles sont déjà citées dans les textes de l'Antiquité et connaissent de nombreuses attestations au fil des siècles : elles appartiennent au "fonds commun" de la pharmacopée populaire européenne. Cette fleur, "pavot sauvage" de l'ancienne botanique, que nul ne peut ignorer, se voit assez souvent reconnaître à tort certaines attributions du pavot. Même si le coquelicot renferme plusieurs alcaloïdes, ceux-ci sont distincts des principes actifs de *Papaver somniferum*, et n'en répètent nullement l'action (la *rhoéadine*, toutefois, manifeste sur un mode très atténué des effets analogues à ceux de l'opium). Il n'en reste pas moins que la similitude morphologique entre pavot et coquelicot a sans doute joué un rôle dans la reconnaissance des propriétés sédatives du second. On se doit de faire observer que la plus rouge de nos fleurs ne connaît aucune indication qui lui vaudrait d'appartenir, fût-ce de façon marginale, à la catégorie des "plantes du sang". Si l'analogie détermine beaucoup d'emplois médicinaux, elle est loin de fonctionner au premier degré ; le coquelicot en fournit le meilleur exemple.

Les emplois alimentaires du coquelicot restent circonscrits, du moins de nos jours, aux régions méridionales ; on récolte pour la salade la jeune rosette de feuilles (la *roèla*, tandis que la plante fleurie est dite *gau-galin* ; ces noms ne sont pas relevés par l'enquête mais restent actuels en Provence), qui peut être très "fournie" en sols riches, mais la plante est plutôt consommée à l'état cuit, en façon d'épinards. Ces usages étonnent beaucoup les non-Méridionaux, pour qui le coquelicot n'entre pas dans la catégorie des plantes comestibles. On notera que, si la jeune rosette, de saveur douce, peut être consommée sans effets physiologiques manifestes, la plante qui monte en tige élabore des substances âcres certainement susceptibles d'action médicinale (voir plus bas **6116**, **6123**) ; c'est un cas possible d'apprentissage du remède *via* l'aliment.

Perception du milieu

Il y a beaucoup de perte de coquelicots à cause des désherbants (cercle du 3e âge, Saint-Michel-l'Observatoire).

Ramassage

Pour conserver les coquelicots, il faut leur brûler la queue, comme le pavot (cercle du 3e âge, Saint-Michel-l'Observatoire).
Il s'agit de la conservation en bouquet ornemental.

Emplois médicinaux. Médecine humaine

2191. *C'est une plante dangereuse* (M. BFB, 65 ans, Mane). D'autres informateurs semblent se méfier de cette fleur, suspicion où sa parenté avec le pavot, reconnue par la botanique traditionnelle, n'est pas sans incidence (enquête D. D., Saint-Michel-l'Observatoire, et **9331** ci-dessous). La littérature relate des accidents allergiques, voire des effets psychotropes, parfois survenus chez l'enfant à l'usage de l'infusion ou du sirop de fleurs de coquelicot : l'intolérance aux opiacés s'étend à cette plante.
2233. Quand on a des douleurs de dents cariées, on met dans la dent creuse les boules de pollen de coquelicot rapportées par les abeilles. On emploie aussi les anthères récoltées à la main. *C'est très efficace* (M. B., apiculteur, plateau de Valensole).
Il existe un ensemble de connaissances ethnobotaniques, médicinales en particulier, propres aux apiculteurs, grands observateurs et souvent fins connaisseurs de la flore. Attribuer une identité botanique à des pelotes de pollen rapportées à la ruche par les abeilles n'est pas à la portée de tout un chacun. Il serait intéressant de rechercher d'autres attestations éventuelles de cette pratique, non relevée dans les écrits consultés, qui est peut être un endémisme haut-provençal. On signalera toutefois, de source imprécise (hors enquête), l'usage en haute Provence (Banon) de la décoction de capsules sèches de pavot en bains de bouche dans les douleurs dentaires ; des interférences ne sont pas à exclure.
3120, **3222**. Les fleurs en infusion sont *bonnes pour les rhumes et les bronchites* (cercle du 3e âge, Saint-Michel-l'Observatoire).
3215, **3230**, **7121**. *C'est pour la toux* (Mlle A., 90 ans, Montjustin). — *Pour la toux et la coqueluche*, on fait un sirop de coquelicot. On laisse tremper 24 heures les pétales secs dans l'eau, juste pour les couvrir, et on ajoute le sirop de sucre (anonyme, Castellane, 04). — *Pour la coqueluche*, le

sirop de fleurs de coquelicot était le remède d'un facteur de Vinon. Il distribuait ce sirop à la demande, ainsi qu'une liqueur de même composition (Mme V., 75 ans, Dauphin). — *Pour les refroidissements et la toux*, on fait une tisane de pétales séchés, en mélange avec des feuilles de mauve ou des fleurs de guimauve. On peut aussi mettre simplement 2 pétales pour une tasse d'eau chaude et laisser infuser, ou encore faire une macération de coquelicot dans l'alcool (Mme A., 90 ans, Robion, 84).

5112, **3215**, **9335**. *C'est un antispasmodique, pour la toux et les règles douloureuses* (anonyme, F., Saint-Laurent-des-Arbres, 30).

L'extension à la sphère gynécologique des propriétés antispasmodiques du coquelicot est inhabituelle, mais non sans rapports avec l'usage de cette plante dans les coliques (douleurs abdominales) infantiles, signalé dans les pharmacopées anciennes.

6116, **6123**. L'infusion des feuilles est conseillée *pour l'insomnie et l'anxiété* (anonyme, F., Saint-Laurent-des-Arbres, 30).

On notera la prescription des feuilles, et non des pétales, partie habituellement usitée chez le coquelicot. Les feuilles sont vraisemblablement plus actives, surtout à l'état frais et à un stade de maturité un peu avancé. L'informatrice est une guérisseuse expérimentée.

6124. *C'est pour dormir* (Mme B., 75 ans, Mane ; cercle du 3e âge, Saint-Michel-l'Observatoire). — *C'est pour dormir* [en infusion des fleurs], *à petite dose ; je l'ai entendu dire, mais je ne l'ai jamais utilisé* (Mme L., 69 ans, Banon). — Les fleurs en infusion *font dormir, comme le pavot* (Mme A., Saint-Michel-l'Observatoire).

L'assimilation des effets du coquelicot à ceux du pavot a été discutée plus haut.

6213. Dans les maux de tête périodiques, on boit l'infusion de fleurs de coquelicot (M. J., 75 ans, Revest-du-Bion).

9312. *Ça fait transpirer, ça donne une grande sueur* (M. T., 75 ans, Cruis).

La médecine ancienne souligne souvent cet effet sudorifique du coquelicot, ignoré ou laissé à l'arrière-plan par la phytothérapie actuelle.

9331. *C'est un calmant, à faible dose* (infusion de la fleur ou des pétales seuls) (M. et Mme C., 70 ans, Revest-des-Brousses ; M. et Mme C., Ongles). L'une des deux informatrices n'utilise pas cette plante car elle la juge dangereuse.

Emplois médicinaux
Pratiques vétérinaires et assimilées

Météorisme. Quand les moutons mangent trop de [rosettes de] coquelicot, ils sont paralysés des muscles inférieurs du devant et meurent le lendemain, étouffés ou gonflés (M. et Mme C., 70 ans, Revest-des-Brousses).
"Les empoisonnements par le coquelicot sont extrêmement rares. On les a signalés chez les bovins" ; ils sont bien accompagnés de phénomènes de météorisation ; "l'évolution est en général favorable" (Jean-Blain et Grisvard, *op. cit.*, 1973, p. 64). L'observation ci-dessus élargit celle des toxicologistes.

Emplois alimentaires, condimentaires et assimilés

Aliment de ramassage. *On mange les feuilles en salade, quand elles sont jeunes* (Mme G., Céreste).
Cette unique mention du rôle alimentaire du coquelicot ne traduit pas la situation réelle de la plante dans les pratiques de ramassage à l'époque de l'enquête, où bon nombre de gens âgés la cueillaient pour la salade. C'est surtout en Languedoc qu'on la récolte encore de nos jours, mais plutôt pour la consommation à l'état cuit dans les tourtes aux herbes et certaines préparations de charcuterie, comme les caillettes.

Cornouiller mâle

Cornus mas L.

CORNACÉES

Arbrisseau, rarement petit arbuste, présent dans toute l'aire française du chêne pubescent, disséminé dans notre région en situations plutôt fraîches (ubacs, ravins, vallons

boisés au sol profond, parfois haies des champs collinéens), peu fréquent dans les taillis maigres. Il semble ne pas dépasser l'altitude de 1 000 mètres. Il existe aussi dans les ravins frais de l'étage du chêne vert, en particulier sur la rive gauche de la Durance.

Connu pour son excellent bois dur, aux multiples emplois dans l'ancienne société, le cornouiller mâle porte (fin août, début septembre) des fruits comestibles qui évoquent tout à fait une olive rouge vif. Très recherchées dans une grande partie de leur aire, les cornouilles sont peu connues en haute Provence, sinon perçues comme dangereuses. Au début du IIIe millénaire, c'est souvent la pratique de cueillette des "nouveaux habitants" qui les fait découvrir aux gens du pays.

Artisanat rural

Outil. *On fait des manches avec le bois un peu souple* (enquête J. M., Saint-Michel-l'Observatoire).
Il convient sans doute d'entendre : "avec le bois qui n'a pas encore atteint les dimensions où il devient rigide et lourd".

Cornouiller sanguin

Cornus sanguinea L.

CORNACÉES

Arbrisseau pionnier des fourrés préforestiers. Essence de lumière ou de semi-ombre, il est commun dans les bois de l'étage du chêne blanc mais se répand surtout à leur lisière, dans les haies, au bord des champs, où ses nombreux drageons le propagent vite, Transporté par les oiseaux frugivores, il envahit les friches en sol profond, se sème aussi dans les ruines. Ses petites drupes sphériques, noir bleuâtre, très distinctes de celles du précédent, sont amères, suspectes. On en a jadis tiré une huile surtout destinée à l'éclairage.

Artisanat rural

Outil. *On fait des cannes avec son bois* (enquête J. M., Saint-Michel-l'Observatoire).
L'artisanat rural emploie le bois du cornouiller sanguin à l'égal de celui du mâle, dont il a à peu près les qualités s'il n'en atteint pas les dimensions ; mais il est plus courant et, semble-t-il, de croissance plus rapide.

Courge

Cucurbita moschata Duchesne

CUCURBITACÉES

Originaires d'Amérique centrale, les divers potirons, citrouilles et courges sont les légumes du Nouveau Monde de diffusion la plus rapide dans nos régions, où ils ont diversifié plusieurs cultivars dès le XVIe siècle. En haute Provence, les courges au sens strict relèvent de l'espèce *Cucurbita moschata*, la courge musquée (ou "muscate", "muscade") à la chair orange foncé.
L'emploi des graines de courge en vermifuge spécifique du ténia, très anciennement connu dans la contrée d'origine, passé en Europe à la fin du XVIIIe siècle, ne semble s'être diffusé en France que vers le milieu du XIXe siècle. Il a gagné rapidement la tradition orale, où on l'a aussi appliqué au traitement des "petits vers" (oxyures), même s'il n'est pas certain que l'action soit ici aussi manifeste. Comme le remède ne fait que paralyser le ver, l'administration ultérieure d'un purgatif est nécessaire, ce que précise l'une des informatrices, en **2573**.

Emplois médicinaux. Médecine humaine

2571. *La tisane de graines de courge, c'est pour les vers des petits enfants* (Mme L., 69 ans, Banon). — Les graines sont administrées *pour les petits vers* (Sœur T., Mane). — *On en prenait pour les petits vers* (M. J., 75 ans, Revest-du-Bion).
2573. *Contre le ténia, on prend des graines de courge* (enquête J. M., Saint-Michel-l'Observatoire). — *Il faut prendre les graines de la courge muscade ; c'est un potiron tout orange à l'intérieur, avec des tranches. Mon neveu, le fils C., des Bourbons, avait eu le ver solitaire, tout jeune, et on lui donnait à manger les graines de cette courge, mais il faut enlever la peau de la graine et ne manger que l'intérieur* (M. et Mlle C., Banon). — *Pour le ver solitaire, il faut croquer les graines* [et en] *plus boire une purge* (Mme M., 70 ans, Pierrerue).
2574. *Pour les vers, il faut manger les graines de courge* (M. F., 50 ans, Valbelle).
6230, **6240**. La décoction de feuilles de courge est prescrite *en cas de convulsions et de crise de nerfs* (anonyme, F., Saint-Laurent-des-Arbres, 30).

Donnée inédite. La feuille de courge, inusitée en médecine traditionnelle française, ne paraît pas non plus avoir été étudiée par les pharmacologues. L'informatrice est une guérisseuse expérimentée. Peut-être faut-il supposer un lien entre la présente indication et les convulsions que les vers peuvent provoquer chez les enfants, vers qui sont par ailleurs du ressort des graines.

Emplois médicinaux
Pratiques vétérinaires et assimilées

Vers. *Pour les cochons, tu leur donnes à manger des courges, ils ont jamais les vers* (enquête J. M., Saint-Michel-l'Observatoire).

Emplois alimentaires, condimentaires et assimilés

Divers. *On faisait aussi de l'huile avec les graines de courge* (M. F., 50 ans, Valbelle).

Crapaudine

Sideritis hirsuta L., *S. romana* L.

LABIÉES (= LAMIACÉES)

Trois *Sideritis*, Labiées à petites fleurs blanches ou jaunâtres, croissent en haute Provence occidentale, les deux espèces citées, des pelouses arides, étant de loin les plus répandues. C'est probablement à *S. hirsuta* qu'il est fait allusion ci-dessous, car cette plante vivace est fréquente dans les lavandaies et les landes caillouteuses du pied sud de Lure. *S. romana*, petite plante annuelle, y croît aussi, mais n'a qu'une brève floraison printanière. Les crapaudines sont au nombre des divers “thés de montagne” ou “de campagne” des régions méridionales.
N. B. Il n'est pas exclu que l'information ait trait à l'épiaire droite, *Stachys recta* L., autre “thé” parfois cueilli aux mêmes fins dans la région ; l'échantillon d'herbier fait défaut.

Emplois médicinaux. Médecine humaine

9381. La plante était cueillie “pour le plaisir”, comme “thé de montagne”. On la récoltait *en montant à Lure* (enquête D. D., Saint-Michel-l'Observatoire).

Cyprès

Cupressus sempervirens L.

CUPRESSACÉES

Arbre d'origine est-méditerranéenne (Crète, Chypre, Proche-Orient), propagé dans le Sud de l'Europe dès l'Antiquité à des fins à la fois économiques (bois) et cultuelles, très fréquent de nos jours en plantations d'ornement mais de diffusion assez tardive dans cette situation en France (autrefois plutôt propre aux grands domaines dont il marque l'entrée). Les cimetières provençaux ne sont plantés en cyprès qu'après la Révolution. En 1600, l'Ardéchois Olivier de Serres ne connaît que la forme à branches étalées (var. *horizontalis*), non le cyprès fastigié, pourtant présent depuis les temps latins en Italie.
Associé aux cultes funéraires de la Méditerranée antique, situation qu'il a retrouvée dans nos régions en bonne partie du fait de l'engouement néoclassique des temps révolutionnaires, le cyprès au vaste passé mythique est aussi un arbre médicinal de premier plan. Il est cité dans les textes médicaux mésopotamiens du XVᵉ siècle avant notre ère, très présent dans les médecines grecque, latine et du Moyen Age musulman et chrétien. Astringent et tonique veineux, antiseptique par ses huiles essentielles, c'est un remède que la médecine populaire du XXᵉ siècle employait surtout au niveau externe, dont l'aromathérapie a de nouveau étendu le champ.

Emplois médicinaux. Médecine humaine

1161. *Les boules de cyprès, c'est pour les morsures de vipère* (anonyme, F., Saint-Laurent-des-Arbres, 30).
La même indication est donnée chez Pline l'Ancien, *Hist. nat.*, XXIV, 15-16. On ne peut malheureusement pas savoir

s'il s'agit ici d'emprunt actuel à une source livresque ou d'une connaissance de tradition orale, laquelle peut faire écho aux manuels de recettes du passé…

4311. *L'huile essentielle se fait avec les jeunes pousses, c'est bon pour la circulation du sang. Il faut mettre quelques gouttes d'huile essentielle avec de l'huile d'olive, en massage* (Mme C., 45 ans, Forcalquier).

L'informatrice est une récolteuse de plantes médicinales, herboriste autodidacte ; elle traduit ici les données de l'aromathérapie contemporaine, même si le "bon pour la circulation du sang" est une formulation traditionnelle, qui recoupe aussi des indications de la médecine ancienne. L'huile essentielle de cyprès n'appartient pas à la pharmacopée populaire française.

4314. L'huile essentielle de cyprès, à raison d'une goutte par jour, est *très efficace pour les troubles veineux et l'enflure des mains* (anonyme, Aix-en-Provence, 13).

C'est ici aussi un emprunt récent à l'aromathérapie.

4370. *Je faisais une décoction en bains de siège, pour les hémorroïdes, qui guérissent totalement* (anonyme, F., Saint-Laurent-des-Arbres, 30).

Cette recette, dite très efficace par l'informatrice, est l'une des indications les plus anciennes du cyprès ; elle met habituellement en œuvre les cônes ("noix de cyprès", "galbules" de l'ancienne médecine) ou les rameaux frais porteurs de cônes.

9356, **4370**, **4380**. *C'est un antiseptique, quand on a des varices ou des hémorroïdes ; on met 5 ou 6 boules par litre d'eau, on fait bouillir et il faut faire un bain de siège contre les hémorroïdes ou un bain de jambes pour les varices.* L'informateur l'a souvent pratiqué lui-même (M. B., Montjustin).

On relèvera le qualificatif d'"antiseptique", qui appuie d'une validation savante des indications où cette propriété n'intervient pas, ou n'intervient que de façon marginale.

9383. *J'avais ramassé des boules de cyprès, j'en mettais un peu dans les infusions. Dans la nature, tout est bon, tout est histoire de dosage, moi, j'essaie quelque chose 2 ou 3 fois, si ça ne me soulage pas, j'arrête* (enquête J. M., Saint-Michel-l'Observatoire).

Ce témoignage, sans précision d'indication, exprime en raccourci un mode d'improvisation thérapeutique qui a sa part dans l'extension des connaissances relatives aux plantes médicinales ; il implique une confiance *a priori* dans les pouvoirs du végétal, confiance illustrée en particulier dans les écrits des médecins alchimistes de la Renaissance. Voir aussi “fenouil”.

Emplois médicinaux
Pratiques vétérinaires et assimilées

Affections du sabot ou du pied. Voir “plantain”.
Blessures. Voir “bardane”.

Cytise des Alpes

Laburnum alpinum Presl.

LÉGUMINEUSES-PAPILIONACÉES (= FABACÉES)

Arbuste montagnard centre- et sud-européen, habitant les éclaircies des forêts, les lisières et les formations arbustives, surtout au niveau de la hêtraie et de la hêtraie-sapinière. Il abonde à Lure, en particulier à l’ubac, de 1 200 mètres à la limite supérieure des arbres. Commun de nos jours au Ventoux, il y aurait été introduit dans les reboisements (B. Girerd) – ce qui est aussi parfois le cas à basse altitude, ainsi en forêt domaniale de Pélissier (Manosque nord). Assez rarement planté pour l’ornement dans la région. Dans les Alpes méridionales, cette espèce remplace en général *Laburnum anagyroides* Medik., l’aubour, qui croît çà et là dans les massifs internes du Sud, et, vers le nord, jusqu’en Lorraine.

Artisanat rural

Outil. *Le cytise de montagne, on en fait des colliers pour les bêtes, pour accrocher la cloche* (enquête J. M., Saint-Michel-l’Observatoire).
Emploi traditionnel du bois de cytise dans les Alpes, qui a donné lieu à des relations précises chez plusieurs auteurs. En 2002, les colliers faits de ce bois sont toujours fabriqués dans la région ; à Cruis, un atelier spécialisé a une production relativement importante, vendue sur les marchés ruraux (voir des précisions intéressantes chez D. Musset et D. Dore, *op. cit.*, 2006, p. 126).

Dompte-venin

Vincetoxicum hirundinaria Medik.
(= *V. officinale* Moench.)

ASCLÉPIADACÉES

pl. 32, fig. 103

Plante toxique, refusée par les troupeaux, propre aux sols arides, caillouteux, ensoleillés, croissant en touffes éparses sur les parcours, thymaies, lavandaies, landes et pelouses rocailleuses d'altitude, plus rarement dans les taillis clairs et secs. Surtout fréquente dans l'étage montagnard (chaîne Lure-Ventoux et plateaux, Luberon), elle croît aussi à l'état disséminé dans les milieux collinéens favorables.

Emplois médicinaux. Médecine humaine Magie et symbolique

1161. **Antagonisme symbolique plante/affection. Récit d'origine.** *Sous cette plante* [la *sture*[1]] *s'enroulent les vipères. Là où est la vipère est son contrepoison.* Le jus frais pressé est appliqué sur la morsure (M. D., 65 ans, Forcalquier).
Malheureusement non commentée par l'informateur, cette perception du remède antivenimeux "désigné" par le serpent lui-même est en filiation directe avec des "récits d'origine", tels qu'on en trouve par exemple chez Pline, à travers lesquels la médecine ancienne explique la découverte de certains remèdes. Les herboristes de la Renaissance considèrent le dompte-venin, plante elle-même toxique, comme un puissant contrepoison (morsures d'animaux venimeux et de chiens enragés) et un remède de la peste. Cependant, il est possible que l'association vipère/dompte-venin emprunte à une perception analogique en rapport avec une autre plante, peut-être grimpante, dont les spires et la toxicité auraient évoqué les serpents. L'*Asclepias* de Dioscoride, remède antivenimeux, n'est pas le dompte-venin des modernes, dont l'histoire écrite est assez confuse. Il faudrait disposer d'autres informations sur les "signes" éventuellement reconnus chez celui-ci par le regard empirique pour s'essayer à comprendre ce qui le relie symboliquement aux vipères ; mais rares sont les données actuelles à son sujet. On notera que le nom de dompte-venin n'est pas connu de l'informateur et ne tient donc pas lieu d'aide-mémoire de l'usage.
Lors de l'enquête conduite en 1982 à Valdeblore (06) par F. Couplan pour le compte de l'EPI (données restées inédites), le dompte-venin apparaît une fois, sous le nom de *marmeggio*, "comme désinfectant sur les plaies" et "pour faire soratir les épines" (informateur de sexe masculin).

1. *Lou sture* ou *lou stéure*. Le *TDF* renvoie à *marsiéure* avec la traduction "hellébore fétide, pied de griffon, plante vénéneuse. Voir aussi le latin *mulciber*, feu *(erbo di flo)* et *muscipulum*, qui prend les mouches parce qu'on se sert de l'ellébore blanc pour détruire les insectes". *(Note Cl. Martel.)*

Cette dernière indication n'est pas sans rapport avec la morsure de vipère. La recette, dite ancienne, n'avait plus cours que dans les mémoires. Le dompte-venin est absent des enquêtes récentes en région PACA.

Dorycnie arbrisseau

Dorycnium pentaphyllum Scop. (= *D. suffruticosum* Vill.)

LÉGUMINEUSES-PAPILIONACÉES (= FABACÉES)

Ce sous-arbrisseau finement velu-grisâtre, très ramifié, en touffes denses, aux feuilles paraissant composées de 5 folioles étroites, sessiles, aux nombreuses têtes florales regroupant de 5 à 15 très petites fleurs blanches, est largement répandu dans tous les milieux arides ensoleillés de la haute Provence collinéenne, en particulier dans les pelouses caillouteuses (aphyllanthaies, thymaies-lavandaies), les landes, les taillis clairs. Non cités dans la présente enquête, les noms de "thym blanc" et de "badasse blanche" évoquent à la fois l'analogie d'aspect avec le thym (qui incite parfois des cueilleurs particulièrement peu attentifs à récolter la dorycnie, inodore, à la place de l'aromate) et l'appartenance à la catégorie des plantes en touffe des parcours, les "badasses[1]". Très visitée par les abeilles, cette plante a parfois été cultivée à leur intention (Vaucluse).

Economie rurale

Fourrage. *"Lou pan-blanc[2]", il est très apprécié, en fleur, par les bêtes* (M. S., La Bastide-des-Jourdans, 84).
La dorycnie arbrisseau, parente des trèfles et des luzernes, est une plante fourragère majeure des parcours.

---

1. Ce mot s'applique d'une part à des sous-arbrisseaux, dorycnie, thym, plantain "badasson", lavande, etc., et au milieu qu'ils caractérisent. On dit ainsi "mener le troupeau dans les badasses".
2. *Lou pan-blanc.* Ce nom désigne plusieurs plantes en basse Provence, dont le chardon Roland *(pan-blanc d'ase)* ; il s'agit ici d'un report qui fait allusion à la "blancheur" de l'espèce en fleur. *(Note Cl. Martel.)*

Très consommée au printemps, elle l'est aussi bien en dehors des périodes de floraison, notamment par les chèvres.

Dorycnie hérissée

Dorycnium hirsutum (L.) Ser.
[= *Bonjeanea hirsuta* (L.) Rchb.]

LÉGUMINEUSES-PAPILIONACÉES (= FABACÉES)

pl. 14, fig. 45

Sous-arbrisseau gris cendré, velu-hérissé, à fleurs blanches au pétale inférieur (carène) pourpre noirâtre, réunies en têtes terminales. Fréquente sur les sols arides, dans les milieux ouverts ensoleillés, garrigue à kermès/romarin (Durance), pelouses rocailleuses, landes, friches, talus à brachypode de Phénicie, taillis clairs, la dorycnie hérissée croît jusque vers 850 mètres d'altitude aux meilleures expositions. Elle est consommée par les caprins.

Emplois médicinaux. Médecine humaine

2512. La plante était employée dans la région de Crest pour soigner la dysenterie des porcs, *mais on n'osait pas en donner aux gens.* En 1948, *un capucin, le père Ange, qui était professeur à Crest,* a reconnu dans la plante une médicinale que sa mère utilisait au Liban. Il l'a conseillée au frère de l'informateur, *qui se plaignait de coliques depuis la guerre.* La dorycnie l'a guéri. Au moment de l'enquête (1979), ceux qui s'en servaient *en tisane* étaient devenus *très nombreux.* La plante ne provoque aucun trouble (anonyme, H., 80 ans, Ferrassières, 26).
Donnée inédite pour la France, qui témoigne d'un mode de circulation et de perfectionnement des savoirs à l'œuvre depuis les origines, mais dont on a peu d'attestations directes. La dorycnie hérissée, circumméditerranéenne typique (plusieurs sous-espèces), existe bien au Proche-Orient. C'est l'une des rares Légumineuses à tanin de la flore d'Europe, et il est intéressant de la voir

usitée ici dans l'indication la plus classique des astringents. En Espagne, la médecine populaire use de la décoction des sommités fructifiées en bains de siège contre les hémorroïdes[1], peut-être en raison d'une perception analogique : les fruits, gousses courtes, enflées, luisantes, brun-rouge, évoquent les bourrelets hémorroïdaires. Cette plante ne paraît pas avoir été étudiée au niveau pharmacologique.

Emplois médicinaux
Pratiques vétérinaires et assimilées

Voir ce qui est dit ci-dessus à propos de la dysenterie des porcs.

Douce-amère

Solanum dulcamara L.

SOLANACÉES

Plante sous-ligneuse s'élevant jusqu'à 2 mètres et plus sur les buissons, parfois sur les arbres où ses tiges (qui ne s'enroulent pas) trouvent appui. Elle croît çà et là en sols riches et frais : haies, fourrés, lisières, bois riverains, bord des fossés, décombres des villages, jusque vers 1 200 mètres d'altitude dans la région (rare plus haut). Propagée par les oiseaux, elle s'implante souvent sur les saules têtards, parfois les mûriers à l'abandon.
La douce-amère, qui doit son nom aux saveurs successivement libérées lorsqu'on en mâche la tige[2], est une plante toxique dont les tiges sèches (fraîches, elles sont dangereuses) ont une vieille réputation de remède dépuratif, à visées surtout dermatologiques. Elle est peu usitée en région méditerranéenne, où on la rencontre bien moins communément qu'en Europe moyenne.

1. Font Quer, *op. cit.*, 1973, p. 372.
2. Mais en fait sur le mode inverse : sensation d'abord d'amertume, puis de sucré, où intervient l'hydrolyse par la salive d'un composant qui se dédouble en principe amer et en glucose.

Emplois médicinaux. Médecine humaine

1530, 1611, 7113, 7121, 9130. *C'est dépuratif, pour les boutons et les furoncles.* [On boit l'infusion de] *la plante à jeun, en petite cure.* L'informateur a aussi l'habitude de prendre cette infusion en hiver, s'il a souffert de la grippe ou d'un *coup de froid* (M. B., 75 ans, Montsalier).

2112. *Pour redonner l'appétit,* on fait une infusion avec les tiges et les racines, on en prend un verre le matin à jeun. *C'est un apéritif* (anonyme, s. l. n. d.).

Au XVIe siècle, la douce-amère est prescrite contre la jaunisse (ainsi par Jérôme Bock), indication du domaine digestif où la plante, comme beaucoup d'autres amers, prend facilement une fonction "apéritive[1]". Toutefois, la confusion avec une autre plante n'est pas à exclure, "amère" pouvant s'appliquer à bien des tisanes.

Eglantiers

Rosa canina L. s. l., et autres espèces

ROSACÉES

pl. 8, fig. 23

La haute Provence collinéenne et montagnarde est riche d'une vingtaine d'espèces d'églantiers, dont la reconnaissance botanique précise décourage habituellement le non-spécialiste. Ces arbrisseaux pionniers, épineux, aux fruits (cynorrhodons[2], "gratte-culs") propagés par les oiseaux et les rongeurs, ont été considérablement favorisés par la "déprise" agricole et se sont propagés en foule sur les friches pâturées issues des anciennes terres cultivées, associés aux genévriers, à l'aubépine, etc. La "fermeture" de ces milieux, qui accompagne la débâcle actuelle de l'économie pastorale, va restreindre de plus en plus leurs peuplements ; car ce sont des plantes de lumière habituellement inaptes à la survie sous le couvert des autres ligneux. De surcroît, passé la phase d'installation, ils n'ont plus qu'un potentiel de multiplication très restreint dans leur propre localité (l'étude de cette dynamique reste à faire).

Plantes des haies, bords de chemin, lisières, clairières, landes, et surtout des groupements ligneux pionniers des friches, les églantiers sont présents partout, de la vallée

---

1. Entendu de nos jours dans le sens de "qui ouvre l'appétit", "apéritif", dans l'ancienne médecine, signifie "qui ouvre les conduits", en particulier de l'urine, et se rapproche donc beaucoup de "diurétique".

2. "Rose de chien" ; nom grec de l'arbrisseau resté celui des fruits dans la langue savante, désignant autrefois la "conserve" (confiture, pâte) que les apothicaires préparaient avec leur pulpe. Parfois dénommé "baie" par les informateurs, le cynorrhodon est, au sens botanique strict, un "hypanthium", c'est-à-dire un réceptacle creusé en urne, renfermant les ovaires qui évoluent en graines. Elles sont associées à une bourre de poils raides.

de la Durance jusque vers 1 700 mètres. Le rosier des Alpes, *Rosa pendulina* L. (= *R. alpina* L.), espèce montagnarde à fleurs rouges, non épineuse, est spécial aux forêts d'altitude, hêtraie-sapinière en particulier. Les aiguillons, improprement dits “épines”, sont des productions de l'écorce (contrairement aux épines vraies de l'aubépine ou du prunellier, issues du bois) et, de ce fait, peuvent être détachés facilement.

La place importante de ces arbrisseaux dans les pratiques populaires haut-provençales, en particulier dans le domaine médicinal, répond à celle qu'ils occupent dans les paysages. Toutefois, malgré la grande abondance des cynorrhodons, parfois de belle taille sur des espèces d'altitude, ce ne sont pas des fruits à confiture courants dans la région. Leur préparation demande beaucoup de temps à cause de la nécessité absolue d'éliminer la bourre de poils raides. A Forcalquier, à la fin des années 1960, certains se servaient d'une sorte de tamis à rouleau destiné à la confection de la gelée de groseille (et au filtrage de la soupe de poissons) pour débarrasser des poils la pulpe des fruits au préalable cuits à l'eau et passés au presse-purée (recueil P. L., hors enquête EPI). Au XIXe siècle, dans les Alpes de Barcelonnette, les cynorrhodons étaient récoltés en masse, séchés au four à pain, concassés, vannés et réduits en farine dont on faisait des sortes de biscuits[1].

Le bédégar[2], galle à l'aspect de mousse touffue, rougeâtre, brunissant par la suite, d'odeur aromatique prononcée (pomme reinette), provoquée par la piqûre aux bourgeons du petit hyménoptère *Rhodites rosae*, est très fréquent dans l'aire des enquêtes. On l'observe surtout aux basses et moyennes altitudes, et plutôt sur les églantiers du groupe *canina*, *Rosa corymbifera* Borkh. semblant être l'espèce la plus couramment parasitée dans la région.

Emplois médicinaux. Médecine humaine

1161. Médecine analogique. Quand on se fait mordre par une vipère, on pique autour de la morsure avec une épine d'églantier, on fait saigner et on lave la plaie avec une décoction de plantain badasson (Mme S., 80 ans, Séderon, 26).

La similitude entre les aiguillons d'églantier et les crochets à venin fait supposer un procédé médical analogique, où une "morsure" bénéfique viendrait contrecarrer celle de la vipère. Le badasson y ajoute un effet anti-inflammatoire et peut-être antiseptique. Il y a aussi l'acte de faire saigner, considéré comme favorable à l'évacuation du venin, que l'aiguillon permet d'autant mieux que l'églantier est le plus courant des grands épineux dans la région, de surcroît nanti d'épines d'allure "propre" (voir toutefois "prunellier"). Cette pratique, dont la littérature consultée ne rapporte pas de témoignage, n'est sans doute pas propre aux Alpes du Sud. Elle n'est pas citée par M. Amir en Luberon (1994-1995) mais D. Delcour (*op. cit.*, 2004) la signale en vallée de Fressinières (05), en 2001, chez l'homme et l'animal, chiens en particulier, et O. Madon au nord du Ventoux, dans la destination vétérinaire (voir ci-dessous). Les rosiers sauvages ont une autre incidence analogique du côté de la morsure des chiens enragés, qu'on traitait jadis avec leur racine (d'où *Rosa canina*, "rosier de chien") ; ici, c'est vraisemblablement la ressemblance entre les épines

1. Cf. Honnorat, *op. cit.*, 1840.
2. Nom d'origine persane, emprunté par les apothicaires à la pharmacopée arabe.

(les plus fortes, en particulier chez les espèces du groupe *canina*) et les crocs qui est à retenir. Voir aussi plus bas, aux emplois vétérinaires.

1384. Voir plus bas, **9321**.

1811. L'infusion des pétales de fleurs, *c'est pour les yeux ; c'est un adoucissant* (M. et Mme C., Ongles). — La décoction des pétales sert à faire des compresses *pour les yeux* (Mme B., 75 ans, Mane ; M. J., 75 ans, Revest-du-Bion). — Les fleurs d'églantier, auxquelles on peut ajouter du sureau ou du bleuet, sont mises à macérer dans de l'eau bouillie. La préparation est appelée "eau de rose". *On laisse sans filtrer et c'est mis en bouteilles bouchées qu'on utilise en bains d'yeux* (M. C., Allos).

L'emploi des pétales de rose et d'églantines comme base de collyre adoucissant est attesté par la littérature et les enquêtes régionales. L'eau de rose véritable est un hydrolat, produit d'une distillation.

1811, 1831, 9341. En cas d'*ecchymoses sur l'œil*, on applique une compresse imbibée de l'infusion d'une poignée de fleurs fraîches ou séchées, pour un bol d'eau bouillante. L'informatrice avait reçu un coup de fil de fer sur l'œil, en détachant une botte de paille. *Dix minutes après, l'œil était dégonflé, et plus rouge* (M. et Mme C., 70 ans, Revest-des-Brousses).

Voir la remarque précédente.

2512. La décoction de 2 ou 3 galles [bédégar] pour une tasse est conseillée *pour les maux de ventre, la colique* (M. S., 80 ans, Séderon, 26).

Le bédégar (voir définition aux généralités) est un remède astringent d'usage fréquent en médecine savante jusqu'au XVIIIe siècle, oublié de nos jours malgré les expérimentations intéressantes d'H. Leclerc (1935). On le prescrivait en particulier dans les dysenteries, mais aussi à l'extérieur en vulnéraire. Les allusions à ce vestige de l'ancienne thérapeutique tendent à disparaître des enquêtes récentes. Non recueillies en Luberon par M. Amir (1994-1995), ni en Briançonnais lors des recherches très attentives de D. Delcour (1995-2001 ; *op. cit.*, 2004), elles l'ont encore été en Morvan par C. Crosnier en 1986-1987. Dans la région du Ventoux, O. Madon (1999) ne relève qu'un seul emploi, contre le mal de dents. Mais les lacunes répondent peut-être aussi à des "aires de savoir" que le bédégar pourrait contribuer à mettre en évidence.

2516. *Pour les diarrhées à glaires* [les "esquichements"], *il faut faire bouillir une galle* [bédégar] *dans un bol de vin* *sucré ; ça arrête de suite* (M. J., 75 ans, Revest-du-Bion). Voir le commentaire à **2512**.

2535. *Pour la dysenterie*, on boit la décoction de bédégar, bouilli à raison de 2 ou 3 galles pour une tasse d'eau (M. M., 67 ans, Séderon, 26). — Voir le commentaire à **2512**.

2580. Perception analogique ? Magie thérapeutique ? *On faisait un collier d'"aguffes[1]" pour les enfants qui avaient des vers* (anonyme, F., 75 ans, Forcalquier).

Cet usage n'est pas attesté dans la littérature consultée ; il a une connotation analogique à travers le fait que l'ingestion des cynorrhodons non débarrassés de leurs poils provoque à l'anus des démangeaisons semblables à celles des oxyures. Les graines blanches qui semblent éparpillées dans la bourre de poils, à l'intérieur du fruit, pourraient aussi évoquer les vers grouillant dans les selles. Non cités ici, les colliers de cynorrhodons enfilés, corail de buisson, que se fabriquaient les petites filles, sont relevés par d'autres enquêtes en haute Provence, à Volx, Forcalquier, etc. Il est possible que ce jeu ait à voir avec l'intention préventive, qu'il ait parfois été enseigné à cette fin par les parents.

3111. On boit la décoction des fruits dans les maux de gorge (M. J., 75 ans, Revest-du-Bion). — Pour le mal de gorge, on boit l'infusion des pétales (Mme L., 69 ans, Banon).

Ce sont les cynorrhodons, quelque peu astringents, sédatifs par leurs pépins, qui interviennent habituellement dans les médications contre l'angine.

4112 (mélange "quand le cœur est malade"). Voir "aubépine" (enquête J. M., Saint-Michel-l'Observatoire).

7141. *Pour la fièvre de Malte, on fait une décoction d'"aguffes" et on en boit beaucoup* (Mme F., 65 ans, Ferrassières, 26).

Donnée inédite. La médecine populaire ne semble pas user des cynorrhodons en fébrifuges, où seule une certaine richesse en vitamine C pourrait les indiquer comme adjuvant ; mais ce n'est pas dans ce registre d'explication, sous dépendance savante actuelle, qu'il convient d'interpréter la recette de tradition orale. La brucellose est une affection grave, au premier plan de l'histoire médicale bas-alpine du XXe siècle, que la médecine rurale traite de façon bien "ciblée", où les recours anodins sont exclus. Il aurait fallu disposer au moins de précisions sur les sources et les effets de la pratique ici mise en œuvre pour tenter d'en

---

1. *L'agufié* pour l'églantier. Le *TDF* le donne seulement pour le Var mais la forme est répandue partout. *(Note Cl. Martel.)*

interpréter l'originalité. En haute Provence, les remèdes végétaux habituels de la fièvre de Malte ont un passé de fébrifuges majeurs.

9110, 9121, 9122. *C'est dépuratif.* En cures de printemps et d'automne, on boit un bol par jour de l'infusion d'une poignée de fleurs, pendant une semaine. On peut boire simultanément un verre à liqueur de vin de gentiane (anonyme, Saint-Geniez, 04)

C'est la propriété laxative des fleurs d'églantiers qui paraît être ici requise dans le cadre du champ dépuratif.

9321, 1384. *C'est un fortifiant pour fixer le calcium.* On fait une légère décoction *avec les "aguffes" un peu mâchées* ; on la boit *comme du thé.* La recette a été transmise par une femme belge (Mme A., 65 ans, Forcalquier). — La décoction des fruits concassés favoriserait la fixation du calcium. Conseil d'un médecin à l'informatrice, dans les années 1970 (Mme S., 80 ans, Séderon, 26).

L'indication traduit manifestement l'influence du domaine savant actuel, véhiculée par le corps médical lui-même, ou issue d'un apport exogène qui se réfère probablement à la même source. Il n'est pas exclu, d'ailleurs, que le médecin évoqué soit à l'origine des deux informations, tant elles présentent d'analogies. Attestation savante écrite non identifiée.

9322. *Les cynorrhodons, c'est contre la fatigue. Au début de l'hiver, on fait un sirop sans sucre avec beaucoup de fruits, dans un presse-purée, et on le passe dans un tamis : ça fait un sirop épais, presque une gelée. On peut le boire même sans sucre. C'est un fortifiant.* Remède encore utilisé (M. BFC, 70 ans, Revest-des-Brousses).

Donnée probablement influencée par les sources savantes actuelles, qui évoque implicitement la grande richesse de ces fruits en vitamine C.

Emplois médicinaux
Pratiques vétérinaires et assimilées

Blessures. Voir "plantain badasson".

Dérivatif. Météorisme. *Sur les agneaux, on pince la queue, on pique avec un buisson d'églantier, ça gonfle, ça coule, quand ils ont la gonfle* (enquête J. M., Saint-Michel-l'Observatoire).

Noter la parenté avec ce qui est relaté ci-dessous.

Morsures de vipère. Quand une bête se fait piquer par une vipère, on prend des épines d'églantier qu'on enfonce autour de la morsure ; on lave ensuite à l'eau fraîche

(Mme F., 65 ans, Ferrassières, 26 ; M. F., 50 ans, Valbelle ; enquête J. M., Saint-Michel-l'Observatoire). — *Quand les brebis se faisaient mordre par une vipère, on piquait avec une grosse épine du tronc de "l'aguffié", autour de la morsure. Il faut faire plein de piqûres, ça coule… La peau autour de la morsure tombe et la mamelle mordue aussi. Parfois ça guérit mal en été à cause de la chaleur et des mouches. On utilisait ce remède dans les années 1950-1960, du temps du troupeau* (M. et Mme C., 70 ans, Revest-des-Brousses). O. Madon relève une pratique analogue à Savoillan, au pied nord du Ventoux, où l'*on piquait* (les bêtes mordues) *avec l'"agufièr", qui faisait bien saigner la plaie*[1].
Voir ce qui est dit plus haut en **1161**, et ci-dessous, à "ellébore", le § "morsures de vipère".

Emplois alimentaires, condimentaires et assimilés

Confit au sucre. *Les baies, c'est pour faire de la confiture.* (Mme T., 60 ans, Limans). — On fait de la confiture avec les fruits, les cynorrhodons, appelés *"aguffes"* et "gratte-culs" (cercle du 3e âge, Saint-Michel-l'Observatoire)
Comme il est dit plus haut, la confiture de cynorrhodons a peu de place dans les pratiques alimentaires locales ; il s'agit peut-être d'un apport tardif, voire d'origine livresque, urbaine, qui se serait étendu avec l'arrivée des "nouveaux habitants".

Ellébore

Helleborus foetidus L.

RENONCULACÉES

pl. 32, fig. 102

Plante remarquable par ses feuilles à la découpe très particulière, "en pied de griffon", et par ses fleurs verdâtres à liseré rougeâtre, s'épanouissant en plein hiver. Fréquente dans toute la haute Provence collinéenne et montagnarde, en particulier sur les sols humifères légers des bois clairs

1. O. Madon, *op. cit.*, 1999, p. 84.

(chênaie pubescente, hêtraie), des fourrés et des lisières, au bord des vieilles haies, mais aussi dans les lieux broussailleux arides et les ravins rocailleux ; parfois sur les marnes ébouleuses. Se rencontre d'autant plus en situations fraîches qu'on va vers le sud. Très rare ou absente dans l'aire du chêne kermès.
L'ellébore est une plante toxique et caustique, à peu près sans usages actuels en médecine humaine[1], après avoir connu de nombreuses indications internes dans les pratiques savante et populaire anciennes. Son emploi dans la confection du "séton" (abcès dérivatif induit par une mèche de chanvre ou une lanière d'écorce ou de racine de plante caustique, qu'on glisse dans un pli perforé de la peau des animaux), très connu mais inégalement distribué dans l'aire des ellébores (et plutôt dans les régions d'élevage bovin), cité chez Matthioli au XVIe siècle, n'est pas mentionné par les enquêtes en haute Provence occidentale. Il est cependant relevé par F. Hostingue à Auzet, où c'est l'ellébore vert, *Helleborus viridis* L., cultivé dans les jardins, qui est mis en œuvre, plante et pratique d'origine étrangère mais dont les modalités d'implantation dans le massif des Monges sont oubliées[2].

Emplois médicinaux
Pratiques vétérinaires et assimilées

Blessures. Voir "bardane".
Morsures de vipère. Magie thérapeutique. On fait un emplâtre de feuilles fraîches broyées sur les morsures de vipère aux brebis et aux chiens (M. V., 75 ans, Dauphin). — Quand les brebis se font mordre par une vipère, on frotte la plante sur la morsure, et on en fait boire en même temps une décoction à l'animal ; l'informateur est un "guérisseur d'animaux" (Mme F., 65 ans, Ferrassières, 26).

---

1. M. Amir, rapporte une pratique externe (ulcères variqueux), dans les années 1980, et un emploi interne en "dépuratif", très sujet à caution (enquêtes en Luberon, 1994-1995, non publié).
2. F. Hostingue, *op. cit.*, 1996-1997. — Au début des années 1980, dans certains jardins bressans et en Mâconnais, j'ai vu l'ellébore vert cultivé à des fins identiques, et aussi pour certains emplois internes chez les bovins. Il est vraisemblable de supposer que les connaissances vétérinaires relatives à cet ellébore, peu fréquent à l'état spontané en France, rarissime dans les Alpes du Sud, ont circulé dans le passé *via* les foires aux bestiaux, où l'on devait pouvoir aussi se procurer des éclats de souche. C'est une plante vivace qui supporte bien la transplantation.

— A Séderon (26), c'est l'ellébore "à 9 feuilles" (aux feuilles découpées en 9 segments) qui était préféré dans la même indication, mais avec un mode d'emploi qui l'associait à celui de l'églantier : pour soigner une morsure de vipère, on griffait la peau autour de la blessure avec un rameau d'"aubépine" trempé dans la décoction de ces feuilles (anonyme, 1981 ; il est vraisemblable que la mention de l'aubépine est à mettre au compte d'une confusion de noms, églantine et aubépine étant souvent prises l'une pour l'autre ; voir ce qui est dit à "églantier"). L'usage externe de l'ellébore sur les morsures de serpent chez l'animal, relaté par Matthioli au XVIe siècle[1], paraît de large et très ancienne diffusion dans l'aire de la plante. Si les traitements internes et externes sont souvent associés en médecine traditionnelle dans l'emploi antivenimeux des plantes (ainsi du frêne, du genêt à balais, etc.), la toxicité de l'ellébore, d'odeur fétide, refusé par les ruminants, rend ici son administration interne peu indiquée, sinon problématique ; il peut s'agir d'une spécificité locale. Quant à l'emploi des feuilles à 9 folioles, c'est l'écho de l'ancienne confiance dans les chiffres magiques, qui ajoutent leur pouvoir à celui du remède. A Auzet, c'est la racine d'ellébore qui était mise en œuvre, finement broyée, sur les morsures de vipère aux brebis ; cette pratique a été transmise à l'informateur par un vieux berger transhumant qui montait de la Crau dans le massif des Monges (F. Hostingue, *loc. cit.*).

Bouquets suspendus. *J'ai entendu dire, dans la vallée, que les gars* [en] *pendaient une bonne touffe, un fagot, dans la bergerie. L'odeur faisait fuir les microbes, c'était préventif* (M. F., 50 ans, Valbelle).

L'ellébore est une plante classique des "bouquets suspendus" dans certains secteurs de son aire française, ainsi en Cévennes (cf. A.-M. Brisebarre, *op. cit.*, 2006). Les occurrences sont rares dans les Alpes du Sud. On en accroche des bouquets au-dessus du troupeau à des fins protectrices, aussi bien que préventives des maladies, dermatoses en particulier, ou encore pour éloigner les insectes parasites et autres nuisibles. En 2001, le même informateur en avait suspendu lui-même dans sa bergerie (sous un tunnel de plastique…). Un propos magique est sous-jacent,

1. P. A. Matthioli, *Les Commentaires…*, 4, 116. Il s'agit chez cet auteur de la racine de "l'ellébore noir", notre rose de Noël, aux emplois médicinaux plus ou moins analogues à ceux des ellébores fétide et vert.

peut-être associé primitivement à la découpe très particulière des feuilles, dites “en pied de griffon”.

Dermatoses. *Contre la gale des petits cochons, c'est une sorte de crasse,* on frotte les bêtes avec une brosse souple trempée dans de la décoction d'ellébore. *Ça les fait devenir blancs de suite* (M. V., 75 ans, Dauphin ; recueil P. L., 1981). Pratique non citée dans la littérature consultée, qui atteste la double action de l'ellébore, dans l'ordre magique (cf. précédemment) et sur le plan matériel. Voir aussi la donnée et le commentaire ci-dessous.

Divers. *Le fétide ellébore, on en frottait aux chiens, aux mules et aux brebis quand ils perdaient le poil ; les feuilles et les fleurs* (M. F., 50 ans, Valbelle).

On pourrait supposer ici l'influence d'une plante que l'ancienne médecine appelait “ellébore blanc”, le vératre, *Veratrum album* L. (Mélianthacées), sans aucune parenté botanique avec les ellébores au sens strict, mais elle-même fétide et toxique. Elle était couramment usitée en parasiticide dans les régions de montagne où elle croît. Toutefois, l'emploi de l'ellébore fétide, racines en particulier, dans la préparation de lotions parasiticides contre la gale des animaux est attesté en d'autres lieux, ainsi, pour ce qui concerne les Alpes du Sud, dans le massif des Monges (F. Hostingue, *loc. cit.*).

Epeautre (petit)

Engrain

Triticum monococcum L.

GRAMINÉES (= POACÉES)

L'épeautre de haute Provence est le petit épeautre, ou engrain, non l'épeautre *Triticum spelta* L. des terres froides septentrionales. Cette céréale, étroitement apparentée à des formes sauvages de l'Est méditerranéen et du Proche-Orient, est au nombre des toutes premières cultures néolithiques en Méditerranée occidentale. Peu exigeante sur la fertilité du sol, résistante à la sécheresse, elle reste cultivée çà et là, en particulier sur les hauteurs du bassin

de Forcalquier et sur le plateau d'Albion. Sa production tend à croître.
Si le commerce diététique lui offre de nouveaux débouchés (sa farine est pauvre en gluten), l'épeautre, pour les Haut-Provençaux, conserve une valeur identitaire d'aliment traditionnel, base de la soupe qui porte son nom. Celle-ci, chez les gens peu fortunés de l'ancienne société, constituait souvent l'essentiel du repas de la mauvaise saison. Comme il s'agit d'un "blé vêtu", dont les balles adhérentes ne peuvent être séparées par vannage, l'épeautre doit passer sous la meule de moulins spéciaux qui le rendront apte à la consommation. C'est le grain ainsi nettoyé qu'on ajoute en nature à la soupe. Une cuisson prolongée le fait éclater. Il communique alors au bouillon à la fois saveur et onctuosité.

Emplois alimentaires, condimentaires et assimilés

Diététique ancienne. *C'était simple, les gens se nourrissaient de soupes durant l'hiver. On prenait une grande marmite dans laquelle on mettait des légumes ; la base, c'était des pommes de terre. On mettait des lentilles ou des pois cassés ou des pois chiches, des choux, de l'épeautre, des haricots et un morceau de cochon, ou des saucisses, ou du petit salé ; ça, c'était la viande. Ensuite on tirait les pommes de terre de la soupe, on les écrasait et on faisait une grosse omelette ; on l'appelait "crespeù", c'est une grosse crêpe. On mangeait la soupe, puis une salade avec les légumes, de l'ail ou de l'oignon, de l'huile et du vinaigre. S'il y avait de la viande, il n'y avait pas de "crespeù", ou l'inverse. On mangeait des tommes de chèvre. Les femmes mettaient la marmite dans la cheminée, le matin, avant de partir aux champs* (Mme A., 65 ans, Forcalquier).

Eperviève piloselle

Hieracium pilosella L. s. l.

COMPOSÉES (= ASTÉRACÉES)

Petite plante vivace traçante aux feuilles toutes basales et appliquées sur le sol, d'un vert cendré mat, hérissées de longs poils blancs épars, finement feutrées-blanchâtres en

dessous. Les fleurs sont rassemblées en capitules solitaires de type pissenlit, d'un jaune soufre, sur des hampes grêles. Comme elle émet des stolons, la piloselle tend à constituer des tapis à extension concentrique, d'autant plus envahissants que ses racines sécrètent des substances inhibitrices qui contrarient la germination des graines des autres plantes, voire la croissance des végétaux voisins. Certaines vieilles luzernes sont ainsi trouées par des "cuvettes à piloselle" de plusieurs mètres carrés.

C'est une espèce très fréquente des pelouses pâturées, surtout friches d'anciennes cultures (thymaies, prés arides), des talus maigres, landes, clairières herbeuses des bois secs, des zones karstiques, etc., du niveau de la Durance à 1 700 mètres et plus. L'espèce collective *Hieracium pilosella* réunit plusieurs petites espèces qui diffèrent surtout par la nature et le degré de leur pilosité, dont il n'est pas assuré qu'elles aient tout à fait les mêmes propriétés médicinales. *H. pilosella* au sens strict, de loin la plus répandue, a des tiges glanduleuses. Des espèces

voisines de même allure s'en distinguent par une hampe plus ou moins ramifiée au sommet, portant plusieurs capitules, et par une souche non stolonifère.
Fébrifuge de l'ancienne médecine, comme beaucoup de plantes amères, la piloselle était prescrite dans les fièvres périodiques. L'avènement de la brucellose en Provence, à la fin du XIXe siècle, lui a valu un regain d'emploi en médecine populaire[1], où elle a rendu de signalés services jusque dans les années 1970. Les pharmacopées du passé la citent aussi comme astringente, "remède du foie" et des voies urinaires (gravelle en particulier), propriétés qui ont aussi quelques échos dans les données recueillies.

Perception de la plante

La piloselle, on la trouve au bord des chemins, elle fait des feuilles comme le doigt et a des poils dessus. Elle fait une fleur jaune (Sœur T., Mane). — *On l'appelle oreille de souris car elle a des soies blanches sur les feuilles. Elle fait des ronds de sorcière ; elle a des fleurs comme le pissenlit* (enquête D. D., Saint-Michel-l'Observatoire). — *La piloselle, il y en a partout* (Mme F., 70 ans, Reillanne).

Emplois médicinaux. Médecine humaine

2530. En infusion, la plante est parfois prescrite *pour les diarrhées* (Mme P., 80 ans, Ongles ; Mme S., 80 ans, Séderon, 26).
L'ancienne médecine reconnaît à la plante une action astringente qui est mise à profit en particulier dans les "cours de ventre".
7141. *C'est une plante qui coupe la fièvre, c'est bon pour la fièvre de Malte. La piloselle, ça fait uriner bleu* (Sœur T., Mane). — *Il faut en boire chaque jour, durant 3 semaines, pour la fièvre de Malte* (Mlle A., 90 ans, Montjustin). — *Il faut boire la piloselle, chaque jour durant 3 semaines, pour la fièvre de Malte ; certains médecins la recommandent* (Mme T., 55 ans, Céreste). — La décoction de la rosette [feuilles basales] est employée en lavements contre la fièvre de Malte : 9 lavements par jour, pendant une semaine

1. "Elle est tombée aujourd'hui dans l'oubli le plus profond [en médecine savante]. Mais les campagnards, qui n'abandonnent pas aussi facilement que les hommes de science les traditions populaires, la mettent encore en usage" (F. J. Cazin, *op. cit.*, 1868, p. 834).

(M. et Mme B., 65 ans, Ongles). — *Pour la fièvre de Malte,* on emploie la plante fraîche, entière avec la racine : mettre une bonne poignée de plantes lavées dans 1 litre d'eau ; porter à ébullition ; laisser bouillir un peu, puis infuser une demi-heure. On boit la préparation dans la journée, aussi longtemps que nécessaire ; *c'est efficace* (Mme C., Forcalquier ; l'informatrice s'est elle-même guérie d'une brucellose par ce moyen). — On prend en alternance un jour sur deux la piloselle avec le chardon bénit, en décoction dans du vin, *pour la fièvre de Malte* (anonyme 2, Mane). — On l'emploie *en cure longue,* dans la brucellose : *c'est bon pour la fièvre de Malte ; on met toute la plante dans la casserole pour infuser ; il paraît que c'est moins efficace que le chardon bénit pour la fièvre de Malte* (Mme F., 70 ans, Reillanne). — Les bergers la cueillent chaque année, *en prévision de la fièvre de Malte* (Mme B., 80 ans, Ferrassières, 26). — Voir aussi "chardon bénit", **7141**.
Ces diverses données montrent que la fièvre de Malte restait une pathologie très présente en haute Provence occidentale dans les années 1980, même si elle était alors déjà en régression et que la référence au passé ait sa part dans les témoignages recueillis. La piloselle y est un recours à peu près aussi important que le chardon bénit (voir ce nom, et les commentaires associés). La prescription sous forme de lavements citée par des informateurs d'Ongles évoque des pratiques de l'ancienne médecine ; elle n'est pas sans intérêt thérapeutique : la voie rectale permet une bonne diffusion des principes actifs et, dans le cas présent, d'éviter la répulsion à l'égard d'une potion très amère.
7141, 9311. *La piloselle, c'est diurétique, ça fait uriner, c'est bon pour la fièvre de Malte* (cercle du 3e âge, Saint-Michel-l'Observatoire).
Le pouvoir diurétique de la piloselle est mis à profit par la moderne phytothérapie, qui regarde cette plante comme un remède important des cystites et autres inflammations des voies urinaires. "J'ai vu plusieurs fois une forte décoction aqueuse de cette plante agir assez puissamment sur les reins pour faire rendre des graviers", écrit Cazin.

Emplois médicinaux
Pratiques vétérinaires et assimilées

Brucellose. [La piloselle] *n'a pas d'action sur la brucellose. Les brebis avaient eu la brucellose forte, elles avaient*

mangé de la piloselle, mais n'ont pas guéri. Elles ont avorté (M. et Mme B., Céreste). — Les brebis broutent la piloselle et le serpolet sur les parcours, *peut-être pour se guérir ou se préserver de la fièvre de Malte* (M. S., 50 ans, Forcalquier).
Dans les années 1970, certains bergers faisaient pâturer les zones à piloselle en prévention de la brucellose (recueil P. L., région de Mane-Saint-Michel).

Epiaire laineuse

Stachys byzantina C. Koch (= *S. lanata* Jacq.)

LABIÉES (= LAMIACÉES)

pl. 2, fig. 5

Cette épiaire originaire du Proche-Orient (présente très localement en Turquie d'Europe), introduite en France à la fin du XVIIIe siècle, plutôt passée de mode aujourd'hui, était l'une des ornementales courantes des vieux jardins. On la voyait aussi fréquemment en bordures dans les cimetières. Vivace et traçante, très résistante à la sécheresse, facile à transplanter par éclats de souche, elle s'est propagée dans les jardins floraux précaires des cours de ferme comme dans les bacs ébréchés du pied des murs. Surtout remarquable par ses feuilles allongées entièrement laineuses, blanchâtres (d'où "oreille d'âne", "oreille de lapin"), feuilles constamment renouvelées, visibles toute l'année, elle est rarement perçue comme florifère, ses petites fleurs roses peu ostensibles, en épi dense, étant elles-mêmes plus ou moins enfouies dans un feutrage, d'où la remarque de Mme L., ci-dessous.
L'épiaire laineuse n'est pas connue comme médicinale en Occident, où d'autres *Stachys* ont toutefois une ancienne réputation de vulnéraires (bétoine, épiaire des bois, etc.). Il serait intéressant de connaître son statut dans les pratiques populaires orientales. S'il n'est pas exclu de supposer que des usages associés à cette espèce dans son aire d'origine aient migré en même temps qu'elle, il est plus vraisemblable que, du fait de son aspect exceptionnellement velouté, elle se soit vu attribuer

des indications jusqu'alors propres à une plante d'allure (foliaire) très analogue, le bouillon-blanc, lui-même employé en cataplasmes maturatifs, et qu'on appelle aussi "oreille d'âne".
Le nom de "main de Dieu" est-il propre à ce *Stachys* ou emprunté à une autre plante ? Il traduit en tout cas la confiance en de grands pouvoirs : la médecine antique l'attribue à plusieurs remèdes végétaux considérés comme des panacées (voir P. Luccioni, *op. cit.*, 2004). A noter que l'emploi médicinal de cette plante d'introduction relativement récente (1782) est déjà bien établi à la fin du XIXe siècle, comme l'atteste Réguis : "Souvent, écrit cet auteur, on se sert pour panser les plaies des feuilles de l'épiaire laineuse, cultivée dans les jardins" (*op. cit.*, 1897, p. 39). Il est possible que "la plante toute veloutée dite langue de chat" qu'on emploie "pour les blessures, coupures, plaies" à Saint-Julien-le-Montagnier (haut Var), citée par Cl. Seignolle sans identification (*op. cit.*, 1963, p. 343) ne soit autre que *Stachys byzantina.*

Perception de la plante

Elle n'y est plus, elle poussait sur le chemin de passage. Oh ! que je la regrette, mon Dieu ! Je n'en ai jamais vu ailleurs. On l'a comblé avec de la caillasse. Dire qu'il y avait cette plante, la main de Dieu, je regrette, vous savez. Elle a des feuilles pointues, veloutées, grises, avec une petite queue. Elle est basse, à ras de terre. Je ne peux pas vous dire si ça fait des fleurs. Oh ! ça fait des graines sûrement (Mme L., 69 ans, Banon). — *On l'appelle main de Dieu ou oreille d'âne, car elle est très blanche et velue* (cercle du 3e âge, Saint-Michel-l'Observatoire).

Emplois médicinaux. Médecine humaine

1111, 1120, 1140, 9352, 9354, 9355. *La "man de Diéu"* ("main de Dieu"), *c'est bon pour les plaies, les doigts écrasés ou coincés. On fait tremper une feuille dans du vin sucré et on met en pansement. Ça tire le mal, le pus* (Mme D., 84 ans, Banon). — *Ma tante, qui avait eu le doigt écrasé dans une porte, on lui avait mis des feuilles en pansement autour du doigt. Ça enlève la douleur et ça a guéri. Cette plante lui a sauvé son doigt. C'était une plante précieuse, c'était mon oncle qui me l'avait fait connaître* (Mme L., 69 ans,

Banon). — *L'oreille de lapin* [ou main de Dieu], *c'est pour les plaies et les doigts coincés. Ça arrête le sang des coupures* (Mme L., 90 ans, Dauphin). — *C'est un désinfectant.* Les feuilles sont ébouillantées et on les met sur les plaies et les coupures, en compresses. *Ça tire le mal* (cercle du 3e âge, Saint-Michel-l'Observatoire). – Voir aussi "bouillon-blanc", IIII (confusion possible avec l'épiaire laineuse).
La plante a plusieurs indications analogues dans l'enquête de M. Amir en Luberon (1994-1995), mais le nom de "main de Dieu" n'est pas relevé.

Epicéa

Picea excelsa (Lam.) Link [= *Picea abies* (L.) Karst.]

PINACÉES

Grand conifère inexistant à l'état spontané en haute Provence occidentale mais planté çà et là dans les reboisements montagnards de la chaîne Lure-Ventoux, où il n'est pas à sa place en raison d'une hygrométrie trop faible. Souvent cultivé comme ornemental à basse altitude, il s'y montre habituellement sous un aspect souffreteux, pour les mêmes raisons. Assez commun à l'état naturel dans les Alpes internes, où il constitue parfois des massifs presque purs, c'est surtout un arbre des Alpes septentrionales et du Jura.
Dans la médecine populaire des montagnes de l'Est de la France, "benjoin" qualifie les résines fluides de l'épicéa et du sapin, très employées en topiques vulnéraires dans toute l'aire de ces essences circumboréales. C'est un terme emprunté à l'ancienne pharmacopée, où il désigne la résine aromatique d'un *Styrax* tropical, jadis réputée pour la confection des onguents vulnéraires. L'information ci-dessous relève à coup sûr d'une influence alpine.

Emplois médicinaux. Médecine humaine

1324. *Pour les coups, on fait chauffer le benjoin des arbres et on l'applique en cataplasme sur un linge, sur le coup ; ça tire le coup* (M. D., 65 ans, Forcalquier).

Erable champêtre

Acer campestre L.

ACÉRACÉES

Arbre fréquent dans les taillis, les bosquets et les haies en sol fertile, les bois riverains ; parfois quasi dominant dans les ravins frais des basses régions. Vers Revest-du-Bion, certaines haies pures d'érable champêtre ont peut-être une origine artificielle.

Artisanat rural

Outil. L'érable servait à faire des ustensiles de cuisine (enquête J. M., Saint-Michel-l'Observatoire).
Ce bois qui ne fait pas d'échardes était souvent privilégié pour la fabrication des ustensiles ménagers, des cuillères à crème de laiterie (Savoie), etc.

Eucalyptus

Eucalyptus globulus Labill.

MYRTACÉES

Arbres d'origine surtout australienne et d'optimum tropical, appartenant à un genre très diversifié, les eucalyptus[1] ont été acclimatés en Europe vers le milieu du XIXe siècle. Quelques espèces sont rustiques sous nos climats. Même si l'une d'elles, bien résistante au froid, est aujourd'hui cultivée çà et là pour l'ornement en haute Provence (*E. gunnii* Hooker fil.), l'eucalyptus officinal, *E. globulus*, largement introduit dans les régions les plus clémentes

1. Du grec *eukalyptos*, "bien couvert", allusion au fruit ligneux fermé par un opercule évoquant parfois un couvercle. Ce nom de construction savante est rapidement passé au langage courant puisque ces arbres manquent par définition de nom vernaculaire français (comme catalpa, mimosa, yucca, etc.).

du climat méditerranéen, n'a jamais été connu en d'autres régions que par l'intermédiaire de l'herboristerie ou de la pharmacie. Celles-ci commercialisent toujours les feuilles aux propriétés antiseptiques (huiles essentielles), passées aux acquis les plus classiques de la médecine populaire dès la fin du XIXe siècle, où de nombreuses spécialités pharmaceutiques ont commencé à en tirer parti.

Emplois médicinaux. Médecine humaine

3120, 3250, 3224, 9356. *Antiseptique des voies respiratoires,* indiqué en fumigations *pour l'asthme, l'emphysème et pour le rhume* (anonyme, F., Saint-Laurent-des-Arbres, 30).
5140, 9356. *C'est un antiseptique de la leucorrhée* [SPE] (anonyme, F., Saint-Laurent-des-Arbres, 30).
Donnée inédite ? L'eucalyptus est connu comme antiseptique des voies urinaires ; il est possible que l'extension, ici, au domaine gynécologique soit à mettre au compte d'une expérimentation de l'informatrice, herboriste expérimentée.
7112, 7120. Le lavement avec 1 litre d'infusion d'eucalyptus *fait tomber la fièvre des grippes ou des refroidissements* (M. C., Allos).
Voir ce qui est dit à "épervière piloselle", au commentaire de **7541**, de la pratique du lavement à finalités antiseptiques.
8140. *C'est pour le diabète, comme le géranium et le haricot* (M. et Mme C., Ongles). — *C'est un hypoglycémiant pour le diabète* (anonyme, F., Saint-Laurent-des-Arbres, 30).
Données d'origine savante, qui attestent la fréquentation des livres de vulgarisation comme la *Phytothérapie* du Dr J. Valnet, 1972. — Voir aussi "chicorée", **2315** (mélange de plantes *bon pour le pancréas, le foie, l'estomac et l'intestin*).

Emplois médicinaux
Pratiques vétérinaires et assimilées

Affections respiratoires. *Pour les bêtes,* on fait des fumigations d'eucalyptus dans un seau ; *on met la bête sous un sac et la tête dans le seau* (Mlle B., Courson).
Cette information atteste l'aptitude de la médecine traditionnelle à intégrer des plantes nouvelles dans des actes thérapeutiques déjà pratiqués à d'autres fins (voir, par

exemple, “ail”, “digestion ruminants”), et aussi bien à transférer à l’animal des indications de la médecine humaine. Le mode d’emploi ressortit aux pratiques de médecine les plus anciennes.

Euphorbes

Euphorbia sp.

EUPHORBIACÉES

Euphorbe réveille-matin

Représenté dans la région et la plupart des milieux par près de trente espèces, le genre *Euphorbia* regroupe des plantes souvent morphologiquement très proches et

d'identification problématique pour le non-initié (les fleurs sont très petites, dépourvues de pétales). Toutefois, l'allure générale des euphorbes, leur inflorescence en ombelle parfois entièrement jaunâtre, ou associée à des bractées plus ou moins différentes des feuilles, et surtout la présence d'un latex blanc qui s'écoule abondamment à la moindre blessure, les caractérisent parfaitement au niveau générique. Alors que la flore de haute Provence est riche en espèces vivaces, parfois feuillues toute l'année (euphorbe characias, euphorbe à feuilles dentées, etc.), ce sont des espèces annuelles qui sont citées dans les témoignages qui suivent. Celles-ci sont les plus communes dans les lieux habités et les terres fumées.
Plantes toxiques (toxicité variable, très élevée chez certaines espèces) et caustiques, les euphorbes ont connu des emplois internes dans l'ancienne médecine savante et populaire, en particulier comme (dangereuses) purgatives drastiques. On usait surtout des graines de l'épurge (*E. lathyris* L.), espèce bisannuelle robuste, de grande taille, vert bleuté, très feuillée, aux feuilles lisses disposées en croix, qui reste assez fréquente dans les jardins haut-provençaux et à leur voisinage, vestige du temps où on la cultivait aussi comme "chasse-taupe" (elle passe pour les éloigner). La médecine populaire actuelle ne retient que le topique contre les verrues, où le "lait" d'euphorbe a une action analogue à celui de la chélidoine et du figuier.

Emplois médicinaux. Médecine humaine

1761. Médecine analogique. Signature. Quand une euphorbe [il s'agit de l'euphorbe réveille-matin[1], *E. helioscopia* L.] est mûre, *chaque fleur ressemble à des têtes de verrue.* On utilise le lait de la tige cassée sur les verrues, plusieurs fois par jour et pendant 20 jours. *Quand ça sèche, ça fait comme une pellicule plastique, ça devient affreux, ça se décalotte et à la fin ça tombe* (Mme G., 70 ans, Noyers-sur-Jabron).
Il est possible que l'interprétation analogique de l'action médicinale soit ici un "placage explicatif" sur l'effet caustique manifeste du "lait", effet que l'euphorbe partage

1. Ce nom ferait allusion au lever précipité de ceux qui prennent, le soir, une potion purgative préparée avec cette plante ; mais il existe d'autres interprétations…

avec d'autres plantes à latex, comme la chélidoine, qui ne montrent pas de signe analogue. Si les capsules de certaines espèces (comme *E. verrucosa* la bien nommée), couvertes d'aspérités verruqueuses, évoquent en effet de près la tumeur cutanée que soigne leur latex, ce n'est pas le cas d'*E. helioscopia.* Toutefois, il est possible que les fleurs elles-mêmes, petites "boules" dépassées par la capsule plus ou moins sphérique, puissent être assimilées à des verrucosités. La remarque de l'informatrice atteste en tout cas que la perception analogique du remède reste un *modus operandi* de l'empirisme contemporain : il s'agit bien d'une structure explicative des propriétés des plantes qui s'est conservée dans la pensée traditionnelle, dont l'expression va de soi (en voir d'autres exemples à "anémone hépatique", "ficaire", etc.).

2191. [L'euphorbe réveille-matin,] *c'est comme la ciguë, c'est du poison* (Mme F., 70 ans, Reillanne).

2574. Perception de la plante. *C'est une petite plante qui a de petites feuilles rondes comme des lentilles, à ras de terre. Rien ne la mangeait. Elle a une fleur jaune ; elle poussait dans les champs. C'était la plante des vers* (Sœur T., Mane).

La description s'applique bien à l'euphorbe prostrée, *Euphorbia chamaesyce* L. (ou espèces voisines), assez fréquente dans les champs cultivés, les jardins et les villages de la région, que son suc irritant préserve des herbivores. L'emploi des euphorbes en vermifuge n'est pas relaté dans la littérature consultée ; l'action purgative et la toxicité de ces plantes rendent vraisemblable un effet sur les parasitoses intestinales. Il se peut aussi que les euphorbes prostrées, dont on ne sait pratiquement rien, soient moins drastiques que leurs congénères dressées, elles-mêmes de toxicité variable.

Emplois médicinaux
Pratiques vétérinaires et assimilées

Parasites externes. *Pour la gale des brebis*, la décoction d'euphorbe, en bains, était un remède connu dans les années 1930-1940. Certains éleveurs le mettraient encore en pratique (années 1980). Un vieux berger de Valbelle gardait la plante sèche en bottes sous son balcon pour s'en servir en dehors de la période de végétation (M. G., 75 ans, Noyers-sur-Jabron).

L'informateur nous a montré l'euphorbe réveille-matin et l'euphorbe *peplus*, confondues sous le même nom de *moussible.* Il semble toutefois que c'est bien la première espèce, de plus grande taille, et plus commune, qui soit surtout employée.

Société

Jeux. Dans les années 1940-1945, les enfants se faisaient des *grains de beauté* en se brûlant la peau avec le lait de l'euphorbe [réveille-matin ou autre espèce annuelle] (anonyme, F., 75 ans, Forcalquier).
Le lait des euphorbes induit des dermites de contact et peut se montrer dangereusement allergisant chez certains. Les lésions de la peau virent au brun.

Fenouil

Foeniculum vulgare (Mill.) Gaertn.

OMBELLIFÈRES (= APIACÉES)

Grande plante vivace méditerranéenne (et atlantique littorale) surtout fréquente aux plus basses altitudes de la région, en particulier dans la vallée de la Durance, mais présente aussi dans les villages des collines et des plateaux. Elle croît habituellement en situation semi-rudérale, sur les talus, au bord des routes et des chemins, au voisinage des lieux habités, mais aussi dans les friches sèches. Le fenouil a une vieille réputation de plante digestive et carminative, diurétique et galactogène. Ce sont ici les deux premières propriétés qui sont privilégiées. Il semble que son emploi comme aromate du poisson (non relaté ici), bien connu sur la côte, ait gagné la haute Provence sous l'influence des “Marseillais”.

Emplois médicinaux. Médecine humaine

2121. *Je fais un mélange de tisanes, pour la digestion, avec du tilleul, des fleurs de serpolet (c'est meilleur que le*

thym), de la prêle, du fenouil et des fleurs de lavande. J'en bois pendant 2-3 jours, puis j'en ai assez, je change. Moi, je me basais un peu sur ce qui me soulageait ; ce qui me contrariait, il me fallait plus le prendre, même qu'on me dise que c'était bon. Je ramassais un peu de lavande pour les infusions. Je ne suis pas tisanière, j'en bois 2 ou 3 fois et puis j'arrête (enquête J. M., Saint-Michel-l'Observatoire). Témoignage intéressant sur les pratiques de soins autonomes par les plantes, l'invention thérapeutique traditionnelle et le vécu du remède.

2416. *Le fenouil, il paraît que, pour le foie, ça fait du bien* (enquête J. M., Saint-Michel-l'Observatoire).

2514. On l'indique *pour l'aérophagie* (M. J., 75 ans, Revest-du-Bion).

2515. [En infusion,] *c'est pour chasser les gaz* (Mme L., 69 ans, Banon).

2530. *Pour les diarrhées*, on emploie l'infusion de fenouil en mélange avec la menthe (Mme D., 84 ans, Banon).

Fève

Vicia faba L.

LÉGUMINEUSES-PAPILIONACÉES (= FABACÉES)

Cultivée dans tous les jardins du Midi, la fève est de nos jours consommée “en vert” alors que, dans le passé, c’était un légume sec au même titre que pois et lentilles, situation qu’elle conserve surtout dans les pays musulmans.

Emplois médicinaux. Médecine humaine

8116. *Pour l’urée*, on conseille de faire une cure d’une semaine de l’infusion de fleurs de fève (M. M., 35 ans, Les Omergues).
L’indication laisse supposer l’influence de certains manuels modernes de phytothérapie, qui préconisent les fleurs de fève en diurétiques anti-calculs[1]. Ces fleurs n’appartiennent pas à la pharmacopée traditionnelle inventoriée et sont rarement citées en médecine savante ancienne, avec des propriétés mineures. L’informateur est un “nouvel habitant” qui travaille dans la production des plantes médicinales et des huiles essentielles.

Ficaire

Ranunculus ficaria L. (= *Ficaria verna* Huds.)

RENONCULACÉES

pl. 17, fig. 55

Plante à la floraison précoce, remarquable par ses fleurs à 6-12 pétales d’un jaune doré, luisant, par ses feuilles vert foncé toutes basales, d’allure un peu “grasse”, ovales ou arrondies, à base creusée en cœur. Le système

1. Ainsi chez J. Valnet, *op. cit.*, 1972, p. 314.

souterrain est très particulier : des tubercules principaux fusiformes, ocre pâle, épaissis en massue, et, au collet, de nombreux petits tubercules ovoïdes. Une sous-espèce d'ombre, à fleurs plus petites, à peu près stérile (*R. ficaria* ssp. *bulbifer* Lawalrée), a des stolons munis de bulbilles de la taille d'un grain de blé, lesquelles persistent sur le sol en été après la disparition des feuilles et prennent racine, assurant la propagation végétative. La ficaire est fréquente dans les lieux frais plutôt ombragés : haies, fossés, vieux vergers herbeux, fourrés et bosquets des sols riches, bois riverains, bord des rivières permanentes et des canaux. On la rencontre surtout à basse altitude ; elle manque complètement dans les milieux secs.
La "médecine des signatures" a vu l'un de ses remèdes les plus exemplaires dans les tubercules à l'ancien renom d'anti-hémorroïdaires (emploi interne, éventuellement doublé d'application externe) ; ceux du collet suggèrent les bourrelets veineux. D'où le nom de la plante, d'après "fic" (de *ficus*, "figue"), qui désignait les verrues mammaires des ruminants, et, par extension, diverses excroissances charnues violacées. On retrouve la ficaire de nos jours à la base de certaines spécialités pharmaceutiques de même indication. Comestibles, ces tubercules ont jadis été très consommés en temps de disette.

Emplois médicinaux. Médecine humaine

1765. Perception analogique. Médecine analogique. *C'est une plante dont la racine fait comme un chapelet de petites boules qui ressemblent aux cors aux pieds. C'est comme un lacet de cuir avec des boursouflures. Il faut mettre la racine dans sa poche, dès qu'on la cueille ; et, quand elle est sèche, les "agacin"* [les cors aux pieds] *ont disparu.* [Cette plante] *était prise dans la colline à La Rochegiron, par un Italien saisonnier, coupeur de lavande chez mon père. Il faisait ça* (M. et Mlle C., Banon).
La notion de "fic" vaut aussi bien pour les cors. Comme la racine de ficaire n'a pas l'action caustique du suc de chélidoine ou des euphorbes, c'est seulement l'analogie qui intervient, à un double niveau : les racines "ont la signature" de l'excroissance ; leur dessèchement entraîne celui du mal. Dans le traitement magique des verrues, cependant, le support symbolique du mal n'en a pas forcément l'image (pièce de monnaie, cheveu, etc.).

2490. *Il y avait une femme atteinte d'un cancer du foie qui se soignait grâce aux infusions de ficaire fraîche, en cure longue. Ça l'a prolongée longtemps... J'allais chercher avec d'autres petites filles cette plante, pour la malade, il y a 50 ou 60 ans* (anonyme, F., 75 ans, Forcalquier).
Information à explorer plus avant étant donné l'indication, mais qui relève sans doute d'une méprise. Les parties aériennes adultes de la ficaire sont toxiques et caustiques à l'état adulte et la cure prolongée de leur infusion ne serait sans doute pas sans risques. On est en droit de supposer une erreur de dénomination entre deux plantes vernales, la ficaire semblant prendre ici les attributions exactes de l'*anémone hépatique*, qui est citée en cure prolongée de plante fraîche dans les problèmes hépatiques graves. Voir ce nom.

Figuier

Ficus carica L.

MORACÉES

Le figuier pourrait avoir été domestiqué au Proche-Orient avant même la mise en culture des céréales. Il a sa place dans tous les lieux habités des climats méditerranéens qui lui sont favorables : jardins, cours, bord des terrasses, voisinage des puits, etc. Propagé avec l'aide des oiseaux, il s'implante dans les ruines, les vieux murs, les clochers, les fissures des rochers, gagne parfois aussi les bois riverains des cours d'eau (ces aptitudes écologiques contrastées le rapprochent du micocoulier). Le "caprifiguier", forme sauvage dont dérivent les innombrables cultivars, dont les fruits restent petits et quasi secs à maturité, se rencontre à l'état spontané dans les lieux rocheux. Toutefois, en haute Provence, il semble que la majorité des sujets d'allure spontanée soient à rapporter à des naturalisations de races cultivées.
Dans les pratiques médicinales de la région concernée par l'enquête, le figuier tient une place moindre qu'en basse Provence, où sa culture est plus répandue.

Emplois médicinaux. Médecine humaine

1761. *Pour les verrues*, plusieurs informateurs emploient le *lait* des figues *pas encore mûres* (M. C., Allos ; anonyme, H., 80 ans, Allos). — On coupe une figue à la base, *on pose le lait sur la verrue*. Le traitement est répété chaque jour durant une semaine ; encore utilisé dans les années 1980 (anonyme, F., 75 ans, Forcalquier ; Mme F., 70 ans, Reillanne ; Mme B., 80 ans, Ferrassières, 26).
Le latex du figuier, comme celui des euphorbes, a une action corrosive sur l'épiderme. Certains développent de graves brûlures au simple contact de ses feuilles froissées. L'application de cette propriété au traitement des verrues, de la plus grande ancienneté, se rencontre dans toute la région méditerranéenne, où beaucoup s'en souviennent encore au début du XXIe siècle.
2340, 2350, 9365. Les feuilles de figuier se voient attribuer une action cicatrisante contre l'ulcère de l'estomac et les gastrites [SPE] (enquête D. D., Saint-Michel-l'Observatoire).
Le terme moderne de "gastrite" fait supposer la référence à des conseils livresques. Toutefois, d'autres sources populaires méridionales font allusion à l'usage interne de la décoction de feuilles de figuier dans les problèmes digestifs (l'Antiquité faisait bouillir ces feuilles avec les viandes coriaces ; elles renferment des enzymes qui aident à la digestion des protéines). A noter que, depuis le début des années 1970, la "gemmothérapie" prescrit avec succès le bourgeon de figuier contre les brûlures gastriques et les états nauséeux.
3111. Quand on a *un gros rhume ou un mal de gorge*, on fait bouillir des figues et des pommes, et on garde la boisson au chaud, au coin de la cuisinière. On en boit toute la journée. Ce remède était encore d'usage à la période de l'enquête (M. V., 75 ans, Dauphin).
L'emploi des figues sèches dans les potions adoucissantes et antitussives a un long passé populaire en région méditerranéenne et se retrouve dans les pharmacopées.
3111, 7120 (tisane composée pour les maux de gorge et la grippe). Voir "amandier".

Emplois alimentaires, condimentaires et assimilés

Divers. Le lait de figue servait à faire cailler le lait (enquête D. D., Saint-Michel-l'Observatoire).
Cette pratique, habituelle à l'époque romaine, reste d'usage courant dans certains pays méditerranéens. Au début des

années 1990, des ouvriers turcs travaillant à Mane sur un chantier de construction se préparaient du lait caillé en battant le liquide un peu chauffé avec des rameaux de figuier fraîchement coupés et écrasés sur une pierre.

Fougère aigle

Pteridium aquilinum (L.) Kuhn

HYPOLEPIDACÉES

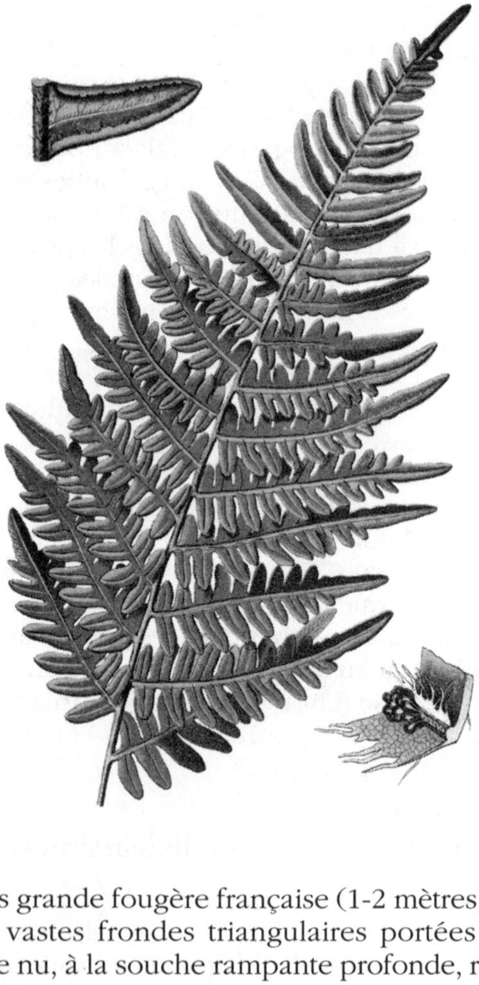

C'est la plus grande fougère française (1-2 mètres, parfois plus), aux vastes frondes triangulaires portées par un long pétiole nu, à la souche rampante profonde, ramifiée, donnant naissance au printemps à des pousses dressées en forme de crosse, qui se déroulent en déployant leurs pennes. Ce type d'enracinement explique la propension de cette plante à former des peuplements étendus qui peuvent envahir rapidement les clairières, les prés et les pâtures abandonnés. Préférentielle des sols acides, la fougère aigle se rencontre cependant çà et là sur les calcaires décalcifiés, et aussi sur des marnes et des calcaires marneux au pH basique. En haute Provence, où elle n'a nulle part l'extension qu'elle peut prendre en climat atlantique, elle a toutefois des stations notables sur les affleurements sablo-gréseux du Crétacé, en particulier dans les massifs forestiers de Vachères nord, Banon sud, Revest-des-Brousses, et régions acides adjacentes. Çà et là sur les marnes.

Emplois médicinaux
Pratiques vétérinaires et assimilées

Insectes, litière. *On mettait les fougères comme litière ; c'était plutôt pour les mouches* (enquête J. M., Saint-Michel-l'Observatoire).

Dans les régions où elle abonde, la fougère aigle a été, et reste encore (Pays basque), la plante quasi exclusive des litières. Outre une possible action insectifuge, sinon préventive contre certaines affections du sabot, elle produit un fumier de haute qualité, particulièrement riche en potasse.

Economie rurale

Fourrage, alimentation animale. Au printemps, *pour faire la chaudière* (la nourriture des cochons), quand il n'y avait plus de choux, on faisait cuire en même temps des pommes de terre, des betteraves, des feuilles de mûrier et des pousses de fougère (M. G., 80 ans, Saint-Etienne-les-Orgues).

Pratique habituelle dans les régions où la plante est commune. En périodes de disette, les hommes ont aussi fait cuire les "crosses" de fougère à leur propre intention (ainsi que les rhizomes dans les populations amérindiennes des Etats-Unis). A signaler toutefois que la fougère aigle renferme de dangereux alcaloïdes hépatotoxiques, susceptibles d'induire des cancers du foie en cas d'ingestion habituelle.

Economie domestique

Insectifuges, insecticides. *Pour chasser les mouches, on faisait tremper la fougère dans du lait* (M. D., 45 ans, Forcalquier).
Information peu claire. S'agit-il de suspendre une fougère qui a été trempée dans du lait, ou d'attirer les mouches avec du lait où une fougère a trempé ?

Fougère mâle

Dryopteris filix-mas (L.) Schott

DRYOPTÉRIDACÉES

Commune dans les bois frais d'une grande partie de la France et de l'Europe, la fougère mâle est très rare aux basses altitudes de la région méditerranéenne. En haute

Provence occidentale, elle se montre en général silicicole. On la rencontre surtout dans les chênaies fraîches (Rustrel, Valsaintes, Revest-des-Brousses, etc.), exceptionnellement dans les creux des lapiaz (Simiane, etc.) et dans les très vieux puits (Saint-Michel-l'Observatoire). Dans l'étage montagnard, elle a quelques stations assez importantes à l'ubac de Lure, dans les zones les plus fraîches de la hêtraie-sapinière (clairières humides), plus éparses et modestes au Ventoux. Sa rareté dans la région fait qu'elle n'y connaît pratiquement pas d'emploi[1].

Société

Chasse. *La fougère mâle, c'est pour la chasse* [?] (M. G., Saint-Michel-l'Observatoire).
Information énigmatique, impossible à commenter du fait de son laconisme, citée dans l'hypothèse d'une suggestion de la part d'un lecteur.

Fragon petit-houx

Ruscus aculeatus L.

RUSCACÉES (ex-LILIACÉES)

Sous-arbrisseau densément feuillu à feuilles persistantes ovales-aiguës, coriaces, vert foncé, piquantes à la pointe, semblant porter fleur et fruit (baie sphérique rouge vif) à leur face supérieure (il s'agit en fait de "cladodes", rameaux courts aplatis en forme de feuille). Compagnon du chêne vert dans toute son aire française mais s'en écartant largement en climat atlantique, le petit-houx est surtout répandu en haute Provence dans les taillis à *Quercus ilex* dominant, disséminé dans la zone du chêne pubescent où il se cantonne habituellement dans les bois au sol riche et plutôt acide des basses altitudes. Parfois dans les ripisylves.

1. Les enquêtes de M. Amir en Luberon (1994-1995) révèlent, à Mérindol, une application de la propriété ténifuge qui fait de la fougère mâle le spécifique du ver solitaire. Toutefois, un doute subsiste sur l'identité de l'espèce citée, dite "arisone".

Diurétique majeur de l'ancienne médecine (racines), le fragon est aujourd'hui surtout employé comme tonique veineux, vasoconstricteur et anti-œdémateux (*ruscogénines* extraites de la souche), propriétés particulièrement appliquées au traitement des hémorroïdes. La demande de l'industrie pharmaceutique en racine de fragon porte préjudice aux peuplements naturels de la plante, qui est protégée dans certains départements comme la Drôme.

Emplois médicinaux. Médecine humaine

4311, 9311, 1946. *C'est pour la circulation veineuse.* La racine est dite par ailleurs diurétique et antirhumatismale (enquête D. D., Saint-Michel-l'Observatoire).
Information d'origine savante récente ; voir ci-dessus.

Fraisier

Fragaria vesca L.

ROSACÉES

Répandu dans les bois frais (hêtraie clairiérée, pinède de pins sylvestres) de l'étage montagnard des divers massifs de la région, et plutôt au-dessus de 1 200 mètres, le fraisier sauvage est rare dans les taillis de basse altitude, où il croît alors plutôt sur la silice. L'herboristerie courante diffuse surtout les feuilles des variétés cultivées, qui dérivent d'hybrides d'espèces américaines, feuilles de bien plus grande taille que celles du fraisier indigène. Toutefois, c'est surtout à la racine, riche en tanin, astringente et antidiarrhéique, réputée "rafraîchissante", que la médecine traditionnelle avait recours.

Emplois médicinaux. Médecine humaine

4113. On utilise les feuilles du fraisier *pour les palpitations* (anonyme, F., Saint-Laurent-des-Arbres, 30).
Origine de la recette ? Les sources consultées ne font pas allusion à cette indication.

Frêne

Fraxinus excelsior L.

OLÉACÉES

pl. 17, fig. 53

Deux frênes croissent en région méditerranéenne française, étage montagnard inclus. Aux basses altitudes et çà et là jusque vers 1 000 mètres, le long des cours d'eau permanents et dans les prairies humides, on rencontre le frêne à feuilles étroites, *Fraxinus angustifolia* Vahl, aux bourgeons petits et brun roussâtre, aux feuilles à folioles étroites. Cet arbre d'optimum méditerranéen est le seul frêne de basse Provence, où il est très commun et parfois exclusif le long des ruisseaux et des rivières. Au-dessus de

1 000 mètres et jusque vers 1 700 mètres, sur le territoire considéré (montagne de Lure), c'est le frêne au sens courant, ou frêne élevé, *Fraxinus excelsior* L., qui se fait dominant. Cet arbre, aux gros bourgeons d'un noir mat, aux folioles larges, est l'un des feuillus les plus répandus dans l'étage montagnard des Alpes internes. Il est sur sa limite sud française dans les massifs de la haute Provence occidentale, où il lui arrive parfois de descendre dans les ravins frais de l'étage collinéen (gorges de l'Aiguebrun dans le Grand Luberon, par exemple). Dans la zone de contact entre les deux espèces, on trouve çà et là des sujets hybrides aux caractères ambigus.
Le frêne élevé a été parfois planté hors de son aire, au voisinage des fermes et dans les hameaux des basses

régions, en raison de l'importance de son bois pour l'ancienne société paysanne. C'est à cette espèce que se rapportent les données qui ont été recueillies dans les communes où elle est présente à l'état spontané, ou facilement accessible (plateau d'Albion, pied de Lure) ; mais il est probable que le frêne à feuilles étroites (considéré comme plus particulièrement laxatif par la médecine savante, et parfois employé comme tel en Provence) lui a été substitué là où manque *Fraxinus excelsior.* Faute de précisions à ce propos dans l'enquête (les deux arbres n'ont pas été distingués), on est en droit de supposer que c'est au frêne à feuilles étroites que se rapportent les données recueillies dans l'aire où celui-ci est exclusif (Mane, Saint-Michel, etc.).
Nanti d'un grand rôle dans les mythes européens (domaine scandinave en particulier, où c'est un arbre cosmogonique), de tout temps associé au serpent, le frêne est aussi une plante médicinale d'importance, que sa large distribution en Europe et la diversité de ses usages placent dans le "fonds commun" de la pharmacopée de notre continent. C'est un diurétique antirhumatismal de premier plan, connu semble-t-il dans toute l'aire de distribution, mais surtout dans la tradition orale (même s'il est cité comme antigoutteux dans les textes au moins dès le XVIe siècle, et antérieurement comme purgatif du "phlegme"). Les écrits anciens y voient d'abord un antivenimeux et un aphrodisiaque. Au XVIIIe siècle, l'écorce des rameaux a été regardée par plusieurs médecins célèbres comme un fébrifuge apte à remplacer le quinquina, pouvoir vite controversé, sans échos manifestes au niveau populaire. La diversité des emplois du frêne en haute Provence, où une certaine part magique survivait encore dans les années 1980, atteste la puissance des ramifications de cet arbre dans la mémoire orale.

Ramassage

Il faut récolter les feuilles de frêne quand elles collent. Ça ne dure qu'une semaine en juin. C'est la frênette (Mme B., 65 ans, Volonne).
"Frênette" est, en général, le nom de la boisson fermentée du genre piquette qu'on obtient en faisant macérer des feuilles de frêne dans de l'eau sucrée ou miellée. Il est possible que l'information y fasse allusion. Voir plus bas.

Emplois médicinaux. Médecine humaine

1451. *Quand on a des piqûres de moustique, on prend des feuilles* [fraîches] *mâchées, et on les met sur la piqûre* (M. G., 80 ans, Saint-Etienne-les-Orgues).
Extension probable de l'emploi antivenimeux (voir plus bas aux emplois vétérinaires), cette recette n'a pas d'attestation dans les sources écrites consultées.
1946. L'infusion des feuilles de frêne est prescrite *pour les rhumatismes* par de nombreux informateurs (Mme A., Saint-Michel-l'Observatoire ; Mme B., 65 ans, Volonne ; Mme C., 70 ans, Limans ; cercle du 3e âge, Saint-Michel-l'Observatoire ; Mme F., 70 ans, Reillanne ; Mme R., 60 ans, Revest-des-Brousses). — *Pour les rhumatismes,* on boit la décoction des feuilles *pendant longtemps et en grande quantité* (M. V., 75 ans, Dauphin). — On fait bouillir une poignée de feuilles dans 1 litre d'eau et on en boit toute la journée ; *c'est pour les rhumatismes, il faut en boire en cure longue, 1 litre par jour* (Mme L., 69 ans, Banon). — *Il faut en faire des cures, c'est long, c'est comme l'homéopathie* (enquête J. M., Saint-Michel-l'Observatoire). — *Les feuilles lisses du frêne, celui à petits pendants,* servent à préparer une infusion *pour les rhumatismes* (Mme S., 80 ans, Séderon, 26). Il peut s'agir ici du frêne à feuilles étroites, dont les samares sont plus petites que celles du frêne élevé. Plus probablement, l'informatrice fait allusion aux pieds fructifères de ce dernier, où il existe des sujets mâles stériles et d'autres femelles ou hermaphrodites portant des fruits. Comme il est habituel à propos des plantes qui manifestent visiblement ce genre de particularité, la classification populaire qualifie de “mâles” les pieds fructifères, biologiquement femelles. Lors d'une enquête ultérieure, à Saint-Etienne-les-Orgues, c'est bien le frêne “mâle” qui est conseillé comme anti-rhumatismal (recueil P. L.). — Les *graines, c'est au mois d'août qu'il faut les ramasser ; c'est pour les rhumatismes ; on prend les graines macérées* (M. C., Allos). Les samares du frêne, fruits secs ailés, passent, selon les auteurs anciens, pour plus diurétiques que les feuilles. — Le frère de l'informatrice *avait eu des rhumatismes ; on lui avait donné du “salycicate”* et *il a eu l'estomac détraqué pour toute sa vie, à cause de ce médicament* ; par la suite, il a bu de l'infusion de frêne (M. et Mlle C., Banon). — Voir aussi “aigremoine”, **1945** (infusion composée “pour les douleurs des rhumatismes”).

Dans ces données quelque peu disparates, on relèvera déjà les imprécisions relatives à la forme médicamenteuse. Si la préparation d'une décoction est clairement attestée au moins une fois *(on fait bouillir…)*, il semble que le terme d'"infusion" soit pris non dans son sens moderne (contact, dans un récipient hors du feu, entre une certaine quantité de plante fraîche et de l'eau versée bouillante sur elle), mais dans celui de breuvage médicinal à base aqueuse. Reste à distinguer les données de leur interprétation par les enquêteurs… A l'inverse, la précision des doses et des posologies est inhabituelle au regard de beaucoup de recettes populaires ; elle peut tenir à la répétition des gestes nécessités par des "cures longues", où la pratique finit par s'arrêter à un point optimum que le traitement à court terme n'enseigne pas. Quant à l'emploi des samares (cf. la donnée d'Allos), il apparaît comme un archaïsme thérapeutique, la médecine populaire actuelle (comme la phytothérapie) privilégiant largement les feuilles.

2512. La décoction d'écorce est conseillée *pour les coliques* (Mme A., 65 ans, Forcalquier).

"Coliques" est sans doute à entendre ici comme "diarrhée" et non comme "douleurs abdominales", car c'est l'une des indications de l'écorce de frêne, astringente, ancienne antidiarrhéique.

4311, 9311, 1946. L'infusion des feuilles est conseillée *pour la circulation* (Mme E., 65 ans, Mane). — L'écorce est employée en infusion [SPI]. Les *ailerons* (folioles des feuilles) sont diurétiques. *Il faut varier les cures suivant ce qu'on a comme faiblesse, les rhumatismes ou la circulation* (M. et Mme C., Ongles).

La chimie du frêne, qui fait apparaître des substances toniques veineuses, protectrices des vaisseaux, valide aujourd'hui la prescription de cette plante dans les problèmes circulatoires, et aussi bien dans les troubles de la ménopause (**5280**). S'il est peu probable qu'une influence livresque se manifeste ici, on ne peut non plus rattacher facilement la prescription "circulation" à des sources savantes anciennes. Il est dommage que la mention d'un emploi de l'écorce reste sans précision d'indication, car c'est une partie de l'arbre peu usitée de nos jours (voir aussi ci-après).

5113, 5272. *C'est bon aussi pour les règles, mais à haute dose ce serait abortif* (Mme B., 80 ans, Ferrassières, 26). — *C'est l'arbre des femmes* (M. B., 80 ans, Ferrassières, 26).

Le frêne n'est pas connu comme remède gynécologique ; tel qu'il est mentionné par l'informatrice, on peut supposer qu'il a été employé comme emménagogue ; quant à la remarque de son époux, voir ce qui est dit à **4311**, et, plus bas, au § "magie érotique".
5280, **1946**. La tante de l'informatrice *en buvait une bassine d'infusion de feuilles par semaine, au moment de sa ménopause. C'était pour ses rhumatismes* (Mme A., Saint-Michel-l'Observatoire).
Voir ce qui est dit plus haut, **4311**.
9140 (cure antirhumatismale). Voir "cassis".

Emplois médicinaux
Pratiques vétérinaires et assimilées

Morsures de vipère. Quand les vaches se font mordre par les vipères, on fait une décoction d'écorce de frêne, de 10 litres pour une vache, qu'on lui fait boire en 2 ou 3 fois. On fait aussi un sinapisme et on frotte sur la morsure avec la décoction (Mme F., 65 ans, Ferrassières, 26).
Les propriétés antivenimeuses du frêne sont déjà citées chez Dioscoride et ont donné lieu à beaucoup de mentions et de commentaires au fil des siècles. Elles paraissent avoir été confirmées par l'expérimentation au XIXe siècle. Elles sont aussi en relation avec le versant symbolique d'un arbre étroitement associé au serpent. La dernière phrase n'est pas très claire, les deux traitements ne pouvant être conjoints. Il faut sans doute entendre : application d'un "sinapisme" (ici cataplasme à vocation dérivative, qui "tire le mal", qui peut mettre en œuvre une plante caustique, pas forcément de la farine de moutarde), suivie de frictions de décoction de frêne.
Sédatif. Pour les animaux et surtout les chevaux excités, qui doivent être transportés ou conduits, on leur faisait manger des *graines* de frêne pilées ; *c'est un bon narcotique* (M. B., 80 ans, Ferrassières, 26).
Voir ce qui est dit plus bas au § "magie érotique".

Emplois alimentaires, condimentaires et assimilés

Boissons. *La boisson de feuilles de frêne* [frênette] *est très rafraîchissante* (lu dans *Rustica*) (M. et Mlle C., Banon). — *En Savoie, on fait la frênette fermentée ; ça se boit comme du vin, c'est comme de la bière* (M. C., Allos).

Piquette préparée avec des feuilles de frêne mises en fermentation dans de l'eau avec du sucre (ou du miel) et un peu d'acide tartrique, la frênette, qui est connue dans la plupart des régions françaises et ailleurs en Europe, n'emploie certainement pas par hasard les feuilles d'un arbre qui a partie liée avec le symbole, voire avec le sacré (car beaucoup d'autres feuillages peuvent se prêter à des confections analogues). Il n'est pas exclu d'y voir un ancien breuvage cérémoniel associé à des cultes ou à des cérémonies saisonnières. En haute Provence méditerranéenne, la présence très localisée du frêne fait que la frênette n'est guère connue, comme en témoigne l'origine des deux seules informations recueillies (voir aussi, plus haut, "ramassage").

Magie et symbolique

Magie érotique. 9334. Un informateur du plateau d'Albion raconte une anecdote où passe l'image du frêne, "arbre érotique" de la tradition européenne et méditerranéenne. Avant d'aller au bal, les hommes faisaient cuire des sortes de galettes où ils mêlaient des fruits de frêne pilés. Ils offraient ces galettes à la fille désirée. *C'est un narcotique, c'est bon pour endormir les femmes* ; cependant, nous précise-t-on malicieusement, *la femme s'endormait, mais pas tout à fait* (M. B., 80 ans, Ferrassières, 26).

Il est intéressant de comparer cette relation au texte médiéval suivant : "Pour émouvoir le désir de luxure, prendre des semences de frêne (on les appelle langues d'oiseau), les piler et les ajouter à la préparation diasatyrion[1]. On peut également se contenter de manger ces semences[2]". Dans l'information relatée, on relèvera la contradiction (?) entre "narcotique" et intention manifestement érotique, sinon aphrodisiaque, d'autant plus que la propriété sédative est mise à profit par ailleurs en pratique vétérinaire, par le même informateur (voir plus haut). Toutefois, c'est bien par des potions "assoupissantes", voire somnifères, que bien des amants de l'ancienne littérature amoureuse vainquent la réticence de la femme convoitée, sans nullement

1. Potion aphrodisiaque de l'ancienne médecine méditerranéenne, à base de tubercules d'orchis.

2. Platearius, *Le Livre des simples médecines*, *op. cit.*, éd. 1986, p. 220. Dans ce traité, pharmacopée médiévale majeure, les samares du frêne bénéficient d'un article propre sous l'intitulé de *lingua avis*, "langue d'oiseau".

choquer le lecteur[1]. A noter aussi que, en s'essayant à la pâtisserie (transgression très inhabituelle dans la société traditionnelle), les hommes empruntent aux prérogatives féminines, ce qui ne va pas sans une certaine forme de détournement de pouvoir. Dans les contes, c'est habituellement l'inverse qui a cours : la galette est préparée par une magicienne afin de circonvenir une personne du sexe masculin. On rappellera encore que, comme il est dit plus haut, les fruits de frêne sont portés par un arbre considéré comme "mâle"… Il est regrettable que l'enquête n'ait pu explorer davantage une information aussi riche en questionnements, dont il est peu probable de rencontrer des répliques au début du IIIe millénaire. On rappellera toutefois que, dans le Maghreb contemporain, les samares de frêne restent considérées comme aphrodisiaques et usitées couramment ; au Maroc, elles entrent dans un *râs-el-hanût* de même destination.

Fumeterre

Fumaria officinalis L.

PAPAVÉRACÉES (ex-FUMARIACÉES)

Annuelle commune dans toute la région, la fumeterre croît dans les champs cultivés, les jardins, les jachères, les vieux murs et sur les décombres. Cette plante grisâtre au port léger et diffus (caractères qui pourraient lui valoir son nom : vue de loin, elle évoque une fumée sur le sol — mais l'étymologie reste incertaine) a une très ancienne réputation de tonique-amère, apéritive, remède hépatique. Le Moyen Age lui accorde une large place et la prescrit contre la gale, l'hydropisie, la goutte, les "maladies du foie et de la rate" et troubles digestifs associés.
La médecine savante actuelle voit dans la fumeterre une anti-inflammatoire doublée d'une antispasmodique, par

1. Un bel exemple en est donné par le républicain Mirabeau lui-même dans son roman érotique *Le Rideau levé ou l'Education de Laure* (Actes Sud), où un breuvage narcotique permet ce qui n'est ni plus ni moins que le viol d'une domestique.

ailleurs stimulante respiratoire et cardiotonique, et, validant la pratique de tradition orale, lui reconnaît une action particulière sur la sécrétion biliaire (à ce titre, la plante entre, en France, dans des spécialités pharmaceutiques). C'est l'une des dépuratives les plus courantes de la médecine traditionnelle. La plupart des indications recueillies par l'enquête se rattachent à ces propriétés.

Emplois médicinaux. Médecine humaine

1622. Dans l'eczéma suintant, on boit l'infusion de la plante fraîche ou sèche. Grâce à cette recette, communiquée par une tante 30 ans auparavant, Mme T. a guéri une nouvelle poussée de son eczéma après 2 jours de traitement (Mme T., 65 ans, Mane).

1641. Contre les croûtes de lait des bébés, on donnait l'infusion d'une poignée de plante fraîche [quantité d'eau ?] à boire au biberon en cure de 15 jours. Pratique des années 1930 (anonyme, F., Forcalquier).
1663. Dans l'impétigo, on emploie l'infusion en lotions et compresses sur le visage (Mme T., 65 ans, Mane).
Les indications précédentes font implicitement de la fumeterre une dépurative à visées dermatologiques, classe thérapeutique importante en médecine populaire, où s'illustrent d'autres plantes amères comme la bardane et le marrube (cf. P. Lieutaghi, *op. cit.*, 1986).
2191. D'après les informatrices, la fumeterre serait un poison (Mme A., 90 ans, et Mme A., 65 ans, sa fille, Robion, 84).
Même si la fumeterre n'est pas recensée par les ouvrages de toxicologie végétale, on a montré une action convulsivante, à forte dose, chez les mammifères de laboratoire. Il n'est pas exclu que la médecine populaire ait observé des réactions similaires en cas de traitements de posologie et/ou de durée excessives.
2420. Pour traiter la cholécystite, on boit entre les repas 1 seul verre de l'infusion de fumeterre fraîche ou sèche (1 poignée pour 1 litre d'eau). Le traitement ne doit pas être poursuivi au-delà d'une semaine. Si nécessaire, continuer la cure avec d'autres plantes (Mme B., 65 ans, Volonne — originaire d'Annot).
La formulation de cette donnée a des connotations savantes ("cholécystite", précision de la posologie) et suggère sans doute une influence livresque, ou celle d'un thérapeute. Le Dr H. Leclerc (*op. cit.*, 1935, p. 122) a montré que "tonifiante au début, [la fumeterre] devient par la suite hyposthénisante, «antipléthorique». J'ai vérifié ce fait sur plusieurs malades qui prenaient du suc de fumeterre (écrit le praticien) ; pendant les 8 premiers jours, l'examen hématologique indiquait l'augmentation du nombre des hématies ; passé ce temps, on constatait qu'il diminuait très sensiblement." Toutefois, il n'est pas exclu de voir ici l'expression des précautions d'emploi de la médecine populaire quant aux cures dépuratives, précautions qu'on rencontre par ailleurs, hors influence écrite, à propos de la germandrée petit-chêne et du marrube.
4320. L'infusion (même posologie que ci-dessus) était employée par le père de l'informatrice contre l'hypertension (Mlle A., 90 ans, Montjustin).

Gaillet jaune
Caille-lait

Galium verum L.

RUBIACÉES

Cette plante à l'écologie voisine de celle de l'achillée millefeuille pousse communément à toute altitude dans les lieux herbeux suffisamment riches, au bord des routes et des chemins (en particulier sur les talus à brachypode de Phénicie). Elle est particulièrement répandue dans les prairies de fauche, où elle rejette et refleurit après la coupe. Sa fréquence dans la région ne la fait pas utiliser davantage aujourd'hui que l'achillée, même si son aptitude à faire cailler le lait est plus connue que ne le laisse supposer la seule donnée ci-dessous. Le nom d'"herbe de la Saint-Jean" est attesté par Rolland[1].

Emplois médicinaux. Médecine humaine

1450. *L'herbe de la Saint-Jean, c'est pour la diarrhée, comme le coing* (enquête J. M., Saint-Michel-l'Observatoire).
Le gaillet est surtout un sédatif de l'ancienne médecine, aux propriétés astringentes secondaires ; ce sont pourtant celles-ci qui semblent les plus retenues dans le Midi, comme le montrent aussi les enquêtes récentes en Vaucluse (M. Amir, *op. cit.*, 1994-1995). Cette plante très commune n'entre que très peu dans la pratique populaire méridionale.

Economie domestique

"Pour cailler le lait". *Il servait dans le temps à faire cailler le lait ; on le mettait à bouillir dans le lait* (M. et Mme C., Ongles).
Cette propriété du gaillet est controversée ; elle est pour le moins inconstante et ne semble pas tenir à des substances qui tiendraient lieu de ferment.

1. Dans le Gard, sous la forme *erbo dé sen-Jan* ; dans l'Aveyron c'est la *flour dé sen-Jan* (Roland, *op. cit.*, 1896-1914, 6, p. 249). "Fleur de Saint-Jean", qui concerne un bon nombre de plantes, est cité pour le gaillet jaune par un certain nombre de pharmacopées populaires du XXe siècle.

Garance sauvage

Rubia peregrina L.

RUBIACÉES

Les données ci-dessous se réfèrent pour une part à la garance sauvage, plante vivace semi-persistante, plus ou moins grimpante, très reconnaissable à ses feuilles verticillées par 4-5, coriaces, vert foncé, munies comme les tiges de petits aiguillons en crochet qui en font une plante “collante”. *Rubia peregrina* appartient au cortège du chêne vert mais se diffuse largement dans les modalités chaudes de la chênaie pubescente, jusque vers 700 mètres d'altitude. Elle est fréquente en haute Provence occidentale dans les taillis et les fourrés secs, les haies collinéennes, les pierriers, au bord des champs en terrasses. Espèce voisine, la garance des teinturiers, *Rubia tinctorum* L., plante plus grande dans toutes ses parties, aux tiges non persistantes, a été largement cultivée jusqu'à la fin du XIXe siècle pour sa racine tinctoriale. Couramment ensauvagée dans les haies de la plaine du Comtat et dans le bassin d'Apt, elle est rare dans le bassin de Forcalquier. Remède connu des médecins de l'Antiquité, la racine de garance semble n'avoir que peu d'emplois en pratique populaire méridionale.

Emplois médicinaux. Médecine humaine

1943, 9110. *Pour les rhumatismes, il faut* [en] *faire une décoction, en longue cure, c'est dépuratif* (Mme C., 70 ans, Forcalquier). — Il s'agit ici de la garance sauvage, diurétique d'ancien renom.

2621. *La racine fragmente les calculs dans la vessie* (enquête D. D., Saint-Michel-l'Observatoire).

Donnée probablement d'origine livresque récente, en même temps formulée à la façon des vieilles pharmacopées quand il est question de “lithontriptiques”, remèdes qui “brisent les calculs”… Il s'agit ici de la garance cultivée, où la phytothérapie moderne voit “le grand remède spécifique des lithiases […] surtout phosphatiques[1]”. A signaler que les enquêtes en Vaucluse, où cette plante

1. M. Tétau et Cl. Bergeret, *La Phytothérapie rénovée*, Paris, Maloine, 1972, p. 135-137.

était cultivée en grand, ne révèlent aucune mention explicite d'emploi diurétique[1].

3260, 9212. L'informateur a entendu dire que la plante, le *"rape man*[2] *"*, était *révulsive* et qu'elle était employée *probablement entière dans la pneumonie* (M. B., 80 ans, Mane).

Donnée imprécise ; confusion possible avec une autre plante. Les garances ne sont nullement révulsives mais pourraient se montrer irritantes (action mécanique des aiguillons) en application externe prolongée. Le nom de *rape man*, "râpe-main", allusion à la nature râpeuse de la plante, pourrait avoir suggéré l'idée d'une action révulsive, que n'atteste aucun des écrits consultés.

Jeux

Parure. *On faisait des broches, quand on gardait le troupeau* (Mme C., 70 ans, Forcalquier).

Ces "broches" consistent simplement en un verticille de feuilles, souvent en croix par quatre, qu'on détache et qu'on applique sur les vêtements où il reste fixé par les aiguillons accrochants.

Génépi

Artemisia genipi Weber ;
A. umbelliformis Lam. (= *A. laxa* Fritsch) ; *A. glacialis* L.

COMPOSÉES (= ASTÉRACÉES)

Armoises naines des crêtes rocheuses et moraines rocailleuses de l'étage alpin, descendant çà et là dans le subalpin, les génépis sont absents des massifs périphériques

1. Dans les enquêtes d'O. Madon (*op. cit.*, 1999, p. 94), la garance cultivée apparaît comme hypotensive, à Bédoin.

2. *Arrapo-man* est un nom de plante solidement attesté pour désigner ici comme partout des plantes qui s'accrochent aux mains (ou aux vêtements). Mistral le donne pour le grateron. En revanche, la garance, qui se dit le plus souvent *garanço*, peut être désignée par les noms *arraparello* ou *rapeguiéu*, qui évoquent les plantes qui s'accrochent. *Arrapo-man* peut donc servir aussi, selon les lieux, pour la garance sauvage. *(Note Cl. Martel.)*

de haute Provence. Ils manquent totalement dans la chaîne Ventoux-Lure. Leur mention dans l'enquête témoigne de la diffusion des savoirs médicinaux spécifiques aux Alpes internes, lorsqu'ils concernent des plantes-remèdes d'une importance particulière, dont le renom outrepasse l'aire naturelle. C'est que les génépis ont un vrai statut de panacée dans toutes les sociétés alpines. Plantes considérées comme "chaudes", capables de supporter des conditions de croissance extrêmes, dont la récolte ne va jamais sans de grands efforts et risques, elles transfèrent leur énergie à l'organisme affecté par le froid[1]. Leur statut d'amers-aromatiques leur octroie par ailleurs des indications de toniques de la digestion.
Ces plantes, et les connaissances qui s'y rapportent, étaient descendues des pâturages d'altitude par les bergers transhumants, comme l'attestent ou le sous-entendent plusieurs des témoignages suivants. Des trois génépis présents dans les Alpes-de-Haute-Provence, seuls le génépi noir, *A. genipi*, et le génépi jaune (ou génépi blanc), *A. umbelliformis*, peuvent prêter à récolte ; *A. glacialis* est très rare. Les trois espèces sont protégées, mais toujours menacées par des récoltes abusives. Des mises en culture ont eu lieu en diverses régions alpines.

Ramassage

On la ramasse en haute montagne, dans les rochers, en transhumance (enquête J. M., Saint-Michel-l'Observatoire). — *On cueille les fleurs en montagne* (M. S., La Bastide-des-Jourdans, 84).

Emplois médicinaux. Médecine humaine

2121, 7121, 9312. *On fait sécher* [les fleurs] *à l'ombre et on les met dans l'eau-de-vie ; ça facilite la digestion* (M. S., La Bastide-des-Jourdans, 84). — *Elle a des fleurs jaunes, c'est pour la digestion* ; l'informateur fait une infusion d'une pincée de sommités fleuries, *pour les coups de froid, aussi* (M. D., 65 ans, Forcalquier). — *Quand vous êtes refroidi, c'est bon en infusion, le génépi, ça vous fait transpirer ; c'est* [aussi] *pour la digestion* (enquête J. M.,

1. Les enquêtes très attentives de Denise Delcour en Briançonnais témoignent du statut exceptionnel de ces armoises dans la médecine populaire des Alpes du Sud, et aussi dans la perception des espaces de cueillette au regard de la "force" des plantes.

Saint-Michel-l'Observatoire). — Le génépi, pris dans la grippe, *après un chaud et froid, ça fait transpirer et on est guéri le lendemain* ; l'informateur précise qu'on doit être *roulé entre deux draps* (M. C., Allos). — *Pour les coups de froid* ; on l'emploie en particulier dans la grippe (anonyme, s. l. n. d.). — *Quand on a un coup de chaud et un coup de froid, on prend un coup de* [liqueur de] *génépi et, hop, c'est fini !* Dans le même cas, on boit aussi l'infusion des fleurs (M. S., La Bastide-des-Jourdans, 84). **5272, 7120.** Il a été donné dans la grippe chez une femme enceinte ; mais cette pratique a été déconseillée par un médecin qui jugeait la plante abortive (anonyme, s.l.n.d.). Le génépi est une plante "forte". Dans le Valais, un informateur de S. Brüschweiller rapporte qu'une tisane trop concentrée "a fait sauter les veines des yeux[1]". **9370.** *Quand j'étais à Cuers, vers Toulon, les gens me demandaient tous du génépi. On dit : Là où il y a du génépi, pas besoin de docteur* (c'est un ancien berger qui parle ; enquête J. M., Saint-Michel-l'Observatoire).

Emplois médicinaux
Pratiques vétérinaires et assimilées

Affections respiratoires. *Même aux bêtes, on peut y en donner, quand elles ont un coup de froid* (enquête J. M., Saint-Michel-l'Observatoire).

Emplois alimentaires, condimentaires et assimilés

Spiritueux. *C'est très bon, même on en fait des liqueurs* (enquête J. M., Saint-Michel-l'Observatoire).

Genêt cendré

Genista cinerea (Vill.) DC.

LÉGUMINEUSES-PAPILIONACÉES (= FABACÉES)

pl. 16, fig. 52

Constituant majeur des landes qui procèdent à la fois de la hêtraie montagnarde sèche et de la chênaie pubescente

1. *Op. cit.*, 1999, p. 84.

d'altitude (Contadour, hautes pentes de Lure, vallée du Jabron, pied nord du Grand Luberon, etc.), le genêt cendré descend communément jusque vers 450 mètres dans l'étage du chêne pubescent. Plante de lumière des sols calcaires, il envahit fréquemment les friches, les parcours délaissés. C'est un agent très actif de "l'embroussaillement" collinéen-montagnard.
Peu connu comme remède dans les Alpes du Sud, où il semble endosser les indications diurétiques du genêt à balais, *Cytisus scoparius* (L.) Link, avec lequel il est fréquemment confondu (et dont il usurpe aussi le nom), le genêt cendré a surtout l'usage domestique de son congénère : on en faisait des balais et surtout des balayettes pour l'âtre, le poulailler, etc. La présente enquête ne fait pas allusion à cet emploi courant, largement recensé par ailleurs.

Economie rurale

Sériciculture. *On mettait du genêt sur les claies des vers à soie* (enquête J. M., Saint-Michel-l'Observatoire).
Il peut s'agir ici du genêt cendré ou du genêt spartier.

Genévrier cade
Cade

Juniperus oxycedrus L.

CUPRESSACÉES

Arbuste de l'étage du chêne vert, s'avançant dans les modalités chaudes de la chênaie blanche jusque vers l'altitude de 700(-900) mètres, ce genévrier, propagé par les oiseaux (grives, en particulier) qui consomment ses fruits rouge brique, est au nombre des ligneux pionniers qui envahissent les friches pâturées, où ses aiguilles épineuses le protègent de la dent du troupeau. C'est l'un des éléments les plus constants des landes qui succèdent aux champs cultivés sur les collines les mieux exposées de la

région, où il accompagne le filaire à feuilles étroites, la clématite brûlante, et, çà et là, le romarin, comme lui transfuges de la chênaie d'yeuse. Aux ubacs et au-dessus de 700 mètres, il cède la place au genévrier commun, aux petits fruits noir bleuâtre. Le “cade”, dont la croissance est lente, peut vivre des siècles.
Par chauffage en vase clos (“pyrogénation”), le bois de ce genévrier exsude un goudron dont la décantation laisse surnager l'huile de cade vraie. L'ancien colportage diffusait surtout les dépôts sous-jacents, liquide épais, noirâtre, à la forte odeur goudronneuse. Remède millénaire, l'huile de cade a connu de multiples usages en médecine humaine (dermatoses en particulier), mais c'est surtout comme vulnéraire et parasiticide du bétail qu'elle a traversé les

siècles jusqu'aux derniers temps de la société paysanne. Au XVIe siècle, le Siennois Matthioli relève à son propos des indications vétérinaires dont on pouvait encore rencontrer des applications fidèles dans les campagnes provençales des années 1980, dont les témoignages suivants ne traduisent qu'une faible part.

Emplois médicinaux
Pratiques vétérinaires et assimilées

Affections du sabot ou du pied. L'huile de cade était un remède *pour le piétin* (enquête J. M., Saint-Michel-l'Observatoire).
Blessures, lésions externes. *On met l'huile de cade sur les abcès, là où les vers se mettent, comme* [on fait avec] *le lindane ou le pétrole* (enquête J. M., Saint-Michel-l'Observatoire).
On notera la rencontre entre la recette traditionnelle et l'antiparasitaire chimique, en l'occurrence un produit d'une grande toxicité, rémanent, dont il n'est pas difficile d'imaginer la diffusion dans l'organisme animal et, de là, chez l'homme.
Vipères, prévention. *Contre les vipères, on peut brûler un vieux chiffon, ou badigeonner les bêtes d'huile de cade ; l'odeur forte fait partir les vipères* (M. S., La Bastide-des-Jourdans, 84).

Genévrier commun

Juniperus communis L.

CUPRESSACÉES

Arbrisseau (rarement arbuste) très présent dans la plupart des landes collinéennes et montagnardes de haute Provence. Refusé par les troupeaux du fait de ses aiguilles acérées (même si les jeunes rameaux peu indurés sont consommés par les chèvres), c'est l'un des ligneux pionniers les plus envahissants sur les friches, où les oiseaux frugivores le propagent. Rare et localisé dans l'étage

méditerranéen du chêne vert, mêlé au genévrier cade dans la chênaie pubescente méditerranéenne, il lui succède dès que les conditions de fraîcheur s'affirment. En altitude, vers 1 500 mètres, ce genévrier devient prostré, puis complètement couché, et peut constituer alors des landes basses, étendues (crêtes de Lure). Il s'agit de formes intermédiaires avec la sous-espèce *nana* Syme des Alpes internes, proches de la ssp. *hemisphaerica* (Presl) Nyman des montagnes les plus méridionales de l'Europe. Jusqu'à la fin des années 1960, dans le bassin de Forcalquier, quand le piégeage des grives restait autorisé, les fruits servaient d'appâts, souvent en association avec ceux du cade. Dans certaines régions des Alpes internes (vallée de l'Ubaye, etc.), on prépare toujours un extrait

de genévrier en faisant réduire le suc des baies au préalable trempées, cuites et tamisées. Ce “concentré de genièvre” tient à la fois de la friandise (on le mange avec de la crème fraîche) et du remède.
Dans l'enquête EPI, le genévrier commun est très sous-représenté comme remède, alors qu'il a une vingtaine de citations dans celle de M. Amir en Luberon (en digestif et remède des voies urinaires surtout). Dans le bassin de Forcalquier, où il est très fréquent, il a vraisemblablement une présence plus active que ce qui est consigné ici. Toutefois, cette quasi-absence de données peut aussi traduire un statut différent dans les sociétés considérées.

Emplois médicinaux. Médecine humaine

1414 (mélange d'huiles essentielles “contre les rides”). Voir “thym”.

Emplois alimentaires, condimentaires et assimilés

Aromate. *On en met les baies dans les plats cuisinés* (Mme F., 70 ans, Reillanne).

Gentiane jaune

Grande gentiane

Gentiana lutea L.

GENTIANACÉES

Grande plante vivace de l'étage montagnard, répandue dans tous les massifs français. Présente à Lure dans les pelouses à sol profond des crêtes et les clairières de la hêtraie, descendant jusque vers 1 100 mètres en face nord, la gentiane y a été récoltée autrefois en excès pour les besoins des fabriques de spiritueux et n'y a plus que des peuplements clairsemés. Au Ventoux, où elle est très localisée à l'ubac, elle a peut-être été introduite (B. Girerd). Elle est ici sur sa limite sud en France.

On notera la représentation relativement faible de cette plante dans l'enquête, bien plus importante toutefois que ce qui a trait à la majorité des végétaux montagnards à l'ouest de la Durance — ceci du fait de la diffusion ancienne, hors des régions d'altitude, de sa racine médicinale et des préparations, remèdes ou spiritueux, dont elle constitue la base. Grande tonique-amère de la médecine populaire des sociétés montagnardes, autrefois réputée comme fébrifuge, la gentiane conserve surtout un statut d'apéritive. C'est comme stimulante de la digestion qu'elle entre dans le champ dépuratif, mais sa nature de plante amère lui octroie aussi un rôle dans les cures qui ont à voir avec le "renouvellement du sang[1]".

1. Voir P. Lieutaghi, *op. cit.*, 1986, chap. IV.

Emplois médicinaux. Médecine humaine

2112. La gentiane *donne de l'appétit.* On en fait de la liqueur (Mme A., Saint-Michel-l'Observatoire).

2524. La plante est qualifiée de *purgative* par Mme M., 90 ans, Saint-Etienne-les-Orgues, qui ajoute : *Tout le monde avait de la gentiane.*

Il est vraisemblable que la mention "purgative" s'intègre ici au champ dépuratif, où la "purge" s'entend comme évacuation des "crasses du sang".

9110. La plante est citée comme dépurative par cinq informateurs, trois fois sans précision de mode d'emploi (M. F., 50 ans, Valbelle ; Mme F., 70 ans, Reillanne ; Mme M., 90 ans, Saint-Etienne-les-Orgues). Mme B., 84 ans (Ferrassières, 26), emploie la décoction de racine, M. et Mme D., 65 ans (Forcalquier), *la tisane d'infusion.* Ces derniers informateurs sont originaires du col de Larche, à la frontière italienne. Sur les quatre autres, trois habitent au pied de Lure.

9110, 9121, 9122 (cure dépurative où la liqueur de gentiane peut intervenir). Voir "églantier".

Géranium herbe-à-Robert

Geranium robertianum L.

GÉRANIACÉES

Cette plante commune dans la majeure partie de la France (haies, lisières, décombres ombragés, etc.), aux tiges grêles rougeâtres, aux feuilles très découpées et à l'odeur caractéristique, se retrouve çà et là en altitude dans la région, surtout au niveau de la hêtraie-sapinière (bord des routes, rocailles fraîches, etc.). Une sous-espèce méditerranéenne à petites fleurs, *G. robertianum* ssp. *purpureum* (Vill.) Nyman, la remplace aux basses altitudes : "clapiers" moussus, éboulis, taillis rocailleux ombragés, décombres frais des villages. Cette ancienne vulnéraire antihémorragique et antidysentérique est aussi peu manifeste dans la flore que dans la pratique populaire haut-provençales.

Emplois médicinaux. Médecine humaine

2315, 2416, 2511, 8140. Voir “chicorée” (la plante est ramassée par l’informatrice pour un mélange “bon pour le pancréas, le foie, l’estomac et l’intestin” — M. et Mme C., 70 ans, Revest-des-Brousses) et “eucalyptus”, où la plante est donnée pour *antidiabétique* (M. et Mme C., Ongles).

Germandrée de montagne

Teucrium montanum L.

LABIÉES (= LAMIACÉES)

Ce sous-arbrisseau des pelouses rocailleuses ensoleillées et rocailles collinéennes et montagnardes, à port de serpolet, aux feuilles linéaires persistantes, aux fleurs blanc crème en têtes terminales denses, caractérisées par une corolle à une seule lèvre, s’élève jusqu’aux plus hautes crêtes. A Lure, certains sujets ont des fleurs parfumées, ce qui pourrait laisser supposer l’existence de races chimiques.

Ramassage

Perception de la plante. *Le thé des Alpes, c’est une tisane de montagne, c’est spécial, ça ressemble au serpolet médical ; c’est rampant, à ras du sol, mais les fleurs sont blanches. C’est meilleur si on le ramasse en altitude* [SPE] (M. S., La Bastide-des-Jourdans, 84).
La description évoque à coup sûr la germandrée de montagne, dont les propriétés sont analogues à celles du petit-chêne ; voir ci-dessous. Le terme générique de “thé des Alpes” s’applique à d’autres plantes, botaniquement éloignées des germandrées, comme l’anthyllide des montagnes et la dryade. Un certain nombre de Labiées à fleurs blanches appartiennent à la catégorie populaire des “thés de montagne” (épiaire droite, diverses crapaudines, etc.), qui fait peut-être écho ici aussi, la référence aux Alpes pouvant tenir de l’interprétation personnelle.

Germandrée petit-chêne

Teucrium chamaedrys L.

LABIÉES (= LAMIACÉES)

pl. 15, fig. 46

Petit sous-arbrisseau prostré à la base, aux feuilles crénelées dont la découpe rappelle un peu celles des chênes, aux fleurs purpurines en grappes terminales dressées, feuillées, souvent tournées du même côté. La souche traçante étend progressivement l'emprise des pieds, qui peuvent former des peuplements. Le petit-chêne accepte des conditions de milieu extrêmes (rocailles ébouleuses par exemple), où il peut prendre un port presque nain. C'est une plante des taillis clairs et secs, lisières, landes et pelouses rocailleuses, prés secs, parfois des talus à brachypode de Phénicie. Il existe à toute altitude jusqu'aux crêtes de Lure, mais l'optimum est dans l'étage collinéen du chêne blanc. Il en existe peut-être des races distinctes, comme les plantes très vigoureuses des sols marnocalcaires des Baronnies méridionales.
Le petit-chêne est la plante de cures saisonnières dépuratives la plus employée en haute Provence, où il devance largement la bardane et le marrube qui partagent avec lui le statut de remède amer saisonnier. Cette saveur, souvent signalée par les informateurs, se fait garant de la puissance du remède[1]. Outre le pouvoir qu'on lui prête d'aider au “renouvellement du sang”, avec une forte connotation préventive mais souvent aussi des visées dermatologiques, le petit-chêne est administré à des fins diverses, en particulier comme tonique (digestion, anémie), antirhumatismal, fébrifuge dans la brucellose, remède des problèmes du “sang des femmes”. La plupart de ces attributions recoupent celles que les auteurs anciens prêtent à une plante répandue dans une grande partie de l'Europe, qui était connue de l'Antiquité, à propos de laquelle on dispose d'un vaste corpus écrit dont la mise en œuvre comparative reste à faire. Le regroupement de plusieurs des indications de cette plante sous l'étiquette de “dépuratif” appartient toutefois à la tradition

1. Sur la perception et le rôle thérapeutique des amers, voir P. Lieutaghi, *op. cit.*, 1986.

orale : la notion de cure saisonnière ne relève pas de la médecine savante européenne[1].

Ramassage

Perception du milieu. Perception de la plante. Ramassage. *Le petit-chêne est dans les bois, on en rencontre des masses, pas dans les terrains riches, sur les aires, ça vient dans le gazon. Ce sont des plantes de juin, qui viennent dans les terrains pauvres. Il faut le cueillir à l'aube de la Saint-Jean, enfin elles sont sûrement pas meilleures qu'à un autre moment mais ce sont de vieilles traditions, elles ne sont plus suivies. Mais c'est à ce moment qu'il y a la végétation dans les terrains pauvres* (Mme D., 84 ans, Banon). — *C'est une petite plante des sous-bois qu'a des petites feuilles comme le chêne* (Mme T., 60 ans, Limans). — *Ça pousse sous les chênes* (M. T., 75 ans, Limans). — *On le ramasse quand il est fleuri dans la colline* (M. G., Saint-Michel-l'Observatoire).

Emplois médicinaux. Médecine humaine

N. B. En raison des nombreuses informations recueillies dans le champ des attributions dépuratives de la plante, il était nécessaire de les distribuer par sous-thèmes pour mieux les interpréter. Aussi, à partir de **9110** ci-dessous, le commentaire est en continuité et intègre les données.

2120, **2314**, **2512** (mélange "pour l'indigestion, les maux de ventre et les spasmes gastriques" ; Mme S., 70 ans, Forcalquier). Voir "plantain badasson".

7141. Un pensionnaire de l'hospice de Mane, qui a employé cette plante avec succès *pour la fièvre de Malte*, la dit très efficace (anonyme, H., Mane).

La visée fébrifuge, en particulier dans les cas de fièvres intermittentes, est au nombre des attributions les plus anciennes du petit-chêne, qui rejoint ici les amers-fébrifuges de l'ancienne pharmacopée. Toutefois, la plante semble rarement citée de nos jours dans cette situation qui a peu

1. Dans *L'Herbe qui renouvelle*, p. 145-187, *op. cit.*, 1986, j'ai tenté de situer les attributions du petit-chêne comme herbe de cure au regard des données historiques (genèse du dépuratif), des contingences de la flore médicinale haut-provençales, et du concept de "niche thérapeutique" défini par ailleurs dans cet ouvrage où l'on renvoie le lecteur pour de plus amples détails.

d'interférences avec le champ dépuratif[1]. Voir aussi plus bas, **9150** (**2315**, **7141**, **9311**).

9110, 9111, 9121, 9122, 9130, 9324. Champ dépuratif. En haute Provence, la germandrée petit-chêne a une importance toute particulière parmi les dépuratifs, remèdes préventifs propres à la médecine de tradition orale, particulièrement mis en œuvre dans les sociétés méridionales sur le mode de la cure saisonnière de printemps ou de printemps et d'automne. On en boit l'infusion ou la décoction des sommités fleuries sèches. De nombreuses personnes y font allusion : *Le petit-chêne, c'est un dépuratif au printemps ; à la saison, on dépurait le sang* (M. et Mme U., 80 ans, Banon[2]). Le grand nombre d'informations recueillies à propos de cette plante justifie un regroupement des diverses visées, les catégories principales susceptibles d'être définies se chevauchant toutefois fréquemment dans la pratique. Le principe de base est le "nettoyage du sang", les visées "circulation", "hypertension" et "foie" s'y rattachant dans le système ici en jeu. Comme les "crasses du sang", dans la même représentation du corps, s'évacuent par la voie cutanée, le domaine dermatologique est en bonne place dans les attributions les plus précises de la cure.

9111. La dépuration du sang. *Ça nettoie le sang. Au printemps, faut nettoyer les reins, le foie, le sang. C'est comme dans la nature : les fleurs, les arbres, ça se renouvelle, la sève monte, ça redémarre et le sang se renouvelle ; en hiver, le sang s'épaissit ; le petit-chêne, il y a du thymol dedans, c'est bon* (M. M., Seyne, 04). On notera l'intrusion,

1. Sur les 31 plantes dépuratives mises en évidence par l'enquête EPI initiale (1982-1983), que *L'Herbe qui renouvelle* a tenté de regarder d'un peu près, 13 répondent à la catégorie des amers, dont 6 fébrifuges importants de l'ancienne médecine : absinthe, grande camomille, petite centaurée, gentianes jaune et bleue, germandrée. Sur ces 13 plantes, seule la germandrée connaît de rares attestations en tant que fébrifuge. C'est du côté des dépuratifs sudorifiques, buis et sureau en particulier, que la part fébrifuge est explicitement soulignée, mais hors du champ dépuratif proprement dit. Ces catégories thérapeutiques vaudraient d'être analysées dans un cadre comparatif.

2. La plante est mentionnée de façon analogue, sans autres précisions, par : cercle du 3e âge, Saint-Michel-l'Observatoire ; enq. J. M., Saint-Michel-l'Observatoire ; M. A., 55 ans, Goult, 84 ; M. et Mme C., 70 ans, Revest-des-Brousses ; M. G., Saint-Michel-l'Observatoire ; M. J., 75 ans, Revest-du-Bion ; M. T., 75 ans, Cruis ; Mlle A., 90 ans, Montjustin ; Mme B., 75 ans, Mane ; Mme B., 80 ans, Ferrassières, 26 ; Mme S. M., 70 ans, Saint-Etienne-les-Orgues ; Sœur T., Mane.

dans le beau résumé du concept de dépuration, d'une référence savante, le thymol, principe actif majeur du thym courant, que le petit-chêne ne renferme pas. — *C'est dépuratif. En automne et au printemps, ça renouvelle le sang ; il faut le prendre au changement de saison ; il faut faire des cures 2 fois par an* [infusion des feuilles] (M. B., Montjustin). — *Ça dépure le sang. C'est joli, mais affreusement amer* [infusion] (M. et Mme C., 70 ans, Revest-des-Brousses). — *Le petit-chêne,* [on en boit] *quand le sang se renouvelle et à l'automne ; surtout au printemps. En cure de 2 à 3 mois au printemps et à l'automne, tous les jours ; on en prend un verre pendant la journée et un au coucher ; en automne et au printemps, ça renouvelle le sang, il faut le prendre au changement de saison ; c'est pour tout ; il est très amer. Le petit-chêne, c'est pas quand on était malade, c'est pour prévenir* (Mme R., Mane). — *On fait des cures de printemps pour la dépuration du sang* ; il faut boire du *calamandrié* à jeun, froid et sans sucre, le matin, *pour tous les enfants c'est bon, et pendant 3 semaines ; normalement* [chez l'adulte], *il faut faire la cure 40 jours* (M. S., La Bastide-des-Jourdans, 84).

Modalités de la cure. La durée de la cure de petit-chêne ne donne pas lieu à consensus chez les informateurs, non plus que le mode d'emploi puisqu'on parle aussi bien d'infusion que de décoction. La durée du traitement préconisée par les deux derniers informateurs cités excède largement ce qui est habituellement relevé à propos de la plante puisque, pour beaucoup, la durée consécutive de prise n'excède pas 8 à 10 jours, *8 jours en mars, et surtout à l'automne* pour Mme E., 80 ans, Lacoste (84), qui fait bouillir la plante et boit un verre de sa décoction le matin à jeun ; *il en faut guère car c'est amer.* Mme L., 69 ans, Banon, en prend 10 jours par mois. Certains étendent la cure *à divers moments de l'année* (Mme C., 70 ans, Limans). En règle habituelle, cette cure s'opère en deux ou trois phases avec des pauses de durée analogue : *c'est pour dépurer le sang, en cure de printemps de 4 ou 5 jours, puis on se repose une semaine et on recommence 4 ou 5 jours ; on fait ça 2 ou 3 fois de suite* (enquête J. M., Saint-Michel-l'Observatoire). Fréquemment, le rythme fait alterner des périodes de 10 jours[1]. Des doutes sont plusieurs fois exprimés quant à des effets secondaires

1. Ce rythme est préconisé par plusieurs des informateurs de M. Amir (1994-1995).

néfastes en cas d'absorption excessive, particulièrement sur la pression sanguine[1] (**4321, 9420**) : *il ne faut pas trop abuser, car il fait parfois trop baisser la tension* (Mlle B., Courson). Mme P., 80 ans, Ongles, dit aussi : *Ça dépure le sang, on le prend en cure, mais il ne faut pas en abuser.* Cette informatrice pense que son mari, qui s'en servait *pour la tension*, est mort d'avoir pris du petit-chêne en excès. Voir aussi, plus bas, à la “visée dermatologique”, la troisième citation.

Le recours habituel à cette plante n'est cependant pas universellement distribué. Certains privilégient la bardane, ou encore le marrube. *C'est un dépuratif, mais on ne l'a pas trop utilisé chez nous* (Mme G., Céreste). Mme D., 84 ans, de Banon, dit à son propos : *Oh c'est amer, oh ! pauvre de moi ! Je ne me suis jamais dépurée, j'ai toujours eu une vie très maigre, on était pauvres, on mangeait peu de viande, on mangeait des légumes.* Ce témoignage relie explicitement l'emploi des dépuratifs à la correction de troubles associés à l'alimentation. Dans l'ancienne société, la nourriture hivernale, peu diversifiée chez les pauvres (pain, légumineuses, chou, salaisons), pouvait induire des troubles nutritionnels qui justifiaient davantage encore le “nettoyage du sang” printanier.

On rappellera que le petit-chêne a été récemment (fin des années 1990) interdit à la vente libre en France. Prescrit dans des cures “amaigrissantes” sous forme de gélules (lesquelles, masquant les saveurs désagréables, en l'occurrence l'extrême amertume, favorisent le surdosage), il a causé des accidents graves (hépatites aiguës) chez des personnes qui avaient cru pouvoir accélérer le traitement à leur gré. Les précautions d'emploi observées par la médecine traditionnelle auraient pu, si elles avaient été prises en compte, enseigner la prudence. En même temps, l'accident en question atteste, si besoin est, que le petit-chêne a bien une incidence “hépatique”...

9130. Visée dermatologique. (**1532**) *C'est bon pour les furonculoses, en cures de 15 jours en septembre et au printemps* (Mme C., 65 ans, Banon). Dans la même indication, un informateur emploie la recette suivante : quelques tiges pour une tasse d'eau portée à ébullition, le soir ; laisser macérer et boire le matin à jeun, pendant 10 jours, au

1. Cette action dangereusement hypotensive du petit-chêne est signalée aussi par plusieurs informateurs de M. Amir, en Vaucluse comme dans la région de Forcalquier.

printemps et à l'automne. L'informateur qui donne cette recette l'utilise aussi en tonique-amer à finalités digestives (anonyme, H., Revest-des-Brousses). Certains associent le petit-chêne à un autre dépuratif à visées surtout dermatologiques, la pensée sauvage (Mme P., 45 ans, Montjustin). — **(1611)** *C'est une tisane dépurative, pour dépurer le sang. Ma mère disait : Quand on a des petits boutons, on a la crasse du sang, alors il faut se dépurer* (Mme A., Saint-Michel-l'Observatoire). — **(1611, 1614, 1663, 9420)** *Quand on était jeunes* [une douzaine d'années], *j'ai eu des boutons, on disait des humeurs, ça devait être une sorte d'impétigo. On me faisait boire un verre d'infusion de petit-chêne tous les matins, pendant 1 à 2 mois. C'est un dépuratif.* D'après l'informatrice, son impétigo a été guéri par le petit-chêne. Toutefois, *il ne faut pas en prendre trop car ça affaiblit. J'avais dû aller voir le médecin qui m'avait donné des fortifiants* (Mme E., 65 ans, Mane).

9140. Visée "circulation du sang" s. l. (4222) *Le petit-chêne, c'est pour quelqu'un un peu anémique* (M. B., 80 ans, Mane). *Pourtant on n'était jamais anémiques et nous en a fait boire*, dit l'épouse de l'informateur précédent (Mme B., 75 ans, Mane). — **(4311)** *On dit que c'est très bon pour la circulation du sang ; je ne la connais pas, cette plante. Ma belle-fille me disait qu'il fallait que je prenne un peu de petit-chêne pour purger un peu le sang, surtout au printemps. Dans le temps, on n'avait pas besoin de médecin* (Mme T., 60 ans, Limans). **(4311)** *Pour la circulation du sang*, on boit l'infusion de la plante sèche (Mme C., 70 ans, Forcalquier ; Mme G., 65 ans, Revest-du-Bion). — **(4311, 4320)** La même préparation sert *pour la circulation du sang* et *pour l'hypertension* (Mme A., 50 ans, Goult, 84). — **(4312, 5280)** Les cures d'infusion, au printemps et à l'automne, s'adressent aux problèmes circulatoires des femmes, particulièrement en préménopause (Mme S., 80 ans, Séderon, 26). — *C'est bon pour les femmes quand elles ont la ménopause, c'est dépuratif quand elles n'ont plus de règles* (M. M., Seyne, 04).

9150. Visée digestive. (2111) *On nous en faisait boire quand on n'avait pas d'appétit, le matin à jeun* [SPE] (Mme B., 75 ans, Mane). — Outre une fonction principalement dermatologique, un informateur voit aussi dans la cure de petit-chêne un remède tonique-amer à visées digestives (anonyme, H., Revest-des-Brousses). — **(2315, 7141, 9311)** *C'est bon pour l'estomac* : l'informateur tire parti d'une recette apprise vers Méjannes-le-Clap (Gard), composée de : germandrée petit-chêne, aigremoine, millepertuis, barbes de maïs à parties égales, et *9 canons de blanc de jonc*. La préparation [SPE] était aussi administrée *pour uriner* et *pour la fièvre de Malte* (M. T., 75 ans, Cruis). Ce mélange manifestement réfléchi (une amère, deux anti-inflammatoires à larges potentialités, deux diurétiques), à visées surtout urinaires et quelque peu anti-infectieuses, associe des plantes rarement mélangées par l'herboristerie. La propriété "bon pour l'estomac" pourrait être une simplification des attributions initiales, la saveur amère de la potion l'assimilant aux toniques digestifs. On est en droit de reconnaître ici une recette de guérisseur expérimenté. Le jonc, qui ajoute la note magique du chiffre 9, est probablement *Scirpoides holoschoenus*. Voir aussi ce qui est dit à "jonc", et, ci-dessus, **7141**. — **(2416)** *C'est pour le foie* (Mme R., Mane). Les applications du petit-chêne à la cure dépurative reposent pour l'essentiel sur sa nature d'amer, qui le met en relation directe avec le foie. Depuis l'Antiquité, il est prescrit dans les affections de cet organe. Voir aussi ce qui est dit plus haut, aux "modalités de la cure", sur les accidents survenus au niveau hépatique. — **(9324)** *C'est amer comme la quinine, ça fait comme la liqueur de gentiane, on l'utilise pendant l'année en infusion dans du vin* (M. G., Saint-Michel-l'Observatoire). Plusieurs plantes très amères passent, *via* la macération vineuse ou alcoolique, au statut d'apéritif ; ainsi de la gentiane, de l'absinthe, mais aussi, parfois, de certaines herbes à l'amertume doublée de saveur rebutante, comme le marrube ou, ici, le petit-chêne. A noter que l'alcool aide souvent à la dilution des principes actifs de la nature des amers.

9160. Visée antirhumatismale. (1946) *C'est bon pour les rhumatismes, on a fait chez nous 3 mois de cure* (cercle du 3e âge, Saint-Michel-l'Observatoire). — Peu manifeste dans la présente enquête, la propriété antirhumatismale du petit-chêne a des antécédents du côté de la médecine savante, en particulier comme remède de la goutte (XVIe et surtout XVIIe siècle), remède jugé peu fidèle. Il n'est pas impossible de voir ici un écho de cette ancienne renommée, qui semble plus vivace de nos jours dans l'aire languedocienne qu'en Provence[1].

1. Le petit-chêne n'est pas cité comme antirhumatismal dans les nombreuses données recueillies à son propos en Luberon par M. Amir, mais O. Madon (*op. cit.*, 1999) relève cette mention de propriété à Montbrun (Drôme).

Germandrée pouliot

Teucrium polium Rouy.

LABIÉES (= LAMIACÉES)

pl. 15, fig. 47

Très distincte de l'espèce précédente, c'est une petite plante entièrement feutrée-grisâtre, en touffe dense, aux fleurs blanchâtres ou blanc jaunâtre réunies en têtes terminales arrondies. Elle est fréquente dans les pelouses rocailleuses ensoleillées (thymaies, lavandaies, etc.), les landes ouvertes, les bois clairs et secs (*ça pousse sous les chênes* ; M. T., 75 ans, Limans). Exclusive des étages du chêne vert et du chêne blanc, elle peut s'élever jusque vers 1 000 mètres à bonne exposition.

Emplois médicinaux. Médecine humaine

1451, 9361. *Le thé des Alpes, c'est l'arnica, de la germandrée blanche ; c'est une plante qui a une boule comme le trèfle blanc. Il faut faire tremper la main* [dans l'infusion] *quand on s'est fait piquer par une abeille et que ça enfle* (M. et Mme C., Ongles).

L'identité de la plante citée pose problème. Toutefois, la mention de "germandrée blanche", associée à la description de l'inflorescence, évoque en premier lieu la germandrée pouliot. L'allusion à l'arnica, peu intelligible en apparence, a peut-être à voir avec l'odeur particulière de cette plante, dont une informatrice de M. Amir, à Volx (1994), dit : "Ça sent comme l'arnica." "Thé des Alpes" est une appellation quasi générique : qualifiant autrefois un mélange de colporteur, elle s'applique aussi à plusieurs plantes distinctes, à commencer par l'anthyllide vulnéraire. Quelques années plus tard, Mme C. décrivait ainsi (très exactement) cette dernière, sous un autre nom : *Le thé de berger, on dirait un trèfle, avec deux pompons jaune rosé, au bout de la tige et l'autre un peu plus bas.* C'est bien la germandrée pouliot que l'informatrice de Volx cite dans un emploi vulnéraire : bain de pied de décoction pour soigner une blessure causée par un clou à travers la chaussure. Cette indication, qui tend à valider l'attribution de la donnée d'Ongles à la même plante, se relie de près à l'ancienne médecine : "Estant vert [frais], il [le «polium»] sert à fermer les blessures, et particulièrement les plus profondes[1]."

9110. *C'est dépuratif* ([SPI] ; M. T., 75 ans, Limans).

Parfois qualifiée de "petit-chêne" par des informateurs hors enquête, la germandrée pouliot, plante amère, d'odeur spéciale, bien moins employée que *Teucrium chamaedrys* en haute Provence mais d'ancien renom dans la médecine savante méridionale, semble avoir un champ d'application analogue. L'informatrice de Volx relate encore la guérison spectaculaire d'une fièvre de Malte ancienne grâce à son usage, affection où l'on a vu que le petit-chêne est susceptible d'intervenir utilement (cf. précédemment, **7141**).

Gui

Viscum album L.

LORANTHACÉES

Plante parasite des arbres et arbrisseaux[2] bien connue, dont les baies à pulpe visqueuse, qui adhèrent aux branches une fois la peau crevée, sont véhiculées par les oiseaux frugivores. En haute Provence, le gui a une distribution assez inégale et n'affecte pas tout à fait les mêmes essences que dans les climats septentrionaux. Les arbres feuillus les plus touchés sont surtout les Rosacées (Amygdalacées et Malacées), à commencer par l'amandier, qui succombe assez rapidement lorsqu'il est envahi ; l'aubépine et l'alisier blanc l'hébergent souvent, mais aussi, parfois, l'amélanchier et l'églantier. Le gui affecte encore l'érable champêtre, le tilleul (rapidement tué), le saule blanc, le robinier, et, plus localement, des dizaines d'autres essences, dont des arbrisseaux comme le genêt cendré. Chez les conifères, c'est surtout le pin sylvestre qui est

1. [J. B. De Ville], *Histoire des plantes de l'Europe*, p. 381, Lyon, 1689 [pharmacopée "de poche" compilée sur les *Commentaires* de Matthioli].
2. C'est, au sens strict, une hémiparasite : elle prend à l'arbre l'eau et les sels minéraux, mais élabore elle-même les substances carbonées grâce à sa chlorophylle.

concerné[1], mais non à l'ouest de la Durance (alors qu'il est très atteint, par exemple, dans le bassin moyen de l'Asse). Ce parasite est d'autant plus rare qu'on va vers les basses régions méditerranéennes.

Toxique, le gui connaît peu d'usages actuels en médecine populaire. Prescrit dans des symptômes en rapport avec l'hypertension bien avant que ce trouble ne soit identifié pour lui-même (ainsi dans l'apoplexie), c'est un hypotenseur efficace d'emploi traditionnel bien distribué en France[2]. En pratique vétérinaire, la décoction de gui administrée pour faciliter la mise bas ou la délivrance est aussi un remède de large diffusion[3] (voir ci-dessous).

1. Par une sous-espèce particulière, propre aux pins, la ssp. *austriacum* (Wiesb.) Vollmann (= var. *pini* auct.).
2. Il est relevé par M. Amir en Luberon, mais n'a pas été rencontré dans la présente enquête.
3. C. Crosnier le signale ainsi en Morvan (*op. cit.*, 1998, p. 117). Je l'ai noté dans le Sud de la Sologne dans les années 1960.

Emplois médicinaux
Pratiques vétérinaires et assimilées

Mise bas. *Pour faire nettoyer, vous allez chercher du gui. Le gui qui fait des petites boules blanches, il y en a toujours par tous les arbres, des fois il y en a sur les amandiers. Vous en faites bouillir et vous en prenez et vous faites boire 1 à 2 litres, ça dépend. Des fois, j'ai nettoyé* [moi-?] *même, vous savez. Moi quand je faisais faire les petits agneaux, au mois de mars, j'allais toujours en chercher, une touffe de gui, à côté, là. Même l'agneau des fois, c'était dur, pour le faire venir, quand il était mort dans le ventre. Moi, j'ai essayé des fois, j'ai passé mon bras jusque-là. Je pouvais pas y arriver, alors je prenais du gui et l'agneau venait tout seul* (enquête J. M., Saint-Michel-l'Observatoire).

Magie et symbolique

Bouquets suspendus. *Le gui, sur la porte, j'y fais pas confiance, moi* (enquête J. M., Saint-Michel-l'Observatoire).

Plante protectrice restée la plus présente dans nos sociétés, porteuse d'une symbolique des plus riches (mais aux origines et aux sens désormais ignorés), le gui a aussi un statut magique quelque peu ambigu, attesté par la présente remarque.

Guimauve

Althaea officinalis L.

MALVACÉES

Cette belle vivace aux feuilles toutes veloutées-blanchâtres, aux fleurs blanches à cœur rosé, croît dans les lieux humides : bord des cours d'eau, fossés d'irrigation, voisinage des sources et des fontaines. Surtout fréquente en basse Provence (cours inférieur du Rhône, etc.), elle se

dissémine vers l'intérieur en remontant le long des vallées (commune çà et là en moyenne Durance, ainsi vers Oraison), sans guère dépasser l'altitude de 800 mètres (plaine de Banon, etc.). C'est l'une des médicinales les plus cultivées dans les jardins traditionnels, où elle se maintient longtemps, s'étendant parfois plus ou moins à leur voisinage. C'est la "mauve blanche" des Provençaux. La guimauve est la plante adoucissante par excellence, connue et largement employée comme telle depuis l'Antiquité, tant à l'intérieur (voies respiratoires, digestives et urinaires) qu'à l'extérieur dans les inflammations de diverses origines. Les quelques données fragmentaires ici rapportées ne traduisent pas sa place importante dans la médecine populaire haut-provençale, où son statut est voisin de celui de la mauve. La racine, très riche en mucilage adoucissant, qui représente la partie officinale actuelle, était donnée à mâcher aux enfants travaillés par la poussée des dents (Saint-Etienne-les-Orgues, etc.).

Emplois médicinaux. Médecine humaine

2313 ("émollient meilleur que la guimauve"). Voir "mauve".
2523. L'infusion des fleurs, récoltées "en bouquet" avec les feuilles voisines, est bue le soir *pour la constipation.* On fait provision de ces fleurs chaque été (Mme V., 75 ans, Dauphin, 1980).
3120 (infusion composée "pour les rhumes, la bronchite, les refroidissements"). Voir "bourrache" (anonyme, Saint-Geniez, 04).
3215 (tisane composée "pour les refroidissements et la toux"). Voir "coquelicot" (Mme A., Robion).
7120 (tisane composée pour la grippe). Voir "amandier".
9341. *C'est une plante pour adoucir* (Mme A., Saint-Michel-l'Observatoire). — Voir aussi "mauve".

Haricot

Phaseolus vulgaris L.

LÉGUMINEUSES-PAPILIONACÉES (= FABACÉES)

Cultivé dans tous les jardins, ce légume de souche américaine a supplanté, à partir du XVIIe siècle, les doliques d'origine africaine, qui resteront toutefois une production horticole d'arrière-plan jusqu'au début du XXe siècle. Des noms de variétés, comme "banette", sont parfois communs aux deux genres.

Emplois médicinaux. Médecine humaine

4320. *Pour l'hypertension, on fait une décoction de cosses de haricot sèches* (anonyme, Forcalquier).
La phytothérapie contemporaine considère la cosse de haricot comme un remède quelque peu hypoglycémiant et cardiotonique. Son indication, ici, contre l'hypertension peut tenir à une interprétation des sources livresques.
8140. Voir "chicorée" (**2315**, mélange de plantes "pour le pancréas, le foie, l'estomac et l'intestin", où le haricot est cité "pour le diabète" — M. et Mme C., 70 ans, Revest-des-Brousses).

Hêtre

Fagus silvatica L.

FAGACÉES

Arbre caractéristique de l'étage montagnard, dans le Midi, le hêtre apparaît dès 1 200 mètres sur les faces sud mais peut descendre çà et là jusque vers 500 mètres sur les versants nord les plus frais et dans les ravins de l'étage collinéen. En haute Provence occidentale, il n'a pas la même physionomie que dans le reste de la France, en raison du climat et des modes d'exploitation. Comme ses races méridionales rejettent facilement de souche, il est souvent traité en taillis, du moins sur les adrets, et n'atteint sa taille maximum que sur les ubacs d'altitude, où on peut le voir en futaies, lesquelles n'excèdent toutefois que rarement 20 mètres, alors qu'elles atteignent 40 mètres dans les régions médio-européennes. La hêtraie au couvert

dense est une forêt sombre où la flore est bien moins diversifiée que dans la chênaie pubescente.
Constituant majeur des forêts feuillues montagnardes de la chaîne Ventoux/Lure, le hêtre a aussi des peuplements étendus dans les monts du Vaucluse, et, plus restreints et fragmentés, au sommet de l'ubac du Grand Luberon. On le rencontre çà et là dans les lieux les plus frais des affleurements siliceux, vers 500-700 mètres. Au-dessus de 1 500 mètres, à Lure et au Ventoux, le sapin se mêle à la hêtraie, jusqu'à se faire dominant aux altitudes les plus élevées, sur les ubacs.
La hêtraie méridionale est l'habitat exclusif ou quasi exclusif de plusieurs plantes connues comme médicinales et/ou alimentaires en Europe moyenne, mais dont la société de haute Provence occidentale, détournée des ressources végétales d'altitude, ignore et les noms et les usages (sauf en ce qui concerne des cueillettes largement pratiquées, comme les framboises et, de nos jours, certains champignons) ; ainsi des aspérule odorante, véronique officinale, calament à grandes fleurs, sureau rouge, etc.
La fréquence d'une "plante utile" ne signifie pas forcément qu'on y ait recours. La flore de la hêtraie appartient pour l'essentiel à un domaine culturel d'obédience médio-européenne, sans échos manifestes en haute Provence occidentale. Cette remarque vaut aussi bien pour la flore des crêtes sommitales de la chaîne de Lure, où des plantes médicinales très employées dans les pays alpins, en France et/ou en Europe centrale, comme le pied-de-chat et l'alchémille, suffisamment fréquentes pour prêter à récolte, ne sont même pas nommées dans la population locale.
En dépit de son abondance dans nos pays, le hêtre n'y tient qu'une place très modeste au titre de remède, le chêne, aux propriétés voisines (plante à tanins, astringente) et nanti d'une charge symbolique bien plus forte, l'ayant toujours supplanté.

Emplois médicinaux
Pratiques vétérinaires et assimilées

Digestion ruminants. Pour les *problèmes de digestion des animaux*, on faisait bouillir la cendre du bois, on laissait décanter, puis on mélangeait 3 ou 4 parts du liquide avec 1 part d'huile d'olive et on faisait boire l'émulsion (M. S., Digne, 04).

La cendre de hêtre servait à la lessive là où l'arbre concurrence le chêne. La prescription ici relevée, qui doit être regardée dans le cadre d'une histoire des pratiques de médecine vétérinaire, laquelle reste largement à construire, n'est pas relatée par les sources écrites consultées.

Divers. Les feuilles de hêtre, associées à la paille de lavande, servaient à la litière des brebis et des chèvres (Mme B., 65 ans, Volonne).

Non apparu dans la présente enquête, l'emploi ancien de ces feuilles sèches pour bourrer les paillasses ("plumes de forêt") a été relevé en montagne de Lure, région de Saumane-L'Hospitalet (recueil P. L., 1997).

Houblon

Humulus lupulus L.

CANNABACÉES

Cette grande liane herbacée des haies et fourrés sur sols riches, qu'on rencontre surtout, en haute Provence, dans les ripisylves et aux lisières des bois les plus frais des vallées, a aussi un caractère rudéral : haies aux abords des villages et des jardins, ruines, fourrés des décombres, etc. Favorisée par les plantations de robiniers qui enrichissent le sol en azote, elle est fréquente le long des anciennes voies de chemin de fer (vallées du Largue, du Calavon, etc.). Dans l'ensemble assez peu commune, elle manque totalement dans les milieux secs. L'emploi bien connu de ses jeunes pousses en guise d'asperges a été relevé hors enquête, mais semble peu courant dans la région.

Emplois médicinaux. Médecine humaine

5231. *Les hormones du houblon donnent du lait aux femmes qui allaitent.* On leur conseille donc de boire de la bière (Mme G., Céreste).

La relation bière-allaitement est largement connue et encore diffusée par les maternités ; elle est ici expliquée à partir des sources savantes actuelles.

Hysope

Hyssopus officinalis L. s. l.

LABIÉES (= LAMIACÉES)

pl. 30, fig. 98

Plante aromatique vivace, sous-ligneuse, basse, en touffe, aux épis feuillés assez denses où les fleurs, d'un beau bleu foncé (rarement roses ou blanches en culture), sont tournées d'un même côté, l'hysope fréquente les pelouses rocailleuses et les rocailles aux expositions ensoleillées. Assez commune aux étages collinéen et montagnard des Alpes du Sud internes (surtout de 1 000 à 1 500 mètres), c'est une plante rare et en régression à l'ouest de la Durance. D'après un informateur de Séderon, le ramassage a aussi contribué à la raréfier : les enfants, au début du XXe siècle, en faisaient des bouquets

qu'ils vendaient aux voyageurs ; or, l'hysope, qui a une souche fragile, s'arrache facilement à la cueillette. Désormais réfugiée dans les hauteurs de nos régions, elle est exposée aux mêmes causes de recul que la lavande officinale : embroussaillement rapide et installation des pins. Elle n'y a plus que de rares localités dans le bassin du Jabron, sur les crêtes. Elle manque à l'état spontané en Vaucluse.
Cultivée en grand localement (distillation, herboristerie), l'hysope se ressème çà et là au bord des champs secs et des routes. Il existe plusieurs sous-espèces d'*Hyssopus officinalis*, de distinction peu évidente, surtout caractérisées par une plus ou moins grande villosité. La race cultivée, de plus grande taille, a un parfum plus fort et moins agréable que celui des formes sauvages.
Surtout considérée dans le passé comme une "béchique" majeure (qui soigne les affections bronchiques et la toux : diffusion de l'huile essentielle antiseptique et antispasmodique par les voies respiratoires), l'hysope a aussi de nombreuses indications analogues à celles des autres Labiées aromatiques, en particulier comme digestive. D'anciens emplois en vulnéraire ne trouvent pas d'échos dans la présente enquête. La plante était fréquemment cultivée dans les jardins haut-provençaux à des fins médicinales, dans les dernières décennies du XXe siècle, et vendue sur les marchés au même titre que certains remèdes végétaux de base comme le plantain "badasson". L'huile essentielle, riche en thuyone, substance convulsivante qu'on retrouve chez la sauge officinale, l'absinthe, etc., est très dangereuse (voir ci-dessous le commentaire à **9382**).

Ramassage
Perception de la plante

C'est un épi violet, quand il fleurit ; on le coupe à la faucille et on le fait sécher dans des cagettes (M. et Mme C., 70 ans, Revest-des-Brousses). — *Vers Saint-Michel il y a de l'hysope, ici il n'y en a pas, toutes les plantes ont leur région. Ça fait de bonnes infusions* (Mme D., 84 ans, Banon). — *Il n'y en a pas beaucoup à Saint-Michel, ça gèle si on le plante dans les jardins* (cercle du 3e âge, Saint-Michel-l'Observatoire). — *Il y en a de 2 types, la sauvage et celle plantée ; à Barcelonnette, quand on y allait en voyage avec les moutons, il y avait de l'hysope aussi ; on semait les graines, on la cultivait dans les jardins, on la buvait* [en infusion] (M. G., Saint-Michel-l'Observatoire). — Il y avait autrefois beaucoup d'hysope dans la région de Séderon, mais elle a pratiquement disparu *à cause du tourisme : les gamins font des bouquets, comme avec la lavande, mais ils arrachent souvent les racines* (M. M., 67 ans, Séderon, 26). — Le père de l'un des informateurs [il avait 85 ans lors de l'enquête] cultivait l'hysope comme plante médicinale, qu'il vendait à Forcalquier, sur le marché (cercle du 3e âge, Saint-Michel-l'Observatoire).

Emplois médicinaux. Médecine humaine

2121. La plante en infusion est conseillée *pour la digestion* [SPE] (Mme A., 65 ans, Forcalquier ; Mme C., 80 ans, Limans ; cercle du 3e âge, Saint-Michel-l'Observatoire ; Mme S., 80 ans, Séderon, 26). — *L'hysope, en infusion, ça a du parfum, c'est pour faire la digestion* (Sœur T., Mane). — *C'est digestif, mais c'est pas bon à boire ; M. Laugier en cultivait et le vendait au marché, à Saint-Michel et à Forcalquier* (Mme A., Saint-Michel-l'Observatoire). — Aux mêmes fins, on la met aussi en macération dans l'eau-de-vie (M. F., 50 ans, Valbelle), *pendant 40 jours* (M. M., 67 ans, Séderon, 26).

2512. Quand on a *mal au ventre, des ballonnements,* il faut boire de l'infusion d'hysope (Mme D., 65 ans, Forcalquier).

3112, **3120**, **3211**, **3221**, **7120**. Les fleurs sont prises en infusion, *pour les poumons, les bronches, la gorge surtout, et quand on a la grippe et le rhume* (M. et Mme C., 70 ans, Revest-des-Brousses).

9311. *C'est bon pour uriner* (cercle du 3e âge, Saint-Michel-l'Observatoire).

9381. *La maman en avait ; c'est bon, ça, en infusion. Elle en avait bu longtemps, elle se sentait bien puisqu'elle en prenait* (enquête J. M., Saint-Michel-l'Observatoire).

9382. *Celle-là, elle vient du jardin. En infusion, quand on est malade, vous savez, le soir, avant de se coucher, vous faites une bonne infusion, ça vous fait dormir* (enquête J. M., Saint-Michel-l'Observatoire).

Cette pratique a des contre-indications. A Saint-Etienne-les-Orgues, un informateur relate des accidents à caractère d'éréthisme nerveux et cardiaque (extrasystoles) chez une femme d'environ 60 ans à qui on avait offert de l'hysope à des fins d'infusion vespérale. La plante a produit le même effet dans un mélange (recueil P. L., mai 2002). Habituellement bien tolérée aux doses médicinales, l'hysope n'en est pas moins à manier avec précaution. Dans la région, l'huile essentielle a causé des accidents à caractère convulsif chez de jeunes enfants à qui on l'avait administrée, à très faible dose, pour soigner des affections respiratoires.

Emplois alimentaires, condimentaires et assimilés

Spiritueux. *On en met dans la liqueur de chartreuse* (cercle du 3ᵉ âge, Saint-Michel-l'Observatoire).

Economie domestique

Divers. *On met l'hysope dans les marmites pour conserver les graines* (Sœur T., Mane).
Il faut probablement entendre une intention insectifuge.

Inule des montagnes

"Faux-arnica"

Inula montana L.

COMPOSÉES (= ASTÉRACÉES)

pl. 15, fig. 48

Jolie petite Composée d'allure cendrée, aux feuilles étroitement oblongues presque toutes basales, entières, velues-soyeuses, aux tiges de 10-35 centimètres, peu feuillées (feuilles bien plus petites, alternes, espacées), portant habituellement un seul capitule aux nombreuses ligules très étroites, jaunes (et non jaune orangé, larges, comme chez l'arnica vrai, lui exclusif des sols montagnards acides). L'inule des montagnes préfère plutôt les sols calcaires ; c'est une plante des pelouses maigres (aphyllanthaie rocailleuse, lavandaies, etc.), des bois clairs et secs, landes pierreuses, lieux rocheux, dont la distribution va de la chênaie verte aux plus hautes altitudes de l'étage montagnard où elle croît assez communément sur les crêtes ensoleillées. Commune en région méditerranéenne, elle se retrouve en localités favorables

jusqu'en Bourgogne, Centre, Vendée. L'aire européenne va du Sud de l'Italie et de la Sicile au Portugal.
L'inule des montagnes est regardée comme le véritable arnica par la plupart de ceux qui la récoltent à des fins médicinales, confusion qui n'est pas propre à la haute Provence mais se rencontre aussi en Bourgogne, en Espagne, et ailleurs. Les témoignages des nombreux utilisateurs de ce "faux-arnica" laissent entendre que ses propriétés externes sont au moins équivalentes à celles de l'arnica vrai. Une expérimentation conjointe des deux plantes, entreprise empiriquement par un informateur du Petit Luberon, accorde la préférence à l'inule dans le soin des contusions (recueil P. L., hors enquête EPI). Il ne semble pas que cette vulnéraire particulièrement intéressante ait été étudiée par la pharmacologie.

Ramassage
Perception de la plante

C'est une plante vert-gris cendré (M. et Mlle C., Banon). — *Mon mari ramassait l'arnica vrai* (sic) *au bord des chemins, sur la montagne de Lure. Elle a une petite fleur large comme la gentiane jaune* (Mme D., 84 ans, Banon). [L'arnica vrai, *Arnica montana*, n'existe pas dans les Alpes calcaires du Sud ; voir aussi "arnica".] — *J'allais la chercher avec mon grand-père sur le Luberon. Ça fleurit au 15 août, ça fait des feuilles blanches* (enquête J. M., Saint-Michel-l'Observatoire). [Voir aussi plus bas, **1111**, dernière attestation, où la donnée est complétée.] — *C'est une fleur qu'on trouve dans la nature, qui a des feuilles comme du velours* [...] *; elle fait 3 ou 4 fleurs jaunes. Elle a le même usage que l'arnica* (enquête J. M., Saint-Michel-l'Observatoire). [Voir aussi plus bas, **1112**, où la donnée est complétée.]

Emplois médicinaux. Médecine humaine

1111. *Pour les plaies*, la macération de fleurs d'"arnica" dans l'alcool sert à faire des compresses (M. T., 75 ans, Cruis ; Mme A., 90 ans, Robion, 84). — *Pour les plaies ouvertes*, on faisait des compresses de décoction ou d'infusion de fleurs (Mme C., 70 ans, Forcalquier ; Mme M., 90 ans, Saint-Etienne-les-Orgues). — *Quand on se coupait, les feuilles d'arnica, on mettait ça sur la plaie, ça faisait*

comme un papier à cigarette et trois jours après c'était guéri. La grand-mère de l'informatrice en préparait une teinture en faisant macérer les fleurs dans de l'eau-de-vie (enquête J. M., Saint-Michel-l'Observatoire).
On notera que l'emploi de la plante sur les "plaies ouvertes" établit une distinction au regard de l'arnica vrai, dont la macération alcoolique, même si elle connaît des applications traditionnelles analogues, peut se montrer très allergisante en cas de blessure.
1112. *C'est une fleur* [...] *qui a des feuilles comme du velours et qu'on met sur les blessures, comme un pansement. On la faisait sécher, en Italie, et on la trempait, puis on la mettait en pansement* (enquête J. M., Saint-Michel-l'Observatoire).
Faute de description détaillée, on ne peut affirmer que cette donnée, dite d'origine étrangère, concerne à coup sûr l'inule des montagnes ; il peut aussi s'agir du bouillon-blanc ou de l'épiaire laineuse (voir ces noms).
1112, 1540, 1541, 9352. *C'est désinfectant.* Sur les blessures, on use de cataplasmes de fleurs d'"arnica" ébouillantées. La plante *désinfecte et fait mûrir les abcès* (Mme C., 65 ans, Banon).
1150. *Pour les brûlures,* on applique l'infusion des fleurs d'"arnica" en compresses (Mme F., 45 ans, Forcalquier ; Mme V. T., 70 ans, Cruis).
Pour les deux informations précédentes, même remarque qu'en **1111**.
1324. *C'est pour les coups ; on met la teinture sur les coups* (cercle du 3ᵉ âge, Saint-Michel-l'Observatoire). — *L'arnica du Ventoux, c'est pour les contusions et les coups. Il faut faire macérer les fleurs dans l'alcool à 90° ; on bourre une bouteille de fleurs, et on rajoute l'alcool ensuite* (Mme G., 60 ans, Rustrel, 84). [Voir aussi à la suite, **1350**, 2ᵉ attestation.]
1350. *Pour les foulures,* on fait une macération des fleurs (Mme F., 45 ans, Forcalquier). — *C'est l'arnica, on l'emploie dans l'eau-de-vie, quand on a mal aux jambes, ça soulage, pour les foulures, les ecchymoses* (enquête J. M., Saint-Michel-l'Observatoire).
1450. *Quand on a une piqûre de guêpe ou d'abeille, on frotte la plante sur la piqûre, ça soulage bien. On le fait sur les bêtes et les hommes* (M. G., Saint-Michel-l'Observatoire).
2193. *Les gens du pays disent que l'infusion des fleurs à boire, c'est pour rendre* (M. J., 75 ans, Revest-du-Bion).

Beaucoup de témoignages anciens attestent l'action vomitive de l'arnica vrai, plante très rapidement dangereuse par voie interne. On voit ici encore l'inule des montagnes en mimer l'action, ce qui peut faire penser à une analogie, au moins partielle, de principes actifs. Mais peut-être s'agit-il ici d'une information relative à l'arnica au sens strict.
1111, **3113**, **3140**. Voir "arnica" (Mme A., Saint-Michel-l'Observatoire).
6117. *Pour les frayeurs, quand on a eu peur,* on prend une goutte de la macération alcoolique sur un sucre, ou dans de l'eau (Mme A., 90 ans, Robion, 84).
Cet emploi de l'inule des montagnes dans les cas de traumatismes à caractère psychique s'apparente à celui de l'arnica vrai en homéopathie, où la notion de choc est prise au sens large. Voir aussi "scabieuse", **6117**.

Emplois médicinaux
Pratiques vétérinaires et assimilées

Coliques. Pour traiter les coliques des chevaux, on leur faisait boire l'infusion des fleurs d'"arnica" (Mme C., 65 ans, Banon ; M. M., 60 ans, Banon).
Donnée sans attestation antérieure d'après la littérature consultée. Elle ne trouve pas ici son équivalent du côté de la médecine humaine. Voir aussi, plus haut, **1450**.
Piqûres d'insectes. *Quand on a une piqûre de guêpe ou d'abeille, on frotte la plante sur la piqûre, ça soulage bien. On le fait sur les bêtes et les hommes* (M. G., Saint-Michel-l'Observatoire).

Inule visqueuse

Dittrichia viscosa (L.) W. Greuter (= *Inula viscosa* L.)

COMPOSÉES (= ASTÉRACÉES)

Plante vivace en touffes de 0,40-1,30 mètre, très glanduleuse-visqueuse, d'odeur forte. Feuilles alternes, étroitement oblongues ou lancéolées, faiblement dentées, à base un peu embrassante. Les fleurs, en nombreux capitules jaunes, font par leur ensemble des panicules feuillées

fournies. Les tiges deviennent ± ligneuses à la base ; dans les localités les plus méridionales, certaines peuvent traverser l'hiver et se ramifier l'année suivante.
L'inule visqueuse est une plante pionnière des friches au sol léger, en particulier celles qui sont mouillées l'hiver. On la rencontre dans les terrains vagues, les garrigues rudéralisées, sur les graviers des cours d'eau. Elle fleurit d'août à octobre. Très favorisée par les travaux de terrassement, elle peut constituer des peuplements importants sur les remblais des routes et les sols mis à nu, ainsi en vallée de la Durance. Elle pénètre peu dans la région collinéenne du chêne blanc, et ses localités y sont éphémères. La plante croît dans tout le Midi de l'Europe. L'aire générale est circumméditerranéenne.

Emplois médicinaux. Médecine humaine

1241, **4380**. [Cette plante sert] *pour les varices, les ulcères aux jambes. En macération dans l'huile, c'est l'huile verte, "l'asnaque", en friction sur les jambes* (anonyme, Forcalquier, 1976 ; informateur originaire de Marseille).
"Asnaque" est peut-être à rapporter à "anasarque", nom ancien de l'hydropisie, dont les œdèmes des membres. Les données actuelles sur l'inule visqueuse (huile essentielle antispasmodique, vermifuge) ne recoupent pas l'information consignée ici. Toutefois, l'identité de la plante citée, non vue, reste incertaine.

Iris

Iris germanica L.

IRIDACÉES

pl. 1, fig. 3

L'iris que mentionnent les informateurs n'a jamais été nanti d'une identité précise mais on peut le rapporter sans grand risque d'erreur à *Iris germanica*, le plus couramment cultivé par l'ancienne société, voire à *Iris pallida*, lui aussi très fréquent. Cette fleur d'ornement des plus anciennes est présente dans tous les vieux jardins. L'iris

d'Allemagne a une forme ancestrale à fleurs relativement petites, violet foncé, dans les rochers et les falaises des villages perchés (Oppedette, etc.) où ses rhizomes résistent parfaitement aux sécheresses prolongées. Sa présence y est possible depuis au moins les temps médiévaux, sinon plus tôt (site gallo-romain de la Roche amère, en Villeneuve, où il abonde, etc.).

Remède important de l'ancienne médecine qui lui attribue de nombreuses vertus, le rhizome d'iris était surtout prescrit en purgatif et comme diurétique dans l'hydropisie ; mais c'est un remède dangereux, très irritant, cause de plus d'une intoxication, surtout lorsqu'il est employé à l'état frais. Son usage en médecine vétérinaire "pour aider à la délivrance", largement connu dans toute la haute Provence occidentale, et ailleurs, a peu d'équivalent direct du côté de la médecine humaine, même si Dioscoride (Ier siècle) fait allusion à des emplois gynécologiques. En Languedoc, au début des années 1980, une informatrice parle de l'iris comme d'un "remède pour la femme et les animaux après l'accouchement". Il est vraisemblable de supposer un effet spasmant sur l'utérus. On notera que, chez l'animal, la médication s'administre aussi bien à l'intérieur que par voie externe, et qu'elle est appliquée à tous les ruminants. Une informatrice cite l'emploi des feuilles et non du rhizome.

Emplois médicinaux
Pratiques vétérinaires et assimilées

Mise bas. Pour aider à la délivrance du placenta [des ruminants], on fait boire la décoction de racine d'iris à l'aide d'une bouteille de bière (M. M., 67 ans, Séderon, 26). — Pour aider à la délivrance du placenta, on fait une décoction de racines (une poignée de morceaux), qu'on administre à la dose d'environ une bouteille de bière pour les chèvres, de 1 litre pour les vaches (M. S., 80 ans, Séderon, 26). — Pour hâter la délivrance du placenta des chèvres, on leur faisait une injection de décoction de racine d'iris (Mme A., 65 ans, chevrière, Montbrun, 26 ; M. M., 75 ans, Pierrerue). — *Pour la délivrance, on leur fait* [aux ovins/caprins] *de la tisane de racines d'iris* [SPE] (M. F., 50 ans, Valbelle). — *Quand la vache faisait le veau*, en cas de rétention du placenta, on lui faisait boire une décoction de feuilles d'iris (Mme A., 65 ans, Forcalquier).

"Jonc"

Scirpoides holoschoenus (L.) Soják
(= *Scirpus holoschoenus* L.)

CYPÉRACÉES

pl. 17, fig. 54

Le "jonc" des Méridionaux est habituellement le grand scirpe *Scirpoides holoschoenus*, habituel dans tous les lieux humides en haute Provence occidentale, en situations bien éclairées. Inusité de nos jours en médecine, ce jonc a connu des emplois artisanaux, tant comme lien qu'en petite vannerie rurale d'usage éphémère, tels les paniers à fruits fragiles (figues, framboises, etc.) qui tiennent lieu d'emballage à emporter avec eux. C'est aussi le matériau de certains jeux d'enfants (hochets).

Emplois médicinaux. Médecine humaine

1761. *Pour les verrues* (Mme X., 25 ans, Manosque). L'information vient de Toulon. Mode d'emploi non précisé.

2315, 7141, 9311. Une recette composée, apprise vers Méjannes-le-Clap (Gard), intègre *9 canons de blanc de jonc* associés à : germandrée petit-chêne, aigremoine, millepertuis et barbes de maïs à parties égales. *C'est bon pour l'estomac.* Cette préparation [SPE] était aussi administrée *pour uriner* et *pour la fièvre de Malte* (M. T., 75 ans, Cruis).

Le jonc en question est très probablement *Scirpus holoschoenus*, le plus commun des grands "joncs" dans l'intérieur de la région méditerranéenne. L'emploi de ces "canons de blanc de jonc", partie inférieure des tiges, étiolée, blanche, diffus dans la zone provençale-languedocienne, semble n'appartenir qu'à la tradition orale et requiert de plus amples recherches (rapports d'enquêtes, etc.). Il est cité deux fois en diurétique, notamment comme anti-calculs (très efficace selon l'informateur), au sud du Ventoux (Vaucluse) par O. Madon. Au siècle dernier, Réguis a aussi mentionné l'usage de *S. holoschoenus* en infusion comme diurétique, mais sans préciser la partie employée (*op. cit.*, 1897). Dans l'ancienne médecine, ce sont les fleurs et les feuilles qu'on prescrit dans quelques emplois internes (métrorragies...) et externes (piqûres d'insectes...), mais la place des "joncs" y reste anecdotique, et il est souvent impossible de connaître l'identité botanique précise des espèces regroupées dans cette catégorie générique. Voir aussi le commentaire donné à "germandrée petit-chêne", codes identiques.

Joubarbe

Sempervivum tectorum L.

CRASSULACÉES

La joubarbe, plante dont le statut de "plante grasse" ornementale de second ordre, vivant sa propre vie loin de tout soin, a éclipsé à peu près complètement les

anciennes fonctions de protectrice (contre la foudre) et de médicinale vulnéraire et coricide, reste présente dans les villages, sur les vieux murs et dans les bacs de fortune (chaudrons, jarres ébréchées) des cours de ferme. Son action particulièrement remarquable de sédative/cicatrisante sur les aphtes n'a pas été relevée par l'enquête. La joubarbe cultivée paraît être le seul *Sempervivum tectorum*. Dans les rocailles d'altitude croît couramment *S. calcareum* Jordan, plante d'un vert jaunâtre clair, aux feuilles moins fermes, non observée en culture.

Ramassage
Perception de la plante

C'est un artichaut gras (M. et Mme C., 70 ans, Revest-des-Brousses).

Emplois médicinaux. Médecine humaine

1765. Les feuilles fraîches font des pansements *contre les cors entre les orteils*, ou *l'œil-de-perdrix* (M. et Mme C., 70 ans, Revest-des-Brousses). Mme C., qui avait un cor au pied, a essayé le remède, en changeant de feuilles 2 fois par jour ; en 3 jours, elle était guérie. — Quand on a des cors aux pieds, ou un œil-de-perdrix, casser une feuille de joubarbe, faire un trou pour y placer le cor et la poser en pansement. *Le jus fait passer le cor* (M. B., 80 ans, Ferrassières, 26).
La feuille de joubarbe est un coricide classique de la médecine populaire.

Jujubier

Ziziphus jujuba L.

RHAMNACÉES

Arbuste fruitier proche du paliure, très rarement cultivé en haute Provence où les hivers sont trop froids pour ce méditerranéen exclusif, le jujubier se rencontre plus communément dans les jardins du bassin d'Apt, et ailleurs en Vaucluse. Ses fruits, négligés de nos jours, "chichourles" des Provençaux, entraient autrefois très habituellement dans les potions pectorales.

Emplois médicinaux. Médecine humaine

3215 (mélange *pour la toux*). Voir "amandier" (Mlle B., Courson).

Jusquiame noire

Hyoscyamus niger L.

et

Jusquiame blanche

H. albus L.

SOLANACÉES

pl. 31, fig. 99-101

Ces plantes n'apparaissent pas nommément dans l'enquête EPI mais sont reconnaissables avec certitude dans les témoignages ci-dessous, que plusieurs enquêtes confortent. Ce sont des Solanacées hautement toxiques à effets psychotropes. L'ancienne médecine y voyait des drogues héroïques et les prescrivait surtout à l'extérieur en analgésiques, propriété citée dès l'Antiquité. La pratique populaire les tient habituellement à distance, non seulement à cause des risques qu'elles présentent comme remèdes mais parce qu'elles ont eu de longues accointances avec la sorcellerie (un onguent et des suppositoires à base de jusquiame provoqueraient des hallucinations avec sensation de vol à distance). D'où l'importance particulière des données commentées ci-dessous.

La jusquiame noire, nitrophile assez fréquente dans le passé au voisinage des lieux habités et des bergeries, est en régression accentuée aux basses altitudes, où elle se fait exceptionnelle (Saint-Michel-l'Observatoire vers Bonnechère et à Lincel ; en Vaucluse : Orange, Mérindol, selon B. Girerd, *op. cit.*, 1991) ; elle reste présente dans l'étage montagnard près des bergeries (chaîne de Lure-Ventoux, plateau d'Albion), mais elle y est rare et aussi en recul manifeste, en même temps que les troupeaux. Quant à la jusquiame blanche, c'est une rudérale courante mais propre aux basses régions méditerranéennes. Elle croît aux abords des villages, sur les décombres, dans les terrains vagues, au pied des murs. Elle est particulièrement commune sur le littoral et à son voisinage. Dans le bassin de Forcalquier, on ne la rencontre que rarement sur les décombres les mieux exposés de quelques villages perchés.

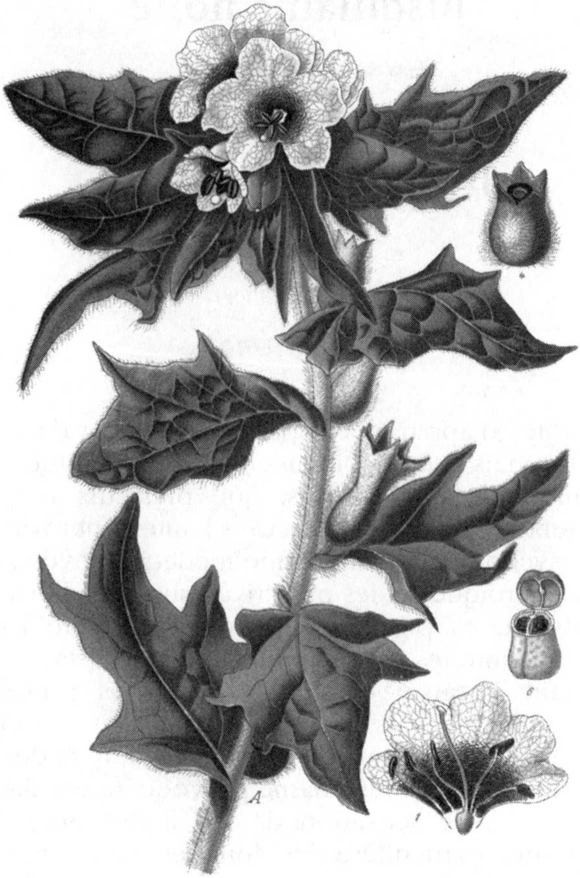

Jusquiame noire

La jusquiame noire est une plante dressée de 30-80 centimètres, plutôt robuste, aux belles fleurs à corolle largement ouverte de 2-3 centimètres de diamètre, jaune pâle blafard finement veiné de violet, à gorge pourpre-noir. La jusquiame blanche, ordinairement plus petite, souvent à demi prostrée, porte des fleurs à corolle en cloche oblique large d'environ 1,5 centimètre, jaune pâle ou blanc verdâtre pâle uniforme. Les deux espèces sont velues-visqueuses, de texture molle, d'odeur fétide. Les calices, en forme de petite outre ventrue à 5 dents triangulaires, aiguës (piquantes chez *H. niger*), persistent après le dessèchement de la plante sur la partie supérieure des rameaux, dressés en rangs très caractéristiques ; ils renferment une capsule aux graines nombreuses, que libère à maturité la chute d'un petit couvercle circulaire.

Emplois médicinaux. Médecine humaine

2211, 2236. Perception de la maladie. *Il y avait une plante qui fait des graines, elle était du côté de La Rochegiron. On mettait la graine sur la dent ou on mettait les graines dans un bol avec de l'eau bouillante et on se gargarisait avec ça ; on voyait tomber de petits vers blancs dans l'eau. Et ça passait comme ça, ça guérissait. C'est vrai ! Et, quand vous avez mal aux dents, vous pensez que c'est une dent qui vous fait tant mal ! C'est un ver qui se ronge dedans, c'est une dent qui se gâte, c'est rongé par le petit ver blanc qui tombe dans l'eau, et ça c'est vrai, hein !… Le progrès ! On se faisait arracher, on se faisait saigner !* (Mme T., 60 ans, Limans.)

Cette plante, que l'informatrice n'a pas nommée ni décrite, est sans nul doute *Hyoscyamus niger*, qui existe bien (ou a existé) dans la localité citée. Un vieille dame de Cheval-Blanc (Vaucluse) tient un discours très voisin, en désignant probablement cette fois *Hyoscyamus albus*, la jusquiame blanche : "La plante des dents, ça fleurit jaune avec des feuilles duveteuses. On prend les graines, on les met sur les braises, on renverse un bol dessus, pour que l'odeur, la fumée rentre dans le bol, puis on le retourne et on met de l'eau bouillante dedans, on respire par la bouche, comme une inhalation, avec un torchon au-dessus. Ça faisait tomber le ver de la carie" (enquête M. Amir, *op. cit.*, 1994-1995). Dans le massif du Ventoux, où la jusquiame noire, nommément désignée comme telle, est dite *erba dau mau de dent*, son usage est tout à fait analogue : "On mettait la graine sur la braise, elle brûlait, ça fumait, et on mettait un bol vide dessus à l'envers, pour que la fumée rentre bien, on le retournait et on y versait de l'eau bouillante, et on faisait une inhalation ; c'était rare que le mal de dents ne passe pas" (informatrice de Méthamis *in* O. Madon, *op. cit.*, 1999, p. 109 ; l'auteur précise "qu'on voyait parfois de tout petits vers blancs tomber dans le bol…").

Les graines des jusquiames sont connues de toute antiquité comme remèdes des maux de dents. On les voit déjà citées dans cette attribution à Ninive, sous le règne d'Assurbanipal (669-626), où des tablettes donnent une recette de pâte analgésique qui les mêle à de la résine[1]. La même indication et un mode d'emploi analogue à ce

1. F. Schewinp (1996), cité par D. Delcour, *op. cit.*, 2004, p. 212.

qu'on relève en haute Provence sont clairement attestés dans la médecine européenne ancienne : " Contre [...] le mal de dents, on reçoit la fumée de la semence jettée sur les charbons ou sur une pelle chaude par un entonnoir renversé" (Dom N. Alexandre, *op. cit.*, 1721, p. 328 ; repris à peu près textuellement par Chomel, *op. cit.*, 1782, p. 572). A la fin du XIXe siècle, Réguis atteste (avec le dédain pour "le vulgaire" qui lui est coutumier) la fréquence de cette recette en médecine populaire provençale : "Dans le peuple, on emploie les graines de jusquiame pour calmer le mal aux dents ou même les névralgies. Pour cela on projette les graines sur une pelle rougie et on aspire la vapeur produite. Les prétendus *vers* [l'italique est de l'auteur] qu'on voit dans la salive rejetée sur les charbons ne sont autre chose que l'embryon de la graine roulé en spirale. Le vulgaire croit que des *vers* rongent les dents et sont expulsés par les fumées narcotiques" (*op. cit.*, 1897, p. 43). On ne voit pas bien comment l'embryon des graines (celles-ci sont minuscules : environ 1,5 millimètre), pour autant qu'il résiste à la carbonisation, pourrait rester visible lorsque la vapeur s'est substituée à la fumée, qu'on inhale à distance des "charbons"... Ici, l'imaginaire savant fait pendant à celui qu'il dénonce chez le "vulgaire".

Le nom vauclusien de "plante des dents" ou "des maux de dents", outre qu'il mémorise l'action thérapeutique, est en rapport vraisemblable avec le calice très particulier des jusquiames (voir plus haut). Celui-ci évoque assez bien une (pré)molaire. Sur les rameaux de la plante passée, l'alignement des calices blanchâtres fait penser à une mâchoire. Avec ses dents triangulaires raides, le calice peut aussi suggérer des canines. Cette morphologie est sans doute à l'arrière-plan d'un usage qui relèverait alors de la médecine analogique. Mais les propriétés générales de la plante se sont plutôt manifestées lors de très lointaines tentatives de consommation des graines, minuscules mais abondantes et faciles à obtenir : à maturité, il suffit de renverser la plante et de la secouer pour en faire tomber une quantité de semences[1]. Alors que celles du pavot, autre psychotrope, sont alimentaires, celles des jusquiames partagent les propriétés

1. La récolte de graines de très petite taille, que leur nombre compense, est attestée dans de nombreuses sociétés ; on les collecte parfois dans les fourmilières (voir M. Gast, *op. cit.*, 2000, p. 37 et *sq.*).

délétères des parties vertes[1]. Pour Dioscoride (5, 68), la jusquiame blanche est moins dangereuse que la noire et c'est elle seule qu'on doit employer en médecine. Il mentionne les bains de bouche de la décoction de sa racine dans du vinaigre, contre les maux de dents. Un opuscule de recettes des années 1930[2], cité par Seignolle (*op. cit.*, 1963, p. 326), conseille encore "pour les maux de dents" un "remède très ancien, [des] fumigations de jusquiame noire (herbe de mort ou des brigands) coupée au cimetière".

A Salé, au Maroc, c'est la décoction aqueuse des graines de la même espèce qu'on prescrit de nos jours encore en gargarismes dans la même indication[3]. Tandis qu'on retrouve la jusquiame comme remède des odontalgies à Scanno, dans les Abruzzes, et dans le Trás-os-Montes portugais, où les graines sont associées au datura et au chèvrefeuille[4]. Il y a bien une actualité de cette plante toxique, l'une des seules à être employées de nos jours en pratique populaire méditerranéo-européenne.

Reste que le mode d'emploi très particulier relevé en haute Provence se réfère à ces fumigations qui étaient communes dans l'Antiquité aux rituels et à la médecine (voir aussi ce qui en est dit à "buis", **1470**). L'inhalation de fumée des graines de jusquiame peut avoir pris place dans des cérémonies chamaniques ou divinatoires, avec, en effet secondaire, la sédation d'éventuels maux de dents[5].

---

1. "Je peux dire cecy pour vray, que j'ay vu aux montagnes du Val Ananie, des jeunes enfans qui avoient mangé de graine de jusquiame, être devenus si insensez, que leurs parens et voisins pensoient qu'ils fussent possédés du Diable" (P. A. Matthioli, *op. cit.*, 1680, p. 398). Dans le Sous marocain, "les femmes mélangent les graines de jusquiame noire à la nourriture pour se donner de l'embonpoint"... (J. Bellakhdar, *op. cit.*, 1997, p. 497). On signalera que le pavot, aux graines comestibles mais toxique par toutes ses autres parties, avait aussi, en haute Provence, un emploi d'analgésique dans les douleurs dentaires : on se fait des bains de bouche avec la décoction des capsules sèches (région de Banon, recueil P. L., hors enquête EPI).
2. [Anonyme ?], *Li Remèdi de la man de Dièu*, Aix-en-Provence, 1932.
3. J. Bellakhdar, *ibid.*
4. Noté au cours du sixième séminaire d'ethnobotanique de Salagon (novembre 2006), consacré aux "plantes des femmes". Interventions de Maria Carvalho (Portugal) et de Françoise Valérie Morel (Italie). Merci à Magali Amir de m'avoir confié ses notes.
5. Au Maroc, J. Bellakhdar *(ibid.)* mentionne le recours aux "propriétés délirogènes" de la plante "en oniro-analyse pour lever les censures et obtenir un effet d'excitation psychique avec délires qui seront ensuite interprétés par les psychothérapeutes traditionnels".

Alors que Chomel et Réguis, l'un médecin, l'autre pharmacien, ne mentionnent que la fumigation au sens strict, sans qu'on sache si les sources du premier ("certains...") relèvent du domaine savant ou de la pratique populaire, les informatrices des trois enquêtes citées ici pourraient bien signifier une atténuation par l'eau du pouvoir que le feu suscite avec trop de violence. Les deux témoignages vauclusiens évoquent une sorte de "dilution de fumée", très exceptionnelle dans les pratiques médicales de nos pays ; tandis que Mme T., de Limans, décrit un "gargarisme" d'infusion des graines, analogue à ce qui est observé au Maroc, qui pourrait dériver du mode d'emploi précédent, plus compliqué ou mal compris. Cette informatrice parle aussi de graine(s) directement appliquée(s) sur la dent, procédé sans doute périlleux car ces graines sont si petites qu'on en utilise nécessairement plusieurs et qu'il y a risque d'ingestion. L'allusion au "petit ver blanc qui tombe dans l'eau" se relie à l'imaginaire associé à la présence des vers dans le corps, dont on a dit ailleurs (voir "ail", **2571**, "amandier", emplois vétérinaires) qu'il sollicite une approche particulière.
En ce qui concerne le seul traitement des odontalgies, la jusquiame mérite une approche comparatiste au niveau européen, sans négliger le Maghreb ni le Proche-Orient.

Laitue cultivée

Lactuca sativa L.

COMPOSÉES (= ASTÉRACÉES)

Salade cultivée la plus commune, la laitue, ancien aliment-remède réputé sédatif, semble avoir perdu toute fonction médicinale dans nos sociétés du fait de son extrême banalisation sur les tables. Elle n'est que très rarement citée dans les enquêtes haut-provençales.

Emplois médicinaux. Médecine humaine

7121, 1920. Contre *les douleurs, les coups de froid, les torticolis,* les feuilles de salade servent d'excipient adoucissant dans l'usage des cantharides en topique révulsif (M. C., Allos).
La recette relève de l'ancienne médecine. Les cantharides, petits coléoptères autrefois employés comme vésicants et aphrodisiaques, non sans risques, sont restées d'usage en pratique populaire jusque vers le milieu du XXe siècle, alors que la médecine savante les avait à peu près abandonnées depuis le XIXe.

Laitue scarole sauvage

Lactuca serriola L. (= *L. scariola* L.)

COMPOSÉES (= ASTÉRACÉES)

pl. 28, fig. 88 et 89

Cette grande bisannuelle pousse très couramment dans les cultures, les jachères, les jardins négligés, les terrains vagues et sur les décombres. Elle peut constituer des peuplements importants dans les jachères récentes. Ses rosettes restent récoltées comme "salade des champs" en haute Provence, au début du IIIe millénaire. On les identifie facilement à la ligne de courts poils raides en peigne sur la nervure médiane, à la face inférieure des feuilles. Quand elle "monte", elle devient amère et se charge de poils raides et piquants. Il arrive de rencontrer des pieds aux feuilles quelque peu "pommées", qui évoquent des prototypes de nos races cultivées. Voir aussi ce qui est dit à "salades sauvages".

Ramassage
Perception de la plante

La laitue sauvage *pousse dans les vignes* (Mme D., 84 ans, Banon). — La laitue sauvage, *la doucette, elle pousse dans les vignes, dans les blés, les bonnes terres et les décombres ; elle fait des sortes de piquants, quand elle est vieille* (Mme A., 65 ans, Forcalquier).

Emplois alimentaires, condimentaires et assimilés

Aliment de ramassage. *La doucette, c'est la salade sauvage du mois d'avril. Il ne faut pas la manger en grosse plante, ni en graines* (Mme D., 84 ans, Banon). — La *doucette* est consommée en salade *quand elle est jeune et tendre* (Mme G., Céreste ; cercle du 3e âge, Saint-Michel-l'Observatoire). — *La doucette, c'est une salade sauvage qu'on faisait comme plat, à midi* (Mme F., 70 ans, Reillanne).
Voir aussi ce qui est dit à “salades sauvages”. Noter l'attribution à cette laitue du nom de “doucette”, habituel pour la mâche en dehors du Midi.

Lamier blanc

Ortie blanche

Lamium album L.

LABIÉES (= LAMIACÉES)

Plante des haies et des bois frais, très rare en région méditerranéenne, observée en situation rudérale (pied de mur ombragé) à Saint-Michel-l'Observatoire (San Sébastian), où elle a certainement été introduite.

Emplois médicinaux. Médecine humaine

1945. *L'ortie blanche, c'est bon pour les rhumatismes, en se massant* (cercle du 3e âge, Saint-Michel-l'Observatoire).
Astringente à visées surtout gynécologiques (leucorrhée), l'ortie blanche n'est pas connue dans l'indication d'anti-rhumatismale qui lui est attribuée ici, très probablement par confusion avec certains usages externes de l'ortie vraie, rubéfiante souvent citée par les informateurs haut-provençaux. C'est un exemple de confusion induite encore de nos jours par la taxonomie vernaculaire, qui regroupe sous la catégorie “ortie” plusieurs plantes non apparentées, où des Labiées des genres *Lamium* et *Stachys*, en particulier, côtoient les orties au sens strict.

Laurier-sauce

Laurus nobilis L.

LAURACÉES

Arbuste méditerranéen aux feuilles condimentaires bien connues, cultivé au pied des murs ensoleillés, toutefois limité en altitude par sa sensibilité au froid (il souffre à – 15°). Remède antiseptique et vulnéraire de la médecine antique, le laurier médicinal s'est à peu près complètement éclipsé derrière l'aromate.

Emplois médicinaux. Médecine humaine

1765. Le laurier macéré dans du vinaigre, *c'est contre les cors aux pieds* (Mme G., Céreste).
La feuille coriace et de surcroît non caustique du laurier vrai se prête bien mal à cet usage, non cité par la littérature ; peut-être faut-il voir ici une confusion avec un autre "laurier", le laurier-rose, qui a connu d'anciennes (et dangereuses) applications externes.

Emplois alimentaires, condimentaires et assimilés

Aromate. Le laurier sert à *parfumer le lapin, en cuisine. Dans le fromage de tête, on en fait un bouquet garni avec du thym et de la sauge* (M. et Mlle C., Banon).
Voir aussi "sarriette" (Mme G., Banon).

Lavandes

Lavandula latifolia Medik., *L. angustifolia* Miller, *L.* x *intermedia* Emeric

LABIÉES (= LAMIACÉES)

pl. 29, fig. 92-95

Deux lavandes sont communément répandues en haute Provence occidentale. La lavande aspic d'odeur camphrée,

Lavandula latifolia, plante des basses régions méditerranéennes, est ici à son optimum dans les pelouses arides, les landes rocailleuses et le taillis dégradé au niveau inférieur de l'étage du chêne blanc. Vers 600-800 mètres, elle rencontre la lavande officinale (ou lavande fine, pour son parfum suave), *L. angustifolia*, elle d'affinités montagnardes, qui croît dans les milieux ouverts jusqu'au sommet des massifs de la région. Dans la zone où leurs aires se chevauchent, les deux espèces se croisent et suscitent un hybride plus robuste qu'elles, le lavandin *L.* x *intermedia*, intermédiaire aussi par la senteur. C'est au pied sud de la montagne de Lure, dans les pelouses/landes pâturées à plantes aromatiques, qu'on observe les plus remarquables populations mélangées de lavandes. Quant aux lavandaies naturelles d'altitude, exclusivement constituées de lavande fine, elles se développent surtout au-dessus de 1 200 mètres, dans les pelouses rocailleuses et landes claires de l'étage montagnard. Le recul accentué du pâturage entraîne leur régression générale et, en beaucoup de localités, leur remplacement par la lande à genêt cendré et les bois de pins sylvestres, ceux-ci précurseurs de la hêtraie.

Longtemps récoltée à la faucille dans les seuls peuplements spontanés, distillée par des alambics itinérants qui s'arrêtaient près des points d'eau, la lavande a été mise en culture au détour des XIXe-XXe siècles, culture qui passera bientôt à un stade industriel impliquant la construction de distilleries fixes bien plus performantes. La coupe de la lavande fine en sites sauvages a perduré sur une grande échelle jusqu'à la Seconde Guerre mondiale ; quelque peu revalorisée par le regain d'intérêt pour les produits naturels, elle se pratique encore localement. De nos jours, on cultive en grand plusieurs variétés de cette lavande aux moyennes altitudes, en particulier sur le plateau d'Albion. Tandis que le lavandin, bien plus productif mais à l'huile essentielle de qualité secondaire, est le constituant quasi exclusif (sous plusieurs cultivars) des lavandaies collinéennes, des bassins de Forcalquier et de Banon au plateau de Valensole. L'essence d'aspic, autrefois couramment distillée en Languedoc, ne l'est plus que très localement pour les besoins de l'aromathérapie (anti-infectieuse bronchique, cicatrisante).

Les lavandes ont une place millénaire dans la médecine méditerranéenne. Toutefois, les textes antiques les différencient mal d'autres plantes à parfum, comme le nard – qu'on falsifie, dit Pline (XII, 43), avec un "pseudo-nard" que les commentateurs rapportent à la lavande aspic (encore appelée "nard d'Italie" chez Matthioli, 1680). Celle-ci et la lavande stéchade, méditerranéenne et calcifuge exclusive (Maures, Estérel, Corse, etc.), très riche en camphre, sont les lavandes médicinales des Anciens. Au XVIe siècle, la lavande officinale, dite alors "lavande femelle", est parfaitement distinguée de l'aspic, "lavande mâle", mais cette dernière restera longtemps la préférée des apothicaires et des médecins.

La majorité des informations recueillies en haute Provence occidentale à propos de la lavande figurent dans les anciennes pharmacopées, à l'exception de ce qui concerne le domaine vulnéraire. Les textes médiévaux regardent surtout la lavande (aspic) comme diurétique, emménagogue, remède des "affections du cerveau" (apoplexie, épilepsie), des douleurs gastriques et de "l'obstruction" du foie et de la rate. La Renaissance, qui connaît l'huile essentielle comme l'eau distillée des fleurs de lavande, insiste sur leur action antispasmodique et les recommande dans les "défaillances" et les "défauts du cœur" (Matthioli, 1, 6). Cette propriété sera privilégiée par la médecine savante ultérieure. Les nombreuses citations d'emplois externes en vulnéraire/cicatrisante relevées par l'enquête sont par contre sans analogues dans les textes consultés ; il se peut qu'on soit ici en présence d'un savoir particulier aux régions de production d'huile essentielle, banalisé au XXe siècle avec la mise en culture de la plante et la distillation en grand. Les indications vulnéraires, toutefois, sont communes à beaucoup de plantes aromatiques ; dans la famille des Labiées, elles ont pu migrer de l'hysope, de la sauge, du thym, etc., à la lavande, dans les aires culturelles où ces plantes se rencontrent et où la lavande a pris une importance économique. A signaler que l'emploi de l'huile essentielle comme anti-inflammatoire et antiprurigineuse sur les piqûres d'insectes, non évoqué par l'enquête, l'a été en d'autres occasions ; il est attesté par plusieurs informateurs de M. Amir, dans le périmètre du parc naturel régional du Luberon (Vaucluse et Alpes-de-Haute-Provence ; années 1994-1995). N'est pas non plus cité l'usage antipédiculaire, connu de longue date (courant au XVIIIe siècle) et relevé de la même façon hors enquête EPI, usage qui fut très largement revisité dans les années 1970 lors de plusieurs infestations par les poux dans les écoles de la région de Forcalquier — jusqu'au constat que les parasites, de nos jours, appelaient des armes plus lourdes.

Le large champ médicinal de la lavande dans notre région (où son statut a été celui d'une quasi-panacée) traduit vraisemblablement une connaissance de tradition orale ancienne, enrichie comme il est fréquent de transferts du domaine savant – lequel, on le sait, s'est aussi alimenté aux sources orales... Reste que *la "situation sociale" de cette plante a connu, au cours du XX*[e] *siècle, un bouleversement sans analogue dans la flore sauvage de nos contrées,* et que ces changements appellent à l'évidence une étude comparée des textes et des bilans d'enquêtes, tout particulièrement en ce qui concerne l'évolution de son statut de remède.
Au commencement du XXIe siècle, l'estime pour la lavande médicinale se perd en même temps que les témoins de l'ancienne société rurale. L'extrême banalisation d'une plante devenue emblématique des paysages haut provençaux (tout récents soient-ils) comme de la culture "traditionnelle", son apparition dans les essais plus ou moins heureux d'élaborer une pseudo-gastronomie de même obédience font régresser la lavande à la dimension des cartes postales. Toutefois, les "nouveaux habitants", qui reconstituent des pratiques médicinales autonomes (surtout redevables de la phytothérapie et des livres de vulgarisation, rarement de la connaissance locale), reprennent un certain nombre d'indications populaires de la plante, tant comme infusion vespérale "qui fait dormir" qu'en sédative et vulnéraire d'usage externe, où il est facile de recourir à l'huile essentielle, peu coûteuse et non toxique.

Lavande aspic

Lavandula latifolia Medik. (= *L. spica* L.)

Emplois médicinaux. Médecine humaine

IIII. La lavande aspic est employée *pour les plaies,* en macération dans l'huile. *Une voisine avait toujours sa fiole d'aspic chez elle* et *guérissait les plaies des voisins* (Mme F., 45 ans, Forcalquier).
L'aspic, autrefois très distillé pour la médecine et les arts (l'essence est l'un des diluants de la peinture à l'huile des

"primitifs"), inconnu semble-t-il sous cette forme en haute Provence, trouve ici un mode d'emploi analogue à celui de plusieurs plantes vulnéraires majeures comme le millepertuis et le lis blanc.

Lavande officinale, lavande fine

Lavandula angustifolia Miller
(= *L. vera* DC., *L. officinalis* Chaix)

et

Lavandin

Lavandula x *intermedia* Emeric
(= *L.* x *burnati* Briquet)

Ramassage
Perception du milieu
Société
Changements socioéconomiques

Avant, la lavande naturelle poussait partout, on la ramassait pour la vendre, puis le prix a baissé et on a laissé tomber en 1931. On la ramassait à la faucille, c'était dur. Puis, après trente-six, on a tout replanté en lavandin, avec les chevaux et la charrette, et un peu de lavande. La lavande sauvage, on en faisait 100 kilos/an, on la distillait avec l'alambic personnel. Aujourd'hui, on cueille encore un peu la lavande sauvagement (sic). *Le lavandin est cultivé pour la vente, pour l'essence et la distillation ; ça fait un parfum bon marché ; la lavande, c'est plus cher. Le lavandin ne fait pas de graines, on le bouture* [certains pieds de lavandin produisent des graines fertiles]. *C'est différent de la lavande sauvage, c'est un hybride de la lavande, un croisement de Mayette avec Materone ; c'est plus productif, mais moins fin* (M. et Mlle C., Banon).

La lavande sauvage, on en distillait 120 kilos en 1923, maintenant les pieds sont morts. On avait un appareil avant la guerre de 1914. Les abeilles venaient dans les

Lavande officinale

troncs d'arbres creusés, avec une grosse pierre dessus. [...] *La lavande, au plus on monte, au plus c'est meilleur. A Banon, il y avait 2 000 coupeurs de lavande qui venaient à la tâche de la basse Provence ; ils montaient à pied.* [...] *A la distillerie de Lardiers, il y a eu un incendie. Je me rappelle qu'il y avait rien que des chênes ; on a coupé ces chênes, ça a repoussé à côté, ça pousse de l'un, ça pousse de l'autre, y a des endroits où on ne peut plus passer.*

Avant, les bois et les chemins étaient entretenus (Mme L., 69 ans, Banon).

Emplois médicinaux. Médecine humaine

IIII, 9365, 9352. *Quand on se coupait avec la faucille, en ramassant les lavandes, et qu'on avait une blessure, cela ne s'envenimait pas, mais avec le lavandin, maintenant, ça s'envenime ; la lavande, c'est plus fin, ça a une odeur plus agréable que le lavandin ; elle est moins forte* (M. et Mlle C., Banon). — *C'est un bon désinfectant, en essence. Quand on se coupait avec la faucille, en récoltant la lavande, on mettait de l'essence sur les plaies et c'était très efficace* (M. et Mme B., Céreste). — *C'est cicatrisant et désinfectant* ; on met de l'essence de lavande sur les plaies et les coupures (cercle du 3e âge, Saint-Michel-l'Observatoire). — *L'essence de lavandin, c'est un désinfectant ; quand on se coupe, ça guérit* (Mme G., Céreste). — *On ramassait la lavande, c'est un désinfectant, surtout en essence* (M. G., Forcalquier ; Mme S., 80 ans, Séderon, 26). *L'essence de lavande, on l'utilise comme cicatrisant à tout faire* (Mlle B., Courson). — Pour obtenir un effet *cicatrisant*, on frotte simplement des fleurs entre les doigts, qu'on passe ensuite sur les plaies et les égratignures (M. G., 65 ans, Saint-Saturnin-d'Apt, 84). — *La fleur est cicatrisante.* “L'eau de lavande”, employée au soin des plaies, ne laisse pas de cicatrices (M. F., 50 ans, Valbelle).

On notera les avis contradictoires à propos des effets comparés de la lavande et du lavandin. Il se peut que celui-ci, dans le commentaire de M. et Mlle C. (Banon), pâtisse de son statut de plante industrielle au regard de la lavande, elle restée associée au domaine sauvage. En même temps, on est en présence d'un exemple d'apprentissage empirique des propriétés médicinales : le constat de l'efficacité antiseptique de la lavande est déduit d'une observation *in vivo*, dans un travail où les risques de blessure sont élevés, observation qui se retrouve à plusieurs reprises dans l'enquête de M. Amir en Luberon (*op. cit.*, 1994-1995). Cette observation valide l'hypothèse d'une découverte très ancienne des propriétés vulnéraires des résines qu'on recueillait pour l'éclairage ou pour en faire des colles. Plus bas (2574, etc.), on verra que lavande et lavandin sont regardés comme semblablement efficaces dans l'emploi vermifuge.

1150. *Il y a eu une brûlure grave avec de l'eau bouillante ; on a mis de l'eau de lavande distillée* (peut-être additionnée de cire d'abeille pour obtenir une pommade). *Ça a été fait à un enfant de 5-6 ans, ébouillanté au niveau de la poitrine et du visage ; il n'a pas eu de cicatrice* (M. T., 75 ans, Cruis).
La similitude du commentaire ("pas de cicatrice") avec celui de l'information immédiatement précédente (M. F., Valbelle) vaut d'être signalée. Les informateurs résident de part et d'autre de la montagne de Lure, dans un contexte de non-communication ancestral. L'un des bénéfices de l'enquête ethnobotanique est de mettre en évidence de semblables convergences qui, outre leur intérêt pour l'étude de la diffusion des savoirs, peuvent contribuer à valider certains emplois médicinaux inconnus du domaine savant.
1320. *Pour les contusions,* Mme C. fait une macération de fleurs dans l'alcool, dont elle se sert en compresses (M. et Mme C., 70 ans, Revest-des-Brousses).
La lavande paraît se substituer ici à l'hysope anti-ecchymotique ; celle-ci ne semblant pas pour autant connue dans cet usage dans la région considérée.
1611. *On la lavait, on l'ébouillantait ; il fallait mettre quelques gouttes d'huile et l'appliquer sur les boutons* (Mme F., 70 ans, Reillanne).
1914, 1943, 1945. *Contre l'arthrose et les jambes fatiguées,* on fait des massages d'huile essentielle de lavande (Mme M., 90 ans, Saint-Etienne-les-Orgues. — On utilise l'essence de lavande *pour masser contre les rhumatismes* (cercle du 3e âge, Saint-Michel-l'Observatoire). — *Contre les rhumatismes,* on fait des massages d'huile essentielle, ainsi qu'avec celle de lavandin (Mme D., 84 ans, Banon). — C'est un remède des *douleurs de rhumatismes* [SPE] (Mme C., 80 ans, Limans). — *Pour les rhumatismes,* on fait des massages avec l'huile essentielle, *même celle de lavandin* (Mme B., 75 ans, Mane ; information analogue de M. B., 75 ans, Montsalier). — *Contre les rhumatismes,* on boit l'infusion de lavande, associée au romarin (Mme B., 80 ans, Ferrassières, 26).
"L'huile de lavande" est considérée comme "un excellent liniment pour les rhumatismes" par Chomel (*op. cit.*, 1782). Dans le Piémont italien, en vallée Stura, la plante est employée (friction d'huile essentielle) "contre les douleurs" et "pour les rhumatismes" (D. Musset et D. Dore,

op. cit., 2006, p. 188), ce qui atteste la diffusion transfrontalière de l'indication — celle-ci d'ailleurs commune à plusieurs plantes aromatiques perçues à la fois comme toniques et sédatives. A l'intérieur, la lavande (infusion) a "une action diurétique manifeste" (H. Leclerc, *op. cit*, 1935, p. 169), ce qui justifie son usage dans les rhumatismes.

2121 (mélange "pour la digestion"). Voir "fenouil".

2430. Selon l'informatrice, une ablation de la vésicule a été évitée grâce à l'infusion de fleurs de lavande : *ça fait filer les calculs* (Mme S., 80 ans, Séderon, 26).

Voir ce qui est dit à propos de "l'obstruction du foie" dans les généralités en tête de chapitre.

2512. *C'est bon pour le mal de ventre* (M. et Mlle C., Banon).

2574, **2580**, **6241**. **Perception du corps, Perception de la maladie.** Une goutte d'essence de lavande sur un sucre, *ça endort les vers, ça les fait passer* (Mme B., 80 ans, Ferrassières, 26). — L'huile essentielle (1 goutte), en massage sur les tempes, l'estomac, la poitrine, a une action vermifuge contre les *vers stomacaux* des bébés (Mme S., 80 ans, Séderon, 26). — Les enfants de Mme B. avaient souvent *des vers qui remontaient sur la poitrine et le cou ; les vers sortaient de leurs poches à l'intérieur du corps et ça sortait de partout, du nez, de la bouche.* En faisant aux enfants des massages de la poitrine et du cou avec de l'essence de lavande, *les vers rentrent dans leur poche et les enfants en sont débarrassés. Ce sont des vers stomacaux, que les enfants vomissent.* On emploie aux mêmes fins le lavandin et la mélisse (enquête D. D., Saint-Michel-l'Observatoire). — Dans les cas de convulsions, quand le bébé *vomit des vers*, il faut masser le ventre et la poitrine de l'enfant avec de l'essence de lavande. Quand l'informateur avait 2 ans (années 1930), on le lui avait fait (M. J., 75 ans, Revest-du-Bion). — La lavande soigne les convulsions des bébés dues aux *vers intestinaux et stomacaux*. En cas de convulsions, on fait avaler au bébé 1 cuillère à café d'huile d'olive où l'on a écrasé un sucre humecté avec 1 goutte d'huile essentielle de lavandin. *Les bébés ont une poche à vers dans l'estomac, quand les vers sortent dans l'estomac, ils provoquent des convulsions. L'essence de lavandin fait rentrer les vers dans leur poche.* Une petite fille, *qui* [en avait] *les yeux révulsés*, a été sauvée grâce au lavandin (Mme B., 45 ans, Saint-Jean-de-Sault, 84).

Les images associées aux vers constituent l'un des domaines les plus riches des représentations populaires de la maladie. Ce sont les ascaris, vers susceptibles de migrer des voies digestives aux poumons, qui peuvent être expulsés par la bouche. L'emploi vermifuge de l'essence de lavande est attesté de longue date par les textes et réapparaît dans les autres enquêtes en haute Provence (cf. O. Madon, *op. cit.*, 1999, p. 112). Voir aussi ce qui est dit à propos de l'ail et de l'amandier.

3215. *C'est une tisane pour la toux, ça parfume* (Mme A., Saint-Michel-l'Observatoire).

3120, 4112. *C'est bon pour le rhume et pour le cœur ; on en fait de l'infusion en fleurs* (cercle du 3e âge, Saint-Michel-l'Observatoire).

3124, 3221. *Pour les bronches*, on prend quelques gouttes d'essence de lavande sur un sucre, ou bien on fait de l'infusion de fleurs. *Dans le pays, les gens se font régulièrement des infusions de lavande, peut-être pour se préserver des maladies* (M. J., 75 ans, Revest-du-Bion).

Dans les années 1960, les nouveaux venus en haute Provence s'étonnaient de voir la lavande, considérée par eux comme un parfum, exclusif de tout autre usage, prise en infusion pectorale ou sédative par les gens du pays. En dépit des efforts de promotion de cette plante vers le domaine culinaire, de sa place importante en aromathérapie, l'assimilation des fleurs (de surcroît surtout vendues de nos jours en sachets odoriférants, insectifuges) à un remède d'emploi domestique n'est pas acquise chez les "nouveaux habitants", loin s'en faut.

3250. *C'est bon pour l'asthme. Les gens asthmatiques viennent faire des cures de lavande, à Valensole et à Simiane. C'est une inhalation continue. A Simiane, il y a plusieurs plantes aromatiques avec la lavande, c'est bon pour l'asthme* (M. et Mme B., Céreste). — *C'est bon contre l'asthme* (cercle du 3e âge, Saint-Michel-l'Observatoire).

Le champ respiratoire de la lavande est moins manifeste que celui de l'hysope ou du thym. Toutefois, c'est l'action antispasmodique, ici, qui prime. Il serait intéressant d'enquêter sur la mémoire éventuelle des "cures de lavande" dans les localités évoquées (pour autant qu'elles y aient jamais pris une réalité visible). Toute limitée soit-elle à la durée des floraisons, c'est une thérapie à étudier, qu'on doit tenir pour autre chose que vue de l'esprit, qui, confortant l'image bienfaisante de la plante, devrait intéresser les responsables du tourisme… H. Leclerc (*op. cit.*,

1935, p. 169) a “obtenu [de la lavande] des résultats appréciables dans l'asthme”.

4113. *Pour les palpitations,* on conseille une pincée de fleurs en infusion (Mme X., 75 ans, Forcalquier).

4311, 5113. *La lavande fine, c'est la sauvage ;* [en infusion] *c'est bon pour la circulation, les règles* (M. et Mme C., 70 ans, Revest-des-Brousses). — Quand les règles sont retardées, douloureuses, on conseille l'infusion de fleurs de lavande (Mme X., 65 ans, Revest-du-Bion). — *Les fleurs de lavande* [en infusion], *c'est bon pour les règles, les douleurs, comme l'armoise* (M. et Mlle C., Banon). — *C'est pour les règles, comme l'armoise et la mélisse* (enquête D. D., Saint-Michel-l'Observatoire).

Le Livre des simples médecines, dans ses versions tardives (fin XIVe-XVe siècle), conseille la “golgemma” (lavande aspic) “contre les douleurs de la matrice causées par froidure”. Cette indication est reprise au fil des siècles par la médecine savante, parallèlement à la très probable permanence d'un savoir analogue de tradition orale.

6124. *En infusion, ça fait dormir* (cercle du 3e âge, Saint-Michel-l'Observatoire).

6213. *Le lavandin, c'est efficace pour les maux de tête, les migraines. Pour un adulte, il faut mettre 2 gouttes d'huile essentielle sur un sucre, et l'avaler, et puis mettre une compresse d'huile essentielle sur la tête et la nuque* (Mme B., 45 ans, Saint-Jean-de-Sault, 84).

Les deux informations précédentes relèvent du champ sédatif de la plante. **6213** traduit l'expérience d'une personne à la pratique innovante, au statut voisin de celui de guérisseuse, qui peut avoir recours aux ouvrages de vulgarisation.

9382. *Quand on a dîné, on s'envoie une bonne infusion de lavande, romarin et thym. Ici nous avons toutes les plantes, il suffit d'aller les cueillir* (M. et Mme U., 80 ans, Banon).

Voir ce qui est dit à **3124**.

Emplois alimentaires, condimentaires et assimilés

Divers. *Dans le temps, on faisait des glaces et des bonbons à la lavande ; c'est pas bon* (cercle du 3e âge, Saint-Michel-l'Observatoire).

L'information laisse entendre que les tentatives de faire de la lavande un arôme alimentaire sont déjà anciennes.

Emplois médicinaux
Pratiques vétérinaires et assimilées

Blessures, lésions externes. L'essence de lavandin est un vulnéraire d'emploi courant en médecine vétérinaire. Ainsi pour le soin des plaies et des coupures, et *pour les brebis quand elles ont mal aux mamelles. C'est désinfectant, ça guérit. Il faut en mettre plusieurs fois* (Mme G., Céreste). — *C'est désinfectant et cicatrisant* [infusion ou huile essentielle] (Mme S., 80 ans, Séderon, 26).

On retrouve ici les indications de la médecine humaine (cf. **1111**). Le traitement des morsures de vipère par des frictions d'huile essentielle de lavande n'est pas relevé par l'enquête mais a été noté antérieurement (années 1970) dans la région d'Albion, concernant les brebis et les chiens.

Coliques. *Les chevaux, on les soignait avec l'huile essentielle de lavande, la "mangette", qu'on appelle, elle est pas si fine, mais elle est bonne ; on mettait 2 à 3 doigts dans le tilleul ; on leur faisait boire pour les coliques* (M. M., 60 ans, Banon). — Pour soigner les coliques des chevaux, on leur faisait boire 2 ou 3 gouttes d'huile essentielle de lavande dans une infusion de tilleul (M. V., 70 ans, Banon).

Météorisme. Dans la "gonfle" des brebis, des vaches et des chèvres, on mélange 3 ou 4 gouttes d'huile essentielle de lavande à 1/4 de litre d'eau et on fait boire (Mme C., 65 ans, Banon).

Vers. Contre les vers des chiens, on fait absorber quelques gouttes d'huile essentielle de lavande (M. F., 50 ans, Valbelle). — *C'est vermifuge pour les bêtes* [infusion ou huile essentielle] (Mme S., 80 ans, Séderon, 26).

Voir, plus haut (**2574**), les données de la médecine humaine.

Divers. La paille de lavande [résidu de la distillation], et aussi la lavande séchée, servaient de litière. On la considérait comme un *désinfectant* [Annot] (Mme B., 65 ans, Volonne).

En vallée Stura (Piémont italien), on brûlait la lavande dans les étables et les bergeries après qu'on les avait curées, "pour purifier l'atmosphère" (D. Musset et D. Dore, *op. cit.*, 2006). Cette pratique ne semble pas avoir son analogue de ce côté-ci de la Durance.

Lichens

Très peu de lichens ont connu des emplois médicinaux, du moins en France, et il semble que la médecine populaire soit ici plus inventive que le domaine de tradition écrite. Dans le passé, *Cetraria islandica* (L.) Ach., le lichen d'Islande, fréquent en montagne sous nos latitudes (il existe à Lure), tenait un grand rôle dans le soin des affections respiratoires, surtout en pratique savante. De nos jours, seul *Lobaria pulmonaria* (L.) Hoffm., la pulmonaire du chêne, conserve une place dans la pharmacopée, et seulement en homéopathie. La distinction de ces étranges végétaux composites (alliance d'un champignon inférieur et d'une algue) est difficile, surtout du ressort des spécialistes, ce qui contribue à les rendre peu accessibles à l'identification vernaculaire. Hors enquête, le "lichen du chêne blanc" [*Evernia prunastri* (L.) Ach.] a été cité comme remède de l'hypotension (**4330**) par une informatrice de Saint-Laurent-des-Arbres (Gard, 1979).

Emplois médicinaux. Médecine humaine

3111. *Il pousse au ras du sol* [l'informatrice ne peut en donner de description exacte]. Son infusion [en gargarismes ?] sert *contre les maux de gorge* (Mme M., 90 ans, Saint-Etienne-les-Orgues).
L'habitat et l'indication suggèrent le lichen d'Islande, *Cetraria islandica.*
3212. *Le lichen de roche des montagnes, bien en végétation, c'est pour les maladies de poitrine, en infusion* (M. C., Allos).
L'indication laisse entendre qu'il s'agit aussi du lichen d'Islande, terricole et non saxicole mais dit ici "de roche" par distinction probable avec les lichens fruticuleux arboricoles.

Emplois médicinaux
Pratiques vétérinaires et assimilées

Divers. *Pour les chevaux, on fait des infusions plus chargées, quand ils ont des maladies de poitrine* (M. C., Allos). Voir le commentaire donné à **3212**, l'information se référant à la même espèce.

Lierre

Hedera helix L.

ARALIACÉES

Commun dans la plupart des bois frais, sur les vieux murs, les ruines, les rochers ombragés, le lierre est au nombre des quelques ligneux à baies qui, grâce aux oiseaux frugivores, s'installent les premiers dans la chênaie blanche de reconquête. C'est une plante qui, dans son aire européenne et proche-orientale, est connue de toutes les sociétés rurales. Les premiers textes de la médecine grecque lui attribuent des indications précises, en particulier dans les soins externes, domaine qui est resté privilégié par la pratique populaire comme l'attestent les données ci-dessous.

Emplois médicinaux. Médecine humaine

1112, 1324. *Il faut faire bouillir les feuilles et faire tremper la main dedans, ou en faire des compresses, quand on a des blessures et des coups* (Mme F., 70 ans, Reillanne).
1741. Les feuilles de lierre en décoction servent à *brunir les cheveux* (cercle du 3e âge, Saint-Michel-l'Observatoire).
Emploi classique de la plante en cosmétologie populaire, en relation avec son rôle, non moins courant, pour la lessive du linge noir.
1765. *Pour les durillons des pieds,* on fait des bains de pieds ou des applications locales de décoction de lierre (M. et Mme C., 70 ans, Revest-des-Brousses).
4314. *Les feuilles de lierre, en bains de pieds, ça décongestionne les jambes* (cercle du 3e âge, Saint-Michel-l'Observatoire).
Alors que les mentions d'usage externe du lierre pour soigner les plaies, les ulcères, les cors, sont fréquentes dans la littérature ancienne, la propriété "décongestionnante" pourrait être une extension populaire de l'emploi en résolutif.
9420. *Il y en a qui le boivent, mais il faut se méfier* (enquête J. M., Saint-Michel-l'Observatoire).
La toxicité du lierre est déjà signalée par Dioscoride, au Ier siècle ; d'où la rareté des emplois internes en pratique populaire, emplois auxquels fait allusion la citation mais qui n'ont pas été relevés par l'enquête (ni par celle de M. Amir en Luberon).

Economie domestique

Lessive. *Ça remplaçait le Mir. On lavait les lainages noirs et les blouses d'écolier avec les feuilles. Ça remplaçait le bois de Panama. Le lierre donnait du brillant aux blouses d'écolier. Ça les rendait neuves* (Mme A., Saint-Michel-l'Observatoire). — Pour la lessive du linge noir, on faisait bouillir les feuilles de lierre avec le linge (Mme X., 65 ans, Revest-du-Bion).
Cet emploi du lierre, vraisemblablement très ancien, est attesté dans de nombreuses régions et en d'autres pays européens.

Lierre terrestre

Glechoma hederacea L.

LABIÉES (= LAMIACÉES)

Cette petite Labiée aux tiges principales couchées, feuilles crénelées presque rondes, fleurs d'un bleu violacé clair, est très rare et localisée en haute Provence occidentale, dans des situations où son indigénat peut être mis en doute : anciens jardins, parcs, haies fraîches aux abords des villages, etc. C'est seulement au nord de la chaîne de Lure qu'elle pourrait avoir des localités naturelles, ainsi aux Omergues. Remède très courant de la médecine populaire des régions non méditerranéennes, à visées surtout respiratoires, le lierre terrestre paraît étranger à la pharmacopée méridionale. Toutefois, sa présence çà et là au voisinage des lieux habités (haie à La Brillanne, prieuré d'Ardenne en Saint-Michel, vieux jardin et ancienne voie ferrée à Mane, etc.) peut laisser penser à d'anciennes introductions à des fins médicinales.

Emplois médicinaux. Médecine humaine
Ramassage

9110. *C'est un dépuratif, on le ramassait dans la colline en mai-juin, vers la Saint-Jean* (M. G., Saint-Michel-l'Observatoire).
Confusion d'espèces probable, d'autant plus que la plante ne croît pas "dans la colline", et fleurit au premier printemps. De surcroît, le lierre terrestre, plante surtout béchique, n'a pas les attributions d'un dépuratif. Il n'est pas exclu que l'information fasse allusion au lierre (vrai) qui croît sur le sol.

Lin

Linum usitatissimum L.

LINACÉES

Autrefois cultivé en haute Provence comme plante textile, le lin l'est parfois encore, très localement, pour la graine. Celle-ci, riche en mucilage adoucissant, est l'un des émollients les plus connus de la médecine ancienne, populaire et savante, très employé dans les inflammations de toute nature. De nos jours, on retient avant tout ses propriétés laxatives dont tire même parti la boulangerie, *via* les "pains aux graines de lin" proposés aux intestins paresseux.

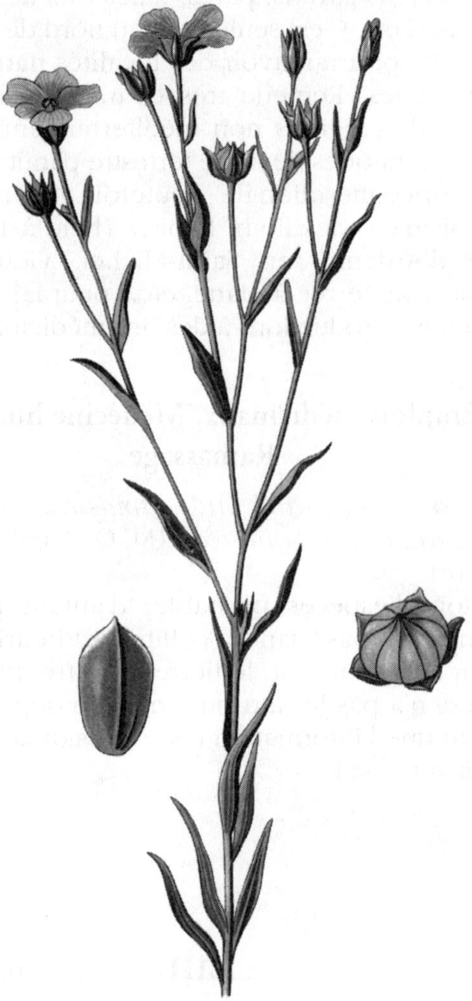

Emplois médicinaux. Médecine humaine

1112, 1150. *Pour les blessures ou les brûlures* [l'informatrice ne s'en souvient pas exactement], *on faisait des cataplasmes de farine de lin* (Mme F., 70 ans, Reillanne).

2390. *On faisait un "escudé" avec la farine de lin ; c'était pour les grandes personnes, quand elles souffraient du cancer de l'estomac. On mettait des cataplasmes de farine de lin, y avait que cette chaleur qui atténuait la souffrance* (Mme L., 69 ans, Banon).

On remarquera que, comme ci-dessous en 3221, c'est à la chaleur qu'on attribue l'action thérapeutique (toute relative soit-elle) et non à l'effet anti-inflammatoire.

3111, 2580. En cas de maux de gorge, on conseille des cataplasmes de farine sur la gorge (Mme X., 75 ans, Forcalquier). — *En cataplasmes, c'est bon pour la gorge, pour adoucir, sans moutarde* (Mme A., Saint-Michel-l'Observatoire).

3221, 3120, 9327. *On faisait des cataplasmes à la farine de lin pour réchauffer, pour tenir chaud, quand on avait pris froid aux bronches ou quand on était enrhumé* (Mme L., 69 ans, Banon). — *Quand on a les bronches prises, on fait des cataplasmes avec de la farine de lin ; ça fait une pâte très chaude, on met de la poudre de moutarde dedans* (M. S., La Bastide-des-Jourdans, 84). — *On faisait des cataplasmes de farine de lin saupoudrée de poudre de moutarde, pour les bronchites, ça faisait chaud* (Mme G., Banon). — *On faisait des cataplasmes de farine de lin chauds quand les enfants avaient de la bronchite* (Mme F., 70 ans, Reillanne).

La présence du lin dans les cataplasmes rubéfiants et dérivatifs à la farine de moutarde, remède séculaire des affections respiratoires, aujourd'hui tombé en désuétude, n'a pas seulement pour objet de conserver et de transmettre la chaleur mais aussi de modérer la causticité de la moutarde.

7120. *Il faut faire une "escudet" quand on avait froid, la grippe. On faisait à la personne des cataplasmes à la farine de lin et au poivre* (Sœur T., Mane).

Emplois médicinaux
Pratiques vétérinaires et assimilées

Constipation. Contre la constipation des cochons, on leur faisait avaler des graines de lin bouillies (M. F., 80 ans, Reillanne).

Analogie d'emploi avec la médecine humaine. Celle-ci, dans la région, use du lin laxatif sur un mode discret qui témoigne de la faible importance économique actuelle de la plante, mais aussi de la présence de remèdes courants, comme la mauve et la guimauve, qui occupent largement la "niche thérapeutique" des laxatifs. Non relevée par la présente enquête, cette indication a deux témoignages chez M. Amir (*op. cit.*, 1994-1995).

Divers. *Ça rafraîchit les chevaux* : on leur donne des graines de lin à manger de temps en temps (M. et Mme C., 70 ans, Revest-des-Brousses).

Lis blanc

Lilium candidum L.

LILIACÉES

pl. 2, fig. 7

Plante ornementale parmi les plus anciennes, originaire du Proche-Orient, déjà cultivé en Crète au début du IIe millénaire avant J.-C., le lis, grande corolle immaculée au parfum suave jusqu'à l'excès, a été associé aux cultes bien avant son élection par l'Eglise qui en fera la fleur mariale par excellence. Cette quasi-sacralisation n'est pas étrangère à sa place majeure parmi les remèdes vulnéraires de nos contrées ; mais la réputation du lis médicinal est antérieure aux temps chrétiens, comme en témoignent les nombreuses indications répertoriées par les auteurs de l'Antiquité, tels Dioscoride et Pline (Ier siècle). C'est alors surtout le bulbe écailleux qui est estimé comme remède : "ses racines rendent célèbre de maintes façons la fleur du lis", dit Pline ; mais il relate qu'on applique aussi "la fleur et les feuilles sur les vieux ulcères".

Fleur de tous les vieux jardins, où elle se perpétue d'une année sur l'autre sans requérir aucun soin, le lis blanc, avec la grande camomille, la guimauve, la mélisse et quelques autres plantes vivaces, appartient aux remèdes végétaux de base que l'ancienne société haut-provençale conservait au voisinage de la maison. Les modes d'emploi, qui privilégient l'alcoolature et la macération dans l'huile, permettent d'en disposer toute l'année. Quelque peu tombé en désuétude de nos jours dans sa fonction ornementale, oublié de la plupart comme remède, le lis reste cependant l'un des vulnéraires les plus cités dans les enquêtes récentes. Il semble avoir complètement perdu ses anciens emplois internes (eau distillée des fleurs en antispasmodique, etc.), jugés inefficaces déjà par la médecine savante du XIXe siècle.

Emplois médicinaux. Médecine humaine

[Fleurs, excipient huileux] 1111, 1120, 1150, 1230. *On met les fleurs de lis à macérer dans l'huile d'olive pour les plaies et les brûlures : c'est très efficace, on peut mettre aussi les fleurs dans de l'eau-de-vie et mettre ça sur le mal externe,* *ça fait du bien* (M. et Mlle C., Banon ; cf. Mme X., 65 ans, Revest-du-Bion). — Les fleurs macérées dans l'huile font un remède des brûlures et du "mal". Quand il y a du pus, une infection due aux épines, pour les blessures, c'est la macération des pétales dans l'alcool qui est employée en compresses (Mme A., 65 ans, Forcalquier). — *Les fleurs dans l'huile d'olive, on en met sur les coupures ; on faisait des pansements* (M. M., 60 ans, Banon). — *C'est comme pour le millepertuis. On met les pétales dans l'huile, à macérer. Ça fait une huile rouge, c'est très bon pour les brûlures, toutes les brûlures* (Mme B., 75 ans, Mane). — Mme F. a du lis cultivé dans son jardin et elle en fait de "l'huile rouge", en faisant macérer les fleurs (les pétales) dans de l'eau-de-vie ; *c'est pour les brûlures* (Mme F., 70 ans, Reillanne). [Dans les deux données précédentes, "huile rouge", nom courant de l'huile de millepertuis, est entendu en allusion à des propriétés curatives analogues, non par similitude de couleur entre les deux préparations.] — *Pour les plaies, les blessures*, on fait une macération de fleurs de lis dans l'huile d'olive ; elle sert en pansements (M. et Mme U., 80 ans, Banon). — *La fleur de lis est trempée dans de l'huile ; on la met sur les coupures, sur les plaies, c'est un cicatrisant ; la grand-mère de ma belle-fille le fait encore, à 90 ans ; elle le garde comme ça* (Mme T., 60 ans, Limans). — *On met la fleur de lis à macérer dans de l'huile et, quand on a des plaies, on en met en cataplasmes* (Mme A., Saint-Michel-l'Observatoire).

[Fleurs, excipient alcoolique] 1111, 1120. *On met les pétales de lis blanc à macérer dans l'alcool et, quand on a des plaies, on en met dessus, en compresse, avec une feuille de lis dessus et c'est radical : ça guérit* (cercle du 3e âge, Saint-Michel-l'Observatoire ; données analogues de Mme M., 90 ans, Saint-Etienne-les-Orgues ; Mme C., 70 ans, Forcalquier). — *On le cultive dans le jardin ; on fait tremper les pétales dans l'eau-de-vie ; c'est pour les coupures* (Mme F., 70 ans, Reillanne).

[Fleurs, excipient alcoolique] 1320. *On met les fleurs de lis dans de l'eau-de-vie, c'est un remède miracle pour les contusions, c'est très efficace ; j'ai des lis dans le jardin* (M. G., Forcalquier).

[Fleurs, excipient alcoolique/huileux] 1211, 1511, 1520. *Les fleurs de lis, dans l'eau-de-vie, c'est bon dès qu'on a du pus. Sur un bouton qui coulait, on mettait de la fleur de lis dans l'eau-de-vie, pendant 2 à 3 jours ; la fleur de lis, c'était plus efficace* (enquête J. M., Saint-Michel-l'Observatoire).

— Pour traiter un mal blanc, soigner un bouton purulent ou non, faire sortir une épine, la famille prépare encore une macération des fleurs dans l'huile et une macération dans l'alcool. On se sert d'abord de l'huile, avant de passer à l'alcool. *Le boucher avait un mal qui suppurait et ne guérissait pas, à la main ; une vieille femme lui a mis de l'huile de lis sur le mal ; ça a fait ressortir un poil de cochon qui provoquait l'infection, puis elle a mis de l'alcool de lis pour cicatriser* (Mme B., 80 ans, Ferrassières, 26). — Les pétales de fleurs de lis sont mis à macérer dans de l'huile ou de l'alcool. On applique les pétales macérés sur le panaris : *Ça avait mûri le mal, le panaris avait disparu. C'est douloureux les panaris* (M. B., Montjustin).
[Bulbe] **1111**, **1150**. Dans le *mal au doigt* (plaie), un "oignon" de lis écrasé est appliqué en cataplasme autour du doigt (Mme L., 69 ans, Banon). — *Pour les brûlures*, on fait un cataplasme avec un oignon de lis écrasé avec de l'huile d'olive (Mme L., 69 ans, Banon).
Le lis, remède exclusivement externe, cicatrisant, maturatif, anti-inflammatoire, a une situation de "spécialité" dans la pharmacopée populaire. Il est probable que ses modes d'emploi, qui fournissent un topique vulnéraire utilisable toute l'année, ont contribué à écarter des usages internes sans doute moins probants, qui semblent avoir surtout été du ressort de la médecine savante (eau distillée, etc.). L'huile comme excipient du lis est déjà citée dans l'Antiquité, mais on y fait cuire la plante. Jusqu'au XVIe siècle, où l'eau-de-vie n'est pas encore un produit courant, c'est toujours l'huile ou la graisse qui resteront le véhicule des principes actifs de la plante. Matthioli, dans son long chapitre sur le lis, ne cite rien qui ressemble à une alcoolature : celle-ci n'est pas encore une forme médicamenteuse. L'alcoolature (au sens strict, macération de plantes fraîches dans l'alcool), analogue médicinal des ratafias de fruits, est un mode de préparation des remèdes qui a dû gagner le domaine populaire avec la banalisation de la distillation des eaux-de-vie dans le monde rural. On remarquera, dans ce qui précède, que l'huile et l'alcool de lis ne semblent pas répondre à des attributions précises pour la plupart des informateurs ; il apparaît même des contradictions. Ainsi, pour Mme A., Forcalquier (**1111-1230**), c'est explicitement la macération alcoolique dont on use "quand il y a du pus, une infection due aux épines", alors que, dans le cas très analogue relaté en **1211-1520** (Mme B., Ferrassières, 26), c'est l'huile qui est

employée. Les remèdes vulnéraires à excipient huileux s'adressent habituellement aux brûlures, inflammations et enflures (cf. millepertuis), tandis que l'alcool est généralement préféré quand il y a plaie hors brûlure (exception : l'alcoolature d'arnica, irritante sur les blessures, est spécifique des contusions). Dans les données recueillies par M. Amir en Luberon (*op. cit.*, 1995), l'alcool est nettement privilégié. Voir aussi ce qui est dit à "millepertuis" (généralités) à propos du rapport de cette plante avec le lis.

Emplois médicinaux
Pratiques vétérinaires et assimilées

Mise bas. Pour aider à la mise bas d'une chèvre, on s'enduit les mains d'une pommade composée d'un mélange d'oignon de lis et de saindoux ; *c'était il y a 20 ou 30 ans* (Mme L., 69 ans, Banon).

Lotier

Lotus corniculatus L.

LÉGUMINEUSES-PAPILIONACÉES (= FABACÉES)

Cultivé comme fourragère (prairies artificielles), localement et plutôt en sols riches, le lotier est fréquent à l'état sauvage dans les prairies, les friches et les parcours, des basses altitudes jusqu'au sommet de l'étage montagnard. C'est une plante très variable dont il existe des formes xérophiles. Dans les pelouses de haute altitude, on rencontre une (sous-)espèce voisine à fleurs orangées.

Emplois médicinaux. Médecine humaine

9331. *C'est un calmant, je l'ai lu dans un livre* (M. et Mme C., 70 ans, Revest-des-Brousses).
La phytothérapie contemporaine, qui a reconnu au lotier des pouvoirs antispasmodiques notables, l'indique en particulier comme spécifique du mal des transports et autres vertiges.

Emplois médicinaux
Pratiques vétérinaires et assimilées

Vipères, morsures. Le "lotier sauvage" est dit *antivenimeux pour les bêtes* (M. B., Montjustin).

S'agit-il de *Lotus corniculatus* ou d'une Légumineuse d'allure voisine, *Hippocrepis comosa* L., plus répandue que la précédente en milieux incultes, qui serait le "lotier sauvage" ? Les gousses de l'*Hippocrepis*, très ondulées, simulant des vipères miniature, pourraient induire un raisonnement d'ordre analogique. Le lotier corniculé a des gousses droites, aux valves vrillées après la libération des graines. Il s'agit d'une information sans référence dans la littérature consultée.

Maïs

Zea mais L.

GRAMINÉES (= POACÉES)

Devenu culture intensive en haute Provence avec l'extension de l'arrosage par aspersion, le maïs est produit en grand dans les zones favorables (plaine de Mane, vallée de la Durance, etc.), où il semble toutefois céder du terrain devant des cultures d'été plus rémunératrices, comme le melon. Cette céréale très productive mais particulièrement exigeante en eau comme en "intrants" divers (engrais, herbicides, etc.) est au nombre des aberrations les plus manifestes de l'agriculture industrielle dans une économie où l'eau devrait être gérée de la façon la plus rigoureuse (comme en bien d'autres régions du monde).

Emplois médicinaux. Médecine humaine

2315 (*in* **9150**) (infusion composée "pour l'estomac"). Voir "germandrée petit-chêne" (M. T., 75 ans, Cruis).
2621 (infusion composée "pour l'acide urique"). Voir "cerisier" (Mme B., 75 ans, Mane).
2720. Dans la *cystite*, on fait boire une décoction de barbes de maïs, jusqu'à la fin de la crise. Recette donnée par un docteur (la plante est achetée) (Mme B., 80 ans, Ferrassières, 26).
9311. Voir "orge" (mélange "pour uriner" ; Mme L., 69 ans, Banon) ; "cerisier" (mélange diurétique ; Mme F., 70 ans, Reillanne).
C'est habituellement dans les infusions composées qu'on rencontre les "stigmates de maïs" en pratique populaire, indice probable d'une influence de l'herboristerie (*via* des remèdes de colporteurs ?) ou d'une pratique de guérisseur. L'enquête EPI ne contredit pas cette règle.

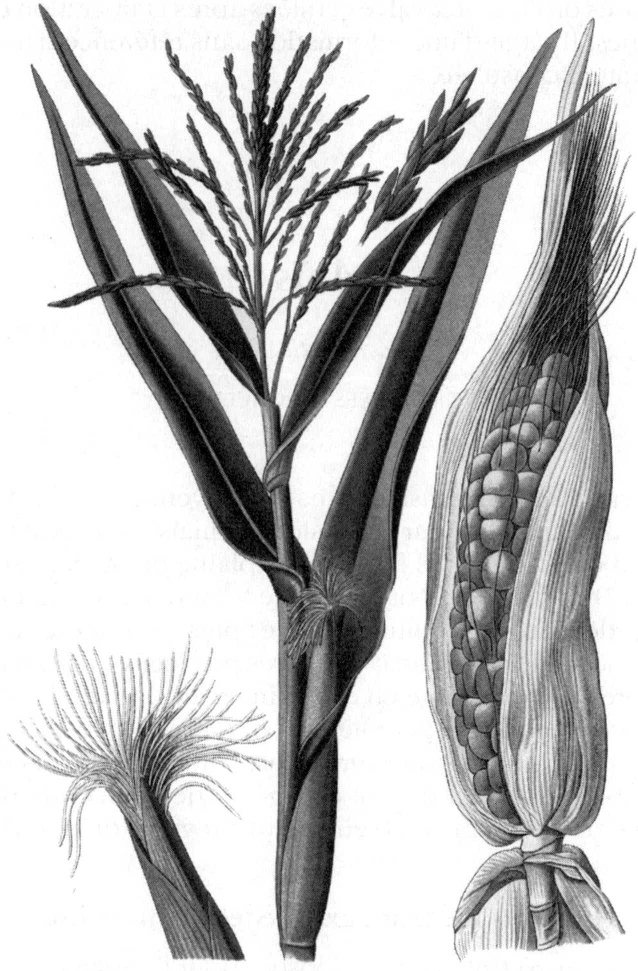

Diurétiques de valeur, les “barbes” (styles, dit “stigmates”) de maïs sont déjà citées comme telles à la fin du XVIIe siècle mais ne sont expérimentées et prescrites par la médecine savante qu'à la fin du XIXe. Comme en ce qui concerne un certain nombre de plantes d'origine exotique introduites à partir du XVIe siècle, qui connaissent des emplois médicinaux de tradition orale en Europe (courges, épiaire laineuse, marronnier, pomme de terre, etc.), se pose la question de la constitution des savoirs : ceux-ci ont-ils été véhiculés en même temps que les végétaux auxquels ils sont associés ? Sont-ils apparus ultérieurement dans nos cultures, et comment ? Il se peut que les stigmates de maïs connaissent des emplois traditionnels en Amérique centrale, mais ils n'ont pas migré dans l'aire nord-américaine, où la plante était cultivée par plusieurs sociétés indiennes bien avant l'arrivée des Blancs : les inventaires d'ethnopharmacologie les plus attentifs n'en font pas mention. Selon Francisco Hernández, auteur espagnol du début du XVIIe siècle cité par Font Quer (*op. cit.*, 1973, p. 948), les Indiens voyaient dans la consommation habituelle du maïs la raison de l'absence de la "maladie de la pierre" dans leurs sociétés.

Marjolaine

Origanum majorana L. (= *Majorana hortensis* Moench.)

LABIÉES (= LAMIACÉES)

Cette plante originaire du Proche-Orient, bien connue des médecines antique et médiévale, n'est que rarement cultivée dans les jardins haut-provençaux où elle fait figure d'introduction récente. Comme l'origan, *Origanum vulgare,* dit "marjolaine sauvage", est souvent qualifié de "marjolaine" tout court, les confusions sont fréquentes entre les deux espèces. L'information recueillie au titre de "marjolaine" se réfère à l'origan ; voir ce nom (§ "emplois alimentaires, aromate" ; M. et Mme C., Revest-des-Brousses).

Marronnier d'Inde

Aesculus hippocastanum L.

HIPPOCASTANACÉES

Arbre d'ornement fréquent dans les villes et les villages, en alignement, dans les parcs, etc. Bien moins planté de nos jours car il souffre des étés secs dans les sols peu pourvus en eau. Ensauvagé çà et là dans les ravins frais, les bois riverains, habituellement à peu de distance de sujets cultivés. Originaire des Balkans (Albanie, Nord de la Grèce), le marronnier ne fut propagé dans le reste de l'Europe qu'au XVIe siècle, en France à partir de 1615.

Emplois médicinaux. Médecine humaine

4370. *Contre les hémorroïdes*, il faut porter un marron dans la poche (M. M., 67 ans, Séderon, 26). — *Contre les hémorroïdes*, il faut porter un marron dans sa poche. C'est M. M., de Séderon [cf. donnée précédente], qui l'avait appris à l'informatrice, des années auparavant (Mme S., 80 ans, Séderon, 26).
Comme l'anémone hépatique ou la chélidoine, le marron d'Inde est un remède où l'analogie rencontre des propriétés vérifiables au niveau pharmacologique. Tonique veineux très prescrit dans les hémorroïdes, c'est aussi une image des bourrelets hémorroïdaires ; d'où cette modeste magie thérapeutique. En même temps, la genèse de l'usage pose question : 1. le symbole a-t-il précédé le savoir savant ou lui a-t-il succédé ? 2. Qu'est-ce qui a suscité l'élection d'un fruit nouveau venu en Europe occidentale, dont il est peu probable que des emplois aient voyagé avec l'arbre qui le porte ? Très peu d'exotiques introduits aux Temps modernes ont pris place dans la médecine populaire, *a fortiori* dans les croyances.

Marrube blanc

Marrubium vulgare L.

LABIÉES (= LAMIACÉES)

pl. 6, fig. 17 et 18

Plante vivace nitrophile, exclusive des sols secs fumés par le passage fréquent des troupeaux, transportée dans les toisons où s'accrochent à maturité ses calices crochus, le marrube est un familier du voisinage des bergeries. Comme les herbivores ne touchent pas à cette herbe très amère, ses touffes grisâtres peuvent se multiplier jusqu'à

dominer complètement certaines jachères surpâturées ; il apparaît alors comme un “refus de troupeau” des plus caractéristiques. On le voit aussi pénétrer parfois les champs de luzerne et de sainfoin, favorisé par l’enrichissement du sol en azote, où il résiste aux coupes périodiques. L’abandon du pâturage le fait régresser peu à peu, jusqu’à complète disparition. Comme le pastoralisme est en déclin dans toute la haute Provence, le marrube, de plante communément répandue qu’il était encore dans les années 1960, se fait de plus en plus localisé. Si le parcours des ovins devait cesser, le statut de ses populations pourrait finir par l’apparenter à une plante menacée.
“Marrube blanc” distingue, dans l’Antiquité latine et au Moyen Age, cette espèce de sa parente la ballote fétide, dite alors “marrube noir”. En haute Provence, dans le territoire de l’enquête, ainsi qu’en Vaucluse (cf. M. Amir, 1995), c’est sous le nom de “mont-blanc” que la plante est la plus connue, nom qui évoque l’allure très blanchâtre des touffes printanières aux tiges cotonneuses. “Herbe de la Saint-Jean” ajoute le marrube à la bonne vingtaine de plantes qui sont qualifiées de ce nom dans notre pays, en signalant peut-être la période préférée de cueillette.
Remède important de la médecine antique (“il est trop connu pour qu’il soit nécessaire de le décrire”, dit Pline, XXII, 241), le marrube se voit reconnaître un certain nombre d’indications externes, des déchirures musculaires à la gangrène ; à l’intérieur, on le donne dans les affections hépatiques comme la jaunisse, en emménagogue, en antivenimeux ; mais sa prescription la plus importante intéresse les affections pulmonaires : toux, bronchites, difficulté d’expectoration, hémoptysie. Cette attribution du marrube au champ respiratoire, qui se perpétuera en bonne place jusqu’au XXe siècle dans la médecine savante, n’apparaît pas dans l’enquête EPI mais elle a été relevée une fois, antérieurement, à Forcalquier (les Tourettes), en 1968, où un informateur de 70 ans prenait de la macération vineuse de marrube pour soigner son emphysème, sur le conseil d’un médecin de Forcalquier (recueil P. L.) ; elle figure une fois dans le recueil de M. Amir en Luberon (“pour les tuberculeux”) ; Garidel en souligne l’importance, sans relever toutefois d’emplois populaires dans la Provence de son temps — mais il ne prête que très peu d’attention explicite aux savoirs du “vulgaire” (*op. cit.*, 1715, p. 306).

C'est que la médecine populaire méridionale a fait du marrube l'un de ses dépuratifs majeurs, "remède spécialisé" qui a éclipsé tout autre usage de la plante. Comme on le verra ci-dessous, c'est seulement au niveau vétérinaire que persistaient, dans les années 1980, les attributions respiratoires du marrube. Cette substitution quasi totale d'une propriété répondant aux représentations populaires, et surtout validée par l'expérimentation non écrite, à des emplois nullement négligeables de la médecine savante autorise à corriger l'image d'une médecine de tradition orale sous influence unidirectionnelle de l'écrit. Il y a bien ici un système de mise en œuvre du végétal qui évolue de façon autonome, fût-il plus ou moins dépendant des représentations jadis communes aux divers empirismes, de tradition écrite et orale. Cette place particulière des dépuratifs, qui a déjà été explorée de façon détaillée ailleurs (cf. P. Lieutaghi, *op. cit.*, 1986), montre ici encore à quel point elle propose des pistes de questionnement importantes pour ce qui concerne la constitution des savoirs médicinaux.

Perception de la plante
Perception du milieu

Le mont-blanc est velouté, vert-blanc ; les fleurs, c'est des boules piquantes (Mme G., Céreste). — *Le mont-blanc, c'est comme l'artémise, mais blanc, c'est différent de l'absinthe ; on n'en voit plus guère, aujourd'hui, à cause des cultures et des désherbants ; ça n'a pas beaucoup de feuilles, c'est très amer* (Mme F., 70 ans, Reillanne).

Emplois médicinaux. Médecine humaine

1530, 1611, 9111. *Quand on a des furoncles, on prend le marrube en infusion ; il ne faut pas dépasser 8 jours, d'après l'ancien docteur de Saint-André* (Mlle B., Courson). — *Un peu de "mont-blanc", 2 à 3 jours, ça purge le sang ; pour les boutons et les furoncles, on nettoie les croûtes avec l'infusion de mont-blanc ; le mont-blanc, c'est dépuratif, on nous le faisait boire au printemps, il me semble ; on nettoyait les croûtes avec l'infusion de mont-blanc* (enquête J. M., Saint-Michel-l'Observatoire).

La visée dermatologique des cures de marrube a été attestée hors enquête (recueil P. L., Revest-des-Brousses,

1972), où la plante (ainsi que d'autres dépuratifs amers) est perçue comme propre à "faire sortir les boutons", péjoration temporaire de l'affection précédant la guérison. L'enquête de M. Amir en Luberon (1994-1995) montre que la relation marrube/dermatoses est largement connue en haute Provence. Voir aussi la dernière donnée du § suivant.

9110, 9111, 9121, 9130, 9420. *C'est pour dépurer le sang, c'est amer, on en boit au printemps, le matin, en infusion ; on met toute la plante, pas* [seulement] *les fleurs* (Mme G., Céreste ; cf. Mme S., 75 ans, Forcalquier). — *C'est une plante dépurative pour les gens ; on la prend en cure tout le temps* (Mme B., 75 ans, Mane). — *C'est l'herbe de la Saint-Jean, c'est un dépuratif, c'est bon pour nettoyer le sang* (M. et Mme C., 70 ans, Revest-des-Brousses). — Le "mont-blanc" sert *pour purger le sang* (M. et Mme B., Céreste). — *Le marrube, c'est un dépuratif ; il ne faut pas en abuser parce que ça fait maigrir énormément ; chez les femmes, ça donne des hémorragies, ça rend le sang trop fluide ; à Trets* [Bouches-du-Rhône], *c'est un remède qu'on ne donne jamais aux femmes* (M. C., Allos). — *C'est très, très, très amer ! on en trouve sur la route de Limans ; c'est bon pour le sang ; j'en prenais toute jeune* (Mme R., Mane — *le mont- blanc, c'est mauvais au goût,* disent aussi M. et Mme U., 80 ans, Banon). — [Ce dépuratif] *est un remède de cheval, il faut en prendre 2 jours au maximum ; j'ai connu une dame qui en avait trop pris : oh, la pauvre, elle était pleine de mal* (Mme C., 70 ans, Forcalquier). — *Il ne faut pas trop en prendre car ça fait sortir les boutons* (Mme S., 75 ans, Forcalquier). — *On le boit* [en infusion], *l'hiver quand il fait froid, à 4 heures aussi. Le marrube, il faut pas en boire plus que 3 à 4 jours ; il faut pas en abuser parce que… Toutes les plantes sont bonnes, seulement il faut savoir les utiliser !* (M. G., Saint-Michel-l'Observatoire.) — *Le mont-blanc, comme dépuratif, c'est pas pour les enfants ; on fait une cure de 2 à 3 jours, c'est très amer, très fort ; on se reposait 3 ou 4 jours et on reprenait ; ça, pendant 2 semaines, peut-être, à l'automne et au printemps* (enquête J. M., Saint-Michel-l'Observatoire). — *C'est un dépuratif pour les enfants, ce n'est pas bon, au goût, c'est amer, ça donne du goût à tout ; il faut le faire boire en infusion ; on le prend en cure de printemps, le matin avant le petit-déjeuner, à jeun, comme un dépuratif ; on le fait en mars-avril pour que le sang se renouvelle au printemps ; on le fait chaque année,* *ça évite peut-être d'avoir des boutons* [furoncles]. *Les plantes, c'est comme nous ; on n'a pas de forces, à la fin de l'hiver. On n'achète jamais de dépuratif en pharmacie. Il faut faire la cure 4-5 jours et arrêter 1 à 2 jours, puis recommencer la semaine suivante. Si on en prend trop tout de suite, ça affaiblit* (Mme F., 70 ans, Reillanne).

La cure dépurative et le recours aux plantes amères sont analysés en détail dans *L'Herbe qui renouvelle* (*op. cit.*, 1986). On remarquera ici les recommandations touchant aux risques présentés par l'emploi du marrube et les précisions de posologie, inhabituelles dans la médecine populaire (même si le dosage n'est pas précisé), qui témoignent à la fois de l'importance de la plante dans la culture haut-provençale et du degré de finesse susceptible d'être atteint par la pratique de tradition orale. En se contredisant à propos des enfants, les deux derniers témoignages attestent en même temps la dérive qui affecte les savoirs non arrêtés dans l'écrit. Lorsqu'on croise les diverses données relatives au marrube, c'est la visée "adultes" qui est privilégiée. Dans le piémont italien (val Maira), le marrube est aussi connu comme *depurativo del sangue.* Curieusement, les précautions d'emploi, implicites ou explicites, constantes dans l'emploi populaire du marrube, ne se retrouvent pas dans les pharmacopées savantes récentes, où la notion de cure dépurative est d'ailleurs absente. On a bien affaire ici à des pratiques de construction populaire dominante, qui tirent parti d'une expérimentation non relatée dans les textes. Toutefois, P. Garidel (*op. cit.*, 1715, p. 306), citant Simon Pauli, dit que l'usage du marrube est "très pernicieux" quand il y a inflammation des voies urinaires, restriction qui a sa source chez Dioscoride. Il n'est jamais à exclure que, par un biais impossible à préciser (livres de recettes…), les données de l'écrit ancien (elles-mêmes souvent issues de l'oralité…) influencent la connaissance vernaculaire. A noter la relation particulière de ce remède avec les "boutons" : soit il les prévient (dernière donnée du § précédent), soit, en cas d'excès, il provoque de graves éruptions : *elle était pleine de mal.* Mais la perception populaire de l'action des dépuratifs, au niveau cutané, n'est pas sans ambiguïté : les boutons sont aussi l'expression du "mal qui doit sortir" (cf. **1530** et *sq.*) et peuvent alors être regardés comme un signe bénéfique.

Emplois médicinaux
Pratiques vétérinaires et assimilées

Affections respiratoires, cheval. *Mon père allait chercher du marrube pour son cheval, quand il toussait ; il y avait une façon de le faire, mais je ne me souviens plus comment* (Mme A., 65 ans, Forcalquier). — *C'est désinfectant, pour les chevaux qui avaient la morve ; ça se faisait probablement avant la guerre* [SPE] (Mme S., 75 ans, Forcalquier). Voir ce qui est dit de l'emploi respiratoire du marrube dans les paragraphes introductifs au chapitre. Une information imprécise, hors enquête, fait allusion à des enveloppements de la poitrine du cheval avec la plante cuite et appliquée dans une toile (Mane, recueil P. L., années 1970).

Mauve

Malva sylvestris L.

MALVACÉES

pl. 6, fig. 19

Plante bisannuelle ou pérennante, aux feuilles longuement pétiolées presque rondes à nervures en éventail, superficiellement lobées, aux fleurs rose violacé à purpurines larges de 3-5 centimètres (5 pétales séparés veinés en long de plus foncé), la mauve élève jusqu'à 1,20 mètre des tiges assez peu ramifiées où les inflorescences font de petits bouquets à l'angle d'insertion des feuilles. Elle aime les sols riches, se plaît dans les cultures fumées et les jachères récentes qui en procèdent, dans les jardins négligés, les terrains vagues, les lieux rudéralisés au voisinage des villages et des fermes, au bord des routes. Commune dans toute la région mais se raréfiant en altitude, c'est l'une des herbes les plus familières aux sociétés rurales européennes. La mauve, aliment préhistorique, était couramment consommée dans l'Antiquité grecque et latine. Hésiode la cite dans cette fonction au VIIIe siècle avant notre ère. Les Romains, qui en étaient friands, la cultivaient comme herbe à cuire. Remède aux multiples indications, elle figure dans les textes les plus anciens de la médecine méditerranéenne, avec la réputation de guérir les piqûres d'insectes et de combattre plusieurs poisons animaux et minéraux ; on la voit aussi associée à des pratiques de magie mi-thérapeutique mi-érotique, croyances que perpétuent les textes des compilateurs médiévaux. Les Temps modernes retiendront surtout ses propriétés anti-inflammatoires, à l'intérieur comme à l'extérieur, et laxatives, toujours largement mises à profit par la pratique populaire des années 1980, en haute Provence, où la mauve restait l'une des plantes les plus employées. "Il est inutile de marquer où croît la mauve, écrit en 1715 le médecin aixois Garidel, puisqu'on la rencontre presque partout, et qu'elle est connue de tout le monde" (*op. cit.*, p. 302).

Emplois médicinaux. Médecine humaine

1151, 1432, 9341. *La mauve adoucit, elle lève le feu des enfants quand ils ont le derrière rouge et irrité. On en donne aux bébés, en infusion, dans leur biberon quand ils sont irrités des fesses ; on leur fait des lavements avec une décoction de feuilles* (cercle du 3e âge, Saint-Michel-l'Observatoire). — *On leur fait tremper le derrière, aux bébés, quand ils sont rouges* (enquête J. M., Saint-Michel-l'Observatoire). — La plante entière avec la racine, en décoction, sert à laver les *peaux inflammées (sic)* (cercle du 3e âge, Saint-Michel-l'Observatoire ; cf. M. D., 65 ans, Forcalquier, Mme A., Saint-Michel-l'Observatoire).
1811, 9341. La décoction de fleurs est un *adoucissant pour les yeux* [recette de la boulangère de Saint-Michel] (Mme A., Saint-Michel-l'Observatoire).
2220. *On donne le bâton aux gosses pour les dents* (anonyme, Saint-Etienne-les-Orgues).
Il s'agit de la tige de la plante, peut-être de la racine pivotante comme on fait avec celle de la guimauve.
2234, 2271, 2273. Dans les inflammations de la bouche associées à des aphtes ou à des abcès dentaires, on fait des gargarismes et des bains de bouche de décoction de plante entière avec la racine, "bien lavée" au préalable (Mme A., 65 ans, Forcalquier). — L'infusion, ou une légère décoction des fleurs et de la racine dans du lait, *apaise les champignons sur la langue* (M. A., 55 ans, Goult, 84).
2313, 2521, 2540, 9344, 9342. *Ça assouplit et ça ramollit l'intestin et l'estomac quand on en boit en infusion ; c'est un*

émollient meilleur que la guimauve ; ma mère en prenait toujours quand elle était irritée, c'est plus doux que les lavements (M. S., 65 ans, Saint-Saturnin-d'Apt, 84). — *C'est adoucissant pour l'estomac, quand on est irrité* (Mme A., Saint-Michel-l'Observatoire). — *C'est un lubrifiant pour les enfants quand ils sont constipés. On leur faisait des lavements avec de la mauve* (Mme A., Saint-Michel-l'Observatoire). — [La mauve violette,] *c'est pour le mal de ventre, pour les irritations, si on avait une irritation à l'estomac, aux intestins, eh bien ! on faisait une infusion de mauve* (enquête J. M., Saint-Michel-l'Observatoire). — *En lavage du ventre, ça fait passer le corps.* On mange aussi la mauve fraîche, cuite en "gratin d'herbes", contre la constipation (Mme A., 65 ans, Robion, 84). — *C'est pour la constipation, contre les irritations* [infusion] (enquête J. M., Saint-Michel-l'Observatoire). — *C'est très doux, la fleur ; c'est un laxatif léger, quand on n'allait pas trop à la selle* (enquête J. M., Saint-Michel-l'Observatoire). — En *adoucissant intestinal,* on use de l'infusion ou de la décoction des fleurs, en lavements ou en compresses sur le ventre (Mme F., 45 ans, Forcalquier ; Mme V. S., Forcalquier).

Assouplir et *lubrifier* ne sont pas des emprunts à la terminologie médicale savante mais relèvent du domaine technique, lequel a fourni (et fournit encore) un grand nombre de métaphores pour dire le corps, assimilé à une machine, et les soins qu'il requiert. *Lubrifiant* évoque l'entretien des mécaniques et a ici le niveau d'une expression de propriété spéciale au discours populaire. *Assouplissant,* qui apparaît en d'autres lieux du corpus, terme habituellement associé au travail du cuir, pourrait être spécial au vocabulaire médical populaire méridional, domaine qui appelle des recherches comparatives ; ce mot ne figure pas dans le *Dictionnaire de médecine* de Littré. Noter aussi l'expression *ça fait passer le corps,* pour dire la réussite d'un traitement laxatif, et encore le rôle d'aliment-remède de la mauve cuite en "gratin d'herbes", fonction déjà mentionnée dans l'Antiquité. Dans l'une des informations, la mauve est qualifiée de "violette" par souci de distinction avec la guimauve, dite "mauve blanche". On trouve plus souvent "mauve verte", hors enquête, dans un propos identique.

2713, 2720. En infusion, les fleurs sont indiquées *pour les infections et les inflammations urinaires, les cystites* (M. et Mme B., 65 ans, hameau de Bouiron, Ongles).

L'indication de la mauve dans les inflammations urinaires est l'une des plus courantes de l'ancienne médecine savante.

3111, 3120, 9341. Comme adoucissant des voies respiratoires, des inflammations du nez et de la gorge chez les enfants, la mauve est ramassée chaque année. *C'est la tisane des petits* (Mme V., 75 ans, Dauphin). — *C'est bon pour les gargarismes, pour la gorge quand on est irrité ; ça adoucit ; on fait une infusion de fleurs* (Mme A., Saint-Michel-l'Observatoire). — *Ah ! la mauve ! Ma mère, elle connaissait ça d'Italie, pour la moindre inflammation elle nous en faisait en infusion, pour le rhume, la gorge…* (anonyme 3, Forcalquier). — Voir : "bourrache" (**3120**, mélange "pour dégager les poumons" ; anonyme, Saint-Etienne-les-Orgues) ; "amandier" (**3215**, mélange "pour la toux" ; Mlle B., Courson ; M. et Mme C., Ongles) ; "coquelicot" (mélange "pour les refroidissements et la toux" ; Mme A., Robion, 84).

4370. *Dans les hémorroïdes, on peut utiliser la mauve en bains de siège, mais c'est plus long à agir ; on peut rajouter quelques poignées de son* (M. C., Allos). — La plante entière avec la racine, en décoction, sert à faire des bains de siège pour apaiser l'inflammation des hémorroïdes (cercle du 3e âge, Saint-Michel-l'Observatoire ; cf. M. D., 65 ans, Forcalquier, Mme A., Saint-Michel-l'Observatoire).

9341. La mauve commune est préférée à la guimauve ("mauve blanche"), même si *elle a un goût plus fadasse.* Elle est tenue pour plus adoucissante (enquête J. M., Saint-Michel-l'Observatoire). — *On fait les fleurs et les feuilles en infusion ; ça calme, ça adoucit* (M. et Mme B., Céreste).

Emplois médicinaux
Pratiques vétérinaires et assimilées

Automédication animale. *Les truies, elles mangent la mauve verte en cure, quand elles ont des petits ; c'est bon, ça, pour la diarrhée des petits, car ils mangent la terre et alors ils guérissent avec le lait de la mère qui a mangé de la mauve* (M. et Mme B., Céreste).

Les relations d'automédication animale sont rares dans le cadre de la présente enquête. D'où l'intérêt particulier de cette information, qui, outre l'observation de "cure", sous-entendant une intention chez la truie, relève un effet au second degré *via* l'allaitement des porcelets. Le recours spontané à la mauve, chez le porc, est attesté une fois dans l'enquête de M. Amir en Luberon : "En les lâchant dehors, les cochons [«quand ils avaient de l'irritation»] allaient directement la manger" (*op. cit.*, 1994-1995, 2, 1, p. 157).

Blessures, lésions externes. *Quand les brebis sont mordues par un chien* ou *quand elles reçoivent des coups ou des blessures,* un berger qui utilise encore les anciens remèdes leur fait *des compresses pendant une semaine* avec l'infusion de plante entière, racine comprise (M. M., 60 ans, Banon ; cf. M. T., 75 ans, Cruis). — Quand les animaux, brebis en particulier, ont des coups, des blessures, des morsures de chien, on leur fait, pendant une semaine, des compresses de décoction de la plante sans les racines (Mme F., 45 ans, Forcalquier).

La mauve retrouve ici, dans la pratique vétérinaire, des indications vulnéraires qu'elle connaissait en médecine humaine dans l'Antiquité mais qui n'apparaissent pratiquement plus dans les recueils de la pharmacopée populaire.

Constipation. *Quand les agneaux ne peuvent pas faire leurs besoins, ils sont constipés, on fait bouillir les fleurs de mauve, puis on fait des lavements avec une poire ; ça adoucit* (enquête J. M., Saint-Michel-l'Observatoire).

Digestion ruminants. La mauve est aussi donnée *quand les animaux ont des indigestions.* Elle est préparée alors en infusion des parties aériennes (M. M., 60 ans, Banon ; cf. M. T., 75 ans, Cruis). — Pour les *indigestions des brebis,* on donne à boire l'infusion des parties aériennes (Mme F., 70 ans, Reillanne).

Mise bas. Chez les vaches et les brebis qui viennent de mettre bas, on fait des injections de décoction de toute la plante, racine comprise (Mme F., 70 ans, Reillanne). — *Quand les brebis peuvent pas faire leurs petits, on leur fait boire la mauve en infusion, ça assouplit les intestins, ça* (enquête J. M., Saint-Michel-l'Observatoire). — *On en a donné à boire à une truie, après la mise bas, car elle avait des irritations* (M. et Mme B., Céreste).

La mauve est l'un des remèdes de base des pratiques vétérinaires traditionnelles haut-provençales. Comme c'est habituellement le cas en ce domaine, les indications, outre qu'elles répètent les plus courantes de la médecine humaine qui leur est contemporaine, sont les héritières d'emplois anciens qui ont déserté le champ de celle-ci.

C'est le cas des usages de la plante dans les mise bas : ils ont leur analogue dans les soins aux humains de l'Antiquité et du Moyen Age, où la mauve est prescrite dans les affections gynécologiques, les accouchements difficiles et la rétention du placenta ("en injections, la mauve relâche la matrice", dit ainsi Pline, XX, 228). Comme il est dit dans l'introduction générale, la médecine vétérinaire de la tradition orale, à peine explorée par les folkloristes, souvent négligée dans les enquêtes ultérieures, est un lieu privilégié de conservation des savoirs parmi les plus anciens de la pharmacopée. Elle peut être encore étudiée dans les régions où subsistent une certaine mémoire, sinon des pratiques, de l'élevage traditionnel, massifs montagneux en particulier. Mais le temps presse : en haute Provence, ce qui a trait à l'élevage ovin est déjà en majeure partie perdu.

Emplois alimentaires, condimentaires et assimilés

Aliment de ramassage. La mauve est mangée en herbe à cuire. On en faisait surtout du "gratin d'herbes", avec de la farine [et des œufs], gratin qu'on mangeait habituellement à la manière d'une omelette froide, dans des sandwiches, *pour le goûter des hommes qui partaient aux champs et pour les enfants quand ils rentraient de l'école* (M. V., 70 ans, Banon).

Magie et symbolique

Causes magiques des maladies. Dans son témoignage à propos de l'emploi vétérinaire de la mauve, Mme F. raconte que les brebis avortent *quand elles passent dans un brouillard ou dans une flaque où a stagné le brouillard et qui fait comme une toile d'araignée* (Mme F., 70 ans, Reillanne).

L'action délétère du brouillard sur les animaux mais aussi sur les hommes (cause de fièvres, etc.) est relevée dans de multiples sociétés des régions tempérées et tropicales. On trouve alors souvent allusion à des forces néfastes. Il est dommage que l'enquête n'ait pas cherché à explorer plus avant cette information, car les représentations des causes immatérielles des maladies ont, de nos jours, très peu d'attestations dans le domaine français.

Mélilot

Melilotus officinalis Lam.

LÉGUMINEUSES-PAPILIONACÉES (= FABACÉES)

Cette Légumineuse bisannuelle de 0,30 à 1 mètre, aux feuilles trifoliées à folioles dentées, aux fleurs jaunes odorantes en grappes étroites, dressées, est assez fréquente en haute Provence dans les terres cultivées, les jachères, les friches, les talus, les terrains vagues, au bord des chemins et sur les graviers des cours d'eau. Les récolteurs inexpérimentés la confondent parfois avec des plantes d'allure voisine, comme la trigonelle *Trigonella esculenta* Willd. (= *Tr. corniculata* auct.).

Plante adoucissante et antispasmodique bien connue de l'ancienne médecine, qui l'emploie en particulier dans les inflammations urinaires et les coliques néphrétiques, à l'extérieur dans les inflammations oculaires (cf. Dioscoride, Ier siècle), le mélilot ne connaît que de rares attestations dans les enquêtes d'ethnopharmacologie méridionales ; l'influence des ouvrages de vulgarisation récents est à prendre en compte. C'est surtout un remède de l'aire extraméditerranéenne.

Emplois médicinaux. Médecine humaine

1832. Le mélilot est usité en bains et compresses dans les conjonctivites ; on peut y ajouter du plantain (Mme X., Gréoux-les-Bains, 04).
9331. *C'est un calmant, je l'ai lu dans un livre* (M. et Mme C., 70 ans, Revest-des-Brousses).

Mélisse

Melissa officinalis L.

LABIÉES (= LAMIACÉES)

Méditerranéenne propagée par la culture dès l'Antiquité, subspontanée dans toute la région méridionale et çà et là plus au nord, la mélisse fait partie de ces plantes dont il est difficile de préciser l'aire naturelle. En haute Provence, où elle reste fréquente dans les jardins, on la rencontre presque toujours au voisinage des lieux habités, sur les décombres ensoleillés, au pied des haies, au bord des chemins et fossés. Préférentielle des sols riches, elle résiste cependant bien à la sécheresse et se maintient dans les ruines des anciens villages.
Plante familière aux sociétés de l'Antiquité méditerranéenne, *melissophullon* des Grecs, "feuille des abeilles" (parce qu'on en frotte les ruches pour attirer et retenir les essaims), la mélisse y est aussi réputée remédier à leurs piqûres et à celles d'autres insectes vulnérants. Elle connaît alors un bon nombre d'indications médicinales internes

et externes dont la plupart sont oubliées, mais où figurent déjà les troubles gynécologiques et, en filigrane, la propriété sédative, deux domaines qui seront privilégiés aux Temps modernes.

Ramassage

Ça poussait partout, ça n'a pas d'usage particulier, on aimait en ramasser pour l'odeur (Mme A., Saint-Michel-l'Observatoire).

Emplois médicinaux. Médecine humaine

2120, **2312**. *Pour les indigestions* et *pour les maux d'estomac*, on infuse une pincée de la plante séchée dans une petite casserole après avoir fait bouillir *un tout petit peu* (Mme C., 70 ans, Limans ; cf. Mme L., 69 ans, Banon).

2512, **2511**, **2541**. *Elle est plantée dans le jardin depuis 30 ans ; de la famille l'avait amenée de Viens ; en infusion pour le mal de ventre, les intestins, quand on a une entérite, il faut en boire 2 ou 3 fois par jour* (M. et Mme B., Céreste).

"Elle est bonne pour les dysenteries invétérées", dit Pline au Ier siècle (*Hist. nat.*, XXI, 149).

2580. Voir "lavande" (enquête D. D., Saint-Michel-l'Observatoire).

4311, **5112**, **5113**. C'est *la plante des filles*, qu'on donne *pour les règles* (M. et Mme C., 70 ans, Revest-des-Brousses). — *C'est l'herbe des jeunes filles* (M. M., 80 ans, Carniol). — *C'est un régulateur pour les règles douloureuses et la circulation du sang* (Mme A., 65 ans, Forcalquier). — *Ça fait venir les règles, c'est pour les maladies des femmes* (Mme F. L., 60 ans, Dauphin). — *Pour les règles, on fait une infusion durant la crise, quand on a des maux de ventre, quand les règles viennent mal* (Mme F., 70 ans, Reillanne). — *Si on savait les vertus de la mélisse, on la tiendrait dans sa chemise* (Mme B., 80 ans, Ferrassières, 26 ; M. F., 50 ans, Valbelle). — Voir aussi : "armoise" (M. M., Seyne, 04) ; "lavande" (enquête D. D., Saint-Michel-l'Observatoire).

On notera l'appropriation par la mélisse d'un dicton en relation habituelle avec l'armoise, "l'artémise", celle-ci en meilleur rapport de consonance avec "chemise". Cependant, en tant qu'"herbe des jeunes filles", cette Labiée n'est pas une simple usurpatrice : c'est un remède antispasmodique qui, semble-t-il, était surtout donné aux adolescentes. Les indications gynécologiques de la mélisse se perpétuent depuis l'Antiquité à la fois dans le domaine savant et dans la pratique populaire ; tandis que les Temps modernes, attribuant à la plante le qualificatif d'"hystérique" (XVIIe et XVIIIe siècles), feront de son eau distillée le grand spécifique des troubles nerveux considérés comme spécifiquement féminins : étourdissements, syncopes, "vapeurs"... L'eau de mélisse des Carmes se trouve toujours en pharmacie. L'enquête n'a pas relevé ces attributions, mais elles ont plusieurs occurrences dans la recherche plus récente de M. Amir en Luberon (1994-1995).

8121, 9321. *C'est un stimulant physique et intellectuel, pour la croissance difficile* (anonyme, F., Saint-Laurent-des-Arbres, 30).
Reprend textuellement J. Valnet, *Phytothérapie* (*op. cit.*, 1972, p. 494). L'informatrice a un statut de guérisseuse et consulte la littérature spécialisée.

Emplois médicinaux
Pratiques vétérinaires et assimilées

Parasites externes. *Pour les parasites chez les chiens,* on fait une longue décoction d'un mélange de mélisse et de menthe ; on baigne les chiens une fois par mois pour les préserver des puces et des tiques (Mme B., 45 ans, Saint-Jean-de-Sault, 84).

Menthe sylvestre

Mentha longifolia (L.) Hudson (= *M. sylvestris* L.)

et autres espèces sauvages

LABIÉES (= LAMIACÉES)

pl. 18, fig. 56 et 57

Les menthes s'hybrident facilement et produisent de nombreux intermédiaires de distinction souvent problématique. Les remaniements récents de la taxonomie n'y aident pas. En haute Provence, l'absence de la menthe des champs, *Mentha arvensis* L., grande inductrice d'hybrides, simplifie toutefois les choses. La menthe sauvage la plus répandue dans notre région (comme dans tout le Midi, semble-t-il) est la menthe à feuilles rondes, *M.* x *rotundifolia* (L.) Hudson (= *M.* x *villosa* auct.) ; c'est un hybride résultant du croisement entre la menthe sylvestre et la menthe à odeur suave, *M. suaveolens* Ehrh. (ex-"menthe à feuilles rondes" des auteurs…, dont la forme typique semble peu fréquente) ; elle est bien plus répandue que ses parents. Si elle croît surtout dans les lieux humides (bord des eaux, fossés, etc.), cette menthe d'odeur forte et peu agréable, aux feuilles rêches et grisâtres, aux épis de très petites fleurs blanchâtres ou rosées, étroits et denses, plus ou moins cylindriques, est celle qui s'en écarte le plus puisqu'on la trouve couramment dans les champs à l'arrosage, au bord des cultures en sols riches et des haies. La menthe sylvestre sous sa forme type, *Mentha longifolia* (L.) Hudson, belle grande plante toute grise-veloutée, aux tiges blanches-cotonneuses, aux feuilles oblongues ou lancéolées, aiguës, aux fleurs lilas en assez gros épis coniques, lâches à la base, souvent ramifiés, ne s'écarte pas, elle, des lieux humides permanents. Bien qu'elle soit fréquente le long de la Durance, on la rencontre surtout au-dessus de 600 mètres, où elle est habituelle au bord des cours d'eau, sources, suintements, rigoles d'irrigation, etc. Son odeur à la tonalité moisie est franchement désagréable. Quant à la menthe aquatique, *M. aquatica* L., troisième et dernière menthe sauvage courante dans la région, elle n'est pas moins strictement inféodée aux sols mouillés : bord des rivières et des canaux, prairies humides, sources et suintements. Elle se distingue à ses feuilles pétiolées (sessiles chez les espèces précédentes) et à ses fleurs lilas en têtes terminales plus ou moins sphériques ; son parfum est agréable, pénétrant. Les diverses menthes se propagent activement grâce à leur souche traçante – en particulier les hybrides, qui compensent ainsi leur habituelle stérilité – et constituent souvent des peuplements.

La société rurale haut-provençale qualifie la menthe sylvestre de *mentastre*. Ce terme dépréciatif, qui s'applique aussi à cette menthe en ancien français, peut désigner par ailleurs la menthe à feuilles rondes et, peut-être, la menthe aquatique. Celle-ci, en dépit de son odeur agréable, ne semble pas récoltée pour l'infusion. Le nom de *mento* est réservé à la menthe verte des jardins (voir ci-dessous).

Emplois médicinaux
Pratiques vétérinaires et assimilées

Parasitoses. Pour traiter la *bronchite vermineuse* (strongylose) des brebis et des chèvres, les bergers préparaient de grands bacs d'infusion de menthe sylvestre, ou la faisaient macérer dans les abreuvoirs ; le troupeau n'avait pas d'autre boisson (Mévouillon, 26 ; enquête EPI/FNFR, 1980).

Les travaux récents sur les constituants de l'essence de menthe sylvestre, pauvre en substances mentholées, révèlent une action à la fois anti-infectieuse et anti-parasitaire, et un tropisme respiratoire, propriétés qui sont ici mises à profit de façon empirique dans une indication particulièrement appropriée. Toutefois, la menthe sylvestre est depuis longtemps connue comme remède à la fois pulmonaire et vermifuge, en médecine humaine (cf. Matthioli, *op. cit.*, 1680, 3, 35). Reste en suspens la question du mode de constitution de cette pratique : s'agit-il du transfert d'un ancien emploi chez l'homme ? a-t-on observé une automédication animale, l'amélioration spontanée des bêtes qui buvaient dans des localités riches en menthe sylvestre ? Même si l'origine du savoir est vraisemblablement perdue, des compléments d'enquête pourraient peut-être apporter des précisions intéressantes.

Economie domestique

Raticides, ratifuges. *Ça éloigne les rats. Mon père, il en mettait toujours autour des sacs de blé ; le rat, il aime pas ça* (enquête J. M., Saint-Michel-l'Observatoire). — *La menthe qui pousse dans l'eau, la mentastre, elle fait fuir les rats* (M. F., 50 ans, Valbelle).

Les anciennes pharmacopées font état du pouvoir du *mentastre* de chasser les scorpions, serpents et autres bêtes venimeuses. Il est possible que cette réputation soit à l'arrière-plan de l'emploi relevé ici. *La menthe qui pousse dans l'eau* pourrait être la menthe aquatique, la plus hygrophile des espèces locales.

Menthe verte

Mentha spicata L. (= *M. viridis* auct.)

LABIÉES (= LAMIACÉES)

Vraisemblablement issue du croisement entre la menthe sylvestre et la menthe à odeur suave (voir ci-dessus), la menthe verte, d'odeur fine et pénétrante, est de loin la plus courante des menthes cultivées dans les jardins. En haute Provence, elle y est quasi exclusive et c'est à elle que s'appliquent les termes courants de "menthe" et *mento.*

La puissance végétative de ses rhizomes lui permet de s'étendre d'elle-même, çà et là, au proche voisinage des lieux habités, et de se maintenir longtemps dans les anciens habitats, même en conditions sèches. La menthe poivrée au sens strict, *M.* × *piperata* L., hybride cultivé de la menthe aquatique et de la menthe verte, diffère de celle-ci par sa senteur/saveur très vive et piquante, ses feuilles pétiolées (sessiles chez la menthe verte), ses inflorescences terminales longuement oblongues ou, parfois, plus ou moins sphériques ; elle ne se rencontre que très rarement dans les jardins haut-provençaux, où c'est une introduction récente. Sa variété citronnée, dite menthe bergamote [*M.* × *piperata* cv. *citrata* (Ehrh.) Boivin], bien que rare, y est plus fréquente. On la connaît dans la région sous le nom de "chartreuse", et aussi de "basilic vivace", du fait de son odeur qui rappelle davantage le basilic que la menthe. Menthe poivrée et menthe bergamote n'apparaissent pas dans l'enquête EPI.

La menthe, qui tient une place importante dans les pratiques cultuelles de la Grèce ancienne, est en même temps l'un des aromates de base et des grands remèdes végétaux de l'Antiquité méditerranéenne. Sur les nombreuses indications qui lui étaient alors attribuées (on la regardait, entre autres, comme contraceptive), les Temps modernes ont surtout retenu ce qui concerne les propriétés digestives et antispasmodiques.

Emplois médicinaux. Médecine humaine

1761. La menthe est contre-indiquée en cas de verrues chez l'enfant. Voir "chélidoine" (Mme B., 45 ans, Saint-Jean-de-Sault, 84).

2121, 2512. *C'est bon en infusion pour digérer* (cercle du 3e âge, Saint-Michel-l'Observatoire). — L'infusion des feuilles est digestive ; *les bonbons à la menthe font digérer* (Mme A., Saint-Michel-l'Observatoire). — *C'est bon pour la digestion, c'est fort à boire ; je préfère la fleur d'oranger* (Mme F., 70 ans, Reillanne). — On fait une tisane *pour le mal de ventre*, mélangée avec le tilleul et la verveine (enquête J. M., Saint-Michel-l'Observatoire).

L'infusion de menthe simple, comme digestive, est connue de nombreux informateurs, sinon de tous ; les occurrences de cet emploi dans l'enquête EPI sont donc largement sous-représentées ici. L'association avec le tilleul et la verveine évoque une influence des préparations analogues

du commerce, infusions composées devenues pour beaucoup le seul recours éventuel à la tisane, où perdure toutefois l'intention digestive.
2530. Voir "fenouil" (Mme D., 84 ans, Banon).
3120, 7120. Dans la grippe, les rhumes, on fait une infusion de menthe (5 à 10 minutes), on passe, on sale et l'on fait bouillir cette infusion 2 à 3 minutes en y ajoutant 2 gousses d'ail, des pâtes et de l'huile d'olive. On peut faire la même chose avec de la sauge (Mme G., 55 ans, Saint-Saturnin-d'Apt, 84).
Il s'agit d'une version "à la menthe" de l'*aïgo-boulido* (voir "ail"), rendue plus nutritive par l'adjonction de pâtes. L'inventaire des diverses versions de cet aliment-remède, qui est à rattacher à la *ptisanê* antique, reste à faire.
9382. *On la prend le soir, en infusion ; on fait le mélange de plantes* [une pincée de chacun] *avec du thym, de la menthe, de la verveine, du tilleul et de l'aubépine, en tisane du soir ; c'est bon* (M. et Mlle C., Banon). — *On la boit* [en infusion] *comme la sauge, le thym et le romarin, en hiver, le soir surtout* (M. G., Saint-Michel-l'Observatoire ; cf. Mme G., Céreste).
La menthe appartient à ces quelques plantes aromatiques dont le statut d'"infusion du soir" laisse en sous-entendu les attributions médicinales, pour l'essentiel digestives – la présence de stimulantes comme le thym dans les mélanges pouvant contredire un éventuel propos sédatif.

Emplois médicinaux
Pratiques vétérinaires et assimilées

Parasites externes. Voir "mélisse" (Mme B., 45 ans, Saint-Jean-de-Sault, 84).

Mercuriale

Mercurialis annua L.

EUPHORBIACÉES

"Mauvaise herbe" courante des jardins et des cultures nitratées, la mercuriale annuelle se rencontre fréquemment aussi en situation rudérale, au pied des murs, sur

les décombres et les remblais récents. C'est une plante suspecte, comme toutes les Euphorbiacées, nocive pour les herbivores, dont la dessiccation comme la cuisson atténuent toutefois la nocivité.
Déjà citée comme purgative chez Hippocrate, très employée à cette fin au fil des siècles (elle était souvent consommée cuite en façon d'aliment-remède), longtemps donnée comme emménagogue en médecine savante et populaire, regardée comme favorable à la génération, la mercuriale a des emplois inédits en haute Provence. Outre l'information **2231**, dont la validité fait question, l'indication dans les "suites de fièvres de Malte", que l'enquête a relevée deux fois à Banon, est sans analogue dans la littérature consultée. Il importe toutefois de rappeler que l'ancienne médecine a souvent accompagné le traitement des fièvres de lavements purgatifs, sinon prescrit les purgatifs comme leur seul remède ; il n'est pas impossible que les données ci-dessous héritent de ces anciennes pratiques. La notion de "suites de fièvres" peut cependant laisser supposer une expérimentation propre à la tradition orale du Sud, la fièvre de Malte (brucellose) ayant fortement stimulé l'inventivité thérapeutique méridionale depuis la fin du XIXe siècle (voir "chardon bénit"). C'était, avant la découverte des antibiotiques, une affection qui pouvait entraîner des désordres chroniques graves, à long terme invalidants (lésions articulaires, dégénérescence hépatique, etc.). Ces "suites" ont pu prêter à traitements particuliers, hors influences livresques.

Emplois médicinaux. Médecine humaine

2231. La mercuriale *fortifie et blanchit les dents.* On en jette les graines sur des braises. La tête recouverte d'un tissu comme pour une inhalation, on se penche au-dessus des braises et on ouvre la bouche pour y laisser pénétrer la fumée. On répète le traitement une fois par an (Saint-Geniez, 04 ; enquête EPI/FNFR, 1979).
Cette indication de la mercuriale semble inédite, mais s'agit-il bien de cette plante aux graines très peu manifestes ? Le mode d'emploi en fumigation évoque la médecine antique et médiévale ; c'est un indice d'ancienneté d'une recette, et de transmission orale plutôt que livresque. Voir aussi et surtout ce qui est dit à "jusquiame" (**2236**), aux graines employées en fumigations contre les maux de dents ; l'information pourrait bien se référer à cette plante.

7141. La *mourtugau* est une plante ramassée dans les champs de pommes de terre, où les nitrates la favorisent. Elle est citée comme remède des *suites de fièvres de Malte* [SPE] (Mme D., 84 ans, Banon). — Dans les *suites de fièvres de Malte*, on fait des lavements avec la décoction, pendant 10 à 15 minutes, d'une poignée de plante (la *mourtugau*) dans 1 litre d'eau. *C'est efficace* [années 1940-1950] (Mme L., 69 ans, Banon).

L'emploi de lavements dans les maladies fébriles est une pratique de l'ancienne médecine savante qui est loin de toujours avoir des effets favorables, surtout s'il s'agit de laxatifs ; or, la mercuriale appartient à cette classe médicamenteuse. On peut se trouver ici devant un archaïsme thérapeutique, héritier des traitements appliqués aux fièvres périodiques.

Merisier

Prunus avium L.

Voir "cerisier sauvage"

Millepertuis

Hypericum perforatum L.

HYPÉRICACÉES

pl. 10, fig. 30

Plante bien connue des sociétés paysannes, très fréquente en haute Provence dans l'espace cultivé et ses abords (certaines cultures permanentes comme les lavandaies non désherbées, prés secs, friches herbeuses, bord des routes, talus, etc.), qu'on rencontre aussi dans les landes claires et les fourrés, sur les lisières et les pentes broussailleuses ensoleillés. Plus ou moins fugace, le millepertuis

peut apparaître dès la deuxième ou troisième année dans les cultures à l'abandon et disparaître avec la "fermeture" du milieu. On le rencontre à toutes les altitudes ; toutefois, dans la région, les grands peuplements de millepertuis se situent surtout entre 700 et 1 200 mètres.
Le millepertuis tient une place centrale dans le rapport de nos sociétés avec la flore sauvage. Grande plante protectrice de la magie populaire, aux alliances solaires attestées par le nom d'"herbe de la Saint-Jean" et de "chasse diable" (pouvoirs à peu près oubliés, dont l'enquête ne fait pas mention), nantie de "signes" remarquables, perforations des feuilles ("pertuis" : glandes translucides), suc sanglant des inflorescences, il connaît dès l'Antiquité des emplois médicinaux à la diffusion très large, où le champ vulnéraire est privilégié (brûlures, blessures, traumatismes

divers, hémorragies), les indications internes intéressant surtout les affections urinaires, et, tardivement semble-t-il, des troubles qu'on assimile aujourd'hui aux névroses. Les attributions externes, brûlures en particulier, font du millepertuis, avec le lis blanc, l'arnica et les plantains, l'un des vulnéraires majeurs de la pharmacopée végétale européenne. "L'huile rouge", citée plus bas comme forme médicinale la plus fréquente en haute Provence, n'est pas moins connue ailleurs ; les médecins-botanistes du XVIe siècle en parlent déjà comme d'un remède courant. Aucun informateur ne précise qu'il s'agit d'une macération dans un bocal de verre au soleil. L'analogie de modes d'emploi avec le lis est relevée plusieurs fois : comme le lis, les macérations huileuse et alcoolique intéressent le millepertuis ; une mention de préparation aqueuse distingue toutefois les deux plantes, car le lis et l'eau semblent antagonistes. De surcroît, cette dernière plante, "vulnéraire" spécialisée, n'a aucun usage interne.

Perception de la plante
Perception du milieu
Ramassage

C'est l'herbe de la Saint-Jean, la feuille est perforée (cercle du 3e âge, Saint-Michel-l'Observatoire). — *La plante est haute avec des fleurs jaunes, on la trouve au bord des chemins ; quand on la presse, ce qui sort a la couleur du sang* (Mme G., Céreste). — *Le goût n'est pas très agréable, il a plusieurs tiges et des fleurs jaunes* (Mme F., 70 ans, Reillanne). — *Ça se trouve au bord des terrains* (Mme D., 84 ans, Banon). — *On la ramasse à la Saint-Jean* (cercle du 3e âge, Saint-Michel-l'Observatoire).

Emplois médicinaux. Médecine humaine

N. B. Les témoignages recueillis sur les usages externes du millepertuis associent aux modes de préparation la mention de divers traumatismes et affections qu'il n'était pas possible de toujours dissocier dans la mise en forme des données, sauf à en compliquer l'approche. On a cependant distingué, autant que possible, plaies, coupures et brûlures (**1111**, **1112**, **1120**, **1150**), hémorragies et saignement de nez (**1113**, **1114**), meurtrissures (**1140**), ulcères de jambe (**1241**), coups et ecchymoses (**1320**, **1321**), eczéma (**1620**), enflures (1942). Le mode d'utilisation "huile rouge" est distingué des autres préparations.

Emplois externes

1111, 1120, 1150. **Préparation huileuse ou alcoolique.** *On met les fleurs à macérer dans de l'huile d'olive et ça devient rouge, c'est de l'"ôli rouge"* (huile rouge) *; c'est bon pour guérir les coupures et les blessures* (M. et Mme C., 70 ans, Revest-des-Brousses). — *Cette huile rouge, on la met sur les plaies et les brûlures ; c'est très efficace* (M. et Mlle C., Banon). — [Elle sert à] *guérir le mal, les blessures extérieures* (Mme G., Céreste), à traiter *les brûlures et les bobos* (M. S., 65 ans, Saint-Saturnin-d'Apt, 84 ; M. F., 50 ans, Valbelle, qui précise, à tort, que *ce n'est plus utilisé maintenant*). — Les brûlures sont aussi mentionnées comme indication majeure de "l'huile rouge" par les informateurs du cercle du 3e âge de Saint-Michel-l'Observatoire et par Mme F., 70 ans, de Reillanne ; celle-ci, qui relève l'analogie de mode d'emploi avec le lis *(On fait une huile rouge comme* [avec] *le lis blanc, avec les pétales trempés dans l'huile d'olive)*, prépare de surcroît une pommade contre les brûlures et une alcoolature en faisant macérer les pétales des fleurs dans l'eau-de-vie. Cette macération alcoolique des "fleurs de la Saint-Jean" fraîches est encore citée par M. M., 75 ans, de Pierrerue, *pour les plaies, les blessures*, concurremment à l'huile. — *C'est la fleur de la Saint-Jean,* dit Mme B., 75 ans, de Mane *; on la met dans l'huile d'olive pour les brûlures ; quand on a une plaie, pour que ça sèche plus vite, sans marque.* — Quant à M. V., 75 ans, de Dauphin, il conseille de bien nettoyer les plaies avant d'appliquer *l'huile rouge* : *ça guérit très vite, c'est pour les hommes et les bêtes.* — Voir aussi "lis", 1111 et *sq.* (Mme B., 75 ans, Mane ; Mme F., 70 ans, Reillanne).

1111. **Préparation aqueuse.** *Pour les plaies,* on applique un cataplasme de fleurs ébouillantées (Mme C., 65 ans, Banon).

Ce mode d'emploi du millepertuis est inhabituel ; il peut traduire une situation d'urgence où l'on n'a pas d'huile rouge ni d'alcoolature à sa disposition.

1113, 1114 **(emploi interne).** L'infusion des sommités fleuries, en usage interne, *c'est bon pour les saignements de nez, les hémorragies ; mais c'est moins efficace que l'ortie* (Mme C., 65 ans, Banon).

L'emploi interne de l'huile de millepertuis en anti-hémorragique est cité au XVIIIe siècle "dans le crachement de sang". Il a sans doute à voir avec l'analogie.
1140. *Mon père s'était écrasé les doigts avec le rabattant d'une charrette. Il a été guéri grâce à l'huile de millepertuis* (Mlle A., 90 ans, Montjustin). — *Il fait de bonnes infusions ; il est bon pour les meurtrissures, dans l'huile rouge* (Mme D., 84 ans, Banon).
(1111) 1241. Pour soigner les plaies, les ulcères de jambe, Mme A. préparait l'huile rouge ; elle s'en est aussi servie pour traiter une blessure provoquée par un coup de hache (Mme A., 65 ans, Robion, 84).
1320, 1321. *On met les fleurs dans l'huile ; si on a un coup, c'est très bon ; j'en ai toujours* (enquête J. M., Saint-Michel-l'Observatoire). — *L'herbe de la Saint-Jean, on la met dans l'huile ; moi, je l'ai jamais fait ; ma grand-mère, elle en mettait quand on tombait* (enquête J. M., Saint-Michel-l'Observatoire).
(1111) 1620. On applique l'huile de millepertuis sur les plaies ouvertes et l'eczéma (Mme X., 75 ans, Forcalquier).
1942. *C'est bon pour les bains de pieds ; l'herbe de la Saint-Jean, je l'ai essayée, ça me gonflait* [j'avais les pieds gonflés] *; on la mettait dans l'eau-de-vie, dans l'huile, dans les bains de pieds* (enquête J. M., Saint-Michel-l'Observatoire). — *Pour les bains de pieds, on fait une infusion d'achillée millefeuille, de millepertuis et de thym* [SPI mais supposé en rapport avec l'indication précédente, qui évoque un œdème des membres inférieurs] (enquête J. M., Saint-Michel-l'Observatoire).

Emplois internes

2121, 2312, 2350, 2416. L'infusion des sommités fleuries de millepertuis est conseillée pour les ulcères de l'estomac, la digestion, les problèmes de foie ; c'est *un remède de famille* (M. C., 55 ans, Saint-Etienne-les-Orgues). — *Si on en boit* [de l'huile rouge], *on guérit l'ulcère* (Mme G., Céreste). — La plante est encore récoltée *pour les maux d'estomac*, où l'on en prend l'infusion (Mme B., 80 ans, Ferrassières, 26).
L'indication du millepertuis dans les affections gastriques, ulcères en particulier, et digestives au sens large, se retrouve dans d'autres enquêtes en région PACA. Elle a des antécédents dans la littérature ancienne, médiévale en particulier, où le champ hépatique semble privilégié, peut-être en relation avec la couleur jaune des fleurs (il y a

aussi, ultérieurement, des prescriptions dans “les ulcères des reins et de la vessie” — Chomel, *op. cit*, 1782). Le traitement des “brûlures” d'estomac n'est pas sans rapports avec les emplois externes majeurs, ce dont témoigne la prescription de l'huile rouge *à l'intérieur*, prescription exceptionnelle de nos jours car c'est habituellement l'infusion qui est bue.

2315, **7141**, **9311**. Voir “germandrée petit-chêne” (*in* **9150**, visée digestive ; M. T., 75 ans, Cruis).

2413, **2416**, **3112**. *L'infusion de fleurs, c'est pour la gorge, le foie et la vésicule : on la ramasse à la Saint-Jean* (cercle du 3e âge, Saint-Michel-l'Observatoire).

2750, **3120**. L'infusion est conseillée dans les rhumes, les infections urinaires (M. et Mme C., 70 ans, Revest-des-Brousses).

Source livresque probable. Les indications citées, classiques dans la littérature médicale depuis le XIXe siècle, ne sont pas traditionnelles dans la région ; les informateurs possèdent des livres de vulgarisation actuels.

4311. L'infusion est conseillée “pour la circulation du sang” (Mme C., 70 ans, Limans). — *Pour la circulation du sang*, on en boit l'infusion, en cure d'une semaine, le soir, en alternance avec d'autres plantes. Actuel (Mme F., 70 ans, Reillanne).

Il s'agit d'une indication peu courante du millepertuis, peut-être en rapport avec les images du rouge associées à la plante. Voir, plus haut (“perception de la plante”), ce que dit Mme G., de Céreste. L'enquête de M. Amir (1994-1995) relève deux emplois analogues, un “pour le sang” et une pratique de cure sans précision d'indication.

5272. *C'est abortif à haute dose* (enquête D. D., Saint-Michel-l'Observatoire). — *C'est abortif.* Une femme de la vallée de Séderon, connue comme avorteuse, utilisait le millepertuis [SPE] (Mme S., 80 ans, Séderon, 26).

Ces informations ne se retrouvent pas dans les comptes rendus d'enquêtes ni dans la littérature consultée, et vaudraient une attention particulière. Regardé comme emménagogue par les médecins de l'Antiquité, le millepertuis aurait même servi à “favoriser l'accouchement”, selon Cazin, propriétés qui ne sont pas sans rapport avec le propos visé ici. Comme l'enquête n'a malheureusement pas pu préciser de mode d'emploi, on ne peut qu'appeler à des recherches dans les textes, sinon dans les communes concernées.

9331, **9382** *(pour délasser le soir).* Voir “bouillon-blanc” (Mme L., 69 ans, Banon).

9336. *Pour les bains de pieds, on fait une infusion d'achillée millefeuille, de millepertuis et de thym* (enquête J. M., Saint-Michel-l'Observatoire).
Information sans précision d'indication. Les trois plantes concernées réunissent des propriétés de toniques veineuses, décontractantes et stimulantes.

Vie domestique

Cosmétique. La macération huileuse des fleurs est qualifiée de *lotion de beauté* (M. et Mme B., 65 ans, hameau de Bouiron, Ongles).

Emplois médicinaux
Pratiques vétérinaires et assimilées

Blessures, lésions externes. On applique "l'huile rouge" sur la plaie bien nettoyée auparavant : *ça guérit très vite, c'est pour les hommes et les bêtes* (M. V., 75 ans, Dauphin).

Momordique
Concombre sauvage

Ecballium elaterium L.

CUCURBITACÉES

Cette plante des basses régions méditerranéennes, nitrophile et rudérale (décombres ensoleillés, pied des murs, abord des villages), ne se rencontre dans notre région qu'en localités bien exposées (villages perchés). Peu fréquente dans le bassin de Forcalquier (Dauphin, Saint-Michel-l'Observatoire, etc.), elle est bien plus répandue sur la rive gauche de la Durance. Rampante, hirsute, d'allure "grasse" avec ses feuilles épaisses et ses tiges charnues aux petites fleurs jaunâtres, elle rappelle d'assez près le concombre. Ses fruits hérissés, de la taille d'un cornichon, pleins d'un gaz sous pression, se détachent du pédoncule à maturité avec une petite détonation et projettent à

distance des graines mêlées à une pulpe visqueuse. Cette particularité remarquable, qui lui vaut le sobriquet provençal de *gisclet* (outre "concombre d'âne", *coucoumasso*, et autres allusions à la parodie de cornichon), l'a de tout temps signalée aux sociétés, en particulier aux facéties des enfants. Toute la plante est caustique et toxique.
L'information suivante mêle les caractères et les emplois de deux plantes toxiques, momordique et tamier, *Tamus communis* L. (Dioscoréacées). On est ici devant un savoir "hybride" analogue à ce qu'on rencontre parfois dans certains manuscrits médiévaux, où les discordances entre texte et figures suscitent des erreurs d'interprétation médicinales, erreurs sans doute parfois dangereuses mais susceptibles aussi d'induire l'émergence de nouvelles connaissances.

Emplois médicinaux. Médecine humaine

1946, 2191, 2211, 9212. Perception de la plante. *Le "tamus", c'est un poison, c'est une plante grimpante qui fait un fruit comme un petit concombre. Pour le mal de dents, on partage le fruit en rondelles et on le met sur la joue à l'extérieur. C'est un révulsif. Le meilleur, c'est la racine, elle ressemble à une carotte moyenne, elle calme en un quart d'heure. Pour les rhumatismes, on en coupe 2 ou 3 tranches et on les pose : ça fait venir rouge et ça chauffe* (Mlle B., Courson).
La description, bien que se référant au *tamus* (tamier), associe un seul caractère propre à cette espèce (plante grimpante – mais à baies rouges) aux fruits de la momordique, plante rampante. Seul le fruit du concombre sauvage peut être coupé en rondelles. Les indications relatives à la racine sont bien celles du tamier : révulsive, dérivative, cette racine est encore parfois vendue sur les marchés du Sud, comme analgésique locale et antirhumatismale d'action symptomatique. Il n'est pas exclu, toutefois, que ses emplois aient été reportés sur celle de la momordique, elle-même charnue et parfois très volumineuse. Quoi qu'il en soit, l'indication qu'on peut attribuer ici, à coup sûr, à *Ecballium* (fruit contre les douleurs dentaires) semble inédite – même s'il faut tenir compte d'un usage analogue chez Dioscoride (4, 149) : décoction de racine en bains de bouche. Voir aussi "tamier".

Moutarde

Brassica nigra (L.) Koch

CRUCIFÈRES (= BRASSICACÉES)

La moutarde noire n'est pas cultivée en haute Provence pour sa graine mais, parfois, en engrais vert. C'est une "mauvaise herbe" fréquente des sols fumés. Les données relevées sur cette plante par l'enquête ont trait à la farine de moutarde achetée en pharmacie. D'usage fréquent autrefois, les sinapismes sont passés de mode. La moutarde de table est surtout préparée avec les graines de la moutarde blanche, *Sinapis alba* L.

Emplois médicinaux. Médecine humaine

3221, **9212**. *Pour faire révulsif, il faut mettre de la moutarde en poudre ; cela fait un cataplasme sinapisé pour les bronches ;* [on l'applique] *sur les côtés ; ça devient rouge ; ça pique et ça fait du bien* (Mme A., Saint-Michel-l'Observatoire). — Voir aussi "lin" (M. S., La Bastide-des-Jourdans, 84 ; Mme G., Banon).

Mûrier blanc, mûrier noir

Morus alba L., *M. nigra* L.

MORACÉES

Deux mûriers, arbres d'origine asiatique, sont cultivés en haute Provence. L'un, resté courant, le mûrier blanc, a été largement planté pour l'élevage du ver à soie, en particulier au XIXe siècle. L'autre, le mûrier noir, est un fruitier ancien dont ne subsistent plus que de très rares témoins auprès des fermes et dans les hameaux, surtout aux moyennes altitudes. Le mûrier blanc, arbre polymorphe, a des fruits soit blanchâtres, soit roses, soit noirs ; cette variabilité, qui induit des confusions fréquentes, fait qualifier de

Mûrier noir

“mûrier noir” les races à mûres noires du mûrier blanc ; or, on est bien en présence de *deux espèces parfaitement distinctes*, aux emplois différents, qu’il importe de savoir identifier dans le souci d’inventorier les derniers *Morus nigra* au sens strict, qui appellent des mesures de conservation, et pour plus de précision dans le travail d’enquête. Le tableau ci-dessous veut aider à cette distinction. Comme il est dit plus haut, les deux mûriers ont une situation très différente dans l’espace rural. Le mûrier blanc, vestige des anciennes plantations séricicoles, mais planté aussi comme arbre d’émonde à finalités fourragères (ses feuilles sont très appréciées par les troupeaux), conserve de nombreux sujets au voisinage des lieux habités et çà et là au bord des champs ; on le voit parfois en alignement, le long des chemins d’accès aux fermes ; c’est cependant

	Feuilles	Fruits
Mûrier blanc *Morus alba*	± ovales, lisses, ± luisantes, vert clair, glabres ou peu poilues sur les nervures en dessous, de texture mince, rarement échancrées en cœur régulier à la base, souvent profondément et irrégulièrement lobées sur les pousses stériles, voire sur tout l'arbre.	Petits ou moyens (rarement larges de plus de 1,5 centimètre), portés par un pédoncule ("queue") grêle atteignant au moins le tiers de leur longueur ; à maturité complète, ils sont noirs, roses ou blanchâtres, ± sucrés mais fades, non acides avant maturité (sauf chez des variétés peu répandues). Juin-juillet ; fructification brève.
Mûrier noir *Morus nigra*	Souvent aussi larges que longues, ± rêches et mates en dessus, vert obscur, ± poilues sur les nervures en dessous, de texture ferme, un peu épaisses, échancrées en cœur à la base.	Gros (souvent plus de 2 centimètres de largeur), sans queue visible, fortement adhérents au rameau ; d'abord rouges puis noirs, les deux états toujours simultanés et très frappants, très acides avant maturité puis acides-sucrés, savoureux, à suc rouge sang abondant et très teignant. Juillet-septembre ; fructification prolongée.

un arbre en régression manifeste, qui a perdu la majeure partie de ses plantations de plein champ à la suite du passage à l'agriculture mécanisée. Quant au mûrier noir, il n'a vraisemblablement plus que quelques *dizaines* de sujets à l'ouest de la Durance ; il semble plus répandu dans la région préalpine, notamment dans le bassin du Verdon ; c'est un arbre à rechercher et à cartographier[1]. La cueillette problématique de ses fruits, difficiles à détacher des rameaux, gonflés de suc teignant qui gicle au moindre contact, a contribué à son discrédit ; mais ces fruits, produits en continu pendant des semaines, donnent l'une des meilleures confitures d'Europe. Il en existe plusieurs variétés. C'est à la mûre de mûrier noir que se rapportent les indications relevées par l'enquête dans le traitement des affections bucco-pharyngées.

1. Cette recherche est en cours au jardin ethnobotanique de Salagon (Mane), où François Tessari, chef jardinier, a déjà réuni une collection de plusieurs dizaines de provenances.

Emplois médicinaux. Médecine humaine

2271, 2272. *Le mûrier noir, c'est le mûrier de malade ; avec le jus frais des mûres, on fait un sirop sans faire cuire, en mélangeant avec du sucre ; c'est un toubib du Var qui faisait ça ; on s'en sert dans le traitement des aphtes et quand les gosses ont du muguet, ça marche très bien* (Mlle B., Courson).
Les mûres de mûrier ont des emplois très voisins des mûres de ronce : à la ressemblance des fruits répondent, ici, étonnamment, des propriétés similaires. L'informatrice ne précise pas le degré de maturité des mûres, acides et astringentes seulement avant noircissement. L'ancienne médecine en usait de la même façon.
3111, 3113. Quand la gorge est irritée, qu'*on n'a plus de voix*, on fait une macération de mûres dans de l'eau-de-vie à laquelle on ajoute un sirop de sucre, *avec des mûres grosses comme des noix* (Mlle A., 90 ans, Montjustin). — Le sirop de fruits de mûrier, *c'est bon pour la voix* (Mme B., 65 ans, Volonne).
Les "mûres grosses comme des noix" sont à l'évidence celles du mûrier noir fruitier. Il n'est pas exclu, toutefois, que les mûres de *Morus alba*, variété noire, aient été employées dans des indications analogues : *Morus nigra* au sens strict, arbre très rare et oublié comme on l'a vu, n'est que rarement distingué de son parent par les Haut-Provençaux. Par ailleurs, il existe certaines variétés de mûrier blanc à fruits acides-sucrés.

Emplois alimentaires, condimentaires et assimilés

Divers. *On mangeait les fruits de mûrier* [blanc] *pendant la guerre, pour se nourrir ; c'était bon ; maintenant on fait de la confiture des mûres de buissons ; c'est bon aussi* (Mme T., 60 ans, Limans).
En 2007, dans la région de Mane, j'ai vu des gens du village récolter ces fruits pour la confiture.

Economie rurale

Fourrage, alimentation animale. Voir "fougère aigle" (M. G., 80 ans, Saint-Etienne-les-Orgues).
Sériciculture. *Avant, dans le pays, il y avait beaucoup de mûriers pour nourrir les vers à soie ; on vendait les feuilles de mûrier, avant, pour les vers à soie des canisses* (Mme T., 60 ans, Limans).

Myrtille

Vaccinium myrtillus L.

ÉRICACÉES

La seule mention de la myrtille (feuille) recueillie par l'enquête apparaît dans la recette d'une infusion composée mise au point par une bergère de Revest-des-Brousses ; il s'agit d'un produit acheté dans le commerce. La myrtille existe bien à l'état sauvage à l'ouest de la Durance, mais très rare et localisée (ainsi sur les grès albiens de Revest-des-Brousses…), et non fructifère. C'est seulement dans les Alpes internes qu'elle prend place à part entière dans la médecine et l'alimentation.

Emplois médicinaux. Médecine humaine

2315, **2416**, **2511**. Voir "chicorée" (M. et Mme C., 70 ans, Revest-des-Brousses).

Noisetier

Corylus avellana L.

CORYLACÉES

Arbrisseau bien connu, disséminé dans les bois frais et les ravins de toute la région, surtout dans l'étage du chêne pubescent, où il n'est que rarement fructifère. Très peu présent dans les relations locales à la flore sauvage.

Emplois médicinaux
Pratiques vétérinaires et assimilées

Vers. Voir "amandier" (anonyme, Cadenet, 84).

Nombril-de-Vénus

Umbilicus rupestris (Salisb.) Dandy (= *U. pendulinus* DC.)

CRASSULACÉES

Cette "plante grasse" aux feuilles rondes charnues, épaisses et cassantes, à pétiole central, à la longue grappe dressée, étroite, de petites fleurs verdâtres pendantes, est fréquente sur les vieux murs ombragés, à l'entrée des puits et des citernes, plus rare sur les rochers frais. Assez présente et de morphologie assez particulière pour être remarquée, elle ne trouve cependant aucun usage (ni dénomination ?) dans la société locale. L'enquête n'a relevé à son propos qu'une information, mais d'origine largement extérieure à la région.

Emplois médicinaux. Médecine humaine

1530, 1611. *Pour les furoncles*, on met de la crème [de lait] au fond de la feuille, qu'on applique sur le bouton. Le cataplasme est gardé toute la nuit, maintenu par un bandage. Pratique des années 1900-1910, au Cheylard, Ardèche, où la plante est appelée *chapelour* (M. C., 55 ans, Saint-Etienne-les-Orgues).

L'emploi de la feuille de nombril-de-Vénus en vulnéraire est attesté çà et là dans les régions où cette plante est commune, notamment dans les zones siliceuses des Cévennes au Massif armoricain. Les modes d'emploi rejoignent habituellement ceux de l'orpin reprise : on ôte l'épiderme de la face inférieure de la feuille et celle-ci est appliquée sur la lésion ; c'est un vrai sparadrap végétal. Ici, l'association avec la crème soutient la visée maturative, tandis que la forme en coupe de la feuille en fait le pansement idéal des boutons. En dépit de la fréquence de la plante en haute Provence, aucune mention de nom ni d'emploi d'origine locale n'a été relevée par l'enquête (ni par celle de M. Amir en Luberon, 1994-1995). Une recette de Saint-Jeannet (04), citée par Seignolle, associe la feuille du (probable) nombril-de-Vénus ("une plante grasse qui pousse dans les vieux murs") à la poudre noire dans un cataplasme fébrifuge qu'on applique autour du poignet[1].

1. Cl. Seignolle, *op. cit.*, 1963, p. 346.

Noyer

Juglans regia L.

JUGLANDACÉES

Le noyer est planté dans toute la haute Provence, jusque vers 1 000, voire 1 200 mètres, mais on l'y rencontre plus souvent en tant qu'arbre de semi-culture. Couramment naturalisé (avec le concours efficace des corvidés) au bord des champs et des fossés, dans les lieux frais, les ripisylves, les thalwegs broussailleux, les fourrés, les ruines, il a de tout temps été préservé par la société paysanne, dégagé des buissons pour ses fruits et conduit par des tailles de formation pour son bois, l'un des plus remarquables chez les feuillus d'Europe[1]. Cette attention

1. Sur le noyer, arbre entre sauvage et cultivé, voir F. Poplin, *op. cit.*, 2004.

aux noyers qui lèvent spontanément en limite de l'espace agricole ne s'est pas complètement perdue au début du IIIe millénaire ; il arrive même qu'on en voie de conservés en plein milieu de lavandaies récentes. Dans les ripisylves des cours d'eau permanents, le noyer se mêle fréquemment à la flore ligneuse riveraine, semblant valider l'hypothèse qui en fait une essence restée indigène en certaines localités protégées durant les froids du Quaternaire.

Par ses feuilles et son brou, enveloppe verte de la noix, le noyer est un remède majeur de la pharmacopée populaire européenne, dont l'enquête EPI ne révèle pas l'ensemble des propriétés. En haute Provence, c'est surtout l'action tonique et dépurative qu'on prend en compte. Les emplois externes en médecine humaine (ulcères, abcès, dermatoses, etc.), qui intéressent le noyer seul en Luberon (enquête M. Amir), sont ici le plus souvent évoqués à propos d'associations de plantes, ainsi en ce qui concerne l'action antidiabétique. Cette sous-représentation relative d'un arbre des plus familiers peut tenir à une moindre attention de l'enquête à son endroit.

Il n'est pas fait allusion ici à la situation du noyer dans les croyances, en particulier à l'influence délétère de cet arbre pour qui s'endort à son ombre. Toutefois, hors enquête, l'interdit touchant à la sieste sous un noyer a été relevé à plusieurs reprises.

Emplois médicinaux. Médecine humaine

1111 *(pour les plaies)*. Voir “plantain badasson” (M. V., 75 ans, Dauphin).

1114. On donne l'infusion des feuilles à boire en cas de *saignement de nez*. Ce remède est dit *très utilisé* (anonyme, H., 45 ans, Limans).

L'astringence du noyer (que la pratique populaire ne regarde pas comme sa propriété majeure) a été mise à profit par l'ancienne médecine contre les hémorragies, utérines en particulier. L'emploi relevé ici a l'allure d'un archaïsme, et davantage encore son analogue dans l'enquête de M. Amir en Vaucluse (*op. cit.*, 1994-1995) : “Quand on saignait du nez, ma mère nous faisait priser la cendre de la cloison de la noix ; ça arrêtait le sang immédiatement” (M. A., 70 ans, Le Thor, 84). On relèvera la grande différence des parties employées et des modes d'emploi. La recette du Thor recoupe des indications anciennes qui tirent parti de l'astringence de la cloison intérieure des noix, très riche en tanin, mais surtout dans les indications vulnéraires. A noter aussi que la noix, jadis, est souvent employée brûlée.

1532, **9111**. En *dépuratif* dans la *furonculose*, on boit la décoction des feuilles à raison d'un bol par jour, à jeun. En même temps, on fait des lotions de la même préparation sur le mal (anonyme, H., 75 ans, Montsalier).

Seule information explicite, dans l'enquête, d'un emploi du noyer dans les dermatoses, emploi fréquent en médecine populaire et qui a beaucoup d'attestations en pratique savante ancienne. L'association des traitements externe et interne est habituelle avec les remèdes dermatologiques végétaux. L'action antiseptique du noyer trouve aussi à s'employer ici.

1741. *On faisait de la teinture avec les feuilles de noyer. On fait bouillir les feuilles, on applique sur les cheveux et ça fait brunir, ça les teint* (cercle du 3e âge, Saint-Michel-l'Observatoire). — Même information de Mme P., bergère retraitée, 80 ans, Ongles.

Outre l'action teignante, le noyer a partout la réputation de "fortifier" les cheveux, d'en favoriser la croissance et la souplesse.

1742. La décoction des feuilles, en lavages fréquents de la tête, supprime les *pellicules*. L'informatrice, qui en a observé les bons effets, dit avoir découvert elle-même cet usage (Mme C., 65 ans, Le Contadour).

Extension de la propriété générale précédente.

2112. *Les feuilles* [en infusion], *c'est nutritif, fort, bon, ça vous creuse l'estomac. La tisane est marron ; l'hiver, on en prenait quand on n'était pas bien ; l'été, il faisait trop chaud* (enquête J. M., Saint-Michel-l'Observatoire).

"Nutritif" est curieux à propos des feuilles, mais peut faire allusion à un effet reconstituant. "Quand on n'était pas bien" paraît évoquer les rhumes et autres affections fébriles.

2130, **2312**. *Pour la Saint-Jean, on faisait du brou de noix ; on pelait, on enlevait l'écorce, ça faisait une liqueur noire avec de l'eau-de-vie, quand on a un malaise. On met 12 noix par bouteille* [d'eau-de-vie, avec du sucre ; dosages non précisés]. *Si on a un malaise ou mal à l'estomac, on mangeait une noix dans l'eau-de-vie. C'était doux et sucré, tout le monde en prenait* (enquête J. M., Saint-Michel-l'Observatoire).

2271. On prend de l'écorce de rameau de noyer à l'époque où l'arbre est en feuilles ; on s'en sert pour traiter les *aphtes*, en application locale. *Ça fait mal pendant une heure, mais le soir on peut manger des sauces vinaigrettes sans crainte ; quand on l'a fait plusieurs fois, on n'a plus d'aphtes* (M. C., Allos).

L'écorce de noyer a une large réputation de remède des ulcérations buccales. On connaît sa réputation dans le monde musulman *(souac)* en tant que substance à mâcher pour l'hygiène de la bouche, blanchir les dents, rendre les lèvres plus rouges. L'emploi ici relaté appartient au "fonds commun" des savoirs du pourtour méditerranéen.

4311, **4321**. *Pour la circulation et la tension*, on boit l'infusion ou la décoction des feuilles (Mme P., 80 ans, Ongles).

Ces indications sont à mettre en rapport avec les emplois du champ dépuratif (voir plus bas). Le noyer n'est pas réputé hypotenseur ; mais la mention "tension" va souvent de pair avec "pour la circulation" dans la perception populaire des "maladies du sang". L'enquête de M. Amir *(op. cit.)* a une information identique.

4370. En bains de siège, la décoction des feuilles soigne les hémorroïdes (Mme B., 70 ans, Mane).

Cette indication du noyer n'a pas d'attestation dans les sources consultées. Elle met en œuvre l'action astringente mais il y a peut-être aussi un écho de la propriété "pour la circulation" (**4311**).

5161, **5162**. Sur prescription du Dr Aubert, d'Oraison, dans les années 1920-1922, la décoction des feuilles en injections a servi à traiter une *métrite/salpingite*, accident survenu après une fausse couche (Mme M., Saint-Etienne-les-Orgues ; cette informatrice, ancienne institutrice, avait 90 ans au moment de l'enquête).

La décoction de feuilles de noyer en injections est l'un des remèdes les plus populaires des leucorrhées, cité par Réguis comme très courant en Provence (*op. cit.*, 1897). Il s'agit ici d'une extension savante de l'indication populaire dans les "pertes blanches".

8115 *(excès de cholestérol)*. Voir "plantain badasson" (M. V., 75 ans, Dauphin).

8140, **9111**. La cure d'infusion des feuilles est un dépuratif utile dans le *diabète maigre* (M. F., 50 ans, Valbelle).

Le noyer est un antidiabétique d'obédience savante récente, mais sans doute avec des arrière-plans traditionnels. Voir le commentaire donné à "plantain badasson" (Sœur T., Mane).

9110, 9120. Les feuilles de noyer en infusion sont *bonnes pour dépurer* (Mme D., 84 ans, Banon, et 5 autres informateurs de 60 à 84 ans, 2 hommes, 3 femmes). — Les feuilles sont *dépuratives* en infusion ; il faut en prendre en cure au printemps et à l'automne (Mme A., Saint-Michel-l'Observatoire).

Le noyer est sans doute la plante de cure de plus large distribution dans le domaine européen, avec un spectre d'action qui excède celui du dépuratif au sens strict ; on l'a souvent considéré comme un remède de longue vie et certains en buvaient l'infusion au quotidien pendant toute l'année. En haute Provence, et semble-t-il dans l'aire méditerranéenne en général, il reste au second plan derrière les herbes amères dont on privilégie la propriété dépurative, comme la bardane, la germandrée petit-chêne et le marrube.

9321. Les jeunes feuilles sont ramassées en juin. Séchées, *elles ont une odeur de thé âcre, une odeur agréable.* Leur infusion est prise en cure de 1 mois, à raison de 3 ou 4 tasses par jour. *Ça a bon goût et ça fait beaucoup de bien ; c'est un reconstituant, un régénérateur.* Le vin de noix, préparé avec les noix vertes (9 noix par litre de vin rouge, sucré après filtration), est *un très bon fortifiant* (M. et Mme C., 70 ans, Revest-des-Brousses).

A propos du vin de noix, voir plus bas.

Emplois médicinaux

Pratiques vétérinaires et assimilées

Affections du sabot ou du pied. Les feuilles de noyer sont antiseptiques. En prévention de l'infection du sabot, on en mettait dans la litière des chevaux (vers 1960-1965 ; Pernes-les-Fontaines, 84 ; recueil P. L., informateur anonyme).

Vers. Voir "amandier" (anonyme, Cadenet, 84).

Emplois alimentaires, condimentaires et assimilés

Confiture, confit au sucre. Recette de la confiture de noix avec des noix vertes : éplucher les noix vertes et faire tremper pendant 7 jours en changeant l'eau tous les jours ; faire cuire avec du sucre comme de la confiture. Les noix sont cueillies au printemps, *quand une aiguille peut encore traverser la noix. C'est bon pour le mal à*

l'estomac (cercle du 3e âge, Saint-Michel-l'Observatoire). A noter que les noix, de préférence, ne doivent pas être épluchées avec une lame de fer oxydable, ce qui provoque leur noircissement (sels de fer).
Vin, spiritueux. On fait du vin de noix avec les noix vertes (cercle du 3e âge, Saint-Michel-l'Observatoire). — *On en fait du vin ; c'est bon, ça fortifie* (M. et Mme C., 70 ans, Revest-des-Brousses).
Le vin de noix reste le spiritueux de fabrication domestique le plus courant en haute Provence, où nombreux sont ceux qui cueillent encore des "noix de la Saint-Jean" à cette fin. Les recettes en sont assez variables sur une base standard : 7 noix concassées (avec un instrument de bois pour éviter le noircissement par les sels de fer), 1 verre de marc de raisin (pas d'alcool à fruits) et 180 grammes de sucre pour 1 litre de bon vin rouge ; laisser macérer pendant 2 mois en remuant de temps à autre ; filtrer ; laisser vieillir au moins une année (anonyme, H., 65 ans, Barrême, 2005). La quantité de noix varie de 5 à 9 ; on peut ajouter des épices comme la cannelle.

Œillet sauvage

Dianthus sp.

CARYOPHYLLACÉES

Les œillets sauvages sont nombreux en haute Provence. Il est impossible d'identifier l'espèce évoquée ci-dessous, qui appartient vraisemblablement à la flore alpine. L'emploi des fleurs d'œillet en médecine populaire est très peu fréquent. L'herboristerie ancienne les associait parfois aux mélanges antitussifs et fébrifuges.

Ramassage

M. S. en ramasse l'été, en transhumance ; *c'est pour les tisanes d'hiver* [SPI] (M. S., La Bastide-des-Jourdans, 84). — Voir aussi "pensée sauvage".

Oignon

Allium cepa L.

ALLIACÉES (ex-LILIACÉES)

A la fois légume et condiment, apte à la conservation en hiver, l'oignon est l'une des bases majeures de l'alimentation européenne depuis l'Antiquité, ainsi qu'un remède polyvalent. C'est, avec le chou, le type même de l'aliment-remède. En haute Provence, il est cultivé sous diverses variétés dans les jardins, rarement en grand. L'enquête ne fait pas explicitement allusion à des emplois internes, privilégiant des applications externes largement répandues, qui tirent parti aussi bien de l'action révulsive, antiseptique, voire caustique de la pulpe crue que des propriétés émollientes et maturatives du bulbe cuit.

Emplois médicinaux. Médecine humaine

1140. Quand on s'est écrasé ou coincé un doigt, on fait un cataplasme d'oignon, *même sur une blessure ouverte.* Mme L., à l'âge de 68 ans, s'est encore servie de ce remède (Mme L., 69 ans, Banon).

1161. En cas de morsures de vipère, il faut couper un oignon en deux et en frotter l'endroit de la morsure avant d'aller chez le médecin (Mme B., 80 ans, Ferrassières, 26).

Depuis l'Antiquité, l'oignon est un remède courant des morsures, y compris celles des chiens enragés.

1211. On le cuit au four quand une piqûre s'envenime et qu'il y a du pus. *On enveloppe le doigt dans l'oignon pour que la chaleur reste* (enquête J. M., Saint-Michel-l'Observatoire).

1520, **1541**. Pour les panaris, on fait bouillir un oignon et on enfonce le doigt dans l'oignon très chaud : *ça fait mûrir* (Mme G., 82 ans, Saint-Saturnin-d'Apt, 84). — Les peaux internes des oignons, celles qui séparent les écailles du bulbe, sont employées en pansement sur les panaris (anonyme, Revest-des-Brousses, recueil P. L., 1974).

La recette de l'oignon cuit maturatif où l'on enfonce le doigt affecté du panaris est très ancienne ; on la rencontre partout en Europe. Cette indication se retrouve chez J. Valnet, *op. cit.*, 1975. Les peaux translucides servent aussi au pansement des plaies vives en médecine populaire européenne.

1761. *Quand on a des verrues, il faut couper un oignon frais en tranches, et on le met en cataplasme* (M. D., 45 ans, Forcalquier).

2415, **2450**, **9345** *(hépatite virale, jaunisse)*. Voir "chou" (anonyme, F., 75 ans, Forcalquier).

2542. Pour traiter la colite, il faut manger tous les matins à jeun un oignon cuit à l'étouffée. Cette recette a guéri une colite très douloureuse, rebelle à tout traitement. Elle a été transmise par un voisin espagnol à l'informateur, qui s'en est servi sur lui-même (anonyme, Noyers-sur-Jabron, recueil P. L., 1979).

3116. Quand on a mal à l'oreille, on y applique un cataplasme d'oignon cuit sous la cendre, et mêlé à de l'huile d'olive (Mme C., 55 ans, Saint-Etienne-les-Orgues).

3222. Dans la bronchite, on mangeait plusieurs fois par jour un oignon poché pilé avec du sucre roux ; c'est un remède efficace. Recette des années 1940 (anonyme, Noyers-sur-Jabron, recueil P. L., 1979).

"L'oignon est pectoral [...] ; quand il est cuit et amorti sous la braise, et mangé avec de l'huile et du sucre, il apaise la toux et soulage les asthmatiques" (P. J. B. Chomel, *op. cit.*, 1782). — La similitude des emplois à deux siècles de distance peut laisser supposer une diffusion de la pratique du domaine écrit à partir des livres de recettes qui circulaient dans les campagnes ; ceci d'autant plus que le sucre, autrefois denrée chère, réservée aux classes fortunées, n'est pas un ingrédient habituel de la médecine populaire.

7160, **9210**. Contre la fièvre typhoïde, il faut faire un cataplasme d'oignon cru sous la plante du pied. Cette recette était pratiquée par le père de Mlle A., dont la sœur a été guérie de cette façon (Mlle A., 90 ans, Montjustin).

Le traitement des maladies fébriles aiguës (mais aussi du "coup de sang") par le moyen des révulsifs mis sous la plante des pieds, d'action analogue à ceux de la farine de moutarde, est pratique courante dans l'ancienne médecine, tant populaire que savante. Cet effet dérivatif a pu entraver des états inflammatoires impossibles à traiter par les moyens habituels alors disponibles.

9371. *C'est très bon pour la santé, il faut en manger cru* (M. B., Montjustin).

Olivier

Olea europaea L.

OLÉACÉES

L'olivier cultivé a une origine complexe. Descendant pour une bonne part de souches orientales, il comporte aussi des lignées apparues dans l'Ouest du bassin méditerranéen et renferme des gènes qui l'apparentent à l'oléastre, l'olivier sauvage présent dans les maquis littoraux du sud de la France. L'ancienne société rurale a planté cet arbre civilisateur dans toutes les situations où sa culture est possible, c'est-à-dire à bonne exposition là où il ne risque pas les gels. S'il résiste assez bien au froid quand il n'est pas entré en végétation, il est en effet très menacé par les reprises de l'hiver après un redoux assez prolongé pour le remettre en sève ; ainsi a été détruite une part importante des olivettes françaises, en février 1956.

Arbre des sols secs et friables, toutefois exigeant en fumure, c'est par excellence un fruitier de collines, capable de produire en des conditions défavorables à toute autre arboriculture. Limité par le gradient de température hivernale, il ne s'élève pas au-dessus de 750 mètres à l'ouest de la Durance dans les Alpes-de-Haute-Provence, de 850 mètres dans la Drôme.

De nos jours, grâce à une politique de "relance" de l'oléiculture traditionnelle, on réhabilite les olivettes les plus accessibles et les plus aptes à la reprise d'une production, en particulier sur les coteaux de la Durance, vergers de races locales comme l'olive dite "de Ganagobie".

Emplois médicinaux. Médecine humaine

1945, 2523, 4321. *L'olivier, c'est comme le senès* [séné] *et comme le frêne, c'est bon pour la tension artérielle, les rhumatismes, c'est laxatif* (M. C., Allos).

La feuille d'olivier n'est pas laxative mais astringente (troubles intestinaux et gynécologiques) et diurétique. Le frêne est un diurétique antirhumatismal bien connu en médecine populaire (voir ce nom). Il semble que l'informateur associe les propriétés de plusieurs feuilles employées en cures à celles du séné, purgatif de très ancien renom. "Bon pour la tension", d'obédience savante actuelle, élargit encore le champ d'influences qui se manifeste dans ce bref commentaire. Voir ci-dessous.

2132. *Les olives vertes, c'est bon à manger dans l'autocar contre le mal au cœur* (Mme A., Saint-Michel-l'Observatoire).

La propriété ici attribuée aux olives vertes n'a pas d'attestation dans la littérature consultée.

4321, 4361. *Les feuilles* [en infusion] *sont bonnes pour la tension et surtout les jeunes pousses. Mon mari en buvait car il avait eu une hémiplégie* (Mme A., Saint-Michel-l'Observatoire). — *Les feuilles, c'est bon pour la tension* (enquête J. M., Saint-Michel-l'Observatoire).

L'emploi des feuilles d'olivier contre l'hypertension, bien connu en médecine populaire méridionale, a l'allure d'une pratique de constitution récente. La notion même de tension artérielle remonte au début des années 1870 ; quant à celle d'hypertension, elle a tout juste un siècle. La propriété hypotensive de l'olivier est citée pour la première fois dans la littérature par le Dr G. Mazet, de Nice, en 1939, puis propagée par la dernière édition du *Précis de phytothérapie* d'H. Leclerc, en 1954. Reste à savoir s'il existait un "proto-usage" de cette nature auparavant, qui aurait été identifié, étudié et formalisé par le domaine savant. On se trouve devant une problématique analogue à celle qui intéresse l'aubépine (voir ce nom), remède employé à des fins voisines. La présente enquête ne rend pas compte de l'ampleur de la diffusion de ce savoir en région méditerranéenne française : l'olivier est cité 35 fois "pour la tension" sur 45 mentions d'usage interne des feuilles dans la recherche de M. Amir en Luberon (*op. cit.*, 1994-1995). Par ailleurs, il n'est pas précisé ici que la médecine populaire méridionale donne la primeur aux feuilles des rejets habituels à la base des pieds, part sauvage de l'olivier susceptible de donner au remède un surcroît d'énergie, dont la récolte préserve aussi d'attenter à la couronne d'un arbre qu'il est exclu de mutiler en dehors des tailles. Cette préférence a été plusieurs fois citée hors enquête dans la région de Forcalquier, dans le Var et les Alpes-Maritimes (recueil P. L.), ainsi que dans le Gard et l'Hérault (enquête ODAC, 1982-1983). On notera encore que la même partie de l'olivier est connue au niveau populaire comme antidiabétique, emploi qui appelle des remarques analogues à celles qui concernent l'effet hypotenseur.

Emplois médicinaux
Pratiques vétérinaires et assimilées

Météorisme. Dans le météorisme, les intoxications dues aux champignons, un berger de Simiane fait une émulsion en battant 1/2 litre d'huile d'olive avec un peu de lait (M. M., 60 ans, Banon). — On fait boire un mélange d'huile d'olive et de lait aux chèvres qui souffrent de météorisme (M. P., 70 ans, Lardiers). — *Pour la gonfle des brebis, on leur faisait boire de l'huile d'olive. Quand le cheval du voisin était bien malade, on le badigeonnait d'huile d'olive chaude partout, aux reins, au cou, et ça a marché* (enquête J. M., Saint-Michel-l'Observatoire).

Divers. L'huile d'olive est administrée aux agneaux, *quand ils sont intoxiqués* (M. S., La Bastide-des-Jourdans, 84) ; cf. ce qui est dit ci-dessus. — Voir "mauve".

Les emplois internes de l'huile d'olive ici recensés en pratique vétérinaire sont quelque peu analogues à ce qui concerne la médecine humaine, où on la prescrit en adoucissante, laxative et antivenimeuse. Toutefois, le traitement du météorisme proprement dit peut mettre en jeu des huiles de divers types. En Valais, S. Brüschweiller (*op.*

cit., 1999) relève l'emploi d'une huile végétale de nature non précisée, associée ou non à du vinaigre, dans le météorisme des bovins.

Emplois alimentaires, condimentaires et assimilés

Divers. *On faisait du "pastèu"* [de la pâte d'olive]. *Après avoir broyé les olives pour l'huile* [cela se faisait à Saint-Michel], *on mélangeait ce qui restait avec du sucre et on le mangeait ; c'était bon* (Mme A., Saint-Michel-l'Observatoire).

Oranger

Citrus sinensis (L.) Osbeck, oranger doux
et *C. aurantium* L., oranger amer

RUTACÉES

L'ancienne société ajoutait fréquemment la fleur d'oranger, sédative de très ancien renom, aux tisanes vespérales. "L'eau de fleur d'oranger" continue de parfumer les viennoiseries à caractère "traditionnel", comme la couronne (brioche) des Rois, mais c'est une saveur qui disparaît de la pâtisserie domestique et s'oriente vers le statut d'archaïsme culinaire.

Emplois médicinaux. Médecine humaine

1761 *(interdit sur la consommation des oranges en cas de verrues chez l'enfant).* Voir "chélidoine" (Mme B., 45 ans, Saint-Jean-de-Sault, 84).
2121, 9381 *(pour la digestion).* Voir "menthe" (Mme F., 70 ans, Reillanne).
6124, 9331, 9382. Les feuilles d'oranger en infusion font dormir. *C'est délicieux le soir ! C'est un calmant, ça donne le sommeil ; on donne aux bébés la fleur d'oranger avec de l'eau sucrée, en infusion.* Mme A. boit tous les soirs de l'infusion de fleurs d'oranger avec du tilleul ; sinon, elle ne peut pas dormir (Mme A., Saint-Michel-l'Observatoire).

Emplois alimentaires, condimentaires et assimilés

L'orange, c'était pas courant comme maintenant, c'était très rare : les oranges, elles venaient d'Espagne, les dattes aussi (Mme G., Forcalquier).

Orge

Hordeum vulgare L.

GRAMINÉES (= POACÉES)

Céréale la plus ancienne avec le blé, l'orge, très cultivée en haute Provence, n'intervient de nos jours que de façon marginale dans l'alimentation humaine (orge perlé, malt, etc.). Dans l'Antiquité, la décoction d'orge, *ptisanê* des Grecs, d'où vient "tisane", faisait la base des breuvages administrés aux malades, dans les états fébriles en particulier, pour des vertus "rafraîchissantes" et reconstituantes. Cette association d'une céréale aux décoctions médicinales est restée habituelle en médecine populaire, comme en témoigne la donnée **9311** ci-dessous.

Emplois médicinaux. Médecine humaine

2621, **8117** (mélange diurétique contre l'acide urique). Voir "cerisier" (Mme B., 75 ans, Mane).

9311. *Pour uriner*, on boit la décoction du mélange : bois de réglisse, barbe de maïs, queue de cerise, racine de chiendent, orge perlé (Mme L., 69 ans, Banon).

Orge des rats

Hordeum murinum L.

GRAMINÉES (= POACÉES)

Rudérale très fréquente dans les friches du voisinage des lieux habités et des bergeries, dans les jachères, au bord des routes et des chemins, l'orge des rats se distingue par un épi muni d'arêtes rigides elles-mêmes hérissées de petits denticules tournés vers la pointe des arêtes. Ce qui explique sa faculté de cheminer, grâce aux mouvements du bras, entre la manche et la peau jusqu'à l'épaule, jeu d'enfants qui est connu partout. En même temps, cette aptitude à la progression rend dangereuse cette plante commune au voisinage de l'homme et des animaux domestiques : elle peut pénétrer dans les orifices naturels, oreilles, narines, etc., d'où il est très difficile de l'extraire[1].

1. Hors enquête, une information de la région d'Apt (84) signale la pénétration de cet épi dans le vagin d'un petite fille qui jouait dans l'herbe, ce qui a nécessité le recours au médecin (recueil P. L., années 1970).

Emplois médicinaux
Pratiques vétérinaires et assimilées

Divers. *"Lou chai*[1]*", c'est une graminée dure et piquante ; elle est mauvaise car ça va dans l'œil des brebis, on ne peut plus l'enlever et les brebis perdent l'œil* (M. et Mme B., Céreste).

Origan

Origanum vulgare L.

LABIÉES (= LAMIACÉES)

D'optimum médio-européen, l'origan pénètre largement en région méditerranéenne mais à l'état disséminé, en évitant les localités les plus arides. Assez commun dans l'aire du chêne pubescent, il se fait rare et manque souvent dans celle du chêne vert. En haute Provence, il fréquente les friches herbeuses et les talus en sols profonds, les lisières, les fourrés, les fossés, les ripisylves sèches ; on le rencontre fréquemment en compagnie de l'aigremoine. C'est l'aromate classique – mais non authentique – des pizzas[2].

Plante aromatique au statut médicinal assez analogue à celui du thym (antispasmodique, digestif, pectoral), l'origan est récolté en haute Provence sous le nom de "marjolaine" (courant), rarement de "marjolaine sauvage", distinction moderne qui sous-entend la connaissance de la marjolaine vraie, et aussi de "thé sauvage" et de "thé rouge" (surtout Vaucluse, bassin d'Apt). Il a, dans notre région, davantage un statut d'aromate que de remède, le thym occupant plus activement ses diverses attributions médicales. La plante est plus connue que ne le montre l'enquête.

---

1. J'ai rencontré cette forme dans les Alpes pour le genévrier sabine. *(Note Cl. Martel.)*

2. La cuisine italienne use non de l'origan commun, mais d'une espèce très voisine, d'odeur bien plus pénétrante, *Origanum heracleoticum* L. Cet *origano* véritable est une plante d'Italie du Sud, Sardaigne, Sicile, d'aire générale sud-est-européenne,

Emplois médicinaux. Médecine humaine

2121. *C'est digestif* [SPE] (M. M., 75 ans, Pierrerue). — *En infusion, c'est pour l'indigestion* (Mme A., 90 ans, Robion, 84). La pratique était encore vivante à la date de l'enquête (1982) ; on a toutefois relevé une confusion possible, chez l'informatrice, entre origan et véronique.
9381. *La marjolaine, c'est le thé des rives, on le prend en infusion* [SPI] (enquête J. M., Saint-Michel-l'Observatoire). "Rives" est à entendre comme "ribes", nom des talus herbeux du bord des champs en déclive, milieu d'élection de la plante dans l'espace agricole de haute Provence, où un certain nombre de plantes utiles sont récoltées.

Emplois alimentaires, condimentaires et assimilés

Aromate. [La marjolaine,] *on la ramasse sur Lure, on la met dans les civets de lapin* (Mme L., 69 ans, Banon). — [La marjolaine,] *on s'en servait sur les tommes ou pour assaisonner, c'est bon* (Mme R., Mane). — [La marjolaine,] *elle se met sur les fougasses, sur les plats. En infusion, comme le thym et le serpolet, ça a très bon goût* (M. et Mme C., 70 ans, Revest-des-Brousses).

Orme

Ulmus minor Miller (= *U. campestris* auct.)

ULMACÉES

L'orme, très fréquent en haute Provence, croît à l'état naturel au bord des rivières et des torrents périodiques, dans les bois frais des ravins, les haies et les fourrés, les friches buissonneuses, surtout dans l'aire du chêne blanc. En situations sèches, où ses samares le propagent fréquemment, il adopte une forme buissonnante aux rameaux plus ou moins garnis de crêtes liégeuses ("orme subéreux"). Dès l'occupation romaine, il a été couramment planté aux alentours des lieux habités, autant pour son bois précieux en charronnage que pour ses feuilles fourragères.

Atteint par une maladie cryptogamique (graphiose) véhiculée par un insecte, maladie très rapidement mortelle par obstruction des vaisseaux conducteurs de sève, l'orme a pratiquement disparu d'une grande partie de la France et de l'Europe. En haute Provence, et plus largement dans le Sud, si les arbres âgés ont la plupart été détruits dès les années 1970, beaucoup de jeunes sujets ont rejeté de souche et reconstitué des peuplements. Cependant, l'extension d'une nouvelle souche du parasite, qui pourrait venir à bout de ces chances de regain, se manifestait dès l'été 2007.

Emplois médicinaux
Pratiques vétérinaires et assimilées

Affections du sabot ou du pied. L'écorce [en décoction ?] sert à traiter le piétin des brebis (anonyme, Saint-Julien-le-Montagnier, 83).

Depuis l'Antiquité, la jeune écorce d'orme est un remède vulnéraire et dermatologique très réputé, qui a eu la faveur de la médecine savante à la fin du XVIIIe siècle avant de tomber dans l'oubli. La présente application en médecine vétérinaire appartient au même champ thérapeutique.

Orpin blanc

Sedum album L.

CRASSULACÉES

Très commun et souvent en masse dans les rocailles, les pentes ébouleuses, les zones à dalles calcaires ou gréseuses affleurantes, les pelouses caillouteuses, les friches pâturées à plantes aromatiques, sur les vieux murs, ce sedum est présent à toute altitude dans la région, de l'étage du chêne vert aux crêtes de Lure où il colonise les éboulis ensoleillés. C'est la sous-espèce *micranthum* (Bast.) DC. ("à petites fleurs") qui semble la plus présente dans la région. En dehors de la période de floraison, la plante est très reconnaissable à ses feuilles en forme de petite massue charnue, habituellement rougeâtres ou rouges. Cette espèce était jadis cultivée en bordures comme condimentaire ("trique-madame") ; on mêlait aux salades ses feuilles à la saveur un peu piquante.

Emplois médicinaux. Médecine humaine

4370. *Pour les hémorroïdes,* on prend l'orpin qui pousse dans les murailles ; *c'est radical, l'orpin aux feuilles* [fleurs ?] *blanches.* La plante est employée fraîche ou sèche, en bains de siège ou en fumigations (M. C., Allos).
Considéré comme adoucissant et vulnéraire, inusité de nos jours, l'orpin blanc est appliqué par la médecine populaire au soin des hémorroïdes en raison du principe des signatures, ses feuilles évoquant les bourrelets veineux. Le témoignage ci-dessus appelle toutefois quelques réserves. S'il y a probablement lapsus à propos des

“feuilles blanches”, on peut s’interroger sur l’emploi du terme “orpin” lui-même. Ancien nom (XIVe siècle) du sedum reprise *(Sedum telephium, S. maximum)*, devenu terme générique français pour tous les *Sedum*, “orpin” n’est pas attesté dans la tradition orale pour d’autres espèces que celle qu’il qualifie au Moyen Age (voir ci-dessous). C’est ici soit un emprunt au domaine écrit, soit une interprétation de l’enquêtrice. Par “fumigation”, étant donné la nature aqueuse de la plante qui ne se prête guère à la combustion sur des braises, il faut sans doute entendre “vapeurs de la décoction”.

Orpin reprise

Sedum telephium L. ssp. *telephium*
S. telephium L. ssp. *maximum* (L.) Krocker

CRASSULACÉES

pl. 2, fig. 6

Ces sedums de grande taille, aux feuilles larges et planes, aux fleurs réunies en corymbes terminaux larges et denses, ont une allure très distincte de celle des sedums courants et n’appartiennent pas au même groupe classificatoire de la taxonomie vernaculaire, où ils représentent l’orpin au sens strict. L’orpin reprise vrai, *Sedum telephium* ssp. *telephium*, qui n’existe pas à l’état sauvage en région méditerranéenne, appartient aux ornementales les plus fréquentes dans l’ancienne société paysanne ; la plupart des fermes en avaient un ou quelques pieds dans de vieux récipients ébréchés où ces “plantes grasses” passaient l’été sans grand soin. Cette espèce aux fleurs habituellement roses ou purpurines, rarement blanches, aux feuilles fortement dentées et rétrécies à la base, diffère de *S. telephium* ssp. *maximum*, aux fleurs habituellement jaunâtres ou verdâtres, rarement pourpres, aux feuilles presque entières et à base plus ou moins embrassante. Cette sous-espèce, sauvage çà et là dans la région, surtout aux moyennes altitudes et en milieux rocailleux frais, est parfois cultivée dans les mêmes conditions que précédemment.

Perception de la plante

C'est une plante grasse, qui a des feuilles à taches (Mme G., Céreste). — La description évoque la sous-espèce *maximum*, aux feuilles parfois maculées de rougeâtre.

Emplois médicinaux. Médecine humaine

1111, 1112, 9354, 9355. *C'est une plante qui attire le mal... Quand on a une blessure, on met les feuilles sur la plaie, ça attire le pus des plaies, il sort* (Mme G., Céreste).
La notion d'"attirer" ou de "faire sortir" le mal se rencontre communément à propos des plantes vulnéraires.
1150. *C'est une plante grasse, tu fais revenir la feuille à la poêle, tu pèles et tu la mets sur les brûlures* (enquête J. M., Saint-Michel-l'Observatoire).
L'orpin reprise est un remède vulnéraire des plus anciens, difficile toutefois à identifier dans les textes antiques (ce n'est vraisemblablement pas le *telephium* de Dioscoride). Le Moyen Age, qui l'appelle *faba grassa*, "fève grasse", l'indique sur les brûlures (suc frais associé à un corps gras) et en maturatif des abcès. Cette plante partage plus ou moins les indications de deux autres "plantes grasses" courantes, la joubarbe et le nombril-de-Vénus, en particulier pour le soin des verrues ; voir encore ci-dessous.
1761, 1150. Pour soigner les verrues, *on enlève une des peaux de la feuille*, on met la feuille sur la verrue et on renouvelle 3 fois par jour. On fait 6 ou 7 jours d'application et les verrues disparaissent 15 à 20 jours plus tard. Cette recette a été communiquée à l'informateur *par une sorcière de Martigues* dont il dit : *Les gens de Naphtachimie* [raffinerie] *viennent la voir* [pour les brûlures causées par les produits chimiques] ; *elle a soigné la moitié de Martigues* — où les gens cultivent la plante en pots à des fins médicinales. On trouve des emplois analogues à Trets et Mallemort (anonyme, Martigues ; recueil P. L., 1980). — Voir aussi "chélidoine" (verrues et perception de la maladie) (Mme B., 45 ans, Saint-Jean-de-Sault, 84).
Témoignage intéressant sur l'évolution des attributions médicinales d'une plante dans les contingences de notre société. Le couple sorcière/Naphtachimie illustre à lui seul l'aptitude évolutive de la médecine populaire. Une enquête à Martigues en ce début du IIIe millénaire apporterait sûrement de nouvelles informations utiles. On notera qu'*on enlève la peau des feuilles* (épiderme translucide) à l'orpin,

à la joubarbe et au nombril-de-Vénus, pratique d'où il résulte une surface propre, sinon stérile, et le contact direct des tissus remplis de suc.

Ortie

Urtica dioica L.

URTICACÉES

pl. 4, fig. 13

Plante nitrophile par excellence, favorisée par l'homme et les ruminants, l'ortie recherche les sols riches en azote aux abords des villages et des fermes, les décombres frais, les rigoles d'écoulement d'eaux usées, les fossés ombragés, les lieux de passage fréquent et les reposoirs de troupeaux ; elle suit les transhumants jusque sur les crêtes de l'étage montagnard. On la rencontre par ailleurs sur les sols alluviaux riches et ombragés, près des cours d'eau permanents, plus rarement dans les bois au sol humifère et frais. Largement distribuée, elle n'en régresse pas moins au voisinage des lieux habités, tant à cause du recul accentué de l'élevage et des nouvelles normes de gestion des déchets organiques (il n'y a plus d'évacuation à l'air libre d'eaux usées, de purins) que de l'obsession de "propreté" des communes, qui fait convertir en gazon ou traiter au désherbant les anciens habitats de la flore rudérale, c'est-à-dire les ressources médicinales de base du monde paysan.
Le genre *Urtica* est impossible à ignorer. On peut, comme l'écrit Matthioli, le "connoître de nuit sans (le) voir". La société haut-provençale usait fréquemment de l'ortie en remède comme en aliment. Plusieurs des indications médicinales relevées par l'enquête montrent l'importance et la permanence remarquable des indications majeures de cette plante dans les pratiques de médecine traditionnelle, comme vulnéraire, pectorale, antirhumatismale, "fortifiante", antihémorragique, etc., propriétés qu'on lui reconnaît depuis des millénaires et qui se retrouvent, semble-t-il, dans beaucoup de régions de l'hémisphère nord.

Il a semblé utile de citer des sources américaines et asiatiques pour souligner la diffusion de ce qui concerne en particulier les applications antirhumatismales et antihémorragiques. Connue des sociétés de chasseurs-ramasseurs qui la rencontraient au voisinage des rivières où les hordes de grands ruminants sauvages allaient boire, devenue voisine de l'homme depuis les premières sédentarisations, l'ortie, proche cousine écologique du sureau, est comme celui-ci un "marqueur ethnobotanique" de première importance, susceptible d'être interrogé sur une échelle transcontinentale.

Emplois médicinaux. Médecine humaine

1241. Pour traiter l'ulcère variqueux, on masse les jambes avec de l'ortie fraîche (M. T., 50 ans, Céreste).

L'emploi de l'ortie contre les "ulcères de mauvais caractère", cité dans l'ancienne médecine, est aussi relevé par Cazin (*op. cit.*, 1868, p. 726) : cataplasmes de plante cuite et réduite en bouillie, mais aussi feuilles fraîches pilées avec un peu de sel.

1321. *Si on tombe,* quand il y a un hématome, on hache de l'ortie fraîche et on en fait un cataplasme. *Ça calme de suite et ça fait disparaître le bleu.* La mère de M. V. était tombée sur un seau et s'était fait *un gros bleu au ventre.* Le cataplasme a réduit le mal dans la nuit ; *le bleu avait viré au jaune* (M. V., 75 ans, Dauphin ; recueil P. L., 1981).

L'indication est en rapport avec les emplois du cataplasme d'ortie en résolutif, mentionnés par les sources anciennes. Toutefois, la littérature consultée ne fait pas état de l'action anti-ecchymotique ici mise à profit, qui n'est pas non plus relevée en Vaucluse par l'enquête de M. Amir (1994-1995). L'information semble faire état du recours à l'ortie comme d'un remède habituel dans ces circonstances, en dépit de la présence d'anti-ecchymotiques courants comme l'arnica (vrai ou faux).

1451, 1630. La racine d'ortie est efficace en décoction ; *il faut la boire ; l'abbé Blanc avait donné cette recette en cas de piqûre de scorpion, quand on faisait une poussée d'urticaire, qu'on avait des démangeaisons ou la figure enflée et les yeux bouchés, c'était quand on était piqué par une chenille, la "touralado*[1] *"* (Sœur T., Mane).

La racine d'ortie, d'un jaune remarquable qui ne pouvait manquer d'attirer l'attention des sociétés anciennes, est cependant rarement citée par la médecine du passé. La prescription médiévale de la plante contre la jaunisse ne s'y réfère pas explicitement. C'est au XVIe siècle, chez Conrad Gesner, qu'elle est clairement désignée comme remède de l'ictère, indication qui se perpétue dans les écrits jusqu'au XVIIIe (Garidel, etc.). Au XIXe siècle, Cazin voit les paysans du Nord de la France la prescrire contre la jaunisse, et en diurétique contre l'hydropisie et les calculs, associée à la racine d'oseille (elle aussi de couleur jaune). Cette "médecine des semblables" ne peut en rien

---

1. Les variantes du nom de la chenille *(la toro)* peuvent être *touaro, touero, touoro, touro*... selon les lieux. *Touralado* est forgé sur *touoro* pour désigner l'inflammation causée par la chenille. Formation orale non attestée dans les dictionnaires mais valide grammaticalement par suffixation (*-alado* ou *-elado*, régulière en occitan). *(Note Cl. Martel.)*

expliquer les indications relevées ici, qui semblent relever de la stricte tradition orale. Il y a des recherches à conduire sur la racine d'ortie, et déjà pour tenter de comprendre pourquoi sa couleur ne lui a pas valu une place plus grande parmi les plantes à signature jaune, à côté de la chélidoine et du bois d'épine-vinette, entre autres.
1761. On traite les verrues en y posant des feuilles d'ortie (Mme L., 60 ans, Mane).
1918. *Papa avait souvent la main endormie ; il se frottait avec de l'ortie* (Mme A., 65 ans, Robion, 84).
Voir le commentaire ci-dessous.
1930, 1940, 1943, 1944. Pour calmer le *mal aux reins*, on boit de la tisane d'ortie [SPE] (M. V., 75 ans, Dauphin). — Contre l'*arthrite*, une femme décédée à l'âge de 96 ans faisait des cures d'ortie en soupe, en omelette et en tisane (Mme L., 70 ans, Banon) ; un homme *rhumatisant* se frottait les reins avec un bouquet d'ortie (Mme L., 70 ans, Banon) ; pratique analogue chez un retraité de Saint-Saturnin-d'Apt (M. S., 65 ans). — Contre l'*arthrose*, on fait des cures d'infusion associée à l'emploi externe de la plante, qu'on frotte sur les douleurs (M. D., 45 ans, Forcalquier).
La tisane d'ortie et surtout l'emploi externe de la plante fraîche (il va de la friction à la flagellation) contre les douleurs rhumatismales ou l'engourdissement des membres, voire la paralysie, sont des procédés très anciens. “Plusieurs médecins anciens et modernes se servent des orties pour attirer les esprits et le sang sur les parties desséchées et paralytiques, en les frappant avec un paquet d'orties”, dit ainsi Chomel (*op. cit.*, 1782, p. 445). Cette pratique est en lien probable avec la chaleur associée à l'urtication, chaleur capable de combattre les maladies “de cause froide” (comme le “mal aux reins”) et de redonner vie aux membres paralysés. Elle se retrouve dans une grande partie de l'hémisphère nord, ce qui confirme la plante dans sa situation de remède du “fonds commun” et de “marqueur ethnobotanique” majeur. En Inde, au nord de Delhi, on applique les feuilles bouillies d'*Urtica dioica* sur les douleurs rhumatismales et celles de la goutte. En Californie, les Indiens costanoan et chumash usent de la plante fraîche (*Urtica holosericea* Nutt. et autres sp.) en flagellations légères. En Colombie-Britannique, les Indiens thompson faisaient suivre le bain de vapeur dans la *sweathouse* de frictions d'orties fraîches *(U. dioica)* pour traiter les rhumatisants et reconstituer les

forces[1]. On n'oubliera pas de signaler que la flagellation d'ortie a aussi des vertus "réchauffantes" mises à profit dans le domaine érotique, ce qui fait dire à Garidel (*op. cit.*, 1715, p. 521) que "les libertins y peuvent trouver un poison capable de les rendre pareils à [des] monstres d'impureté".

2315, **2416**, **2511** (la racine d'ortie entre dans une tisane composée *bonne pour le pancréas, le foie, l'estomac et l'intestin*). Voir "chicorée" (M. et Mme C., 70 ans, Revest-des-Brousses).

Voir ce qui est dit au commentaire de **1451**.

2390 (**2350**). La cure d'ortie, d'une part en infusion, d'autre part consommée en potage (avec des pommes de terre), est dite efficace dans le cancer de l'estomac : mais l'informatrice semble confondre cancer et ulcère ; il s'agit donc d'une donnée incertaine (Mme M., 90 ans, Saint-Etienne-les-Orgues).

Peut-être faut-il voir ici une extension de l'ancienne prescription de la plante dans les "crachements de sang".

2411, **9220**. On faisait sécher l'ortie pour en faire des tisanes l'hiver, *pour éviter le mal au foie quand on mangeait du cochon* (M. T., 50 ans, Céreste).

Il se peut que cet usage préventif ait aussi à voir avec des pratiques induites par l'image "biliaire" de la racine. Il se rattache aussi à l'emploi ancien de la plante comme dépurative, "pour purifier le sang". Les salaisons, consommées fréquemment en hiver dans l'ancienne société, font partie des aliments qui, selon les informateurs, appellent la cure dépurative.

2620. Boire 2 ou 3 litres d'infusion d'ortie permet d'évacuer les calculs urinaires (anonyme, H., 60 ans, Digne). — Communiquée par un guérisseur de L'Isle-sur-la-Sorgue, la recette suivante a le même propos : 1 poignée d'orties fraîches ou sèches pour une casserole d'eau ;

1. Respectivement : Lal, S. D., & B. K. Yadav, "Folk Medicines of Kurukshetra District (Haryana), India", *Economic Botany,* 37 (3), p. 299-305, 1983. Bocek, Barbara, "Ethnobotany of Costanoan Indians, California, Based on Collections by John P. Harrington", *Economic Botany,* 38 (2), p. 240-255, 1984. Timbrook, Jan, "Ethnobotany of Chumash Indians, California, Based on Collections by John P. Harrington", *Economic Botany,* 44 (2), p. 236-253, 1990. Turner, N., *op. cit.*, 1990, p. 289-290 (le soin des rhumatismes avec l'aide des orties est décrit de façon détaillée dans cette dernière source, qui concerne la Colombie-Britannique). Des pratiques analogues chez plusieurs ethnies des Etats-Unis sont aussi relevées par D. E. Moerman, *op. cit.*, 1977.

faire réduire ; à prendre en cure de 10 jours, le matin à jeun et le reste pendant la journée ; ce traitement a permis à l'informateur d'éviter une opération, dix ans avant le recueil de son témoignage ; depuis lors, il la diffuse autour de lui (M. G., 55 ans, viticulteur, L'Isle-sur-la-Sorgue, 84).

L'informateur précédemment cité justifie l'action du remède en recourant à l'analogie : les "crochets" piquants de l'ortie rappelant ceux des calculs, la plante peut guérir ce qu'elle évoque. Cette explication ne paraît pas connaître d'antécédents écrits dans les textes qui traitent de médecine des "signatures". On la retrouve, avec la même source, dans l'enquête de M. Amir (*op. cit.*, 1994-1995) : un informateur de Saint-Saturnin-d'Apt, sur le conseil de M. Duplan, guérisseur-herboriste de L'Isle-sur-la-Sorgue, a soigné ses coliques néphrétiques avec l'infusion d'une poignée d'ortie dans 1/2 litre d'eau ; il dit que "les calculs [...] ce sont des oursins, ils s'accrochent ; l'ortie en dissout les aspérités ; une fois qu'il est lisse, le calcul peut bien passer ; ça va assez vite ; on boit l'infusion un ou deux jours et c'est bon ; je l'ai vue agir deux fois à la maison ; ce n'est pas du hasard". Il est possible que l'image ait été induite dans les deux cas par le guérisseur. L'emploi de l'ortie contre les calculs urinaires est attesté dans la médecine ancienne, où la plante est souvent citée comme remède de la gravelle et de la "rétention d'urine".

3226. La décoction légère de grande ortie est efficace contre la pneumonie (Mme B., 84 ans, Ferrassières, 26).

Depuis l'Antiquité, l'ortie possède un "champ respiratoire". Dioscoride écrit qu'elle "purge la poitrine". Au XVIIIe siècle encore, la médecine la prescrit fréquemment dans les maladies pulmonaires aiguës et contre l'hémoptysie.

5131. Pour faire cesser les hémorragies utérines, il faut faire des cures d'infusion de *graines d'ortie* (Mme C., 65 ans, Le Contadour). — Dans le même propos, on boit l'infusion un peu bouillie de la petite ortie à petites feuilles (Mme B., 84 ans, Ferrassières, 26).

Antihémorragique de très ancien renom ("le suc d'ortie est excellent pour arrêter toute sorte de flux de sang", dit Garidel, *op. cit.*, 1715), encore souvent prescrite contre la métrorragie au XIXe siècle, remède efficace du saignement de nez, l'ortie a ici une aire d'usage peut-être aussi vaste que dans ses indications d'antirhumatismale. Elle a ainsi été employée par des ethnies amérindiennes des

Etats-Unis, et le reste de nos jours encore, au Népal, dans le même propos[1]. La mention de "graine d'ortie" se réfère-t-elle aux inflorescences femelles fructifiées en été ? A forte dose, ces graines seraient violemment purgatives mais on manque de données précises à ce sujet. Garidel dit que "notre vulgaire *(sic)* donne cette semence [...] aux petits enfants attaquez de l'épilepsie [...] de même qu'à ceux qui ont des coliques" (*op. cit.*, 1715, p. 520) mais ne cite pas d'emploi antihémorragique.

5233, 5235. *On faisait des enveloppements d'ortie pour les nourrissons* [SPI] (enquête D. D., Saint-Michel-l'Observatoire). — *Elle contient du fer ; on la donne hachée aux bébés* (Mme L., 69 ans, Banon).

La première information n'a malheureusement pas pu être vérifiée ; elle pourrait avoir des sources allemandes. Suggère-t-elle, mais c'est peu probable, qu'on aurait pu envelopper des nouveau-nés en situation de péril vital (détresse respiratoire, etc.) dans de l'ortie fraîche pour provoquer une stimulation ? Il s'agit plutôt d'une application externe (plante cuite ?) de l'indication suivante. — La deuxième donnée atteste l'influence savante sur l'alimentation infantile dans les années 1930-1940 ; elle n'exclut pas qu'on ait pu donner de l'ortie aux enfants (comme à la volaille ou aux chevaux...) avant que la chimie n'en révèle la composition.

5310. L'informateur évoque la possibilité de *se rouler dans les orties contre l'impuissance* (enquête J. M., Saint-Michel-l'Observatoire).

La réputation de l'ortie comme aphrodisiaque remonte à l'Antiquité, où l'on en prescrivait à cette fin la décoction des graines dans du vin (Dioscoride). L'action urticante de la plante fraîche, mise à profit contre les douleurs rhumatismales, est appliquée à la sphère sexuelle (parfois de la même façon), en raison de la relation symbolique brûlure/désir, mais il y a aussi une possible action vasodilatatrice.

9321. Aliment de ramassage. *C'est un bon fortifiant et un reconstituant, mangé en soupe et en omelette* (M. et Mme C., 70 ans, Revest-des-Brousses). — Même commentaire de Mme L., 60 ans, Dauphin.

1. Jishu, A. R., et J. M. Edington. "The Use of Medicinal Plants by Two Village Communities in the Central developpement region of Nepal", *Economic botany*, 44 (1), p. 71-83, 1990. Pour les Etats-Unis, voir D. Moerman, *op. cit.*, 1997.

Emplois médicinaux
Pratiques vétérinaires et assimilées

Fourrage, alimentation animale. Volailles. Le *granélé* des dindes, c'est *lorsque le rouge ne monte pas* chez les jeunes volailles, qui risquent la mort. Il faut alors hacher des orties crues, les mélanger avec un œuf dur et les faire manger aux dindes. *Ça fait sortir le rouge ; elles sont sauvées* (Mme V., 75 ans, Dauphin). — Les "graines" des orties (les fleurs à maturité) étaient données à la volaille pour traiter le *gravélé*, anémie manifestée par la pâleur de la crête et, en particulier, des "graines des dindons" (Mme S., 80 ans, Séderon, 26). — On en donne aux dindons et aux pintades. *L'ortie contient du fer* (Mme L., 69 ans, Banon).

Ni *granélé* ni *gravélé* ne figurent dans le *Dictionnaire* de Mistral. Apparentés à des mots qui évoquent le granuleux ou le gravier, ils rappellent l'aspect des crêtes et caroncules des dindons. La pratique d'adjoindre l'ortie à l'alimentation des volailles, dindons en particulier, est connue dans toute l'Europe. On en trouve plusieurs attestations dans l'enquête de M. Amir : "Quand la dinde faisait le grain, maman lui donnait de l'ortie hachée, dans la pâtée. Ça les fortifiait. Elles sont délicates à ce moment-là ; ça dure 15 jours, elles ont froid" (*op. cit.*, 1994-1995).

Fourrage, alimentation animale. Chevaux. Dans les années 1950, les maquignons donnaient de l'ortie aux chevaux pour leur faire bonne allure (M. F., 50 ans, Valbelle).

Fourrage, alimentation animale. Chèvres, brebis. *Les brebis en mangent bien car elle contient beaucoup de minéraux* (M. B., Montjustin).

Fourrage, alimentation animale. Porcs. *On la faisait cuire et on la donnait aux cochons, ça leur faisait du bien. Les chèvres, elles, elles mangent les orties* (M. et Mme B., Céreste). — Dans sa jeunesse, entre les deux guerres, M. V. allait couper l'ortie pour les cochons ; on la leur donnait *bien bouillie* (M. V., 75 ans, Dauphin ; recueil P. L., 1981).

Emplois alimentaires, condimentaires et assimilés

Aliment de ramassage. *On la mange en omelette et dans la soupe* (cercle du 3e âge, Saint-Michel-l'Observatoire). — *On en fait de la soupe, on la met dans des omelettes ; ça fortifie* (M. et Mme C., 70 ans, Revest-des-Brousses).

Oseille cultivée

Rumex acetosa L.

POLYGONACÉES

Cette condimentaire habituelle en bordure dans la plupart des jardins est bien moins fréquente en région méditerranéenne, où la cuisine traditionnelle lui fait peu de place — mais elle y était peut-être plus estimée autrefois.

Emplois alimentaires, condimentaires et assimilés

Légumes. *C'est comme un épinard, aigrelet, ça se mangeait cuit, ce n'est pas acide ; ou cru en salade, c'est un peu aigre* (Mme A., Saint-Michel-l'Observatoire).
Dans sa forme même, l'information fait allusion à une plante qu'on a besoin de décrire, que l'interlocuteur est supposé ne pas connaître.

Paliure
Epine-du-Christ

Paliurus spina-christi Miller

RHAMNACÉES

Arbrisseau strictement inféodé au climat méditerranéen, le paliure est très facilement identifiable à ses samares circulaires, fruits secs épais au centre et bordés d'une aile ondulée, évoquant des chapeaux accolés par les bords. C'est un arbrisseau épineux (paires de petites stipules acérées, l'une droite, l'autre courbe), au port dressé lâche et grêle. Le paliure ne croît qu'en pleine lumière, recherche les sols alluviaux plutôt caillouteux et perméables mais bien pourvus en eau l'hiver. Dans l'optimum de son aire, on peut le voir en petits peuplements, mêlés à

d'autres épineux, au bord des torrents périodiques. On le rencontre surtout dans les friches gagnées par les ligneux, dans les garrigues ouvertes sur sols profonds, au bord des champs, dans les haies claires. Dans la région, il est à peu près exclusif de la vallée de la Durance, surtout entre Volx et Corbières.

Le paliure a tenu une place assez importante de remède diurétique, depuis l'Antiquité, dans les pays méditerranéens. Sa place dans la littérature savante ancienne reste modeste : après un certain retour en grâce à la Renaissance, il n'est plus cité que chez les auteurs méridionaux. Il paraît toutefois avoir toujours conservé la confiance de la pratique populaire, comme en témoignent les données ci-dessous. En 1897, Réguis dit qu'on "le vend dans les rues d'Avignon comme diurétique". Les herboristes provençaux et languedociens le conseillaient. Jusque dans les années 1960, un remède à visées urinaires à base d'extrait de paliure était diffusé par un laboratoire pharmaceutique marseillais.

Perception de la plante

C'est une plante qui fait comme une écorce et pas de fleurs. On la trouve vers Montlaur (cercle du 3e âge, Saint-Michel-l'Observatoire).

Il est fait probablement allusion aux seuls fruits secs, qui ont une consistance analogue à celle de certaines écorces. On est dans l'écho des descriptions médiévales des *herbaria*, lorsque les auteurs ne connaissent que le produit commercialisé par les marchands droguistes, et construisent une image arbitraire de la plante sur ce seul critère. Le lieu-dit "Montlaur", aujourd'hui devenu le supermarché Auchan, est situé entre Volx et Manosque, en vallée de la Durance. Le paliure y croît çà et là dans les friches.

Ramassage

On le ramasse quand il est mûr, c'est-à-dire quand ça commence à cliqueter au vent (Mlle B., Courson).
A maturité, les curieuses samares du paliure s'entrechoquent dans le vent.

Emplois médicinaux. Médecine humaine

2611. Au début des années 1940, un homme condamné par la médecine pour cause de *blocage rénal* s'était guéri en faisant une cure de décoction de fruits de paliure. L'informatrice évoque l'*angine blanche* comme origine de l'affection (Mme G., 55 ans, Saint-Saturnin-d'Apt, 84).
Le paliure est déjà un diurétique réputé chez les médecins de l'Antiquité, qui l'indiquent en particulier contre les calculs urinaires (Dioscoride, 1, 92). Peu cité semble-t-il au Moyen Age du fait de sa localisation méditerranéenne, l'arbrisseau retrouve ses indications antiques au XVIe siècle, *via* les médecins de Montpellier, indications qui auront des échos dans la pratique populaire méridionale jusqu'au XXe. L'angine blanche, lorsqu'elle a pour origine une affection à streptocoques, peut, mal soignée, avoir des séquelles rénales très graves (néphrite avec dégradation, voire interruption de la fonction urinaire). Une information très analogue, provenant de la même commune mais d'une personne distincte, avec aussi allusion à l'angine blanche comme origine du "blocage des reins", est publiée par Magali Amir (1994-1995) ; elle se réfère à un cas du passé et mentionne un célèbre guérisseur de L'Isle-sur-la-Sorgue, M. Duplan, qui aurait conseillé le traitement. Les deux informations, recueillies à plus de 10 ans d'écart, ont très probablement la même source.
2650, 8117, 8115. *L'épine-du-Christ, c'est pour le prostatisme, l'acide urique, le cholestérol* (anonyme, F., Gréoux-les-Bains, 04).

Origine livresque probable pour cette information, qui répète les indications des livres de recettes modernes. Ce qui concerne le prostatisme peut provenir de P. Lieutaghi, *Le Livre des arbres, arbustes et arbrisseaux* (1969), seule source écrite à le mentionner, semble-t-il, à l'époque de l'enquête…

4311, **4321**, **8116**. *C'est bon pour la circulation du sang et la tension, pour l'urée aussi* (cercle du 3e âge, Saint-Michel-l'Observatoire).

Le paliure hypotenseur et anti-cholestérol (sources livresques, par ex. Valnet, *op. cit.*, 1972) induit la perception d'une plante "bonne pour la circulation du sang".

7120. En cas de grippe, on prend les fruits de l'*arnavèu*, associés à la pomme (M. M., 35 ans, Les Omergues).

Informateur "néorural" (cueilleur-distillateur de plantes médicinales) au fait des sources livresques. Cette recette où un diurétique est donné dans la grippe (où il y a souvent ralentissement de la diurèse) se situe dans la lignée des prescriptions du Dr H. Leclerc (*op. cit.*, 1954), tandis que la pomme évoque les mélanges traditionnels contre les "coups de froid".

8116. *On met 6 ou 7 épines par litre, on prend 1 litre par jour pour l'urée, en cure de 10 jours. Ça se fait dans le Var* (Mlle B., Courson).

"Epines" est un lapsus ; il s'agit très probablement des fruits.

Panicaut

Chardon Roland

Eryngium campestre L.

OMBELLIFÈRES (= APIACÉES)

Plante vivace épineuse, très fréquente dans diverses modalités de pelouses sèches, des talus à brachypode de Phénicie aux lavandaies-génistaies de l'étage montagnard. C'est un "refus de troupeaux" habituel dans les friches pâturées de l'étage du chêne blanc. En Vaucluse, d'où provient l'information ci-dessous, cette Ombellifère est bien connue car elle héberge la pleurote du panicaut, champignon recherché (sous le même nom de *panicàu*). En Vaucluse aussi, des données extérieures à l'enquête attestent que la racine jeune est parfois consommée à l'état cuit, non sans une certaine réputation d'aphrodisiaque.

Emplois médicinaux. Médecine humaine

1530. Sur la tête d'un enfant qui portait des furoncles, on avait appliqué la racine bouillie, tout en lui en faisant boire la décoction. L'informatrice précise qu'on doit distinguer le panicaut qui fleurit de *celui qui ne fleurit pas*, qui est *lou panicàu* vrai (Mme G., 82 ans, Saint-Saturnin-d'Apt, 84).
Il ne s'agit pas de deux plantes distinctes mais de deux états végétatifs. Le panicaut a un stade initial feuillé, où les toutes premières feuilles apparues sont simplement dentées, les suivantes profondément lobées. La racine récoltée avant la montée en tige est plus charnue et plus riche en principes actifs, comme c'est le cas pour toutes les plantes herbacées bisannuelles ou vivaces. Remède diurétique autrefois réputé, déjà cité dans les textes antiques, le panicaut est très rarement prescrit à l'extérieur. Les "furoncles" à la tête ici évoqués pourraient rappeler Dioscoride (3, 21), pour qui "la racine appliquée résout toutes les petites tumeurs", tandis que Matthioli (*op. cit.*, 1680) l'applique aux "apostèmes qui viennent sous les oreilles". La présente information, sans antécédents écrits récents, s'apparente à un archaïsme thérapeutique.

Pariétaire

Parietaria judaica L. (= *P. diffusa* Mert. et K.)

URTICACÉES

pl. 5, fig. 14 et 15

Avant la sédentarisation des sociétés, la pariétaire du Sud se contentait des falaises ombragées où des infiltrations d'eau suffisent à la vie d'une souche aussi puissante et tenace que ses tiges sont grêles et fragiles. Des abris sous roche, elle est passée dans les murs des villages et des fermes ou sur les décombres à leur pied. Son statut est aujourd'hui surtout rudéral. Une espèce voisine de plus grande taille, non strictement inféodée aux milieux rocheux (bois frais, etc.), la pariétaire officinale, *P. officinalis* L., est bien moins répandue que *P. judaica* en région méditerranéenne. En haute Provence, la pariétaire est une plante qui reste courante dans les villages en dépit des aspersions régulières de désherbants.

Cette herbe des plus modestes a su très tôt se signaler aux hommes, aussi bien par sa propension à envahir les murs (et à y préparer la ruine en fissurant les mortiers) que par une morphologie particulière : tiges rougeâtres translucides, cassantes comme du verre, poils accrochants (d'où la remarque des informateurs : "ça colle"). Elle a tenu lieu d'aliment de disette à la première saison, comme l'atteste le nom d'"épinard de muraille" (non relevé dans la région), fonction qui a pu enseigner ses propriétés de diurétique adoucissante. En haute Provence comme dans toute la région méditerranéenne française, et au-delà, c'est un remède majeur de la médecine infantile, qui a aussi des indications importantes chez l'adulte. La richesse des données ci-dessous, autant en ce qui concerne la description de la plante que ses propriétés, témoigne de la confiance que la pharmacopée populaire méridionale accordait encore à la pariétaire à la fin du XXe siècle.

La place de la pariétaire dans les pratiques de soins traditionnels en haute Provence a été considérée de près dans P. Lieutaghi, *op. cit.*, 1986, p. 112-124. On invite le lecteur à se reporter aux analyses de cet ouvrage, en particulier à propos de la médecine infantile, qui ne seront pas reprises ici — ce qui ne signifie pas que tout y a été dit sur la situation ethnopharmacologique/ethnomédicale particulière de la plante en haute Provence, loin de là : à elle seule, la pariétaire mérite un bilan monographique qui devrait déjà prendre en compte les nombreuses informations disponibles dans le domaine français, en les comparant à celles d'autres pays méditerranéens, où ce remède conserve une place importante dans la médecine traditionnelle.

Perception de la plante
Perception du milieu

Elle court le long des murs et colle un peu. Il y en a beaucoup sur les murs. Elle a des fleurs tout le long de la tige, qui sont rouges et très petites. La feuille est verte et fine (M. et Mlle C., Banon). — *En provençal, ça s'appelle "l'esparagoulo". Ça colle. Ça gèle, ça craint le froid. C'est une plante envahissante, elle pousse devant la maison. Ce n'est pas une plante qui pousse en campagne, ça pousse le long des murs. Ça envahit la porte, il en pousse de partout sur les murs. On la ramasse sur les murs. M. B. la ramassait à la tour de Porchères et dans les carrières. Elle n'a pas les fleurs. On appelle aussi ça "casse-pierres" et "casse-murailles". Comme ça pousse dans les vieux murs, alors à la longue les racines, ça fait tomber la terre et, si on tire la plante, ça se tire* (Mme B., 75 ans, Mane). — *L'"esparagoulo", ça grimpe sur les murs, on la trouve au bord de la route, elle a les feuilles petites comme le cresson, qui accrochent les vêtements* (Mme F., 70 ans, Reillanne). — *On en avait dans tous les murs, elle est dans le sable des murs, elle a peu de racines* (Mme D., 84 ans, Banon). — *La "sparagoulo", elle colle, elle pousse dans les murs* (M. et Mme U., 80 ans, Banon). — *Elle pousse sur les murs* (M. et Mme C., 70 ans, Revest-des-Brousses).

Emplois médicinaux. Médecine humaine

1641. *Dans les croûtes de lait, la "camberoussette" est bonne. C'est une sorte de petit-chêne qui pousse dans les murs des puits près de Sanary, Saint-Tropez. La racine est comme celle du* (sic) *réglisse. On la fait en infusion comme la pensée sauvage* (M. C., Allos).

L'emploi de la pariétaire dans les croûtes de lait, dermatose fréquente chez l'enfant dans l'ancienne société, perçue comme l'expression de la "sortie" des "humeurs" et autres "glaires", est en rapport avec sa place majeure de dépuratif du jeune âge (voir plus bas). Il importe de rappeler que cette fonction exceptionnelle, aussi bien que l'emploi *interne* de la plante dans les dermatoses de l'enfant, semblent exclusives de la médecine de tradition orale dans l'aire culturelle méridionale. Les ouvrages savants n'y font pas allusion. Voir aussi ce qui est dit au § "vie domestique" à propos des propriétés nettoyantes de la plante.

2315, 2511. *C'est bon pour l'estomac et l'intestin* (M. et Mlle C., Banon).

2413. La pariétaire est dite *papaludo*[1]. *Ce n'est pas pour les grandes personnes. C'est pour les coliques des bébés.*

1. La *paparudo* est donnée par Mistral pour "morgeline, alsine, mouron des oiseaux ou véronique à feuilles de lierre". La pariétaire, dans mes enquêtes, tout comme dans Mistral d'ailleurs, est le plus souvent désignée par *espargoulo, espargouro* (aire marseillaise), *espargo* (haut Var) ou *esparagoulo* (forme bas-alpine). *(Note Cl. Martel.)*

L'infusion de la plante est donnée à la dose de 1 à 2 cuillerées, dans le biberon (Mme A., Saint-Michel-l'Observatoire).

2516, 9170, 9112. Perception du corps. Perception de la maladie. Mme B. (76 ans, Mane) : *Après la naissance, pour leur dégager les glaires de l'intérieur, enfin, faire un nettoyage ; alors on lavait bien* [la plante], *on la hachait, on la prenait dans un torchon ou dans un mouchoir, ça faisait sortir le jus, on y mettait un peu de sucre et on faisait boire ça, nature.*

M. B. (80 ans) : *Les bébés avaient à peu près 1 mois.*

Mme B. : *Au début, c'est pour les glaires, c'est pour leur dégager l'intérieur, vous voyez... Ils avaient quelques jours ou quelques semaines ; il fallait pas que, quand on leur mettait la cuillère, que ça glisse* [passage obscur]. *J'en ai eu trois, et je vous assure que tous les trois en ont pris.*

M. B. : *Nous aussi, on en a pris... C'était pour nettoyer l'intestin. Si vous voyez les selles, alors, c'est vert, vert. Ça nettoie.*

Mme B. : *Ça nettoie, c'est pas un purgatif ; enfin, nous, c'est comme ça, on l'a entendu dire et on l'a fait aux nôtres... On le faisait à la maison avec ma mère...*

M. B. : *On y faisait qu'une fois* [...]. *On leur donnait juste une cuillère.*

Mme B. : *Pas la cuillère entière !*

M. B. : *Pour moi, cette histoire-là, ça doit être pour les coliques des bébés. Les bébés qui ont pris la pariétaire doivent moins craindre la colique. Ça les épure.*

Mme B. : *C'est pour les bébés, pour les dégager après la naissance, voyez* [geste]... *Quand ils restent quelque temps, quelques jours, ils sont engorgés... ça les débarrasse... il y a des matières* [geste au niveau de la poitrine... *il paraît que ça aide.*

Ce dialogue complète sur certains points ce qui est déjà publié dans *L'Herbe qui renouvelle* (*loc. cit.*, p. 121). Se reporter au commentaire détaillé donné dans cet ouvrage. La pariétaire a ici la situation d'un remède qui initie les cures dépuratives de l'adulte (voir aussi la donnée **9170**, où la mention de “dépuratif pour les petits” est explicite). “Colique” n'est pas forcément à entendre dans son sens moderne de “diarrhée, mais peut se référer à l'acception ancienne de “douleurs abdominales”.

2521, 2524, 2531, 5233, 9311, 9343. Perception du corps. Perception de la maladie. Changements socioéconomiques. *“L'espargoulo”, elle était bonne pour purger les bébés jeunes. On [la] mettait dans une bouteille d'eau sucrée. Les bébés,* *quand ils sont enfants, on peut agir sur l'alimentation, on peut leur faire manger des fruits et des légumes, tandis que quand on les a au biberon... Mon aîné, il avait les selles trop faciles et son frère le contraire, il lui fallait des lavements. Quand ils étaient constipés, on leur donnait une bouteille d'"esparagoulo" sucrée ; d'ailleurs les enfants, au premier âge, ils n'ont pas le goût ! Je leur donnais une petite bouteille de 50 grammes : c'était l'infusion, on prenait une pincée d'"esparagoulo", on faisait un peu bouillir et ça devenait vert. Je ne l'ai jamais mélangée au lait du biberon, le lait parfois craint les mélanges. Quand je voyais que les selles... je faisais une petite tasse d'"esparagoulo" ou en bouteille d'eau sucrée. On le faisait aussi bien pour un enfant qui aura trop de selles que pour un enfant qui n'en a pas assez. L'un en avait trop et l'autre, il fallait que je lui donne des petites tisanes qui ramollissaient, mais il me fallait lui donner des lavements d'une poire d'eau avec cette plante* (Mme D., 84 ans, Banon). — *L'"esparagoulo", c'était bon pour mon petit ; je lui donnais en tisane pour faire venir du corps. Il était tout bébé, au sein, je lui donnais une cuillère à café, quand il était constipé. C'est bon, c'est un peu purgatif. C'était rafraîchissant, ça faisait un peu cure, c'était doux, c'était un peu vert* (Mme T., 60 ans, Limans). — *L'"esparagoulo" fait venir du corps, quand les bébés sont constipés.* On la cueille et on la hache crue, on en extrait le jus et on donne une cuillerée à café à boire aux bébés pour la constipation. C'est laxatif et diurétique (cercle du 3e âge, Saint-Michel-l'Observatoire). — Lui : *La "sparagoulo", les petits de naissance, qui tètent au biberon, des fois ils sont embarrassés ; on y fait un biberon de "sparagoulo", de suite ils urinent, ils vont à la selle.* Elle : *Vous faites un biberon léger, 4 tiges seulement, vous faites une infusion et vous mettez le lait ; pour les enfants constipés, c'est un léger laxatif* (informateurs anonymes ; enquête J. M., Saint-Michel-l'Observatoire).

La première information (Mme D., 84 ans, Banon) développe et précise ce qui a déjà été publié dans *L'Herbe qui renouvelle*, *loc. cit.*, p. 117 ; voir les commentaires donnés dans cet ouvrage. Il faut toutefois souligner l'ambivalence de la plante, qui est prescrite ici comme laxative (mais parfois quelque peu antidiarrhéique...), alors que la donnée **2531**, ci-dessous, en fait explicitement une antidiarrhéique. C'est semble-t-il cette dernière propriété qui était surtout mise à profit dans la Provence du XIXe siècle (voir Réguis, cité *in* P. Lieutaghi, *ibid.*, p. 115). L'expression “pour faire venir du corps”, qui se rencontre en d’autres lieux de l’enquête, à entendre ici comme “laxatif”, peut aussi concerner les divers émonctoires et trouve le sens plus large de “dépuratif”.

2522, **2540**, **9112**. Lui : *Pour les grandes personnes, celui-là qui souvent il est engorgé, eh bé, une infusion.* Elle : *Quand on a des glaires, c’est bon. Même pour les grands, c’est laxatif, ça enlève l’irritation dans les intestins ; il ne faut pas en abuser* (informateurs anonymes ; enquête J. M., Saint-Michel-l’Observatoire).

Il est intéressant de noter que la pariétaire, remède spécifique des jeunes enfants en médecine traditionnelle méridionale, est déconseillée aux adultes, avec même la réserve “il ne faut pas en abuser” (cf. **2531** : “les adultes ne prennent pas de pariétaire, c’est pour les enfants”). Dans ses indications de diurétique-adoucissante, validées par la médecine savante depuis l’Antiquité et largement mises à profit au niveau populaire dans beaucoup d’aires culturelles du Sud, la plante n’appelle pas les mêmes précautions. On est dans deux champs thérapeutiques distincts, où l’on voit se renverser la norme habituelle où les remèdes des adultes sont interdits ou à manier avec réserve chez l’enfant.

2531. **Changements socioéconomiques.** Quand les enfants ont la diarrhée, quand ils ont quelques mois, on leur faisait boire à la cuillère ou au biberon l’infusion de pariétaire. On cueille la pariétaire fraîche le long du mur, on met une pincée dans un peu d’eau, on fait bouillir, on sucre, *on la donne pour la diarrhée jaune. Les enfants avaient la diarrhée quand le lait était trop fort et qu’ils avaient quelques mois. Les femmes qui allaitaient, ça dépendait du travail qu’elles avaient à faire. Elles partageaient l’enfant, une fois au sein, une fois au biberon ; ça dépendait de la santé de la mère* (Mme L., 69 ans, Banon). — *C’est bon pour la diarrhée des enfants, on en fait de l’infusion des feuilles, pour les nourrissons aussi. On en met dans les biberons. Maintenant, il y a moins de diarrhée qu’avant car l’alimentation de la mère est différente et les biberons sont mieux adaptés qu’avant ; il y a plus d’hygiène. Avant, beaucoup de nourrissons mouraient à cause des grosses chaleurs, l’été, qui venaient brusques. Les adultes ne prennent pas de pariétaire, c’est pour les enfants* (Mme F., 70 ans, Reillanne ; à 18 ans, Mme F. avait *attrapé une angine à cause de la chaleur*).

Voir le commentaire donné à **2521** et *sq.*

2611, **2711**, **2720**. [En infusion,] *c'est bon pour la cystite, la vessie et les reins* (M. et Mme C., 70 ans, Revest-des-Brousses).
Il s'agit de l'indication classique de la pariétaire depuis l'Antiquité. A noter que Mme C. est informée des propriétés les plus courantes des plantes *via* les ouvrages de vulgarisation modernes.
2621, **8117** (acide urique, calculs urinaires ; mélange de plantes). Voir "cerisier" (Mme B., 75 ans, Mane).
4311. *Elle est bonne pour la circulation* (Mme D., 84 ans, Banon).
Si cette indication s'accorde au champ dépuratif de la pariétaire, elle est aussi en rapport avec une image analogique proposée par la plante, celle de la tige rouge. Celle-ci est parfois prescrite seule (à l'exclusion des feuilles), à la fois comme diurétique mais aussi "pour le sang" (Corse, Hérault).
5233. *On la donne aux bébés, aux tout-petits* (M. et Mme U., 80 ans, Banon).
9170. *La "sparagoulo", elle pousse sur les murs, c'est un dépuratif pour les petits. Il ne faut pas trop en donner car ça les fait trop uriner* (M. G., Saint-Michel-l'Observatoire).

Emplois médicinaux
Pratiques vétérinaires et assimilées

Diarrhée du porc. *C'est contre les diarrhées, on la donne aux petits cochons* (enquête J. M., Saint-Michel-l'Observatoire). — *Le vétérinaire l'avait conseillée à boire en infusion pour les cochons* (cercle du 3e âge, Saint-Michel-l'Observatoire).
On rencontre ici une prescription qui recoupe manifestement l'indication de médecine humaine "bon pour la diarrhée des enfants". Voir aussi le commentaire ci-dessous.
Purge des animaux (s. l.). *Pour purger les chiens,* on mêle l'infusion de la plante à leur soupe (région de Barcelonnette ; M. et Mme B., 65 ans, hameau de Bouiron, Ongles). — *Pour purger les chiens,* on ajoute de l'infusion de la plante à leur soupe (Mme M., 90 ans, Saint-Etienne-les-Orgues ; le mari de l'informatrice avait des chiens de chasse).
Il y a une vieille histoire entre la pariétaire et les chiens ; il arrive que ceux-ci la mangent, se haussant même sur leurs pattes arrière pour en atteindre les touffes dans les murs (dans les Cévennes du Gard, vers Lasalle, j'ai vu une

vieille chienne brouter littéralement la plante). Toutefois, il est possible que seuls des animaux malades la consomment. Boerhaave, célèbre médecin et anatomiste hollandais du XVIIe siècle (cité par H. Leclerc, *op. cit.*, 1954), rapporte l'histoire d'une chienne accoutumée à manger la pariétaire et qui, retenue enfermée, était morte ; "à l'ouverture de son corps, on trouva la vessie pleine de calculs". Comme il a été dit plus haut, les indications urinaires, en particulier dans les lithiases, sont les plus courantes chez cette plante (même si elles apparaissent peu dans le présent corpus). Il n'est pas exclu que l'automédication animale – très observée, et souvent traduite en pratiques de médecine humaine dans les sociétés traditionnelles – ait joué un rôle dans l'élaboration complexe des attributions thérapeutiques de la pariétaire.

Vie domestique

Tampons à récurer. *Elle* [la pariétaire] *est bonne aussi en ménage, pour nettoyer les ustensiles, les seaux en fer-blanc. Je ne l'utilise plus. Autrefois, on en avait dans tous les murs. On nettoyait les cuillères, les casseroles : on prenait une poignée d'"esparagoulo", on allait à la fontaine, on savonnait un peu et on nettoyait bien son seau et son arrosoir avant de prendre de l'eau à la fontaine. Le Mir n'existait pas, on s'en passait très bien. Et puis je suis venue ici, il y en avait encore dans un mur et puis il n'y en a plus eu. On a mis l'eau, on a supprimé les arrosoirs, alors on n'avait plus besoin d'"esparagoulo". Une poignée d'"esparagoulo", la plante fraîche, ça suffisait ; à ce moment-là, on avait des cuillères en fer, c'était rouillé dans le temps ; on se servait beaucoup des seaux et des plats, ensuite on a fait l'émail* (Mme D., 84 ans, Banon).

Cet emploi ménager de la pariétaire, très ancien, intéresse aussi les récipients de verre et de terre émaillée. D'où les noms médiévaux de "vitréole", "vitriole", "herbe à verre", etc. C'est l'*herba urceolis*, "l'herbe aux cruchons", de l'Antiquité. Une source plus récente (recueil P. L.) rapporte qu'un distillateur, originaire des Alpes-Maritimes et installé vers Peyruis, avait l'habitude de faire une "passe" de pariétaire dans son alambic afin d'en désodoriser la tuyauterie entre deux extractions d'huile essentielle de plantes aromatiques différentes. L'action nettoyante de la pariétaire au niveau ménager, sinon artisanal, double donc son action de dépurative des enfants, auxquels on administre la plante *pour leur nettoyer l'intérieur* (Mme M., 90 ans, Saint-Etienne-les-Orgues). Cette similitude d'attributions, où l'ordre matériel semble inséparable du symbolique, est une incitation supplémentaire à reprendre l'étude de cette Urticacée à la "socialisation" particulièrement riche.

Pastel

Isatis tinctoria L.

CRUCIFÈRES (= BRASSICACÉES)

Cette Crucifère bisannuelle ou plus ou moins pérennante, aux feuilles très lisses et glauques (souvent assimilées à celles du chou), les basales grandes, celles de la tige petites et embrassantes, aux grandes panicules de petites fleurs jaunes qui donneront des silicules pendantes, ailées (seules de ce type dans la famille en Europe), fleurit en avril sur les friches pâturées d'anciennes cultures où elle peut avoir des peuplements importants ; on la voit aussi dans les vieilles jachères, sur les talus, les décombres, dans les lieux herbeux du bord des routes. Largement cultivée jadis pour la teinture (les feuilles, après broyage et fermentation, donnent le "bleu pastel"), cette plante sans doute originaire du Sud-Est de l'Europe et du Proche-Orient est aujourd'hui largement naturalisée dans une grande partie du Bassin méditerranéen.

Emplois alimentaires, condimentaires et assimilés

Aliment de ramassage. Confusion d'espèces. *On la trouve dans les champs cultivés, là où c'est sec ; on la mange en salade, quand elle est toute petite ; les feuilles sont comme celles du chou* (cercle du 3e âge, Saint-Michel-l'Observatoire). Cette information figure dans l'enquête sous l'intitulé de "petite centaurée" ; mais il est certain qu'on se trouve devant une dénomination erronée, peut-être en rapport avec une confusion entre le pastel et la centaurée jaune, *Blakstonia perfoliata* (voir "petite centaurée"), les deux plantes ayant des feuilles de couleur et de texture

analogues. Le milieu évoqué n'est nullement celui de la petite centaurée ; celle-ci est, de surcroît, tellement amère qu'on ne peut envisager sa consommation. Par ailleurs, il existe d'autres attestations d'usage alimentaire des très jeunes rosettes de pastel (ainsi à Forcalquier ; recueil P. L., années 1970, où l'informateur, homme de 50 ans, évoquait son enfance). La consommation de cette plante au goût désagréable, qui peut présenter des risques si elle est excessive, est vraisemblablement une pratique de disette. Elle a pu être favorisée par le fait que le pastel croît couramment dans les mêmes milieux que plusieurs légumes de ramassage, *Crepis*, salsifis, "cul blanc", etc., qui pouvaient compenser quelque peu la chute des réserves de nourriture, en fin d'hiver (voir "salades sauvages"). Le pastel a aussi connu jadis des emplois de fourragère occasionnelle.

Patiences

Rumex pulcher L. et autres espèces

POLYGONACÉES

pl. 3, fig. 8 ; pl. 28, fig. 91

Les patiences sont des plantes mal distinguées au niveau spécifique dans la botanique vernaculaire, et il est difficile d'attribuer une identité précise à celles qui sont citées ici. La plus couramment récoltée dans la région, et ailleurs dans le Midi, est la patience violon, *Rumex pulcher* L., dont les feuilles de forme très caractéristique, ramassées avant la montée en tige (hiver, début de printemps), sont parmi les plus courantes des herbes à cuire traditionnelles. Ce "petit *lapas*" partage le nom générique de *lapas* avec la patience à feuilles obtuses, *R. obtusifolius* L., et la patience crépue, *R. crispus* L., qui ont de plus grandes feuilles et sont distinguées comme "grands *lapas*" (*lapas*, du latin antique *lapathum*, issu du grec *lapathon*, *via* le latin médiéval *lapacium*). Ce sont des plantes vivaces à velléités nitrophiles (surtout *R. pulcher*), qui croissent dans les lieux herbeux au voisinage des fermes et des bergeries, mais aussi au bord des champs et des chemins, dans les jachères et les friches. Après la fructification, les parties aériennes prennent habituellement une couleur rouille très caractéristique.
La grande patience, *Rumex patientia* L. s. l., plante de haute taille aux grandes feuilles oblongues déjà manifestes à la fin de mars, est une nitrophile qui croît aux abords des lieux habités, près des villages, parfois dans les fossés du bord des routes, en sols riches et plutôt frais. De distribution inégale, elle manque en de nombreux lieux. C'est peut-être un vestige d'anciennes cultures car elle a un lointain passé de potagère.

Perception de la plante

On la trouve dans les endroits humides. Les tiges sont rouges avec des graines rouges. Les feuilles sont plus allongées et ont des nervures rouges (M. B., Montjustin).
La mention "endroits humides" pourrait laisser entendre que cette description concerne non une patience, mais la

renouée persicaire, *Polygonum persicaria*, car les patiences du bord des eaux et des sols mouillés sont très peu répandues sur le territoire de l'enquête. Toutefois, "endroits humides" peut aussi s'appliquer aux sols plus ou moins frais où se plaît *Rumex obtusifolius.*

L'oseille sauvage, c'est une plante sauvage qui a une grosse racine, qui remonte toujours et avec des grandes feuilles comme l'oseille. Ce n'est pas la plante qu'on appelle l'oseille (M. et Mme C., 70 ans, Revest-des-Brousses).

La description concerne vraisemblablement *R. obtusifolius,* robuste plante dressée qui possède une racine pivotante très forte et tenace.

Emplois médicinaux. Médecine humaine

9321. [Il y a] *celle qui est branchue, "la passe",* [et] *celle qui monte tout droit. La racine est un fortifiant qui contient beaucoup de fer. C'est bon pour les oiseaux* (M. et Mme C., 70 ans, Revest-des-Brousses).

"Celle qui est branchue" se rapporte vraisemblablement à *R. pulcher,* aux tiges très divariquées/enchevêtrées, "celle qui monte tout droit" à *R. obtusifolius.* La racine des patiences est un tonique et un dépuratif (dermatoses, en particulier) couramment prescrit par l'ancienne médecine savante et bien connue de la pratique populaire européenne, peu citée toutefois dans le domaine méridional, peut-être parce que l'usage alimentaire des feuilles a supplanté les attributions médicinales. La mention de la richesse en fer (que la plante contient effectivement à un taux très élevé) évoque une source savante contemporaine. "C'est bon pour les oiseaux" rappelle que les rameaux en graines étaient donnés à la volaille, qui les apprécie, tout comme les granivores sauvages.

Emplois alimentaires, condimentaires et assimilés

Aliment de ramassage. *Elle se mange en omelette et en gratin, comme un épinard sauvage* (M. et Mme C., 70 ans, Revest-des-Brousses).

Sous-représentée dans l'enquête EPI, cette pratique est bien attestée par celle de M. Amir dans le périmètre du parc naturel du Luberon (1994-1995), et se retrouve dans toute la région méditerranéenne.

Pavot

Papaver somniferum L.

PAPAVÉRACÉES

Cette belle narcotique était couramment cultivée pour l'ornement, mais aussi à des fins médicinales, dans les jardins de l'ancienne société. De nos jours, elle a beaucoup régressé dans cette situation, sans doute à cause de la mauvaise réputation des drogues dures qui en dérivent.

Emplois médicinaux. Médecine humaine

6124. *Pour dormir*, on fait une décoction de la capsule vidée de ses graines. La plante est cultivée dans le jardin. La recette vient de la mère de l'informatrice, de Revest-des-Brousses (Mme A., 65 ans, Forcalquier).
Cette pratique est attestée en bien d'autres lieux de la haute Provence, et du Midi en général. Elle était très courante autrefois, non sans des risques d'accidents, comme l'atteste Réguis (région Nîmes/Arles) : "Les nourrices, pour s'assurer une certaine tranquillité la nuit et même le jour, font boire aux enfants à elles confiés une infusion de pavot, moyen qui n'est pas sans danger, car l'enfant est particulièrement sensible aux opiacés et l'intoxication arrive vite" (*op. cit.*, 1897, p. 56). On notera toutefois que c'est la capsule sèche qui était employée ; elle est moins dangereuse qu'à l'état frais.

Pêcher

Prunus persica L.

ROSACÉES-PRUNOÏDÉES

Fruitier assez couramment planté dans la région, en grand dans la vallée de la Durance.

Emplois médicinaux. Médecine humaine

4320. *Pour l'hypertension*, il fallait boire l'infusion des feuilles, en cure (Mme F., 70 ans, Reillanne).
Le pêcher n'est pas connu comme remède cardiovasculaire. C'est peut-être l'action antispasmodique qui est ici prise en compte.
9111. *Ma mère prenait des feuilles de pêcher, de temps en temps, quand elle ne se sentait pas bien, en cure dépurative, le matin* (Mme A., 65 ans, Forcalquier).
Le pêcher, dont les fleurs et les feuilles renferment une proportion variable mais souvent élevée d'acide cyanhydrique, a une fonction très ancienne de purgatif (où des accidents sérieux ont été signalés). C'est à ce titre qu'il entre ici dans le champ des remèdes dépuratifs.

Emplois alimentaires, condimentaires et assimilés

Vin, spiritueux. Recette de la liqueur de pêcher : faire macérer 120 feuilles dans 1 litre de vin rouge ou blanc pendant 8 jours ; filtrer ; ajouter du sucre et une gousse de vanille (M. et Mme C., 70 ans, Revest-des-Brousses).
La formule donnée ici exclut l'addition habituelle d'alcool, ce qui contredit la notion même de "liqueur". Quant au nombre de feuilles mis en œuvre, il varie beaucoup d'une maison à l'autre, la base étant habituellement 40.

Pensée sauvage

Viola cf. *kitaibeliana* Schultes
Viola arvensis Murray

VIOLACÉES

Dans les milieux ouverts de l'étage du chêne blanc de la haute Provence, on ne rencontre que deux plantes du genre *Viola* qui répondent à l'acception courante de "pensée" (violettes aux deux pétales latéraux rapprochés des supérieurs, laissant le pétale inférieur isolé). La plus commune est *Viola kitaibeliana* Schultes (s. l.), plante naine précoce aux très petites fleurs bicolores violet et jaune, habituellement à tige et fleur uniques. Elle croît, parfois en masse, dans les groupements d'annuelles qui constituent le fond printanier des friches pâturées à plantes aromatiques. On peut la rencontrer aussi dans divers types de pelouses sèches et dans les moissons collinéennes. Elle fleurit en mars-avril et disparaît aux premières sécheresses.
Autre annuelle mais de plus grande taille, assez robuste, en touffe ramifiée, la pensée des champs, *V. arvensis* Murray, habituellement à fleurs blanc et jaunâtre, ou seulement jaunâtres, fréquente les terres cultivées et les jachères récentes où, en certaines localités, elle peut avoir des populations importantes. Ces diverses pensées annuelles ont des propriétés médicinales similaires. Des espèces sauvages vivaces, spéciales aux pelouses subalpines et alpines, en particulier la pensée des Alpes

Viola calcarata L., étaient rapportées par les bergers transhumants.

Perception de la plante
Ramassage

Elle a de petites fleurs. Elle pousse dans les "campas" (Mme B., 75 ans, Mane). — *La petite pensée, la toute petite qui pousse à l'automne, on la ramasse dans les champs, après les fauches* (Mme R., Mane).
La première description se rapporte vraisemblablement à la pensée naine *V.* cf. *kitaibeliana*, tandis que la seconde, qui se cueille "dans les champs après les fauches", est *Viola arvensis*.

La pensée sauvage se ramasse quand la rosée s'en va (M. C., Allos). — La "violette" est ramassée en montagne *pour les infusions du soir* pendant l'hiver (M. S., La Bastide-des-Jourdans, 84).
La dernière donnée se réfère à une pensée vivace d'altitude cueillie par les bergers lors des séjours aux alpages.

Emplois médicinaux
Pratiques vétérinaires et assimilées

1530, 9110. *C'est contre les furoncles, on fait une cure de 15 jours/3 semaines. C'est comme un dépuratif* (Mme B., 75 ans, Mane).
1614. On donnait l'infusion de cette plante *contre les humeurs, les boutons des enfants. Ça se faisait encore à Montfuron pendant la dernière guerre* [1939-1945] (M. V., 75 ans, Dauphin ; recueil P. L., 1981).
1620. Un eczéma généralisé chez un enfant de 18 mois a été guéri en 4 mois par une cure d'infusion de pensée sauvage (plante entière). Plusieurs médecins avaient été consultés sans résultat (anonyme, Vachères ; recueil P. L., 1980). — Dans l'eczéma des adultes, une recette portée par un anonyme au cahier des visiteurs de l'exposition EPI (*Les Simples entre nature et société*, Forcalquier, 1982) a la composition et la posologie suivantes : pensée sauvage, fumeterre, salsepareille à parts égales ; infusion de 40 grammes par litre ; en boire 1 litre par jour en cure de 15 jours à 3 semaines, à renouveler si nécessaire ; il s'agit vraisemblablement d'une composition d'herboriste, mais la dose de 40 grammes de plante sèche par litre est très excessive.
Les données précédentes, comme celles qui suivent, rappellent la place majeure de la pensée sauvage dans les pratiques populaires de cures dépuratives, et plus particulièrement dans le traitement des dermatoses. La médecine savante l'a couramment mise en œuvre dans ce dernier domaine depuis le XVIe siècle, où elle apparaît dans les écrits très probablement sous l'influence de la pratique populaire. C'est en médecine infantile que cette plante trouvait surtout à s'appliquer, avec des indications assez analogues à celles de la pariétaire, en particulier dans les croûtes de lait. Réguis la dit estimée à ce titre en Provence au XIXe siècle (*op. cit.*, 1897, p. 57)[1].

1. Pour plus de détails sur cette plante, voir P. Lieutaghi, *op. cit.*, 1986, p. 126-130.

1662, **1666**. Dans l'herpès et le psoriasis, on emploie la décoction de la plante, avec usage externe associé : *pour une tasse bue, une tasse en lotion sur le visage.* Cette recette a été apprise d'une grand-mère de Briançon (M. M., 67 ans, Séderon, 26 ; M. M. est guérisseur).

2513. On fait boire l'infusion de pensée sauvage dans les *coliques des enfants* (Mme D., 65 ans, Forcalquier ; origine : Larche ; l'informatrice distingue explicitement la pensée à *petites fleurs blanc et jaune* de la plante à grandes fleurs bleu et jaune, espèce vivace montagnarde qu'elle emploie dans les maux de gorge).

"Coliques" est ici à entendre comme "douleurs abdominales".

9110. *On prend la feuille en dépuratif* (M. C., Allos). — *C'est un dépuratif* (M. et Mme U., 80 ans, Banon).

9111. *C'est pour le sang* (Mme R., Mane).

9130 (**1532**, furonculose). Voir "germandrée", où les deux plantes sont associées dans une visée dépurative contre les furoncles (Mme P., 45 ans, Montjustin).

9171. Pour purger les enfants (nourrissons), on leur fait boire une infusion de la plante (Mme D., 84 ans, Banon).

Voir ce qui est dit à "pariétaire" à propos de la "purge" des nourrissons.

Persil

Petroselinum crispum (Mill.) A. W. Hill
(= *P. hortense* auct.)

OMBELLIFÈRES (= APIACÉES)

Cette plante condimentaire d'usage universel, probablement d'origine sud-est-européenne ou proche-orientale, cultivée dans tous les jardins, se rencontre assez souvent à l'état subspontané sur les décombres, dans les ruines, les vieux murs, au bord des jardins en terrasses, parfois en situation quasi naturalisée dans les anciens habitats perchés (rochers, pied des falaises).

Emplois médicinaux. Médecine humaine

1320, **1321**. Pour les coups et les hématomes des hommes et des bêtes, *on faisait tremper du pain dans du lait avec du persil et on le mangeait* (M. et Mlle C., Banon).

Si le persil a un ancien renom d'anti-ecchymotique, c'est en tant que remède externe ("on applique ses feuilles avec succès sur les blessures et les contusions", Chomel, *op. cit.*, 1782, p. 172) ; il est dit "très employé" à ce titre en Provence par Réguis (*op. cit.*, 1897, p. 48). La prescription interne ici recensée ("on le mangeait"), qui lui associe le pain trempé, émollient souvent usité dans les cataplasmes, est probablement une interprétation erronée de la recette externe, voire un défaut de mémoire des informatrices.

2130, **2132**. Quand on a mal au cœur, en voiture, on frotte l'estomac avec du persil frais. (Mme C., 80 ans, Limans). — *On met un bouquet de persil sur la poitrine pour le mal au cœur, quand on est dans le car ou en voiture* (Mme A., Saint-Michel-l'Observatoire).

La littérature consultée, ancienne et moderne, ne m'a fourni aucune piste qui aide à comprendre cet emploi du persil, dont on retrouve deux attestations, provenant de Bonnieux et de Cadenet (Vaucluse), dans l'enquête de M. Amir (1994-1995), en prévention du mal des transports, y compris le mal de mer ("un bouquet sur le nombril" ; "un bouquet sur le cœur, la poitrine"). Rolland, qui donne beaucoup d'informations sur le "folklore" de cette plante, ne dit rien qui puisse l'évoquer *(op. cit.*, 1896-1914, 6, p. 176). Il n'est pas exclu d'y voir une pratique de magie préventive, le persil n'étant pas étranger au domaine occulte, comme l'attestent les nombreuses précautions qui entourent son semis. Il serait intéressant de rechercher dans les enquêtes méridionales des informations qui permettraient de mieux cerner la nature de cette pratique, à ce jour et à ma connaissance circonscrite à la haute Provence occidentale. Le symbole n'y est pas forcément exclusif d'une action physiologique méconnue.

2512. Manger du persil cru est un remède des *maux de ventre* (M. BFB., 65 ans, Mane).

5121. Recette contre l'aménorrhée : *hacher 1 cuillère à soupe de persil pour 1 tasse d'eau ; faire bouillir* [l'eau] *et y jeter le persil ; laisser infuser 20 minutes sans faire bouillir. En cure, de la fin des règles au début des prochaines, 1 tasse avant le repas de midi.* Ce remède *fait* *venir les règles, c'est incroyable, vous ne pouvez pas imaginer* (anonyme, F., 75 ans, Forcalquier ; recette provenant d'Aix-en-Provence, années 1932-1933).

L'une des indications majeures du persil est le traitement des troubles menstruels : aménorrhée, dysménorrhée. La propriété emménagogue de la plante est déjà citée chez Dioscoride (Ier siècle). La pharmacologie a validé ces emplois en les rapportant à des principes actifs de l'huile essentielle qui donne son parfum particulier à la plante, à commencer par l'apiol. Il est possible que la découverte de celui-ci, en 1849, qui a initié une large diffusion pharmaceutique au XIXe siècle, et encore de nos jours sur un mode plus ciblé, ait "relancé" un emploi populaire qui semble peu actif au XVIIIe et au début du XIXe, où c'est l'action diurétique de la plante (racine, en particulier) qui est privilégiée.

5232. *Quand on allaite, il ne faut pas trop manger de persil car ça arrêterait le lait* (Mme A., Saint-Michel-l'Observatoire).

Le persil, "antilaiteux" d'ancien renom, est connu à ce titre dans toutes les régions françaises, et ailleurs en Europe. C'est l'un des savoirs du "fonds commun" de la médecine végétale européenne. On l'emploie aussi aux mêmes fins à l'extérieur, en cataplasmes résolutifs. Voir, ci-dessous, les indications vétérinaires analogues.

Emplois médicinaux
Pratiques vétérinaires et assimilées

Blessures, lésions externes. Voir ci-dessus **1320**, **1323**.

Dérivatif. Divers. *Pour les brebis, dans les maladies, des fois, on attache la queue ou on fait des infusions de persil* (Mlle B., Courson).

Le persil est ici associé (sans précision d'indication, mais il est possible qu'on vise les troubles qui peuvent suivre la mise bas) à l'abcès de fixation provoqué par une ligature autour de la queue.

Lait, pour le faire passer. *Pour faire passer le lait aux chiennes, on leur donne une omelette au persil* (M. et Mlle C., Banon). — *On fait une omelette de persil pour les chiens ; c'est pour arrêter le lait* (Mme L., 69 ans, Banon). — Cette plante *fait passer le lait* des chattes [SPE] (Mme F. L., 60 ans, Dauphin).

Indications analogues à ce qui concerne la médecine humaine.

Petite centaurée

Centaurium erythraea Rafin.

GENTIANACÉES

Assez rare dans l'ensemble de la région méditerranéenne, la petite centaurée y fréquente surtout les sols acides ou décalcifiés, où elle croît dans les bois clairs, sur les lisières, les pelouses maigres plus ou moins humides l'hiver. En régions calcaires, elle pourra se cantonner dans les zones argileuses ou marneuses, assez souvent avec sa parente la centaurée jaune, *Blackstonia perfoliata* (L.) Hudson. Dans le bassin de Forcalquier, elle montre une nette préférence pour les affleurements siliceux (Revest-des-Brousses, Vachères nord, Banon sud, etc.). La sous-espèce méridionale à grandes fleurs rose vif, *C. erythraea* ssp. *grandiflorum* (Pers.) Melderis, peut se faire assez commune par places dans le Sud-Ouest des Alpes-de-Haute-Provence, en particulier dans les prés marneux humides l'hiver.

Emplois médicinaux. Médecine humaine

2120, 2180. Quand on a une *indigestion*, on boit après les repas une légère décoction de la plante [bouillir 2 minutes seulement]. En cas d'*intoxication alimentaire*, l'informatrice donne la même recette (anonyme, F., 50 ans, Saint-Michel-l'Observatoire).

2315. On emploie l'infusion de la plante séchée *pour fortifier l'estomac* (Mme C., 65 ans, Revest-des-Brousses).

9110. La petite centaurée est réputée dépurative, en infusion (Mme A., 65 ans, Forcalquier). *Comme dépuratif, on prenait la centaurée, c'est pas pour les enfants* (enquête J. M., Saint-Michel-l'Observatoire). — *La petite centaurée, c'est pour purifier le sang, c'est très amer* (Mlle B., Courson). — *C'est dépuratif, en cure tout le temps ; c'est très amer, la petite centaurée, j'en ai bu une seule fois* (Mme B., 75 ans, Mane). — *C'est une dépurative, comme le petit-chêne* (Mme A., Saint-Michel-l'Observatoire). — *C'est dépuratif ; ça purifie, ça sanctifie, ça laisse comme vous êtes !* Mlle A., qui, à 90 ans, n'a jamais été malade, commente ainsi les bienfaits de la petite centaurée dont elle emploie l'infusion des fleurs (Mlle A., 90 ans, Montjustin). — *C'est dépuratif, le facteur me l'avait amenée ; c'est la dépurative de mon beau-père, il en prenait 3 jours quand il était à Montjustin* (Mme F., 70 ans, Reillanne).

Tonique-amère (très amère ! autrefois appelée "fiel de terre"), aux emplois très voisins de ceux de sa parente la grande gentiane jaune, en particulier comme digestive, la petite centaurée n'est pas perçue comme un succédané (ni une parente) de la gentiane par ses utilisateurs traditionnels : les deux plantes n'appartiennent pas à la même catégorie de la botanique populaire. La petite centaurée se situe ici dans un champ d'attributions analogue à celui de la germandrée petit-chêne ("c'était pareil que le petit-chêne", dit aussi une informatrice de M. Amir), avec une indication majoritaire de dépurative et d'herbe de cure "pour purifier le sang", même si elle est moins employée dans la région que *Teucrium chamaedrys*, sa relative rareté contribuant à l'expliquer. Les attributions de fébrifuge, très importantes dans l'ancienne médecine savante, non attestées par l'enquête EPI, apparaissent dans celle de M. Amir à propos de la fièvre typhoïde (1 mention). Cette même donnée précise aussi "qu'on ne prenait que la fleur [car] la plante est amère comme tout", ce que peut corroborer ci-dessus Mlle A. (Montjustin), qui emploie "l'infusion des [seules ?] fleurs". Le commentaire de cette dernière informatrice ("ça purifie, ça sanctifie, ça laisse comme vous êtes !") exprime une dévotion quasi sacrée à la plante, la remarque "ça laisse comme vous êtes !" disant à elle seule la suspicion implicite à l'égard des remèdes qui, à l'inverse, "détraquent" en même temps qu'ils soignent.

"C'est la dépurative de mon beau-père" rappelle le rapport fréquent des gens de l'ancienne société avec une plante de cure particulière, qui devient "leur" plante.

Emplois alimentaires, condimentaires et assimilés

Aliment de ramassage. Voir "pastel".

Pimprenelle

Sanguisorba minor Scop. (s. l.)

ROSACÉES

pl. 27, fig. 87

Cette plante se rencontre dans de nombreuses formations ouvertes en conditions sèches ou fraîches : friches pâturées à plantes aromatiques, aphyllanthaie, pelouses à brome dressé, prairies artificielles (à sainfoin et luzerne), prairies fraîches des plaines, bord des chemins, etc. C'est la sous-espèce *muricata* qu'on rencontre dans la région, où elle est très commune. Elle existe également en Vaucluse,

mais la ssp. *magnolii*, d'affinités méditerranéennes, y est mieux représentée.

Emplois médicinaux. Médecine humaine

3113. On boit l'infusion des feuilles dans les cas d'*enrouement,* [de] *voix rauque* (anonyme, F., 50 ans, Mane, originaire du Puy-en-Velay).

9371. *Vau l'or la pimpinello*[1], *mai l'or noun vau pa elo* : "la pimprenelle vaut de l'or, mais l'or ne la vaut pas" (Mme A., 65 ans, Forcalquier).

1. *Pimpinello* est bien attesté, à l'écrit comme à l'oral, pour "pimprenelle". *(Note Cl. Martel.)*

En dépit de cette affirmation, la pimprenelle n'a qu'une place marginale dans la présente enquête ; elle n'est pas citée davantage dans l'enquête plus récente de M. Amir en Vaucluse. Plante quelque peu perçue comme dépurative au XVIIIe siècle, elle a surtout connu les indications classiques des astringents, en particulier dans les diarrhées. La donnée **3113** ne paraît pas attestée par la littérature.

Emplois alimentaires, condimentaires et assimilés

Aliment de ramassage. On l'utilise en salade, *entière quand elle est petite ou que* [seulement] *les feuilles quand elle est plus grande* (Mlle B., Courson). — *On la met dans les salades, les feuilles sont tendres et ça fait du bien.* La plante est appelée *pimpinella* et "herbe aux lapins" (M. et Mme C., 70 ans, Revest-des-Brousses). — On la récolte pour la salade ; dicton : "La pimprenelle vaut de l'or, mais l'or ne vaut pas la pimprenelle" (anonyme, Marseille).
Anciennement cultivée en bordures dans les potagers, la pimprenelle a un goût agréable de noix verte. On la récolte surtout sur les parcours, au moment où l'on ramasse les "salades des champs", et on la mêle à celles-ci dans le saladier ; il ne semble pas qu'on la consomme jamais seule.

Pin sylvestre

Pinus sylvestris L.

PINACÉES

Très répandu dans notre région sous les traits d'une race trapue au tronc souvent tortueux, aux aiguilles courtes et cônes très petits, le pin sylvestre se substitue au chêne blanc en situations fraîches. Dans le bassin de Forcalquier, il est surtout présent sur les affleurements de molasse. Les sous-bois n'ont alors qu'une flore banale, analogue appauvri de celle de la chênaie. Dans l'étage montagnard de Lure, en face sud, vers 1 500 mètres, une pinède sur sol acide héberge, elle, une flore particulière qui la

rapproche de la pinède des Préalpes internes (pyroles, etc.). Essence de lumière, le pin sylvestre colonise facilement les friches et les pelouses abandonnées par les troupeaux, où, en peu de temps, il “ferme” complètement le milieu au détriment de la flore de lumière. Dans l’Ouest de la chaîne de Lure, en une trentaine d’années, cet arbre pionnier a ainsi occupé une grande partie de l’ancien domaine pastoral, préparant le retour de la hêtraie. Aux basses altitudes, il semble en voie de dépérissement : certains peuplements manifestent une mortalité importante (2008).

Perception de la plante

(Pour soigner la grippe) il faut préférer *l’espèce d’arbre qui fait des bourgeons par 3, comme 3 doigts ; l’autre n’a qu’un seul bourgeon* (M. V., 75 ans, Dauphin).

Emplois médicinaux. Médecine humaine

2631, 9311. *C'est quand on s'est bloqué les reins.* On emploie la décoction de 5 bourgeons à boire très chaude et sucrée. *Ça fait uriner de suite* (M. M., 80 ans, Carniol). Le pin, connu comme remède des voies urinaires dans l'ancienne médecine, qui l'emploie aussi bien contre les cystites que dans les lithiases, semble peu attesté à ce titre dans les Alpes du Sud (propriété non citée en Luberon par M. Amir, ni dans les Hautes-Alpes par D. Delcour). Le champ respiratoire de cette plante, très dominant, peut avoir éclipsé la perception de l'action diurétique, pourtant des plus évidentes quand on boit une infusion de bourgeons de pin – ce que signale à juste titre l'informateur.

3111, 3120. En cas de rhumes et de maux de gorge, on fait infuser des bourgeons de pin dans du lait chaud (Mme B., 75 ans, Mane). — *Les bourgeons de pin, c'est pour les rhumes, mais il n'y en a pas dans le coin* (cercle du 3e âge, Saint-Michel-l'Observatoire.).

3221, 3222, 3280. *Pour les bronches, la tuberculose,* (il faut) *se mettre à l'ombre des sapins et respirer fort l'air* (Mme D., 84 ans, Banon). [Il s'agit ici sans doute du pin sylvestre, fréquent vers Banon.] — La décoction de bourgeons de pin est prescrite "pour les bronches" (Mme F., 70 ans, Reillanne). Les bourgeons de pin, *en sirop, c'est bon pour la bronchite, on en prenait avant ; maintenant on boit tout simplement l'infusion des bourgeons* [1 poignée pour 1 litre d'eau ; sucrer au miel]. La récolte se fait quand le bourgeon est sec, en mai. *On le ramasse quand il fleurit et qu'il est sec de la rosée* (M. et Mme C., 70 ans, Revest-des-Brousses).

7120. Pour la grippe, *l'influenza,* on fait une décoction de bourgeons. Il faut préférer *l'espèce d'arbre qui fait des bourgeons par 3, comme 3 doigts ; l'autre n'a qu'un seul bourgeon* (M. V., 75 ans, Dauphin).

L'emploi des bourgeons de pin sylvestre (souvent appelés à tort "bourgeons de sapin", et vendus sous cette appellation par l'herboristerie) dans les affections respiratoires est attesté dans toute l'aire du genre *Pinus.* Il tire parti des propriétés antiseptiques de la résine, dont les essences s'éliminent en partie par les bronches. D'autres bourgeons de grands conifères sont mis en œuvre dans le même propos. Il s'agit ici d'un héritage du fonds médicinal préhistorique de l'hémisphère nord.

9230. Depuis des dizaines d'années, M. M. fait des cures répétées de décoction de bourgeons de pin, de 9 ou 10 jours consécutifs ; ça lui permet de *venir vieux*. Chaque année, il fait provision de bourgeons pour lui-même et pour les autres (M. M., 80 ans, Carniol).

L'emploi des bourgeons de pin en cures à visées bronchiques est attesté en Vaucluse par l'enquête de M. Amir (1994-1995), où trois informateurs relatent leur consommation en nature ou avec du miel, ce qui recoupe aussi des données nord-américaines et n'est pas sans évoquer des pratiques de disette, où il arrivait qu'on mangeât ces bourgeons (il existe aussi des pins à bourgeons sucrés, peu résineux, non européens). Le passage, ici, à la cure de longue vie atteste l'aptitude de l'automédication traditionnelle à sélectionner des plantes qui deviennent des remèdes "personnels", qu'on prend sur des décennies, auxquelles on attribue la préservation de la santé (pour d'autres ce sera la feuille de noyer, la pousse de ronce, etc.).

9383. *Je vais vous dire, en 1920, je restais au Contadour ; j'ai vu des bourgeons de pin qui séchaient dans le grenier ; c'était la grand-tante de mon père qui en faisait l'infusion pour l'hiver ; je ne sais pas pourquoi ils faisaient sécher ça* (Mme L., 69 ans, Banon).

Emplois médicinaux
Pratiques vétérinaires et assimilées

Automédication animale. *Les brebis en mangent un peu ; c'est bon pour les infections pulmonaires, la sève de pin ; les brebis le savent, les bêtes savent tout : elles ont le choix pour manger et elles choisissent ce dont elles ont besoin ; ce n'est pas comme nous !* (M. B., Montjustin.)

Illustration de la confiance accordée au "savoir animal" dans la société traditionnelle, savoir qui a induit bien des applications en médecine humaine. Dans le cas présent, la connaissance d'une propriété (connue de longue date par les sociétés) est à l'évidence attribuée aux brebis sur la foi d'une position de principe : "les bêtes savent tout". Il est peu probable que l'emploi, très général, des balsamiques en thérapeutique respiratoire ait été suggéré par l'observation de l'automédication animale, car ces plantes sont habituellement délaissées par les herbivores.

Fractures. Dans les cas de fractures de membres chez la brebis, *on entortille une pièce de drap de laine puis de*

la résine, on ferme dessus avec du coton et on tire sur le membre. L'enveloppement est laissé en place pendant 15 à 20 jours. *Maintenant, on met un plâtre* (M. C., Allos).
L'emploi d'enveloppements ou de cataplasmes associés à des résines de conifères (pins, sapins, mélèzes, etc.) contre les "coups" et les fractures est attesté dans de nombreuses cultures montagnardes. D. Delcour le signale en Briançonnais à propos de la résine de mélèze. Dans l'Himalaya, on met en œuvre la résine du pin *Pinus roxburghii*, en Colombie-Britannique celle du sapin *Abies amabilis*. Il s'agit de pratiques médicinales parmi les plus anciennes, associées à l'usage de ces substances pour l'éclairage (torches), l'imperméabilisation des peaux, etc. Au XVIIIe siècle encore, les résines conservaient une place importante en chirurgie.

Pissenlit

Taraxacum officinale auct.

COMPOSÉES (= ASTÉRACÉES)

Le pissenlit, qui réunit plusieurs espèces et sous-espèces non prises en compte ici (il y en a des centaines en France), croît dans tous les lieux herbeux en sol plutôt riche, des basses régions à l'étage montagnard ; il est particulièrement fréquent dans les prairies naturelles.
Manifestement sous-représenté dans la présente enquête, le pissenlit est attesté ailleurs en Provence (surtout dans les régions où les prairies naturelles sont fréquentes) comme herbe de cures de printemps à visées dépuratives, et "pour le foie". Cependant, cet aliment-remède est largement concurrencé en haute Provence collinéenne par les "salades amères", en particulier du genre *Crepis*, dont la récolte peut s'échelonner sur une plus longue période. Celles-ci, à l'époque de l'enquête, étaient plus ramassées que le pissenlit au sens strict, rapport qui s'est vraisemblablement inversé de nos jours, où le pissenlit finit par avoir le statut de dernière salade sauvage reconnue.

L'espèce collective *Taraxacum obovatum* (Willd.) DC., pissenlit des sols secs, aux feuilles superficiellement dentées, non ou peu lobées, croît surtout dans les friches pâturées à plantes aromatiques. Non cité par l'enquête, ce pissenlit (qui n'est pas reconnu comme tel dans la perception populaire) était toutefois récolté à la même période pour la salade sous le nom de "cul blanc" (à Ongles, "doucette des lavandes"), allusion à la base étiolée de la rosette, souvent plus ou moins enfouie dans le sol. Très estimée par la société rurale, cette salade associée au passage fréquent des troupeaux semble en régression accentuée.

Emplois médicinaux. Médecine humaine

2440. [Mangée en soupe ou en salade,] *la dent-de-lion draine le foie* (M. et Mme C., 70 ans, Revest-des-Brousses).
Le concept de "drainage" est la version, réinterprétée par les naturopathes, de la dépuration traditionnelle. L'influence livresque moderne, attestée aussi par l'emploi de "dent-de-lion", nom étranger à la région d'enquête, croise ici la pratique en grand déclin des soupes aux herbes à visées médicinales, encore active localement en Ligurie.
9311. [C'est diurétique,] *ça fait faire pipi au lit* (cercle du 3e âge, Saint-Michel-l'Observatoire).
Validée par son nom même, la réputation de diurétique du pissenlit, attestée entre autres par l'emploi populaire dans les cures antirhumatismales, est toutefois à tempérer au regard des usages les plus courants en pratique traditionnelle comme en médecine savante ancienne, où la plante a surtout les indications d'un dépuratif et d'un "remède du foie".

Emplois alimentaires, condimentaires et assimilés

On le mange en salade ou en soupe (M. et Mme C., 70 ans, Revest-des-Brousses). — *C'est une salade sauvage* (cercle du 3e âge, Saint-Michel-l'Observatoire).

Pivoine

Paeonia officinalis L.

RENONCULACÉES

Tous les vieux jardins du pays ont un ou deux pieds de pivoine, qui survivent souvent aux jardiniers. La pivoine sauvage, plante protégée, existe en plusieurs localités d'altitude des étages montagnard et collinéen supérieur mais elle ne semble que très rarement cultivée pour l'ornement.

Emplois médicinaux. Médecine humaine

6124. *Pour dormir*, l'informateur conseille l'infusion des fleurs (M. J., 75 ans, Revest-du-Bion).

La recette donnée ici n'a pas été relevée ailleurs par les enquêtes (cf. aussi M. Amir, 1994-1995). C'est un archaïsme thérapeutique. La pivoine, plante toxique très peu usitée de nos jours en médecine populaire, a été hautement prisée dans l'Antiquité et au Moyen Age comme remède anti-épileptique, accessoirement antispasmodique et narcotique. C'est surtout la racine qui était mise en œuvre, les fleurs ayant toutefois été prescrites jusqu'au XIXe siècle sous forme de sirop. Ses propriétés sédatives et quelque peu hypnotiques sont confirmées par la recherche actuelle.

Plantain "badasson"

Plantago sempervirens Crantz (= *P. cynops* L.)

VÉRONICACÉES (ex-PLANTAGINACÉES

pl. 21, fig. 67-69 ; pl. 22-23

La situation exceptionnelle de cette plante dans les relations que la société haut-provençale entretient avec son environnement végétal nécessite un traitement particulier. A commencer par une description botanique précise. Tout *Plantago* qu'il soit, le badasson n'a, à première vue, rien qui rappelle les plantains communs des lieux herbeux. C'est un sous-arbrisseau de 15-40 centimètres, aux tiges et rameaux dressés, que rendent touffu de nombreuses feuilles opposées, linéaires, très fines (1-6 centimètres x 1 millimètre), auxquelles s'ajoutent les petits bouquets feuillés (courtes pousses stériles) qui naissent à l'angle d'insertion des premières. Les feuilles passées persistent longtemps sur la partie inférieure des tiges. Les fleurs, minuscules, verdâtres, de consistance écailleuse, à 4 pétales en croix, sont agglomérées par 5-12 en petits épis ovoïdes longs de 0,5-1,5 centimètre au sommet d'un pédoncule de 2-10 centimètres ; elles produisent des graines ± ovoïdes de 3-4 millimètres, brunes, luisantes, évoquant des puces. En avril-mai, les étamines saillantes à anthères blanches sont les témoins les plus ostensibles de la floraison ; celle-ci se répète assez souvent à l'automne. En hiver, la plante reste plus ou moins feuillée avec souvent, outre les feuilles passées, les vivantes des pousses stériles qui, après une phase vert sombre, ont viré au brunâtre ou au rougeâtre. Plante sans attrait particulier, inodore, le badasson a une saveur très amère.

Le badasson se rencontre surtout, en haute Provence, dans l'espace pastoral, en sols caillouteux légers à la végétation ouverte, où il occupe une situation pionnière : jachères pâturées, friches pâturées d'anciennes cultures, bord des chemins et des champs. Les griffonnages le favorisent, ainsi dans les plantations de chênes truffiers et d'amandiers où il peut développer des populations denses, analogues à celles du thym. Ses habitats primaires sont peu manifestes : plutôt rare et disséminé dans les pelouses rocailleuses arides de type aphyllanthaie, il est plus répandu çà et là sur les galets de la Durance où les travaux d'endiguement lui fournissent des milieux favorables. L'aire générale va du Sud de l'Italie au Sud de l'Espagne. En France, ce plantain monte en latitude jusqu'à la Côte-d'Or, s'élève dans l'étage montagnard des Alpes et des Pyrénées jusque vers 1 300 mètres, en localités rocailleuses ensoleillées, surtout calcaires.

Plante des stades postculturaux récents, étroitement associé aux modes de gestion traditionnels des terres, le badasson avait encore une grande extension dans notre région à l'époque de l'enquête (années 1980), où on le rencontrait parfois en peuplements presque purs — ainsi à Saint-Michel-l'Observatoire (San Sébastian), où il est resté en place 5 ans de suite dans une friche pâturée, seulement associé aux annuelles vernales et au pastel. Mais la déprise pastorale a entraîné une régression manifeste, au point qu'on ne le rencontre presque plus dans ses localités naguère les plus constantes — ce que des informateurs attestent (voir plus bas).

Ce plantain qui n'en a pas l'air est morphologiquement très proche des "herbes aux puces", *Plantago afra* L. (= *P. psyllium* L.) et *P. indica* L. (= *P. arenaria* W. et K.), espèces annuelles disparaissant après la fructification, dont les graines, qui évoquent des puces, ont, sous le nom officinal de "psyllium" (du grec *psulla*, "puce"), un très ancien renom de laxatives/adoucissantes et des

emplois analogues à ceux des graines de lin (elles renferment un mucilage adoucissant dont le volume s'accroît beaucoup par trempage dans l'eau). Les graines du badasson ont été confondues avec celles des espèces annuelles, dont elles partagent les emplois. Quand *Plantago sempervirens* est (rarement) cité dans les textes anciens, c'est toujours pour ses graines, regardées comme un succédané du vrai "psyllium".
Le badasson est considéré en haute Provence occidentale comme le remède universel des affections externes, avec par ailleurs un certain nombre d'emplois internes souvent complémentaires. Même si son renom décline en même temps que le savoir global des usages de la flore, il conserve, au début du XXIe siècle, une certaine aura de panacée que ne peut plus revendiquer aucune autre plante. On est en droit d'y voir le remède populaire (au sens strict puisqu'il ne connaît aucune attestation écrite) encore le plus connu et le plus mis en œuvre dans le périmètre de l'enquête. Dans les années 1980, il est probable que nulle autre plante, dans le domaine français, ne connaissait semblable diffusion sociale (la plupart des gens questionnés à son sujet, en haute Provence, savaient au moins son nom, et beaucoup pouvaient en citer les principaux emplois) en même temps que des indications aussi nombreuses et toujours actives. L'enquête a en effet réuni 61 mentions d'indications et de propriétés se rapportant au badasson, en médecine humaine, soit bien plus que ce qui a trait aux autres "grandes médicinales" comme le millepertuis, le sureau ou le petit-chêne. Il y a par ailleurs cinq domaines pathologiques pris en compte par la médecine vétérinaire.
Cette situation est d'autant plus remarquable que, d'après nos sources, ce plantain, en France, n'est connu et employé comme médicinal qu'en haute Provence occidentale : Vaucluse, Ouest des Alpes-de-Haute-Provence, Sud de la Drôme, l'aire majeure des usages couvrant l'Ouest de la Durance pour les Alpes-de-Haute-Provence et une grande partie du Vaucluse. L'enquête récente de M. Amir dans le parc naturel régional du Verdon (non publiée) ne montre aucune attestation d'emploi certaine à l'est de la Durance, tandis qu'une informatrice de Castellane (qui connaît bien la flore) précise : "Ici, il y en a pas mal, mais personne ne l'utilise [...] ; ils disent : Non, je ne sais pas ce que c'est, je sais pas si les moutons le mangent." Un des noms locaux relevés par O. Madon dans la région

du Ventoux (Malaucène), *èrba-a-Baièti*, pourrait de son côté valider une diffusion récente des savoirs relatifs à cette plante, puisqu'il remémore un maquignon connu sous le sobriquet de *Baièti*, dont on se souvient qu'il a transmis des recettes médicinales à base de badasson, en particulier un remède pour le "goitre des chevaux" (O. Madon, *op. cit.*, 1999, p. 142).

Fréquent en Languedoc, particulièrement répandu au Larzac où il caractérise un stade postcultural, le badasson ne paraît pas y avoir suscité de connaissances particulières. On ne relève pas davantage d'implication ethnobotanique précise dans le reste de l'aire française, tandis que les sources italiennes et ibériques consultées n'y font pas allusion (voir ci-dessous). La regrettée Marcelle Conrad, à qui la flore corse doit beaucoup de découvertes et une belle iconographie de ses raretés, avait dit à l'auteur de ces lignes, vers la fin des années 1970, qu'elle croyait se souvenir d'emplois dans le milieu des bergers de la région du cap. Malheureusement, cette information n'a pas pu être vérifiée. L'aire d'usage dans le domaine français semble donc bien circonscrite à la haute Provence occidentale, mais cette supposition demande encore à être vérifiée par des compléments d'enquête dans l'aire d'extension botanique – la littérature restant obstinément muette.

Récemment, des témoignages d'emplois médicinaux du badasson auraient été repérés dans le Sud de l'Espagne. Des précisions sont attendues. Même si les transferts de savoirs qu'on repère dans les enquêtes haut-provençales désignent souvent des sources italiennes, proximité géographique et contingences socio-historiques (courant d'immigration important au XIXe siècle, en particulier) l'expliquant sans peine, des influences occidentales ne sont pas à exclure[1]. Comme la plante a une place importante en médecine vétérinaire, il est possible que les connaissances ici associées aient circulé dans les foires, de l'Espagne à la Provence, mais par quel itinéraire ? Les sources ethnographiques dont on dispose pour le Languedoc ne disent rien sur ce plantain. Le passage des attributions vétérinaires à la médecine humaine, attesté en d'autres lieux (voir ainsi "dorycnie hérissée", **2512**), peut avoir fonctionné à propos du badasson ; mais il ne s'agit que de suppositions.

1. Une rare attribution médicinale de l'amélanchier, relevée par D. Delcour dans le Briançonnais (Hautes-Alpes), semble n'avoir d'autre attestation connue que dans les monts Cantabriques.

Il est particulièrement intéressant de comparer les propriétés et les indications reconnues au badasson à celles que la médecine populaire attribue aux plantains communs : elles se recoupent fréquemment, en particulier dans les domaines vulnéraires, dermatologiques et anti-inflammatoires. D'une certaine façon, on peut dire que le badasson a "retrouvé" les attributions externes majeures des plantains reconnus comme tels. Cette convergence, qui a pour arrière-plan une communauté, au moins partielle, de principes actifs (communauté forcément ignorée de la tradition orale), atteste les capacités de la médecine populaire à mettre en évidence et en œuvre des potentiels thérapeutiques dont nul indice fourni par des similitudes morphologiques, ou autres, ne vient suggérer l'existence. *Le badasson n'est pas perçu comme un plantain mais il se voit reconnaître les emplois populaires les plus courants des plantains.* Tout comme la petite centaurée, dont la parenté avec la grande gentiane montagnarde est ignorée au niveau populaire, en "retrouve" les principaux usages dans les basses régions d'Europe occidentale. Il apparaît ici une forme de déterminisme dans la constitution des savoirs médicinaux, dont les ressorts restent pour une bonne part à identifier, qui sont probablement en rapport avec des "effets d'induction" inhérents à l'usage empirique du végétal. Dans le cas du badasson, l'amertume est sûrement un signe précurseur de certains emplois, mais il doit être croisé avec d'autres facteurs de suggestion. Bien des plantes très amères ne connaissent pas d'attributions médicinales. Il reste à s'interroger sur ce qui désigne à l'attention des thérapeutes traditionnels une plante comme le badasson, plantain non perçu comme tel, sans caractères morphologiques manifestes, sans emplois alimentaires (alors que les plantains communs sont des aliments de disette), qui s'est vu attribuer, peut-être en peu de temps, un statut de panacée.

Perception de la plante

En réponse à la question : "Le badasson, est-ce que vous savez si c'est voisin du plantain ?" des informateurs répondent : *C'est un petit arbuste différent du plantain* [lancéolé] *; le plantain, c'est une plante* (M. et Mlle C., Banon). — Cela confirme la grande distance entre *Plantago sempervirens* et les plantains "vrais" dans la classification populaire locale (implicite).

Perception du milieu
Ramassage

[On trouve le badasson] *dans les terrains de graviers. C'est comme la lavande, il vit plusieurs années* (M. et Mme C., Ongles). — *On le ramassait dans les jachères et les friches* (Mme D., 84 ans, Banon). — [Il] *pousse dans les landes stériles* (Mme A., 65 ans, Forcalquier). — *Mon mari en ramassait dans les champs travaillés* (Mme G., Forcalquier). — *Ça ne pousse pas partout, le badasson, au bord de la route et des chemins au sec* (Mme T., 60 ans, Limans). — [Le badasson] dépérit *car il n'est plus dans les champs travaillés ; il craint les champs abandonnés* (M. B., 80 ans, Mane). — *Le badasson, il était sur les ribes* [bords des terres] *; il disparaît maintenant, on n'en trouve plus ici ; il y en avait partout avant, et ça pousse dans les terres incultes et négligées* (Sœur T., Mane). — [On ramasse le badasson] *tout au long de l'année, mais de préférence en septembre-octobre, quand la plante est en graines, et pas quand c'est vert,* [mais] *à maturité* (Sœur T., Mane).

Emplois médicinaux. Médecine humaine

Perception du remède. [Le badasson] *c'est bon pour désenfler une foulure ; on fait une décoction et puis des bains avec des compresses ; mais si on dit ça au docteur, il relève les épaules* (Mme E., 80 ans, Lacoste, 84). — *On fait des remèdes comme ça, comme avec le badasson, mais on ne disait rien au médecin, il riait de nous* (Mme M., 58 ans, Bonnieux, 84).

1. Emplois externes

Le badasson a une place majeure de *vulnéraire* dans la médecine traditionnelle haut-provençale. Ses emplois couvrent la plupart des affections externes ou à manifestation externe identifiables au niveau populaire : plaies de diverses natures, fraîches ou infectées ; brûlures ; plaies avec des corps étrangers ; varices et ulcères variqueux ; hématomes et traumatismes divers avec épanchement de sang ; foulures, entorses, œdèmes et autres enflures ; douleurs rhumatismales ; inflammations et infections cutanées, engelures, dermatoses. Comme beaucoup de données réunissent plusieurs mentions d'emplois distincts qu'on ne pouvait répéter aux divers niveaux de la hiérarchie des pathologies, elles sont la plupart regroupées par champs.

Plaies, brûlures, ulcères

1111, 1112, 1120. *Pour les plaies,* on fait des compresses ou des bains locaux de décoction d'une bonne poignée des sommités de badasson dans 1 litre d'eau (recueil P. L., Forcalquier, 1966). — *Pour les plaies,* on mêle du badasson à des feuilles de noyer et on fait bouillir le tout, puis on en fait des compresses ou des bains (M. V., 75 ans, Dauphin ; recueil P. L., 1974). — [Le badasson] *c'est bon pour les coupures, les plaies et pour toutes les blessures. On en fait des cataplasmes* (M. et Mme C., Ongles). — La décoction de la plante bouillie quelques minutes sert *à laver les blessures ou, mieux, à les baigner* ; on peut l'employer plusieurs fois, il suffit de la rebouillir (Mme R., 60 ans, Revest-des-Brousses). — Pour les mains des coupeurs de lavande, qui font de l'allergie à cette plante et *qui ont les mains "pustulantes" et abîmées*, il faut faire des bains de badasson ; la guérison est rapide (M. J., 75 ans, Revest-du-Bion).

1130, 1211. *Quand on a mal et que ça suppure,* on fait des bains et des compresses de badasson bouilli (M. et Mme B., 65 ans, hameau de Bouiron, Ongles).

1150, 9511. Une informatrice s'était brûlé la main à cause d'un produit ménager décapant. Elle faisait *des bains de décoction de badasson 10 à 20 fois par jour, comme pour les furoncles,* etc. (anonyme 2, Forcalquier — voir plus bas, **1530**, la suite de la même information).

1161 *(morsure de vipère).* Voir "églantier" (Mme S., 80 ans, Séderon, 26).

1211. *C'est bon quand on a du pus, on fait une décoction de la plante, on nettoie la plaie infectée et on la trempe dans la décoction de badasson, ça guérit. Le badasson, c'est plutôt pour l'infection que pour les coups* (M. et Mlle C., Banon).

1220. Un enfant avait une plaie infectée au bras ; il était allergique à la plupart des antiseptiques et topiques cicatrisants ; sa blessure s'est rapidement améliorée à l'usage de bains de décoction de badasson, sous le contrôle d'un médecin qui a conseillé la poursuite du traitement jusqu'à la guérison (Mme C., boulangère à Forcalquier ; recueil P. L., 1974). — Un informateur de Cucuron (84), qui a cité le badasson *pour les plaies cicatrisant mal,* signale qu'on ne boit pas les préparations de cette plante (recueil P. L., 1980).

1231, 1451. Les compresses de décoction de badasson, *c'est bon pour tirer des échardes, et après les piqûres et griffures* *d'églantier ou de ronce, quand ça enfle et même pour les piqûres d'insectes* (Mme F., 70 ans, Reillanne. — Voir aussi plus bas, champ maturatif).

1241. On traite les ulcères variqueux par des compresses de décoction (anonyme, Mane ; recueil P. L., 1979). — Les femmes qui avaient des varices ou des menaces d'ulcère variqueux, etc. : voir ci-dessous, "Varices ; problèmes circulatoires", **4380**.

1260. Une femme âgée souffrait d'un *début de gangrène au pied.* Elle refusait de se laisser transporter à l'hôpital car elle n'y était jamais allée et se voyait condamnée en acceptant d'y entrer. Peu confiante, de surcroît, dans les remèdes d'origine pharmaceutique, elle s'était fait des bains de pieds de décoction de badasson et avait ainsi guéri sa lésion (M. C., 55 ans, Saint-Etienne-les-Orgues ; recueil P. L., 1979).

Varices, problèmes circulatoires

4380. Les femmes qui avaient des varices ou des menaces d'ulcère variqueux allaient se baigner les jambes à la source du moulin Paraire. Le soir, elles se faisaient des compresses de décoction de badasson, qu'elles gardaient toute la nuit (information de Lucien Henry, Forcalquier, relative aux années 1940-1950 ; recueil P. L., 1979).

Cette source sulfureuse est aujourd'hui noyée sous les eaux du barrage de la Laye, commune de Mane. Voir aussi, ci-dessus, **1241**.

(4350), **4380**. Pour *l'artérite profonde des mains* [il y a peut-être confusion avec "arthrite", mais le contexte évoque plutôt les problèmes circulatoires], on fait une décoction de 20 minutes où l'on trempe les mains et dont on fait aussi des compresses très chaudes. *C'est bon aussi pour les varices.* On fait la même chose pour faire désenfler les bourrelets variqueux (Mme B., 45 ans, Saint-Jean-de-Sault, 84).

4370. *Mon mari, il avait des hémorroïdes, sa mère lui dit : Il faut faire de l'infusion de badasson et faire tremper le derrière dans une cuvette 1 ou 2 fois par jour, pendant quelques jours, et ça passera* (enquête J. M., Saint-Michel-l'Observatoire). — La plante a été citée dans la même indication, sans précision d'emploi, en 1966 à Forcalquier (recueil P. L.) et au Castelet (84) en 1980 ; dans cette dernière localité, on faisait 1 ou 2 bains de siège par jour, pendant 2 ou 3 jours, dans de l'infusion (au sens strict ?) de la plante fraîche ou sèche (recueil P. L.).

Champ résolutif

1311, 1312, 1320, 1350. *Pour les coups, les bosses et les entorses,* on a recours aux compresses de décoction froide de badasson (bouilli pendant 1 heure) ; celui-ci est employé fraîchement cueilli ou sec. *Quand on a des douleurs, ça calme* (anonyme, Forcalquier, recueil P. L., 1979 — cf. Mme G., 82 ans, Saint-Saturnin-d'Apt, 84 ; Mme F., 70 ans, Reillanne ; anonyme, Bonnieux, 84, 1980 ; anonyme, Robion, 84, 1980 [dans cette dernière localité, malgré sa rareté, le badasson semblait très connu]). — [Le badasson] sert *pour décongestionner tout ce qui est enflé* (anonyme, Mane ; recueil P. L., 1979). — *C'est bon pour désenfler une foulure ; on fait une décoction de la plante et puis on fait des bains avec des compresses* (M. et Mlle C., Banon). — La décoction de badasson en bains locaux et en compresses est un remède fréquent *pour désenfler les foulures* (cercle du 3e âge, Saint-Michel-l'Observatoire). — Pour une entorse de la cheville, on fait bouillir le badasson (frais ou sec) pendant 5 minutes et on prend des bains de pieds dans la décoction (anonyme, Ongles, recueil P. L., 1979). — *Un voisin avait eu la main foulée parce que son mulet s'était emballé et la charrette lui était passée dessus ; il a fait des bains de* [décoction de] *badasson* (Mme P., 80 ans, Ongles). — [Le badasson,] *c'est bon pour désenfler une foulure ; on fait une décoction et puis des bains avec des compresses ; mais si on dit ça au docteur, il relève les épaules* (Mme E., 80 ans, Lacoste, 84). — *Le badasson, c'est une plante qui remplace l'arnica* (M. et Mme C., Ongles). — D'autres attestations d'emploi du badasson dans les cas d'entorse et de foulure, avec des modes d'emploi analogues, ont été notées à Revest-des-Brousses en 1979, et, dans le Vaucluse, en 1980, à Lourmarin, Bonnieux et Saint-Jean-de-Sault ; dans cette dernière localité, la plante était dite "herbe brune".

Champ anti-inflammatoire

1431, 1432. *Quand les bébés et les vieillards ont le feu, on leur lave les fesses avec une décoction de badasson, ça arrête l'inflammation* (Mme C., 40 ans, Mane).

1434. On faisait des compresses très chaudes de décoction de badasson *pour les inflammations et les pieds enflés* (Mme C., 65 ans, Banon). — *Quand on a les pieds enflés, il faut les faire tremper dans un bain de badasson bouilli* (enquête J. M., Saint-Michel-l'Observatoire).

La notion de "pieds enflés" peut ne pas se référer seulement à un état d'inflammation induit par la marche (accident fréquent autrefois), mais évoquer des pathologies associées à des troubles essentiels, comme l'œdème des membres inférieurs. Ces informations ne peuvent être précisées. On retrouve ici une indication classique des plantains communs.

1430, 1611. [Le badasson,] *c'est bon pour les irritations sur la peau ou quand on a de petits boutons en éruption. On fait des bains dans l'eau d'infusion de la plante* (Mme A., Saint-Michel-l'Observatoire).

1434. On fait des bains de décoction de badasson aux enfants qui font de l'*allergie à la laine, entre les cuisses* (cf. intertrigo) ; ces bains les guérissent (anonyme, Lagnes, 84, 1979).

Champ maturatif

1230, 1531, 1542, 1550. *Pour les phlegmons, l'anthrax, le mal blanc et les piqûres d'épines,* on trempe la main dans la décoction de badasson, le plus chaude possible, ou bien on se sert de compresses trempées fréquemment dans la décoction chaude. Le badasson est *un mûrisseur ; c'est la seule plante qu'on fait bouillir* (anonyme, Forcalquier ; recueil P. L., 1979).

1520, 1531, 1540, 1611, 1620. *Je m'étais fait un panaris à la suite d'une piqûre d'épine d'aubépine, en ramassant les branches fleuries. Ça s'est infecté avec la chaleur et le panaris au doigt ne voulait pas guérir, alors j'ai fait bouillir du badasson frais et j'ai fait un bain de l'avant-bras, pendant un bon moment, à la chaleur. Et puis ça s'est guéri* (M. F., 80 ans, Reillanne). — [Le badasson,] *c'est pour faire crever les abcès et les panaris* (enquête J. M., Saint-Michel-l'Observatoire). — L'infusion de la plante entière, fraîche ou sèche, en bains ou prise à l'intérieur *fait mûrir et sécher les boutons, les panaris et l'anthrax* (anonyme, Castelet, 84 ; voir aussi "emplois internes", **1520**). — *On fait tremper les doigts dans un bain de badasson bouilli, pour le mal blanc, et on peut même en boire* (Mme A., 90 ans, Robion, 84). — Les panaris, l'eczéma, *les boutons* ou l'anthrax sont traités par des lotions locales de décoction de badasson associées à la même préparation prise à l'intérieur (Mme L., 69 ans, Banon).

1530, 1520, 1751. [On faisait] *des bains de décoction* [de badasson] *10 à 20 fois par jour pour les furoncles, les ongles incarnés et les tours d'ongles ; c'est une inflammation qui fait une boursouflure autour de l'ongle* (anonyme 2, Forcalquier).

1550. *On avait utilisé le badasson bouilli en bain pour un phlegmon, et ça s'est guéri* (M. B., 80 ans, Mane).

Champ dermatologique

1470. [Le badasson] *c'est pour les engelures. On fait de l'infusion avec la plante bouillie* (sic) *et on met les pieds et les mains dans l'eau, pour les engelures* (Mme G., Céreste).
"Infusion avec la plante bouillie" doit sans doute être entendu comme "décoction".

1620, **1622**, **9130**. *C'est bon pour faire des lavements du corps, quand on a des eczémas, c'est pour laver la peau* (Mme C., Revest-des-Brousses). — Pour un prurit eczémateux, après s'être lavé, on se fait des lotions avec la décoction de badasson ; les démangeaisons disparaissent dans la nuit (vendeuse, âgée, de plantes médicinales au marché de Forcalquier ; recueil P. L., 1974). — Voir aussi, plus bas, "emplois internes", **1620**.
"Lavements" est à entendre comme "lotions externes".

1761, **1763**. Un enfant avait des verrues plantaires, ainsi qu'aux mains ; les verrues plantaires ont été traitées par thermocautère mais le médecin en a "oublié" certaines, que quelques bains de décoction de badasson ont fait disparaître (anonyme, Forcalquier ; recueil P. L., 1979).

1765. Mlle C. avait un cor au pied, infecté, elle l'a incisé et ça ne guérissait pas, malgré la poudre antibiotique, à laquelle elle était allergique ; elle s'est finalement guérie avec des bains de badasson (M. et Mlle C., Banon — voir plus haut, **1211**, le commentaire des mêmes informateurs sur l'action thérapeutique de la plante).

Divers

1831. Au début du [XXe] siècle, on faisait des compresses de décoction de badasson sur les *yeux irrités* (M. V., 75 ans, Dauphin).
Information particulièrement intéressante, qui appuie ce qui a été dit à "aigremoine", option **1830**. De même que cette plante, dont beaucoup d'indications externes sont très analogues à celles des plantains communs, "retrouve" leur usage classique dans les ophtalmies, le badasson, qui n'est nullement perçu comme un plantain par ses utilisateurs traditionnels, semble traduire le même "effet de champ" : l'indication antiophtalmique apparaît comme nécessairement dans le champ de ses attributions anti-inflammatoires. Pour plus de détails sur cette question, voir "aigremoine".

1945. Pour les rhumatismes et les douleurs externes, on faisait des bains de décoction de badasson et on frottait la plante sur la douleur (Mme C., 70 ans, Forcalquier ; anonyme 1, Mane, 1982).
1960. *Pour le diabète du pied* [l'informateur doit parler de l'artérite oblitérante, avec risques de gangrène ; cf. plus haut, **1260**], *on prend une bonne poignée de plantes en décoction et on fait des bains de pieds. Ça se fait bien encore aujourd'hui* (anonyme 1, Mane, 1982).
2271. *Pour les aphtes,* on fait des bains de bouche avec la décoction de badasson (M. J., 75 ans, Revest-du-Bion).
2633, 2713. Dans le cas d'une *crise d'urémie et d'irritation,* l'informatrice rapporte avoir vu les bons effets d'une décoction de la plante appliquée en compresses *pour décongestionner la verge* (Mme G., 82 ans, Saint-Saturnin-d'Apt, 84).
2720, 5160. Les infections urinaires à staphylocoques (chez l'homme) se traitent par des bains de siège dans la décoction de badasson ; 5 ou 6 bains par jour ont guéri l'infection (Marseille ; recette issue de la commune de Lagnes, 84 ; recueil P. L. auprès du patient concerné, 1979).
3111. Pour les maux de gorge, on fait des gargarismes avec la décoction de la plante (anonyme 3, Forcalquier).
3130. Des inhalations avec un mélange de badasson et de thym auraient guéri une sinusite dans la nuit (anonyme, Ongles ; recueil P. L., 1979).
Il est vraisemblable d'attribuer ici au thym seul l'effet curatif, d'autant plus que le badasson ne paraît pas posséder de principes volatils qui pourraient intervenir *via* une inhalation. Toutefois, il est intéressant de voir le badasson mis en pratique ici peut-être sur la foi seule de sa réputation de plante qui guérit tout.

2. Emplois internes

1520, 1531, 1611, 9111, 9130. L'infusion de la plante entière, fraîche ou sèche, est prise à l'intérieur en adjuvant du traitement externe contre *les boutons, les panaris et l'anthrax* (anonyme, Castelet, 84). — Même pratique en association au traitement externe des panaris et abcès à Robion, 84 ; la plante y est qualifiée de *dépurative* (Mme A., 90 ans).
1620. La décoction dont on se sert à l'extérieur en bains et en compresses contre l'*eczéma* peut être bue en même temps (Mme A., Forcalquier).

2120, 2314, 2512. Dans les années 1940, on buvait [l'infusion ? la décoction ?] de badasson contre les *brûlures d'estomac* (anonyme, Forcalquier ; recueil P. L., 1980), et *pour les maux de ventre* (anonyme 3, Forcalquier, recueil P. L., 1974). — *Pour l'indigestion, les maux de ventre* et les *spasmes gastriques*, Mme S., 70 ans, Forcalquier, conseille le mélange badasson/petit-chêne/sauge, en décoction.
Ce breuvage composé est certainement d'une amertume extrême, et d'action brutale.
4311. *Pour la circulation du sang*, on récolte la plante quand elle fleurit, et on en boit la décoction (M. C., 75 ans, Forcalquier). — Même recette avec décoction dans du vin (Mlle A., 90 ans, Montjustin).
8115, 9111. Contre *l'excès de cholestérol*, on fait bouillir le badasson à parts égales avec des feuilles de noyer et on boit le mélange. Le même informateur ajoute que l'infusion simple de badasson sert à *renouveler le sang* (M. V., 75 ans, Dauphin).
La relation badasson/cholestérol est plus facile à expliquer que badasson/diabète. — Voir le commentaire ci-dessous.
8140. *Quand on a la* (sic) *diabète, c'est du sucre dans le sang, c'est bon le badasson. Il faut en prendre une semaine en infusion et l'autre semaine prendre de l'infusion de feuilles de noyer* (Sœur T., Mane).
"Diabète" est, à l'origine (XVe siècle), un terme médical désignant les états pathologiques caractérisés par une surabondance des urines. C'est seulement au XIXe siècle, à partir de travaux de Claude Bernard, qu'il prend ses acceptions modernes, en particulier pour ce qui relève de l'assimilation des sucres. L'indication explicite des plantes médicinales dans le traitement du diabète dans son sens moderne relève de la médecine savante, relayée par les ouvrages de vulgarisation dès le premier tiers du XXe siècle. Toute information de la tradition orale où l'on trouve mention du diabète nommément désigné est donc nécessairement sous influence savante, même s'il a existé une perception ancienne du symptôme, éventuellement associée à des traitements dans la pratique de tradition orale. Le champ populaire "antidiabétique" (XXe siècle) a ceci de particulièrement intéressant qu'il intègre des plantes non expérimentées au laboratoire ni au niveau clinique ; le badasson en fournit un excellent exemple — tandis que le noyer a des antécédents écrits en ce domaine, au moins à partir des années 1930. La première question qui

se pose ici est de savoir pourquoi la médecine traditionnelle applique une plante particulière sans antécédent savant adéquat à un concept pathologique nouveau plus ou moins clairement intégré à son corpus nosographique. En l'occurrence, qu'est-ce qui, dans le champ thérapeutique du badasson, croise la perception du diabète telle qu'elle se construit dans l'appréhension populaire du corps, de la maladie et du remède ? La propriété dépurative attribuée au badasson est à prendre en compte, bien que le lien dépuration/diabète reste discret, en tout cas en haute Provence — où la relation existe toutefois aussi dans le cas du marrube (voir ce nom). L'étendue des potentialités thérapeutiques de la plante n'est pas non plus un facteur déterminant, comme le prouve l'exemple de l'olivier, au spectre d'emplois populaires étroit. La notion de diabète ne répond pas à l'idée traditionnelle de "crasses du sang" (le sucre, par ailleurs considéré comme bénéfique, ne provoquant pas de "dépôts" comme le cholestérol, ni de concrétions comme les minéraux) mais se réfère à une pathologie peu réductible aux représentations de la maladie qui sous-tendent l'idée de "nettoyage" et de dépuration. Sa nature d'amer polyvalent conduit naturellement le badasson vers le champ dépuratif (voir données **4311**, **8115** et **9111**), mais n'explique que très imparfaitement l'indication antidiabétique relevée à Mane[1]. L'association avec le noyer doit être prise en compte : interrogées en parallèle, dans un comparatisme proprement ethnopharmacologique, les deux plantes peuvent s'éclairer mutuellement. Ce genre de questionnement relève de l'une des problématiques les plus intéressantes de l'ethnopharmacologie de nos pays, la relation empirique remède/indication, qui reste entièrement à explorer. Voir aussi ce qui est dit à "olivier", **4321**, **4361**.

9111, **9130**. La pratique de boire la décoction du badasson en *dépuratif, pour décrasser le sang* était encore active en 1981 à Fontaine-de-Vaucluse (anonyme originaire de Fontaine-de-Vaucluse, 84, où la plante est dite *herbasson* ;

1. On doit aussi tenir compte de la personnalité de l'informatrice, religieuse alors en retraite au couvent des Minimes de Mane, qu'on retrouve en plusieurs lieux du corpus de l'EPI avec souvent des informations peu banales. Le couvent en question, aujourd'hui propriété d'une multinationale de cosmétiques, est devenu un hôtel de luxe ; Sœur T. a quitté la commune lors de la vente initiale des lieux, sans avoir pu nous en dire davantage. Si elle a aussi quitté ce monde, que les anges des fleurs qu'elle aimait la comptent parmi leurs protégés.

cahier des visiteurs de l'exposition *Les Simples entre nature et société*). — Voir aussi la mention de dépuratif plus haut, **1520** et *sq*., 2e informateur.

Propriétés générales et appréciations
9321 (Fortifiant, reconstituant). Voir “plantain lancéolé” (M. et Mme C., 70 ans, Revest-des-Brousses).
9345. [Le badasson,] *c'est pour décongestionner tout ce qui est enflé* (anonyme, Mane ; recueil P. L., 1979).
9371. *Le badasson, ça sert pour tout*, pour les hommes et les bêtes (cueilleur local/vendeur de plantes médicinales à Forcalquier, 1979 ; recueil P. L.). — Le badasson, ça, c'est une bonne plante ! C'est une plante qui vaut de l'or (Sœur T., Mane). — *C'est un remède universel* ; sa décoction peut être bue (Mme S. M., 70 ans, Saint-Etienne-les-Orgues).
9420. Un informateur de Cucuron (84), qui a cité le badasson *pour les plaies cicatrisant mal* (cf. **1220**), signale qu'on ne boit pas les préparations de cette plante (recueil P. L., 1980). — La même mise en garde est faite par une femme âgée, anonyme, sur le marché de Manosque, en 1980 (recueil P. L.). Voir ci-dessus, dernière citation dans **9371**.

Emplois médicinaux
Pratiques vétérinaires et assimilées

Affections du sabot ou du pied. Pour soigner le “gros pied” des brebis (“fourchet des brebis”), on faisait des lavages et des compresses chaudes de décoction de badasson. *C'est le seul remède qui les guérit* (anonyme, Forcalquier ; recueil P. L., 1979). — *Pour le panaris du sabot*, on fait des bains de l'infusion de la plante, fraîche ou sèche (anonyme, Castelet, 84). — Voir aussi “aigremoine” (M. B., 75 ans, Montsalier).
Aliments dangereux, refusés. *Les brebis ne mangent pas le badasson* (Sœur T., Mane).
Plante très amère, le badasson se fait “refus de troupeau” manifeste quand il prend de l'extension dans les friches pâturées.
Blessures, lésions externes. Le badasson sert pour toute plaie infectée chez les humains comme chez les animaux (cueilleur local/vendeur de plantes médicinales à Forcalquier ; recueil P. L., 1979). — Pour soigner les plaies, les blessures, les morsures et les enflures des animaux, on fait bouillir une touffe de la plante dans une grande

casserole d'eau et on en fait des lotions (Mme S., 80 ans, Séderon, 26 ; cf. M. et Mme C., 70 ans, Revest-des-Brousses). — *Pour les inflammations des brebis et des chèvres, on fait des compresses bien chaudes* de décoction de la plante entière (Mme C., 65 ans, Banon).
Dermatoses. Trois bains de décoction de badasson (1 poignée de plante pour un bain) ont *guéri radicalement* l'eczéma d'un chien sur qui tous les traitements habituels avaient échoué (anonyme, Lagnes, 84, 1980).
Vipères, morsures. Une brebis avait été mordue par une vipère à la mamelle ; on a lavé la plaie avec du badasson bouilli, après avoir piqué avec une épine d'églantier autour de la morsure (Mme B., 80 ans, Ferrassières, 26).

Plantains communs

Plantago lanceolata L., *P. major* L., *P. media* L.

VÉRONICACÉES (ex-PLANTAGINACÉES)

pl. 11, fig. 32

Les plantains communs, aux feuilles ovales à lancéolées, à nervures parallèles, sont diversement représentés dans les lieux herbeux au sol relativement riche et profond. Très commun, le plantain lancéolé, *Plantago lanceolata*, se rencontre aussi bien dans les milieux rudéraux, au bord des chemins, sur les talus, que dans les prairies ; il envahit souvent les prairies artificielles (luzerne et sainfoin). Le grand plantain, *P. major*, moins courant et inégalement distribué, montre une certaine préférence pour les sols à la fois plus ou moins nitratés et piétinés (cours des fermes, abords des lieux habités, chemins fréquentés par les troupeaux, etc.), les jardins, les alluvions humides du bord des rivières. Le plantain moyen, *P. media*, a une distribution plutôt collinéenne élevée et montagnarde, étages où il est fréquent dans divers types de pelouses calcaires. Aux basses altitudes, il tend à préférer les prairies des sols acides. Les précisions données par les informateurs permettent souvent de préciser l'espèce employée.

Grand plantain

Perception de la plante

[Le plantain lancéolé,] *c'est la queue-de-rat ou "cò-de-rat", il a une rosace de feuilles longues, la tige est longue avec une grappe au bout, plus ronde* (M. et Mme C., 70 ans, Revest-des-Brousses).
[Le grand plantain] *a une rosace de feuilles rondes, les tiges se lèvent de la rosace et fleurissent comme les graminées, avec des épis de graines ; les oiseaux mangent les graines ; il n'est pas utilisé comme médicinal* (M. et Mme C., 70 ans, Revest-des-Brousses — ces derniers informateurs mettent en œuvre le plantain moyen, bien plus fréquent là où ils habitent).

Emplois médicinaux. Médecine humaine

1111, 9352, 9365. Pour les emplois en cicatrisant et désinfectant, on écrase la feuille de "petit plantain" sur la blessure (M. E. M., 60 ans, Banon).
Il est fait référence ici au plantain moyen, *P. media*.

1112, 3111, 9352, 9365. *Le grand plantain et le petit plantain, c'est très bon pour les maux de gorge. On fait les feuilles en infusion et on fait des gargarismes. Le petit plantain, celui qui a la feuille presque ronde, celui-là était bon. On écrasait la feuille en la mettant sur la blessure, si on se blessait. On faisait de la pommade, on avait cette plante là-dedans : c'est désinfectant et cicatrisant* (M. et Mme U., 80 ans, Banon).

Il semble, au vu de la description du "petit plantain", "qui a la feuille presque ronde", qu'on doive ici, à l'inverse des appellations vernaculaires courantes, voir dans le "grand plantain" le plantain lancéolé, *P. lanceolata*, et dans le "petit plantain" le plantain majeur, *P. major.* Mais "petit plantain" peut aussi qualifier le plantain moyen, *P. media*, qui n'est pas rare vers Banon (voir données précédentes). C'est donc, semble-t-il, à la taille des hampes florifères que s'appliquent les qualificatifs "petit" et "grand" : ces hampes sont habituellement bien plus élevées chez *P. lanceolata*.

1324. *Le plantain lancéolé ou rond, haché et mis en pommade, c'est bon pour les coups* (M. C., Allos).

1520, 1611. *C'est le gros, le large, celui qui s'éparpille, qui a de grandes feuilles.* Les petites sœurs des pauvres de Mane ont enseigné la recette à l'informatrice, il y a 30-35 ans, lors d'une visite qu'elles lui faisaient et au cours de laquelle elles ont soigné sa fille qui avait *un mal blanc, comme un furoncle, un gros bouton blanc.* Il faut bien laver les feuilles, les ébouillanter et mettre quelques gouttes d'huile sur la plaie, la coupure ou le bouton, puis appliquer la feuille en cataplasme, contre l'infection, sur le bouton. *Ça avait vite guéri. Quand on avait des boutons, on utilisait la feuille de plantain* (Mme F., 70 ans, Reillanne).

1832 (conjonctivite). Voir "mélilot" (anonyme, F., Gréoux-les-Bains).

2520. *Contre la constipation*, il est conseillé de prendre 1 cuillère à café de graines de plantain moyen (M. et Mme C., 70 ans, Revest-des-Brousses).

Les graines des plantains renferment un mucilage qui gonfle et produit une sorte de gel émollient au contact de l'eau, dont on a mis à profit depuis très longtemps l'action adoucissante et laxative. C'est surtout *Plantago psyllium*, plantain annuel à tiges feuillées munies de feuilles linéaires opposées, qui reste cultivé en grand, dont on a employé les graines à cet effet sous le nom de "psyllium". Les graines des plantains communs, d'action analogue, sont assez souvent mises en œuvre par la médecine populaire. Ici, la distinction de l'espèce *Plantago media*, habituellement confondue avec *P. major*, traduit une influence naturaliste ; l'informatrice utilise des livres de recettes actuels.

3111. En cas de *maux de gorge*, d'*irritations*, l'infusion des feuilles s'emploie en gargarismes (Mme C., 65 ans, Banon — il s'agit ici, explicitement, du plantain lancéolé).

9321. Le plantain lancéolé, *en potage c'est comme pour l'épinard, il contient du fer, c'est un fortifiant ; il a les mêmes qualités que le badasson* (M. et Mme C., 70 ans, Revest-des-Brousses).

Le plantain badasson n'est pas habituellement perçu comme appartenant au genre plantain par la classification populaire. L'assimilation exprimée ici traduit une influence savante récente. Voir “plantain badasson”.

Emplois alimentaires, condimentaires et assimilés

Aliment de ramassage. Voir, ci-dessus, **9321**.

Emplois médicinaux
Pratiques vétérinaires et assimilées

Affections du sabot ou du pied. *Pour le décollement de fourchette d'un cheval*, on nettoie la plaie avec du plantain [sans doute le plantain moyen ou le pl. lancéolé], et puis avec de l'huile essentielle de cyprès (M. M. 35 ans, Les Omergues ; voir aussi l'observation donnée à “bardane” à propos des blessures chez les chèvres).

Blessures, lésions externes. Voir “bardane” (M. M., 35 ans, Les Omergues).

Voir ci-dessous : “magie thérapeutique (animaux)”.

Magie et symbolique

Magie thérapeutique (animaux). Recette contre le piétin des veaux, les “mauvaises jambes” : écraser une belle touffe de plantain sous le sabot malade durant 5 minutes environ ; arracher le plantain ; l'enterrer en partie, la racine en l'air. Au bout de 5 ou 6 jours, la plante meurt et le veau est guéri (M. M., 35 ans, Les Omergues).

Cette recette de magie thérapeutique, recueillie aux Omergues, en vallée du Jabron, provient de la Vendée où elle était encore appliquée à la période de l'enquête. On la retrouve sous diverses variantes dans bon nombre de manuels de recettes anciens (cf. E. Rolland, 9, 89). L'assimilation de la feuille de plantain (même étymologie que "plante du pied") avec l'empreinte du sabot de l'animal fonde l'acte thérapeutique. L'informateur, producteur de plantes médicinales et d'huiles essentielles, a une culture universitaire.

Platane

Platanus acerifolia (Aiton) Willd.

PLATANACÉES

Couramment planté pour l'ombrage et en alignement (surtout depuis le milieu du XIXe siècle), le platane est parfois subspontané dans les ripisylves. C'est un arbre qui a pris une grande importance dans l'espace villageois et urbain du Midi, au point de se faire quasiment identitaire[1].

Emplois médicinaux. Médecine humaine

2542. Le docteur avait conseillé à Mme F. de boire de la décoction d'écorce de platane *pour ses colites* (Mme F., 70 ans, Reillanne).

Cette information est étrangère aux sources écrites consultées relatives à la médecine populaire française. Plante astringente rarement usitée par le passé, et surtout à l'extérieur en vulnéraire, ignoré de nos jours comme remède, le platane n'a pratiquement pas laissé de traces d'emplois internes dans la littérature (potions antivenimeuses dans l'Antiquité). Il peut s'agir ici de la rediffusion par le médecin d'un savoir de la tradition orale (cf. "aigremoine", **1180**), appris auprès de la population, où les écorces astringentes sont fréquemment mises en œuvre dans les problèmes intestinaux avec diarrhées et douleurs. Toutefois, d'après Cazin (*op. cit.*, 1868, p. 861), l'écorce du

1. Voir ce qui est consacré au platane dans la belle analyse ethnohistorique de la regrettée Annie-Hélène Dufour : *L'Arbre familier en Provence*, 109 p., illustr., Aix-en-Provence, Edisud, 2001.

platane américain, *P. occidentalis*, a servi, en Louisiane, à traiter “utilement” la dysenterie. Un transfert à partir de sources écrites modernes n’est donc pas à exclure.

Poireau

Allium porrum L.

ALLIACÉES (ex-LILIACÉES)

Ce légume d’origine est-méditerranéenne, très important dans l’ancienne société du fait de sa résistance à l’hiver en pleine terre, est cultivé dans tous les jardins. Peu représenté dans les enquêtes en haute Provence alors qu’il est fréquemment cité hors de la région méditerranéenne, le poireau a ici des succédanés de valeur dans ses emplois vulnéraires courants (lavande en particulier).

Emplois médicinaux. Médecine humaine

IIII, 1161. Pour traiter les plaies, et aussi les morsures de vipère, on fait tremper dans l’eau des racines de poireau et on lave la plaie avec cette eau de macération (Mme B., 80 ans, Ferrassières, 26).
Les racines du poireau (ce qu’on coupe en une fois quand on apprête la plante) sont d’usage traditionnel contre les piqûres d’insectes et les morsures de bêtes venimeuses ; elles sont habituellement frottées à même le mal ; la macération conseillée ici est peut-être une variante personnelle, tout comme l’allusion aux plaies en général.

Emplois médicinaux
Pratiques vétérinaires et assimilées

Mise bas. Pour la délivrance du placenta, chez la chèvre, on fait boire à l’animal la décoction d’un poireau entier avec les racines (M. J., 75 ans, Revest-du-Bion). — *Quand les chèvres chevrotaient mal, on leur faisait une omelette de racines de poireau et le placenta partait plus facilement* (M. et Mlle C., Banon).

Cette dernière recette a été communiquée de façon quasi analogue à M. Amir (1994-1995) par un informateur de Revest-des-Brousses, qui associe les brebis aux chèvres. Bien connu comme diurétique et plus ou moins laxatif, le poireau a ici une application spécifique à la médecine vétérinaire. Voir aussi “mauve”.

Vipères, morsures. La macération des racines de poireau dans de l’eau sert à laver les plaies des bêtes et les morsures de vipère (Mme B., 80 ans, Ferrassières, 26).
Adaptation à l’animal d’un usage fréquent en médecine humaine ; voir ci-dessus.

Pois chiche

Cicer arietinum L.

LÉGUMINEUSES-PAPILIONACÉES (= FABACÉES)

Couramment cultivé autrefois en haute Provence sur les sols maigres (voir ci-dessous), le pois chiche ne l’est plus que de façon marginale.

Magie et symbolique

Quand on était petits, on jetait des pois chiches ou des cailloux dans un puits, si on les entendait tomber, il fallait faire un vœu (Mme A., 65 ans, Forcalquier).
Les pois chiches sont fréquemment des supports de pratiques magiques, en particulier quand il s’agit de faire disparaître les verrues (où l’on doit au contraire partir en courant pour ne pas les entendre toucher l’eau ; cf. M. Amir, 1994-1995). Le puits, par ses rapports avec le monde souterrain et les eaux profondes, est aussi mis en jeu en tant qu’intercesseur et vecteur de “forces”.

Economie rurale

Pratiques agricoles anciennes. [Les pois chiches,] *on les cultivait sur les terres maigres, sous les oliviers, sur les terrasses très étroites, les “bancaou”. On charriait tout sur le dos, le fourrage aussi* (Mme A., 65 ans, Forcalquier).

Poivre

Piper nigrum L.

PIPÉRACÉES

Epice des plus courantes, rarement employé en médecine populaire. Autrefois concurrencé en cuisine comme en médecine savante par le poivre long, *Piper longum* L., marginal en cuisine moderne.

Emplois médicinaux. Médecine humaine

3120. M. S. l'achète en grains et l'ajoute à la préparation qu'il fait pour les inhalations ; *ça fait éternuer.* Voir aussi "romarin" (M. S., La Bastide-des-Jourdans, 84).
7120. Voir "lin" (additif au cataplasme de farine de lin, où le poivre est substitué à la farine de moutarde ; Sœur T., Mane).

Pomme de terre

Solanum tuberosum L.

SOLANACÉES

Autrefois propre aux potagers et aux terres irrigables des fonds de vallée, la pomme de terre est aujourd'hui une culture largement étendue dans toutes les zones qui bénéficient de l'arrosage par aspersion.

Emplois médicinaux. Médecine humaine

1150. Pour soigner une brûlure, couper une pomme de terre en deux et passer le jus sur la plaie (Mme B., 80 ans, Ferrassières, 26). — La pomme de terre râpée sert à traiter les brûlures (Mme A., 65 ans, Robion, 84).
De l'emploi de la pomme de terre contre les brûlures, Cazin dit en 1868 qu'il s'agit d'un "remède populaire qui convient dans les cas les plus simples". Si l'on rappelle

que la diffusion de ce tubercule en France n'a pas alors un siècle, mais qu'il a rapidement gagné toutes les provinces, il est intéressant de constater que la pomme de terre, devenue ressource alimentaire de base, ne s'est pas fait moins rapidement une place notable dans la pharmacopée populaire : elle a pris le relais d'autres légumes (occasionnellement) remèdes émollients et quelque peu sédatifs, à commencer par la carotte. L'emploi du jus frais sur les brûlures, au dire de Cazin, "convient beaucoup mieux" que la pulpe râpée.

1433. Pour les mains abîmées, on prend une pomme de terre bouillie, on l'écrase entre les mains et on se frotte avec la pulpe (Mme L., 69 ans, Banon).

1520. *Pour les panaris, si on n'a pas d'oignon, si on s'écorche les doigts, on fait bouillir les pommes de terre et on trempe les mains et les pieds ; ça finit par crever. Tout ce qu'il faut, c'est de la chaleur. Ma grand-mère disait : "C'est le bon Dieu qui l'a fait pousser"* (enquête J. M., Saint-Michel-l'Observatoire).

La pulpe de pomme de terre bouillie est adoucissante et maturative. Elle a endossé les emplois très anciens des farines de céréales, voire de lin, dans les cataplasmes, ainsi que ceux de l'oignon cuit, toutes substances aptes à la préparation de cataplasmes émollients, voire dérivatifs, qui conservent longtemps la chaleur. A noter que l'information précédente donne la préférence à l'oignon comme maturatif, ce qui semble être le cas un peu partout, la pomme de terre étant surtout dévolue au soin des brûlures.

1943. **Médecine analogique.** Contre les rhumatismes, on porte une pomme de terre dans la poche ; elle devient dure comme la pierre après quelque temps. Pratique encore d'usage au moment de l'enquête (M. M., 67 ans, Séderon, 26).

La pomme de terre est un "support" de magie thérapeutique connu dans toute l'Europe. Rolland cite un usage analogue, bien que plus sophistiqué, du Hainaut belge *(op. cit.*, 1896-1914, 8, p. 111). Le tubercule a ici la même fonction que le marron d'Inde et le cône de cyprès qu'on garde dans la poche, ceux-ci élargissant toutefois leur pouvoir au soin des hémorroïdes. La relation dessèchement/guérison est un principe universel de magie curative, qu'illustrent encore dans nos régions les bouquets suspendus.

2211. En cas de maux de dents, on faisait un cataplasme de pomme de terre bouillie et on le mettait sur la nuque (Mme L., 69 ans, Banon).

3111 (maux de gorge, cataplasmes). Voir “chou” (enquête J. M., Saint-Michel-l'Observatoire).
3222. Dans les bronchites, *les douleurs devant et entre les épaules*, on fait un *escudé* [emplâtre, cataplasme] : une pomme de terre bouillie dans sa peau est écrasée puis mise en cataplasme sur la région bronchique. Pratique des années 1920-1925 (M. B., 80 ans, Mane).
Les trois indications précédentes relèvent de ce qui est dit plus haut à propos de **1520**. Elles ont une fonction à la fois dérivative et adoucissante.

Pommier cultivé

Malus domestica Borkh.

ROSACÉES-MALOÏDÉES

Dans l'ancienne société, le pommier se rencontrait surtout à l'état disséminé, sous forme d'arbres isolés et de petits vergers. De nos jours, alors que ses races anciennes disparaissent (surtout au sud de la ligne Ventoux-Lure), quelques variétés modernes sont cultivées en grand dans la vallée de la Durance.

Emplois médicinaux. Médecine humaine

1761. Pour faire disparaître les verrues, on y frotte une pomme qu'on enterre ensuite dans la terre. Quand la pomme est pourrie, les verrues sont parties (M. M., 67 ans, Séderon, 26).
Pratique classique de magie thérapeutique, qui met en jeu aussi bien la pomme de terre et d'autres substances végétales périssables : nœuds de paille, etc.
3120, **3215** (rhume, toux). Voir “amandier” (M. V., 75 ans, Dauphin ; M. F., 50 ans, Valbelle ; Mlle B., Courson).
Il s'agit ici de recettes composées, qui associent la pomme entière ou sa pelure (celle-ci, qui concentre les principes actifs, est diurétique, adoucissante, quelque peu sédative et anticatarrhale) aux coques d'amande. Ces deux fruits, présents dans la maison en hiver, sont souvent réunis dans les recettes provençales de mauvaise saison contre les “refroidissements”.

7120 (grippe). Voir “amandier” (Mme L., 69 ans, Banon). — Voir “paliure” (M. M., 35 ans, Les Omergues).
9311, **1911**. Comme diurétique, en cas de *douleurs diverses*, on fait de l’infusion de pelures de pomme (la recette vient d’une infirmière de Céreste) (Mlle A., 90 ans, Montjustin).

Potentille quintefeuille

Potentille rampante

Potentilla reptans L.

ROSACÉES

Plante vivace des sols plutôt fertiles, la quintefeuille est commune au bord des routes, des chemins, des jardins et des champs, au voisinage des lieux habités. On la

retrouve dans les prairies humides et les fossés. Elle peut se faire très envahissante sur les rives exondées des cours d'eau et des lacs, où elle supporte une immersion prolongée. Propagée très activement par ses stolons qui s'enracinent aux nœuds, elle envahit fréquemment les terres cultivées. Avec son allure de fraisier à fleurs jaunes, ses feuilles composées de 5 (plus rarement 7) folioles digitées, cette potentille répandue dans toute l'Europe est l'une des herbes les mieux connues de la botanique et de la médecine populaires, sa nature de "plante-main" lui valant aussi une place notable dans la magie.
Très employée en Europe moyenne, la quintefeuille n'a qu'une place modeste dans la médecine populaire méridionale, qui ne manque pas d'astringents.

Perception de la plante

Elle est comme le fraisier, étalée par terre (M. et Mme C., 70 ans, Revest-des-Brousses).

Emplois médicinaux. Médecine humaine

2511. Mme C. en préconise la racine, en infusion, *pour l'intestin* (M. et Mme C., 70 ans, Revest-des-Brousses).
5233, **7111**. *Quand les enfants jeunes ont* [sans raison apparente] *de la fièvre, qui arrive comme ça, on leur donne* [une infusion de] *cette plante* (enquête D. D., Saint-Michel-l'Observatoire). — La plante est conseillée dans *les fièvres des enfants, sans raison d'infection.* Infusion : 3 ou 4 tasses à prendre dans la journée. *Ça supprime la fièvre dès le lendemain, ça la coupe* (Mme B., 65 ans, Volonne).
Plante astringente, dont la médecine savante ancienne emploie la racine riche en tanin et la pratique populaire plutôt les parties aériennes, la potentille rampante a un très ancien renom d'antidiarrhéique : "Sa racine est un des plus assurés remèdes pour les cours de ventre et pour la dysenterie" (Chomel, *op. cit.*, 1782, p. 439). Elle est également connue comme fébrifuge depuis l'Antiquité, propriété où elle n'est toutefois qu'un succédané de sa proche parente la tormentille, *P. tormentilla* L., inexistante en région méditerranéenne. La notion de "fièvre qui arrive comme ça" est à éclaircir comme catégorie de la perception traditionnelle des pathologies infantiles.

Prêles

Equisetum arvense L.
E. telmateia Ehrh., *E. ramosissimum* Desf.

ÉQUISÉTACÉES

pl. 18, fig. 58 et 59

Les trois espèces citées se rencontrent dans la région, et dans l'ensemble du Midi méditerranéen. La prêle des champs, *Equisetum arvense*, se plaît dans les lieux les plus

frais des prairies naturelles, le bord des fossés, les dépressions humides des bois, au voisinage des suintements ; elle peut aussi se propager très activement dans certaines cultures où les désherbants la favorisent indirectement (maïs en particulier). La grande prêle ivoirine aux tiges blanchâtres robustes, *E. telmateia*, a des populations parfois importantes dans les lieux humides et les fossés argileux ou marneux, fréquemment en lieux ombragés. La prêle "très ramifiée" (traduction du nom latin ; cette espèce ne semble pas avoir de nom vernaculaire particulier dans la région), *E. ramosissimum*, a une écologie plus large, des alluvions et berges des rivières et des bois riverains aux fossés, bord des champs et des terrasses, fourrés, friches, cultures. En dépit de son nom, cette espèce a souvent des tiges (grêles) à peu près simples ou peu ramifiées, mais leur grande taille peut les rendre plus ou moins décombantes et enchevêtrées.
La plupart des données réunies ci-dessous ne permettent pas de définir une identité botanique précise. Des plantes sèches montrées comme "prêle" par des informateurs (hors enquête) se rapportaient à la prêle ivoirine (considérée par la pharmacologie comme le succédané de la prêle des champs, seule officinale). Remède majeur de la médecine populaire européenne, la prêle n'est pas citée ici pour ses propriétés d'antihémorragique — ni plus explicitement dans l'enquête de M. Amir, 1994-1995, où il y a beaucoup d'informations précises sur la plante, y compris dans des indications non relevées par l'enquête EPI.

Perception de la plante
Perception du milieu

En patois on l'appelle la "coussàudo[1] *" ; elle est traînante, elle pousse en juin, elle s'enterre, elle sèche, elle n'est pas bonne toute l'année ; elle vient dans les terres grasses, les prés, là où le fourrage se noie du reste* (Mme D., 84 ans, Banon). — *Elle pousse dans les terrains humides. Il y en avait à Sylvabelle, près du Largue* (M. et Mlle C., Banon).

1. La forme *coussaudo* pour "prêle" est largement attestée. A noter que l'occitan comporte de nombreuses variantes phonétiques : *consòudo, coussòudo, cansòudo, cassòudo, cassòuro, cansaudo*, etc. La graphie francisante "causàude" correspond à l'une de ces variantes *cossaudo*. Par métonymie le diminutif *coussòudoun* désigne directement le frottoir à vaisselle (cf. note 1, p. 449) fait avec la prêle. *(Note Cl. Martel.)* Dans la région du Ventoux, O. Madon (*op. cit.*, 1999) relève *cossòuda*.

Emplois médicinaux. Médecine humaine

1380, 1383. *C'est pour souder les os, pour l'ossification.* On prend de la poudre de plante sèche. *Une voisine l'avait fait après une fracture ; cela l'avait beaucoup aidée et l'os s'est remis plus vite* (M. B., Montjustin). — Mlle C. en ramassait et en faisait des infusions en mélange avec d'autres plantes [non précisées] : *une pincée de chacun, pour le soir. La prêle fixe le calcium, on l'appelle "coussaudo" dans le pays* (M. et Mlle C., Banon).

En dépit d'une allusion à l'efficacité de la prêle contre les "rompures" chez Dioscoride (Ier siècle), et la "signature" proposée par les segments de ses tiges, regardés comme une suggestion d'épine dorsale, la prescription actuelle de cette plante en reminéralisante, au niveau du squelette, apparaît comme l'extension empirique récente d'une application de la même propriété au traitement de la tuberculose pulmonaire, surtout depuis la fin du XIXe siècle semble-t-il. Et c'est le très ancien renom d'antihémorragique (cf. Dioscoride), en particulier dans l'hémoptysie, qui a dû induire l'emploi dans la phtisie… (emploi ignoré de Cazin, *op. cit.* 1868, le plus averti des phytothérapeutes du XIXe siècle de la phtisie). Le principe de "reminéralisation" par la silice contenue à un taux élevé dans la prêle, appliqué à la réparation des lésions pulmonaires (processus mis en doute de nos jours), a été entendu par la médecine populaire (en un temps où la tuberculose cesse d'être une menace majeure) comme une possibilité de réparation du squelette — ce qui n'exclut pas les échos éventuels d'une tradition orale relative à l'efficacité de la plante dans le traitement des "rompures". D'où le recours actuel à la prêle (poudre, en particulier), très fréquent en thérapeutique alternative, dans les cas de fractures qui se réparent mal, dans l'ostéoporose, la carence calcique/phosphorique, etc. Les pharmacopées savantes récentes (Bézanger-Beauquesne, *op. cit.*, 1990, etc.), aussi bien que les bilans de phytothérapie à destination du grand public (J. Valnet, *op. cit.*, 1972, etc.), ne font pas état de cette propriété. Il y a ici encore une recherche à conduire sur la constitution des savoirs de tradition orale à partir des données savantes, constitution toujours active comme le démontre éloquemment l'exemple de la prêle, où l'on assiste en outre à une remarquable séquence d'attributions depuis l'Antiquité.

1384, **2523**. Le remède est dit "laxatif" en infusion, reminéralisant en décoction (Mme B., 65 ans, Volonne).
La prêle n'est pas connue comme laxative ; il s'agit peut-être d'un lapsus pour "diurétique".
1945. *C'est pour les rhumatismes*, en infusion (cercle du 3e âge, Saint-Michel-l'Observatoire). — *Pour les rhumatismes*, on boit l'infusion des parties aériennes. *La racine est profonde* (M. et Mme C., 70 ans, Revest-des-Brousses).
Les indications diurétiques/antirhumatismales de la prêle ont déjà des attestations écrites dans l'Antiquité ("elle est extrêmement bonne pour la sciatique", dit Pline, *Hist. nat.*, XXVI, 134). Leur application au traitement des rhumatismes est analogue à celle de beaucoup d'autres diurétiques végétaux.
2121 ("pour la digestion", mélange de plantes). Voir "fenouil" (enquête J. M., Saint-Michel-l'Observatoire).
2315, **2416**, **2418**, **2511** (mélange de plantes "bon pour le pancréas, le foie, l'estomac et l'intestin"). Voir "chicorée" (M. et Mme C., 70 ans, Revest-des-Brousses). L'espèce employée, dite "grande prêle", est *Equisetum telmateia*.
2600. La "causàude" est employée *pour les urines* [SPE] (M. S., 80 ans, Séderon, 26).
2621, **8117** (mélange "pour l'acide urique"). Voir "cerisier" (Mme B., 75 ans, Mane).
8116. *Pour l'urée*, l'infusion de prêle est prise en cure d'un mois. Après un arrêt de quelques jours, on recommence la cure (M. D., 45 ans, Forcalquier).
Les notions modernes d'urée et d'acide urique attestent ici, comme d'autres concepts savants en bien d'autres lieux du corpus, l'aptitude de la tradition orale à intégrer les apports de la médecine savante. Il y a amplification et précision du savoir de base (ici la connaissance très ancienne de la propriété diurétique)
9341. *C'est adoucissant* [SPE] (Mme A., 90 ans, Robion, 84).
Cette mention de propriété, qui ne correspond pas au champ thérapeutique de la prêle, peut faire allusion à l'action bienfaisante de cette plante dans les cystites.

Emplois médicinaux
Pratiques vétérinaires et assimilées

Mise bas. La décoction de "queue de rat" ou *coussàudo* était donnée à boire aux bêtes quand le placenta ne pouvait sortir. On faisait bouillir la plante entière dans l'eau (Mme G., Céreste).

Une attestation de la même pratique, relevée en Vaucluse (Murs) par M. Amir (1994-1995) avec la précision "ça doit avoir des propriétés pour nettoyer", n'est pas sans rappeler ce qui est dit ailleurs à propos de la pariétaire, autre plante "nettoyante", qui sert aussi à faire des tampons à récurer.

Vie domestique

Tampons à récurer. *Ma pauvre mère, elle en faisait provision, elle faisait des "fretadou*[1] *", elle les vendait dans les épiceries. C'était un genre de paille jaune, on en faisait des ronds comme des éponges. C'était pour gratter la vaisselle ; c'était rugueux, c'était plus raclant que "l'esparagoulo", c'était plus grossier. Il fallait en faire pour en avoir toute l'année, de ces couronnes. Ma mère faisait provision de cette herbe, elle la faisait sécher et elle faisait ces machins* (Mme D., 84 ans, Banon). — *Ça servait à faire la vaisselle, la "coussaudo", on en faisait comme un chignon, comme une éponge* (Mme A., Saint-Michel-l'Observatoire). — *On s'en sert pour récurer les casseroles, tournées en tampon à la façon d'une éponge à récurer, le "coussòudoun"* (M. et Mme C., 70 ans, Revest-des-Brousses ; ils nomment aussi la plante "queue de cheval").

La prêle la plus requise pour cet emploi paraît avoir été surtout *Equisetum ramosissimum*, aux tiges plus longues, plus râpeuses et surtout bien plus résistantes que celles de la prêle des champs, *E. arvense*, dans l'ensemble moins répandue, dont les tiges sèches se rompent en segments dès qu'on les plie. La grande prêle ivoirine, *E. telmateia*, a aussi été mise en œuvre. Les tampons de prêle étaient préparés en été, parfois en quantité suffisante pour les besoins de la mauvaise saison ; ils étaient vendus dans les épiceries. Jadis, les prêles (en particulier la prêle à polir, *E. hyemale* L.) tenaient lieu de toile émeri pour les tourneurs et les armuriers, fonction qui tient aux cristaux de silice dont est couvert l'épiderme de ces plantes.

---

1. L'utilisation de la plante pour faire la vaisselle est sans doute le plus populaire de tous ses usages. Le grattoir à vaisselle ainsi fait se nommait en effet *frotadou* ou *fretadou*, formes partout attestées à l'oral et par Mistral *(TDF)*. Evidemment, ce sont des déverbaux de *freta*, "frotter". *(Note Cl. Martel.)*

Prunellier

Prunus spinosa L.

ROSACÉES-PRUNOÏDÉES

Très fréquent dans la région comme dans la plus grande partie de la France, le prunellier croît sur les lisières, dans les friches buissonneuses, les haies du bord des champs, et participe en bonne place aux fourrés préforestiers de l'étage du chêne blanc. Plante de lumière, colonisateur des friches et des pelouses pâturées sur anciennes cultures, cet arbrisseau épineux, propagé aussi bien par ses racines traçantes que par ses fruits (prunelles) véhiculés par les oiseaux, peut devenir très envahissant. Il est favorisé par l'abandon des terres agricoles collinéennes, sols profonds et meubles propices à son extension.

Emplois médicinaux
Pratiques vétérinaires et assimilées

Vipères, morsures. Pour traiter les morsures de vipère, il faut gratter autour de la plaie avec une épine de prunellier, en faisant saigner. C'est un ancien berger qui le faisait il y a encore 10-15 ans (M. V., 70 ans, Banon ; enquête de 1982).
Voir les commentaires donnés sur cette pratique à "églantier". Les aiguillons de cette dernière plante semblent préférés aux épines de prunellier dans cette fonction. Il est possible que le prunellier ne serve ici qu'en pratique vétérinaire.

Prunier cultivé

Prunus domestica L.

ROSACÉES-PRUNOÏDÉES

C'est sous les traits du pruneau que le prunier cultivé apparaît, discrètement, dans l'enquête. Les prunes sèches avaient une place importante dans les ressources alimentaires d'hiver de l'ancienne société. Le Midi (Var en particulier) produisait en grand les "pistoles", à partir de la prune de Brignoles.

Emplois médicinaux. Médecine humaine

3215. Voir "amandier" (Mlle B., Courson).
7120. Voir "amandier" (Mme L., 69 ans, Banon).
Dans ces indications, les pruneaux sont associés aux coques d'amande dans les décoctions "pour le rhume, la toux, la grippe", à la fois comme édulcorants et comme adoucissants, avec aussi peut-être une intention laxative, celle-ci non évoquée par l'enquête.

Emplois alimentaires, condimentaires et assimilés

Divers. *On en mange beaucoup l'hiver* (Sœur T., Mane).

Psoralée

Trèfle bitumineux
Herbe au bitume

Bituminaria bituminosa (L.) E.H. Stirton
(= *Psoralea bitumosa* L.)

LÉGUMINEUSES-PAPILIONACÉES (= FABACÉES)

pl. 14, fig. 44

Désignée au promeneur par l'odeur très caractéristique de bitume qui s'en dégage quand on la foule, la psoralée, que ses feuilles trifoliées et ses fleurs violacées groupées en tête ont l'air de rapprocher du trèfle (genre où la botanique ancienne la situait, dont provient le nom de "trèfle bitumineux", mais elle est bien plus élevée que les trèfles à la floraison), fait partie des plantes connues de tout temps par les peuples méditerranéens, ce dont témoignent les textes antiques. La psoralée croît dans les garrigues, les rocailles, les friches, les taillis clairs, sur les lisières, les talus et les bords de champ de l'étage collinéen du chêne pubescent, toujours en situations chaudes.

Perception de la plante

La feuille est comme celle du trèfle avec une fleur au bout, qui est mauve-violet (M. et Mme C., 70 ans, Revest-des-Brousses).

Emplois médicinaux
Pratiques vétérinaires et assimilées

Mise bas. *Elle était récoltée vers la Saint-Pierre. Une tante qui gardait ses chèvres leur en faisait des infusions* [pour la mise bas ?], *il y a 10-15 ans* (Mme L., 69 ans, Banon).

La psoralée a des indications d'emménagogue dans la médecine antique. Il n'est pas exclu que l'emploi ci-dessus relève du même champ. Toutefois, l'information ne précise pas s'il s'agit d'aider à la mise bas ou à la délivrance du placenta.

Nourriture. *La "rudo", c'est une plante toxique pour tous* [...]. *Les bêtes la mangent car leur estomac contient du suc antivenimeux. On la trouve dans la montagne* (M. et Mme C., 70 ans, Revest-des-Brousses).

Les rues (*rudo* en provençal), *Ruta montana* et *R. angustifolia* (voir "rue"), partagent avec "l'herbe au bitume" une senteur particulièrement forte. Celle-ci induit un chevauchement du nom vernaculaire entre des espèces par ailleurs clairement distinguées. Noter l'explication de la résistance des ovins et (surtout) caprins à certaines plantes considérées comme toxiques.

Parasites externes. La décoction concentrée est employée en pulvérisation dans les poulaillers et les clapiers, après leur nettoyage (anonyme, Les Mées, 04).

Cet emploi est rapporté comme traditionnel dans la région d'Oraison ; il avait cours encore au début des années 1980 ; il serait intéressant de l'expérimenter contre les parasites des plantes cultivées, du moins en culture ornementale. D'après Réguis (*op. cit.*, 1897 ; basse Provence), l'infusion de psoralée était employée comme vermifuge en médecine humaine.

Pulmonaire

Pulmonaria longifolia (Bast.) Bor.

BORRAGINACÉES

En haute Provence occidentale, la pulmonaire, dans l'ensemble plutôt rare et disséminée, n'habite que certains bois frais d'exposition nord ou est, sur sol profond, dans les étages du chêne blanc et du hêtre, et tend à se cantonner sur la silice. Elle n'est pas moins localisée en Vaucluse. La taxonomie des pulmonaires, genre aux espèces voisines et plus ou moins reliées par des formes intermédiaires, a fait l'objet de révisions récentes. La vraie pulmonaire officinale, *P. officinalis* L., serait inexistante en France.

Emplois médicinaux. Médecine humaine

3221. *Pour les maladies des bronches*, on fait une infusion de 2 ou 3 feuilles pour une petite casserole, après les repas. *Recommandé par les anciens* (anonyme, H., 45 ans, Mane). La recette était encore mise à profit par un homme de 70 ans, à Colmars, en 1982.
“Plante à signature”, dont les feuilles maculées de blanc évoquent le poumon, la pulmonaire a une très vieille réputation de remède bronchique. Toutefois, les plantes méridionales ont des feuilles habituellement non maculées.

Radis

Raphanus sativus L.

CRUCIFÈRES (= BRASSICACÉES)

Légume-racine cultivé dans tous les jardins au printemps, le radis est peu cité dans les enquêtes haut-provençales. Il semble que les emplois des radis (radis noir surtout) au niveau respiratoire appartiennent plutôt au domaine culturel médio-européen.

Emplois médicinaux. Médecine humaine

3230. Recette contre la coqueluche : couper un radis rouge et mettre du sucre dessus ; laisser macérer ; boire le suc. Mme B. l’a pratiqué pour ses enfants (Mme B., 75 ans, Mane).
Cette recette, qui tire parti de l’action respiratoire des Crucifères à essence sulfurée, est issue de pratiques de la tradition orale (germanique ?) reprises par la littérature paramédicale de la fin du XIXe siècle, où le curé-herboriste allemand S. Kneipp, en particulier, vantait le radis contre la toux spasmodique, indication reprise par le Dr H. Leclerc (*op. cit.*, 1954). On en retrouve une attestation en Vaucluse dans l’enquête de M. Amir (1994-1995), où le radis est associé aux escargots.

Réglisse

Glycyrrhiza glabra L.

LÉGUMINEUSES-PAPILIONACÉES (= FABACÉES)

La réglisse était anciennement cultivée dans les jardins de la haute Provence méridionale, à la fois comme remède et comme édulcorant. On la rencontre encore à l'état subspontané çà et là, à leur voisinage et dans la proximité immédiate des villages. Son profond rhizome ligneux la propage jusqu'au bord des chemins et des ruelles et lui assure une certaine stabilité dans ses habitats, où elle est toutefois en régression.

Emplois médicinaux. Médecine humaine

2312. *J'achetais des bâtons quand j'avais mal à l'estomac, j'avais l'habitude, je savais que c'était bon* (enquête J. M., Saint-Michel-l'Observatoire).

Surtout connue en tant que remède des affections respiratoires dans l'ancienne médecine, la réglisse a été propagée comme antispasmodique des voies digestives par la phytothérapie contemporaine, attribution qui a toutefois des antécédents écrits depuis l'Antiquité.

2315, 2350. *Le* (sic) *réglisse sauvage, la racine, c'est bon pour l'estomac, c'est bon pour l'ulcère à l'estomac* (M. M., Seyne-les-Alpes, 04).

Cette "réglisse sauvage" ne se réfère probablement pas au *Glycyrrhiza glabra* ensauvagé, mais plutôt soit à la racine du polypode, *Polypodium vulgare* s. l., fréquent dans la région considérée, ou encore à celle du trèfle des Alpes, *Trifolium alpinum* L., connue des enfants montagnards qui la suçaient dans les alpages, qui existe dans les pelouses subalpines et alpines au-dessus de Seyne.

2621, 8117 (recette composée contre l'acide urique). Voir "cerisier" (Mme B., 75 ans, Mane).

9311 (recette composée "pour uriner"). Voir "orge" (Mme L., 69 ans, Banon).

Renouée des oiseaux

Polygonum aviculare L.

POLYGONACÉES

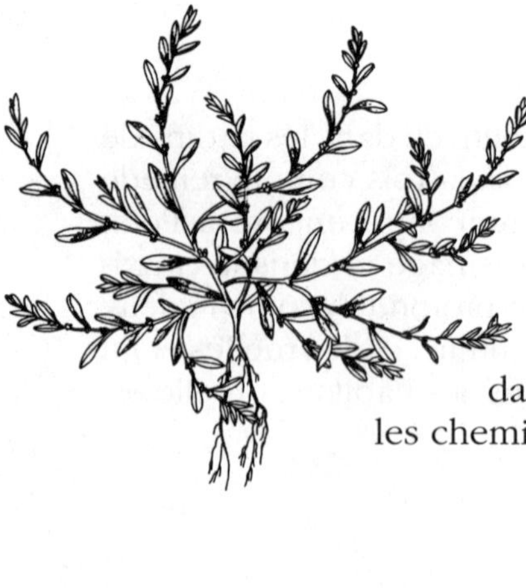

Cette "mauvaise herbe" très commune dans les terres cultivées, champs et jardins, s'aventure dans les rues des villages où elle résiste au piétinement. Là où les herbicides ne l'éradiquent pas, elle est fréquente dans les calades, sur les places, les chemins, etc. La forme "urbaine" est prostrée, tandis que celle des champs prend un port dressé/diffus. Les emplois traditionnels privilégient surtout la propriété antidiarrhéique, citée trois fois dans l'enquête de M. Amir, mais non ici.

Emplois médicinaux. Médecine humaine

2416, **2315**, **2511** (remède "bon pour le pancréas, le foie, l'estomac et l'intestin"). Voir "chicorée" (M. et Mme C., 70 ans, Revest-des-Brousses).

Emplois médicinaux
Pratiques vétérinaires et assimilées

Nourriture. *La "courrejolo"* (= courroie), *c'est très vitaminé, les bêtes en sont friandes* (M. S., La Bastide-des-Jourdans, 84).
L'informateur parle vraisemblablement de la renouée des oiseaux, plante prostrée, *corrigiole* des textes médiévaux. En Provence, *courrejolo* s'applique surtout au liseron.

Rhubarbe

Rheum rhabarbarum L.

POLYGONACÉES

Depuis l'Antiquité, les rhubarbes ont tenu une place importante dans les médecines asiatiques et occidentales pour leur racine purgative et vermifuge qui donnait lieu à un commerce important. L'identité de ces plantes, dont on n'a connu longtemps que la drogue sèche, est restée imprécise jusqu'au siècle de Linné. La rhubarbe aujourd'hui cultivée dans les jardins pour ses pétioles qu'on apprête en confitures est surtout le *Rheum rhabarbarum* L., originaire de la Mongolie et des contrées limitrophes. Il existe toutefois, outre d'autres espèces asiatiques (certaines propagées comme ornementales), une rhubarbe européenne, *R. rhaponticum* L., endémique bulgare parfois

cultivée comme alimentaire au même titre que la plante mongole.
Cette robuste herbacée aux feuilles de grande taille à contour ± arrondi n'a pas gagné les jardins européens avant le XVIe siècle, et il ne semble pas que la consommation de ses "côtes" en confitures soit antérieure au XVIIIe. La partie verte (limbe) des feuilles de toutes les rhubarbes est toxique par sa haute teneur en anthraquinones et en oxalates ; elle ne doit pas être consommée. Peu à l'aise dans les climats secs, la rhubarbe n'a qu'une place marginale dans les jardins de la haute Provence méridionale, mais se fait bien plus courante dès qu'on gagne la zone montagnarde.

Emplois alimentaires, condimentaires et assimilés

Confiture, confit au sucre. *La plante n'est pas de la région* (M. et Mme C., 70 ans, Revest-des-Brousses). Mme C. en prépare les côtes en confiture.

Ricin

Ricinus communis L.

EUPHORBIACÉES

Grande et belle plante tropicale, annuelle dans nos régions mais vivace et prenant un port d'arbrisseau de plusieurs mètres en climats chauds, souvent cultivée pour l'ornement : jardins privés et publics, massifs floraux urbains, ronds-points, etc. Le ricin est dangereux par toutes ses parties, en particulier par ses graines marbrées, luisantes, évoquant la tique du chien (latin *ricinus*), riches en une protéine toxique, la ricine, qui agglutine les globules rouges sanguins. Plus dangereuse que la strychnine, la ricine est l'un des poisons les plus puissants du règne végétal. En raison de l'extension de cette plante en culture ornementale, de nos jours, il importe de mettre en garde les enfants contre les risques présentés par ses jolies graines d'un goût plutôt agréable (3 ou 4 d'entre elles sont mortelles chez les enfants).

L'huile tirée des graines par pression à chaud est exempte de principes vénéneux. C'est une laxative de très ancien renom, tombée en désuétude tant à cause d'une saveur très désagréable que de ses effets néfastes quand elle rancit, et des risques attachés à l'emploi des purgatifs huileux capables de solubiliser certaines substances toxiques.
Non citée dans le cadre de l'enquête, la pratique d'entretenir quelques pieds de ricin dans les jardins potagers (où la plante tend à se reproduire d'elle-même), pour en écarter taupes et autres rongeurs, semble se perpétuer en Vaucluse. En 1992, un informateur de Bonnieux lui attribuait le pouvoir de "faire courir les rats" (recueil P. L.). Pour un ami agriculteur de Sigonce (04), les rongeurs, loin de fuir le ricin, se cantonnent à son voisinage, ce qui préserve le reste du jardin (recueil P. L., 2007)...

Emplois médicinaux. Médecine humaine

9110, 2524. *L'huile de ricin, ou l'huile de foie de morue, c'étaient des dépuratifs, on en faisait des purges* (Mme A., Saint-Michel-l'Observatoire).
On remarque ici l'intégration d'un purgatif au champ dépuratif, les deux concepts se retrouvant dans la pratique des "purges". Toutefois, le dépuratif, au sens que lui octroie la médecine populaire méridionale, ne fait qu'une place très marginale aux laxatifs.

Riz

Oryza sativa L.

GRAMINÉES (= POACÉES)

Aliment très courant de nos jours, le riz, connu dès l'Antiquité à la suite des conquêtes d'Alexandre (IVe siècle avant J.-C.), introduit par les Arabes en Espagne dès le VIIIe siècle et de là propagé dans les terres propices du Sud de l'Europe, est longtemps resté un mets des classes aisées qui l'appréciaient cuit au lait. Les propriétés antidiarrhéiques du riz à l'eau sont déjà mises à profit par la médecine médiévale.

Emplois médicinaux. Médecine humaine

2512. *Pour la diarrhée des petits, on fait bouillir du riz, on leur fait boire le jus de riz, ça les calmait assez vite. Maintenant, il doit y avoir des piqûres* (enquête J. M., Saint-Michel-l'Observatoire).
Noter le fatalisme de la remarque à propos des piqûres, où la tradition orale est implicitement considérée comme dépassée.

Robinier faux-acacia

Robinia pseudacacia L.

LÉGUMINEUSES (= FABACÉES)

Introduit de l'Est des Etats-Unis en Europe au tout début du XVIIe siècle, le robinier, plus connu sous le nom d'"acacia" (l'arbre fut d'abord assimilé à ce genre de Légumineuses, surtout africain), s'est très largement propagé dans toute l'Europe où il représente par excellence le grand ligneux parfaitement naturalisé, parfois même envahissant au détriment de la végétation spontanée. Sa plantation le long des voies de chemin de fer pour le maintien des ballasts (XIXe et début XXe siècle), dont il subsiste encore beaucoup d'exemples, a favorisé son extension. Exploité pour son bois très durable (échalas, etc.), le robinier est une plante toxique (bois, jeune écorce, feuilles, graines surtout) aux substances vénéneuses quelque peu analogues à celles du ricin. On consomme toutefois un peu partout, en beignets, les jeunes grappes de fleurs, inoffensives avant la maturation des gousses. Courants dans une grande partie de la France, les "beignets d'acacia" semblent peu appréciés des Provençaux[1]. Ces fleurs sont très mellifères.

1. Ils ne connaissent aucune citation dans l'enquête de Magali Amir en Vaucluse (1994-1995). Voir aussi la remarque de l'informateur de Saint-Michel.

Emplois médicinaux. Médecine humaine

2121. *On fait macérer les fleurs d'acacia dans de l'eau-de-vie, on fait un sirop et ça fait de la liqueur ; c'est bon pour la digestion ; quand on a trop mangé, ça aide* (Mme F., 70 ans, Reillanne).
Les fleurs d'acacia, peu fréquentes dans les pratiques médicales populaires françaises, ont toutefois une certaine réputation de sédatives et de cholagogues. La recette ici recueillie peut avoir une simple fonction de "digestif" au sens de petit plaisir postprandial, la destination médicinale étant fournie en guise de justification.

Emplois alimentaires, condimentaires et assimilés

Fleurs alimentaires. *Les fleurs d'acacia, j'ai jamais aimé ce goût* (enquête J. M., Saint-Michel-l'Observatoire).

Romarin

Rosmarinus officinalis L.

LABIÉES (= LAMIACÉES)

Strictement inféodé au climat méditerranéen, à peu près inexistant dans l'aire du chêne blanc, le romarin caractérise les garrigues au sol léger, friable, surtout marno-calcaire ; il ne dédaigne pas pour autant les rocailles ensoleillées ni même les rochers. Dans la région, il s'éloigne peu des coteaux de la Durance et ne va guère en amont de Peyruis, tout en restant très commun dans la pinède de pins d'Alep de Ganagobie d'où il s'égrène à l'ouest sur les marnes vers Montlaux et Sigonce. Commun sur tout le flanc sud du Luberon, particulièrement en Vaucluse, il reste localisé au nord sur les collines chaudes et n'atteint pas Apt vers l'est. Plante à la floraison quasi-ment continue, il n'est défleuri qu'en plein été.
Répandu sur à peu près tout le pourtour méditerranéen, le romarin est cité dans les textes de l'Antiquité, où il semble avoir eu un moindre rôle en médecine que dans

les cultes : on le brûlait sur les autels, il participait aux cérémonies de mariage et aux funérailles. Dès le Ier siècle, chez Dioscoride, il est cité comme remède de la jaunisse, ce qui préfigure le renom de "remède du foie" qu'il conserve toujours. Le Moyen Age, qui le cultive largement au-delà de l'aire naturelle, lui reconnaît l'essentiel des propriétés qui restent les siennes dans les domaines digestif et respiratoire et comme antispasmodique ; mais la réputation de plante "cordiale" universelle, que soutient la vogue plusieurs fois séculaire de la célèbre "eau de la reine de Hongrie", remède des accidents nerveux (vertiges, étourdissements, palpitations, etc.), n'est aujourd'hui que très incomplètement relayée par l'aromathérapie (l'huile essentielle est toxique).

Emplois médicinaux. Médecine humaine

1414 (mélange d'huiles essentielles "contre les rides"). Voir "thym" (M. B., Montjustin).

1620. *Pour l'eczéma*, il est utile de *faire une cure pendant longtemps*, en buvant 1/2 litre par jour d'infusion de romarin (M. G., 65 ans, Saint-Saturnin-d'Apt, 84).

Le romarin n'est pas regardé habituellement comme un remède dermatologique. Il occupe ici une fonction de dépuratif à visées cutanées, sans doute en rapport avec sa notoriété de "remède du foie". Le lien entre cet organe et les dermatoses est sous-entendu dans la perception populaire (en tout cas de nos jours), qui met toutefois le plus souvent en œuvre les plantes amères dépuratives au sens strict : bardane, marrube, petit-chêne, etc.

1945 ("contre les rhumatismes"). Voir "lavande" (Mme B., 80 ans, Ferrassières, 26).

2121. *Pour digérer*, en infusion (Mme L., 69 ans, Banon).

Cette attribution largement répandue est sous-représentée dans les comptes rendus de l'enquête. Le romarin y occupe une place analogue à celle de la sauge.

2315, 2416, 2418, 2511 (mélange "bon pour le pancréas, le foie, l'estomac et l'intestin"). Voir "chicorée" (M. et Mme C., 70 ans, Revest-des-Brousses).

2416, 2611. *C'est pour le foie, je le mets dans le mélange du soir avec la verveine, le thym* (M. et Mlle C., Banon). — *C'est bon pour le foie et pour les reins. Quand on a des problèmes de foie et de vésicule biliaire, on fait un mélange de sauge et de romarin* [...]. *Une dame du Nord disait : "Dans votre pays, vous avez tout ce qu'il faut, vous avez le romarin, c'est pour le foie." Pendant 10 ans, elle et son mari buvaient du romarin* (Mme R., Mane). — *Pour le foie, il paraît que ça fait du bien* (enquête J. M., Saint-Michel-l'Observatoire). — *Pour le foie* [on prend l'infusion des feuilles]. *Toutes les herbes qui embaument, embaument le corps* (Mme A., 90 ans, Robion, 84).

Stimulant hépato-biliaire, "remède du foie" connu depuis l'Antiquité, le romarin est l'une des plantes digestives restées le plus en usage, que beaucoup emploient dans les indigestions (indication précisée ici seulement en **2121** mais notée souvent hors enquête). On rappellera que son emploi comme aromate des viandes n'est pas étranger au propos d'aider à les digérer.

3120, 7121. Quand M. S. a un rhume, ou s'il a pris froid, il fait *des inhalations avec du romarin séché, du tilleul et quelques grains de poivre* (M. S., La Bastide-des-Jourdans, 84).

6213. [En infusion] *c'est bon contre le mal de tête* (Mme A., Saint-Michel-l'Observatoire).

7123. *Cela contient du fer ;* [en infusion] *c'est bon pour la grippe, on mélange avec le thym et la sauge, comme préventif* (M. et Mme B., Céreste).

Les indications relatives au "froid" et à la grippe sont en rapport avec le champ respiratoire (au sens large) où la plante est prescrite depuis des siècles, à l'égal d'autres aromatiques de la même famille, comme le thym. En **3120**, on notera l'adjonction du poivre au mélange pour inhalation. Autrefois épice et remède polyvalent, le poivre est cité au Moyen Age dans le traitement des "rhumes de cerveau" mais a perdu cette attribution en médecine de tradition écrite depuis très longtemps ; il est ici en situation d'ancienne plante "chaude", apte à soigner les maladies causées par un refroidissement. Quant à la mention du fer, qui n'a aucune présence notable dans la plante, elle relève d'une information erronée ou mal comprise, mais peut aussi traduire un désir d'affirmer la valeur d'une plante "puissante", où le fer aurait sa place (au moins symbolique).

9336. *Contre les douleurs des jambes*, on mélange 3 huiles essentielles, sauge, sarriette et romarin, mélange qui sert à faire des massages. On peut aussi en prendre à l'intérieur à la dose de 1 ou 2 gouttes dans 1 verre d'eau (M. B., Montjustin).

Recette sous influence de l'aromathérapie contemporaine (les plantes en question n'étaient pas distillées autrefois dans la région). Elle témoigne d'une interprétation pour le moins très approximative des données de l'aromathérapie : l'huile essentielle de sauge est très toxique et ne peut être ingérée sans risques ; l'essence de sarriette est irritante ; même en usage externe, ces substances peuvent se montrer dangereuses ; de surcroît, à la différence de l'essence de romarin (prescrite dans les douleurs rhumatismales), elles ne sont pas indiquées dans la pathologie considérée. Voir aussi ce qui est dit à "thym", **1414** (recette transmise par le même informateur).

9371 (recette composée pour des "cures"). Voir "aubépine" (Mme R., Mane).

9381 ("pour le plaisir"). *On le boit en infusion* (enquête J. M., Saint-Michel-l'Observatoire).

9382 (infusion du soir). Voir "lavande" (M. et Mme U., 80 ans, Banon) ; voir "menthe" (M. G., Saint-Michel-l'Observatoire).

Emplois alimentaires, condimentaires et assimilés

Aromate. [En condiment] *je ne l'aime pas, c'est pas bon* (Mme A., Saint-Michel-l'Observatoire).
Les avis sur le romarin condimentaire, employé en aromate des viandes, sont partagés. 2 informateurs de M. Amir (Luberon, 1994-1995), sur 9 citations d'usage en cuisine, disent aussi ne pas l'apprécier.

Ronce commune

Ronce bleue

Rubus ulmifolius L., *R. caesius* L.

ROSACÉES

pl. 7, fig. 21 et 22

Les ronces sont bien moins diversifiées en région méditerranéenne qu'en Europe moyenne, où croissent des centaines d'espèces très proches, la plupart d'origine hybride, souvent regroupées par souci de simplification sous le nom de *Rubus fruticosus* L. En haute Provence occidentale, elles sont surtout représentées par *Rubus ulmifolius* L. ("ronce à feuilles d'orme"), plante buissonnante robuste à aiguillons rigides et très vulnérants, aux feuilles feutrées-blanchâtres en dessous, fermes, persistant plus ou moins l'hiver, aux mûres constituées de nombreux petits "grains" noirs et luisants ; cette espèce fait des fourrés denses dans les haies, les ruines, au bord des champs, dans les friches, plutôt en sols riches et profonds. Moins ostensible mais cependant commune, la ronce bleue, *R. caesius* L., est une plante aux tiges faibles et traînantes à aiguillons grêles et peu vulnérants, aux feuilles assez molles à 3 folioles, vertes sur les deux faces, disparaissant l'hiver, aux mûres constituées de seulement quelques gros "grains" bleutés, mats ; cette ronce qui reste prostrée, plus ou moins éparse, non buissonnante, croît surtout au bord des champs, dans les cultures elles-mêmes et les jachères, ainsi que sur les talus du bord des routes. Les deux espèces sont distinguées par les utilisateurs haut-provençaux qui leur attribuent

Ronce bleue

des noms différents : *lou bouisson* pour la ronce commune, *lou roumi* pour la ronce bleue.
L'ouverture des milieux boisés par l'agriculture préhistorique amorce l'extension des ronces, qui s'installent dès lors dans les situations où on les rencontre toujours, dans l'espace agraire et au voisinage des habitats. C'est à partir du Néolithique moyen, en France, que les graines de mûres se font abondantes dans les gisements. Les jeunes pousses de ronce ont été consommées en de nombreuses régions de l'hémisphère nord après épluchage, crues ou cuites, et participent encore aux nourritures de ramassage çà et là. Cette fonction alimentaire a révélé l'astringence des parties végétatives de la plante, potentialité curative largement mise à profit par la médecine antique. Les mûres se voient reconnaître des propriétés analogues,

mais avant maturité. Dans toute l'Europe, la médecine de tradition orale considère les pousses et/ou les feuilles de ronce comme un remède majeur des affections de la bouche et de la gorge, et, sans doute par extension, des voies respiratoires. L'enquête EPI montre que ces connaissances du "fonds ancien" des savoirs médicinaux restaient largement distribuées dans la haute Provence des années 1980.

Emplois médicinaux. Médecine humaine

1231. Quand on a une épine ou une écharde dans le doigt, *pour la tirer* il faut faire une macération de feuilles de ronce dans l'alcool, quelques heures ou pendant la nuit. Le dessous gris de la feuille et les épines doivent être *grattés*. On fait un pansement épais avec les feuilles. La recette a été communiquée par des voisins italiens. Ce remède, dit *très efficace*, était encore utilisé en 1982 (Mme G., 60 ans, Rustrel, 84).

On voit se croiser ici les propriétés vulnéraires de la ronce, très ancien remède des plaies de cicatrisation difficile, avec la médecine des similitudes qui fait de la plante à aiguillons un remède analogique capable de "tirer" les épines, quand on l'a elle-même débarrassée de son pouvoir vulnérant. Sans attestation dans la littérature consultée, cette recette témoigne aussi des modalités de circulation des savoirs médicinaux. Il serait intéressant de savoir si elle s'est propagée dans la région de Rustrel après son importation d'Italie. On la retrouve dans le Morvan, sous une modalité quelque peu différente où il n'est pas dit de "gratter" la feuille, mais celle-ci est enduite de savon ou de crème fraîche avant d'être appliquée (C. Crosnier, *op. cit.*, 1987).

1530. En cas de *furoncles inguérissables, quand la peau est dure*, on emploie la décoction, pendant 20 minutes, de *racines* de ronce ; on lave la zone atteinte avec cette décoction (emploi interne associé ?). Dans l'exemple cité, les furoncles ont disparu (Mme D., 84 ans, Banon).

La racine de ronce a très peu d'occurrences en médecine européenne. Galien (IIe siècle) la prescrit dans la gravelle. Chez les Indiens d'Amérique du Nord, c'est au contraire cette partie de la plante qui est habituellement préférée dans les indications internes des astringents (diarrhées, règles excessives, hémoptysie, etc. ; cf. D. E. Moerman, *op. cit.*, 1977). En Californie, les Indiens costanoan “employaient les racines de ronce pour traiter les plaies infectées”, indication qui s’apparente à celle qu’on commente ici (cf. S. S. Strike, *Ethnobotany of the California Indians*, 1994, vol. 2, p. 135). On peut se trouver devant un “archaïsme thérapeutique”, issu d’un possible “fonds commun” préhistorique, voire un “endémisme” relevant de l’invention empirique locale, mais celui-ci n’entrerait pas moins dans un champ d’attribution de large extension dans l’hémisphère nord. Voir aussi **9365**. En Morvan, les feuilles de ronce servent aussi à traiter les furoncles, avec le mode d’emploi déjà cité en **1231** (C. Crosnier, *ibid.*).

2271, 2272, 2275. [Les feuilles de ronce en infusion,] *c’est bon pour les gargarismes de la bouche, contre les aphtes* (M. et Mme C., 70 ans, Revest-des-Brousses). — *On mélange aussi du vin sucré avec des fleurs de ronce ou bien la tige sans écorce ; on fait bouillir jusqu’à obtenir une perle. On utilise le sirop mélangé à l’aspirine dans le muguet* (M. C., Allos). — *Quand mon fils a eu le muguet, ma mère m’a donné un remède : il faut faire cuire du vin bien sucré et des feuilles de mûre, et avec un torchon propre je nettoyais la bouche ; il faut le faire plusieurs fois ; j’allaitais à ce moment-là* (enquête J. M., Saint-Michel-l’Observatoire).

Remarquer, dans l’information d’Allos, le “perfectionnement” de la recette traditionnelle avec l’aspirine, mais aussi le choix des fleurs ou de la tige écorcée, pratique peut-être de spécificité locale.

2530. *Les mûres, les fruits de la ronce, c’est pour ceux qui ont souvent la diarrhée ; un cousin, depuis 7 ou 8 ans, avait la diarrhée ; ça lui a été prescrit par un docteur de Monaco : une cuillerée à soupe de confiture de mûres, le matin* (M. C., Allos).

3111, 3112, 3113, 3140, 3222. L’infusion des fleurs et des feuilles, ou la décoction de feuilles, servent en gargarisme *pour les maux de gorge* (M. et Mme C., 70 ans, Revest-des-Brousses). *Pour les maux de gorge*, on fait des gargarismes d’infusion de pousses de ronce (Mme B., 65 ans, Volonne). — La feuille, en infusion, sert à traiter les maux de gorge. C’est le *roumeze*[1] (Mme B., 80 ans, Ferrassières, 26). — Dans les cas de maux de gorge et d’angines à répétition, on fait une décoction de feuilles de ronce

1. *Roumeze* est une forme rhodanienne. *Lou roume, lou roumi* sont des formes plus courantes en haute Provence. *(Note Cl. Martel.)*

bouillies avec un peu de miel, qu'on emploie en gargarisme. C'était une prescription du Dr Ker de Forcalquier, dans les années 1928-1930 (M. P., 70 ans, Lardiers). — La sœur de l'informatrice avait un mal de gorge : *il faut faire une tisane de ronces, celles qui ont les mûres noires, et la sucrer avec du miel, et ça s'est fini* (Sœur T., Mane). — *C'est bon pour le mal de gorge, de mettre un peu de pétales de rose (les roses, car les rouges ne sont pas bonnes), de la violette, de la bourrache, des feuilles de ronce ; quand on a la bronchite, ça dégage les bronches ; je le fais depuis longtemps* (enquête J. M., Saint-Michel-l'Observatoire). — *Celle qui court ; ma mère s'était fait opérer des amygdales ; elle s'est fait des gargarismes de pousses de ronce pendant un an* (enquête J. M., Saint-Michel-l'Observatoire). — *C'est adoucissant*, on fait l'infusion avec les feuilles de ronce, *c'est bon pour la gorge et l'angine* (cercle du 3e âge, Saint-Michel-l'Observatoire). — Quand on est enroué, on fait des gargarismes d'infusion de feuilles de ronce séchées (Mme L., 69 ans, Banon). — *On fait de la tisane de feuilles de mûre avec du miel, pour l'angine* (Mme A., Saint-Michel-l'Observatoire). — ("Pour les maux de gorge.") Voir "amandier" (Mme S., 80 ans, Séderon, 26 ; Mme B., 80 ans, Ferrassières, 26). — La décoction de mûres, les pointes des tiges et des feuilles, séchées, *ça se faisait dans les années 1910-1920* (M. V., 75 ans, Dauphin) [cette information sans précision d'indication peut en toute vraisemblance être associée aux données précédentes ou à ce qui est cité en **3112-3215**]. — *Celle qui rampe, la pousse et le bouquet fleuri en infusion, c'est bon pour la gorge.* La même informatrice ajoute que "*l'aigredoux*[1]" *a de petites fleurs blanches, ça traîne, ça ne fait pas de buissons, ça fait des bouquets blancs, ça a des épines et ça pique. On le mélange avec le chardon bénit, et c'est bon pour la gorge* (Mme F., 70 ans, Reillanne).

Comme il est dit plus haut aux généralités, l'emploi des pousses et feuilles de ronce dans le traitement des maux de gorge au sens large est l'un des savoirs médicinaux de tradition orale les plus largement distribués dans le domaine européen. Le dernier témoignage concerne la ronce bleue, *Rubus caesius*, plante prostrée/traînante.

1. Aigredoux : "terme populaire mais non provençal. Je ne l'ai jamais entendu". *(Note Cl. Martel.)* Ce nom ne figure pas davantage dans les listes de Rolland (*op. cit.*, 1896-1914, 5, p. 188-191) ; il s'agit sans doute d'une appellation locale, peut-être du parler des enfants, qui évoquerait l'acide/sucré du fruit.

3112, 7120. *Le "buisson", c'est pour la gorge, la grippe.* On prend les pousses de ronce en tisane (M. M., 80 ans, Carniol).

3215. *C'est pour la toux* (enquête J. M., Saint-Michel-l'Observatoire).

L'emploi des ronces dans les affections respiratoires ne paraît pas explicitement cité par l'Antiquité mais l'est au Moyen Age (sainte Hildegarde). C'est vraisemblablement une extension des usages au niveau des affections de la bouche et de la gorge ; la médecine populaire associe fréquemment les deux destinations du remède : le gargarisme est avalé.

3225, 9341. *La mûre, aussi, c'est un adoucissant pour les infections pulmonaires* (enquête J. M., Saint-Michel-l'Observatoire).

9341. *Celle qui traîne, elle est meilleure, ça adoucit à ce qu'il paraît* (enquête J. M., Saint-Michel-l'Observatoire). [Cf. ce qui est dit plus haut de *Rubus caesius.*]

9365. Les ronces, *c'est utilisé comme cicatrisant, en pommade, mélangées avec du sucre. On prend surtout les fleurs, mais sinon on peut le faire avec des branches, sans la première écorce* (M. C., Allos).

Parmi les attributions de la ronce astringente, il y a les indications vulnéraires, citées depuis l'Antiquité. Pline dit que "les fleurs ou les mûres [...] referment les plaies sans faire craindre d'abcès" (*Hist. nat.*, XXIV, 117). On notera la composition particulière du remède, où figure le sucre, très rarement cité dans les enquêtes haut-provençales, qui a de rares attestations de vulnéraire en médecine ancienne, surtout dans le domaine musulman semble-t-il. La précision de la recette laisse supposer une pratique de guérisseur, ou du moins un héritage de savoir très élaboré (l'informateur a fourni beaucoup de données originales à l'enquête).

Emplois médicinaux
Pratiques vétérinaires et assimilées

Muguet, echtyma. Pour le muguet du bélier, on prend les pousses de ronce bouillies dans du vin sucré, dont on fait boire 1/2 litre dans une casserole. *Au bout d'un certain temps,* le bélier a été guéri (Mme T., 55 ans, Céreste).

Noter la similitude d'emploi de la ronce dans les affections de la bouche chez l'homme et l'animal.

Emplois alimentaires, condimentaires et assimilés

Confiture, confit au sucre. On fait de la gelée avec les fruits, dont on peut se servir pour édulcorer la tisane de feuilles (cercle du 3e âge, Saint-Michel-l'Observatoire).

Rose cultivée

Rosa gallica L. divers cv., *Rosa* sp.

ROSACÉES

De nos jours, l'invention horticole propage dans tous les jardins des variétés de roses extrêmement diversifiées, la plupart à tendances ostensibles. Les roses auxquelles il est fait allusion dans l'enquête sont le plus souvent des fleurs modestes de type "rose de Provins" ou "rose de mai", rosier non remontant aux fleurs roses, plus rarement rouges, très parfumées, planes et au cœur d'allure chiffonnée à plein épanouissement, aux tiges faibles et peu élevées issues d'une souche traçante, aux aiguillons grêles, droits, peu vulnérants. Ces cultivars s'apparentent de près aux très anciennes races cultivées (l'Antiquité en connaissait déjà plusieurs) de la rose sauvage *Rosa gallica* L., "rose de France", plante rare et protégée présente çà et là en haute Provence, en particulier sur les affleurements siliceux. Quasi abandonnées de nos jours par la culture d'ornement, ces roses se perpétuent d'elles-mêmes aux abords des villages et des fermes, aux marges des vieux jardins, et se maintiennent çà et là dans les ruines. Le cultivar "rose de mai" a jadis été cultivé en grand pour le parfum. La médecine populaire haut-provençale emploie aussi les pétales de certains cultivars plus ou moins récents (XXe siècle), ordinairement grimpants, aux fleurs parfumées rouge sombre.
Fleur astringente de très ancien renom, citée comme remède dans l'*Iliade* (huile de rose), collyre très populaire dans l'Antiquité, la rose rouge (cultivars de *Rosa gallica* et formes dérivées) a connu de multiples emplois internes, en particulier comme antidiarrhéique et antihémorragique. Au XIXe siècle, on l'a beaucoup prescrite contre la phtisie.

La médecine traditionnelle haut-provençale retient surtout le remède oculaire. L'eau de rose, hydrolat autrefois d'usage courant dans les "vapeurs" et autres défaillances considérées comme spécifiquement féminines, reste un ingrédient habituel de la pâtisserie méridionale.

Perception de la plante

La rose sauvage, on la récoltait fraîche, au mois de juin, et on les faisait sécher. Dans le temps, y en avait beaucoup dans les jardins, ça venait dans les murs, au bord des terres. Elle a de petites fleurs et beaucoup plus d'épines que les roses cultivées. C'est une rose très odorante, ça a le goût de la nature sauvage. Ce n'est pas l'églantier (Mme D., 84 ans, Banon).
La description de cette rose perçue comme "sauvage" par l'informatrice répond tout à fait à ce qui est dit plus haut des cultivars de *Rosa gallica.* En même temps, ce témoignage atteste que cette très ancienne fleur mi-ornementale mi-médicinale a depuis longtemps perdu son statut domestique, largement supplantée qu'elle est par les variétés cultivées à la floraison plus profuse et plus durable.

Emplois médicinaux. Médecine humaine

1811, **1832**, **9341**. [Les pétales de rose en infusion,] *c'est bon pour laver les yeux* (M. et Mlle C., Banon ; Mme V., 75 ans, Dauphin). — *Les pétales de rose, c'est pour laver les yeux ; on fait une décoction et on badigeonne les yeux avec l'eau* (Mme G., Céreste). — *C'est pour les yeux, c'est adoucissant* (M. et Mme C., 70 ans, Revest-des-Brousses). — *Ça peut être avec toutes les fleurs de roses ; on en avait à Dauphin, qui était la bonne, pour les yeux, quand on a une conjonctivite, quand on a les yeux qui pleurent ou les yeux fermés le matin* (enquête J. M., Saint-Michel-l'Observatoire). [Il y a une contradiction dans le récit de l'informateur, entre "toutes les fleurs de roses", d'emploi possible, et celle "qui est la bonne" ; dans les faits, celle-ci est la rose parfumée de type "rose de mai" (voir les généralités).] — *Pour les yeux, c'est l'eau de rose* (Mme L., 69 ans, Banon ; il s'agit ici non de l'hydrolat du commerce, mais de l'infusion des pétales de la rose rouge rustique). — L'eau de rose est considérée comme ayant les mêmes vertus que l'infusion des fleurs de sureau par Mme A., Saint-Michel-l'Observatoire.
Voir ce qui est dit aux généralités.

2524, **2521**. L'eau de rose est *bonne pour purger les bébés, on leur donnait en infusion ou on leur faisait en lavement* (Mme D., 84 ans, Banon).
La notion de "purge des bébés" est-elle à entendre comme laxatif ? Voir ce qui est dit de ce concept de la médecine populaire à "pariétaire". La rose rouge a plutôt une situation médicinale d'antidiarrhéique et l'eau de rose, ici, une fonction d'"adoucissante". L'infusion dont il est question laisse entendre un emploi de la fleur en nature.
3111, **3222** (mal de gorge, bronchite). Voir "ronce" (enquête J. M., Saint-Michel-l'Observatoire).

Rue

Ruta angustifolia Pers., *R. montana* L.

RUTACÉES

pl. 12, fig. 37 et 38

Il existe en haute Provence deux espèces sauvages de rues qui ont en commun une odeur violente, à la fois aromatique et fétide, jugée repoussante par beaucoup. Ce sont des plantes vivaces au feuillage d'un vert bleuté pâle et mat, très découpé, dont les tiges se dessèchent entièrement l'hiver (rue de montagne ; feuilles à segments très étroits, linéaires) ou restent plus ou moins vertes à la base (rue à feuilles étroites ; malgré son nom, elle a des feuilles à segments plus larges et plans) ; dans les deux cas, les rues conservent des feuilles basales pendant la période froide. Plus inféodée aux milieux chauds, la rue à feuilles étroites, fréquente sur les coteaux de la Durance, se dissémine çà et là aux bonnes expositions dans la zone collinéenne où elle atteint Banon ; c'est une plante des garrigues et des pentes rocailleuses très arides. La rue de montagne, plus rare dans l'ensemble de la région, a une distribution irrégulière dans les thymaies-lavandaies rocailleuses à lavande aspic (pied sud de la montagne de Lure, etc.) et les pelouses pâturées sur anciennes cultures, ainsi sur les basses collines de Mane et de Saint-Michel-l'Observatoire ; il semble que le pâturage la favorise.

Autrefois cultivée dans les potagers, la rue des jardins, *Ruta graveolens* L., originaire du Sud-Est de l'Europe, y est devenue très rare. Il semble que la pratique populaire locale ait surtout eu recours aux espèces sauvages, d'ailleurs considérées comme plus actives que l'espèce domestique.
Les rues, plantes aisément reconnaissables, connues depuis des millénaires par les sociétés méditerranéennes, font partie des grands remèdes de l'Antiquité, où, indiquées dans de très nombreux maux, elles ont un statut implicite de panacées. Elles conservent une place importante dans la médecine populaire du Sud de l'Europe et plus encore au Maghreb. Il est à remarquer que l'une des attributions majeures de ces plantes depuis les premières attestations écrites, la propriété abortive (qui représente ici comme l'extrême du soin des troubles et affections gynécologiques), n'est pas citée dans le présent recueil, si ce n'est chez l'animal ; tandis que celui de M. Amir en Vaucluse (1994-1995) y fait allusion à plusieurs reprises. Toutefois, hors enquête EPI, des informatrices du bassin de Forcalquier l'ont aussi évoquée. C'est une propriété toujours largement mise en œuvre au Maghreb (J. Bellakhdar, *op. cit.*, 1997).

Emplois médicinaux. Médecine humaine

1945. *Pour les rhumatismes*, il faut mettre quelques feuilles de rue dans un fond d'huile d'olive à macérer, et *frapper les rhumatismes avec* (enquête D. D., Saint-Michel-l'Observatoire ; la recette provient de Naples).
Cette "huile de rue" antirhumatismale, qui reste d'usage dans la pharmacopée populaire italienne, est aussi un remède actuel au Maghreb.
7141. Au dire de l'informatrice, l'infusion de rue est efficace *contre la fièvre de Malte* ; mais *c'est un poison à forte dose* (Mme M., 70 ans, Pierrerue).
L'indication de la rue en fébrifuge a très peu d'attestations dans la littérature. Pline dit qu'on la fait manger crue "avant les accès fébriles accompagnés d'un froid intolérable" (*Hist. nat.*, XX, 138). Cazin cite son emploi en dérivatif dans les fièvres intermittentes (*op. cit.*, 1868, p. 937). On peut se trouver ici devant un archaïsme thérapeutique où une recette de l'ancienne tradition orale (mais sous influence possible de l'écrit) a été remise en service avec

l'extension de la brucellose, qui est aussi une fièvre intermittente. L'enquête de M. Amir en Vaucluse recense deux indications analogues, où la rue entre dans un remède de guérisseur (M. Allemand) contre la fièvre de Malte. Une recherche est à conduire sur cette maladie à l'impact considérable dans la société rurale haut-provençale jusque dans les années 1970, sur ses représentations, les traitements qu'elle a suscités en médecine humaine comme au niveau vétérinaire.

Emplois médicinaux
Pratiques vétérinaires et assimilées

Avortement. [La rue administrée à forte dose,] *c'est abortif pour les brebis* (enquête D. D., Saint-Michel-l'Observatoire). Cf. ce qui est dit aux généralités.

Divers. *C'est bon dans les écuries.* On la ramasse quand elle est en fleur et on la suspend dans les écuries *comme désinfectant.* Mais il ne faut pas que les bêtes la mangent, *ça fait avorter* (anonyme, F., 75 ans, Forcalquier).

La rue trouve ici une fonction de "bouquet suspendu" analogue à celle de l'ellébore. Si le propos "désinfectant" recoupe l'ancienne réputation de la plante comme antidote universel et préventif des maladies contagieuses (cf. Chomel, *op. cit.*, 1782, p. 134), on ne doit pas exclure le registre de la magie protectrice où la rue s'est fréquemment illustrée dans le passé, et de nos jours encore dans les pays musulmans.

Mise bas. Pour la délivrance du placenta, on fait absorber aux animaux 1 litre de décoction de la plante, *pour le nettoyage* (M. V., 70 ans, Banon). — Pour aider à la délivrance du placenta des chèvres et des brebis, on fait une infusion de rue et on en fait boire deux bouteilles à la bête ; la plante était encore cueillie par les bergers et utilisée à cette fin à l'époque de l'enquête (M. B., 80 ans, Ferrassières, 26). — *La "rude", c'est la rue des collines, on s'en sert pour la délivrance des agneaux. On leur fait boire* [aux mères] *une infusion de "rude" pour éliminer le placenta et pour éviter l'infection* (M. S., La Bastide-des-Jourdans, 84).

Ces emplois vétérinaires s'apparentent étroitement à ceux de l'ancienne médecine humaine, où la rétention du placenta est l'une des indications courantes de la rue.

Sainfoin

Onobrychis viciifolia Scop. (= *O. sativa* Lam.)

LÉGUMINEUSES-PAPILIONACÉES (= FABACÉES)

Légumineuse fourragère communément cultivée en sols peu fertiles défavorables à la luzerne, le sainfoin, qui ne semble pas connu comme médicinal, a très peu d'occurrences dans les enquêtes ethnobotaniques françaises.

Emplois médicinaux. Médecine humaine

1940. Les fleurs de sainfoin sont prescrites en cure contre les rhumatismes par un garagiste de Forcalquier qui a le

secret de leur mode d'emploi (anonyme, H., Forcalquier ; recueil P. L., 1966).
Cet emploi du sainfoin, inédit et apparemment sans échos actuels, a été recueilli auprès du détenteur de la recette lui-même, qui n'avait pas donné davantage de précisions.
9425. *La mère qui avait bu le lait de chèvre quand la chèvre a mangé du sainfoin, le lait est trop fort et le lait de la mère n'est pas bon.* Voir "chou" (Mme B., 75 ans, Mane).

Salades sauvages

et autres aliments végétaux de ramassage

Divers genres et espèces dans plusieurs familles

pl. 24 à 28

Le ramassage des ressources alimentaires sauvages est une pratique millénaire en région méditerranéenne. Recours de survie en temps de disette, précieuses à la saison où les réserves s'épuisent (ce sont des cueillettes d'hiver ou de premier printemps), ces plantes n'en étaient pas moins habituelles dans l'alimentation ancienne, d'autant plus que leur intérêt nutritif et gustatif se double d'une fonction de remèdes préventifs, où des qualités particulières, telle l'amertume, sont regardées comme bénéfiques sur le cours du sang et le soutien des forces vitales. Lors de la guerre de 1939-1945 encore, les sociétés rurales provençales et languedociennes y ont trouvé un complément de ressources bienvenu. En France, de nos jours, ce sont surtout les salades qu'on privilégie, les "herbes à cuire" ayant perdu beaucoup d'intérêt avec l'accès facile aux légumes du commerce de fonction identique.
La place importante des salades sauvages dans les sociétés méridionales est en lien étroit avec les particularités de l'environnement et les modes de traitement du milieu rural. Pour les plantes méditerranéennes, l'été représente la mauvaise saison ; la plupart des végétaux herbacés disparaissent ou sont en phase de vie ralentie. Les pluies d'automne entraînent un regain spectaculaire des plantes bisannuelles et vivaces qui développent alors souvent

une couronne de feuilles basales, dite “rosette”. Si l’automne est sec, la pousse se fera, plus ou moins ralentie, dans le courant des mois d’hiver. Le premier printemps activera encore cette croissance, tandis que la montée en tige annoncera la fin des récoltes. Tandis que les annuelles comme le coquelicot et la bourse-à-pasteur, qui se développent plutôt en fin d’hiver, peuvent aussi se manifester dès l’automne, adoptant alors un cycle bisannuel.

Ces spécificités bioclimatiques rencontrent d’autant mieux la quête de ressource des sociétés que beaucoup de végétaux comestibles sont favorisés par la gestion traditionnelle de l’espace agropastoral. Si quelques plantes de ramassage importantes sont inféodées aux terres cultivées ou à leurs abords (coquelicot, laitue scarole, chondrille, valérianelles, silène enflé, etc.), la majorité des salades courantes se ramassent sur les parcours. C’est que le pâturage, en opérant un tri dans la flore, tend à mettre en évidence des rosettes peu habituelles ou inaperçues en d’autres milieux (où elles peuvent d’ailleurs se présenter sous une morphologie plus ou moins distincte). Cela concerne en particulier les crépis (surtout *Crepis vesicaria* ssp. *taraxacifolia*), le pissenlit des sols secs *Taraxacum obovatum*, les salsifis, le podosperme *Scorzonera laciniata*, la campanule raiponce, etc. Quand le parcours devient garrigue ou pelouse pierreuse, il fournit la laitue vivace et la cousteline, *Reichardia picroides*. Dans les prés des sols acides, on récolte la *porcelle* aux feuilles épaisses hérissées de poils courts. Aux abords des fermes et des bergeries, la présence des troupeaux, qui enrichit le sol en azote, favorise d’autres alimentaires, cette fois destinées à la cuisson, patiences et ortie en particulier[1].

La reconnaissance des plantes alimentaires sauvages va de pair avec la constitution, par la société rurale, d’un système de repérage dans le milieu et d’identification des végétaux qui ne doit rien aux critères de la botanique savante. Elle est étroitement dépendante d’une pratique attentive du territoire, celle qui fait du berger l’analogue en nos pays du chasseur-ramasseur, observateur sagace et ordonnateur implicite de tout ce qui se présente aux regards. La taxonomie empirique à l’œuvre ici fait appel à des caractères ignorés par les flores, comme la persistance de tiges sèches de l’an passé (chondrille, chicorée)

1. Voir à la Bibliographie (collectif), *Les Salades sauvages*, 2003.

ou le rebroussement en dessous des feuilles de certaines rosettes, crépis faux-pissenlit en particulier, immédiatement après la récolte (on dit alors, en haute Provence, qu'il s'agit de salades qui "font l'oursin", en Vaucluse, qu'elles "font le museau"[1]).

L'importance de la cueillette des légumes sauvages dans un milieu bien défini (friche pâturée sur anciennes cultures, pelouse rocailleuse du type aphyllanthaie, zone broussailleuse, etc.), milieu dont la physionomie même fait partie des signes qui permettent leur reconnaissance, s'illustre *a contrario* par le fait que certaines salades, identifiées de loin et du premier coup d'œil par les ramasseurs locaux, dans une friche à plantes aromatiques par exemple, ne sont plus perçues (ni reconnues si on s'enquiert de leur identité) dans des lieux incultes au voisinage de la ferme. L'identification de la plante va de pair avec celle d'un contexte défini selon les critères de l'usager traditionnel.

Regroupées ici sous le nom générique de "salades sauvages", les plantes alimentaires de ramassage n'ont pas forcément un statut de ressource "sauvage" pour la société locale. Dans les années 1980, dans la région de Forcalquier, on les désignait communément comme "salades des champs", ce qui suppose la perception implicite d'un lien particulier avec l'espace agraire ou pastoral. Toutefois, en d'autres lieux de la Provence comme en Languedoc, on parle aussi de salade *fero*, "sauvage".

Les descriptions et/ou les dénominations des plantes de ce groupe dans les données qui suivent font apparaître un bon nombre de variantes à propos d'une même espèce botanique, de chevauchements de noms vernaculaires sur plusieurs espèces. C'est que, bien plus qu'en ce qui concerne les plantes médicinales, où il existe, dans l'espace d'un terroir, un large accord autour des noms et du rapport entre les noms et les espèces, le savoir des plantes alimentaires de ramassage privilégie la constitution de "corpus individuels" où le récolteur peut constituer des couples noms/espèces qui lui sont propres, où il utilise des noms qui ne correspondent pas forcément, pour la même plante, à ceux de la commune voisine, sinon à ceux du voisin. *A fortiori*, ce rapport entre la plante et sa dénomination peut varier beaucoup d'une région à l'autre. Ce haut degré d'approximation tient à

1. O. Madon, *op. cit.*, 1999, p. 80, voir pl. 25, fig. 76.

la ressemblance de beaucoup d'espèces au stade stérile où on les cueille, état où il est difficile de leur octroyer un statut bien net dans le cadre d'une classification générale ; il est sans importance pratique pour le cueilleur qui a constitué son propre corpus et qui dispose pour toute sa vie d'une taxonomie opérationnelle. Les critères de reconnaissance varient donc plus ou moins d'un ramasseur à un autre, sur une base consensuelle pour les plantes les plus faciles à identifier (comme la laitue scarole sauvage, qui n'en connaît pas moins plusieurs dénominations). Une fois qu'un nom est rapporté à une espèce, même s'il ne correspond pas à un consensus général (les *cicóri* regroupent plusieurs salades distinctes mais il est rare que chaque récolteur en connaisse plus de deux ; le "mourre de porc" n'est pas la même plante partout, etc.), il vaut comme repère stable dans le cadre de l'exploitation des ressources du milieu ; on n'a pas besoin de s'interroger sur sa pertinence taxonomique. La connaissance des plantes alimentaires de ramassage apparaît ainsi comme une mosaïque de savoirs plus ou moins distincts, chaque élément ayant un taux variable de similitudes et de dissemblances avec ses voisins.

Il est important de rappeler que, en région méditerranéenne, les salades de ramassage n'ont pas seulement un statut d'aliment (ressource d'appoint dans l'ancienne société, plaisir gustatif de nos jours) ; certaines d'entre elles, qui peuvent exprimer à un degré élevé la saveur amère (crépis en particulier), sont en même temps des remèdes préventifs. On les consomme à la période des équinoxes, automne et surtout printemps, moments où, selon la représentation traditionnelle d'un corps accordé aux cycles cosmiques, le sang connaît des bouleversements qu'il convient d'accompagner par des plantes régulatrices, les "dépuratives", aptes à le "renouveler[1]".

Regroupées ici sous le nom générique de "salades sauvages", les plantes suivantes sont citées nommément ou implicitement par les informateurs[2] ; les noms locaux recueillis lors de l'enquête sont donnés entre guillemets.

1. Le thème des plantes dépuratives, des contingences sociales et environnementales associées est traité en détail dans P. Lieutaghi, *op. cit.*, 1986.

2. Les identités botaniques sont arrêtées pour la plupart au rang spécifique. Plusieurs des salades citées ont un statut moderne de sous-espèce. Dans le cadre de l'enquête étudiée, la différenciation ne semble pas s'imposer.

Plantes médicinales cultivées au jardin

1. La grande camomille, *Tanacetum parthenium*, est présente dans tous les jardins traditionnels. Ici, forme à capitules "doubles".

2. Arquebuse, armoise aurone, *Artemisia abrotanum*.

3. Iris de Florence, *Iris florentina*, forme à fleurs blanches de l'iris d'Allemagne.

4. Sauge officinale, *Salvia officinalis.*

5. Epiaire laineuse, "main de Dieu", *Stachys byzantina.*

6. Orpin reprise, *Sedum telephium.*

7. Lis blanc, *Lilium candidum.*

Plantes des lieux habités et abords

8. Près de la maison, la société rurale ancienne trouve la majeure partie de ses remèdes. Ici, bardane, armoise, mauve. Au second plan, panicules de la grande patience, *Rumex patientia* s. l., ancien légume-feuille.

9. Armoise, *Artemisia vulgaris*, envahissante sur les décombres d'un village.

10. "L'artémise", "herbe des femmes".

11. La centaurée chausse-trape, *Centaurea calcitrapa*, se signale dès le printemps par un "cœur" épineux très vulnérant.

12. Le sureau, *Sambucus nigra*, accompagne les hommes depuis les premières sédentarisations.

13. Près d'un village, broussaille à saponaire (*Saponaria officinalis*, fleurs roses), ortie ; à gauche, laitue scarole "montée" *(Lactuca serriola)*.

14. La pariétaire, *Parietaria judaica*, ne manifeste aucun respect pour le patrimoine bâti.

15. A la fois remède et plante ménagère, la pariétaire (ici en novembre) se cueille presque toute l'année.

16. Le calament népéta, *Calamintha nepeta*, est répandu des lieux habités aux friches pâturées.

17. Le marrube, *Marrubium vulgare*, gourmand de nitrates, suit brebis et chèvres qui ne le consomment pas ; d'où, parfois, des "refus de troupeau" importants près des fermes.

18. Les tiges cotonneuses du marrube le font qualifier de "mont-blanc" en haute Provence.

19. Mauve, *Malva sylvestris.*

20. Bord de chemin à aigremoine, *Agrimonia eupatoria.*

21. Ronce *Rubus ulmifolius*, mûres.

22. Ronce *Rubus ulmifolius*, pousses.

23. La haie, proche des villages, a de multiples ressources. Ici, l'églantier, *Rosa canina* s. l.

24. L'aubépine commune, *Crataegus monogyna*, plante majeure de la médecine populaire au XXe siècle, est sans passé écrit.

25. Sorbes au sol à la fin de septembre.

26. Survivant de l'ancienne société rurale, le sorbier domestique (cormier), *Sorbus domestica*, se rappelle à l'automne à l'attention des hommes.

27. Le coquelicot, *Papaver rhoeas*, reste très présent dans les céréales non désherbées de la haute Provence.

28. Quand ses pétales se renversent, le coquelicot se transforme en petite poupée.

29. Bleuet, *Centaurea cyanus*, dans l'orge.

30. Le millepertuis, *Hypericum perforatum*, peut se faire envahissant dans les lavandaies non ou peu traitées.

31. Certaines cultures fumées en sol léger favorisent l'extension des plantes nitrophiles, ainsi, parfois, du bouillon-blanc, *Verbascum thapsus*.

32. Lavandaie (plateau d'Albion) non désherbée, riche en médicinales : plantain lancéolé, achillée millefeuille, millepertuis, mélilot, etc.

33. Chardon bénit, *Cnicus benedictus*, ici dans l'orge, médicinale/messicole majeure en voie de disparition.

34. Sarriette des jardins, *Satureja hortensis*, rare aromatique des céréales et jachères récentes.

35. Friche (ancienne culture) pâturée à thym dominant, avec hélianthème des Apennins (*Helianthemum apenninum*, fleurs blanches) en avril.

36. Thym, *Thymus vulgaris*.

37. Rue de montagne, feuilles basales en novembre.

38. Rue de montagne, *Ruta montana*.

39. Friche (ancienne culture) pâturée à sarriette dominante (fin septembre).

40. Sarriette vivace, *Satureja montana.*

41. Scabieuse colombaire, *Scabiosa columbaria.*

42. Rosettes de molène bouillon-blanc, *Verbascum thapsus*, en hiver.

43. Rosettes de molène sinuée, *V. sinuatum*.

44. Psoralée (trèfle bitumineux), *Bituminaria bituminosa*.

45. Dorycnie hérissée, *Dorycnium hirsutum*, gousses en août.

46. Germandrée petit-chêne, *Teucrium chamaedrys.*

47. Germandrée pouliot, *Teucrium polium.*

48. Inule des montagnes, *Inula montana.*

49. Lande à santoline, *Santolina chamaecyparissus*, genêt cendré, genévrier commun.

50. Aphyllanthe, *Aphyllanthes monspeliensis.*

51. Carline à feuilles d'acanthe, *Carlina acanthifolia.*

52. Lande à genêt cendré, *Genista cinerea*, vers 1 100 mètres.

53. Le frêne à feuilles étroites, *Fraxinus angustifolia*, est l'un des emprunts médicinaux les plus notables de la société haut-provençale à la flore du bord des eaux.

54. Le "jonc" de la médecine populaire haut-provençale est un scirpe, *Scirpoides holoschoenus*.

55. Ficaire, *Ranunculus ficaria*, des haies fraîches et fossés.

56. Menthe à feuilles rondes, l'un des "mentastres", *Mentha suaveolens.*

57. Autre "mentastre", la menthe sylvestre, *Mentha longifolia.*

58. Prêle des champs, *Equisetum arvense.*

59. Prêle ivoirine, prêle élevée, *Equisetum telmateia.*

60. Chênaie blanche, fraîche en fin d'été. Au centre, asperge à feuilles ténues, *Asparagus tenuifolius.* Au premier plan, feuilles de l'anémone hépatique.

61. Chêne blanc, *Quercus pubescens.*

62. Amélanchier, *Amelanchier ovalis* (1er mai).

63. Anémone hépatique, *Hepatica nobilis* (avril).

64. Tamier, "herbe aux femmes battues", *Tamus communis.*

65. Les sommets de la chaîne de Lure, riches en médicinales, ne fournissent à la pharmacopée locale que la grande gentiane, ici en feuilles dans la lande à genévrier couché et genêt radié.

66. Absinthe, *Artemisia absinthium*, dans une clairière de la hêtraie, vers 1 400 mètres.

Plantain badasson

67. En hiver, le badasson (ici en friche pâturée) mérite son nom vauclusien "d'herbe brune".

68. Plantain badasson au stade fructifère (fin juin).

69. Il arrive que le badasson refleurisse lors des hivers doux (ici, jour de Noël).

70. Peuplement de plantain badasson, *Plantago sempervirens*, dans une jachère pâturée. Les fleurs jaunes sont des pastels (mai 1985).

71. Friche sur ancienne terre cultivée, sous-pâturée, gagnée par la lande (thym, aubépine, églantiers, jasmin arbrisseau à droite). C'est un milieu riche en légumes sauvages : crépis faux-pissenlit, salsifis, raiponce, etc.

72. Campanule raiponce, *Campanula rapunculus*, "rabette", "ravette". Rosette au bord d'un buisson (novembre).

73. La campanule raiponce est une "salade-racine".

74. Campanule raiponce fleurie (juin).

75. Crépis faux-pissenlit, *Crepis vesicaria* ssp. *taraxacifolia*, enfoui dans la pelouse moussue (début avril).

76. Le crépis faux-pissenlit rebrousse ses feuilles aussitôt après la récolte.

77. Sosie du faux-pissenlit, le crépis fétide, *Crepis foetida*, est dit "salade d'iode" pour son odeur particulière (novembre).

78. Rosette du salsifis *Tragopogon australis* (février).

79. Salsifis fructifié (juin).

80. Laitue vivace, *Lactuca perennis*, dans le milieu rocailleux qu'elle affectionne (juin). A ce stade florifère, les feuilles sont encore cueillies pour la cuisson.

81. Rosette de laitue vivace (avril).

82. Laitue vivace, autre morphologie (novembre).

83. La "cousteline", *Reichardia picroides*, avec le vestige de réceptacle caractéristique (novembre).

84. "Cul blanc", pissenlit des sols secs, *Taraxacum obovatum s.* l. (novembre).

85. Cueilli, le pissenlit des sols secs montre son "cul blanc".

86. Chicorée à la bûche, *sauto-ourame, Chondrilla juncea*, et ses tiges passées qui la font reconnaître de loin (avril).

87. Pimprenelle, *Sanguisorba minor* s. l., en novembre.

88. "Laitue sauvage", "doucette", la laitue *Lactuca serriola* (avril).

89. Laitue sauvage "montée", dans une jachère (fin mai).

90. Coquelicot au stade où il est récolté pour la salade ou la cuisson (avril).

91. Patience violon, "lapas", "herbe à cuire" du voisinage des lieux habités (novembre).

92. Culture de lavande fine et distillerie artisanale à Redortiers (04), vers 1 000 mètres (fin juillet).

93. Les cultures de lavandin, paysage récent mais présenté comme patrimonial, laissent peu de place aux "mauvaises herbes". Ici, une avoine sauvage et la mélique ciliée profitent d'un oubli des désherbants (début juillet).

94. Lavande officinale, *Lavandula angustifolia*, dans son habitat naturel de moyenne altitude (juillet).

95. Lavande aspic, *Lavandula latifolia*, plante aux tiges ramifiées à la différence de la lavande officinale.

96. Grande culture de sauge sclarée sur le plateau d'Albion (début juillet). Châtaigniers du XIXe siècle.

97. Sauge sclarée, *Salvia sclarea.*

98. Race cultivée d'hysope, *Hyssopus officinalis.* Autrefois courante dans les jardins, aujourd'hui rare en grande culture.

99. La jusquiame noire, *Hyoscyamus niger*, devenue très rare en haute Provence, ancienne complice des sorciers, est la seule plante vénéneuse à connaître des emplois en médecine populaire locale.

100. Propre à la basse Provence, surtout au littoral, la jusquiame blanche, *H. albus*, a des emplois analogues à ceux de la jusquiame noire.

101. La morphologie des calices contribue à expliquer que les jusquiames (ici la jusquiame blanche, *H. albus*) soient des “plantes des dents”.

102. Ellébore fétide, *Helleborus foetidus*. Les feuilles à 9 folioles sont privilégiées.

103. Fleur inquiétante, le dompte-venin, *Vincetoxicum hirundinaria*, a partie liée avec les serpents.

104. Eclipsée par Barbie, la poupée de coquelicot conserve quelques amis.

Campanula rapunculus L. — campanule raiponce. “Ravette”. *Pl. 24, fig. 72-74.*

Chondrilla juncea L. — chondrille. “Souto-our(l)ame”, “saute-lame”, “centaurame”, “cicóri”. *Pl. 27, fig. 86.*

Cichorium intybus L. — chicorée.

Crepis foetida L. — crépis fétide. “Salade d’iode”, “salade qui sent l’iode”. *Pl. 25, fig. 77.*

Crepis sancta (L.) Bornm. — salade de lièvre. “Salade d’iode”, “salade qui sent l’iode” (?).

Crepis vesicaria L. ssp. *taraxacifolia* (Thuill.) Schinz et R. Keller. — crépis faux-pissenlit. “Chicorée (amère)”, “cicóri ”, “salade des prés”, “mourre de porc”. *Pl. 25, fig. 75-76.*

Lactuca perennis L. — laitue vivace. “Laurige”, “cacholebre”, “catchelebre”. *Pl. 26, fig. 80-82.*

Lactuca serriola L. — laitue scarole sauvage. “Laitue sauvage”, “doucette”. *Pl. 28, fig. 88-89.*

Papaver rhoeas L. — coquelicot. “Roèla”, “rouvello” (Vaucluse). *Pl. 28, fig. 90.*

Reichardia picroides (L.) Roth — picridie, cousteline. “Herbe à lapin” (?), “oreille de lapin” (?), “questaquenille”. *Pl. 26, fig. 83.*

Rumex crispus L., *R. obtusifolius* L., *R. pulcher* L. — patiences. “Lapas”. *Pl. 28, fig. 91 (R. crispus).*

Taraxacum obovatum (Willd.) DC. s.l. — pissenlit des milieux secs. “Cul blanc”, “doucette des lavandes”. *Pl. 27, fig. 84-85.*

Tragopogon porrifolius L. ssp. *australis* (Jord.) Nyman. — salsifis sauvage méditerranéen. La “mèche”. *Pl. 25, fig. 78-79.*

Valerianella carinata Lois. (et autres sp.) — mâche sauvage. “Mousselet”, “mousseron”.

Valerianella locusta (L.) Laterrade [= *V. olitoria* (L.) Poll.]. — mâche des jardins, forme sauvage. “Mâche sauvage”, “doucette”.

Cette liste d’une quinzaine d’espèces ne rend pas compte de l’étendue des connaissances locales sur le sujet. Dans les années 1970, une cinquantaine de plantes alimentaires étaient ramassées dans le seul bassin de Forcalquier, pour la salade mais aussi en herbes à cuire. Certaines d'entre elles sont bien délaissées de nos jours, comme le "mousselet" (*Valerianella carinata* et espèces proches), d'autres semblant tout à fait oubliées : silène enflé, stellaire intermédiaire, podosperme *(Scorzonera laciniata)*, etc. On notera que l'enquête n'accorde que peu de place aux fruits sauvages alors que plusieurs restent aujourd'hui encore l'objet d'une récolte active, telles les framboises et les fraises de la montagne de Lure ; tandis que d'autres, inconnus comme aliments dans la société haut-provençale, sont cueillis par les "nouveaux habitants" et peuvent, par cet exemple, trouver place chez les autochtones ; ainsi de la cornouille du cornouiller mâle.

Il serait intéressant de conduire une nouvelle recherche sur cette classe de végétaux qui, de plus en plus négligée par la société paysanne actuelle (où l'on s'en tient habituellement à la collecte de quelques plantes courantes ne prêtant pas à confusion, telle la laitue scarole ou la mûre de ronce), redevient populaire *via* les manuels d'identification et surtout le travail d'information des associations qui organisent des sorties de reconnaissance sur le terrain, des stages, des partages d'expériences culinaires, etc. Au début du IIIe millénaire, le savoir des plantes alimentaires de ramassage change de statut social.

Emplois médicinaux. Médecine humaine

9110, 9111, 9120, 9124. Les quelques mentions d'emploi dépuratif des "salades des champs" sont regroupées ci-après ; on les retrouve plus bas à leur place dans le discours plus général des informateurs. Voir le commentaire à ce propos ci-dessus.

Ça dépurait un peu au printemps (M. G., Saint-Michel-l'Observatoire). — *Les salades, c'est pour purger, on les cueille au printemps* (enquête J. M., Saint-Michel-l'Observatoire). — *Elles étaient utilisées beaucoup, autrefois, comme cure dépurative ; maintenant, il n'y en a plus. C'est bon pour le sang, ça fait du bien pour l'organisme, au printemps* (M. et Mme B., Céreste). — *On les ramasse au printemps car elles sont dépuratives et tendres. On disait que ça fait du bien* [...] *ça dépure.* [...] *Les "cicòri", il faut les consommer bien blancs ; la racine est dépurative ; on les cueille profond* (Mme A., 65 ans, Forcalquier). — On utilise les feuilles du "mourre de porc" [museau de cochon] *comme dépuratif, ça fleurit jaune.* On le mange en salade, *c'est très amer* (Mlle B., Courson).

“Mourre de porc” se réfère probablement au crépis faux-pissenlit. Dans la région siliceuse d’Ongles, ce nom s’applique à la porcelle *Hypochoeris radicata* (donnée hors enquête). Quant aux *cicóri* qu’on “cueille profond” et qu’il “faut consommer bien blancs”, ils semblent désigner ici la chondrille ou *souto-oulame (Chondrilla juncea)*, dont les rosettes, surtout dans les champs labourés, sont étiolées par l’enfouissement en façon de petites endives ; il faut donc les “cueillir profond”. Comme il est dit plus haut, *cicóri* est un terme dont l’application tend à varier avec les ramasseurs, même s’il s’applique surtout aux crépis.

Perception de la plante, perception du milieu, ramassage
Emplois alimentaires
Société

N. B. Par souci de simplification et afin de faciliter les renvois relatifs à l’interprétation des noms locaux, les citations figurent dans l’ordre alphabétique des informateurs, dont on choisit de respecter le discours plutôt que de tenter de traiter séparément les espèces mentionnées, les diverses mentions d’emploi, la place dans l’ancienne société, etc.

Témoignage 1. Mme A., 65 ans, Forcalquier
L’informatrice, institutrice à la retraite, possède un riche héritage familial de rencontre avec la flore utile et manifeste une grande curiosité à son égard ; elle a perfectionné ses connaissances à travers des lectures et des sorties de “découverte des légumes sauvages”.

On les ramasse au printemps car elles sont dépuratives et tendres. On disait que ça fait du bien, ça dépure ; on s’embarrassait pas de tout ça, on allait les chercher au printemps, là où elles poussaient et on faisait de bonnes salades, et bien amères !

Il y avait une salade qui sent l’iode ; toute jeune, je me souviens, on en mangeait, c’était amer, mais c’était ce goût-là ; après, je n’en ai plus mangé ; récemment, j’ai essayé et finalement c’était amer, mais pas si mauvais ; ma mère la ramassait.

La “salade qui sent l’iode” est probablement *Crepis foetida*, qui exhale une forte odeur d’iode. Cette salade très amère semble de ramassage habituel en certaines régions, mais a plutôt un statut de remède-aliment dépuratif en haute Provence occidentale, où elle est peut-être abandonnée de nos jours. Mais la catégorie des “salades d’iode” (région de Forcalquier) intègre aussi la salade de lièvre, *Crepis sancta*, annuelle très répandue au premier printemps. La plus courante des “salades amères”, le crépis faux-pissenlit, *Crepis vesicaria* ssp. *taraxacifolia*, relève aussi plus ou moins de ce groupe.

On allait les chercher dans les prés restés naturels, longtemps sans cultures.

Il y avait le pissenlit, la chicorée à fleurs jaunes, un peu rugueuse, l’herbe à lapin, la “laurige” [cueillie *dans les terres marneuses, grises, bleutées, le long des talus à Barcelonnette*] ; *il n’y en a pas beaucoup en Provence, elle ne vient pas dans les terres cultivées.*

“Lou souto-ourame[1] *” pousse dans les bonnes terres, dans les blés.*

La mâche sauvage vient beaucoup dans la luzerne, près des champs de blé. Il y a une sorte de mâche, le mousselet, au bord des champs aussi. La doucette, c’est une mâche.

Les laitues sauvages, elles poussent beaucoup dans les vignes, dans les blés, dans les décombres et les bonnes terres ; elles font des sortes de piquants quand elles vieillissent.

On ramasse des salades au printemps, car c’est bon de la chercher soi-même et de la manger ; elle est tendre au printemps. C’est surtout une question de nourriture, par commodité, on la ramasse quand ça pousse ; c’était tout près autrefois, il n’y avait pas de marchand de primeurs ni de légumes, ça n’existait pas.

C’est bon, c’est bien amer, la chicorée, le pissenlit ; la crépis, c’est l’herbe à lapin, bien amère.

---

1. *Lou souto-oulame, lou souto-ourame* (= saute-faucille) : plante qui résiste au tranchant de la faucille des moissonneurs [Cl. Martel, citant le *TDF* de Mistral]. Il s’agit de la chondrille (*Chondrilla juncea* L.), Composée aux tiges très peu feuillées, à allure de jonc, à la fois effilées et coriaces, portant de petits capitules jaunes distants. Ces tiges résistaient à la faucille, qu’elles faisaient sauter des mains du moissonneur, d’où le nom provençal, francisé en “saute-lame” dans la région de Forcalquier (où l’on relève aussi “chante-lame”). La persistance de ces tiges en hiver fournit un repère aux ramasseurs. Voir aussi, plus haut, aux commentaires des emplois médicinaux.

La "chicorée à fleurs jaunes, un peu rugueuse" est très probablement le crépis faux-pissenlit, *Crepis vesicaria* ssp. *taraxacifolia*, dont on notera l'intégration aux *cicóri* (la chicorée des botanistes, *Cichorium intybus*, a des fleurs bleues ; elle est aussi récoltée dans la région mais n'apparaît pas nommément dans l'enquête).
"L'herbe à lapin" peut se rapporter à la picridie, *Reichardia picroides*, *cousto-counibo* des Provençaux, "côte de lapin", allusion à la "côte" de la feuille. Toutefois, dans la dernière partie du témoignage, on trouve : "la crépis, c'est l'herbe à lapin, bien amère", évocation possible de *Crepis sancta*. Il y a probablement ici des chevauchements de noms sur des plantes par ailleurs bien distinguées.
La *laurige* (*laurijo* ou *laurigo*), salade réputée dans tout le Midi, est la laitue vivace, *Lactuca perennis* (voir le commentaire au témoignage 2).
L'informatrice distingue la "mâche sauvage", qui se réfère probablement à *Valerianella locusta*, forme sauvage de la mâche cultivée, toutefois peu fréquente dans les champs de la région, d'une autre "sorte de mâche, le mousselet", *Valerianella carinata* et sp. voisines, petite salade à feuilles très pâles, dentées, assez répandue dans les moissons non désherbées, mais dont la récolte semble avoir beaucoup régressé, sans doute aussi à cause de l'emploi massif des désherbants et du recul de la céréaliculture sèche[1].
Les "laitues sauvages" qui "font des sortes de piquants quand elles vieillissent" sont identifiables à coup sûr comme *Lactuca serriola*, plante bisannuelle qui développe des épines sur la côte centrale de la feuille, en dessous, quand elle monte en tige.

Témoignage 2. Mme D., 84 ans, Banon
Si au printemps le terrain n'a pas été renversé, on y trouve du mousselet, de la laitue, de la doucette : c'est une salade sauvage, qui pousse au mois d'avril, il ne faut pas la cueillir en plante grosse ni en graines.
Dans les vignes, il y a parfois de la laitue sauvage. La "laurige", c'est une autre qualité de salade, on la trouve dans les blés, là où il y a des terrains pierreux.

---

1. En français comme en provençal, "mousselet" est un terme très polysémique qui peut désigner des salades sauvages diverses et, plus généralement, la plupart des plantes qu'on mange en salade. En haute Provence, il désigne souvent la mâche ou la doucette. *(Note Cl. Martel.)*

Il y a des "lapas", au bord des fossés, ma pauvre mère en ramassait, j'en ramasse.

Voir plus haut ce qui est dit du mousselet.

La "doucette" qu'il "ne faut pas cueillir en plante grosse", est ici encore *Lactuca serriola* (voir témoignage 1) ; il se peut qu'elle soit citée en synonyme de "laitue", nom qui précède dans le discours de l'informatrice.

On rencontre une incertitude analogue entre la "laitue sauvage" citée dans des vignes et "une autre qualité de salade", la *laurige* ou laitue vivace, *Lactuca perennis.* Celle-ci était souvent ramassée dans les vignes (du temps où les vignes "privées" étaient habituelles jusque dans les zones peu favorables des collines), mais aussi dans les céréales des champs pierreux, alors évidemment non désherbés. C'est seulement dans cette "céréaliculture sèche collinéenne" qu'on peut encore parfois, de nos jours, rencontrer *Lactuca perennis* dans l'espace agraire proprement dit. Plante des garrigues en basse Provence, on la rencontre ici surtout dans les pelouses sèches rocailleuses et les rocailles.

Lapas désigne une patience, herbe à cuire employée à la façon des épinards (voir "patiences").

Témoignage 3. M. et Mme B., Céreste

Elles étaient utilisées beaucoup, autrefois, comme cure dépurative ; maintenant, il n'y en a plus. C'est bon pour le sang, ça fait du bien pour l'organisme, au printemps.

Il y avait de la doucette, mais aujourd'hui on n'en trouve plus là où il y en avait avant. Ça ne pousse plus. Peut-être qu'avec les produits et les désherbants, elles ont disparu ? On les arrache en labourant, aussi.

"Doucette", qui désigne la mâche en beaucoup de régions françaises, s'applique souvent en haute Provence occidentale, on l'a vu, à la laitue *Lactuca serriola* ; mais on désigne aussi parfois, sous le nom de "doucette des lavandes", le pissenlit des sols secs à feuilles presque entières, *Taraxacum obovatum* s. l., dit par ailleurs "cul blanc" (cité hors enquête à Ongles, Saint-Michel, etc. ; recueil P. L.). La remarque "on les arrache en labourant" se rapporte à *Lactuca serriola*, commune dans les champs cultivés bien fumés.

Témoignage 4. M. et Mme C., 70 ans, Revest-des-Brousses

On mangeait de la laitue amère, du pissenlit, de la salade veloutée à petites nervures, le "mousselet".

Une autre salade dont je ne me souviens pas du nom, cette salade était comme les plantes qui piquent dans les champs mais plus lisse et plus verte. Ce n'est pas de l'ortie, les blés en étaient remplis ; quand on les sarclait, on trouvait une plante haute qui piquait, gris perle. La salade était pareille mais ne piquait pas. En attachant les gerbes, on avait les doigts pleins de ces épines et on disait : Li garbo" sont pleines d'"ourtigo" !

Le "saute-lame" (ou "centaurame"), c'est une salade sauvage comme le pissenlit, mais plus fine. Il y a beaucoup de bois [les tiges] *qui retient les lames des faux et des faucilles. Ça a de petites fleurs.*

Voir ce qui est dit du mousselet au témoignage 1. La mention "veloutée" s'applique bien aux feuilles douces de cette plante, toutefois non velue.

Le second alinéa concerne la laitue scarole sauvage, *Lactuca serriola*, plante subépineuse à l'état adulte, d'où l'allusion à l'*ourtigo*, l'ortie. Voir aussi aux autres commentaires, plus haut, ce qui est dit sur cette plante.

A propos de "saute-lame", voir la note 1, p. 484 ; "centaurame" témoigne peut-être d'une contamination de ce nom par "centaurée".

Témoignage 5. Mme G., Céreste.

Mme G. consomme beaucoup de salades sauvages au printemps :

C'est bon, ça fait du bien, j'en fais 2 ou 3 fois par semaine, je les ramasse en gardant les moutons.

Il y a la chicorée, la doucette, la "cacho-lebre[1] *", le mousseron, le pissenlit, l'oreille de lapin, le coquelicot.*

La "catchelebre" est fine, elle a une fleur bleue qui monte.

Le coquelicot, on mange les feuilles en salade, quand elles sont jeunes.

L'oreille de lapin, les feuilles sont sautées à la poêle et on les mange en omelette.

Pour ce qui concerne "chicorée" et "doucette", voir les commentaires aux témoignages 1 et 3.

"Mousseron" est une variante probable de "mousselet" (cf. témoignage 1).

Cacho-lebre (repris sous la forme *catchelebre*), décrit comme une plante qui "a une fleur bleue qui monte", ne peut se rapporter qu'à la laitue vivace, *Lactuca perennis* ; la

1. Le TDF donne le *sauto-lebre* : la centaurée scabieuse. *(Note Cl. Martel.)*

seule autre salade à fleurs bleues, la chicorée vraie, sûrement connue de l'informatrice, n'est pas "fine".
"L'oreille de lapin" est sans doute à mettre en parallèle avec "l'herbe à lapin" du témoignage 1, la picridie, *Reichardia picroides*, dont les feuilles sont parfois mangées comme il est dit ci-dessus. La "salade de lièvre", *Crepis sancta*, ne connaît pas cet emploi.
Voir les commentaires précédents pour les autres espèces citées.

Témoignage 6. M. G., Saint-Michel-l'Observatoire
On cueille le mousselet ; celle qui a le bâton, qu'on tire comme ça...
Il y a la chicorée, la "laurige", une qui est plus craquante qu'un pissenlit, et la salade des prés qui est amère. Ça dépurait un peu au printemps.
Voir plus haut ce qui est dit du mousselet (témoignage 1).
"Celle qui a le bâton, qu'on tire comme ça" se réfère à la chondrille, *Chondrilla juncea*, *souto-ourame* (voir plus haut), caractérisée par des tiges dures dont certaines passent l'hiver, ce qui permet de repérer la plante de loin, en particulier dans les labours de friches où les rosettes ont été enterrées et souvent étiolées. En tirant sur la tige sèche, on déterre des rosettes de jeunes feuilles parfois invisibles de l'extérieur.
"Chicorée" s'applique souvent à *Crepis vesicaria* ssp. *taraxacifolia* (voir le commentaire au témoignage 1), mais, comme "la salade des prés qui est amère", citée par le même informateur, s'y rapporte vraisemblablement, "chicorée" peut ici s'appliquer à l'espèce botanique *Cichorium intybus*, ramassée couramment dans la région de Forcalquier.
Les "prés" ne sont pas pris ici dans le sens de "prairie" : ils désignent les friches pâturées sèches sur anciennes cultures abandonnées. La même acception, générale dans la région, se rencontre dans le témoignage 1.

Témoignage 7. Mme L., 69 ans, Banon
Dans les champs, il y a toutes sortes de salades, il y a le mousselet ; on les cueille quand elles sont petites comme ça... Dans les vignes, il y a un genre de laitue, comme des pissenlits. C'était amer, la dent-de-lion !
Voir plus haut ce qui est dit du mousselet (témoignage 1).
Le "genre de laitue" dans les vignes est probablement *Lactuca perennis* ; voir au témoignage 2.

Témoignage 8. Cercle du 3e âge, Saint-Michel-l'Observatoire
La "ravette", c'est un petit radis, une rave ; la feuille est comme la feuille de la violette.
La "mèche", c'est une salade sauvage, qu'on ramasse au printemps.
La "questaquenille", c'est une salade à côte ferme et blanchâtre.
"Ravette", plus couramment nommée "rabette" ("petite rave") ou "le radis", est ici la seule mention de la campanule raiponce, *Campanula rapunculus*, qui reste ramassée dans la région. La remarque sur la ressemblance entre sa feuille et celle de la violette odorante est très pertinente.
La "mèche" qualifie probablement le salsifis *Tragopogon porrifolius* ssp. *australis*, dont la pousse printanière de feuilles étroites et dressées peut rappeler un pinceau.
"Questaquenille" est une variante de "couste-counille", francisation de *couesto* (ou *costo*)-*counibo*, la cousteline *Reichardia picroides.* Cette salade des lieux rocailleux chauds, plus répandue en basse Provence, est l'une des plus appréciées des Méridionaux[1].

Santoline

Santolina chamaecyparissus L.

COMPOSÉES (= ASTÉRACÉES)

pl. 16, fig. 49

Sous-arbrisseau touffu, au feuillage fin, très aromatique, entièrement cotonneux-blanchâtre, aux capitules jaune d'or hémisphériques rappelant des "cœurs" de marguerites dont on aurait enlevé les "pétales". Les feuilles, découpées en lobes minuscules alignés sur 4 à 6 rangs, évoquent des ramules de cyprès, d'où *chamaecyparissus*, "petit cyprès". Inégalement distribuée en haute Provence

1. (La) *costo-counibiero* ou *couesto-counibo.* Le *TDF* le traduit par "picridie commune". "Côte aimée des lapins". La forme "questaquenille" est une réinterprétation bizarre qui ne voit pas le lien avec le lapin *(counibo). (Note Cl. Martel.)*

mais assez fréquente dans le Sud du département, la santoline se rencontre en localités arides bien exposées, lavandaies à lavande aspic, aphyllanthaies rocailleuses, rocailles, ainsi que sur les talus du bord des routes dans l'association à brachypode de Phénicie. Plantée pour l'ornement, autrefois courante dans les cimetières, elle peut être issue de culture çà et là, en particulier aux abords des villages. C'est une plante très localisée en Vaucluse, subspontanée en de rares localités drômoises, absente dans les Hautes-Alpes mais assez commune en basse Provence.
La santoline n'a pas été citée dans l'enquête EPI et ne l'est que très discrètement dans les inventaires disponibles. Il a donc semblé utile de reprendre ici une donnée antérieure du Vaucluse, ainsi que, malgré son imprécision, une information inédite de haute Provence qui relève de la magie protectrice.

Emplois médicinaux. Médecine humaine

1946, **2124**, **4112**, **9351**. La plante est employée *comme vulnéraire,* [bonne] *pour le cœur, pour les maux de ventre, pour les rhumatismes.* On en fait macérer les capitules dans l'eau-de-vie *comme* [l']*arquebuse* (anonyme, Viens, 84 ; enquête EPI/FNFR, *op. cit.*, 1980).
La santoline est ici assimilée à "l'arquebuse", l'armoise aurone, *Artemisia abrotanum* L. (voir ce nom). Cette plante d'origine est-européenne/sibérienne, de très ancien renom médicinal (jardins des monastères), remède des blessures (d'où "arquebuse"), présente dans les vieux jardins haut-provençaux, ne fait qu'une apparition discrète dans l'enquête EPI ; elle est parfois encore employée comme "vulnéraire" en macération permanente dans l'alcool à la façon de la sauge (on en fait aussi une liqueur sucrée). L'aurone connaît 6 attestations dans l'enquête de M. Amir en Luberon vauclusien (*op. cit.*, 1994-1995), avec des attributions tout à fait analogues à ce qui concerne ici la santoline, celle-ci étant citée (1 attestation) "pour les bronchites". Il est probable que l'assimilation santoline/aurone tient à la grande similitude d'odeur et de saveur (amère) entre les deux plantes, assez proches dans la famille des Composées mais très distinctes morphologiquement, ce qui fait que leur parenté n'est sans doute pas perçue par l'informateur de Viens. Au Moyen Age, la

santoline est dite *abrotanum* (ou a*brotanus*) *femina*, *abrotonum candidum* (blanc), ce qui atteste sa proximité avec le "vrai" *abrotanum*, l'armoise aurone, dans la classification vernaculaire. Dans la pratique populaire générale, la santoline était surtout employée comme vermifuge, où une assimilation d'odeur, de saveur, mais aussi de couleur (feuillage blanchâtre, fleurs jaunes) avec une autre armoise, l'absinthe (dont elle partage ici les pouvoirs), n'est pas à exclure. Dans les années 1970-1980, des distillateurs néoruraux ont tiré une huile essentielle de la santoline (bassin de Forcalquier, région de Lure), alors conseillée comme vermifuge en médecine vétérinaire. Cette essence est neurotoxique et abortive, comme celle de l'absinthe. Il semble que son extraction n'est plus pratiquée.

Magie et symbolique

Plante protectrice. Au Revest-Saint-Martin, on jetait un rameau de santoline dans le feu en temps d'orage pour préserver la maison de la foudre (recueil P. L., fin des années 1960).

Cette information, malheureusement laconique et non retrouvée par les enquêtes ultérieures, n'a pas d'attestation dans la littérature consultée. Il n'est pas exclu que la santoline, autrefois "fleur de cimetière" courante, ait pu être perçue comme une herbe du domaine religieux, devenant de ce fait protectrice. Mais elle entre aussi, comme l'armoise, dans le registre des aromatiques qu'on brûle à des fins sacrificielles.

Sapin

Abies alba Mill.

PINACÉES

Arbre du sommet de l'étage montagnard dans la chaîne Lure/Ventoux, où il est sur sa limite sud, le sapin ne trouve pas d'emploi dans la pharmacopée locale, qui tourne obstinément le dos au domaine alpin (elle n'en retient pratiquement que la gentiane jaune). Ce conifère de grande importance économique pour son bois a autrefois donné lieu à une récolte de résine. Celle-ci, qui s'accumule dans des vésicules de l'écorce, qualifiée de "térébenthine de Strasbourg" (ou "des Vosges", "d'Alsace"), avait un grand renom de vulnéraire.

Emplois médicinaux. Médecine humaine

1350. En cas de foulures, on perce l'écorce aux endroits des verrucosités où s'amasse la résine. Celle-ci s'emploie sur des compresses (anonyme, H., 40 ans, Mane — origine de la recette : Savoie).

Saponaire

Saponaria officinalis L.

CARYOPHYLLACÉES

pl. 4, fig. 13

Plante eurosibérienne des sols plutôt riches et frais, présente çà et là en petits peuplements au bord des jardins et fossés, le long des routes, dans les terrains vagues, les bois des vallées et sur les graviers des rivières. C'est une dépurative importante de la médecine populaire européenne, qui n'a qu'assez peu d'attestations dans les régions méridionales où d'autres plantes occupent sa "niche thérapeutique[1]".

Comme son nom l'évoque, la saponaire doit à une forte teneur en saponosides, substances capables de rendre l'eau mousseuse et d'émulsifier les corps gras, une fonction quelque peu analogue à celle du savon. Cette propriété, déjà exploitée à un niveau quasi industriel dans l'Antiquité (Rome importait des saponaires asiatiques), était largement mise à profit dans l'ancienne société européenne pour la lessive du linge mais aussi pour le shampoing et

1. Sur ce concept, voir P. Lieutaghi, *op. cit.*, 1986.

parfois la toilette. Pendant la guerre de 1939-1945, des ateliers provençaux produisaient une lessive exclusivement constituée de copeaux de racine de saponaire. Non explicitement cité dans l'enquête EPI (mais apparu plusieurs fois hors enquête), ce succédané de savon a des dizaines d'attestations dans celle de M. Amir en Vaucluse, où ne figurent cependant que deux emplois médicinaux au sens strict.

Emplois médicinaux. Médecine humaine

1532, 1613, 9130. Dans la furonculose et les dermatoses en général, Mme D. conseille de boire en dépuratif la décoction légère des sommités fleuries (Mme D., 84 ans, Banon). Présente lors de l'entretien, Mme L., 70 ans, précise qu'*elle fait au corps comme elle fait au linge.*

1641. Dans les croûtes de lait, on lave la peau des “petits” avec la décoction de la plante (Mme B., 84 ans, Ferrassières, 26).

1940. Dans les rhumatismes, on prend l'infusion des racines en cure. La recette, en usage à l'époque de l'enquête, a été transmise par une voisine (Mme B., 65 ans, Volonne, originaire d'Annot).

2523, 9112. *Ça nettoie le corps comme ça nettoie le linge. Faut pas en abuser, mais en en prenant un petit peu c'est très très bon. C'est laxatif ; ça fait un dépuratif assez puissant* (enquête J. M., Saint-Michel-l'Observatoire).

Très ancien remède sudorifique, antirhumatismal et antigoutteux, employée au traitement des dermatoses dans l'Antiquité et par les Arabes du Moyen Age (il est toutefois difficile de distinguer ce qui revient alors à l'espèce européenne de ce qui met en œuvre les divers *Saponaria* et genres voisins importés d'Orient), la plante est ici dans l'écho de ses applications historiques. L'analogie soulignée par deux informateurs entre l'action médicinale et le lavage du linge s'accorde à la représentation du dépuratif comme remède “nettoyant”, apte à éliminer les “crasses du corps” (cf. P. Lieutaghi, *op. cit.*, 1987). La relation explique les effets de la propriété dépurative en général, illustrée ici de façon particulièrement nette. On la retrouve exprimée dans l'enquête de M. Amir (*op. cit.*, 1994-1995), où une informatrice de Goult précise que “dans l'estomac, soi-disant, ça fait pareil que pour le linge”.

Sarriette des jardins

Satureja hortensis L.

LABIÉES (= LAMIACÉES)

pl. 11, fig. 34

Peu répandue et fugace dans ses localités, la sarriette des jardins est-elle vraiment “issue de culture” comme le pense Luc Garraud (*op. cit.*, 2003) pour ce qui concerne la Drôme ? C’est assurément une plante des milieux transitoires, qu’on ne rencontre pas dans les habitats primaires. Cette annuelle peu ostensible, au port très distinct de celui de l’espèce précédente, aux tiges grêles, dressées, très ramifiée, portant des feuilles espacées et des fleurs plus ou moins rosées elles-mêmes peu nombreuses et distantes, affectionne de nos jours les jachères d’anciennes cultures griffonnées, les plantations de chênes truffiers, les vieilles olivettes entretenues, milieux où les façons culturales minimalistes (pas d’herbicides, en particulier) pourraient réactiver le stock ancien des graines du sol dans des conditions climatiques favorables. Elle se montre encore sporadiquement au bord des routes. On la récoltait autrefois dans les céréales (voir, ci-dessous, “ramassage”). C’est une plante en régression manifeste. Cultivée dans les jardins de l’Europe moyenne, *Satureja hortensis* semble inexistante de nos jours en culture dans le territoire de l’enquête. Cette espèce, à laquelle se rapportent les données des textes anciens relatives à la sarriette, avait dans les siècles passés une situation d’aromate populaire bien plus importante que de nos jours.

Ramassage

Elle vient dans les champs, dans les “estoublo” (Sœur T., Mane).

Une informatrice de M. Amir (*op. cit.*, 1994-1995) précise : “On le trouvait dans les champs de blé qu’on venait de faucher ; on ne peut plus en trouver dans les champs.” Voir aussi “serpolet”, perception de la plante.

Emplois alimentaires, condimentaires et assimilés

Aromate. *C’est la sarriette qui a le parfum du “pebre d’ase” mais qui est différente… C’est pour les lapins seulement,*

ça les parfumait (Sœur T., Mane). — *La sarriette, c'est un autre serpolet pour parfumer les lapins et les lièvres ; c'est très parfumé* (M. G., Saint-Michel-l'Observatoire).
En dépit de sa rareté dans la région, la sarriette annuelle y est connue et appréciée comme aromate particulièrement destiné au civet de lièvre et de lapin. C'est une plante habituellement dénommée "serpolet", parfois regardée comme serpolet authentique, plus souvent reconnue comme "autre sarriette" (voir "serpolet" ; il y a des attestations plus nombreuses dans l'enquête de M. Amir, 1994-1995). Au début des années 2000, dans la région de Forcalquier, c'est une plante dont la cueillette semble une prérogative des chasseurs.

Sarriette des montagnes

Sarriette vivace

Satureja montana L.

LABIÉES (= LAMIACÉES)

pl. 13, fig. 39 et 40

Petit sous-arbrisseau touffu au feuillage semi-persistant (rougissant l'hiver), à la floraison tardive (juillet-octobre), la sarriette vivace est une plante méditerranéenne de distribution inégale mais très répandue dans l'étage collinéen de la haute Provence occidentale, où elle peut s'élever aux bonnes expositions jusqu'au sommet de l'étage montagnard. Plante des pelouses rocailleuses ensoleillées et des rochers, dans ses habitats primaires, elle se diffuse dans les taillis clairs et secs de la chênaie blanche et peut constituer des peuplements étendus dans les friches pâturées où, non consommée par les ruminants, elle occupe alors une situation quelque peu analogue à celle du thym.
Plante aromatique à la saveur brûlante, connue de tous les Haut-Provençaux, la sarriette a surtout, dans les Alpes du Sud, une situation de digestive/carminative où l'emploi culinaire précède largement l'usage médicinal proprement dit. Elle conserve une réputation d'aphrodisiaque mais aucune attestation d'emploi n'est relevée (non plus que

dans l'enquête de M. Amir en Luberon, 1994-1995). Sa place en cuisine, de nos jours, semble avoir beaucoup régressé, parallèlement à la baisse de consommation des féculents, et au bénéfice du thym. Tandis que le commerce des tommes de chèvre la sollicite toujours beaucoup.

Emplois médicinaux. Médecine humaine

1945. *C'est bon pour les rhumatismes ; il faut la ramasser en fleur et faire avec de l'infusion* (Mme F., 70 ans, Reillanne).
Cette indication est étrangère au champ des attributions classiques de la plante. Il se peut qu'il y ait ici un transfert d'usage inspiré par une autre plante aromatique (lavande ?) ; mais une innovation individuelle n'est pas à exclure.
2121. [En infusion,] *c'est plus digeste que le thym* (cercle du 3e âge, Saint-Michel-l'Observatoire).
2150, **2315**, **2511**. *C'est bon pour l'intestin et l'estomac, contre les ballonnements* [infusion des feuilles, sans la tige] (M. et Mme C., 70 ans, Revest-des-Brousses).
2515. Cette plante aromatique, considérée comme carminative, est ajoutée aux conserves de "fayots" (M. B., 80 ans, Mane).
Les indications digestives de la sarriette sont très anciennes, et l'association avec les féculents constante depuis au moins l'Antiquité. Toutefois, il faut tenir compte du fait que la "sarriette" des textes anciens est quasiment toujours non la sarriette vivace de haute Provence, mais la sarriette des jardins citée plus bas, de saveur identique, quoique moins brûlante. Dans nos régions, où la sarriette vivace est beaucoup plus répandue, elle s'est approprié les usages de sa cousine annuelle, d'ailleurs non perçue comme "sarriette".
5311. *C'est aphrodisiaque* (M. D., 65 ans, Forcalquier). — *Les Espagnols, ils [en] boivent la liqueur, comme ça, pour se mettre en chaleur, pour faire l'amour* (enquête J. M., Saint-Michel-l'Observatoire, 1986). — *Le "pebre d'aï*[1]*" c'est comme pour l'âne, ça fait triquer… c'est excitant* (M. B., Montjustin).
Bien que controversée, l'étymologie de "sarriette", *via satureja*, rapproche ce terme de *saturion*, *satyrion*,

1. *Ai* et *ase* sont les deux formes provençales dominantes pour "âne". *(Note Cl. Martel.)*

noms grec et latin de diverses plantes aphrodisiaques, où *saturos*, le satyre, pointe ses cornes. La renommée d'aphrodisiaque attachée aux sarriettes a surtout à voir avec des espèces de l'Est méditerranéen, à commencer par le *Satureja thymbra* L. aux fleurs purpurines (Crète et Proche-Orient), plus aromatique et brûlante encore que *S. montana*. C'est à propos de ce *thymbra* que les récits d'inspiration mythologique évoquent des accointances avec les satyres. La recherche pharmacologique, en reconnaissant des propriétés stimulantes, sinon excitantes, aux sarriettes, pourrait toutefois corroborer la légende... On soulignera encore le fait que les enquêtes ne relèvent aucune référence explicite à un emploi aphrodisiaque actuel chez l'homme, ce qui pourrait plaider pour la primauté du registre légendaire ; mais il s'agit d'un domaine où l'allusif est de mise, où des investigations plus précises seraient utiles, pour autant qu'elles soient encore possibles.

9336 (*contre les douleurs des jambes*, mélange de 3 huiles essentielles). Voir "romarin" (M. B., Montjustin).

9381. *On la boit aussi en infusion* (enquête J. M., Saint-Michel-l'Observatoire ; Sœur T., Mane).

9382 (infusion du soir). Voir "thym" (Mme G., Banon).

Emplois alimentaires, condimentaires et assimilés

Aromate. *Il faut la cueillir avant qu'elle fasse des fleurs et la mettre sur les tommes* (enquête J. M., Saint-Michel-l'Observatoire). — *On la ramasse dans la colline et à Simiane ; ça se met sur le fromage de chèvre, pour isoler de l'assiette, l'eau s'écoule, le fromage n'est pas aigre* (M. et Mme B., Céreste). — *C'est le "pebre d'âne", "pebre d'ase"* [voir note p. 495]. *On le met sur les fromages blancs de chèvre, comme condiment* (M. et Mlle C., Banon). — *On en met dans les plats, pour l'alimentation ; on fait les bouquets garnis avec de la sarriette, du thym et du laurier* (Mme G., Banon). — *On l'utilise dans l'alimentation, sur les fromages* (Mme G., Céreste). — *Le "pebre d'ase", on s'en servait sur les tommes ou pour assaisonner, comme la marjolaine, c'est bon aussi ; ça sent bon, la sarriette ; j'en mets sur les fromages ; j'achète le lait et je fais mes fromages* (Mme R., Mane). On met la sarriette *sur les fromages ou pour parfumer les plats* (Mme A., Saint-Michel-l'Observatoire). — *On en met* *sur les fromages, et pour parfumer le lapin* (Sœur T., Mane). On en met *sur les fromages de chèvre et dans le lapin cuisiné* (cercle du 3e âge, Saint-Michel-l'Observatoire). — [Outre son emploi médicinal,] *on la met aussi en poudre sur les aliments* (M. et Mme C., Revest-des-Brousses).

L'association sarriette vivace/tommes de chèvre est éloquemment attestée ici. Noter l'emploi "pour isoler de l'assiette", qui a peut-être été courant du temps où la plupart des gens de la campagne faisaient eux-mêmes leur fromage. Les données qui concernent le lapin cuisiné sont à mettre en parallèle avec ce qui concerne la sarriette annuelle (voir ci-dessous).

Sauge officinale

Salvia officinalis L.

LABIÉES (= LAMIACÉES)

pl. 2, fig. 4

La sauge officinale appartient à un groupe d'espèces voisines diversement représenté en région méditerranéenne, péninsule Ibérique d'une part et surtout Balkans d'autre part. *Salvia officinalis* au sens strict existe en Espagne et dans l'Ouest des Balkans mais n'est nulle part sauvage en France. Dans l'Aude et les Pyrénées-Orientales, on rencontre toutefois *Salvia lavandulaefolia* Vahl. ("sauge à feuilles de lavande"), plante d'aire surtout ibérique, très proche de la sauge officinale mais plus petite dans toutes ses parties, à feuilles étroites. Les sauges d'ancienne culture dans le Midi de la France se rapprochent beaucoup de cette espèce, sans en avoir toutefois exactement les traits (hybridations possibles), et c'est le cas de la plupart de celles qu'on rencontre en haute Provence. Au XVIIIe siècle, on distingue cette espèce sous le nom bien approprié de "sauge de Catalogne".

Présente dans tous les jardins traditionnels du Sud, la sauge est fréquente au voisinage des lieux habités, au bord des terrasses, dans les lieux pierreux, parfois en lisière des champs arides. Dans les ruines, c'est le dernier témoin végétal de la présence humaine. Ses pieds, qui s'étendent lentement de proche en proche, peuvent constituer à la longue de petits peuplements, d'où un statut de plante plus ou moins subspontanée. Elle ne semble pas se ressemer spontanément. On la propage d'éclats de souche.

La proximité botanique des sauges aromatiques méridionales et l'imprécision des textes anciens font qu'il est difficile de savoir ce qui revient précisément, dans l'Antiquité, à *Salvia officinalis*, toutefois distinguée par Pline (XXII, 145-147), sous le nom de *saluia*, du *sphacos* qui qualifie les espèces balkaniques. Sans doute déjà cultivée dans nos régions à l'époque romaine, présente dans tous les jardins médiévaux, la sauge est tôt devenue le grand remède populaire qu'elle demeure dans tous les pays méditerranéens. On notera la place majeure tenue ici par les emplois dans la sphère digestive, qui dominent largement les attributions de la plante en pratique traditionnelle – tandis que l'ancienne médecine savante privilégie plutôt les actions emménagogues et vulnéraires. De nos jours, la sauge reste un remède courant des embarras digestifs dans le Midi français, concurremment au thym et au romarin. L'enquête (pas plus que celle de M. Amir) n'a relevé aucun usage en rapport avec le champ gynécologique, peut-être suffisamment couvert dans la région par l'armoise et la rue. Il importe de signaler que l'huile essentielle de sauge officinale est très toxique, convulsivante, et que même "l'eau de sauge" (macération alcoolique des fleurs, souvent très concentrée) pourrait se montrer dangereuse si elle était ingérée à doses excessives.

Emplois médicinaux. Médecine humaine

N. B. L'abondance des données de même nature et l'association des indications digestives avec d'autres visées ont conduit à certains regroupements. Comme l'infusion et les diverses préparations alcooliques sont habituellement citées dans le même discours, on n'a pas séparé ces deux modes d'emploi ; seule une informatrice en distingue explicitement les attributions : *Pour les maux de ventre, il faut prendre la sauge en infusion ; pour les nausées, c'est la liqueur* (Mme C., 65 ans, Banon). — On fait l'infusion de sauge avec la plante en fleur *qui a toutes ses propriétés* (Sœur T., Mane).

2120, 2123, 2130, 2312, 2512, 2514 (indigestion, digestion difficile ; embarras digestif ; malaise digestif, nausées, “mal au cœur” ; maux d’estomac au sens large ; coliques, mal au ventre, spasmes intestinaux ; gaz). La plante est conseillée *contre l’indigestion* ou *pour la digestion* ; on en boit l’infusion après les repas (M. J., 75 ans, Revest-du-Bion ; M. B., 80 ans, Ferrassières, 26 ; Mme S., 80 ans, Séderon, 26, et beaucoup d’autres informateurs). — Pour les *embarras*, il faut prendre l’eau de sauge (M. B., 80 ans, Mane ; “eau de sauge” qualifie la macération alcoolique des fleurs). — *On la met dans l’eau-de-vie, quand on a mal au cœur, une indigestion, quand ça descend pas ; ou alors une infusion de feuilles, pas trop infusée, car c’est trop amer* (enquête J. M., Saint-Michel-l’Observatoire). — *C’est bon avec du thym, après le repas, quand on a des indigestions* [en infusion] ; Mme F. et son mari buvaient tous les matins de la sauge ; *c’était la sauge du jardin* ; dans la même intention, l’informatrice prépare aussi une macération alcoolique : *on prend les fleurs du jardin et on les met dans l’eau-de-vie, pendant 40 jours à macérer ; ça donne une liqueur de sauge, comme un sirop ;* [...] *on en boit sur un sucre comme digestif* ; elle cite le proverbe : “*Qu a uno bono sàuvi dins soun jardin, se passo de medecin*[1]”, “qui a une bonne sauge dans son jardin se passe du médecin” (Mme F., 70 ans, Reillanne). — *On en fait une liqueur digestive, avec les fleurs bleues* (cercle du 3e âge, Saint-Michel-l’Observatoire), liqueur considérée comme un remède *efficace pour les nausées* [...] ; *quand on était petits, on avait souvent mal au cœur* (Mme A., 90 ans, Robion, 84). — Mme G., de Céreste, a planté la sauge dans son jardin ; elle en fait de l’infusion et elle met les fleurs à macérer dans l’eau-de-vie pour en faire un digestif : *en prendre un peu sur un sucre, ça fait digérer* (Mme G., Céreste). — Dans le même propos, Mlle C., de Banon, préférait l’eau-de-vie *qui provient de la vigne de Sylvabelle ; elle était distillée personnellement* [c’est-à-dire que le propriétaire obtenait l’alcool de sa propre vendange], *maintenant elle vient de la coopérative, ce n’est plus pareil* ; on en boit une cuillerée à café avec un sucre pour *digérer* ; Mme C. conserve cette préparation depuis 15 ans (M. et Mlle C., Banon). — *Elle est*

1. Le *TDF* donne ce proverbe très répandu sous la forme : “*Qu a de sàuvi a soun jardin / a pas besoun de medecin.” (Note Cl. Martel.)*

plantée dans le jardin, autour de la maison, à l'abri des vents, contre les murs ; on fait l'infusion des fleurs et des feuilles contre la digestion difficile ; les fleurs en macération dans l'alcool [du marc de raisin], *pendant 30 jours, c'est très fort et très bon pour une meilleure digestion* (M. et Mme B., Céreste). — *On en prend pour les maux d'estomac* (M. et Mme U., 80 ans, Banon). — Liqueur de sauge de M. P. : pour faire 1 litre de liqueur, on prend les fleurs de sauge, sans le calice *qui a une petite amertume*, une bonne poignée (un bol), pour 1/2 litre d'alcool à 45° auquel on ajoutera 1/2 litre de sirop après macération et filtrage ; *une petite rasade ou quelques gouttes sur un sucre, c'est digestif, pour les coliques aussi* (M. P., 70 ans, Lardiers). — *Comme digestif, pour les coliques, l'alcool de sauge, c'est bon* ; remplir une bouteille de fleurs de sauge fraîches et ajouter de l'alcool à recouvrir ; on laisse les fleurs en macération permanente ; se prend sur un sucre ou à la dose d'un doigt dans un verre d'eau chaude (M. et Mme C., 70 ans, Revest-des-Brousses). — On en faisait une macération dans l'eau-de-vie, qu'on prenait *pour les coliques* (M. F., 50 ans, Valbelle). — Le médecin avait conseillé à Mme F. de boire de la sauge "pour ses gaz" (Mme F., 70 ans, Reillanne). — Pour faire du *vin de sauge*, on prépare une "décoction" [= macération] un peu sucrée, dans du vin ; on laisse macérer les plantes, on ne fait pas chauffer ; *c'est pour améliorer la digestion* (M. G., Forcalquier). — Voir "plantain badasson" (indigestion, maux de ventre, spasmes gastriques ; Mme S., 70 ans, Forcalquier). — Voir "calament népéta" (mélange bon pour la digestion ; Mme L., 69 ans, Banon). — Voir "cerisier" ("quand on ne digère pas" ; enquête J. M., Saint-Michel-l'Observatoire).

2120, 2411, 2413, 2416 (indigestion, digestion difficile ; mal au foie ; bile ; pour le foie). *Pour le mal au foie*, on prend la sauge en préventif (Mme T., 55 ans, Céreste). — La sauge en infusion est *bonne pour le foie fatigué, encombré* (Mme D., 84 ans, Banon). — *Quand on a mal au foie*, on boit de l'infusion de sauge (Mme B. , 75 ans, Mane ; Mme C., 70 ans, Forcalquier ; enquête J. M., Saint-Michel-l'Observatoire ; cercle du 3e âge, Saint-Michel-l'Observatoire). — Les fleurs et les feuilles en infusion sont *bonnes pour la bile* (Mme A., Saint-Michel-l'Observatoire). — *Pour la digestion, pour le foie*, l'alcool de sauge est indiqué (Mlle A., 90 ans, Montjustin). — *C'est* *pour le foie, il ne faut pas trop en boire car ça fatiguerait le sang. C'est pour digérer le repas et aider le foie* (Mme G., Banon).

2211. Sur les dents cariées, ou pour les plombages arrachés, on met sur la dent douloureuse un coton imbibé d'alcool de sauge, qu'on laisse quelque temps en place (Mme C., 40 ans, Mane).

Cette indication rappelle que la sauge est un très ancien remède des ulcérations buccales, auquel la recherche actuelle reconnaît des effets antiseptiques et antifongiques.

3120 (mélange contre les rhumes). Voir "calament népéta" (M. P., 70 ans, Lardiers). — Voir "menthe", **3120**, **7120** (équivalent de l'*aïgo boulido* dans grippes et rhumes).

La sauge n'apparaît qu'incidemment ici dans les emplois respiratoires où elle se rapproche des autres Labiées aromatiques. Le champ digestif reste très largement dominant.

4114 (2120). *Quand tu es essoufflé, le cœur, ou pour une mauvaise digestion, tu en bois un peu, ça passe ; tu en fais une liqueur avec de l'eau-de-vie, tu la laisses 3, 4, 5 ou 10 ans, tu rajoutes de l'eau-de-vie quand il en manque* (enquête J. M., Saint-Michel-l'Observatoire).

4116, 6211 (2130). Dans les cas de malaises, mal au cœur, vertiges, perte de connaissance, l'*eau de sauge* était l'un des recours les plus fréquents ; c'est la macération d'une poignée de fleurs ou bien d'une dizaine de sommités fleuries dans 1 litre d'alcool ; on laisse les fleurs dans l'alcool sans passer le mélange ; en cas de besoin, on soutire une petite quantité de macération, dont on prend quelques gouttes sur un sucre (Mme C., 40 ans, Mane).

Les données **4114**, **4116** et **6211** assimilent "l'eau de sauge" à des liqueurs de Labiées comme "l'eau de la reine de Hongrie" (romarin) ou "l'eau de mélisse des Carmes", qui ont connu pendant des siècles une grande renommée de remèdes "cordiaux", administrés dans les défaillances nerveuses, les troubles cardiaques et dans tous les cas où un stimulant doublé d'un antispasmodique était jugé nécessaire. La sauge en partage les pouvoirs aux doses médicinales.

4211, 4212, 4311, 9420 (2120, 2416). Qu'on mette les feuilles en infusion ou dans les plats, *c'est bon pour la circulation du sang, la digestion et pour le foie ; les tiges en infusion, c'est moins fort ; c'est pour la faiblesse du sang, pour*

les gens qui ont le sang pas épais ; elle n'est pas bonne pour les gens à sang épais, pour les gens sanguins, car elle est sanguine comme eux (M. et Mme C., 70 ans, Revest-des-Brousses).
La perception de la sauge comme plante "sanguine" se réfère à une idée de tonicité particulière, susceptible d'accentuer les états perçus comme pléthoriques, où il y a "trop de sang" ou un "sang épais". En attribuant à la sauge une action hypertensive, la phytothérapie contemporaine valide la précaution d'emploi ici exprimée. Dans l'enquête de M. Amir en Luberon (*op. cit.*, 1994-1995), Mme F., 60 ans, informatrice de Goult, remarque aussi que la sauge, "c'est pas bon pour les personnes nerveuses ou sanguines". La réserve, même si elle n'a que peu d'attestations, est donc un savoir d'arrière-plan quant à l'emploi de la plante dans la sphère "sang".
9329. Mme A., 90 ans, qui mange une soupe de sauge tous les soirs, assure qu'elle n'a jamais été malade (Mme A., 90 ans, Robion, 84).
Par "soupe de sauge", il est vraisemblable d'entendre *"aïgo boulido"*, soupe-remède où la sauge est habituelle. Voir "ail".
9336 (mélange d'huiles essentielles "contre les douleurs des jambes"). Voir "romarin" (M. B., Montjustin).
9371 (mélange "pour des longues cures"). Voir "aubépine" (Mme R., Mane). — ("Bon pour tout."). Voir "camomille" (enquête J. M., Saint-Michel-l'Observatoire).
9382 (infusion du soir). Voir "menthe" (M. G., Saint-Michel-l'Observatoire).

Emplois médicinaux
Pratiques vétérinaires et assimilées

Coliques, indigestion. Dans les indigestions et coliques des chevaux et des vaches, on fait boire de l'infusion de sauge et de thym, *à renouveler 1 heure après, si besoin* (M. C., Allos). — *Dans les coliques et les indigestions, on donne de la sauge et du thym : 1 litre pour les chevaux et les vaches* (Mlle B., Courson). — *La liqueur de Lazare, c'est à moitié une liqueur et à moitié un remède ; c'est M. Lazare qui l'a faite, à Sisteron ; la liqueur contient de la sauge ; contre l'indigestion et le mal au ventre on en donnait à un cheval quand il était malade ; mes parents en consommaient* [aussi], *même pendant la nuit ! Ça a la*

couleur du café ; dans le temps, tout le monde connaissait cela (M. et Mlle C., Banon).
Comme en ce qui concerne beaucoup de plantes médicinales courantes en médecine humaine, la sauge trouve à s'appliquer chez l'animal dans ses indications les plus habituelles. La "liqueur de Lazare", potion amère conseillée en particulier dans les mauvaises digestions, le "mal de cœur" et comme vermifuge, était un remède de colporteur dont plusieurs informateurs se souvenaient à l'époque de l'enquête. Pour contourner l'interdiction de fabriquer et commercialiser des médicaments à destination humaine hors pharmacie, ceux-ci pouvaient être vendus sous l'appellation de remède vétérinaire. Ainsi encore de la "pommade Lautier", qui restait diffusée par colportage en haute Provence, dans les années 1960.
Nourriture. *On donne les fleurs et les feuilles à manger aux cochons et aux lapins* (M. et Mme C., 70 ans, Revest-des-Brousses).
Il est vraisemblable de penser que la sauge, jamais très commune au voisinage des lieux habités, est ici considérée davantage comme un remède (préventif ?) que comme un fourrage.

Emplois alimentaires, condimentaires et assimilés

Aromate. *C'est une plante culinaire, qui sert à parfumer. Il faut la sécher à l'ombre pour conserver les arômes et les propriétés* (M. S., La Bastide-des-Jourdans, 84). — Les feuilles se mettent dans les plats ; ça donne bon goût ; *ça aide la digestion, ça agit sur le foie et la circulation* (M. et Mme C., 70 ans, Revest-des-Brousses). — Elle sert *dans les bouquets garnis pour le fromage de tête* (M. et Mlle C., Banon). — On l'utilise pour les rôtis de porc, dans la soupe d'oignons (cercle du 3e âge, Saint-Michel-l'Observatoire). — Voir "ail" (Mme A., 65 ans, Forcalquier).
Outre sa place habituelle dans l'aïgo boulido, soupe à l'ail et à la sauge très courante autrefois, sous-représentée ici, la plante a une fonction d'aromate des viandes blanches et des charcuteries toujours populaire. La saveur des pâtés de foie et caillettes haut-provençaux doit beaucoup à la sauge.
Vin, spiritueux. *C'est bon pour la tisane et la liqueur, mais il ne faut pas en abuser* (enquête J. M., Saint-Michel-l'Observatoire).

Sauge sclarée

Salvia sclarea L.

LABIÉES (= LAMIACÉES)

pl. 30, fig. 96 et 97

Grande sauge vivace très distincte de la précédente, aux larges feuilles ovales, aux sommités fleuries dressées, poisseuses, très aromatiques (odeur musquée). Cultivée en grand dans la région pour son huile essentielle qui sert de base de parfum, la sauge sclarée s'y rencontre fréquemment à l'état plus ou moins naturalisé dans les friches et au bord des routes (talus à brachypode de Phénicie, etc.). Cette ancienne médicinale, "orvale" des textes médiévaux, connaissait jadis des emplois gynécologiques et ophtalmologiques : les graines, mises sous la paupière, retiennent les poussières dans leur mucilage qui gonfle à l'humidité ; d'où l'origine possible du nom de "sclarée" : celle qui éclaircit la vue. Les usages médicinaux actuels sont rares. Une informatrice de M. Amir en Luberon (*op. cit.*, 1994-1995) cite, "pour la digestion (**2121**)", une eau-de-vie qu'on prend sur un sucre à la façon de l'eau de sauge (officinale).

Emplois médicinaux. Médecine humaine

1220, **1222**, **1440**. Pour traiter une *plaie inguérissable à la main*, plaie infectée à la suite d'une piqûre, on a employé la plante fraîche, écrasée, en cataplasmes. *On parlait d'amputer ; ça a reconstitué la peau et entraîné la guérison.* La recette provenait d'un chemineau qui l'enseignait dans les fermes pour gagner son repas (années antérieures à 1940) (recueil P. L., Vachères, 1979).
Cette recette sans autre attestation dans les enquêtes en haute Provence pourrait provenir de l'ancien fonds médicinal européen, peut-être de la médecine des monastères où l'on cultivait la sclarée. Elle a un équivalent bressan : à Sagy (Saône-et-Loire), où la plante était (est peut-être encore) cultivée dans les jardins sous le nom de "sauge officinale", on conseillait les feuilles fraîches appliquées avec de la crème de lait contre les furoncles (enquête EPI/FNFR, 1980 ; cf. P. Lieutaghi et I. Sage, 1984). Cazin

(*op. cit.*, 1868) signale son utilité “sur les ulcères de mauvais caractère”. Il se peut que la diffusion ancienne de cette sauge en Europe moyenne, et de ses indications médicinales, soit en lien avec son emploi d'aromate du vin dans les régions viticoles (voir ci-dessous).

6170, 6171. La plante séchée la tête en bas est fumée en cigarettes : *ça fait rêver* (M. B., Viens ; recueil P. L., 1980). Evoquée comme psychotrope, cette action aurait été suggérée par l'emploi de la plante dans l'enfumage des abeilles.

Emplois alimentaires, condimentaires et assimilés

Vin, spiritueux. *On la cultive, mais elle n'est pas utilisée comme plante médicinale ; on en met dans le vin blanc et dans l'eau-de-vie* (cercle du 3e âge, Saint-Michel-l'Observatoire).

Les sommités sèches de sclarée sont d'emploi très ancien comme aromate des vins, souvent à des fins falsificatrices : elles leur communiquent une certaine saveur de muscat. L'odeur de cette sauge est loin d'être toujours appréciée ; on l'assimile souvent à celle de l'urine de chat.

Economie rurale

Apiculture. La plante arrachée à la floraison et séchée la tête en bas servait à l'enfumage des abeilles (M. B., Viens ; recueil P. L., 1980).

Divers. *Elle a des fleurs bleu et rose ; elle sert pour les parfums* (Mme F., 70 ans, Reillanne).

Saule blanc

Salix alba L.

SALICACÉES

Arbre d'aire eurasiatique très vaste, présent dans tous les lieux humides boisés et les ripisylves de la région méditerranéenne. Il a une variété sauvage à rameaux plus ou moins jaune orangé [var. *vitellina* (L.) Stokes], qu'on préfère pour l'osier et qui se rencontre encore planté et conduit à cette fin (surtout dans la région montagnarde), mais en régression. Dans les prairies, on traitait le saule blanc en "têtard" pour les perches et les piquets, mais l'arbre est en voie de disparition sous cette forme : comme il n'est plus émondé, les branches prennent trop d'extension et leur poids autant que leur prise au vent finissent par ouvrir en deux le fût court et creux. C'est un patrimoine biologique (gîte d'oiseaux nocturnes) et paysager en grand déclin.

Emplois médicinaux. Médecine humaine

9352. *Il faut le piler très fin, le concasser dans un ancien moulin à café et le mettre sur la partie de ses reins* [?]. *Le charbon de bois, c'est un désinfectant ; il se colle et permet de faire le dernier protecteur. Il ne faut pas prendre n'importe quel charbon de bois : le peuplier, le saule et le tremble sont les meilleurs bois pour le charbon* [...]. *C'est ça qu'il faut : éliminer absolument la fermentation dans les plantes médicinales ; car le ferment détruit les principes protecteurs de la plante. Dans quelques années, il y aura des plantes en poudre, bien déshydratées* (M. M., Seyne-les-Alpes, 04).

Il se peut qu'il y ait une lacune dans la première phrase, "la partie de ses reins" étant un passage obscur. Ce qui suit (où l'on passe sans transition de l'usage externe au commentaire sur l'action interne) évoque plutôt l'effet d'"adsorbant" intestinal du charbon de bois. Le commentaire sur la nocivité des fermentations lors du séchage des plantes traduit une influence des sources savantes. L'évocation des "plantes en poudre" a une allure prémonitoire, même si la pharmacie les proposait déjà en gélules à l'époque de l'enquête. Les bois blancs de Salicacées, pauvres en tanins, sont préférés pour l'obtention du charbon de bois médicinal.

6213. Mme C. a lu que c'était bon pour les douleurs de tête, que *c'était comme l'aspirine*. Elle veut l'essayer (M. et Mme C., 70 ans, Revest-des-Brousses).

On connaît la part prise par le saule dans les découvertes qui, au XIXe siècle, ont conduit à l'aspirine. L'écorce, qui renferme le salicoside, principe actif de base, était un remède fébrifuge très renommé de l'ancienne médecine. Influence livresque.

Emplois médicinaux
Pratiques vétérinaires et assimilées

Lapins, affections diverses. *Comme l'aspirine,* on en donnait aux lapins qui étaient malades, *qui avaient le gros ventre* (Mme S., 80 ans, Séderon, 26).
La référence à l'aspirine sous-entend l'influence des sources savantes actuelles. Elle vient valider un emploi certainement antérieur, qui doit mettre en jeu les diverses propriétés de la plante (anti-inflammatoire, tonique, astringente, antiseptique).
Parasitoses. *Les anciens donnaient les "ramées"* [rameaux feuillés] *de saule à manger aux chevaux, pour chasser la vermine* (M. J., 75 ans, Revest-du-Bion).
L'écorce des jeunes rameaux de saule, qui fait une part importante de la ramée, était considérée, aux XVIIIe et XIXe siècles, "comme un anthelminthique puissant" (Cazin, *op. cit.*, 1868, p. 963).
Sédatif sexuel. "Pour faire passer les chaleurs". *Ça fait passer les chaleurs des chiennes, ça calme les boucs* (infusion des feuilles). Remède d'emploi actuel (M. M., 35 ans, Les Omergues).
Les feuilles de saule, citées comme contraceptives par Dioscoride, ont été proposées comme anaphrodisiaques chez la femme par des auteurs postérieurs à la Renaissance. L'informateur est un néorural cultivé, producteur de plantes médicinales et distillateur, dont le savoir a une forte tonalité livresque.

Artisanat rural

Vannerie. *Il y en a de deux sortes, un blanc et un rouge, pour faire les paniers. Le saule qui pousse au bord de l'eau, le "vedge*[1] *", il est à tresser, il sert pour les paniers* (enquête J. M., Saint-Michel-l'Observatoire).
Le saule "rouge" est soit *Salix purpurea* L., saule pourpre, ou *S. elaeagnos* Scop. (= *S. incana* Schrank), saule drapé, espèces arbustives très fréquentes le long des cours d'eau, y compris périodiques. On en a récolté les rameaux, qui vont du pourpre au noirâtre, pour les vanneries fines, après recépage pour favoriser la production de rejets bien droits.

1. *Lou vege* (ou *vese*, dans l'aire marseillaise) désigne couramment l'osier qui sert en vannerie. La graphie *vedge* (non attestée) traduit simplement la prononciation. *(Note Cl. Martel.)*

Scabieuse colombaire
et
Scabieuse maritime

Scabiosa columbaria L., *S. maritima* L.[1]

DIPSACACÉES

pl. 13, fig. 41

La fleur qualifiée de “scabieuse” en haute Provence (et ailleurs dans le Midi) se divise, pour les botanistes, en deux espèces d'allure très voisine. Ce sont des plantes de 20 à 80 centimètres aux tiges plutôt grêles, ramifiées à angle très ouvert, à rameaux et feuilles opposés ; les feuilles basales sont souvent entières, ovales-lancéolées ou spatulées, celles de la tige très découpées en segments étroits ; les fleurs, habituellement lilas ou bleu lilacé pâle, parfois d'un violet plus foncé, sont regroupées en capitules terminaux. Les petits fruits secs permettent la différenciation certaine : chez la scabieuse colombaire, ils sont surmontés d'un large calice en coupe évasée de consistance écailleuse translucide ; chez la scabieuse maritime, ce calice est très étroit et à bords repliés vers le dedans. Si la distribution relative des deux espèces est difficile à établir faute d'inventaire précis des populations, il semble toutefois que *S. maritima* soit la “scabieuse” la plus répandue à basse altitude et qu'elle tende à progresser, *S. columbaria* occupant plutôt les régions collinéennes et montagnardes jusque vers 1 700 mètres. Dans ce qui suit, on rassemble les deux espèces sous le même nom de “scabieuse”.

Très fréquente en haute Provence, cette plante se rencontre de la vallée de la Durance aux pelouses montagnardes de Lure dans de nombreux milieux ouverts : graviers riverains, friches, pelouses sèches, rocailles, lisières, bois clairs, bords des routes et des chemins.

---

1. *Scabiosa maritima* L. a changé plusieurs fois d'identité ces dernières années. Encore classée chez les scabieuses vraies dans *Flora europaea*, 4, p. 71 (Cambridge, 1976), sous le nom de *Scabiosa atropurpurea* L., elle est désormais considérée comme genre distinct et doit être appelée *Sixalix atropurpurea* (L.) Greuter et Burdet ssp. *maritima* (L.) Gr. et B. Par souci de simplification et parce que les deux espèces sont confondues dans la pratique populaire, on conserve la communauté générique.

La scabieuse a connu dans le passé de nombreuses attributions médicinales intéressant des affections "aussi différentes par leur siège que par leur nature" (Cazin, *op. cit.*, 1868, p. 967), ce qui a contribué à son discrédit chez les modernes. Elle était surtout regardée comme remède dépuratif d'une part et respiratoire d'autre part. Cette plante commune semble ignorée de l'Antiquité mais les textes médiévaux lui reconnaissent déjà de nombreuses attributions.

Perception de la plante

C'est comme une pâquerette, avec une fleur mauve ; on la trouve dans les champs de blé (Mme A., Saint-Michel-l'Observatoire). — *Elle a une longue tige et une fleur bleue* (Mme F., 70 ans, Reillanne). — Voir aussi, ci-dessous, **1530**.

Emplois médicinaux. Médecine humaine

1113, **1120**, **9363**. Frotter la plante [il est précisé qu'il s'agit de la "scabieuse maritime"] sur les coupures arrête les saignements (anonyme, H., Marseille ; homme de 45 ans, originaire des Cévennes).
La scabieuse n'est pas donnée comme antihémorragique par la littérature ancienne, même si certains auteurs signalent des propriétés astringentes. Il n'est pas exclu de voir ici une extension des emplois externes dans les dermatoses.
1530. *Il y en a de deux sortes ; on utilise la fleur seule, infusée, celle qui a la fleur bleu pâle ; on peut se laver avec, pour les furoncles chez les enfants* (Mlle B., Courson).
La recette, qui relève de l'ancienne réputation de la scabieuse comme remède dépuratif à visées dermatologiques ("scabieuse" vient du latin *scabiosus*, "galeux"), a un passé méditerranéen bien attesté. En 1897, Réguis rapporte que, à Villeneuve-lès-Avignon, "on prône la décoction de racine de scabieuse maritime prise intérieurement contre les furoncles, d'où le nom d'*erbo dòu boutoun* porté par cette plante" (*op. cit.*, p. 47). La scabieuse à "fleur bleu pâle" citée par Mlle B. est probablement la scabieuse colombaire, *Scabiosa columbaria*, ou une forme de *S. maritima* ; l'autre "sorte", aux fleurs implicitement désignées comme plus foncées, pouvant appartenir aussi

à *S. maritima*, ou évoquer *Knautia arvensis* (L.) Coulter, autre Dipsacacée commune mais moins répandue que *S. columbaria* en climat méridional.

1811. A Cadenet (84), une ancienne bergère de 82 ans emploie *pour les yeux* la décoction de 3 ou 4 capitules de scabieuse pour un verre d'eau. On garde cette décoction quelques jours au coin du feu et l'on s'en sert en bains d'yeux. L'informatrice *ne porte plus* [ses] *lunettes quand elle se fait ces bains.* La recette a été apprise à Valbelle (04), d'où l'informatrice est originaire (recueil D. Dore, Cadenet, 1981).

On trouve une attestation analogue à Goult (84) dans l'enquête de M. Amir (*op. cit.*, 1994-1995), où il est précisé qu'il faut employer la décoction froide. La scabieuse ne semble pas figurer comme remède antiophtalmique dans les textes des Temps modernes mais les manuscrits médiévaux de la lignée platéarienne conseillent son eau distillée comme remède de la "maille", c'est-à-dire de la cataracte (cf. Platearius, *op. cit.*, éd. 1986). Il peut s'agir ici d'une survivance extérieure au domaine de l'écrit.

3111. *Pour les maux de gorge,* on boit l'infusion de scabieuse (Mme P., 60 ans, Le Contadour) [cueillette de la plante et recette actives en 1982].

3211. *Elle est pectorale* (M. G., Saint-Michel-l'Observatoire). Les deux données précédentes se réfèrent à l'ancien renom de la scabieuse dans les affections des voies respiratoires.

6117. *Pour la peur,* on prend une infusion de 4 ou 5 fleurs de scabieuse pour une tasse (Mme A., 65 ans, Robion, 84).

Cette pratique intéressante est corroborée par deux informatrices vauclusiennes de M. Amir. L'une, de Cheval-Blanc, dit ainsi : "C'est la plante pour la peur [...] ; c'est la grand-mère de mon mari qui me l'a dit ; on coupe la fleur, on prend l'infusion quand on a eu peur." A Goult, "on l'appelait l'herbe de la peur." Dans cette même zone du Petit Luberon, l'inule des montagnes, "arnica" de la médecine populaire des Alpes du Sud, connaît une attribution analogue mais il s'agit d'un remède des traumatismes au sens large alors que la scabieuse est étrangère à ce champ thérapeutique. Un travail est à conduire sur le concept de "plante de la peur", où l'on tenterait de mettre en évidence les déterminants qui conduisent à sélectionner un végétal dans cette attribution où le traumatisme psychique est pris en compte pour lui-même. Le

"profil" de la scabieuse tel que les textes permettent de l'esquisser ne montre rien d'évident qui s'y accorderait.
6213. *Ça calme le mal de tête* [infusion] (Mme A., Saint-Michel-l'Observatoire).
Une information analogue dans l'enquête de M. Amir, à Roussillon (84). Sans attestation directe dans les sources écrites consultées, mais le XVIIIe siècle use de l'eau distillée de la plante dans les "vapeurs" et autres malaises ; il peut y avoir interprétation *via* les livres de recettes.
9172. *C'est un dépuratif léger quand les enfants sont jeunes. On fait l'infusion de la fleur seulement* (Mme F., 70 ans, Reillanne). — Mme F. l'utilisait comme dépuratif et la donnait à des enfants de 8 ans (enquête D. D., Saint-Michel-l'Observatoire).
A la différence des "grands" dépuratifs comme le petit-chêne, le marrube ou la bardane, la scabieuse, dont on emploie les seules fleurs (alors qu'elles sont exclues ou d'action marginale chez les dépuratifs majeurs), ce qui fait des infusions buvables, a un statut particulier en médecine infantile. Il s'agit encore ici d'accoutumer le corps aux remèdes "forts" qui seront pris en cure à l'âge adulte.

Seigle

Secale cereale L.

GRAMINÉES (= POACÉES)

Céréale des sols pauvres, bien plus courante autrefois que de nos jours, le seigle ne se rencontre guère aujourd'hui que sur des surfaces modestes du plateau d'Albion ainsi que dans les Alpes internes. Il est sans emploi direct dans la cuisine locale.

Emplois médicinaux
Pratiques vétérinaires et assimilées

Nourriture. [...] *Le seigle durcit les pattes, les muscles, les articulations* (des agneaux) (enquête J. M., Saint-Michel-l'Observatoire).

L'information est donnée "à la différence d'autres céréales", sans que celles-ci aient été précisées. Il est difficile de savoir si l'information évoque un effet négatif ou positif.

Séneçon commun

Senecio vulgaris L.

COMPOSÉES (= ASTÉRACÉES)

Plante annuelle cosmopolite des terres cultivées (champs, vergers, jardins) et des lieux plus ou moins rudéralisés (villages, décombres, bords des routes, etc.),

fleurissant surtout à l'automne et au printemps dans les régions méridionales, le séneçon commun croît des plus basses altitudes au sommet de l'étage montagnard. Commune, mais peu remarquée dans la région, cette plante n'y connaît que de rares emplois médicinaux. Son action emménagogue, privilégiée par la phytothérapie contemporaine, est ignorée. La présence d'alcaloïdes hépatotoxiques (mais nullement aux doses médicinales courantes) fait aujourd'hui classer le séneçon parmi les plantes toxiques à exclure de la pharmacopée domestique.
N. B. L'identité précise de l'espèce n'est pas établie, les données recueillies s'en tenant à la mention du genre "séneçon". On les attribue au séneçon commun, présent à peu près partout en France, mais il n'est pas impossible qu'elles se rapportent au séneçon jacobée, *Senecio jacobaea* L., plante bisannuelle à floraison estivale, elle aussi répandue. Les propriétés médicinales de ces espèces s'équivalent.

Emplois médicinaux. Médecine humaine

1320, 1324. *Pour les coups*, les contusions, on fait des cataplasmes de la plante écrasée ; *c'est le "chenechùa"* (M. G., 80 ans, Saint-Etienne-les-Orgues ; origine : Le Cheylard, Ardèche).
Il s'agit ici de l'une des indications traditionnelles majeures du séneçon, plante antitraumatique et résolutive de la médecine populaire. *Chenechùa* est apparenté à diverses variantes dialectales relevées en France, comme *chénichou* (Aveyron), *chénaouchoun* (Tarn), *chinichou* (Dordogne), *chanichon* (Calvados), etc. (Rolland, *op. cit.*, 1896-1914, 7, p. 20-25).
7141. *Pour la fièvre de Malte*, on fait une infusion de séneçon avec du chardon bénit, il faut en boire 1 à 2 litres par jour, pendant 15 jours. Ça fait baisser la fièvre et ça redonne l'appétit. *Le séneçon diminue la fièvre* (M. C., Allos).
Le séneçon n'est pas cité comme fébrifuge par la littérature médicale. Associé au chardon bénit, remède éprouvé de la fièvre de Malte, il est peut-être mis en œuvre ici dans l'écho de son ancien renom de "remède du foie" et de la jaunisse, la brucellose ayant souvent des séquelles hépatiques. Il s'agit d'un emploi sans attestation écrite connue.

Serpolet

Thymus embergeri Roussine et espèces voisines
T. pulegioides L.

LABIÉES (= LAMIACÉES)

Groupe d'espèces proches et d'identification malaisée, les serpolets sont des thyms à tiges grêles, sous-ligneuses et prostrées ou couchées-enracinées à la base, aux nombreux rameaux florifères herbacés, dressés, formant des coussinets ou des tapis ras que les petites corolles d'un rose souvent vif rendent très remarquables. Plusieurs espèces sont présentes dans la région, attendant de voir leur identification et leur distribution précisées. Le plus courant en haute Provence occidentale, des basses régions jusque dans l'étage montagnard, paraît être *Thymus embergeri*, plante gazonnante rase aux feuilles étroites, aux tiges florifères courtes – mais cette plante appartient à un groupe d'espèces proches encore à distinguer. Dans l'étage montagnard, et çà et là sur les affleurements siliceux collinéens, croît *Thymus pulegioides* L. (= *T. chamaedrys* Fries), au port en coussinets plus volumineux, assez lâches, aux feuilles plus ou moins ovales, aux fleurs pâles. Cette espèce a parfois un parfum citronné. Le “vrai” serpolet au sens des botanistes, *Thymus serpyllum* L., est une espèce médio- et nord-européenne, présente en France seulement dans les régions du Nord-Est.

Les serpolets sont des plantes de lumière exclusives des pelouses et des rocailles. *Thymus embergeri* (ou espèces voisines) est fréquent dans les milieux arides, des garrigues, pelouses caillouteuses très maigres, aphyllanthaies, friches pâturées, graviers des torrents, aux landes ouvertes montagnardes ; on le rencontre aussi au bord des routes et sur les talus. *T. pulegioides*, que son port distingue assez facilement, est surtout cantonné dans les pelouses montagnardes riches en humus, situation de relative fraîcheur qu'il retrouve sur les sols siliceux collinéens, en particulier dans la zone des affleurements sablo-gréseux cénomaniens.

La situation ethnobotanique du serpolet au regard du thym dans la région prise en compte par l'enquête, et plus largement dans l'aire méditerranéenne française, appelle une étude comparative fondée sur les matériaux de plusieurs enquêtes. Ce sont deux plantes très proches, et perçues comme telles, dont les attributions médicinales sont analogues. En dehors du Midi, le serpolet connaît beaucoup des emplois du thym vrai ; mais l'on peut se demander pourquoi celui-ci, plus actif et de saveur plus agréable, n'a pas supplanté le serpolet là où les deux espèces se rencontrent. La grande analogie des deux *Thymus* (d'effets mais non d'allure !) a sans doute joué en faveur du serpolet là où il rencontre *Thymus vulgaris* ; on y voit un succédané de celui-ci ; il est peut-être considéré comme d'action médicinale plus “douce”. Mais il faut rappeler que le serpolet (au sens large) est répandu dans toute l'Europe alors que le thym vrai n'a qu'une aire restreinte dans le Sud-Ouest du continent. Le premier appartient au “fonds commun” de la pharmacopée populaire eurasiatique et les savoirs qui le concernent ont à la fois une distribution bien plus vaste et une grande permanence dans les divers contextes culturels ; ils ont pu s'élaborer avant que le thym méditerranéen n'occupe son aire actuelle et pourraient, de ce fait, conserver aujourd'hui encore une certaine importance au regard de l'espèce plus active. Dans le cadre de l'enquête, on ne rencontre pas d'autre exemple de semblable partage de territoire culturel entre deux espèces aussi proches botaniquement que concurrentes dans les usages.

Perception de la plante

Ça traîne ça, ça a le goût du thym ; c'est pas le thym (enquête J. M., Saint-Michel-l'Observatoire). — *C'est comme le thym, mais à ras le sol ; ça traîne par terre ; on le ramasse au bord de la route, des chemins, en juin* (M. et Mme B., Céreste). — *C'est comme le thym, ça vient au bord des chemins* (Sœur T., Mane). — Le serpolet *ressemble au petit-chêne, mais il n'y a pas beaucoup de serpolet à Banon ; toutes les plantes ont leur région* (Mme D., 84 ans, Banon). — *C'est une plante qui se perd, maintenant* (cercle du 3e âge, Saint-Michel-l'Observatoire). — Le *serpolet médical* végète à ras du sol ; *c'est comme le thym, mais plus violet* (M. S., La Bastide-des-Jourdans, 84). — *Ça traîne par terre, c'est comme le thym, très parfumé ; on le ramasse après les moissons ; c'est une sorte de sarriette avec une grande racine* (M. G., Saint-Michel-l'Observatoire).
La ressemblance avec le thym et les caractères qui l'en différencient sont bien perçus par les informateurs (le nom de *farigouletto*, "petite farigoule", courant en Vaucluse pour le serpolet mais non attesté ici, est le diminutif de *farigoulo*, le thym). Les deux derniers témoignages, toutefois, font plus ou moins directement allusion à la sarriette des jardins (voir ce nom), "autre serpolet" de la classification botanique populaire en haute Provence. D'où, probablement, la précision "serpolet médical" pour distinguer le serpolet au sens strict de la sarriette annuelle, "serpolet" condimentaire. La dernière citation mêle les caractères du serpolet vrai ("ça traîne par terre, c'est comme le thym") à ceux de *Satureja hortensis*, "très parfumé" alors que *Thymus embergeri* ne l'est guère, bien moins que le thym vrai en tout cas. Cette "sorte de sarriette avec une grande racine", qu'on "ramasse après les moissons", est bien la sarriette des jardins. En disant que le serpolet "ressemble au petit-chêne", Mme D., de Banon, rappelle que la perception empirique de la flore prend en compte des analogies d'allure, même quand les morphologies sont très dissemblables dans le détail.

Emplois médicinaux. Médecine humaine

1811, 9333. En infusion, *pour les yeux, c'est calmant* (cercle du 3ᵉ âge, Saint-Michel-l'Observatoire).

Le serpolet, comme les autres plantes aromatiques, est inusité et même déconseillé dans les ophtalmies. Il peut s'agir d'une confusion de noms.

2121, 2511, 2512. Perception de la maladie. La plante est prise *pour la digestion* (Mme A., 90 ans, Robion, 84 ; Mme S., 75 ans, Séderon, 26). — *Le suc est bon pour digérer ; il faut prendre 3 pincées* [de la plante], *les mâcher, ça fait roter et évacuer, ça facilite la digestion et ça empêche les migraines digestives.* Quand Mme C. était jeune, elle avait très souvent des migraines, après les repas ; *c'était très fort.* Puis elle s'est rendu compte qu'il s'agissait de migraines digestives : elle ne supportait pas la viande de porc ; depuis qu'elle n'en mange plus, elle n'a plus de migraines. *La migraine, c'est la digestion qui ne se fait pas bien, c'est le foie.* Quand elle gardait les brebis, après le repas, et que les malaises se manifestaient, Mme C. mâchait aussitôt des brins de serpolet ; elle a découvert elle-même ce mode d'emploi (M. et Mme C., 70 ans, Revest-des-Brousses). — *Le goût n'est pas agréable, c'est bon pour la digestion* (M. et Mlle C., Banon). — *Pour la digestion et les intestins,* on prend la liqueur de serpolet, obtenue par macération des fleurs dans de l'eau-de-vie ; dans les cas de *coliques* et *maux de ventre,* on boit l'infusion ; l'informatrice précise qu'il faut employer *celui qui rampe* (Mme B., 70 ans, Banon ; Mme C., 65 ans, Le Contadour). — Voir "fenouil", **2121**, mélange de plantes *pour la digestion* (enquête J. M., Saint-Michel-l'Observatoire).

2312, 2315. *C'est bon pour le mal à l'estomac* (enquête J. M., Saint-Michel-l'Observatoire). — *Pour l'estomac,* on boit l'infusion de serpolet, une pincée pour une petite casserole (Mme L., 69 ans, Banon).

Les indications digestives du serpolet sont très analogues à celles du thym, dont les propriétés sont toutefois plus accentuées. Voir ce nom. Noter ce que dit Mme C., de Revest-des-Brousses (**2121**), à propos de sa "découverte" de l'emploi du serpolet contre les migraines d'origine digestive, tant en ce qui concerne la représentation de l'affection que l'expérimentation empirique. La pratique de mâchonner des herbes aromatiques, voire amères (gentiane, absinthe, etc.), est fréquente dans les cultures populaires. Elle peut avoir induit des applications médicinales. A signaler aussi le mode d'emploi sous forme d'eau-de-vie, qui se retrouve à propos de la sauge et concerne un certain nombre de plantes aromatiques.

4311. On boit l'infusion de serpolet *pour la circulation du sang* (Mme C., 70 ans, Forcalquier).

Voir, plus bas, le commentaire donné à **9111**.

5311. *Il ne faut pas en abuser, c'est un excitant, ça rend amoureux* (cercle du 3e âge, Saint-Michel-l'Observatoire).

Il y a ici aussi confusion manifeste entre serpolet et sarriette, celle-ci réputée aphrodisiaque ; voir "sarriette".

6111. L'infusion de serpolet, une pincée pour une petite casserole, assure le *repos des nerfs* (Mme L., 69 ans, Banon).

C'est dans l'emploi sédatif que le serpolet se distingue le plus manifestement du thym, celui-ci à tropisme stimulant manifeste, voire excitant chez certains sujets (effet non relevé par l'enquête EPI mais plusieurs fois mentionné par des informateurs de M. Amir en Luberon).

7121. *C'est bon si on a pris froid, quand on a un refroidissement* [en infusion] (M. et Mme B., Céreste ; même information recueillie à Mane, venant d'une informatrice anonyme, 50 ans, originaire de Haute-Loire).

On voit ici le serpolet retrouver les propriétés qu'il partage avec le thym.

9111. Le serpolet sert *pour dépurer le sang* [SPE] (M. S., 65 ans, Saint-Saturnin-d'Apt, 84).

L'indication, qui se retrouve une fois à propos du thym dans l'enquête EPI (mais ne concerne aucune des deux espèces dans celle de M. Amir en Luberon), paraît situer ces plantes dans la catégorie des dépuratifs. Il convient de s'interroger sur une extension peu en rapport avec le statut habituel des aromatiques non amères (dans le cadre de l'enquête, thym et serpolet sont les seules concernées). Elle est sans doute en lien avec le champ digestif bien occupé par les deux espèces. Mais on doit aussi prendre en compte l'indication **4311**, "pour la circulation du sang", fréquemment associée au propos dépuratif. Il est possible, aussi, que la couleur souvent rougeâtre des tiges du serpolet ait ici une incidence symbolique.

9381. Le serpolet [en infusion] *a très bon goût* (M. et Mme C., 70 ans, Revest-des-Brousses). — *C'est pour faire en infusion* [SPI] (M. et Mme U., 80 ans, Banon).

Emplois médicinaux
Pratiques vétérinaires et assimilées

Brucellose. Les brebis broutent la piloselle et le serpolet sur les parcours, *peut-être pour se guérir ou se préserver de la fièvre de Malte* (M. S., 50 ans, Forcalquier).
Le serpolet gagne ici, par simple effet de voisinage dans les localités, une propriété qui revient exclusivement à l'épervière piloselle (voir ce nom). En même temps, il apparaît à travers cet exemple une voie de transfert des attributions médicinales d'une plante à une autre.
Coliques. *Pour le mal au ventre*, on en fait boire l'infusion aux bêtes (Mme C., 65 ans, Banon). — *Pour les coliques des brebis*, on leur fait boire un verre d'infusion de serpolet (M. M., 60 ans, Banon).
Comme en beaucoup de cas, il y a similitude d'emplois en médecine humaine et en médecine vétérinaire.

Emplois alimentaires, condimentaires et assimilés

Aromate. Vin, spiritueux. *On en met dans les lapins, pour le goût* (Mme A., Saint-Michel-l'Observatoire). — Le serpolet sert *comme assaisonnement, dans le lapin, et on en met dans l'eau-de-vie, pour la liqueur ; c'est pour le goût* (cercle du 3e âge, Saint-Michel-l'Observatoire).
Le "serpolet" qui aromatise le lapin est très probablement, ici aussi, la sarriette des jardins ; mais celui "qu'on met dans l'eau-de-vie" se réfère plutôt au thym serpolet, sarriette et liqueur ne faisant pas bon ménage.

Sorbier domestique
Cormier

Sorbus domestica L.

ROSACÉES-MALOÏDÉES

pl. 8, fig. 25 et 26

Le sorbier domestique appartient au cortège floral du chêne blanc. S'il ne se développe bien qu'en sols suffisamment

riches et profonds, sur calcaire ou silice, il accepte aussi les terrains maigres et les milieux dégradés : on rencontre souvent ses levées dans les taillis secs, voire parmi les amélanchiers des pentes caillouteuses. Assez répandu mais toujours à l'état disséminé, il reste le plus souvent à l'état arbustif dans les taillis du fait des coupes répétées, car sa croissance est plus lente que celle du chêne. Cet arbre susceptible d'atteindre 15 à 20 mètres et de vivre plus de cinq siècles était jadis préservé dans les haies, au bord des champs, sur les lisières, et planté au voisinage des fermes pour ses fruits (sorbes), consommés blets à la façon des nèfles, et pour son bois, l'un des plus remarquables d'Europe, dur et compact, d'un grain très fin, particulièrement résistant au frottement (on en faisait des vis de pressoir, des patins de rabot, des engrenages, etc.). De vieux sujets, certains plus que centenaires, subsistent çà et là ; mais ces témoins de l'ancienne économie rurale, aujourd'hui sans identité pour beaucoup, sont en régression.
Le cormier a de très longue date une réputation d'astringent de première importance, dont les prescriptions antidiarrhéiques se font ci-dessous l'écho. Les sorbes, avant maturité, sont d'une âpreté proverbiale, que l'ancienne médecine mettait souvent en œuvre. C'est ici l'écorce des jeunes rameaux qui hérite seule de l'emploi médicinal de l'arbre, emploi quasiment éteint au début du IIIe millénaire.

Emplois médicinaux. Médecine humaine

2512, 2530. Le cormier est prescrit en cas de coliques, diarrhées, maux de ventre [SPE] (Mme A., 65 ans, Forcalquier). — Pour traiter les diarrhées, l'informatrice conseille la décoction de l'écorce des rameaux ou des rameaux eux-mêmes ; une grosse poignée dans 1,5 litre d'eau ; bouillir 1/4 d'heure et laisser macérer toute la nuit (Mme C., 80 ans, Limans).

Emplois alimentaires, condimentaires et assimilés

Aliment de ramassage. *Autrefois, on mangeait beaucoup de fruits sauvages, comme les sorbes, les poires, les pommes, les nèfles... aujourd'hui, il y en a moins. Une poire qui devient blette est une bonne poire* (Sœur T., Mane).
L'assimilation du blet au pourri fait que les fruits seulement consommables en cet état sont de nos jours laissés

aux animaux sauvages. Les gens de l'ancienne société pouvaient apprécier les poires blettes.

Sorgho à balais

Sorghum bicolor (L.) Moench

GRAMINÉES (= POACÉES)

La plante ci-dessous qualifiée de "millet" n'est sans doute pas le millet vrai, *Panicum miliaceum* L., céréale jadis appréciée dans l'alimentation humaine, dont la culture a été délaissée depuis longtemps en région méditerranéenne. Il s'agit plutôt du sorgho dans sa variété à panicule très ramifiée, dont la paille, après battage et récupération du grain pour la volaille, était d'emploi courant pour la fabrication des balais (dits aussi "en paille de riz"), succédant à celle du millet qui connaissait un emploi semblable. Parfois réalisés par leurs utilisateurs eux-mêmes, ces balais donnaient lieu à une petite industrie, en particulier dans les plaines du Vaucluse.

Artisanat rural

Balais. [Le "millet"] *était cultivé avant ; la graine était pour les oiseaux ; avec la paille on faisait des balai*s (Mme A., Saint-Michel-l'Observatoire).

Souci cultivé

Calendula officinalis L.

COMPOSÉES (= ASTÉRACÉES)

Fleur cultivée parmi les plus communes et médicinale réputée depuis l'Antiquité, le souci n'a qu'une place restreinte dans la présente enquête et reste peu cité dans

celle de M. Amir en Luberon (1994-1995) – où la parenté entre l'espèce cultivée et le petit souci des champs, *Calendula arvensis* L., est clairement reconnue, la plante sauvage étant créditée d'une action thérapeutique supérieure. *C. arvensis* existe aussi çà et là dans le bassin de Forcalquier (voisinage des fermes, talus, etc.) mais n'a pas donné lieu à commentaires. Le souci connaît des emplois internes, en particulier comme remède gynécologique et hépatique, mais n'est cité ici que comme anti-inflammatoire, son indication externe majeure.

Emplois médicinaux. Médecine humaine

1450. Pour faire un remède des piqûres d'abeille et de guêpe, on mettait les fleurs à macérer dans l'alcool, pendant 40 jours. A Lardiers, le souci est appelé “fleurs sans soucis” (Mme M., 70 ans, Lardiers — cf. M. P., 70 ans, Lardiers).

Sureau

Sambucus nigra L.

CAPRIFOLIACÉES

pl. 4, fig. 12

Le sureau, qui partage l’écologie de la grande ortie, a pour habitat premier les sols riches des bois riverains, lisières et fourrés frais des fonds de vallée, parfois les clairières de moyenne altitude. Semé par les oiseaux et, volontairement et involontairement, par l’homme, il s’est constitué depuis le Néolithique un habitat secondaire au voisinage des lieux habités, sur les décombres, dans les ruines, les haies (parfois dans les saules et mûriers têtards), là où il trouve les sols nitratés à sa convenance et où il est de nos jours très largement répandu. Dans le Midi, on le rencontre à peu près partout dans cette situation surtout rudérale, tandis qu'il manque en milieux secs. Il s'élève peu dans l'étage montagnard méditerranéen.

Arbuste familier des hommes, le sureau est communément attesté par ses graines fossiles dans les sites néolithiques. A la fois plante alimentaire, médicinale et tinctoriale, il a aussi des rameaux singuliers, pleins de moelle dont la suppression fait des tubes propres à de multiples usages, de la sarbacane à la flûte, du tuyau d'eau à la baguette magique. C'est l'une des plantes médicinales de base du "fonds commun" de la pharmacopée populaire européenne, très polyvalente, avec des emplois qu'on retrouve dans toute l'aire de répartition, tandis que des spécificités pourraient distinguer des aires culturelles présentes ou passées (les baies sont consommées en certaines régions et regardées comme vénéneuses ailleurs). Il semble que l'ancienne médecine méditerranéenne privilégiait le sureau hièble à tiges annuelles, *Sambucus ebulus* L., plus actif que l'espèce arbustive mais nettement suspect dans l'usage interne (fruits dangereux). Distribué de la Scandinavie aux régions méditerranéennes, à l'est jusqu'à la Sibérie occidentale, générateur de multiples emplois et croyances largement recensés, pour une part toujours actuels, le sureau est un "marqueur ethnobotanique" de premier plan qui attend toujours une monographie comparative au niveau européen.

Les attributions médicinales du sureau, très nombreuses et importantes, attestées en partie dès l'Antiquité, concernent aussi bien les domaines interne et externe. Sudorifique, diurétique, pectoral, antirhumatismal, sédatif et analgésique à l'intérieur, on l'emploie à l'extérieur en anti-inflammatoire, résolutif, cicatrisant, analgésique, remède dermatologique. Beaucoup de ces propriétés restaient exploitées par la médecine populaire haut-provençale à l'époque de l'enquête, où l'on relève toutefois l'absence de référence aux indications dermatologiques qui tiennent une place majeure aux Temps modernes.

Les fleurs du sureau semblent sans emploi chez les Anciens et la tradition écrite du Moyen Age les tient au second plan, alors qu'elles rassemblent de nos jours l'essentiel des emplois de l'arbuste. Les jeunes pousses, les feuilles, l'écorce interne (et la racine du sureau hièble) étaient jadis privilégiées. Cela n'exclut pas que la pratique de tradition orale ait pu accorder un rôle important aux fleurs, rôle passé sous silence dans les textes. Au XVIIIe siècle, celles-ci connaissent de nombreuses attributions savantes et populaires. C'est ici une preuve de la préférence progressivement accordée, à partir des Temps modernes, aux propriétés les moins brutales des médicinales très actives, dont on voit d'autres exemples avec le lierre (on abandonne les emplois internes, dangereux, au profit des externes) ou l'iris, qui ne connaît plus de nos jours que des applications cosmétiques, etc., de même qu'on délaisse les parties souterraines des plantes, souvent préférées dans les médecines antique et médiévale, au profit des feuilles et des fleurs (voir "tilleul", généralités).

Emplois médicinaux. Médecine humaine

1111, 9365. *Quand on a des plaies, on fait des cataplasmes avec les fleurs, ça guérit. C'est cicatrisant* (cercle du 3e âge, Saint-Michel-l'Observatoire).

1150. Contre les *brûlures*, M. M. prépare une pommade qui comprend : fleurs de sureau, cire d'abeille fondue, huile d'olive. Il n'est pas précisé si les fleurs sont usitées sèches ou fraîches ; il est probable que, selon le mode d'emploi habituel, elles sont mises à macérer à chaud dans le mélange huile/cire fondue, sans doute au bain-marie, et que la préparation est passée pour être conservée en pots (M. M., guérisseur à Séderon, 26). — *Le petit s'était brûlé aux parties après s'être assis sur le rebord de la cuisinière, il y a 50 ans. La Barbaille* [guérisseuse décédée depuis longtemps] *a fait cette pommade* [avec des fleurs de sureau et de l'huile d'olive] *; il n'y a pas eu de cicatrice* (Mme S., 75 ans, Montauban-de-Varèse, 26). Voir le commentaire ci-dessous.

1331, 9352, 9365. La décoction des fleurs est employée en bains locaux et en compresses sur les mauvaises blessures, en désinfectant et cicatrisant. L'informateur, journalier originaire d'Italie, relate les circonstances où il a vu la mise en œuvre de cette recette, à Villemus, en 1925 : *On attachait autrefois les sacs de farine à un crochet pour la pesée. En accrochant, un sac est tombé, un homme a eu le pouce arraché* [déchiré] *par le crochet. Le lendemain,*

son pouce était gonflé. Le remède a guéri rapidement son doigt. Le sureau est ici nommé *sambechié, simpatié*[1].
La mention des propriétés cicatrisantes du sureau, dans les cas de brûlures et de plaies avec déchirure (morsures de chien), se rencontre déjà dans les textes médicaux de l'Antiquité (Dioscoride, Pline l'Ancien, Ier siècle), où l'on privilégie toutefois la décoction des feuilles. Au XVIe siècle, Matthioli donne une recette de pommade contre les brûlures tout à fait analogue à celle de M. M. (cf. **1150**), à la différence que l'écorce interne y est substituée aux fleurs — ce qui corrobore l'hypothèse avancée plus haut d'un "adoucissement" des préparations à base de sureau, où les fleurs sont aujourd'hui largement privilégiées.
1811, **1830**, **1840**. *C'est pour les yeux, on fait une décoction des fleurs et on badigeonne les yeux avec l'eau de sureau, quand on a des orgelets, des boutons* (Mme G., Céreste). — *Pour soigner les yeux, on fait une décoction des fleurs et on met des compresses sur les yeux* (M. G., Forcalquier). — [En infusion,] *pour les yeux, c'est calmant* (cercle du 3e âge, Saint-Michel-l'Observatoire). — *C'est pour le lavage des yeux, pour la conjonctivite, quand il y a irritation* ; on fait une infusion de fleurs (Mme A., Saint-Michel-l'Observatoire). — *Pour les yeux, un docteur à Avignon avait dit de laver les yeux rouges avec du sureau* (enquête J. M., Saint-Michel-l'Observatoire). — *C'est quand on a un orgelet ou les yeux irrités* (enquête J. M., Saint-Michel-l'Observatoire).
Les indications antiophtalmiques du sureau, en lien direct avec ses propriétés anti-inflammatoires, sont des plus courantes en Europe. Bien que l'enquête ne le précise pas, ce sont les fleurs sèches qui sont usitées (les fraîches peuvent se montrer irritantes). Une informatrice de Dauphin (Mme V.) a relaté l'association sureau, bleuet, pétales de rose au début du XXe siècle. La mention d'"eau de sureau" (Mme G., Céreste) peut évoquer l'eau distillée

1. Le nom du sureau, *sambuc*, arbuste très populaire et très productif en toponymie, connaît une très grande variété de formes : *sambu, sambuc, sambluc, saruc..., sambuquié, sambequié, sambluquié, sambiqué, sambechié, sampéchié, sagutié...* Mais toutes ont gardé le *sam* initial latin de *sambucus* en Provence. La forme écrite *simpatié* peut correspondre à une prononciation [sénpatchié] par fermeture du *a* de *sampéchié* et métathèse (*sempa* au lieu de *sampe*), processus courant à l'oral. Mais c'est difficile à préciser en l'absence de notation phonétique rigoureuse de la prononciation. *(Note Cl. Martel.)*

de sureau, préparation d'officine aujourd'hui disparue, analogue à l'eau de rose, qui s'achetait autrefois en pharmacie et s'employait surtout à des fins cosmétiques pour le soin du visage.

2211, 2240, 2270, 2271, 9333, 9345. Contre le *mal aux dents*, on met des cataplasmes de fleurs [sèches ?] sur la joue ; c'est *calmant, décongestionnant* (M. F., 50 ans, Valbelle) ; ou bien on se fait des bains de bouche avec la décoction des fleurs, bouillie 1/4 d'heure ; cette même préparation sert aussi à traiter le *mal dans la bouche*, le *mal aux gencives*, les *aphtes* ; l'informatrice précise qu'*on peut la boire* (Mme D., 84 ans, Banon).

L'emploi des fleurs de sureau pour calmer les névralgies dentaires relève de leurs propriétés générales analgésiques et résolutives. Il est peut-être privilégié dans l'aire sud-alpine. La récente enquête de D. Dore et D. Musset en vallée Stura (Piémont ; *op. cit.*, 2006) le relève explicitement 5 fois sur 20 indications de la plante en médecine humaine. A l'inverse, cette attribution ne figure pas dans les nombreuses mentions d'usages médicinaux (la plupart dans le registre antiophtalmique) répertoriées par M. Amir en Luberon (*op. cit.*, 1994-1995). Il semble aussi y avoir moins d'occurrences en Europe moyenne. On aperçoit peut-être ici une piste pour l'approche des spécificités régionales, voire locales, dans l'aire des plantes qui connaissent des emplois très largement distribués en Europe.

2211, 3120, 3222, 3260, 9312. *C'est bon pour la sinusite, le mal aux dents, la pneumonie. On fait les fleurs en inhalation ; ça fait bien transpirer et ça fait sortir le poison ; c'est bon pour le rhume et pour beaucoup de choses comme la bronchite. Ça sent mauvais. On se couvre bien la tête pour garder au chaud. Ça fait suer. On fait les fleurs en infusion à boire quand on a pris froid* (M. et Mlle C., Banon).

Cette information composite, qui poursuit la précédente, atteste la diversité des attributions du sureau en médecine populaire. Elle exprime les propriétés majeures de la plante, anti-inflammatoires, analgésiques, sudorifiques, et souligne l'importance des indications du domaine respiratoire.

2312. La décoction des fleurs, bouillie 1/4 d'heure et mélangée avec un peu de lait, est bue dans les *maux d'estomac* (Mme D., 84 ans, Banon). — *Pour l'estomac*, le sureau est regardé comme adoucissant ; on boit l'infusion des fleurs ; l'informateur précise que le sureau de sa maison porte des

fleurs roses [c'est une variété parfois propagée en culture d'ornement] (M. S., 65 ans, Saint-Saturnin-d'Apt, 84).
Extension des propriétés anti-inflammatoires et sédatives à la sphère gastrique. On rencontre ici un champ d'action thérapeutique très distinct des attributions purgatives souvent privilégiées par la médecine savante ancienne, mais qui concernent les parties vertes. Voir ce qui est dit de l'addition de lait en **7111** et *sq.*
2520. Les baies de sureau sont efficaces contre la *constipation* [SPE] (Mme R., 60 ans, Revest-des-Brousses).
Les propriétés laxatives sont sans doute celles qui ont été les plus anciennement reconnues au sureau, arbuste dont on a mangé les baies depuis la préhistoire et dont les jeunes pousses ont aussi tenu lieu d'aliment (et d'aliment-remède, conseillé par les textes de l'Antiquité). De nos jours, l'emploi du sureau en laxatif tient de l'archaïsme thérapeutique.
3111, **7121**. *Les fleurs ont bon goût et je les fais en infusion, pour les maux de gorge et les coups de froid. L'écorce et les feuilles n'ont pas bon goût* (M. et Mme C., 70 ans, Revest-des-Brousses).
3112. *Avec les fleurs de sureau, on fait des gelées ; ça sert pour la gorge* (enquête J. M., Saint-Michel-l'Observatoire).
Il y a sans doute confusion entre fleurs et fruits, ceux-ci servant à préparer des gelées ; toutefois, ce sont bien les fleurs que la médecine traditionnelle emploie dans les maux de gorge. Par ailleurs, il existe bien des gelées de pétales de rose.
3116. En cas de douleurs d'oreille, on applique sur l'oreille des cataplasmes de fleurs de sureau bouillies dans du lait (Mme C., 65 ans, Le Contadour).
Commentaire analogue à ce qui est dit en **2211**.
3120, **3140**, **7121**, **9312**. *Les fleurs en infusion, à boire, c'est bon pour les rhumes* (cercle du 3e âge, Saint-Michel-l'Observatoire). — *C'est bon pour tout, ça. Quand on était petits, on prenait du sureau avec du lait, du miel et un petit peu d'alcool, avant de se coucher ; le sureau, ça fait transpirer quand on avait le rhume* (enquête J. M., Saint-Michel-l'Observatoire). — On boit la tisane de fleurs dans le rhume et l'angine (Mme B., 60 ans, Ongles).
3261, **9312**. L'infusion des fleurs de sureau, qui *fait transpirer*, est efficace dans la pneumonie (M. M., 60 ans, Banon).
Pour les deux § ci-dessus, voir ce qui est dit en **7111**.
4314. Dans l'enflure (œdème) des pieds, on fait une décoction des fleurs de sureau qu'on emploie en fumigations : on

tient le pied au-dessus de la vapeur (Mme M., 50 ans, Les Omergues). — Dans la même indication, c'est le bain de pieds qui est conseillé par Mme C., 50 ans, Saint-Etienne-les-Orgues.

Informations à rapprocher de ce qu'on lit dans *Le Livre des simples médecines*, première version française du XIIIe siècle publiée par P. Dorveaux : "La folle [= feuille] de seüz o le fruit cuit en eve [eau] oste l'enfleüre" ; tandis que l'ultime copie (début XVIe siècle) du même texte précise : "Pour désenfler les pieds, les tremper dans l'eau chaude salée où l'on aura cuit les feuilles de cet arbre." La filiation est très probable, même si la partie employée diffère. Noter le recours aux fumigations dans la recette des Omergues ; comme on l'a vu ailleurs, il s'agit d'un procédé thérapeutique des plus anciens, habituellement mis en œuvre avec des plantes du fonds commun de la pharmacopée de tradition orale. Il est évoqué au XVIIIe siècle par Chomel, qui parle de "bain vaporeux ou de fomentations réitérées" [de sureau] pour soulager "les jambes enflées et celles des hydropiques" (*op. cit.*, 1782, p. 22).

6213. On boit l'infusion des fleurs dans les maux de tête [SPE] (Mme B., 84 ans, Ferrassières, 26).

La propriété analgésique ici mise à profit par la voie interne (alors qu'elle semble plutôt privilégiée à l'extérieur, en particulier contre les maux de dents) contribue à donner au sureau de la médecine traditionnelle une fonction d'aspirine végétale (dont on a sans doute tort de ne pas se souvenir).

7111, 7120, 7121, 9312. Dans la fièvre et la grippe, on emploie les différentes parties de l'arbre, fleurs, feuilles, aubier, en décoction légèrement bouillie (Mme R., 60 ans, Revest-des-Brousses). — Dans les mêmes maux, et les *coups de froid*, on boit l'infusion des fleurs sèches, une ombelle *(sic)* pour un bol d'eau bouillante ; *ça fait transpirer* (M. et Mme C., 70 ans, Revest-des-Brousses). — *On n'en buvait pas souvent en infusion, c'était bon pour faire transpirer ; on nous en faisait ramasser quand on avait mal aux épaules, quand on se refroidissait ; on faisait bouillir une bassine d'eau bouillante avec du sureau, on mettait l'enfant dessus ; c'est pour enlever le refroidissement* (Sœur T., Mane). — *C'est pour faire transpirer* (Mme A., 60 ans, Forcalquier ; enquête J. M., Saint-Michel-l'Observatoire ; anonyme, H., 75 ans, Banon, origine : Italie). — Voir "bourrache", **3120**, "pour les rhumes, la bronchite, les refroidissements" (anonyme, Saint-Geniez, 04).

L'action sudorifique des fleurs de sureau, associée à l'idée de dérivation utile dans les maladies fébriles et inflammatoires (cf. **3261**, plus haut, "pneumonie"), est l'une des plus largement mises à profit par la médecine populaire. Son efficacité a été souvent attestée par les anciens praticiens (cf. F. J. Cazin, *op. cit.*, 1868, p. 1041). Le sureau y rejoint la bourrache, qui a ici des indications très analogues. On notera, chez l'enfant, le "bain de vapeur" analogue aux fumigations de **4314**, et l'addition du lait, grand complément adoucissant des recettes traditionnelles, qui se retrouve aussi à propos de la bourrache (voir **3120** et *sq.*).

9110. L'infusion des fleurs est considérée comme *dépurative* (Mme F., 70 ans, Reillanne).

La situation du sureau dans cette attribution a été discutée dans *L'Herbe qui renouvelle* (*op. cit.*, 1986, p. 343). Il est étonnant que cette plante sudorifique (propriété constituante du "champ dépuratif"), remède important des maladies cutanées, dont la poudre de fleurs, au XVIIIe siècle, "purifie le sang" (Chomel, *op. cit.*, 1782, p. 22), n'apparaisse pas davantage dans les pratiques de cures dépuratives à visées dermatologiques, bien que celles-ci (du moins en haute Provence) privilégient les plantes amères comme le petit-chêne et le marrube. On suppose que les indications du sureau dans la sphère infectieuse/respiratoire ("refroidissement", grippe, pneumonie, etc.) ont "monopolisé" la propriété sudorifique, comme c'est le cas avec la bourrache. Reste que l'enquête de Salagon en vallée Stura (*op. cit.*, 2006) relève que "la fleur fait bien pour le sang", ce qui atteste la perception d'arrière-plan de la visée dépurative dans les Alpes du Sud. Cette attribution du sureau paraît être de large distribution européenne ; pour l'aire anglo-saxonne, M. Grieve parle de l'infusion des fleurs comme d'un "magnifique remède de printemps *(splendid spring medicine)*, excellent purificateur du sang à prendre chaque matin [...] pendant quelques semaines" (*op. cit.*, 1931, p. 272).

Emplois médicinaux
Pratiques vétérinaires et assimilées

Blessures, lésions externes. *Le "sambetié" c'est désinfectant, cicatrisant.* On s'en sert pour les plaies, les mauvaises blessures des chevaux, en bains locaux et en compresses de décoction des fleurs (M. et Mme U., 80 ans, Banon).

Divers. L'infusion de fleurs de *sambéquié* sert à laver les *humeurs des yeux* des chiens (M. et Mme B., 65 ans, hameau de Bouiron, Ongles).
Les deux informations précédentes attestent une équivalence d'usage avec les indications de la médecine humaine.

Emplois alimentaires, condimentaires et assimilés

Confiture, confit au sucre. Vin, spiritueux. On fait du vin et de la confiture avec les "graines de sureau" (cercle du 3e âge, Saint-Michel-l'Observatoire).
Cette pratique ne semble pas courante dans la région ; elle n'apparaît aussi qu'une fois dans l'enquête de M. Amir en Luberon. Il aurait été intéressant de connaître l'origine géographique des informateurs, le sureau, connu comme alimentaire en certaines régions, étant rejeté, sinon considéré comme un poison ailleurs (voir ce qui en est dit aux généralités comme "marqueur ethnobotanique" européen).

Tabac

Nicotiana tabacum L.

SOLANACÉES

Plante toxique la plus répandue aux Temps modernes à tous les niveaux de nos sociétés, le tabac avait dans le passé une réputation de drogue bénéfique, qu'on le fume, le prise ou le mâche (à doses raisonnables). On lui reconnaissait le pouvoir de "purger le cerveau" et de "prévenir l'apoplexie, la paralysie, les catarrhes, les fluxions, la migraine et le rhumatisme" (Chomel, *op. cit.*, 1782, p. 113). On disait même que sa fumée corrigeait le "mauvais air" en temps de peste… Les auteurs anciens soulignent toutefois les grands risques attachés à sa prescription interne en vomitif et purgatif. C'est probablement l'observation de ses propriétés irritantes chez l'homme, avec hypersalivation quand on le chique, qui a conduit à l'employer dans le météorisme des ruminants.

Emplois médicinaux
Pratiques vétérinaires et assimilées

Météorisme. *Pour la gonfle des brebis, on leur faisait mâcher du tabac* (enquête J. M., Saint-Michel-l'Observatoire). — *Quand les brebis avaient la gonfle, j'y faisais manger du tabac. Ah, oui ! et elles mangeaient volontiers ça, j'y en mettais plein la bouche, elles commençaient à cracher, puis à péter derrière* (enquête J. M., Saint-Michel-l'Observatoire). — *Le jus de tabac, c'est pour les brebis gonflées* (enquête J. M., Saint-Michel-l'Observatoire).

Tamier

Tamus communis L.

DIOSCORÉACÉES

pl. 20, fig. 64

Cette liane aux tiges annuelles issues d'un tubercule profond, noirâtre, atteignant la taille d'un gros navet allongé, est une proche parente botanique des ignames tropicales. Ses jeunes pousses sont comestibles en façon d'asperges mais toute la plante adulte est toxique, en particulier les baies vermillon. Le tamier, qui recherche les sols riches et frais, boisés ou buissonneux, où ses tiges volubiles trouvent des supports, croît çà et là sur les lisières et dans les clairières, les haies et les fourrés. Absent des milieux secs, il peut se faire assez fréquent dans les zones siliceuses et surtout les bois et fruticées des fonds de vallée. Inégalement distribué dans l'ensemble de la région méditerranéenne, le tamier se fait très commun en Europe moyenne. Il s'élève peu en altitude.

La racine du tamier, âcre et irritante, est de très longue date un remède populaire (fréquemment cité comme tel par la médecine savante) des contusions et meurtrissures (d'où, pour une part, le nom d'*herbe aux femmes battues*), des points rhumatismaux douloureux et autres névralgies. On applique localement sa pulpe râpée. D'anciens emplois internes, dangereux, semblent tôt abandonnés. La consommation des jeunes pousses en façon d'asperges, très courante en certaines régions (Sud-Ouest de la France, Italie, etc.), n'est pas attestée par les enquêtes haut-provençales. Il s'agit d'un aliment-remède jadis conseillé en diurétique et dans les affections dont on suppose le siège dans la rate.

Emplois médicinaux. Médecine humaine

1941, 2211, 6213. La râpure de racine est appliquée à l'extérieur dans les migraines, les douleurs, les maux de dents. Cette racine était achetée au père Adrien sur le marché de Forcalquier. *Ça marche, mais ça brûle* (Mme C., 40 ans, Mane).

Des herboristes forains, "spécialistes" de cette seule espèce, vendaient encore les tubercules de tamier sur le marché de Forcalquier au début des années 1990. La plante était ramassée dans les Cévennes.

1945. Pour traiter les rhumatismes, on avait recours à une pommade vendue par un père, à la Sainte-Baume. On pouvait la préparer ainsi : faire bouillir la racine 2 ou 3 heures dans très peu d'eau, l'écraser ensuite avec du saindoux. On oint les points douloureux avec cette préparation (Mme C., 40 ans, Mane).

La même informatrice fait allusion au "père" Adrien et à un père de la Sainte-Baume : n'y a-t-il pas une certaine dérive fabulatrice ?

1945, 2191, 2211, 9212. Voir "momordique" ; confusion avec la momordique (Mlle B., Courson).

Tanaisie

Tanacetum vulgare L.

COMPOSÉES (= ASTÉRACÉES)

Grande herbacée vivace d'odeur aromatique brutale, de saveur très amère, à souche traçante tendant à constituer des peuplements, aux feuilles composées-pennées à lobes finement incisés, aux fleurs jaune d'or en capitules semblables à des "cœurs" de marguerite, réunis en corymbes terminaux denses. Autrefois cultivée pour l'ornement, les emplois médicinaux et aromatiques, la tanaisie se rencontre surtout dans les jardins et à leurs abords. Elle est parfois subspontanée sur les alluvions des vallées, dans

les friches au sol plutôt riche et frais, dans les terrains vagues et les fossés du bord des routes.
Citée par les textes antiques, présente dans les abbayes médiévales, la tanaisie était l'une des médicinales les plus couramment cultivées dans les jardins domestiques comme tonique-amère, vermifuge, emménagogue, voire abortive – c'est-à-dire dans des attributions proches de celles de l'absinthe. On en faisait aussi des liqueurs digestives analogues à l'arquebuse (voir "armoise aurone").
C'est une plante toxique plus ou moins riche en thuyone (la race à feuilles crépues est la plus dangereuse), poison convulsivant qui rend suspects les emplois en médecine humaine, d'ailleurs pratiquement abandonnés.

Perception de la plante

C'est une plante à boules jaunes, les fleurs sont comme s'il n'y avait que des étamines, sans pétales. C'est un bouquet de fleurs jaune orangé à la cime de la plante (M. et Mme C., 70 ans, Revest-des-Brousses).

Emplois médicinaux. Médecine humaine

2574. *Elle est utilisée comme vermifuge et on en mettait dans les anciennes paillasses, qui servaient de matelas, pour éloigner les puces* (M. et Mme C., 70 ans, Revest-des-Brousses).
L'emploi de la tanaisie en insectifuge est attesté par la littérature et les enquêtes méridionales récentes. Une informatrice de M. Amir parle "des grands bouquets [de tanaisie] qu'on pend et les mouches s'en vont" (*op. cit.*, 1994-1995).

Thym

Thymus vulgaris L.

LABIÉES (= LAMIACÉES)

pl. 12, fig. 35 et 36

C'est un sous-arbrisseau très aromatique, feuillé à peu près toute l'année (les étés aux longues sécheresses détruisent ses parties aériennes mais lui sont rarement fatals), commun dans les garrigues, les bois clairs et la plupart des pelouses sèches des étages du chêne vert et du chêne blanc, surtout en sols calcaires. Plante majeure du paysage olfactif méridional, mais aussi du paysage pastoral, le thym s'installe rapidement dans les friches ; le pâturage le favorise et assure son maintien sur les parcours où les ruminants, qui ne le consomment que sporadiquement, en font un "refus de troupeau" capable de prendre une extension et une densité considérables. Dans cette conquête des friches pâturées, le thym est aidé par une aptitude à inhiber, *via* des excrétions racinaires, la levée des graines de plantes concurrentes, celles-ci étant par ailleurs pour la plupart broutées. Sur les parcours régulièrement fréquentés par les bêtes, surtout en zones d'anciennes cultures à l'abandon, le thym peut finir par constituer des peuplements purs de faible valeur fourragère (mais superbes à la floraison), que les bergers de l'ancienne société avaient l'habitude de brûler pour aider au renouvellement du milieu. Ces thymaies pures tendent d'ailleurs à s'autodétruire au bout de quelques années hors intervention humaine, et finissent par se faire gagner par une végétation de lande.

Le thym est commun dans toute la haute Provence méditerranéenne, des basses altitudes jusque vers 900 mètres ; il atteint çà et là 1 500 mètres sur des pentes rocailleuses ensoleillées. Plusieurs "races chimiques" sans identité morphologique évidente se distinguent par leur senteur particulière. Le thym le plus courant aux basses altitudes, à l'huile essentielle riche en thymol (et en son isomère le carvacrol), plante d'odeur assez forte, peu fine, puissamment bactéricide par son essence, est dit "thym rouge" par les récolteurs traditionnels. Des races à la composition chimique distincte (à géraniol, linalol, etc.), d'odeur plus fine, parfois à tonalité citronnée, sont qualifiées de "thym blanc". Ces spécificités ne sont pas traduites au niveau des emplois de la médecine populaire locale. Dans les années 1960, toutefois, les gens de la région de Forcalquier préféraient, pour l'aromate, cueillir le thym "qui a la jambe fine", que sa senteur désignait comme "thym blanc" (recueil P. L., 1967).

Le thym commun est une plante endémique du Sud-Ouest de l'Europe, où il croît de la Ligurie (où il est peu répandu) à l'Espagne ; c'est en France qu'il a ses populations les plus importantes. Une dizaine d'espèces du même groupe se rencontrent en péninsule Ibérique, tandis que d'autres thyms sous-arbustifs sont plutôt balkaniques. Espèce de large distribution méditerranéenne, du Portugal à la Grèce, *Thymus capitatus* (L.) Hoffmanns. et Link est absent en France ; il fait sans doute partie des plantes que l'Antiquité qualifiait de *thumos* — nom qui englobait aussi d'autres Labiées aromatiques, en particulier la sarriette *Satureja thymbra* L. de Grèce, Crète et Sardaigne. Si l'on ne peut donc associer directement au thym provençal (toutefois évoqué en Crau par Pline, *op. cit.*, XXI, 57) les emplois médicinaux cités par les textes de l'Antiquité à propos de *thumos/thymus*, il y a une communauté d'attributions manifestes avec ce qui concerne le thym dans la tradition populaire provenço-languedocienne. Les indications digestives et respiratoires qu'on rencontre le plus communément dans l'aire méditerranéenne française, de nos jours, sont déjà directement ou indirectement consignées dans la médecine antique.

Ramassage
Société
Changements socioéconomiques

Je le cueille, maintenant, en mai [...] *mais on peut le cueillir toute l'année sur la colline, quand on n'en a plus* (Mme G., Céreste). — *Avant, on faisait la coupe à la main et on récoltait avec un drap ; c'était pour vendre. On conservait les graines de thym et on en replantait. Maintenant, on coupe le thym à la machine, ça fait repousser partout, on le coupe à ras* (M. G., Saint-Michel-l'Observatoire).
La dernière remarque ne correspond pas à l'observation de terrain. Coupé à ras par les faucheuses mécaniques, le thym perd souvent la faculté de se régénérer, alors que la coupe à la faucille, en respectant les pousses inférieures, permet la reconstitution des pieds.

Perception de la plante

Le thym avec un goût de verveine, c'est très rare (Sœur T., Mane).
Il est fait allusion ici à une "race chimique" sans doute identique au "thym blanc" évoqué plus haut ; ce qui atteste la perception populaire des différences de senteurs dans une espèce aux populations chimiquement distinctes, à la variabilité encore imparfaitement étudiée.

Emplois médicinaux. Médecine humaine

1414. Le mélange des 3 huiles essentielles de thym, romarin et genièvre est appliqué sur le visage contre les rides. *C'est très apprécié par les femmes d'un certain âge ; c'est très efficace* (M. B., Montjustin).

L'emploi des huiles essentielles ici mentionnées a une origine savante actuelle (source non précisée). Il évoque des mélanges (à excipient huileux) proposés par l'aromathérapie, non à des fins cosmétologiques mais comme liniments toniques et décontractants. L'emploi des HE sur l'épiderme, surtout à l'état pur (comme il est sous-entendu ici), ne peut intervenir qu'en cas de problèmes infectieux, de façon localisée, nullement en soin cosmétique régulier où il y aurait des risques inflammatoires importants. Il est possible que l'information brode sur la connaissance approximative d'un produit qui pourrait être une huile de massage. Elle témoigne en tout cas de la dérive qui peut intervenir dans la transmission actuelle des connaissances relatives aux plantes médicinales. Voir aussi ce qui est dit à “romarin”, **9336**, à propos d'une autre recette transmise par le même informateur.

2121. Le thym, *c'est bon pour la digestion, après le repas* (Mme F., 70 ans, Reillanne). — *On le met dans l'infusion du soir avec la menthe ou la verveine ; c'est bon pour la digestion, on utilise seulement les fleurs* (M. et Mlle C., Banon). — *On le cueille dans la colline ; on le boit le soir* [en infusion] *; c'est bon pour la digestion* (M. et Mme B., Céreste). — [L'infusion de thym,] *c'est pour digérer* (Mme A., Saint-Michel-l'Observatoire).

Prescrit dès l'Antiquité dans “les affections de l'estomac et du ventre” (Pline, *op. cit.*, XXI, 155), le thym est, avec la sauge et le romarin, le digestif majeur de la médecine populaire méridionale.

2150, **2315**, **2511**. [En tisane] *pour l'intestin et l'estomac, contre les ballonnements, ça a très bon goût* (M. et Mme C., 70 ans, Revest-des-Brousses).

2440. *Quand la farigoule fleurit, le petit-chêne pousse. Si je me sens embarrassée, je bois une infusion de farigoule,* […] *ça me fait roter, ça me fait du bien* (Mme D., 84 ans, Banon).

L'évocation de la germandrée petit-chêne, encore à son stade feuillé initial au moment de la floraison du thym, peut laisser entendre que celui-ci est employé quelque peu par défaut, en tout cas dans des problèmes (les “embarras”) où l'on aurait plutôt recours au petit-chêne.

En même temps, l'information recoupe les mentions d'usage du thym dans les indications dépuratives (voir plus bas), où le petit-chêne est un élément majeur.

2512, **9382**. *C'est bon pour le mal au ventre ; je le cueille, maintenant, en mai, et le soir j'en fais des tisanes avec les fleurs* (Mme G., Céreste).

2523, **9311**, **9352**. *C'est pour uriner, pour aller à la selle, c'est un désinfectant* (Mme G., Banon).

Si le thym est cité par l'ancienne médecine comme propre à "pousser les urines" (mais c'est un diurétique mineur), il n'est nullement laxatif. Il est probable que l'allusion à cette propriété a à voir ici avec les attributions générales de digestif reconnues à la plante, où la fonction de "désinfectant" intestinal a d'ailleurs sa part.

2533. *Pour arrêter les diarrhées, le thym, c'est bon pour le ventre* (M. et Mme U., 80 ans, Banon).

Cette donnée corrobore le commentaire précédent : par ses propriétés de désinfectant intestinal, le thym a une action utile dans les diarrhées, quelque peu analogue à celle de la sarriette.

3120. *On le boit en tisane, pour le rhume ; c'est M. Cloche, le pharmacien de Forcalquier, qui l'a conseillé* (Sœur T., Mane). — Voir aussi "calament" (Mme L., 69 ans, Banon : association avec d'autres plantes et de la "gnôle").

L'indication du thym dans les traitements des affections respiratoires est plus courante en haute Provence que ne le laisse entendre la seule attestation ci-dessus (appuyée toutefois par **7120**, plus bas), mais n'a pas l'importance qu'on serait en droit d'attendre. Des aromatiques de la même famille, hysope et lavande en particulier, ainsi que le sureau, la ronce, etc., occupent largement cette "niche thérapeutique".

(2121) 3250. *C'est pour la digestion et l'asthme. On le fait en infusion des fleurs* (cercle du 3e âge, Saint-Michel-l'Observatoire).

Pour Pline (XXI, 156), l'asthmatique *(anhelator)* est au nombre des malades soignés par le thym (au sens large).

4112. *C'est bon pour le cœur, quand on a le cœur malade* (Sœur T., Mane).

Stimulant général, le thym n'a pas d'indication cardiaque particulière.

7120. *Quand on avait la grippe, la vraie, pendant 8 à 10 jours, on prenait une infusion d'aigremoine dans une grande casserole, et aussi du thym* (enquête J. M., Saint-Michel-l'Observatoire).

Voir le commentaire donné à "aigremoine".

9110. Le thym est qualifié de *dépuratif* par M. et Mme V. (75 et 70 ans, Dauphin).
Il ne s'agit pas d'une propriété habituellement reconnue au thym. C'est la polyvalence de la plante, en particulier dans le domaine digestif, qui lui vaut cette assimilation, sans autre écho dans l'enquête, et pas davantage dans celle de M. Amir en Luberon (*op. cit.*, 1994-1995). Voir aussi ce qui est dit à “sureau”, **9111**, à propos de l'extension du champ dépuratif.
9322. *Les feuilles et les fleurs en infusion, c'est contre la fatigue, d'après le docteur* (M. et Mme C., 70 ans, Revest-des-Brousses).
9331, **9382** (“pour délasser le soir”). Voir “bouillon-blanc” (Mme L., 69 ans, Banon).
9336. *C'est pour les bains de pieds* [SPI] (enquête J. M., Saint-Michel-l'Observatoire).
Sans précision d'indication, l'information peut sans doute être mise en parallèle avec **9322**, “contre la fatigue”. Le thym (en particulier son huile essentielle) a une vieille réputation de tonique/stimulant (et aussi de décontractant/ “délassant”), employé sous forme de bains et de lotions.
9371 (mélange de plantes pour les “longues cures”). Voir “aubépine” (Mme R., Mane).
9381, **9382**. *La farigoule, c'est bon en tisane* (M. G., Forcalquier). — *On fait du thym fleuri, toujours en infusion, à la maison, le soir, ça fait du bien ; on le mélange avec de la sarriette ; c'est une badasse* (Mme G., Banon). — *On en boit le soir, en infusion* (Mme F., 70 ans, Reillanne). — (Infusion du soir composée.) Voir “lavande” (M. et Mme U., 80 ans, Banon) ; voir “menthe” (M. G., Saint-Michel-l'Observatoire).
Le thym, avec la sauge, la lavande, le romarin, la verveine citronnelle, etc., fait partie des “infusions du soir” les plus appréciées en haute Provence (et ailleurs dans le Midi), qu'on boit à la fois “pour le plaisir” et pour des vertus générales où les effets digestifs sont privilégiés. “Badasse” est un terme générique appliqué à plusieurs sous-arbrisseaux des parcours (thym, dorycnies, plantain badasson, lavandes…), ceux-ci devenant du même coup “les badasses”.

Emplois médicinaux
Pratiques vétérinaires et assimilées

Coliques, indigestions (chevaux et vaches). Voir “sauge” (M. C., Allos ; Mlle B., Courson).

Météorisme. On emploie le thym *pour la gonfle* [SPE] (M. F., 50 ans, Valbelle).
Mise bas. Pour la délivrance du placenta des brebis, on leur fait absober une décoction de thym avec un cachet d'aspirine (M. F., 50 ans, Valbelle).
Nourriture. *On le donne à manger au lapin, ça le rend meilleur* (M. et Mme B., Céreste). — Mlle T. va le ramasser en fleur pour les lapins ; *ça leur fait du bien* (Sœur T., Mane).

Emplois alimentaires, condimentaires et assimilés

Aromate. Le thym sert d'assaisonnement dans divers plats provençaux (cercle du 3e âge, Saint-Michel-l'Observatoire ; Mme R., Mane). — Il est utilisé en poudre sur les aliments, *sans la tige* (M. et Mme C., 70 ans, Revest-des-Brousses). — On l'utilise *dans le lapin, pour parfumer avec du laurier ; en bouquet garni dans le fromage de tête* (M. et Mlle C., Banon). — *Pour faire cuire le lapin, ça donne bon goût* (Sœur T., Mane). — *Le thym, on en met dans les lapins, quand on cuisine* (Mme A., Saint-Michel-l'Observatoire). — (Bouquet garni.) Voir "sarriette" (Mme G., Banon).
Le thym est l'un des aromates les plus employés dans la cuisine traditionnelle française. Cultivé au potager depuis des siècles, hors de son aire naturelle, c'est le compagnon habituel du laurier dans le bouquet garni.

Tilleul

Tilia platyphyllos Scop., *T.* x *vulgaris* Hayne

TILIACÉES

Des trois tilleuls présents en haute Provence (comme ailleurs en France), le tilleul commun ou tilleul à larges feuilles, *Tilia platyphyllos*, est de loin le plus répandu en milieux naturels. Arbre caractéristique de la chênaie pubescente fraîche (ubacs, ravins), il s'élève jusqu'à 1 200 (-1 400) mètres, où il peut alors accompagner le hêtre.

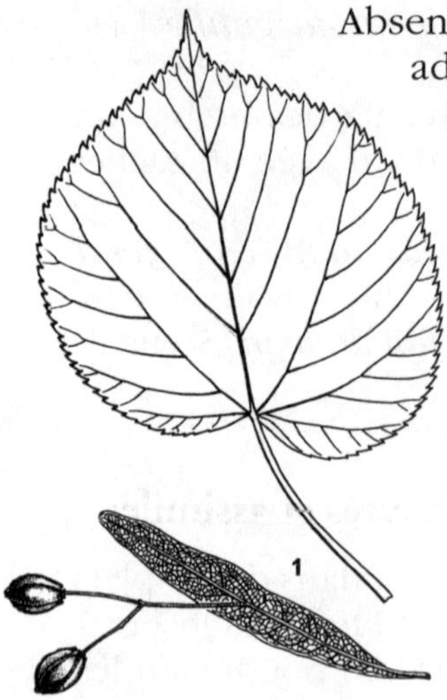

Absent du taillis sec, il n'atteint sa taille adulte que dans les zones peu accessibles et dans les bois du sommet de l'étage collinéen (par exemple à Lure au pas des Portes). Aux basses altitudes, il trouve un habitat de substitution dans les ripisylves. Souvent planté pour l'ornement et pour son excellente fleur médicinale, il a différencié des races qu'on propageait par greffe à l'époque où la cueillette de la fleur présentait un intérêt économique ; c'est le cas des cultivars à grandes bractées, le "tilleul des Baronnies", qu'on rencontre dès la haute vallée du Jabron et surtout dans la Drôme. Rare et très disséminé (surtout en zones siliceuses), le tilleul à petites feuilles, *T. cordata* Miller, qui fleurit plus tard, a produit en se croisant avec *T. platyphyllos* l'hybride *T.* × *vulgaris*, tilleul d'ornement parmi les plus courants, qui a aussi des races à fleurs appréciées par l'herboristerie.

Connu des Anciens surtout pour son écorce fibreuse qui servait à faire des cordages et autres objets en fibres tordues ou tressées, le tilleul est peu présent dans les pratiques de médecine avant les Temps modernes. Au XIIe siècle, Hildegarde de Bingen lui reconnaît surtout des pouvoirs magiques protecteurs, et c'est la racine qui est alors mise en œuvre. Quelques auteurs du XVIe siècle y voient un remède de l'épilepsie, mais c'est alors l'écorce interne qui est requise. Les fleurs, dont l'emploi est courant au XVIIIe siècle, avec des indications analogues à celles qu'on leur reconnaît aujourd'hui, en particulier comme sédatives, semblent donc d'apparition tardive en médecine (du moins celle qui prête à écrits) ; ce qui pourrait corroborer l'hypothèse, déjà évoquée à propos du sureau, d'une évolution dans la mise en œuvre des remèdes végétaux, où l'on va de la racine à la fleur et des propriétés brutales à des pouvoirs adoucis.

Emplois médicinaux. Médecine humaine

1150. *Quand je m'étais brûlée à 6-7 ans, en mangeant de la soupe, j'avais tout le visage ébouillanté ; on m'avait mis des cataplasmes de feuilles de tilleul. On remplace les feuilles toutes les 3-4 heures. Mon frère aussi s'était brûlé tout le bras dans la marmite, sur le feu ; on lui avait fait pareil, avec des feuilles de tilleul ; il n'y avait plus de traces, pas une seule marque, ni une croûte* [Mme C., elle non plus, n'a plus aucune cicatrice au visage]. *Ma mère cueillait toujours trois branches entières de tilleul, qu'elle faisait sécher pour l'hiver* (Mme C., 65 ans, Revest-des-Brousses).

Les feuilles et l'écorce interne du tilleul renferment un mucilage anti-inflammatoire. On peut supposer que cette propriété a été découverte très anciennement, lors des procédés de rouissage de l'écorce. L'emploi de ce mucilage contre les brûlures est attesté par S. Pauli au XVIIe siècle[1]. Le recours aux feuilles est une simplification de ce procédé mais peut aussi se relier à leur emploi alimentaire : elles ont été couramment consommées en temps de disette et le simple fait de les mâcher en révèle la part mucilagineuse.

1945. *Contre les rhumatismes*, l'aubier de tilleul est pris en infusion (Mme M., 90 ans, Saint-Etienne-les-Orgues). — *Pour les rhumatismes*, on boit l'infusion d'aubier (M. B., 80 ans, Mane).

L'époque de l'enquête coïncide avec la vogue de "l'aubier" de tilleul, alors vanté comme une quasi-panacée par plusieurs ouvrages de vulgarisation (qui relayaient une production d'herboriste des Pyrénées-Orientales à la publicité charlatanesque ; l'appellation elle-même est suspecte : le tilleul est un bois sans aubier distinct…). Avec la fin de cette mode, on a presque oublié les vertus diurétiques (entre autres) bien réelles d'un produit qui était déjà connu de l'ancienne médecine (mais nul ne paraissait le savoir) : "La décoction du bois, surtout des jeunes branches, soulage fort les hydropiques", dit ainsi Chomel (*op. cit.*, 1782, p. 272). Il est probable que les présentes données sont sous l'influence livresque contemporaine, ce qui atteste la puissance de transmission de l'information par la voie de l'écrit (avec de possibles relais oraux), fût-ce en direction des personnes les plus âgées. Malheureusement, l'enquête ne s'est pas interrogée sur l'origine de ces savoirs.

2121 (mélange "pour la digestion"). Voir "fenouil" (enquête J. M., Saint-Michel-l'Observatoire).

---

1. Pauli, Simon, *Quadripartitum botanicum, de simplicium medicamentorum facultatibus*, 2 part. en 1 vol. in-4°, Strasbourg, 1667.

2315, 2416, 2511 (aubier dans une tisane composée *pour le pancréas, le foie, l'estomac et l'intestin*). Voir "chicorée sauvage" (M. et Mme C., 70 ans, Revest-des-Brousses).
2512 (tisane composée *pour le mal de ventre*). Voir "menthe" (enquête J. M., Saint-Michel-l'Observatoire).
3120. *C'est pour les infusions d'hiver.* M. S. en met dans les inhalations quand il a un rhume (M. S., La Bastide-des-Jourdans, 84).
4120, 9331. [En infusion avec l'aubépine] *pour le cœur qui se fatigue ; ça calme* (M. et Mlle C., Banon).
Les deux fleurs d'arbres sédatives de la flore d'Europe, toutes deux apparues tardivement dans les écrits, se conjuguent ici dans une attribution cardiaque — où le tilleul, toutefois, n'est nullement perçu comme un équivalent de l'aubépine : la médecine populaire le cantonne habituellement dans un champ de sédatif nerveux au sens large.
6124. *C'est pour reposer, ça fait dormir* (Mme G., Banon). — *En infusion, ça fait dormir* (cercle du 3e âge, Saint-Michel-l'Observatoire). — La belle-mère de Mme F. lui conseillait de mélanger la fleur de tilleul à la guimauve, dans l'infusion *pour les enfants, pour dormir.* Mme F. en boit aussi le soir, en infusion, associé à la verveine (M. F., 80 ans, Reillanne).
7111, 7120, 9331, 9382. *C'est calmant, en infusion, le soir. On en boit quand on a la grippe et la fièvre, avec du miel* (Mme G., Céreste).
9331. *Les fleurs* [en infusion], *c'est un calmant. Le ramassage des fleurs de l'arbre de la maison est délicat, il faut le faire au bon moment* (M. et Mme B., Céreste). — *C'était bon pour calmer* (Mme T., 60 ans, Limans). — *C'est calmant, ça fait reposer, ça calme* [infusion des fleurs] (Mme A., Saint-Michel-l'Observatoire). — *C'est un calmant, on le boit en infusion du soir* (M. F., 80 ans, Reillanne).
Les différentes indications ci-dessus, où le propos "calmant" domine (il est sous-entendu plus bas, en **9381**), sont les plus constantes du tilleul dans l'emploi traditionnel en France, mais ne se retrouvent pas uniformément distribuées en Europe (les pays anglo-saxons, par exemple, semblent ne pas faire grand cas du tilleul sédatif). Il y a ici aussi une recherche comparative à conduire. L'enquête n'évoque pas les effets inverses de l'infusion chez certaines personnes que le tilleul empêche de dormir, mais celle de M. Amir en Luberon (*op. cit.*, 1994-1995) les relève à plusieurs reprises. On notera l'allusion à "l'arbre de la maison" : le tilleul est fréquent au voisinage des

fermes en Provence, et aussi dans les cours, voire les rues des villages ; sa présence est perçue comme favorable : il donne une “bonne ombre”, même si on déconseille de s'y endormir (A.-H. Dufour, *op. cit.*, 2001, p. 57, 61). La société traditionnelle, qui ne manquait pas d'y cueillir chaque année la provision de fleurs indispensables déjà aux infusions vespérales (voir ci-dessous), associait l'arbre familier à leur parfum et à leurs vertus apaisantes. Toutefois, dans notre région, le tilleul est loin d'occuper l'image de bon génie du seuil dont la vue annonce au voyageur le foyer accueillant, les douceurs de la vie domestique, qu'il a de nos jours encore (fût-ce dans le registre nostalgique) pour les peuples germaniques.

9371 (mélange *pour des longues cures, toute l'année*). Voir “aubépine” (Mme R., Mane).

9381. Le tilleul et la verveine pour l'infusion sont achetés dans le commerce (M. G., Forcalquier). — *On faisait du tilleul, c'est bon pour les gens* (M. M., 60 ans, Banon). — *On en buvait dans l'infusion, le soir* (M. et Mme U., 80 ans, Banon). — *On le boit le soir et dans la journée, mélangé avec de la verveine* (M. G., Saint-Michel-l'Observatoire). — *Une infusion de tilleul, ici y en a, on peut se servir !* (Mme D., 84 ans, Banon.)

Ces informations attestent la popularité du tilleul comme simple infusion vespérale, naguère générale en France mais en nette régression de nos jours où l'on semble préférer des saveurs moins mièvres — si ce n'est en milieu hospitalier, où le tilleul tient un rôle de “tisane” quasiment générique, considérée comme neutre par les soignants qui la proposent le soir aux patients (il n'est surtout pas question de recourir à des infusions qui auraient à voir avec les pathologies traitées).

Emplois médicinaux
Pratiques vétérinaires et assimilées

Coliques. *C'est bon pour les bêtes, on faisait du tilleul* (M. M., 60 ans, Banon). — L'infusion de tilleul est administrée aux chevaux et aux vaches, *quand ils ont du mal à digérer* ; affection décrite par M. F. comme un spasme (M. F., 80 ans, Reillanne).

Il y a encore ici analogie d'indications entre prescriptions humaines et vétérinaires.

Mise bas. Voir “café” (enquête J. M., Saint-Michel-l'Observatoire).

Tremble

Populus tremula L.

SALICACÉES

Au sens strict, le tremble est un peuplier surtout présent dans l'étage montagnard (à Lure, niveau de la hêtraie-sapinière) mais distribué aussi à plus basse altitude, en particulier sur les sols siliceux ou décalcifiés. Il a des populations importantes sur le plateau d'Albion, et dans les lieux frais des affleurements sablo-gréseux cénomaniens de la zone Rustrel, Vachères nord, Banon sud, Revest-des-Brousses, etc. Il semble qu'on le confonde souvent avec le peuplier blanc des ripisylves à caractère méditerranéen. Le tremble n'a pas de présence propre dans les recueils de l'enquête, où il n'apparaît que comme substitut possible du charbon de bois de saule.

Emplois médicinaux. Médecine humaine

2611, **9352** (charbon de bois désinfectant). Voir "saule blanc" (M. M., Seyne-les-Alpes, 04).

Trois plantes différentes

La pratique de cueillir trois plantes différentes, de les écraser ensemble et d'en frotter les piqûres d'insectes, voire les morsures de vipère, est habituelle dans les recueils de la pharmacopée populaire française. Un commentaire fréquent qui voudrait que, sur les trois plantes, il y en ait au moins une qui puisse se montrer anti-inflammatoire n'a guère de validité ; mais il n'est pas exclu qu'en réunissant trois herbes fraîches qu'on écrase et qu'on applique *loco dolenti*, on accroisse les chances de disposer d'une substance (acide organique, etc.) qui dégrade certains constituants des venins. On doit tenir compte aussi du chiffre 3, qui fait écho à une magie bien antérieure au christianisme mais que celui-ci a réactivée sous les espèces de la Trinité.

Emplois médicinaux. Médecine humaine

1450. *Quand on se fait piquer par une abeille, on choisit 3 herbes* [au hasard], *on les écrase un peu* [on les applique sur la piqûre] *et on guérit* (Mme A., 65 ans, Forcalquier). — *Pour une piqûre d'insecte,* [vous prenez] *3 feuilles d'herbes différentes : vous les écrasez dessus* (enquête J. M., Saint-Michel-l'Observatoire). — *Une fois, je vais garder les brebis avec ma fille, vers les pommiers ; elles vont découvrir un guêpier ; je me suis fait piquer en 7 endroits. Pour les piqûres, on frotte 2 ou 3 herbes. On peut uriner dessus aussi, il paraît que c'est bon* (enquête J. M., Saint-Michel-l'Observatoire).

Emplois médicinaux
Pratiques vétérinaires et assimilées

Vipères, morsures. *Pour les morsures de vipère, vous y frottez 3 herbes différentes* (enquête J. M., Saint-Michel-l'Observatoire).

Truffe

Tuber melanosporum Vitt.

Très importantes dans l'économie traditionnelle de la haute Provence comme dans les pratiques sociales, les truffes n'apparaissent que ponctuellement dans la présente enquête, où elles n'étaient pas *a priori* prises en compte. On conserve l'information ci-dessous en raison des quelques précisions fournies sur les espèces truffières. Une recherche particulière reste à conduire autour de ce champignon, même s'il a déjà donné lieu à beaucoup de publications. La perception de la nature de ce "végétal" (est-il bien regardé comme tel ?), les modes de reconnaissance des "coins" et de la présence d'une truffe, les pratiques de ramassage, les conflits de territoire associés, les avis sur la régression de la production sauvage, les procédés de conservation après la récolte, les processus (plus ou moins secrets) de commercialisation, etc.

sont autant de thèmes qui requièrent encore l'attention de l'ethnologue.

Ramassage

On a toujours recherché les truffes, depuis nos parents, c'est une habitude. On avait nos arbres, nos coins et on les vendait. Ce sont des champignons souterrains ; les hêtres et les châtaigniers en donnent, les ronces et les noisetiers font des truffes, le genévrier cade aussi, mais ce sont des petites. Nous, on avait des chênes truffiers sauvages, sur nos terres, et on cherchait les grosses truffes avec les chiens et les cochons (M. et Mlle C., Banon).

Tussilage

Pas-d'âne

Tussilago farfara L.

COMPOSÉES (= ASTÉRACÉES)

Cette fleur de fin d'hiver et du tout premier printemps, petit soleil des fossés aux "pétales" innombrables (en fait, ligules du capitule des Composées), dont les feuilles polygonales (contour de sabot d'équidé, d'où "pas-d'âne") ne se développent qu'après le flétrissement des tiges, est commune dans la région depuis les vallées jusqu'à l'étage montagnard. Plante colonisatrice des sols nus marneux et argileux, humides en hiver (pentes érodées, éboulis, dépôts des ruissellements périodiques, etc.), où elle peut constituer des peuplements étendus, elle croît aussi au bord des routes et des chemins, sur les remblais, dans les alluvions des rivières.

Perception de la plante

Il vient dans les terrains humides ; il fait une fleur jaune (Sœur T., Mane).

Emplois médicinaux. Médecine humaine

1532, **9354**. Les feuilles, macérées [dans de l'eau ?], ou bouillies dans du lait, appliquées en compresses, *tirent le pus* des furoncles (M. et Mme B., 65 ans, hameau de Bouiron, Ongles).

Peu souvent citées de nos jours dans l'emploi externe en médecine populaire française[1], les feuilles du tussilage sont déjà prescrites dans l'Antiquité (qui semble délaisser les fleurs) pour traiter les infections et inflammations cutanées (Dioscoride, 3, 109, de l'édition Matthioli, 1680). Le Moyen Age savant relaie discrètement ces emplois, qui se perpétuent surtout de nos jours dans l'aire centre-européenne (où elles se substituent aux fleurs dans l'emploi interne antitussif). Au détour des XVIIIe-XIXe siècles, elles ont connu un certain renom dans le traitement des ulcères scrofuleux (voir Cazin, *op. cit.*, 1868, p. 1077-1079).

1. Il y a une attestation "pour les coups et les coupures" en Vallouise, Hautes-Alpes, chez D. Delcour, *op. cit.*, 2004, p. 180.

Elles ont vraisemblablement un intérêt vulnéraire qui vaudrait d'être étudié. La part du lait dans les cataplasmes maturatifs est fréquente en médecine populaire.

3120. *On l'appelle "cavalino". On en prend les fleurs pour le rhume, c'est doux. On le mélange avec la violette* (enquête J. M., Saint-Michel-l'Observatoire).

3215, 3221. Les fleurs de tussilage sont employées *pour la toux, pas les feuilles* (M. C., Allos). — *C'est pour la toux* [SPE] (Mme F., 60 ans, Dauphin). — *C'est bon pour la toux ; la tisane de la fleur est un peu gluante et adoucissante* (Mme A., Saint-Michel-l'Observatoire). — *Le "pas-d'âne", c'est pour la toux* [SPE] (Mlle A., 90 ans, Montjustin). — On en prend les fleurs, une pincée dans une petite casserole d'eau bouillante ; la mère de l'informatrice faisait souvent le mélange : tussilage, bourrache, violette, *pour la toux ; c'est adoucissant aussi* (M. et Mme C., 70 ans, Revest-des-Brousses). — *C'est pour les bronches* (Sœur T., Mane).

Fleur pectorale parmi les plus employées depuis l'Antiquité, le tussilage associe un mucilage adoucissant (cf. "la tisane de la fleur est un peu gluante") à des substances antispasmodiques qui aident à calmer la toux. Récemment, l'analyse a mis en évidence dans cette plante (outre une diversité notable de constituants actifs) des alcaloïdes hépatotoxiques suspectés d'action cancérigène ; ce qui conduit à l'interdiction de mise en vente d'un remède végétal éprouvé dont il est peu probable que les doses courantes présentent des risques.

Valériane

Valeriana officinalis L.

VALÉRIANACÉES

Plante des lieux humides (et aussi des localités "sèches" en climats pluvieux), très répandue dans la plus grande partie de l'Europe et en Asie tempérée, la valériane officinale se rencontre en région méditerranéenne seulement là où ses exigences écologiques sont satisfaites : bord des

eaux, lieux marécageux, prairies, fossés, fourrés frais. C'est donc une plante disséminée et peu perçue, qui, pour cette raison, ne participe que de façon très marginale à la pratique médicale populaire du Midi.

Emplois médicinaux. Médecine humaine

2211, 6111. Dans les maux des dents et des nerfs, on en boit l'infusion. La partie employée n'est pas précisée mais il s'agit vraisemblablement de la racine. L'information concerne peut-être la valériane des montagnes, l'informatrice ayant longtemps exercé son métier d'institutrice dans la région de Barcelonnette (Mlle A., 90 ans, Montjustin).
9331. *C'est calmant* [en décoction], *une racine pour une tasse... Les racines séchées sentent la merde de chat* (Mme D., 65 ans, Forcalquier).

Plante sédative, non citée au sens strict avant le Moyen Age (l'Antiquité usait d'autres espèces du genre *Valeriana*), mais très probablement connue en Europe moyenne avant les premiers écrits médicaux, la valériane connaît de nombreuses attributions à la Renaissance (asthme et toux, rétention d'urine, "obstruction du foie", faiblesse de la vue, etc.), et encore au XVIIIe siècle, avant de voir privilégiée son action sédative et antispasmodique. On la regardait jadis comme le meilleur remède de l'épilepsie et de la "passion hystérique". Les indications évoquées ci-dessus tirent parti de ces propriétés majeures. Les racines ont une odeur spéciale, tenace, désagréable sans mériter la comparaison qui est faite en **9331** (on évoque plus souvent l'odeur des pieds qui transpirent…).

Vélar

Herbe au chantre

Sisymbrium officinale L.

CRUCIFÈRES (= BRASSICACÉES)

Plante annuelle nitrophile, souvent commune aux basses et moyennes altitudes dans les lieux habités (villages, jardins, décombres, etc.), aux abords des bergeries et sur les passages de troupeaux, parfois très abondante dans les jachères des sols fumés, le vélar se distingue à ses inflorescences grêles non feuillées, aux rameaux très divariqués, à ses très petites fleurs jaunes à 4 pétales, à ses fruits fusiformes (siliques) appliqués contre la tige. En dépit de sa relative fréquence dans le territoire de l'enquête, cette plante ne semble pas reconnue par la société locale et nulle information de source autochtone ne s'y rattache (cf. ci-dessous).

Emplois médicinaux. Médecine humaine

3113. *C'est une plante à feuilles vertes et à fleurs jaunes* [M. Martel la lui a montrée ; allusion à Pierre Martel,

fondateur de l'association Alpes de lumière, grand diffuseur d'informations sur le milieu haut-provençal] *; on fait les fleurs en infusion. C'est pour donner la voix, quand on est aphone* (Mme A., Saint-Michel-l'Observatoire). L'indication du vélar dans la toux et les affections laryngées remonte à l'Antiquité. Au XVIIIe siècle, on en préparait le "sirop du chantre", réputé, comme son nom l'indique, contre les problèmes de ceux que menace l'extinction de voix.

Véronique officinale

Veronica officinalis L.

VÉRONICACÉES (EX-SCROFULARIACÉES)

Commune dans une grande partie de l'Europe (prés plutôt secs, landes, forêts claires, avec une préférence pour les sols acides), la véronique officinale, en région méditerranéenne, se cantonne surtout dans l'étage montagnard (hêtraie et pinède acidophile), et, aux plus basses altitudes, dans les chênaies des substrats siliceux. En haute Provence occidentale, elle est surtout répandue dans la chaîne Ventoux/Lure, plus disséminée dans les autres massifs. Sa localisation préférentielle en altitude la range parmi les plantes médicinales méconnues et à peu près inusitées dans des aires culturelles qui tournent le dos à la montagne.

Inconnue des textes antiques, la véronique est citée au Moyen Age dans une situation taxonomique incertaine, dénommée ici *camedreos* (et variantes), pour *chamaedrys*, "petit chêne", là assimilée à un *camepit(h)eos*, pour *chamaepitys*, "petit pin". La classification savante ne la distingue donc pas bien des germandrées et des bugles. Encore faut-il savoir de quelle véronique il s'agit. Sur la trentaine d'espèces françaises, certaines sont très largement répandues dans les lieux habités, les jardins et les cultures, donc bien plus courantes que la véronique officinale. La dénomination médiévale s'applique d'abord, semble-t-il, à l'une d'entre elles, la véronique petit-chêne, *Veronica chamaedrys* L., dont le feuillage évoque plus ou moins, en réduction, celui de l'arbre, sans mimer pour autant le petit-chêne "vrai", la germandrée *Teucrium chamaedrys*. Quant à la véronique officinale, elle ne paraît pas mentionnée avant le XVIe siècle. Toutefois, les propriétés qu'on lui prête alors, comme d'avoir délivré "un roi de France" de la lèpre, laissent supposer des emplois (réels ou mythiques) dans la médecine de tradition orale bien avant que les écrits ne les relatent. C'est la "véronique mâle" de Matthioli et des auteurs ultérieurs – dont la "véronique femelle" est la linaire *Linaria elatine* L. [= *Kickxia elatine* (L.) Dumort], "velvote" des anciens textes, plante des moissons fréquente en haute Provence, aux propriétés regardées dans le passé comme analogues à celles de la véronique, aujourd'hui oubliées. La véronique officinale, aujourd'hui ignorée des pharmacopées et presque autant de la pratique populaire, a connu un apogée extraordinaire à la fin du XVIIe et au XVIIIe siècle, où un médecin allemand, Johan Franke, lui a consacré un traité de 300 pages qui élève cette plante sans vertus exceptionnelles à un rang de panacée. On l'appelle alors "thé d'Europe". Depuis le XIXe siècle, on ne retient de la véronique qu'une certaine utilité dans les affections respiratoires simples et comme tonique de la digestion.

Emplois médicinaux. Médecine humaine

2150, 2512. L'infusion de véronique officinale est bue dans les ballonnements, les maux de ventre (Mme D., 65 ans, Forcalquier ; origine : col de Larche).
Le Livre des simples médecines, dans sa dernière version manuscrite (début XVIe siècle, *op. cit.* à Platearius), cite la véronique dans une indication très proche : "Elle dissout et consume les ventosités et les enflures dont ces ventosités sont la cause."

9382. *La véronique, ça sent. J'en prends en infusion* (enquête J. M., Saint-Michel-l'Observatoire).
La véronique officinale est à peu près inodore, faiblement amère ; il y a sans doute confusion avec une autre plante.

Verveine citronnelle

Aloysia triphylla (L'Hérit.) Britton
[= *Lippia triphylla* (L'Hérit.) Kuntze]

VERBÉNACÉES

Cette aromatique d'origine sud-américaine, aux feuilles très odorantes, arrive à passer l'hiver du bassin de Forcalquier en situation bien abritée, si elle est copieusement paillée. Elle se comporte alors comme une vivace qu'on rabat à l'automne. Dans son aire d'origine, c'est un arbrisseau de 3 à 6 mètres. Très appréciée pour l'infusion, la verveine citronnelle est vendue en petites bottes de tiges fleuries fraîches sur les marchés estivaux. Sa fonction de plante à boisson l'emporte largement sur le propos digestif, cependant plus ou moins présent en arrière-plan. Avec le tilleul et la menthe, elle perpétue, dans les débits de boissons, le trio des infusions standard.

Emplois médicinaux. Médecine humaine

2121. L'infusion des feuilles de verveine est digestive. On fait de la liqueur en mettant les feuilles à macérer dans de l'eau-de-vie. *C'est pour digérer. C'est bon, l'infusion de verveine* (Mme A., Saint-Michel-l'Observatoire).
La verveine est sous-représentée dans l'enquête, comme la plupart des plantes aux emplois banalisés. On signalera que, bue en quantités excessives, l'infusion peut se montrer irritante.
6114 (mélange *pour dormir*). Voir "tilleul" (M. F., 80 ans, Reillanne).
9381, 9382. *L'infusion de la plante, c'est bon au goût. Elle est plantée chaque année dans un bac, mais la gelée la*

tue et elle meurt chaque année ; on la replante dans le jardin, mais l'hiver est trop froid par ici (M. et Mme B., Céreste). — *On la boit en infusion le soir, avec le thym et le serpolet ou la menthe* (M. et Mlle C., Banon ; M. F., 80 ans, Reillanne). — *On la boit en tisane* (enquête J. M., Saint-Michel-l'Observatoire). — Voir "menthe" (enquête J. M., Saint-Michel-l'Observatoire). — Voir "tilleul" (M. G., Forcalquier).

Verveine officinale

Verbena officinalis L.

VERBÉNACÉES

Plante vivace grêle aux tiges quadrangulaires, à la ramification divariquée, aux fleurs minuscules, aux feuilles étroites, distantes, profondément dentées/lobées, la verveine passe inaperçue malgré sa grande abondance dans les cultures, friches, lieux herbeux plus ou moins rudéralisés, terrains vagues, au bord des routes et des chemins. Elle manque dans l'étage montagnard.
Peu de végétaux, sous nos climats, ont connu une place équivalente à celle de la verveine en médecine comme en magie (où elle est indispensable dans les philtres d'amour). Héritière des *verbenae* de l'Antiquité romaine, plantes qui entraient dans les cérémonies sacrificielles, elle finit par détenir à elle seule des pouvoirs jadis partagés[1]. Ses indications médicinales, autrefois très nombreuses, la mettent au rang des panacées (plaies, traumatismes, ophtalmies, maux de gorge, accès fébriles, pleurésie, maux de tête, "douleurs de la rate", jaunisse, etc.), jusqu'au discrédit où le XIXe siècle la précipite. Bien que la recherche moderne paraisse valider certaines des propriétés que le passé lui attribuait, la verveine n'a pas retrouvé son ancien lustre. La médecine populaire actuelle retient surtout l'action antitraumatique, en particulier contre les ecchymoses, comme en témoigne le recueil ci-dessous.

1. Sur la verveine, voir P. Lieutaghi, *op. cit.*, 1998, p. 194-197 et 214-216.

Emplois médicinaux. Médecine humaine

1321, 1324, 1350. Elle est appelée "verveine sacrée", "herbe croisade" ou "herbe aux croisés". Recette de famille : il faut *hacher* [la plante] *avec du lard et la mettre sur les ecchymoses, les coups, les foulures ; ça les fait disparaître ; on peut y ajouter une feuille de chou* (M. et Mme C., 70 ans, Revest-des-Brousses).

Le nom d'"herbe croisade" fait probablement allusion à la disposition des feuilles dont les paires inférieures, rapprochées, dessinent des croix (ce qui, aux temps chrétiens, ne peut que soutenir la confiance en la plante). L'association avec un corps gras (crème de lait, saindoux, etc.) est habituelle dans cette recette, où le blanc d'œuf peut aussi servir d'excipient. Il n'est pas fait allusion à un phénomène souvent cité dans les enquêtes (et déjà relevé par Cazin, *op. cit.*, 1868) : les cataplasmes de verveine rougissent au bout de quelque temps d'application, ce qui est interprété comme la "sortie" du sang de l'hématome[1].

Vigne

Vitis vinifera L.

VITACÉES

La vigne était autrefois cultivée dans la plupart des fermes pour la consommation domestique. Cette viticulture d'autoconsommation, qui donnait un vin habituellement médiocre, est désormais abandonnée (et d'ailleurs interdite). Tandis que des vignobles de production se sont multipliés en conditions climatiques favorables (coteaux de la Durance, bassin d'Apt, etc.) où des cépages de qualité ont été introduits.
En dépit de sa présence fréquente aux basses altitudes de la région (où elle est ensauvagée çà et là : ripisylves, haies, etc.), la vigne n'apparaît que de façon très marginale dans l'enquête (et pas davantage chez M. Amir, *op. cit.*, 1994-1995, pour la zone du parc naturel régional du Luberon). C'est dans les régions de grande viticulture traditionnelle, Bourgogne, Bordelais ou Languedoc, que des connaissances intéressant la plante elle-même (feuilles, sarments, sève...), et non seulement le raisin, lui sont associées.

Emplois médicinaux. Médecine humaine

2514, 9311. *Les sarments de vigne blanche* [en infusion], *c'est bon quand on a des gaz* [et aussi] *pour uriner* (enquête J. M., Saint-Michel-l'Observatoire).
Il s'agit de la vigne à raisin blanc, et non de la clématite "vigne blanche", plante âcre et toxique. Les sarments de vigne ont un renom ancien de diurétique, peut-être associé, en raison du principe de similitude, à l'abondance

1. Dans l'enquête de M. Amir (*op. cit.*, 1994-1995), une recette associe la verveine hachée, "passée à la poêle", à du miel et de la chaux vive. On s'en fait "un gros cataplasme". Le remède aurait guéri "une personne de 90 ans qui [s'était] cassé le col du fémur" (Mme V., 70 ans, Bras-d'Asse, 04).

de sève qui s'en écoule lorsqu'on les taille au premier printemps. On a aussi administré l'infusion de leur cendre, comme celle des cendres de genêt à balais. L'indication contre les "gaz" n'a pas été relevée dans les sources consultées.

Violette odorante

Viola odorata L.

VIOLACÉES

Commune dans les haies et fourrés frais, les ripisylves, sur les talus ombragés, dans les vieux jardins et parcs, souvent associée à la ficaire, cette violette ne se rencontre que rarement dans les bois collinéens, où d'autres espèces la remplacent. Elle est surtout présente aux altitudes inférieures. Connue de l'Antiquité, en particulier comme plante "rafraîchissante", très employée au Moyen Age, la violette odorante se voit privilégiée aux Temps modernes comme remède des voies respiratoires et en tant que laxative, cette dernière propriété (qui concerne surtout les fleurs fraîches) n'étant plus guère mise à profit. Les fleurs de violette font partie de la "tisane des quatre fleurs", qui en renferme souvent davantage : bouillon-blanc, mauve, guimauve, tussilage, coquelicot, pied-de-chat... La racine de violette odorante est puissamment vomitive.

Emplois médicinaux. Médecine humaine

3111, 3120, 3215, 3222, 9341. *Quand on était enrhumé, on faisait de la tisane avec la fleur de violette, ça adoucissait la gorge, ça calmait la toux* (Mme A., Saint-Michel-l'Observatoire). — *Pour la toux, la fleur de violette, c'est bien* (Mme A., 90 ans, Robion, 84 ; cf. Mlle A., 90 ans, Montjustin). — *C'est pour le rhume* [en infusion] (Mme C., 70 ans, Forcalquier ; et 2 autres attestations). — *C'est pour le rhume, pour la bronchite ; on fait l'infusion des fleurs qui sentent — C'est pour les bronches ; ma grand-mère ne voulait pas les blanches* (enquête J. M., Saint-Michel-l'Observatoire). — *Les sœurs la mettaient dans la tisane*

des quatre fleurs, avec le tussilage et… je ne me rappelle plus (Sœur T., Mane). — Voir “amandier” (mélange *pour la gorge* ; M. et Mme C., Ongles). — Voir “bourrache” (mélange *adoucissant* ; M. et Mme C., 70 ans, Revest-des-Brousses). — Voir “ronce” (mélange pour le mal de gorge ; enquête J. M., Saint-Michel-l’Observatoire). — Voir “tussilage” (*mélange pour la toux*, enquête J. M., Saint-Michel-l’Observatoire ; *mélange pour le rhume*, M. et Mme C., 70 ans, Revest-des-Brousses).

Viorne lantane

Viburnum lantana L.

CAPRIFOLIACÉES

Arbrisseau caractéristique de la chênaie pubescente, très commun dans les taillis et les landes où il accompagne l’amélanchier et le buis. Moins fréquente dans l’étage du hêtre, la viorne lantane réapparaît sur les crêtes de Lure (jusqu'à 1 650 mètres) et du Ventoux (1 700 mètres).

Artisanat rural

Vannerie. *"La tatié*[1]*", c'est souple, ça sert à faire les paniers, pour les bonbonnes* (enquête J. M., Saint-Michel-l'Observatoire).

Dans les zones sèches des Alpes du Sud, où l'osier manque souvent, les rejets de la viorne lantane s'y substituaient. On rabattait la plante afin d'obtenir des tiges droites, celles-ci d'une grande souplesse et d'une grande ténacité (écorce incassable). Sur le plateau d'Albion, on en faisait de grands paniers pour le transport du fourrage. Cette vannerie assez grossière est plus résistante et durable que l'osier. Hors enquête, il y a plusieurs relations de la consommations des fruits. D'abord rouges et irritants, ils deviennent mangeables à complète maturité où ils virent au noir, les deux états longtemps simultanés (recueil P. L., années 1970 ; enquête M. Amir). Les moissonneurs en suçotaient pour se désaltérer. Non cité ici non plus, l'emploi de l'écorce des racines pour faire de la glu, relevé trois fois en Vaucluse par M. Amir.

Vipérine

Echium vulgare L.

BORAGINACÉES

Très fréquente dans les friches, les pelouses sèches, au bord des routes et des chemins, dans les terrains vagues, sur les graviers et les sols sableux, la vipérine se rencontre à toutes les altitudes de la haute Provence occidentale, et

1. Il y a un problème grammatical avec ce terme : le provençal attesté pour *Viburnum lantana* est *lou tatié* : c'est donc masculin. Mais, dans l'usage populaire, on l'entend le plus souvent au féminin, *la tatié* ; ce qui a produit une assimilation de l'article et donné *l'atatié*. Cela s'est sans doute produit par confusion avec le nom du fruit de la viorne, *la tatino*, qui est féminin. *(Note Cl. Martel.)*

dans la majeure partie de la France. Cette Boraginacée nettement plus piquante que la bourrache, et de morphologie bien distincte, n'en est pas moins souvent confondue avec celle-ci sous le même nom de "bourrache", mais aussi distinguée comme "fausse bourrache".

Emplois médicinaux. Médecine humaine

3111. *C'est bon pour les maux de gorge* (Mme L., 69 ans, Banon).
Cette indication entre dans le champ respiratoire de la bourrache et des plantes qui lui sont substituées (voir "bourrache").

Emplois médicinaux
Pratiques vétérinaires et assimilées
Magie et symbolique

Vipères, morsures. Médecine analogique. *Dans le temps, les brebis se faisaient téter par les vipères et, si elles se faisaient piquer, on leur donnait de la "viperino"* (M. et Mlle C., Banon).
C'est ici une attestation rare de l'emploi analogique d'une plante qui est jadis explicitement citée comme un remède des morsures de vipère sur la foi de la ressemblance entre les inflorescences, enroulées sur elles-mêmes ("cymes scorpioïdes") à la façon d'un reptile, et l'animal qui cause la morsure. Il est dommage que l'enquête n'ait pas cherché à en savoir davantage, en particulier sur la perception de la plante (son nom, qui semble ici suffire, implique-t-il la perception de la similitude ?) et l'effet du remède. L'enquête de M. Amir a aussi une attestation d'emploi dans la même perception : "Dans l'ancien temps, on s'en servait quand on était mordu par une vipère, mais ce n'est pas trop vrai" (Mme V., 70 ans, Bras-d'Asse, 04). On remarquera, chez les informateurs, la même allusion au passé

Annexes

RAPPORT AU TERRITOIRE
ET MISE EN ŒUVRE DE LA FLORE MÉDICINALE
UN EXEMPLE D'ÉCOLOGIE DES SAVOIRS

Indépendamment du contenu des informations relatives aux emplois médicinaux en médecine humaine, il est possible d'interroger les seules mentions d'usages en considérant le statut plantes cultivées/plantes spontanées et la situation des espèces usitées dans l'espace, relativement aux lieux habités. D'un simple bilan chiffré, on verra qu'il ressort des informations très utiles à la compréhension des rapports à la flore et à l'environnement végétal, qui répondent à des contingences sociales précises.

Par "mentions d'usages", les divers bilans chiffrés proposés ici ne tiennent pas compte de toutes les mentions éventuellement citées par les informateurs à un même emploi d'une même plante, mais les regroupent comme une seule occurrence. En exemple, le romarin est dit quatre fois "bon pour le foie", mais cette propriété (code **2416**) n'est prise en compte que comme occurrence unique pour la plante. Ce choix introduit une marge d'inexactitude dans les bilans ; on ne peut pas hiérarchiser rigoureusement les plantes au regard des diverses maladies (par exemple, quelle est la plus citée dans le mal de gorge) ni fournir avec exactitude le nombre total de citations de maladies (par exemple, combien de fois a-t-on cité le mal de gorge dans l'enquête). Toutefois, le mode de traitement retenu, avec sa marge d'approximation, permet déjà des classements intéressants, comme l'atteste ce qui suit.

Mise en œuvre de la flore, relations avec les milieux

Le tableau p. 568 et le graphique p. 571 établissent la distribution des plantes médicinales employées en haute Provence occidentale (à l'exclusion des espèces d'origine extérieure ou achetées en herboristerie), cultivées et sauvages, selon les divers milieux fréquentés par la société rurale, en les rapportant au nombre de mentions de propriétés et d'indications citées pour chaque espèce (voir précédemment). Ce bilan atteste *l'importance majeure des plantes cultivées et des espèces spontanées des lieux habités* : à elles seules, elles représentent près de 52 % des espèces médicinales recensées et 47 % de leurs attributions. Avec 7,74 et 11,30 %, les chemins, haies et talus conservent une place notable. Un pic secondaire apparaît avec les “prés secs, friches, fourrés”, et les “landes et pelouses arides”, c'est-à-dire l'espace le plus couramment parcouru par les troupeaux (même si le plantain badasson, avec 50 indications et 11 mentions de propriétés, en accroît considérablement la fonction) : respectivement 18,06 et 26,56 %. Les milieux forestiers et le domaine montagnard au sens strict représentent la part la plus faible des rencontres avec la flore médicinale : 7,09 % des plantes et 4,04 % des emplois.

Plantes employées en médecine humaine en haute Provence occidentale distribuées par milieux, avec nombre de propriétés et d'indications associées
(ne concerne que les plantes spontanées ou cultivées en ouest 04 et sud 84)

Statut des plantes et milieux de croissance	Nombre de plantes citées par milieu	% du total des plantes	Nombre de mentions de propriétés et d'indications par milieu	% du total des mentions propriétés/ indications
Plantes cultivées	56	36,12 %	330	30,33 %
Lieux habités et abords (inclut sols nitratés)	24	15,48 %	184	16,91 %
Chemins, haies, bord des champs, talus	12	7,74 %	123	11,30 %
Champs cultivés, prairies artificielles, jachères	12	7,74 %	72	6,61 %
Prairies (inclut lieux frais ou humides, fossés)	12	7,74 %	47	4,31 %
Prés secs pâturés (anciennes cultures) ; friches, fourrés (espace pastoral 1)	16	10,32 %	179	16,45 %
Landes, pelouses arides (espace pastoral 2)	12	7,74 %	110	10,11 %
Bois, taillis, milieux boisés, montagnes	11	7,09 %	44	4,04 %
Totaux des plantes (à gauche) et des mentions d'emplois	155		1 089	

Ce bilan, qui confirme de près ce qui était dit en 1986 dans *L'Herbe qui renouvelle* (où toutes les données relatives à un même usage par espèce étaient répertoriées), met à mal la perception habituelle de la médecine populaire par les plantes comme surtout dépendante de la flore sauvage, distante des hommes (la plus “sauvage” étant supposée la plus efficace). Ici, *les seules plantes cultivées représentent plus du tiers des médicinales usitées en médecine humaine*, et *les espèces spontanées des lieux habités arrivent largement en tête pour les diverses catégories de la flore sauvage.* Ce sont aussi les deux groupes qui réunissent, et de loin, le plus grand nombre de citations d'indications et de propriétés. Il est tout aussi remarquable que l'espace pastoral (1 + 2) fournisse, avec 28 plantes, 289 mentions d'emplois (26,56 %) ; il atteste ainsi l'importance d'une fréquentation quasi quotidienne pour la sélection de la flore utile (c'est aussi dans cet espace qu'on ramasse une grande partie des plantes alimentaires spontanées, non prises en compte ici).

La société pastorale est très mobile dans son territoire, avec des itinéraires multiples, différemment empruntés au fil des saisons et des disponibilités fourragères ; cela induit une connaissance fine des différents milieux et de la flore qui s'y associe. Quand on souhaite trouver un végétal, on sait exactement où aller le cueillir. Les champs cultivés et les prés de fauche, bien que d'apparence plus "civilisée" que la friche pâturée, sont des espaces moins requis car ils connaissent surtout la présence humaine au moment des récoltes ou des fenaisons. Cette faible fréquentation n'est pas sans rapport avec leur contribution relativement modeste à la pharmacopée locale. Une étude fine des pratiques de cueillette montrerait d'ailleurs probablement que c'est le cheminement qui détermine la rencontre : on cueille au bord du champ près duquel on passe, non en y pénétrant (sauf en ce qui concerne certaines rosettes printanières). Ce qui est donné au tableau comme plantes des terres cultivées pourrait sans doute, dans bien des cas, être regardé comme flore des bords de chemin – d'autant plus que le bord de champ est souvent, de nos jours, le seul refuge des adventices des cultures. Ici, la circulation des humains compte davantage que la dépendance plante/milieu.

La très faible représentation des milieux boisés dans le bilan témoigne d'une fréquentation seulement occasionnelle. Ce sont surtout les hommes qui vont dans les bois, pour les travaux de bûcheronnage, pour la chasse et la recherche des truffes (les champignons, objets d'une cueillette frénétique depuis les années 1960-1970, s'ils concernent toujours les hommes en priorité, attirent désormais des familles entières). De surcroît, ces activités ont le plus souvent lieu hors de la saison des floraisons.

Associées aux plantes forestières par souci de simplification du tableau, les médicinales d'altitude au sens strict ne sont que 2 : la gentiane jaune et la véronique officinale (et encore la seule donnée sûre qui concerne celle-ci provient-elle des Alpes internes). L'absinthe entre certes dans la même catégorie (on la rencontre surtout dans l'étage montagnard), mais sa fréquence dans la région aux abords des villages, en milieux secs, l'a fait considérer comme une rudérale. Comme il a été dit plus haut, le territoire prospecté ne bénéficie en rien de la richesse de la toute proche chaîne Lure/Ventoux en plantes-remèdes[1]. C'est d'autant plus étonnant que la région de Lure est connue pour ses "colporteurs-droguistes", herboristes itinérants, d'origine locale, qui l'ont fréquentée jusqu'au milieu du XIXe siècle, certains finissant par faire fortune[2]. La commercialisation des plantes de cueillette recherchées à l'extérieur d'un terroir n'y induit pas nécessairement des usages, comme il est observé en d'autres régions – ce qui sous-entend aussi le relatif hermétisme des savoirs associés à des "pays" (voir, au texte, ce qui est dit à propos du plantain badasson).

Le graphique ci-contre montre la décroissance progressive du nombre de plantes mises en œuvre et des emplois associés, du pôle des plantes cultivées jusqu'aux abords des voies de circulation dans l'espace rural (chemins, haies, talus). En allant vers les lieux incultes, le nombre de plantes récoltées par milieu reste à peu près stable, de 15 à 11, tandis que, comme on l'a vu, un total relativement bas d'espèces (15 + 11 = 27) pour l'ensemble prés secs/friches et pelouses arides, soit l'espace pastoral au sens strict, rassemble un second pic d'attributions médicinales. Les prairies et lieux humides, très circonscrits dans la région, ne sont guère plus sollicités que les bois, même s'ils renferment quelques médicinales importantes, parfois en petites populations, comme la salicaire et la grande consoude[3]. La part du cultivé et de "l'humanisé" l'emporte donc largement sur la part du "sauvage", ce que semblent vérifier d'autres enquêtes françaises récentes.

Les bilans chiffrés qui permettent la conclusion précédente ne peuvent aller sans une bonne connaissance de la flore concernée par l'enquête ethnobotanique, ni celle de sa distribution par rapport aux milieux. Cette remarque pour valider l'importance de l'approche naturaliste au sens large dans l'analyse du rapport plantes/sociétés. Chaque végétal est dépendant d'un territoire plus ou moins strict, celui-ci entrant par ailleurs en relation plus ou moins étroite ou distante avec les habitants. La simple prise en compte de ces contingences spatiales/écologiques fournit des informations importantes sur la constitution des savoirs en matière de connaissance et d'usage de la flore.

1. Pour le Ventoux, O. Madon (*op. cit.*, 1999) ne cite que 3 plantes montagnardes au sens strict (sapin, busserole, adénostyle, cette dernière avec le rare statut d'ancien remède de la peste) ; mais l'auteur ne cite dans son livre que le tiers environ des plantes sur lesquelles il a obtenu des informations.

2. Voir l'ouvrage de Giselle Roche-Gallopini, *Les Marchands droguistes de la montagne de Lure*, 128 p., fig. et phot., revue *Alpes de lumière*, n° 128, Mane, 1998.

3. Non relevée dans l'enquête EPI, elle n'a qu'une seule occurrence médicinale certaine dans celle de M. Amir en Luberon (*op. cit.*, 1944-1995), et encore la donnée provient-elle du Pas-de-Calais. La salicaire, plante antidiarrhéique de grande efficacité, très reconnaissable, est dans un statut analogue.

Distribution par milieux du nombre de plantes médicinales et du nombre de données associées

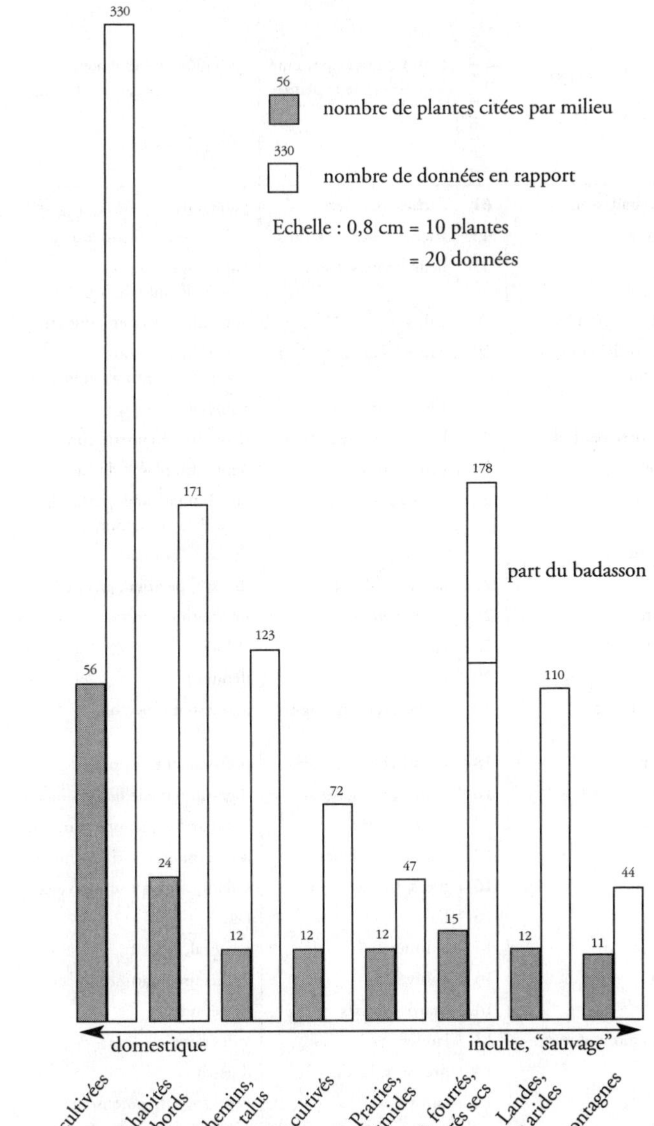

Qu'en est-il maintenant de la fréquence des plantes usitées, considérées individuellement ? Le tableau p. 572 fournit des éléments de réponse en tenant compte seulement des espèces auxquelles se rapportent plus de 10 attributions médicinales (propriétés et indications).

Distribution par statuts cultivé/spontané et habitats des plantes médicinales majeures de l'enquête EPI

Nom de la plante	Nombre d'attributions médicinales	Statut cultivé/spontané et habitat de la plante	Propriétés majeures dans la médecine locale
Plantain badasson	61	friches, prés secs	vulnéraire
Aigremoine	43	friches, talus, chemins	vulnéraire, anti-inflammatoire
Sureau	31	lieux habités, haies	vulnéraire, antigrippal, remède ophtalmique
Camomille (grande)	29	cultivé	anti-inflammatoire, digestif
Lavande officinale/ lavandin	29	cultivé, landes	anti-inflammatoire, antirhumatismal, vulnéraire
Millepertuis	28	friches, prés secs	vulnéraire
Germandrée petit-chêne	27	landes, prés secs, bois	dépuratif, plante de cures
Bardane	23	lieux habités	dépuratif, plante de cures
Ortie	23	lieux habités	antirhumatismal, pectoral, antihémorragique, etc.
Sauge officinale	22	cultivé	digestif, "cordial"
Thym	22	landes, prés secs	digestif, pectoral, grippes
Pariétaire	21	lieux habités	dépuratif enfants
Chou	20	cultivé	vulnéraire
Noyer	20	cultivé	dépuratif
Bouillon-blanc	19	friches, terrains vagues prés secs	adoucissant, pectoral
Bourrache	18	lieux habités, cultivé	pectoral, antigrippal
Romarin	18	cultivé, garrigues	digestif, remède hépato-biliaire
Eglantier	17	landes, haies	antidiarrhéique, ophtalmique
Mauve	17	cultures, jachères	adoucissant, laxatif, pectoral
Aubépine	16	haies, landes	sédatif cardiaque et nerveux
Ronce	16	haies	ORL
Coquelicot	15	cultures	pectoral, sédatif
Oignon	15	cultivé	vulnéraire, maturatif, pectoral
Prêle	14	prairies, fossés	diurétique
Inule des montagnes	13	landes	vulnéraire
Serpolet	13	prés secs, landes	digestif
Ail	12	cultivé	vermifuge, hypotenseur
Chiendent	11	lieux habités, cultures	diurétique
Mélisse	11	cultivé	digestif, remède gynécologique
Plantains communs	11	lieux habités, chemins, cultures	vulnéraire, ORL
Buis	10	landes, bois	antigrippal, dépuratif
Hysope	10	cultivé	digestif, pectoral
Pensée sauvage	10	prés secs ; cultures (rare)	dépuratif dermatologique
Sarriette vivace	10	prés secs, landes	digestif

Dans cette liste partielle, ce sont les parcours, landes et zones incultes assimilées qui arrivent en tête avec 302 mentions d'attributions médicinales (médecine humaine) ; toutefois, le plantain badasson, avec 61 mentions, y occupe une place particulière : cette plante mise à part, on arrive à un total de 241 mentions.

Aux 293 mentions qui concernent les plantes cultivées et les lieux habités, on est en droit d'ajouter la ronce et l'aubépine, fréquentes aux abords des villages, dans les haies et les fourrés, ce qui amène à un total de 314, très voisin de celui des parcours, badasson inclus. Le groupe de tête ne comprend que deux plantes préférentielles des cultures et jachères, la mauve et le coquelicot, et une seule des lieux humides, la prêle. La mention de milieux comporte une certaine marge d'approximation (le bouillon-blanc et la mauve, par exemple, croissent aussi au voisinage des lieux habités), mais on a choisi de privilégier l'habitat où l'espèce est sinon la plus représentée, en tout cas cueillie de préférence. On voit ici confirmée de nouveau l'importance majeure, dans le recours aux remèdes végétaux en région méditerranéenne, du domaine plantes cultivées/lieux habités d'une part, des espaces pâturés d'autre part.

Un bon nombre de plantes non retenues ici (moins de 10 attributions médicinales) peuvent connaître un statut de remède plus important que ne le sous-entendrait leur classement dans un tableau analogue, si l'on tient compte du nombre de citations d'emploi dans une même attribution. Ainsi, l'armoise commune, qui a 9 attributions thérapeutiques différentes dans l'enquête, est déjà citée 15 fois pour ce qui concerne les problèmes gynécologiques et le "sang des femmes". Toutefois, en ce qui concerne le rapport avec la situation de plante cultivée ou sauvage, ou avec le milieu de croissance pour cette dernière catégorie, les bilans chiffrés globaux resteraient analogues.

Part des espèces locales dans la constitution des savoirs médicinaux

Le taux des espèces locales usitées dans la médecine traditionnelle d'un territoire défini (celles qui sont propres au climat de la région d'enquête, ainsi du thym en haute Provence occidentale), au regard de celles qui constituent l'ensemble de la pharmacopée végétale mise en œuvre (hormis les plantes du commerce), est un aspect de "l'écologie des savoirs" qui ne paraît pas avoir été pris en compte à ce jour en France. Tenter d'estimer ce "taux des espèces locales d'emploi médicinal" (TELEM) révèle une réalité aussi intéressante que complexe.

Sur les 155 plantes médicinales d'emploi populaire recensées par l'enquête EPI (sauvages et cultivées), 27 seulement relèvent de la flore méditerranéenne au sens strict, soit 17,41 %. Sur ces 27 espèces méridionales, 7 sont cultivées. La flore sauvage

Statut des 27 plantes méditerranéennes citées dans l'enquête

Nom de la plante	Nombre d'attributions médicinales	Statut cultivé/spontané et habitat de la plante	Propriétés majeures dans la médecine locale
		PLANTES CULTIVÉES	
Sauge officinale	22	cultivé ; persiste ruines, vieilles terrasses	digestif, “cordial”
Romarin	18	cultivé ; sauvage en limite du territoire	digestif, remède hépato-biliaire
Amandier	7	cultivé, naturalisé friches, bord des champs	grippe, rhumes
Cyprès	7	cultivé	tonique veineux
Olivier	6	cultivé	hypotenseur
Garance tinctoriale	5	ex-cultivé ; naturalisé haies (surtout 84)	diurétique anti-calculs
Figuier	4	cultivé, naturalisé	anti-ulcéreux gastrique
		LIEUX HABITÉS ET ABORDS	
Marrube	7	voisinage des bergeries, parcours nitratés	dépuratif
Momordique	4	lieux habités, décombres	analgésique d'emploi externe
Chardon Marie	3	lieux habités, terrains vagues	remède hépato-bil., fébrifuge
Calament népéta	3	voisinage des fermes, chemins, parcours	digestif, rhumes
		BORD DES ROUTES, FRICHES	
Fenouil	5	abords des villages, friches, talus	digestif, carminatif
Inule visqueuse	2	grandes routes, terrains vagues	ulcère variqueux (donnée incertaine)
		CHAMPS CULTIVÉS	
Chardon bénit	6	céréales, jachères	fébrifuge
Buglosse d'Italie	3	céréales, jachères (confusion avec la bourrache)	rhumes, grippe
		PARCOURS, PRÉS SECS, LANDES, PELOUSES ARIDES	
Plantain badasson	61	prés secs, friches pâturées	vulnéraire
Lavande officinale/ lavandin	29	landes, rocailles	vulnéraire, antirhumatismal, antispasmodique,
Thym	22	friches pâturées, landes	digestif, pectoral, grippe
Sarriette vivace	10	friches pâturées, landes, rocailles	digestif
Paliure	8	friches, fourrés (Durance)	diurétique
Santoline	4	landes, pelouses arides, rocailles	vulnéraire
Germandrée pouliot	3	friches pâturées, landes	dépuratif
Rue	2	friches pâturées, landes, rocailles	antirhumatismal
Aphyllanthe	1	garrigues, taillis clair, landes	hypotenseur (donnée incertaine)
Crapaudine	1	landes, rocailles	“thé pour le plaisir”
Dorycnie hérissée	1	friches pâturées, landes, taillis clairs, talus	antidiarrhéique
Lavande aspic	1	garrigues, landes, rocailles	vulnéraire
total attributions (sur 1 088)	245		

propre à la région considérée n'est donc requise que pour 20 espèces, soit 12,90 % de la pharmacopée végétale[1]. Le tableau ci-contre détaille la distribution spatiale et les attributions de ces plantes.

Avec 245 citations, la flore méditerranéenne occupe 22,51 % du total des attributions médicinales, c'est-à-dire plus du cinquième des emplois de la pharmacopée végétale dans le territoire considéré. Son importance pratique est donc élevée au regard du nombre d'espèces usitées. Il faut cependant rappeler encore une fois le rôle du plantain badasson, qui rassemble à lui seul 61 citations (voir au texte) ; cette plante particulière exclue, les fonctions médicinales des méditerranéennes régressent à 17,9 %.

A première vue, la part des plantes propres au climat paraît faible. D'un côté, les médicinales montagnardes ne sont pratiquement pas requises, en dépit de ressources importantes et diverses ; de l'autre, une flore bien plus accessible semble plus ou moins laissée pour compte. Toutefois, si l'on considère la part des méditerranéennes dans la pharmacopée française globale (plantes les plus usitées dans l'ancienne médecine), on s'aperçoit qu'elle est proche de ce qu'on observe en haute Provence. Sur les 482 plantes vasculaires traitées par Cazin en 1868 (sont exclus les champignons, lichens et algues, et les rares végétaux exotiques), 59 relèvent de la flore méditerranéenne, soit 12,24 %[2]. Ce taux est quasi analogue à celui des plantes méditerranéennes spontanées de l'enquête.

Un tel bilan chiffré, considéré seul, resterait peu significatif. Il est donc comparé à cinq autres collectes : celles de P. Simonpoli en Corse (1985), de M. Amir dans l'aire du parc naturel régional du Luberon (Vaucluse et Alpes-de-Haute-Provence, 1994-1995), de S. Brüschweiller en val d'Anniviers (Suisse, Valais, 1999), de D. Delcour en Briançonnais (2004), et enfin celle de D. Musset/D. Dore en vallée Stura (Piémont italien sous le col de Larche, 2006)[3]. Pour les trois dernières, on prend à témoin non la flore méditerranéenne, absente ou très peu présente dans les zones concernées, mais les espèces propres

1. Lavande et lavandin, aux emplois voisins, sont comptés comme une seule espèce ; la lavande aspic, *Lavandula angustifolia*, en est distinguée. Le romarin a un statut de plante cultivée dans la région de Forcalquier mais il est sauvage dans les garrigues du val de Durance et abords. Le plantain badasson, plante du Sud-Ouest européen, n'a des emplois que dans l'aire méditerranéenne.

2. On a retenu le *Traité* de Cazin car il rassemble la majeure partie de la pharmacopée végétale indigène usitée au XIXe siècle. Toutefois, cet ouvrage fondateur ignore certaines plantes méridionales comme le paliure, et aussi des espèces de large diffusion européenne comme l'anémone hépatique. Les chapitres de cet ouvrage sont fréquemment suivis de notices sur des médicinales secondaires, non prises en compte ici.

3. Ces divers travaux sont cités à la Bibliographie.

au domaine montagnard. Comme pour l'enquête EPI, il est tenu compte des plantes sauvages et cultivées. Le tableau suivant compare les données de Cazin et des six enquêtes :

Territoire des enquêtes ou pharmacopée prise en compte	Total des plantes usitées en médecine humaine	Nombre d'espèces spéciales à la flore considérée	Taux d'espèces locales employées (TELEM)
Traité de Cazin (1868) ; taux des espèces méditerranéennes en regard de la flore générale française	482	59	12,24 %
Parc naturel régional du Luberon, (1994-1995) ; taux des espèces méditerranéennes	191	39	20,41 %
Haute Provence occidentale (années 1980) ; taux des espèces méditerranéennes	155	27	17,41 %
Vallée Stura (Piémont italien, 2006) ; taux des espèces montagnardes	155	19	12,25 %
Briançonnais (2004) ; taux des espèces montagnardes	115	20	17,39 %
Val d'Anniviers (Suisse, Valais, 1999) ; taux des espèces montagnardes	94	18	19,14 %
Corse (1985) ; taux des espèces méditerranéennes, incluant des endémiques	82	35	42,68 %

Que nous apprend ce tableau ? Tout d'abord, il faut rappeler la marge d'erreur qui tient à l'incomplétude obligée des données. Il importe de comparer des inventaires qui représentent de façon satisfaisante la pharmacopée mise en œuvre sur un territoire. La plupart des enquêtes citées ici, suffisamment attentives, ne sont sans doute pas loin de répondre à cette exigence, mais des plantes restent forcément dans l'ombre. Par ailleurs, la référence à Cazin est sujette à caution : si l'ouvrage du médecin boulonnais recense toutes les plantes médicinales indigènes connues et/ou en usage au XIXe siècle (où la pharmacopée végétale savante a encore beaucoup d'analogies avec celle du peuple), il n'en néglige pas moins certaines espèces, et, surtout, ne tient pas compte des particularités locales, sauf ici et là pour ce qui concerne le Nord de la France.

Les sept taux retenus, hormis la Corse, se situent dans une fourchette relativement étroite, à peu près entre 12 et 20 % ; ce qui pourrait bien représenter la part habituelle des espèces propres à la flore locale employées en médecine humaine par la pratique populaire en France, dans les régions où l'on peut distinguer flore générale et flore particulière au climat. On notera que, indépendamment du nombre total d'espèces mises en œuvre (du simple au double), les taux qui concernent les enquêtes de S. Brüschweiller en Valais et de M. Amir en Luberon se rapprochent beaucoup : au voisinage de 20 %. On pourrait bien être ici au maximum de ce qu'une société, dans les régions continentales, peut emprunter aux ressources proprement locales. Pour simple indication, le taux approximatif de plantes méditerranéennes en France se situe aux alentours de 16 %[1].

Quant aux 80 à 88 % qui font l'essentiel (en nombre de plantes, pas forcément pour leurs indications) de 6 sur 7 des pharmacopées végétales considérées (la Corse ayant une place à part), ils témoignent de ce qui revient à la flore commune de la plaine française et du domaine médio-européen en général, où les plantes des lieux habités et des milieux sous influence humaine forte sont majoritaires, suivies par les ressources proposées par la flore cultivée (voir plus loin).

Une exception corse ?

La Corse a ici un statut à part. L'enquête dirigée par P. Simonpoli (*op. cit.*, 1985) vaut d'être prise à témoin. 83 des plantes citées par les informateurs (sur 164) ont des emplois en médecine humaine, et sur ce nombre 35 appartiennent à la flore méditerranéenne en général (plantes cultivées incluses), soit un TELEM de 42,68 %. Certaines de ces espèces méditerranéennes sont des endémiques cyrno-sardes (Corse/Sardaigne), comme le thym *herba barona*, la menthe de Réquien ou le genêt corse ; d'autres ne se rencontrent pas en France continentale, comme la germandrée *marum* ou le lis d'Illyrie. Ce recours particulièrement élevé à la flore propre au climat, voire endémique, peut tenir à la situation d'insularité, qui incite habituellement à mettre en œuvre les ressources proprement locales. A l'inverse, tout comme en haute Provence, la part des plantes montagnardes est très faible, la gentiane jaune étant la seule médicinale d'altitude à trouver place en médecine humaine.

La Corse héberge l'un des ensembles floraux les plus riches du Bassin méditerranéen occidental : 2 978 taxons, dont 15 % d'introduits. 296 taxons sont des endémiques stricts ou des semi-endémiques, soit près de 12 % de la flore[2]. Le taux de l'ensemble des médicinales citées par l'enquête est donc très faible : 2,75 %. Ce taux est à comparer à celui de l'enquête en Luberon de M. Amir (1994-1995) : 191 médicinales pour une flore d'environ 1 700 taxons, soit un taux de 11,23 %. Ce dernier

1. Voir ce qui est dit plus loin à propos du "taux d'ethnobotanicité" et des réserves quant à la validité des groupes de plantes mis en comparaison.
2. Ces données d'après J. Gamisans et D. Jeanmonod, *op. cit.*, 1993.

pourcentage est très voisin de ce qu'on obtient en comparant les 482 plantes de Cazin aux quelque 4 200 espèces de la flore française[1] : 11,42 %. En ce qui concerne la flore montagnarde, pratiquement ignorée, son absence est d'autant plus surprenante que trois étages des hautes altitudes européennes, montagnard, subalpin et alpin, sont représentés dans l'île, riches d'une flore très diversifiée.

L'enquête Corse n'avait pas de prétention d'exhaustivité, mais il semble que l'étendue de territoire prise en compte, comme le grand nombre probable d'informateurs/trices rencontrés[2], auraient dû produire bien davantage de données d'ordre thérapeutique en médecine humaine. Faut-il voir ici des lacunes quant à la méthodologie d'enquête ? Il est plus vraisemblable de prendre acte de ce que dit l'éditeur lui-même dans sa préface, à propos de "l'errance d'une culture qui ne sait plus à quel temps se vouer", et qui "pourtant encore présente est vécue au passé". Il y aurait ici une perte de mémoire bien plus importante que dans les enquêtes continentales récentes, en dépit de la grande richesse du contexte floral. Car il est très peu probable que celui-ci n'ait pas été requis davantage : globalement, les plantes citées par l'enquête de P. Simonpoli, 164 tous usages confondus, ne représentent que 5,50 % de la flore de l'île ; c'est un "taux d'ethnobotanicité" très bas (voir ci-dessous). La comparaison avec d'autres enquêtes en Sardaigne, en péninsule Ibérique, dans les Balkans, etc., pourrait contribuer à clarifier cette question toujours en suspens de l'ethnobotanique corse. Tout comme on peut attendre des enseignements de la mise en parallèle de l'ensemble des données chiffrées proposées plus haut avec ce qu'on observe dans les diverses régions d'Europe où les espèces locales ont une place manifeste au regard de ce qui est propre au climat de l'Europe moyenne. Cette comparaison est à faire non seulement là où domine l'élément méditerranéen, mais aussi dans les régions sous influences montagnardes ou nordiques prégnantes : pays majoritairement alpins comme l'Autriche, Nord de la Scandinavie et de la Russie, etc.

Le "taux d'ethnobotanicité"

Cette formule quelque peu barbare traduit un concept établi par l'ethnobotaniste français R. Portères (*op. cit.*, 1970). "L'ethnobotanicité" s'applique, écrit Portères, "dans tous les cas où il y a usage sans nom, nom sans usage, nom et usage". Le nombre total des plantes qui "entrent en relation" avec une

1. *Les Quatre Flores de France* de P. Fournier (1961) citent 4 217 espèces, nombre qui sera réévalué, au regard des progrès de la systématique, par des bilans généraux futurs qui restent malheureusement encore à l'état de projet.
2. L'ouvrage de P. Simonpoli ne donne aucune précision à ce sujet.

société[1] est comparé à la flore globale du territoire considéré, la mise en parallèle permettant d'obtenir le taux en question (TEB). Très sujet à controverse[2], cet outil, s'il est bien employé, a le mérite de servir de premier *étalon d'évaluation du rapport société/milieu végétal* en définissant un pourcentage d'espèces "socialisées". Il a pour corollaire obligé qu'on doit disposer de données d'enquêtes le plus complètes possible, qui prennent en compte tous les aspects de la relation à la flore, et connaître précisément le nombre d'espèces qui composent la totalité de l'arrière-plan floral.

La comparaison entre un ensemble de taxons sélectionnés par une société, ainsi des médicinales ou des alimentaires, et la flore globale de son territoire estimée selon les critères savants pèche par une différence importante de nature : la flore "en relation" correspond à un tri, tandis que la flore globale est un ensemble brut où tous les taxons ne sont pas détenteurs de sens ou d'emplois potentiels. On sait que des groupes entiers sont peu perçus par l'attention traditionnelle, en tout cas au niveau des espèces elles-mêmes, telles les Graminées, les Composées-Chicoracées à fleurs jaunes (épervières, crépis, etc.), de nombreuses Caryophyllacées et Crucifères, etc. C'est donc plutôt à l'intérieur d'une collecte ethnobotanique, qui ne considère que la part socialisée de la flore, qu'on peut tenter des bilans chiffrés comparatifs suffisamment fiables, le TEB restant une approximation très généraliste. Ce n'est pas en multipliant le nombre des végétaux regardés comme utiles qu'une société couvre ses besoins de base. Certaines plantes polyvalentes peuvent en remplacer plusieurs autres ; ainsi du plantain badasson ou de la germandrée petit-chêne dans les enquêtes EPI et M. Amir, de la cordyline ou de certains palmiers dans les sociétés tropicales, etc. Le nombre d'espèces "socialisées" est à considérer parallèlement à la diversité de leurs fonctions. Il est probable que le TEB chute lorsqu'on peut avoir recours à des plantes polyvalentes. Une formule statistique plus subtile que le taux d'ethnobotanicité est ici à mettre au point.

Reste, comme on l'a dit, la valeur informative générale du TEB, intéressante pour estimer l'attention globale qu'un groupe humain porte au végétal. Ce taux n'est valide, en première

1. Ce nombre n'est pas défini selon les critères linnéens (ensemble des couples genre + espèce représentant une unité validée par la botanique savante) mais peut intégrer des "taxons populaires", s'appliquant par exemple à un stade biologique du végétal. Il y a ainsi en Provence deux noms (généraux) distincts pour le coquelicot : *gau-galin* ("coq-poule") désigne la fleur, *roèla* la rosette de feuilles qu'on ramasse comme herbe à salade ou à cuire. Cela fait que la "flore populaire" de certaines cultures (tropicales surtout) est plus vaste que celle des botanistes. A ce propos, voir B. Meilleur et E. de Garine, *op. cit.*, 2008.

2. Voir ce qui en est dit dans *La Plante compagne*, p. 36-39, 1998.

approche, que pour un arrière-plan floral stable. Il n'est pas pour autant exclu de tenter de l'établir dans des contextes où celui-ci évolue. Ainsi, dans nos sociétés urbaines, le contexte floral est constitué pour l'essentiel de plantes ornementales (d'extérieur et d'intérieur) et d'aliments végétaux ; si la proposition du commerce en fruits et légumes n'évolue guère de façon sensible (elle ne se diversifie vraiment qu'au moment des fêtes de fin d'année, et la nouveauté ne change guère d'une année sur l'autre), de nouvelles plantes ornementales sont proposées au public quasiment en permanence, même s'il ne s'agit souvent que de variétés de genres connus depuis longtemps (iris, roses, tulipes, etc.). Estimer la part prise en compte de cet environnement végétal d'origine commerciale pourrait s'avérer riche en surprises ; par exemple, que perçoit-on du "fleurissement" urbain, que nomme-t-on, quels arbres des avenues sont reconnus, la présence d'une plante d'intérieur implique-t-elle un nom associé, y a-t-il une évolution dans le choix des couleurs de fleurs, etc. ?

Pour ce qui concerne les enquêtes en milieu rural, où la flore spontanée a une part importante, sinon majeure, le TEB "brut" donne une idée approximative de l'amplitude des rencontres avec un environnement végétal où, dans le contexte européen, on retrouve toujours un noyau d'espèces relativement stable (plantes cultivées, plantes rudérales) plus ou moins enrichi d'emprunts aux ressources proprement locales, comme on l'a vu dans ce qui précède. Avec les réserves rappelées cidessus, un TEB élevé dira une attention forte aux propositions de la flore, un TEB faible traduira l'éloignement – celui-ci n'étant pas forcément constitutif de la culture considérée mais pouvant dépendre de multiples facteurs sociaux, économiques, etc., parfois récents.

Il importe ici, comme on l'a dit, de disposer de bilans ethnobotaniques aussi larges que possible. Doivent être pris en compte non seulement les emplois "classiques" (médicinaux, alimentaires, artisanaux, etc.) mais aussi ce qui concerne des domaines habituellement négligés par les enquêtes : plantes couramment cultivées, flore fourragère, arbres et arbustes forestiers, "mauvaises herbes", fleurs d'ornement indigènes ou cultivées de longue date, plantes nommées mais sans emploi connu, etc. L'attention aux noms vernaculaires doit aider à compléter la liste des recueils en français, car certains d'entre eux n'ont pas d'équivalent dans le langage courant (comme on l'a vu, plusieurs "taxons vernaculaires" peuvent correspondre à une seule espèce botanique). Ces exigences quant à la grande diversité du rapport plantes/sociétés ne sont que rarement prises en compte dans les enquêtes françaises. Font exception les travaux de B. Meilleur en Vanoise (*op. cit.*, 1985), de J.-C. Nouallet en Vercors (*op. cit.*, 1989) et de C. Crosnier en Morvan/Bourgogne (*op. cit.*, 1998).

Ils tiennent lieu de repères dans le tableau ci-dessous, au regard de collectes moins complètes à partir desquelles un TEB sera toujours inférieur à la réalité. De surcroît, on ne dispose pas toujours d'estimation numérique précise de l'arrière-plan floral. En ce qui concerne la haute Provence, on a retenu le nombre approximatif de 1 500 taxons, qui n'est pas loin de la réalité (à peu près 1 700 espèces pour le département de Vaucluse). Pour la Tarentaise, le taux est calculé à partir des données de l'auteur lui-même.

Le taux d'ethnobotanicité
Quelques exemples

Territoire pris en compte par les enquêtes	Nombre de taxons botaniques cités au cours de l'enquête	Nombre total d'espèces du territoire considéré	Taux d'ethno-botanicité (TEB)
Haute Provence occidentale (années 1980)	237	± 1 500	15,80 %
Commune des Allues (Tarentaise, 1982)[1]	±160	± 1 000	16 %
Vercors (1989)	263	1 560	16,85 %
Parc naturel du Luberon (1994-1995)	263	± 1 500	17,53 %
Morvan et Bourgogne (1998)	360	1 776	20,27 %
Corse (1985)	166	2 978	5,50 %

Si la Corse présente un TEB anormalement bas (voir ce qui est dit plus haut des contingences particulières à cette île), les autres enquêtes montrent des parts socialisées de la flore proches les unes des autres, se situant entre 16 et 20 %. Ce dernier taux, estimé d'après C. Crosnier (1998), traduit la pertinence d'une enquête conduite en Morvan/Bourgogne auprès de 210 informateurs et dans 23 foyers ruraux. Selon l'anthropologue E. Hunn, cité par B. Meilleur (*op. cit.*, 1982, note 4), ce pourcentage "est très comparable à celui que l'on retrouve chez les chasseurs-cueilleurs en général". Faut-il dès lors y voir – en dépit de ce qui manque aux enquêtes provençales et corse – ce qui, dans nos contrées, représenterait la part habituelle de la flore connue et/ou mise en œuvre par les sociétés ? Avant toute conclusion hâtive, il faudrait disposer d'un plus grand nombre d'enquêtes, conduites en diverses régions d'Europe. Du moins, cette tentative de mettre en parallèle plusieurs

1. D'après B. Meilleur, *op. cit.*, 1982. Si l'on calcule le pourcentage des taxons cités par B. Meilleur (160) à une flore générale "qui compte peut-être 1 000 espèces", on trouve bien 16 %. Dans son article, l'auteur propose un TEB de 15 % ; la différence est négligeable. Le travail du même auteur à Termignon en Vanoise (1985) cite environ 170 taxons de rang spécifique mais ne donne pas d'estimation chiffrée de l'ensemble de la flore du territoire considéré.

taux d'ethnobotanicité dans notre pays atteste que la connaissance populaire des plantes, exprimée en nombre d'espèces aujourd'hui perçues et mises en œuvre, se situe vraisemblablement entre 15 % et 20 %.

Ce niveau d'attention témoigne-t-il de constantes en rapport avec celui des besoins intrinsèques aux sociétés, qui seraient couverts par une fraction donnée de la flore, plus ou moins analogue dans des cultures de mêmes types associées à des environnements floraux analogues ? La sélection des "plantes utiles" tient-elle à des offres de l'environnement floral qui couvriraient l'ensemble des catégories d'usages, matériels ou symboliques, d'où subsisterait à terme un lot de taxons suffisant pour couvrir les besoins dans tous les domaines ? Ou bien ces besoins amènent-ils à rechercher et choisir les plantes appropriées, qui se reconnaissent à des qualités de nature matérielle (comestibilité, flexibilité ou rigidité, présence de fibres résistantes, de substances à propriétés techniques diverses, aptitudes médicinales reconnues *via* l'aliment ou par d'autres voies, etc.) ou qui peuvent ouvrir à l'ordre symbolique : morphologie, couleur, saveur, odeur, pouvoirs psychotropes, etc. ?

Il est manifeste que les quelque 80 % de la flore non socialisée dans un territoire donné renferment encore de nombreuses potentialités. En ce qui concerne la haute Provence, il suffit de citer des plantes médicinales plus ou moins courantes comme la primevère commune, *Primula vulgaris*, la scabieuse succise, *Succisa pratensis*, la grande pervenche, le peuplier noir ou la bryone, végétaux usités ailleurs, sans parler des méditerranéennes (nerprun alaterne, pistachier térébinthe, camomille des teinturiers, cynoglosses, centaurées *Centaurea scabiosa, C. paniculata*, *C. aspera*, etc.), et des nombreuses montagnardes ignorées de la pharmacopée locale. Dans l'ordre des emplois artisanaux et domestiques, par contre, la flore européenne étant plutôt chiche en matériaux, on retrouvera souvent les mêmes espèces citées pour les mêmes fonctions (bois d'œuvre, tiges à tresser, plantes tinctoriales, plantes à récurer, etc.) dans une zone climatique donnée.

En ce qui concerne les plantes médicinales, très nombreuses, les sociétés n'ont aucune raison de multiplier indéfiniment les recours car elles disposent fréquemment de succédanés. Ces substitutions opèrent dans un même genre (diverses ronces, divers églantiers, divers bouillons-blancs, divers génépis, etc.), dans des genres d'une même famille, voire dans des familles distinctes : serpolet/origan, lierre terrestre/menthe pouliot, aigremoine/plantains, angélique/inule aunée, verveine officinale/arnica, etc. Ce qui induit la sélection (à des fins médicinales, alimentaires, voire cultuelles) d'une plante au profit d'une autre présente dans le même territoire, la substitution entre plantes pour une même fonction, ou l'emploi de la même plante dans des attributions différentes, d'un territoire à un autre. Ces options nullement hasardeuses tiennent à la fois aux propositions du milieu et aux particularismes des sociétés dans leur histoire, leur économie, leurs déterminants culturels, etc. Il s'agit d'une question centrale de "l'écologie des savoirs", où l'on pourrait sans doute apercevoir des schémas structurants qui outrepassent vraisemblablement le seul propos ethnobotanique. Encore faut-il disposer d'un matériau approprié, qui réponde à une ethnographie exigeante, où non seulement la société, mais aussi le contexte floral doivent être interrogés de près.

Le "fonds commun" des savoirs médicinaux

En Europe, un lot de plantes faciles à trouver (ou à cultiver), qui couvrent une grande partie des besoins en remèdes, est commun à toutes les sociétés d'une même aire biogéographique. Ce "fonds commun[1]", probablement établi au début des temps agricoles (mais aux enracinements sans doute plus anciens), détermine déjà une fraction importante du taux d'ethnobotanicité. Ce qui s'y ajoute peut tenir de la spécificité locale, comme le plantain badasson en haute Provence, le millepertuis *Hypericum nummularium*, la "vulnéraire du Dauphiné", en Isère, ou encore l'impératoire *Peucedanum ostruthium* dans beaucoup de hauts massifs. Mais, comme on l'a vu précédemment, la possibilité de choix entre des remèdes aux indications analogues fait aussi partie intégrante de la médecine traditionnelle ; ainsi, en haute Provence, de ce qui concerne les herbes amères des cures saisonnières, bardane, marrube, germandrée petit-chêne. Cette diversification à l'intérieur même du "fonds commun" facilite l'accès au remède : il est rare que, dans les sociétés rurales, on ne trouve pas l'une ou l'autre des plantes d'un même champ thérapeutique à peu de distance de la maison.

Dans le tableau, p. 584, les 12 plantes (sur 25) qui sont notées dans toutes les colonnes (lignes en grisé) peuvent être regardées comme appartenant au "fonds commun" européen des médicinales. La comparaison d'un plus grand nombre de recueils modifierait plus ou moins la figure, mais il est probable qu'on retrouverait à peu près chaque fois ces espèces dans le groupe de tête. On remarquera que les plantes de l'enquête EPI, qui servent d'étalon des fréquences, se retrouvent toutes en Luberon : les deux territoires se chevauchent et, pour l'essentiel, partagent un même fonds floral. Avec 23 plantes, le Briançonnais, mais aussi la Bourgogne, sont ceux qui s'en rapprochent le plus au regard des critères du tableau (la camomille est citée en Briançonnais comme médicinale cultivée mais il n'en est pas donné d'attributions ; de son côté, C. Crosnier cite sans plus de détail l'aigremoine en Morvan/Bourgogne).

1. Ce concept est détaillé dans *L'Herbe qui renouvelle*, *op. cit.*,1986.

Présence de quelques plantes majeures du "fonds commun" des médicinales européennes dans 7 enquêtes

Sont retenues à titre de référence les plantes du "fonds commun" qui connaissent 10 attributions médicinales et plus en médecine humaine dans l'enquête EPI (plantes proprement méditerranéennes et montagnardes exclues).

Nom de la plante	Présence/absence dans les enquêtes témoins (+ : plante seulement citée)						
	Nombre d'attributions enquête EPI	Luberon	Briançonnais	Morvan/Bourgogne	Piémont italien	Valais	Corse
Aigremoine	43	•	•	+			
Ail cultivé	12	•	•	•	•	•	autre sp.
Aubépine	16	•	•	•	•		•
Bardane	23	•	•	•	•	•	•
Bouillon-blanc	19	•	•	•	•		•
Bourrache	18	•	•	•	•	•	•
Camomille	29	•	•	•	•	•	
Chiendent	11	•	•	•	•	•	•
Chou	20	•	•	•		•	
Coquelicot	15	•	•	•			•
Eglantier	17	•	•	•	•	•	•
Germandrée petit-chêne	27	•	•	•	•	•	
Mauve	17	•	•	•	•	•	•
Mélisse	11	•	•	•	•	•	
Millepertuis	28	•	•	•	•	•	autre sp.
Noyer	20	•	•	•	•	•	•
Oignon	15	•	•	•		•	
Ortie	28	•	•	•	•	•	•
Pariétaire	20	•			•		•
Pensée sauvage	10	•	•	•	•	•	
Plantains communs	11	•	•	•	•	•	•
Prêle	14	•	•	•	•	•	•
Ronce	16	•		•			•
Serpolet	13	•	•	•	•		
Sureau	31	•	•	•	•	•	•
Total des citations	25	25	23	23	20	18	18

Haute Provence et Briançonnais partagent des bases culturelles, dont un même substrat linguistique. Toutefois, le Briançonnais se situe dans les Alpes internes, ce qui place plusieurs montagnardes au rang des médicinales majeures : génépi, hysope, gentiane, mélèze. De son côté, la Bourgogne accorde une place importante à des plantes non méditerranéennes comme la reine-des-prés, considérée là comme très polyvalente, et le chèvrefeuille des haies.

Il est remarquable que, pour des régions climatiques aussi distinctes que la haute Provence, le Valais, la Bourgogne et la Corse, on rencontre au minimum 17 des 25 plantes témoins. Comme les données d'origine extérieure, aux fréquences d'attributions non comptabilisées (sauf chez C. Crosnier[1]), ne permettent pas de hiérarchiser les plantes comme il est fait avec celles de l'EPI, on ne peut en estimer l'importance relative dans les pharmacopées. Pallier ces lacunes, en étendant les enquêtes au plus grand nombre possible de régions européennes et en conduisant les recueils avec toute la rigueur souhaitable, amènerait à établir une liste fiable des médicinales du "fonds commun" pour l'Europe occidentale. Après quoi l'analyse des matériaux obtenus au niveau local serait grandement facilitée. C'est vers ce type d'étude comparative que doit s'orienter en priorité l'ethnobotanique du vieux continent, pendant qu'il est encore possible d'y conduire des recherches sur les savoirs de tradition orale.

Les blancs dans le tableau ne traduisent pas nécessairement l'absence de la plante (ni de son emploi) dans la région considérée. Ainsi, pour ce qui concerne la Corse, toutes les espèces de référence y sont présentes. La pariétaire confirme un statut de remède surtout méridional, mais c'est une plante quasi absente au-dessus de 700 mètres et il est normal de ne pas la rencontrer en Briançonnais ni en Valais ; elle appartient à un "fonds commun" méditerranéen, entité qui reste à préciser[2], où figurent aussi la sauge officinale, le romarin, l'olivier, etc. (voir plus loin). Le chou et l'oignon sont cultivés partout ; qu'ils ne figurent ni en Piémont ni en Corse peut traduire des particularismes culturels, mais aussi des insuffisances du recueil. Il faut enfin tenir compte du fait que, comme on l'a déjà souligné ailleurs et en dépit de l'universalité *de principe* des plantes du "fonds commun", certaines d'entre elles ont ici et là une ou plusieurs remplaçantes qui occupent leur "champ thérapeutique",

1. Merci à C. Crosnier d'avoir réalisé à mon intention la liste par plantes et par attributions médicinales de sa très riche collecte.

2. Cette plante, courante en Europe méridionale et moyenne, plutôt dans les régions calcaires, est surtout représentée dans le Midi par l'espèce *Parietaria judaica* L. (= *P. diffusa* M. & K.) ; tandis que *P. officinalis* L., des lieux frais, se rencontre surtout en climat non méditerranéen.

c'est-à-dire le domaine de soins qu'elles couvrent en beaucoup de régions. La multiplicité des propositions de la flore autorise les substitutions, tandis que les pharmacopées conservent des potentialités globales analogues. En Valais, l'impératoire, Ombellifère très polyvalente (mauvaises plaies, contusions, dermatoses, rhumatismes, grippe, affections respiratoires, etc.), regardée dans beaucoup de massifs comme une panacée, remplace des plantes comme la ronce, l'aigremoine, le sureau, le frêne, etc. En Briançonnais, c'est au génépi et à l'hysope qu'on a d'abord recours dans les "coups de froid", et le serpolet, dans le même propos, y remplace (comme en Bourgogne) le thym du Midi.

Il va de soi que, pour ce qui concerne les régions où la part des plantes propres aux contingences écologiques locales est élevée, où cette flore occupe de vastes territoires ou bien se manifeste à travers des espèces ostensibles, on la retrouvera d'autant plus dans les recueils de l'ethnobotanique. La permanence de fond se situe au niveau des plantes cultivées et de la flore des lieux habités (le tableau cite trois plantes cultivées dans le seul propos médicinal : bourrache, camomille, mélisse). Mais comment s'opèrent les substitutions éventuelles ? Qu'est-ce qui, en Corse par exemple, assure les fonctions du chou, de la camomille, de la pensée sauvage, occupe leurs "niches thérapeutiques" ? Ces questions sont importantes car tenter d'y répondre éclaire ce qui concerne les modes de constitution des connaissances médicinales, en médecine humaine comme en médecine vétérinaire. Ce qui concerne le ramassage des plantes alimentaires sauvages n'est pas moins concerné par cette comparaison ; car ce qu'on cueille dans une région donnée ne répond pas forcément à ce qui est privilégié dans un autre territoire de même statut floral, *a fortiori* quand les flores changent à l'arrière-plan d'un même espace culturel. Tenter d'estimer la nature de ces variations contribuerait à préciser le concept de "fonds commun", et ce qui revient à la rencontre des sociétés avec des ensembles floraux particuliers, qui peuvent alimenter des "fonds régionaux" spécifiques. Il importe aussi de comparer dans le détail la perception et l'usage de la flore des régions "complexes", comme la haute Provence ou le Valais, avec ceux des régions "simples" où les possibilités de recours sont moins diversifiées en raison de la relative homogénéité de la flore (ainsi du Massif armoricain, de la Champagne, etc.). C'est dans ce questionnement à plusieurs niveaux que s'établissent les assises de l'écologie des savoirs ; l'ethnobotanique y assume pleinement son rôle de "carrefour des sciences naturelles et des sciences humaines" (J. Barrau, *op. cit.*, 1971).

Ces diverses remarques n'élucident pas les choix qui mènent à la constitution des corpus ethnobotaniques populaires. Ceux-ci attestent en tout cas que les sociétés opèrent dans l'environnement végétal un tri nullement aléatoire. Les plantes privilégiées sont en général celles qu'on rencontre le plus fréquemment (même si la rareté ou l'inaccessibilité peuvent contribuer à en valoriser d'autres ; c'est le cas du génépi, de la vulnéraire du Dauphiné), celles que signalent des particularités : senteur, saveur, couleur, morphologie foliaire, "signe" inducteur d'usage, etc. Même s'il existe, comme on l'a vu, des ensembles végétaux, familles ou genres, où les espèces sont loin d'être bien différenciées par la tradition orale, le taux d'ethnobotanicité ne traduit aucunement une certaine incapacité à ne saisir que des fractions de l'ensemble floral ; au contraire, il exprime le degré d'attention aux plantes qu'un groupe humain, dans une situation économique/écologique donnée, doit manifester pour couvrir les besoins auxquels, dans l'ordre matériel ou symbolique, les plantes sont capables de répondre.

Dans certaines cultures insulaires tropicales/équatoriales, on observe des TEB très élevés, que peut expliquer la nécessité induite par un environnement fini d'exploiter au maximum les ressources du milieu. Les sociétés agricoles des régions tempérées, qui maîtrisent (en principe) la production alimentaire, qui trouvent une part importante de leurs remèdes dans la flore cultivée, dont l'accès aux ressources végétales spontanées n'est pas limité dans l'espace, n'ont jamais eu recours à toutes les potentialités de leur milieu ; au point d'ignorer des ressources proches mais qui n'appartiennent pas à l'espace quotidien. A cet égard, la haute Provence occidentale est exemplaire : les offres du milieu montagnard, pourtant peu distant des zones habitées, y sont à peu près complètement ignorées. Pour autant, si les plantes domestiques fournissent une part importante des remèdes végétaux et de leurs attributions (en haute Provence, respectivement 36 et 30 %), elles cèdent toujours le pas aux plantes sauvages.

Hypothèses sur la constitution du fonds commun des médicinales européennes

La sélection de la pharmacopée végétale européenne de base a dû s'opérer très tôt, certainement avant les premières attestations écrites. Il est intéressant de constater que, dès les premiers grands inventaires de remèdes, au Ier siècle (sans parler du corpus hippocratique, au Ve siècle avant J.-C., où la pharmacopée n'est pas traitée pour elle-même), on voit déjà citées la plupart des plantes qui resteront d'usage courant dans la tradition orale jusqu'à la fin du XXe siècle. Comme celle-ci est source de l'écrit, qu'elle a une antériorité obligée, il n'est pas déraisonnable de situer la mise en place des connaissances relatives au fonds commun, plantes cultivées incluses, lors des temps de la sédentarisation, peut-être dès les VIe-Ve millénaires avant notre ère en Europe occidentale. Et, puisque le rapport à la flore sauvage précède par définition l'avènement des plantes domestiques, la constitution des connaissances médicinales de base relatives aux végétaux indigènes a pu avoir lieu avant le Néolithique. Par "constitution", on entend l'établissement des pharmacopées propres aux diverses cultures et la distribution des fonctions dans la flore appréhendée comme médicinale. La découverte des propriétés des plantes est certainement très antérieure.

On ne sait pas grand-chose de ce que les sociétés d'avant le Néolithique pouvaient sélectionner dans la flore de l'Europe du Sud et de l'Ouest littoral, au temps des glaciations, quand il existait des havres propices à la végétation tempérée sur les rivages d'une Méditerranée plus basse d'une centaine de mètres, et aussi sur les rivages atlantiques de la France. Des plantes aujourd'hui surtout montagnardes ou arctiques se rencontraient alors aux basses altitudes. En témoignent encore les "relictes glaciaires" de la plaine française, plantes d'affinités boréales surtout réfugiées dans les tourbières, comme l'orchidée *Hammarbya* (ex-*Malaxis*) *paludosa* ou le bouleau nain de la Margeride, grandes raretés de notre flore. Il est possible que les chasseurs-ramasseurs des périodes froides aient pu rencontrer alors la gentiane jaune et l'arnica dans les basses régions qui dépendent aujourd'hui du climat atlantique, voire sur les collines méditerranéennes.

Toutefois, au regard de la diversité florale des hautes altitudes, les connaissances qui concernent les plantes spéciales aux montagnes sont bien moindres que ce qui intéresse la flore de l'Europe des plaines et collines. S'il y a eu, à une époque lointaine, rencontre avec les plantes montagnardes hors de leur aire actuelle, dans les régions à l'abri des glaces, favorables à la vie végétale et à la présence humaine, elle ne semble pas avoir orienté les savoirs vers une plus grande prise en compte des végétaux qui occupent aujourd'hui les étages montagnard, subalpin et alpin. Mais c'est aussi que la fin des glaciations, en offrant de vastes espaces de basse altitude et des conditions de vie plus clémentes aux activités des hommes, a marginalisé cette flore qui ne sera "retrouvée" que plus tard, lors du peuplement des grands massifs. Il serait intéressant, pour comparaison dans les contingences actuelles, de disposer de données sur l'usage des plantes dans les régions septentrionales de l'Europe, où ce qui revient aux divers courants floraux serait précisé.

Aux périodes froides, on rencontre en tout cas en Europe, dans les zones à l'abri de l'influence glaciaire permanente, des arbres comme le bouleau et le pin, donneurs de résines dont on sait que celle du bouleau était déjà connue et employée à des fins techniques au Paléolithique (en Toscane, dans un site daté de plus de 200 000 ans, récemment fouillé, le brai de bouleau sert déjà de colle à parfaire la fixation de l'outil de pierre au manche[1]). Ces substances conservent, de nos jours, des emplois traditionnels dans tout l'hémisphère nord, tant au point de vue artisanal qu'en médecine (voir ce qui est dit au texte à propos du pin sylvestre). Le genévrier commun et les armoises appartiennent aussi à cette flore périglaciaire, qui se réinstallera sur de vastes territoires avec la fin des grands froids aux moyennes latitudes, avant la reconstitution du couvert boisé feuillu. Ce sont aussi, à l'époque actuelle, des plantes de vaste extension circumboréale, nanties de nombreux usages cultuels et médicaux, où la fonction aromatique est déterminante. Si l'on peut en juger par la comparaison entre les derniers chasseurs-ramasseurs du XXe siècle et les sociétés du Paléolithique supérieur qui ont en commun avec eux des techniques aussi sophistiquées que l'extraction des résines, le pressage des huiles végétales, la mouture des grains (qui a lieu bien avant la mise en culture des céréales), sans parler de la maîtrise de la taille de la pierre (et, pour le Paléolithique supérieur, de l'apogée d'art pariétal), il serait invraisemblable que le recours aux plantes, voici 15 000 ou 30 000 ans, n'intègre pas celui de la fonction médicinale – celle-ci étant, on le sait de mieux en mieux, déjà mise à profit par l'animal, et pas seulement chez les anthropoïdes[2]. Les hommes du plus lointain passé partagent les connaissances "instinctives" des grands primates ; pour une part, ce savoir reste le nôtre. Ceux qui, dès la maîtrise du feu, coupaient les branches fraîches des pins (ou autres arbres résineux) pour en faire des torches ont probablement remarqué la même chose que les coupeurs de lavande des trois premiers quarts du XXe siècle, où celle-ci était récoltée à la main : les plaies de faucille ne s'infectent pas et cicatrisent facilement quand l'outil a tranché cette Labiée aromatique (voir au texte). Les résines sont au nombre des substances vulnéraires les plus anciennes.

C'est surtout à partir du Mésolithique (période qui précède immédiatement le Néolithique) qu'on trouve des témoignages du transport de végétaux sauvages dans les sites postglaciaires français (cf. Ph. Marinval, *op. cit.*, 1988). Il s'agit alors pour l'essentiel de plantes ligneuses à fruits comestibles, dont témoignent des graines ou des noyaux fossilisés (amélanchier, pommier sauvage, merisier, prunellier, etc.), et de graines de Légumineuses : gesse chiche, lentille et pois sauvages, vesces, etc., toutes plantes à valeur alimentaire. Au Néolithique, alors que la

1. Référence dans *La Recherche*, n° 401, p. 18, oct. 2006. Le brai de bouleau s'extrait de l'écorce par "pyrogénation", c'est-à-dire par chauffage à chaleur élevée en vase clos, mais il est vraisemblable qu'on peut l'obtenir dans un foyer où il sourd à l'extrémité des branches qui se consument à l'autre bout.

2. Voir par exemple sur ce sujet longtemps tourné en dérision et aujourd'hui étudié de près : S. Krief, M. A. Huffman *et al.*, "Bioactive Properties of Plant Species Ingested by Chimpanzees *(Pan Troglodytes Schweinfurtii)* in the Kibale National Park, Uganda", *American Journal of Primatology*, n° 68, p. 51-71, 2006.

culture des céréales s'étend à toute la France, on constate en parallèle la cueillette d'autres fruits sauvages comme ceux du sureau, de l'aubépine, de la ronce, de l'églantier, plantes favorisées par l'ouverture des milieux et la présence humaine. Si les feuilles et les fleurs ne laissent pas de traces dans les gisements, un bon nombre de graines de plantes herbacées ont été identifiées dans les sites lacustres, où les conditions de conservation respectent souvent les matières organiques ; elles attestent la présence, dans l'attention des hommes, de toute une flore médicinale *potentielle* : armoise, plantains, ortie, bardane, coquelicot, aigremoine, etc. (flore qui intègre aussi bien les fruits de genévrier ou les graines d'Ombellifères antérieures à l'agriculture) ; elles permettent d'avancer des hypothèses pour ce qui concerne des emplois éventuels[1].

Si l'on adhère à l'hypothèse d'une origine des savoirs médicinaux très antérieure à la sédentarisation, il est probable que le noyau d'une pharmacopée végétale issue des plantes communes de l'Europe moyenne était constitué bien avant que les premiers textes n'en parlent. A ce “fonds commun”, les sociétés ont ajouté ce qu'elles percevaient comme utile dans les particularismes des flores, que l'agriculture et l'élevage tendent à mettre en évidence *via* les jachères, les friches, les “refus de troupeau”, etc. Toutefois, en particulier pour ce qui concerne la région méditerranéenne, fréquentée de très longue date, des connaissances relatives aux espèces locales pouvaient appartenir aux sociétés autochtones antérieures à la néolithisation ; elles n'auraient fait que s'intégrer aux nouveaux apports. Tandis que les courants migratoires qui ont propagé l'agriculture vers l'ouest ont pu, de leur côté, véhiculer des emplois médicinaux associés aux plantes cultivées et à leurs “mauvaises herbes” compagnes, comme le coquelicot et le chardon bénit.

Il ne s'agit que de spéculations, tant il est aventureux de rechercher les éléments possibles d'une pharmacopée parmi des végétaux dont les usages précis, hormis pour les alimentaires indubitables, ne peuvent être déterminés. L'archéobotanique ne permettra peut-être jamais d'identifier à coup sûr des attributions médicinales, sauf à découvrir des récipients au contenu identifiable, comme il en existe à l'époque romaine. Ces doutes n'invalident pas pour autant l'hypothèse selon laquelle les connaissances de base en matière d'usage médicinal de la flore sauvage n'ont fait que se redistribuer et s'étoffer au Néolithique.

La pharmacopée des cultures méridionales a été la première favorisée aux temps historiques, et le plus longtemps, car elle s'est trouvée la première en contact avec l'écriture. Celle-ci a emprunté à ce qui avait déjà cours chez les peuples méditerranéens, avant d'influencer à son tour le corpus de la tradition

1. C'est le propos du mémoire de D. Delcour, *op. cit.*, 1999.

orale. Si l'on ne sait à peu près rien des modes de distribution du savoir médical non écrit dans les sociétés protohistoriques européennes, le fait que ce savoir et sa mise en pratique aient pu dépendre d'une élite d'obédience magico-religieuse (comme ces druides dont Pline l'Ancien[1] relate la cueillette du gui de chêne) n'exclut pas sa diffusion dans le commun peuple. A l'arrière-plan d'une médecine "spécialisée", où le rituel (nécessaire dans les maladies attribuées à des forces supérieures) peut importer davantage que la substance-remède, voire s'en passer, il est vraisemblable de supposer la présence permanente, dans nos climats, de ces savoirs qui permettent de traiter les affections courantes, en particulier ce qui est visible ou perceptible à l'extérieur, de la blessure à la douleur articulaire en passant par la dermatose – et ceci d'autant plus quand il s'agit des classes laborieuses ou serviles. De surcroît, si les textes fondateurs sont laconiques à ce sujet, on sait qu'il existait en leur temps de nombreux herboristes et autres rhizotomistes ("coupeurs de racines"), dont le rôle de fournisseurs de remèdes à la médecine "officielle" n'excluait pas une pratique propre de guérisseurs ni des échanges à double sens avec le peuple. C'est dans cette diversité d'influences que se constitue, de l'antériorité orale de vaste amplitude aux passages en retour de la formalisation savante vers l'oralité, la base de l'ethnopharmacologie européenne.

Au Ve siècle avant notre ère, la médecine hippocratique emploie un certain nombre de plantes sauvages courantes aussi bien en climat méditerranéen que dans la majeure partie de l'Europe moyenne : sureau, églantier, mauve, mélilot, millepertuis, mercuriale, morelle, criste-marine, pimprenelle, etc. Il s'y ajoute la plupart des légumes, fruits et aromates alors cultivés dans le Sud, comme l'ail, l'oignon, le poireau, le chou, le coing, la pomme, l'amande, etc. La *ptisanê* (d'où dérive le mot "tisane"), décoction d'orge, mi-remède mi-aliment, est une boisson "rafraîchissante" omniprésente. Mais les espèces méridionales ont, semble-t-il, un rôle plus important que ce qui revient à la flore commune de l'Europe ; elles font la base de beaucoup de recettes. Sur les tumeurs, on applique ainsi des cataplasmes mêlant exclusivement les feuilles de figuier, d'olivier, de gattilier, de grenadier ; celui-ci, la racine de chêne vert, le myrte, le marrube, la rue, la scille, l'origan de Crète, etc., sont d'emploi fréquent en vulnéraires ; contre la "douleur de côté", on donne l'ellébore noir (rose de Noël) associé à des Ombellifères crétoises, au cumin, à l'anis[2]. Hormis les apports exotiques (myrrhe, cardamome, assa-fœtida, etc.), il ne semble pas y avoir d'emprunts à une flore spécifiquement non méditerranéenne.

1. *Hist. nat.*, XVI, 249-251, et XXIV, 12.
2. Hippocrate, *op. cit.*, vol. 5, p. 85-94 *(Des plaies)*, p. 241 *(Du régime dans les maladies aiguës)*.

On est ici devant un autre “fonds commun”, qui concerne les cultures méridionales, qui va avoir un impact très important sur la pharmacopée européenne en général. Même si la Grèce a un domaine montagnard étendu, les hippocratiques ne parlent pas de la grande gentiane, qui s’y trouve (mais ils connaissent le vératre ou ellébore blanc, *Veratrum album*, son sosie toxique) ; tandis que, cinq siècles plus tard, Dioscoride en cite de nombreux usages, attribuant sa “découverte” à Gentius, roi d’Illyrie (début du IIe siècle avant J.-C.), façon comme une autre d’expliquer l’étymologie de *gentiana* – mais c’est peut-être bien de cette contrée montagneuse du Nord-Ouest de la Grèce que proviennent les premières mentions d’emploi de la plante, très probablement connue depuis longtemps des populations locales. C’est seulement aux Temps modernes que le tropisme méditerranéen des pharmacopées européennes sera quelque peu atténué par l’acquisition de quelques végétaux d’affinités septentrionales ou alpines, comme le lédon des marais, *Ledum palustre*, l’impératoire, *Peucedanum ostruthium*, l’herbe aux goutteux, *Aegopodium podagraria*, l’alchémille, *Alchemilla vulgaris* s. l., la reine-des-prés, *Filipendula ulmaria*, et autres espèces qui appartiennent à la tradition orale des pays longtemps sans médecine écrite, terres des “barbares” que méprisaient les civilisations classiques, auxquels il était indigne de faire des emprunts.

Au Ier siècle de notre ère, la *Matière médicale* du Grec Dioscoride, bilan magistral de la pharmacopée alors connue en Europe méridionale savante, resté pendant au moins 1 500 ans le repère fondateur de la thérapeutique chez les Arabes et les Chrétiens, cite environ 560 plantes médicinales indigènes ou cultivées ; il affirme implicitement la primauté des médicinales de l’aire méditerranéenne (tout en restant très discret sur les pratiques superstitieuses qui s’ajoutent alors communément à l’emploi des remèdes[1]). A partir des temps carolingiens surtout, le christianisme étendra ces connaissances à toute l’Europe moyenne, où les abbayes propageront non seulement les savoirs mais aussi des plantes comme le romarin, les sauges officinale et sclarée, l’armoise aurone, la rue, l’euphorbe épurge, etc. Aux XIe-XIIIe siècles, les textes fondateurs de la médecine antique, passés en Espagne avec la culture arabe, seront traduits (en bonne partie par des érudits juifs) et s’imposeront dans l’Occident chrétien comme le fondement de la science médicale. Il en résulte la

1. A ce titre, Dioscoride est bien plus “matérialiste” que le Moyen Age. A la différence de ses contemporains latins, il fait peu de cas des “superstitions” du temps. C’est seulement à partir de la Renaissance que la médecine écrite évacuera la croyance. Tandis que la conjuration ou la prière associées à l’usage des remèdes matériels vont perdurer jusqu’au XXe siècle, en France, et se maintiennent encore dans les régions rurales pauvres d’Europe. Il faut garder en mémoire cet autre versant des pratiques de soins, même s’il n’apparaît pas dans l’enquête étudiée ici.

grande pharmacopée manuscrite médiévale, *Le Livre des simples médecines*, très inspiré de ces prédécesseurs, qui donne les emplois de 428 plantes européennes/françaises, avec toujours de fortes affinités méridionales. Un bon nombre de remèdes végétaux absents dans le Sud du continent restent encore ignorés ; ils n'apparaîtront dans les textes qu'à partir du XVIe siècle, où *Les Commentaires sur Dioscoride*, du Siennois Matthioli, instaurent à la fois la critique de l'apport ancien (à commencer par ce qui concerne l'identification des plantes et autres drogues) et l'ouverture de la pharmacopée à de nouvelles ressources.

En 1868, le *Traité* de Cazin n'ajoutera que 54 espèces à cette liste. La pharmacopée végétale savante se réfère, pendant deux millénaires, à un corpus qui privilégie largement les plantes qu'on retrouve encore, au XXe siècle, dans les collectes de médecine populaire. Ce qui valide l'hypothèse d'une pharmacopée de très ancienne constitution, et relativement peu évolutive, sinon dégressive : les médecins de l'Antiquité emploient bien davantage de remèdes végétaux que ceux du XXIe siècle, où un bilan récent s'en tient à 362 espèces[1] – malgré l'accueil de plantes nordiques ou d'affinités sibériennes naguère inconnues en Europe comme l'éleuthérocoque, *Eleutherococcus senticosus*, Araliacée sibérienne aux propriétés multiples, ou la gaulthérie couchée d'Amérique du Nord, *Gaultheria procumbens*, Ericacée antirhumatismale. On se trouve dans la situation paradoxale d'un savoir pharmacologique moderne où, malgré des nouveautés, environ 35 % des remèdes végétaux connus des Anciens ont été oubliés, sinon définitivement perdus.

Il va de soi que les connaissances actuelles sur la nature et l'action des plantes médicinales, sans commune mesure avec les approximations du passé, compensent la perte de “pharmacodiversité”. Mieux vaut dix plantes bien connues, aux emplois précisés, que cent mal maîtrisées. Toutefois, on peut s'interroger sur ce qui conduit à délaisser certains remèdes végétaux, à en privilégier d'autres. La psoralée ou trêfle bitumineux, *Bituminaria bituminosa*, “trêfle aigu” des Anciens, dont l'enquête EPI a retrouvé quelques traces du côté vétérinaire, avait des emplois importants dans l'Antiquité comme au Moyen Age. Elle ne figure plus depuis longtemps dans les pharmacopées. *A priori*, on privilégie et on conserve ce qui est regardé comme le plus efficace. Mais la notion d'efficacité n'est pas la seule en jeu dans la sélection traditionnelle des remèdes, les facteurs symboliques ont leur part, qui ont déserté (du moins à première vue) la pharmacopée moderne. Dans le recours aux génépis, armoises naines des hautes montagnes regardées dans les Alpes françaises comme le remède majeur des “coups de froid”, le fait qu'il s'agisse de plantes elles-mêmes des régions les plus froides, qu'il faille risquer sa vie pour aller les cueillir, compte

1. Bézanger-Beauquesne & al., *op. cit.*, 1990.

pour beaucoup dans l'estime qu'on leur porte[1]. Un certain nombre de plantes de la pharmacopée populaire ont perduré en notre temps, alors que la pharmacie les abandonnait, pour des raisons qui tiennent moins à leur valeur de remède qu'à une place privilégiée dans la perception traditionnelle de la flore et des milieux. Cet aspect de la relation au végétal se perd nécessairement quand celui-ci est converti en médicament, qu'il n'appartient plus au territoire ordinaire des hommes.

L'enrichissement des pharmacopées vernaculaires par des espèces propres aux flores locales a pu intervenir aussi très anciennement, mais les traités savants n'en ont pas eu connaissance. En exemple, on citera la vulnéraire du Dauphiné, *Hypericum nummularium*, de l'Isère (bien plus répandue dans les Pyrénées, elle ne semble pas y être employée), les endémiques cyrno-sardes mises en œuvre par les Corses, comme l'ellébore corse et la germandrée *marum*, déjà cités, l'*oreja de oso* (oreille d'ours), *Ramonda myconi*, belle et unique Gesnériacée européenne, endémique pyrénéenne employée en infusion pectorale sur le versant espagnol, etc. On est en droit d'y voir un apport particulier des cultures régionales à la pharmacopée de large extension, apport forcément postérieur au peuplement des territoires considérés.

Les plantes du fonds commun européen, qui sont connues et usitées sur une très large échelle géographique, semblent au contraire témoigner d'une communauté de savoirs des plus anciennes. Et plus encore peut-être en confirmerait l'hypothèse une comparaison attentive entre les pharmacopées traditionnelles d'Europe et d'Amérique du Nord, où l'on trouve bien des similitudes d'attributions entre les nombreux genres communs aux deux continents : prêles, pins, sapins, chênes, bouleaux, orties, nerpruns, frênes, raisin d'ours, airelles, sureaux, armoises, etc. Prendre en compte tout l'hémisphère nord tempéré ne serait pas moins riche d'enseignement, ne serait-ce qu'en ce qui concerne le peuplement nord-américain, où l'Ancien Monde fait ses premiers rejets dans le Nouveau – propositions qui s'appliquent aussi bien au rapport Amérique du Sud/Océanie/Asie du Sud-Est, puisqu'il est désormais envisagé un double peuplement américain, par le détroit de Béring à sec aux temps glaciaires, et peut-être antérieurement transpacifique. C'est vers ce comparatisme à large échelle que devra se tourner l'ethnobotanique des remèdes végétaux du XXIe siècle. Il devrait enseigner beaucoup sur la constitution, l'évolution et diffusion des savoirs en matière de perception, de classification et d'usage de la flore. Il implique évidemment le travail en commun d'équipes aptes à gérer tant les différences linguistiques que les questions naturalistes, de la floristique à la biogéographie.

1. Pour plus de détails sur le génépi, voir D. Delcour, *op. cit.*, 2004.

UN ESSAI DE CODAGE DES PROPRIÉTÉS ET INDICATIONS DE L'ETHNOMÉDECINE VÉGÉTALE FRANÇAISE

Nécessité d'un système de classification et de codage

C'est à propos du domaine médicinal que l'enquête de l'EPI a fourni le plus grand nombre d'informations. Celles-ci intéressent en priorité les notions de *propriétés* et d'*indications* des remèdes végétaux. Comme il a été dit dans l'introduction, la classification de ces données multiples était le préalable indispensable à toute tentative d'interprétation. Il était impossible d'en traiter la grande diversité sans les distribuer en catégories susceptibles d'être reconnues d'une plante à l'autre. Ce qui vaut aussi bien dans la comparaison entre enquêtes : c'est la grille nécessaire pour instaurer la cohérence du matériau étudié, et permettre le repérage des similitudes comme des différences dans les attributions médicinales.

Après divers tâtonnements, où l'influence des catégories de la pharmacologie savante actuelle tendait à prévaloir, c'est à l'occasion de la rédaction de *L'Herbe qui renouvelle* (1986) qu'un essai de "classification hiérarchisée des indications et des propriétés des plantes médicinales en thérapeutique populaire française" a été construit, avec un argumentaire qui reste en bonne partie valable.

Depuis sa première mise au point, ce système de classification et de codage a été utilisé lors de plusieurs enquêtes en France. Il a été révisé, enrichi et quelque peu remanié ponctuellement avec la collaboration de Magali Amir, lors de ses recherches dans le cadre du parc naturel régional du Luberon (1994-1995).

Modalités du codage

Les noms d'*indication*s (blessure, grippe, rhumatisme, etc.) ou de *propriétés* (cicatrisant, sudorifique, "pour les rhumatismes", etc.) recueillis lors des enquêtes ou issus de la littérature (folkloristes, manuels de santé modernes, etc.) sont ordonnés sur un mode hiérarchique selon un codage de **1000** à **9999**. Ce système simple permet de prendre en compte la plus grande diversité possible des expressions de l'ethnopharmacologie et de l'ethnomédecine française. Fournisseur des matériaux de base de l'étude, le domaine méditerranéen a été privilégié en tant que source majeure du lexique, mais les termes (français) qu'il a fournis se retrouvent pour la plupart dans les autres enquêtes en France. Comme le système autorise les synonymies, il n'est pas circonscrit à une région particulière.

Le codage s'établit sur une base de neuf champs principaux (nombres **1000**, **2000**..., **9000**). Les huit premiers concernent les grands "domaines pathologiques", qu'ils soient implicitement définis par la médecine traditionnelle (plaies et traumatismes externes, fonctions digestives, voies respiratoires, etc.), ou qu'on les ait constitués à partir de la perception savante afin d'intégrer des propriétés et indications non constituées en domaines vernaculaires (par ex. : troubles de la nutrition et dérèglements hormonaux). Voir plus bas pour ce qui concerne la définition et les approximations de ces champs initiaux. Ceux-ci sont eux-mêmes distribués en sous-domaines qualifiés par des nombres de centaines nettes (**1100**, **1200**, etc.) ; par exemple : plaies fraîches/plaies anciennes ; estomac/intestin, etc. Voir aussi plus loin.

Les propriétés et les indications se répartissent entre les codes où s'expriment d'une part les dizaines nettes (**1110**, **1120**, etc.), d'autre part les unités (**1111**, **1112**, etc.), ces derniers nombres servant en particulier à préciser le contenu du niveau précédent ou à intégrer des synonymies. En exemple, dans le champ **1000**, on trouvera la séquence suivante :

1000 Affections externes ou à manifestations externes. Affections ostéo-articulaires ou musculaires à traitement externe privilégié

- **1200** Plaies anciennes, tumeurs
- ....
- **1300** Traumatismes ordinairement sans plaie
  - **1320** coups (contusions)
  - **1321** "bleus", ecchymoses
  - **1322** "œil au beurre noir", "coup à l'œil"
  - **1323** hématome
  - **1324** *pour les coups*
  - etc.

On voit qu'un même code, comme **1322**, peut s'appliquer à plusieurs expressions d'une même pathologie, et pourrait en concerner d'autres (comme "coquard") sans entorse à la hiérarchisation d'ensemble. De surcroît, puisque la plupart des termes susceptibles de s'ajouter à la "classification hiérarchisée" ont valeur de synonymes, ils peuvent être intégrés comme tels dans les listes établies, sans modification du codage[1]. Car celui-ci, bien entendu, doit rester inamovible pour conserver sa validité aux mains des différents utilisateurs. Comme toute modification éventuelle appelle des rectifications dans les travaux qui ont tiré parti de cette grille, les réajustements ne peuvent que consister en rajouts de synonymes. Si des modifications affectant les codes eux-mêmes s'avéraient nécessaires, elles devraient être répercutées chez tous les utilisateurs du système. Le codage est donc, par lui-même, une technique impliquant sinon la centralisation des données, en tout cas l'entente entre chercheurs sur le maniement d'un outil commun.

Si aucun système de codage ne peut traduire dans son intégralité la diversité de l'expression populaire des maladies et des propriétés, ni *a fortiori* ses nuances, l'*index alphabétique* qui lui est associé répertorie la totalité des termes relevés lors des enquêtes et dans les sources écrites retenues. On arrive ainsi à rendre compte d'un lexique susceptible de se voir accru à chaque nouvelle enquête – même si l'expérience montre, comme il était prévisible, que le corpus lexical déjà établi tend à l'état d'équilibre, les collectes récentes n'introduisant plus guère de concepts nouveaux, tandis que les synonymes se font eux-mêmes de moins en moins fréquents[2].

Limites et évolution du codage. La nécessaire intégration d'un lexique savant

Dans le domaine des connaissances de tradition orale, tout système de codage est par nature imparfait puisqu'il ne peut prétendre à l'exhaustivité. Il est quasi impossible de dresser l'inventaire de tous les termes/concepts qui ont (eu) cours en médecine populaire depuis le XIXe siècle. C'est un domaine où les variations sont nombreuses d'une région à l'autre, et qui continue d'évoluer sous l'influence de la médecine savante. En témoigne le passage actuel au langage populaire de termes encore spécialisés il y a peu, comme "allergie", "cholestérol" ou "spasmophilie". Des mots comme "hypertension" et "mycose", issus de la médecine savante du XIXe siècle, n'entrent dans la langue courante qu'au début du XXe.

A côté des noms de maladies et de propriétés issus de la tradition orale ou de ceux qui migrent du côté de la nosographie populaire à partir du domaine médical "officiel", la "classification

1. "Champignons de la peau", par exemple, qui n'a pas été cité dans nos sources, s'intégrerait sous le terme "mycose cutanée", entrée susceptible d'accueillir des synonymes.
2. Mais il faudra compter avec des enquêtes en pays francophones limitrophes, sans parler des autres régions d'Europe. Dans certains cas, il faudra trouver des équivalents français pour les noms vernaculaires des propriétés et des maladies. L'enquête de D. Musset et D. Dore en vallée Stura italienne (*op. cit.*, 2006) a ainsi permis d'ajouter une dizaine de termes au codage.

hiérarchisée", pour remplir son rôle d'ordonnatrice à velléités exhaustives, doit donc intégrer un certain nombre de termes savants dépourvus d'équivalents vernaculaires – en particulier pour ce qui concerne des catégories de classification supérieures, ou des affections qui correspondent à des concepts médicaux non exprimés par le discours oral, comme "dermatoses", "hypertension oculaire", "cholécystite", etc. Ces libertés quant à la classification des données orales de la médecine et de la pharmacopée sont nécessaires si l'on veut intégrer des "concepts flous", inaptes à entrer dans une classification non informatisée, mais aussi pour établir des catégories qui font défaut à la perception et à la dénomination populaires de la maladie.

Tout codage des informations issues du recueil ethnographique, s'apparentant aux clefs d'identification des flores, est ainsi *un système au moins partiellement artificiel de mise en ordre des données, non la traduction d'un ordre préexistant.* Les "domaines pathologiques" ici retenus, s'ils sont souvent implicitement désignés par l'expression populaire des propriétés ("pour les reins" concerne bien l'appareil urinaire, "pour les femmes" le domaine gynécologique, etc.), ne relèvent pas pour autant de catégories *exprimées* par la médecine de tradition orale dans nos régions, laquelle *n'est pas constituée en système explicite.*

La distribution des données d'ethnomédecine dans une classification à visées pratiques implique donc obligatoirement, dans la perspective adoptée ici, la création de catégories artificielles. On a ainsi défini un domaine qualifié de "troubles de la nutrition et dérèglements hormonaux" (**8000**), qui ne correspond à aucune catégorie implicite de l'expression populaire – même si, sous l'effet de la diffusion des connaissances savantes, une certaine "classe diffuse" s'élabore ici, avec, pour repères, des termes/concepts comme "vitamines", "cholestérol", "diabète", "hypoglycémie", "acide urique", etc. Cela s'accorde plus ou moins avec le champ de l'endocrinologie.

Autre approximation : pour s'en tenir à neuf entrées principales, la classification regroupe des domaines distincts dans la physiologie et la thérapeutique modernes. L'entrée **1000** réunit ainsi les "affections externes ou à manifestations externes" aux "affectations ostéo-articulaires ou musculaires à traitement externe privilégié" ; c'est-à-dire qu'elle rassemble tout ce qui est regardé par la médecine populaire comme relevant du soin externe (sans exclure une certaine proportion d'interne). **2000** réunit les "fonctions digestives" et "l'excrétion urinaire", ce qui, en rassemblant tout ce qui relève des "viscères abdominaux", outrepasse manifestement la représentation traditionnelle du corps. Toutefois, ces simplifications bien peu orthodoxes au regard de la médecine contemporaine ne contredisent pas radicalement le regard populaire sur le corps et la maladie : notre tradition orale a bien un domaine implicite général des soins externes ; et sa thérapeutique ne connaît pas de limite absolue entre ce qui concerne les fonctions digestives et urinaires (en témoignent les cures à visées d'abord diurétiques, puis laxatives[1]).

Dans la même intention pratique ont été définies des *entrées basées sur des concepts de la classification savante* ("voies génito-urinaires", "nez, gorge, oreilles", "troubles nerveux à dominante psychique", etc.). Sont aussi inclus des noms de maladies ou de propriétés du domaine savant (artérite, néphrite, antiprurigineux, révulsif, anti-ecchymotique, etc.) qui n'ont pas été recensés lors des enquêtes mais qui peuvent expliciter des périphrases de signification analogue. *Certains de ces termes n'ont qu'un "rôle prévisionnel"* : ils définissent des concepts non encore acquis par notre corpus, mais susceptibles d'apparaître lors d'investigations ultérieures. Ainsi des "tendinite", "spasmophilie", "leucémie", "cancer de l'intestin", etc. Ils figurent ici à titre d'entrées pour l'enrichissement de la classification.

L'association des termes issus de la médecine savante à ceux du recueil oral est sans doute critiquable dans une approche ethnologique orthodoxe. Il importe de rappeler encore que cet assemblage a pour seule fonction de rendre accessibles les données qui concernent la médecine humaine ; il n'a pas à influencer le traitement de celles-ci, pour autant qu'on garde à l'esprit qu'il s'agit seulement d'un outil, non d'une méthode.

Le système de codage utilisé dans le cadre de l'enquête EPI, à ce jour seule proposition de classement des connaissances relatives à la médecine végétale populaire, s'est montré opérationnel lors du traitement de plusieurs collectes en France et régions limitrophes : recherches de C. Crosnier en Morvan (1987), J.-Cl. Nouallet en Vercors (1989), M. Amir en Luberon (1994-1995) et dans le PNR du Verdon (2000-2001), D. Musset et D. Dore en Piémont italien (2006). Pour évoluer en se précisant, cet outil devrait s'intégrer à une base de données centralisée, où l'on s'efforcerait, entre autres développements, d'établir les équivalences entre le français et les langues européennes les plus concernées dans le propos du comparatisme ethnobotanique. A elle seule, cette démarche justifierait la création d'un organisme de recherches et d'échanges – ce qui devance de très loin la prospective en sciences humaines la plus déraisonnable, en un temps où le savoir n'a d'importance que s'il est vendable ; et comme il est peu probable de voir l'ethnobotanique cotée en Bourse avant longtemps…

1. Voir ce qui est dit du tamier et de la bryone, dans P. Lieutaghi, *op. cit.*, 1998, p. 109-112.

CLASSIFICATION HIÉRARCHISÉE DES PROPRIÉTÉS ET DES INDICATIONS DE L'ETHNOMÉDECINE VÉGÉTALE FRANÇAISE

En *italique*, l'expression populaire des propriétés telles qu'elles sont recueillies lors des enquêtes.
En CAPITALES, l'expression savante des propriétés.
Entre guillemets, termes vernaculaires de diffusion plus large.

1000 AFFECTIONS EXTERNES OU A MANIFESTATIONS EXTERNES. AFFECTATIONS OSTÉO-ARTICULAIRES OU MUSCULAIRES A TRAITEMENT EXTERNE PRIVILÉGIÉ

1100 Plaies (au sens large), plaies fraîches, hémorragies externes, brûlures, morsures	1110 symptômes, etc.	1111 plaies (sans autres précisions), *pour les plaies*
		1112 blessures (sans autres précisions)
		1113 hémorragie suite de plaies
		1114 saignement de nez
		1115 cicatrices
		1116 cicatrices d'opération
		1117 *pour désinfecter les plaies*
	1120 coupure	1121 écorchure
	1130 plaie fraîche	
	1140 écrasement (doigt, etc.), meurtrissure avec plaie	1141 "mauvaise blessure"
	1150 brûlure	1151 *pour couper le feu, pour lever le feu*

	1160 morsure	**1161** morsure de vipère
		1162 ANTIVENIMEUX
		1163 morsure de chien
	1170 tétanos	**1171** tétanos, prévention
	1180 septicémie	
1200 Plaies anciennes, tumeurs	**1210** symptômes, etc.	**1211** pus (des plaies)
	1220 plaies atones, suppurantes	**1221** “vieille plaie”
	1230 écharde, épine, piqûre d’épine	**1231** *pour tirer* les échardes, les épines
	1240 ulcère externe	**1241** ulcère variqueux
	1250 escarre	
	1260 gangrène	
	1270 angiome	
	1280 tumeurs externes	**1281** loupe
		1282 abcès froid, scrofule (adénite, gonflement lymphatique)
		1283 tumeurs cancéreuses externes, cancer de la peau
1300 Traumatismes ordinairement sans plaie	**1310** symptômes, etc.	**1311** bosse, enflure (œdème d’origine traumatique)
		1312 *pour désenfler,* RÉSOLUTIF
		1313 enflure d’origines diverses ou non précisées
		1314 ingestion de corps étrangers
	1320 coups (contusions)	**1321** ecchymoses, hématomes, “bleus”
		1322 “œil au beurre noir”, “coup à l’œil”
		1323 [objet en attente]
		1324 *pour les coups*
		1325 ANTI-ECCHYMOTIQUE
		1326 *pour tirer, pour faire sortir le sang*
	1330 “chute”	**1331** chute, accident à conséquences internes
	1340 évanouissement suite de traumatisme	

	1350 entorse, foulure, élongation	
	1360 luxation	
	1370 épanchements articulaires	1371 épanchement de synovie
	1380 fractures, faiblesse osseuse	1381 déminéralisation
		1382 ostéoporose
		1383 pour favoriser la réparation osseuse ; *pour l'ossification* ; *pour fixer le calcium*
		1384 REMINÉRALISANT
		1385 DÉMINÉRALISANT
	1390 insolation	1391 prévention
1400 Peau : généralités, inflammations et lésions diverses	1410 symptômes, etc.	1411 *pour la peau*
		1412 démangeaisons, prurit
		1413 ANTIPRURIGINEUX
		1414 allergies cutanées
		1415 visage (soins du)
		1416 "points noirs" (et assimilés)
		1417 couperose
	1420 taches de la peau	1421 taches de rousseur, de son
		1422 grain de beauté
		1423 envie, taches de naissance (nævus)
		1424 tache de vin
		1425 vitiligo, dépigmentation
		1426 taches de vieillesse
	1430 inflammations, irritations externes	1431 rougeurs, irritations, érythème
		1432 rougeurs des nourrissons, irritations enfants
		1433 ampoules, mains abîmées
		1434 mal aux pieds, pieds enflammés, enflés
		1435 intertrigo
		1436 cal (induration de la peau)
	1440 piqûres au sens large	1441 piqûres d'ortie
	1450 piqûres d'insectes	1451 enflure et autres séquelles de piqûres
		1452 piqûres d'insectes, prévention

	1460 gerçures, crevasses	1461 gerçures aux mains 1462 gerçures aux lèvres
	1470 engelures	
	1480 coup de soleil	1481 coup de soleil, prévention
	1490 gelures	
1500 Peau : infections cutanées, enflure associée (bouton, enflure, généralement isolés, douloureux)	1510 symptômes, etc.	1511 "bouton" (au singulier) 1512 pus de bouton 1513 "pustules"
	1520 panaris, mal blanc, "tour d'ongle"	
	1530 furoncle ("clou")	1531 anthrax (furoncles groupés) 1532 furonculose
	1540 abcès	1541 *pour faire mûrir* 1542 MATURATIF, "mûrisseur"
	1550 phlegmon	
1600 Peau : dermatoses (généralement étendues)	1610 symptômes, etc.	1611 éruption, "boutons" (au pluriel) 1612 dartres 1613 maladies de peau (s. l.) 1614 "humeurs de peau"
	1620 eczéma	1621 eczéma sec 1622 eczéma suintant 1623 prurit eczémateux
	1630 urticaire	
	1640 gourme	1641 croûtes de lait
	1650 acné	
	1660 autres dermatoses	1661 érysipèle 1662 herpès 1663 impétigo 1664 mycose cutanée 1665 pityriasis 1666 psoriasis
1700 Parasites de la peau ; divers peau et phanères	1710 généralités parasites peau	1711 *pour éloigner les parasites* 1712 *pour détruire les parasites* 1713 INSECTICIDE
	1720 insectes, acariens parasites	1721 gale 1722 poux 1723 morpions 1724 puces 1725 tiques 1726 punaises
	1730 transpiration	1731 transpiration des pieds
	1740 cheveux	1741 soins des cheveux 1742 pellicules

		1743 chute des cheveux ; *pour faire repousser les cheveux*
		1744 cuir chevelu
		1745 teigne
	1750 ongles	**1751** ongle incarné
		1752 chute d'ongle
	1760 excroissances cutanées	**1761** verrues (soins locaux)
		1762 verrues (magie analogique associée)
		1763 verrues plantaires
		1764 poireau
		1765 cors, durillons
		1766 œil-de-perdrix
		1767 oignon
1800 Œil, affections oculaires, vue	**1810** symptômes, etc.	**1811** *pour les yeux*
		1812 "mal aux yeux"
		1813 larmoiement (yeux qui pleurent)
		1814 fatigue des yeux
		1815 hypertension oculaire
		1816 autres symptômes et causes ; "coup d'air" (aux yeux), etc.
	1820 corps étranger dans l'œil	
	1830 inflammations, irritations des yeux	**1831** inflammation des paupières
		1832 inflammation du globe oculaire (conjonctivite)
	1840 orgelet	
	1850 vue	**1851** *pour la vue*
		1852 faiblesse de la vue
		1853 acuité visuelle, pour la renforcer
	1860 cataracte	
	1870 glaucome	
1900 Rhumatismes ; douleurs articulaires, musculaires, dorsales ; paralysie ; œdèmes articulaires	**1910** symptômes, etc.	**1911** douleurs de type articulaire, rhumatismal
		1912 fourmillements
		1913 fatigue musculaire
		1914 *pour délasser, pour défatiguer*
		1915 raideurs
		1916 courbatures, douleurs musculaires, intercostales, lombaires

		1917 crampes, spasmes
		1918 membres engourdis, endormis
	1920 torticolis	
	1930 lumbago, mal aux reins, mal au dos	**1931** vertèbres
		1932 hernie discale
	1940 rhumatismes	**1941** douleurs rhumatismales au sens strict
		1942 gonflement, enflure, œdème articulaire
		1943 rhumatismes chroniques (arthrose)
		1944 arthrite
		1945 rhumatismes aigus, crise rhumatismale
		1946 ANTIRHUMATISMAL, *pour les rhumatismes*
		1947 rhumatisme articulaire aigu
		1948 articulations, *pour les articulations*
	1950 tendinite	
	1960 goutte	
	1970 sciatique	
2000 FONCTIONS DIGESTIVES, EXCRÉTION URINAIRE		
2100 Fonctions digestives, “ventre”, généralités	**2110** appétit	**2111** manque d’appétit
		2112 APÉRITIF, *pour l’appétit*
		2113 boulimie
		2114 soif (*pour la*, etc.)
		2115 anorexie
	2120 indigestion, digestion difficile, lourdeurs, “maux de ventre” au sens large	**2121** DIGESTIF, *pour la digestion*
		2122 migraine d’origine digestive
		2123 embarras digestifs
		2124 maux de ventre, *pour le ventre, pour les maux de ventre*
	2130 malaise digestif, mal au cœur, nausées	**2131** vomissements
		2132 mal de mer, des transports
	2140 ivresse	**2141** usages préventifs
		2142 usages curatifs
		2143 ivrognerie, alcoolisme, soins
	2150 ballonnements	**2151** “ventre gonflé”

	2160 crampes et spasmes de la zone abdominale (non digestion)	**2161** hoquet
		2162 point de côté
	2170 hydropisie abdominale (ascite)	
	2180 intoxication	**2181** allergies alimentaires
	2190 empoisonnement	**2191** POISON, VÉNÉNEUX
		2192 contrepoison, antidote
		2193 vomitif
2200 Bouche, dents	**2210** symptômes, etc.	**2211** mal aux dents, rage de dents
		2212 haleine
	2220 dentition enfants, poussée des dents	**2221** soins externes
		2222 traitements internes associés
	2230 dents	**2231** soins des dents
		2232 dents déchaussées
		2233 carie dentaire
		2234 abcès dentaire
		2235 *pour faire tomber les dents*
		2236 "vers" des dents
	2240 gencives	**2241** gingivite
		2242 appareils dentaires
	2250 langue	
	2260 salive	**2261** bouche sèche
		2262 *pour saliver*
		2263 salivation excessive
		2264 calculs salivaires
	2270 ulcérations buccales	**2271** aphtes
		2272 muguet
		2273 autres lésions buccales
		2274 cancer buccal
		2275 *pour la bouche*
2300 Estomac	**2310** symptômes, etc.	**2311** aigreurs d'estomac
		2312 maux d'estomac
		2313 brûlures, irritations d'estomac
		2314 spasmes et crampes d'estomac
		2315 STOMACHIQUE
		2316 "pour laver l'estomac"
	2320 acidité	
	2330 aérophagie	
	2340 inflammation (gastrite)	
	2350 ulcère gastrique	
	2360 divers estomac	
	2390 cancer gastrique	

2400 Foie et glandes abdominales	**2410** symptômes, etc.	**2411** "mal au foie"
		2412 "crise de foie"
		2413 bile, *pour la bile, pour la vésicule,* fluidifiant biliaire, CHOLAGOGUE
		2414 coliques hépatiques
		2415 jaunisse
		2416 *pour le foie*
		2417 *pour la rate*
		2418 *pour le pancréas*
	2420 cholécystite	
	2430 calculs biliaires	**2431** DISSOLVANT (calculs biliaires)
	2440 engorgement du foie	
	2450 hépatite virale	
	2460 "insuffisance hépatique", "fatigue du foie"	
	2470 cirrhose	
	2480 divers foie	
	2490 cancer du foie	**2491** cancer du pancréas
2500 Intestin	**2510** symptômes, etc.	**2511** *pour les intestins*
		2512 coliques, mal au ventre, spasmes intestinaux ; *pour les coliques*
		2513 tranchées, coliques enfants
		2514 gaz, vents, fermentations, flatulences
		2515 *pour chasser les gaz, les vents,* CARMINATIF
		2516 glaires intestinales
	2520 constipation	**2521** constipation des enfants
		2522 constipation des adultes
		2523 LAXATIF, *pour la constipation*
		2524 PURGATIF, purge (intestin)
	2530 diarrhées	**2531** diarrhées des nourrissons, des enfants
		2532 diarrhées des adultes
		2533 ANTIDIARRHÉIQUE
		2534 CONSTIPANT
		2535 dysenterie, "sang dans les selles", diarrhée prolongée

		2536 infection intestinale
		2537 amibiase
		2538 choléra
	2540 irritations, inflammations intestinales	**2541** entérite
		2542 colite
	2550 appendicite	**2551** péritonite
	2560 hernie intestinale	
	2570 vers intestinaux (général), parasitoses intestinales	**2571** oxyures
		2572 ascaris
		2573 ver solitaire (ténia)
		2574 *pour, contre les vers*, VERMIFUGE
	2580 vers des enfants	
	2590 cancers de l'intestin	
2600 Maladies des reins, de la vessie, des voies génito-urinaires	**2610** symptômes, etc.	**2611** *pour les reins*
		2612 coliques néphrétiques
		2613 albumine
		2614 chlorures, "excès de sel"
		2615 œdème d'origine rénale
		2616 urines, insuffisance (oligurie), rétention
		2617 urines excessives (cf. diabète)
		2618 sang dans les urines (hématurie)
	2620 calculs urinaires (gravelle)	**2621** DISSOLVANT calculs urinaires
		2622 boue, sable (pour les évacuer)
		2623 "pour nettoyer l'urine"
	2630 insuffisance rénale	**2631** "blocage des reins"
		2632 néphrite
		2633 urémie
		2634 crise d'urémie
	2640 urine, incontinence	
	2650 prostate, prostatisme	**2651** prostatisme, prévention
		2652 cancer de la prostate
2700 Infections urinaires	**2710** symptômes, etc.	**2711** *pour la vessie*
		2712 voies urinaires, prévention des infections
		2713 brûlures en urinant, inflammation locale
		2714 inflammations urinaires s. l. (reins, vessie)

	2720 cystite	**2721** catarrhe vésical
	2730 colibacillose urinaire	
	2740 urétrite	
	2750 autres, domaine urinaire	(maladies vénériennes, voir **5320**)
3000 NEZ, GORGE, OREILLES, VOIES RESPIRATOIRES		
3100 Nez, gorge, oreilles, inflammation, irritation	**3110** symptômes, etc.	**3111** maux de gorge, affections de la gorge s. l.
		3112 *pour la gorge*
		3113 voix, extinction, enrouement
		3114 *pour éclaircir la voix*
		3115 éternuement
		3116 maux d'oreilles
		3117 bourdonnements d'oreilles
	3120 rhume	**3121** rhume de cerveau, coryza
		3122 rhume des foins, allergies respiratoires
		3123 nez bouché
		3124 rhume, prévention
		3125 catarrhe respiratoire
		3126 ANTICATARRHAL
	3130 sinusite	
	3140 angine	**3141** angine blanche
		3142 angine rouge
		3143 diphtérie
		3144 angine, prévention
	3150 laryngite, pharyngite	
	3160 ouïe (troubles)	**3161** surdité
	3170 maux d'oreilles	**3171** otite
		3172 oreillons
	3190 autres ORL	**3191** polypes (nez)
		3192 cancer de la gorge
3200 Affections bronchiques et pulmonaires	**3210** symptômes, etc.	**3211** *pour les poumons, pour la respiration,* PECTORAL
		3212 maladies de poitrine
		3213 toux au sens large, toux sèche
		3214 toux humide, grasse
		3215 *pour la toux,* BÉCHIQUE, ANTITUSSIF
		3216 crachats

		3217 glaires respiratoires, mucosités
		3218 EXPECTORANT, *pour dégager les bronches*
		3219 crachements de sang, hémoptysie
	3220 maladies des bronches	**3221** *pour les bronches*
		3222 bronchite
		3223 bronchite chronique
		3224 emphysème
		3225 infection pulmonaire
		3226 œdème pulmonaire
	3230 coqueluche	
	3240 trachéite	
	3250 asthme	**3251** asthme humide
	3260 congestion pulmonaire	**3261** pneumonie, fluxion de poitrine
	3270 pleurésie	
	3280 tuberculose pulmonaire, phtisie	
	3290 autres, voies respiratoires	**3291** abus de tabac, tabagisme
		3292 *pour faire passer l'envie du tabac*
		3293 succédanés du tabac
		3294 cancer du poumon
		3295 aspergillose et autres mycoses pulmonaires
4000 CŒUR, SANG, CIRCULATION		
4100 Cœur	**4110** symptômes, etc.	**4111** malaises cardiaques
		4112 *pour le cœur*
		4113 palpitations
		4114 essoufflement
		4115 état pléthorique
		4116 évanouissement, syncope
		4117 CARDIOTONIQUE, TONICARDIAQUE
	4120 fatigue, faiblesse cardiaque	
	4130 angine de poitrine	
	4140 infarctus	
4200 Sang	**4210** sang, *pour le sang*	**4211** "sang trop épais" *(pour fluidifier le sang)*

		4212 “sang pas épais”, “faiblesse du sang” N. B. : “vices du sang”, “crasses du sang”, etc., cf. **9111**
	4220 anémie	**4221** “pâles couleurs”, pâleur, teint pâle
		4222 ANTIANÉMIQUE
	4230 tendance aux hémorragies, aux bleus, hémophilie	
	4290 leucémie	
4300 Circulation, vaisseaux	**4310** symptômes, etc.	**4311** *pour la circulation*
		4312 circulation féminine
		4313 jambes lourdes
		4314 œdème des membres (circulation et causes diverses)
	4320 hypertension, “tension”	**4321** *pour la tension*, HYPOTENSEUR
	4330 hypotension	**4331** HYPERTENSEUR
	4340 artériosclérose	**4341** *pour les artères*
	4350 artérite	
	4360 hémorragie cérébrale	**4361** congestion cérébrale, apoplexie, coup de sang, “attaque”
	4370 hémorroïdes	**4371** “mal au fondement”
		4372 chute du rectum
	4380 varices	
	4390 phlébite	
5000 VIE GÉNITALE, SEXUALITÉ FEMMES ET HOMMES		
5100 “Maladies des femmes” (troubles gynécologiques)	**5110** symptômes, etc.	**5111** malaises (règles)
		5112 douleurs des règles (dysménorrhée)
		5113 règles s. l., *pour les règles*
		5114 prurit vulvaire
	5120 règles insuffisantes, irrégulières, interrompues	**5121** *pour faire venir les règles*
		5122 EMMÉNAGOGUE
		5123 *pour les femmes*
	5130 règles trop abondantes	**5131** hémorragie utérine (métrorragie)
	5140 pertes blanches (leucorrhée)	
	5150 vaginite	

	5160 infections, inflammations gynécologiques	5161 métrite
		5162 salpingite
		5163 maladies vénériennes (femmes)
		5164 “inflammation des ovaires”
	5170 fibrome	
	5180 descente d’organes	
	5190 cancer (gynécologique)	
5200 Vie génitale, sexualité féminines	5210 grossesse	5211 plantes favorables
		5212 plantes défavorables
		5213 nausées des femmes enceintes
	5220 accouchement	5221 préparation, *pour faciliter l’accouchement*
		5222 accouchement difficile
		5223 rétention du placenta
		5224 suites d’accouchement
		5225 retour de couches
		5226 fausse couche
	5230 allaitement, soins aux jeunes enfants	5231 *pour avoir du lait,* GALACTOGÈNE
		5232 *pour interrompre la lactation,* ANTILAITEUX
		5233 soins du nourrisson, des jeunes enfants
		5234 sevrage du nourrisson
		5235 aliments du nourrisson
	5240 seins s. l.	5241 gerçures et crevasses
		5242 abcès
		5243 engorgement
		5244 cancer du sein
	5250 frigidité	
	5260 stérilité	
	5270 avortement	5271 risques d’avortement
		5272 *pour faire avorter,* ABORTIF
	5280 ménopause, retour d’âge	5281 bouffées de chaleur
	5310 impuissance	5311 APHRODISIAQUE
5300 Fonction sexuelle masculine	5320 maladies vénériennes (hommes)	5321 blennorragie, chaude-pisse
		5322 syphilis

6000 SYSTÈME NERVEUX

6100 Troubles nerveux à dominante psychique. Plantes d'action psychotrope	**6110** symptômes, etc.	**6111** *pour les nerfs*, nervosité, nervosisme
		6112 enfants nerveux
		6113 fatigue nerveuse, surmenage
		6114 *pour délasser* (nerfs)
		6115 *pour la mémoire*
		6116 angoisse, anxiété
		6117 peur, frayeur
		6118 troubles nerveux (psychiques) non précisés
	6120 sommeil	**6121** rêves
		6122 cauchemar
		6123 insomnie
		6124 *pour (faire) dormir*, SOMNIFÈRE
		6125 "bien dormir", "bon sommeil"
	6130 neurasthénie, langueur	
	6140 dépression nerveuse, déprime	**6141** antidépresseur , *contre la déprime*
	6150 hystérie	
	6160 folie	
	6170 plantes d'action PSYCHOTROPE	**6171** *pour faire rêver*
		6172 HALLUCINOGÈNE
6200 Troubles nerveux à manifestation physique	**6210** symptômes, etc.	**6211** étourdissement, vertige, tournis
		6212 névralgies
		6213 migraine, maux de tête
		6214 spasmes nerveux divers
	6220 zona	
	6230 crise de nerfs	
	6240 convulsions	**6241** convulsions des bébés et des enfants
	6250 spasmophilie	
	6260 épilepsie	

7000 MALADIES INFECTIEUSES

7100 Maladies fébriles	**7110** symptômes, etc.	**7111** fièvre
		7112 FÉBRIFUGE
		7113 affaiblissement (asthénie) des maladies fébriles

		7114 épidémie, prévention
		7115 mauvais air
		7116 *pour purifier l'air*
	7120 grippe	7121 coup de froid, "coup d'air", refroidissement
		7122 froid, maladie causée par le chaud et froid
		7123 grippe, prévention
		7124 grippe intestinale
	7130 fièvres éruptives	7131 rougeole
		7132 varicelle
		7133 scarlatine
	7140 fièvres périodiques	7141 fièvre de Malte (brucellose)
		7142 fièvre de Malte, prévention
	7150 méningite	
	7160 fièvre typhoïde, paratyphoïde	
	7170 convalescence des maladies infectieuses	7171 régime alimentaire des convalescents
8000 TROUBLES DE LA NUTRITION ET DÉRÈGLEMENTS HORMONAUX		
8100 (comme ci-dessus)	8110 symptômes, etc.	8111 maigreur, *pour grossir*
		8112 obésité
		8113 cellulite
		8114 *pour maigrir*, AMAIGRISSANT, AMINCISSANT
		8115 cholestérol
		8116 urée
		8117 acide urique
	8120 croissance, carences	8121 croissance difficile, faiblesse des enfants
		8122 faiblesse générale
		8123 rachitisme
		8124 vitamines
		8125 vitamine C
		8126 vitamines (carence en), avitaminose
	8130 lymphatisme	8131 glandes, grosseurs, adénite (origine imprécise)
	8140 diabète	8141 soif excessive
		8142 ANTIDIABÉTIQUE

		8143 diabète, effets secondaires, circulation
	8150 goitre	**8151** thyroïde, problèmes thyroïdiens
	8160 (autres)	
9000 PROPRIÉTÉS, CONTRE-INDICATIONS, NOUVELLES PATHOLOGIES		
9100 Champ dépuratif et assimilés	**9110** DÉPURATIF (sans précision d'indication)	**9111** *pour dépurer le sang* et assimilés ; *pour purger le sang, pour décrasser le sang* ; "vices du sang", "crasses du sang"
		9112 NETTOYANT
		9113 *pour les humeurs* ; idée "d'humeur"
	9120 cure dépurative	**9121** cure de printemps
		9122 cure d'automne
		9123 *pour renouveler le sang*
		9124 purge, dans le sens de "cure dépurative"
	9130 *id.*, visée dermatologique	
	9140 *id.*, visée circulatoire, visée "sang"	
	9150 *id.*, visée digestive	
	9160 *id.*, visée anti-rhumatismale	
	9170 *id.*, médecine infantile	**9171** "purge des nourrissons"
		9172 dépuratif pour les enfants
	9180 (autres visées)	
9200 Pratiques dérivatives, préventives	**9210** dérivatifs	**9211** RUBÉFIANT
		9212 RÉVULSIF
		9213 CAUSTIQUE
		9214 abcès de fixation
	9220 prévention s. l.	
	9230 recette de longue vie, contre le vieillissement	**9231** cure de jeunesse, de jouvence

9300 Propriétés générales	**9310** idée de favoriser l'élimination (sauf dépuratif)	**9311** DIURÉTIQUE *(pour uriner)*
		9312 SUDORIFIQUE *(pour transpirer)*
		9313 NETTOYANT (non dépuratif)
		9314 DÉSINTOXIQUANT
	9320 idée de soutenir, d'accroître les fonctions organiques	**9321** FORTIFIANT, RECONSTITUANT, *pour donner de la force*
		9322 REMONTANT, DÉFATIGANT, *contre la fatigue* (générale)
		9323 TONIQUE
		9324 TONIQUE-AMER, AMER
		9325 STIMULANT du cœur, CORDIAL
		9326 EXCITANT
		9327 RÉCHAUFFANT
		9328 STIMULANT général
		9329 STIMULANT de l'immunité ; préventif des maladies
	9330 idée de calmer les nerfs, la douleur, les spasmes	**9331** CALMANT (troubles nerveux, nervosisme), SÉDATIF
		9332 TRANQUILLISANT
		9333 ANALGÉSIQUE, ANTIDOULEUR, calmant des douleurs physiques, des spasmes
		9334 NARCOTIQUE
		9335 ANTISPASMODIQUE
		9336 contre un mal, une douleur de cause inconnue ou non répertoriée (membres)
		9337 *id.* (pour les viscères)
	9340 idée de combattre l'inflammation interne ou externe, la congestion, la fièvre, la tension musculaire	**9341** ADOUCISSANT
		9342 ÉMOLLIENT
		9343 RAFRAÎCHISSANT
		9344 ASSOUPLISSANT
		9345 DÉCONGESTIONNANT
		9346 ANTI-INFLAMMATOIRE

	9350 idée de combattre l'infection, la toxicité sous ses diverses formes	9351 VULNÉRAIRE (sens large)
		9352 DÉSINFECTANT
		9353 *pour tirer le sang*
		9354 *pour tirer le pus*
		9355 *pour tirer le mal*
		9356 ANTISEPTIQUE
		9357 ANTIBIOTIQUE
		9358 ANTITOXIQUE, toxique, toxicité
	9360 idée de plaie, d'écoulement pathologique	9361 VULNÉRAIRE (au sens strict)
		9362 ASTRINGENT, *qui resserre*
		9363 ANTI-HÉMORRAGIQUE, HÉMOSTATIQUE
		9364 DÉTERSIF
		9365 CICATRISANT
		9366 ANTIGLAIREUX
	9370 remède universel, panacée, plante d'action générale bienfaisante	9371 *ça guérit tout, bon pour tout*
		9372 *ça fait du bien*
	9380 propriétés diverses	9381 *pour le plaisir*, bon goût (infusion agréable)
		9382 infusion du soir s. l.
		9383 pour améliorer le goût des tisanes
9400 Contre-indications, précautions d'emploi	9410 emplois externes	
	9420 emplois internes	9421 estomac
		9422 intestins
		9423 voies urinaires
		9424 voies respiratoires
		9425 grossesse, allaitement
		9426 circulation
9500 Nouveaux risques, nouvelles pathologies	9510 polluants	9511 polluants ménagers
		9512 polluants agricoles, produits de traitement, insecticides, etc.
		9513 polluants industriels
	9520 allergisants, allergènes	
9600 Interférences savant/populaire	9610 rencontres des médecines savantes/populaires	
	9620 domaine chirurgical	9621 soins post-opératoires
		9622 suites d'opération

CODES DES NOMS DE PROPRIÉTÉS ET D'INDICATIONS DE L'ETHNOMÉDECINE VÉGÉTALE FRANÇAISE

INDEX NUMÉRIQUE

Les nombres de la classification hiérarchisée exprimant des milliers entiers et des centaines entières (ex : **1000**, **1100**, etc.), se rapportant à des domaines et sous-domaines pathologiques, ont une simple valeur d'entrée et ne servent pas à des codages d'informations ; ils ne sont donc pas repris ici.
En *italique*, l'expression populaire des propriétés telle qu'elle est recueillie lors des enquêtes.
En CAPITALES, l'expression savante des propriétés (parfois aussi exprimée au niveau populaire).

1111 plaies (sans autres précisions), *pour les plaies*
1112 blessures (sans autres précisions)
1113 hémorragie suite de plaie
1114 saignement de nez
1115 cicatrices
1116 cicatrices d'opération
1117 *pour désinfecter les plaies*
1120 coupure
1121 écorchure
1130 plaie fraîche
1131 mauvaise blessure
1140 écrasement (doigt, etc.), meurtrissure avec plaie
1150 brûlure
1151 *pour couper le feu*
1160 morsure
1161 morsure de vipère
1162 ANTIVENIMEUX
1163 morsure de chien
1170 tétanos
1171 tétanos, prévention
1180 septicémie
1211 plaies, pus

1220 plaies atones, suppurantes
1221 "vieille plaie"
1230 écharde, épine
1231 *pour tirer* les échardes, les épines
1240 ulcère externe
1241 ulcère variqueux
1250 escarre
1260 gangrène
1270 angiome
1280 tumeurs externes
1281 loupe
1282 abcès froid, scrofule (adénite, gonflement lymphatique)
1283 tumeurs cancéreuses externes, cancer de la peau
1311 bosse, enflure (œdème d'origine traumatique)
1312 *pour désenfler*, RÉSOLUTIF
1313 enflure d'origines diverses ou non précisées
1314 ingestion de corps étrangers
1320 coups (contusions)
1321 ecchymoses, hématomes, "bleus"
1322 "œil au beurre noir", "coup à l'œil"
1324 *pour les coups*
1325 ANTI-ECCHYMOTIQUE
1326 *pour tirer, pour faire sortir le sang* (ecchymose)
1330 "chute" (accident)
1331 chute, accident à conséquences internes
1340 évanouissement suite de traumatisme
1350 entorse, foulure, élongation
1360 luxation
1370 épanchements articulaires
1371 épanchement de synovie
1380 fractures, faiblesse osseuse
1381 déminéralisation
1382 ostéoporose
1383 pour favoriser la réparation osseuse, *pour l'ossification*
1384 REMINÉRALISANT
1385 DÉMINÉRALISANT
1390 insolation
1391 prévention de l'insolation
1411 *pour la peau*
1412 démangeaisons
1413 ANTIPRURIGINEUX
1414 allergies
1415 visage (soins du)
1416 "points noirs" (et assimilés)
1417 couperose
1420 taches de la peau
1421 taches de rousseur, de son
1422 grain de beauté

1423 envie, taches de naissance (nævus)
1424 tache de vin
1425 vitiligo, dépigmentation
1426 taches de vieillesse
1430 inflammations externes
1431 rougeurs, irritations, érythème
1432 rougeurs des nourrissons, irritations enfants
1433 ampoules, mains abîmées
1434 mal aux pieds, pieds enflammés, pieds enflés
1435 intertrigo
1440 piqûres au sens large
1441 piqûres d'ortie
1450 piqûres d'insectes
1451 piqûres, enflure et autres séquelles
1452 piqûres d'insectes, prévention
1460 gerçures, crevasses
1461 gerçures aux mains
1462 gerçures aux lèvres
1470 engelures
1480 coup de soleil
1481 coup de soleil, prévention
1490 gelures
1511 "bouton" (au singulier)
1512 pus de bouton
1513 "pustules"
1520 panaris, mal blanc, "tour d'ongle"
1530 furoncle ("clou")
1531 anthrax (groupe de furoncles)
1532 furonculose
1540 abcès
1541 *pour faire mûrir*
1542 MATURATIF, "mûrisseur"
1550 phlegmon
1611 éruption, "boutons" (au pluriel)
1612 dartres
1613 dermatoses, maladies de peau (s. l.)
1614 "humeurs de peau"
1620 eczéma
1621 eczéma sec
1622 eczéma suintant
1623 prurit eczémateux
1630 urticaire
1640 gourme
1641 croûtes de lait
1650 acné
1661 érysipèle
1662 herpès
1663 impétigo

1664 mycose cutanée
1665 pityriasis
1666 psoriasis
1710 parasites peau, généralités
1711 *pour éloigner les parasites*
1712 *pour détruire les parasites*
1713 INSECTICIDE
1720 insectes, acariens parasites
1721 gale
1722 poux
1723 morpions
1724 puces
1725 tiques
1726 punaises
1730 transpiration
1731 transpiration des pieds
1740 cheveux
1741 soins des cheveux
1742 pellicules
1743 chute des cheveux, *pour faire (re)pousser les cheveux*
1744 cuir chevelu
1745 teigne
1750 ongles
1751 ongle incarné
1752 chute d'ongle
1760 excroissances cutanées
1761 verrues (soins locaux)
1762 verrues (magie analogique associée)
1763 verrues plantaires
1764 poireau
1765 cors, durillons
1766 œil-de-perdrix
1767 oignon
1811 *pour les yeux*
1812 "mal aux yeux"
1813 larmoiement (yeux qui pleurent)
1814 fatigue des yeux
1815 hypertension des yeux
1816 "coup d'air" (aux yeux) et autres causes extérieures d'ophtalmies
1820 corps étranger dans l'œil
1830 inflammations, irritations des yeux
1831 inflammation des paupières
1832 inflammation du globe oculaire (conjonctivite)
1840 orgelet
1850 vue
1851 *pour la vue*
1852 faiblesse de la vue

1853 acuité visuelle, pour la renforcer
1860 cataracte
1870 glaucome
1911 douleurs de type rhumatismal
1912 fourmillements
1913 fatigue musculaire
1914 *pour délasser, pour défatiguer*
1915 raideurs
1916 courbatures, douleurs musculaires, intercostales, lombaires
1917 crampes, spasmes musculaires
1918 membres engourdis, endormis
1920 torticolis
1930 lumbago, “mal aux reins”
1931 vertèbres
1932 hernie discale
1940 rhumatismes s. l.
1941 douleurs articulaires
1942 gonflement, enflure, œdème articulaire
1943 rhumatismes chroniques (arthrose)
1944 arthrite
1945 rhumatismes aigus, crise rhumatismale
1946 ANTIRHUMATISMAL, *pour les rhumatismes*
1947 rhumatisme articulaire aigu
1950 tendinite
1960 goutte
1970 sciatique
1980 dos, colonne vertébrale
1990 paralysie
2110 appétit
2111 manque d’appétit
2112 APÉRITIF, *pour l’appétit*
2113 boulimie
2114 soif (*pour la*, etc.)
2115 anorexie
2120 indigestion, digestion difficile, lourdeurs
2121 DIGESTIF, *pour la digestion*
2122 migraine d’origine digestive
2123 embarras digestifs
2124 maux de ventre (en général), “pour les maux de ventre”
2130 malaise digestif, mal au cœur, nausées
2131 vomissements
2132 mal de mer, des transports
2141 ivresse, usages préventifs
2142 ivresse, usages curatifs
2143 ivrognerie, alcoolisme, soins
2150 ballonnements
2160 crampes, spasmes de la zone abdominale (non digestion)

2161 hoquet
2162 point de côté
2170 hydropisie abdominale (ascite)
2180 intoxication
2181 allergies alimentaires
2190 empoisonnement
2191 POISON, VÉNÉNEUX
2192 contrepoison, antidote
2193 vomitif
2211 mal aux dents, rage de dents
2212 haleine
2220 dentition enfants, poussée des dents
2221 dentition enfants, soins externes
2222 dentition enfants, traitements internes
2230 dents
2231 soins des dents
2232 dents déchaussées
2233 carie dentaire
2234 abcès dentaire
2235 *pour faire tomber les dents*
2236 "vers" des dents
2240 gencives
2241 gingivite
2242 appareils dentaires
2250 langue
2260 salive
2261 bouche sèche
2262 *pour saliver*
2263 salivation excessive
2264 calculs salivaires
2270 ulcérations buccales
2271 aphtes
2272 muguet
2273 lésions buccales non aphtes ni muguet
2274 cancer buccal
2275 *pour la bouche*
2311 aigreurs d'estomac
2312 maux d'estomac
2313 brûlures, irritations d'estomac
2314 spasmes et crampes d'estomac
2315 STOMACHIQUE *(pour l'estomac)*
2316 "pour laver l'estomac"
2320 acidité gastrique
2330 aérophagie
2340 inflammation de l'estomac (gastrite)
2350 ulcère gastrique
2360 troubles gastriques divers
2390 cancer de l'estomac

2411 "mal au foie"
2412 "crise de foie"
2413 bile, *pour la bile, pour la vésicule,* CHOLAGOGUE
2414 coliques hépatiques
2415 jaunisse
2416 *pour le foie*
2417 *pour la rate*
2418 *pour le pancréas*
2420 cholécystite
2430 calculs biliaires
2431 DISSOLVANT (calculs biliaires)
2440 engorgement du foie
2450 hépatite virale
2460 "insuffisance hépatique", "fatigue du foie"
2470 cirrhose hépatique
2480 troubles divers hépato-biliaires
2490 cancer du foie
2491 cancer du pancréas
2511 *pour les intestins*
2512 coliques, mal au ventre, spasmes intestinaux, *pour les coliques*
2513 tranchées, coliques enfants
2514 gaz, vents, fermentations, flatulences
2515 *pour chasser les gaz, les vents,* CARMINATIF
2516 glaires intestinales
2520 constipation
2521 constipation des enfants
2522 constipation des adultes
2523 LAXATIF, *pour la constipation*
2524 PURGATIF, purge (intestin)
2530 diarrhées
2531 diarrhées des nourrissons, des enfants
2532 diarrhées des adultes
2533 ANTIDIARRHÉIQUE
2534 CONSTIPANT
2535 dysenterie, "sang dans les selles", diarrhée prolongée
2536 infection intestinale
2537 amibiase
2538 choléra
2540 irritations, inflammations intestinales
2541 entérite
2542 colite
2550 appendicite
2551 péritonite
2560 hernie intestinale
2570 vers intestinaux (général), parasitoses intestinales
2571 oxyures
2572 ascaris

2573 ver solitaire (ténia)
2574 *contre les vers,* VERMIFUGE
2580 vers des enfants
2590 cancer de l'intestin
2611 *pour les reins*
2612 coliques néphrétiques
2613 albumine
2614 chlorures, "excès de sel"
2615 œdème d'origine rénale
2616 urines, insuffisance (oligurie), rétention
2617 urines excessives (cf. diabète)
2618 sang dans les urines
2620 calculs urinaires (gravelle)
2621 DISSOLVANT calculs urinaires
2622 boue, sable (pour les évacuer)
2630 insuffisance rénale
2631 "blocage des reins"
2632 néphrite
2633 urémie
2634 crise d'urémie
2640 urine, incontinence
2650 prostatisme
2651 prostatisme, prévention
2652 cancer de la prostate
2711 *pour la vessie*
2712 voies urinaires, prévention
2713 brûlures en urinant, inflammation locale
2720 cystite
2721 catarrhe vésical
2730 colibacillose urinaire
2740 urétrite
2750 infections urinaires diverses
3111 maux de gorge
3112 *pour la gorge*
3113 voix, extinction, enrouement
3114 *pour éclaircir la voix*
3115 éternuement
3116 maux d'oreilles
3117 bourdonnements d'oreilles
3120 rhume
3121 rhume de cerveau, coryza
3122 rhume des foins, allergies respiratoires
3123 nez bouché
3124 rhume, prévention
3125 catarrhe respiratoire
3126 ANTICATARRHAL
3130 sinusite
3140 angine

3141 angine blanche
3142 angine rouge
3143 diphtérie
3144 angine, prévention
3150 laryngite, pharyngite
3160 ouïe (troubles)
3161 surdité
3170 maux d'oreilles s. l.
3171 otite
3172 oreillons
3190 voies respiratoires supérieures, divers
3191 polypes (nez)
3192 cancer de la gorge
3211 *pour les poumons, pour la respiration*, PECTORAL
3212 maladies de poitrine
3213 toux sèche
3214 toux humide, grasse
3215 *pour la toux*, BÉCHIQUE, ANTITUSSIF
3216 crachats
3217 glaires
3218 EXPECTORANT
3219 crachements de sang, hémoptysie
3220 maladies des bronches
3221 *pour les bronches*
3222 bronchite
3223 bronchite chronique
3224 emphysème
3225 infection pulmonaire
3226 œdème pulmonaire
3230 coqueluche
3240 trachéite
3250 asthme
3251 asthme humide
3260 congestion pulmonaire, pneumonie
3261 pneumonie, fluxion de poitrine
3270 pleurésie
3280 tuberculose pulmonaire (phtisie)
3290 affections bronchiques et pulmonaires, divers
3291 abus de tabac, tabagisme
3292 *pour faire passer l'envie du tabac*
3293 succédanés du tabac
3294 cancer du poumon
3295 aspergillose et autres mycoses pulmonaires
4111 malaises cardiaques
4112 *pour le cœur*
4113 palpitations
4114 essoufflement
4115 état pléthorique

4116 évanouissement, syncope
4117 CARDIOTONIQUE, TONICARDIAQUE
4120 fatigue, faiblesse cardiaque
4130 angine de poitrine
4140 infarctus
4210 *pour le sang*
4211 "sang trop épais" *(pour fluidifier le sang)*
4212 "sang pas épais", "faiblesse du sang"
4220 anémie
4221 "pâles couleurs", pâleur, teint pâle
4222 ANTIANÉMIQUE
4230 tendance aux hémorragies, aux bleus, hémophilie
4290 leucémie
4311 *pour la circulation*
4312 circulation féminine
4313 jambes lourdes
4314 œdème des membres (circulation et causes diverses)
4320 hypertension
4321 *pour la tension*, HYPOTENSEUR
4330 hypotension
4331 HYPERTENSEUR
4340 artériosclérose
4341 *pour les artères*
4350 artérite
4360 hémorragie cérébrale
4361 congestion cérébrale, apoplexie, coup de sang, "attaque"
4370 hémorroïdes
4371 "mal au fondement"
4372 chute du rectum
4380 varices
4390 phlébite
5111 malaises associés aux règles
5112 douleurs des règles (dysménorrhée)
5113 *pour les règles*
5114 prurit vulvaire
5120 règles insuffisantes, interrompues, irrégulières
5121 *pour faire venir les règles*
5122 EMMÉNAGOGUE
5123 *pour les femmes*
5130 règles trop abondantes
5131 hémorragie utérine (métrorragie)
5140 pertes blanches (leucorrhée)
5150 vaginite
5160 infections gynécologiques
5161 métrite
5162 salpingite
5163 maladies vénériennes (femmes)
5170 fibrome

5180 descente d'organes
5190 cancer (gynécologique)
5211 vie génitale féminine, plantes favorables
5212 vie génitale féminine, plantes défavorables
5213 nausées des femmes enceintes
5220 accouchement
5221 préparation, *pour faciliter l'accouchement*
5222 accouchement difficile
5223 rétention du placenta
5224 suites d'accouchement
5225 retour de couches
5226 fausse couche
5230 allaitement
5231 *pour avoir du lait*, GALACTOGÈNE
5232 *pour interrompre la lactation*, ANTILAITEUX
5233 soins du nourrisson, des jeunes enfants
5234 sevrage du nourrisson
5235 aliments du nourrisson
5240 seins s. l.
5241 gerçures et crevasses des seins
5242 abcès des seins
5243 engorgement des seins
5244 cancer du sein
5250 frigidité
5260 stérilité
5270 avortement
5271 risques d'avortement
5272 *pour faire avorter*, ABORTIF
5280 ménopause, retour d'âge
5281 bouffées de chaleur
5310 impuissance
5311 APHRODISIAQUE
5320 maladies vénériennes (hommes)
5321 blennorragie, chaude-pisse
6111 *pour les nerfs*, nervosité, nervosisme
6112 enfants nerveux
6113 fatigue nerveuse, surmenage
6114 *pour délasser* (nerfs)
6115 *pour la mémoire*
6116 angoisse
6117 peur, frayeur
6118 troubles nerveux (psychiques) non précisés
6120 sommeil
6121 rêves
6122 cauchemar
6123 insomnie
6124 *pour (faire) dormir*, SOMNIFÈRE
6125 "bien dormir", "bon sommeil"

6130 neurasthénie, langueur
6140 dépression nerveuse
6150 hystérie
6160 folie
6170 PSYCHOTROPE, plante d'action
6171 *pour faire rêver*
6172 HALLUCINOGÈNE
6211 étourdissement, vertige, tournis
6212 névralgies
6213 maux de tête, migraine
6214 spasmes nerveux divers
6220 zona
6230 crise de nerfs
6240 convulsions
6241 convulsions des bébés et des enfants
6250 spasmophilie
6260 épilepsie
7111 fièvre
7112 FÉBRIFUGE
7113 affaiblissement (asthénie)
7114 épidémie, prévention
7115 mauvais air
7116 *pour purifier l'air*
7120 grippe
7121 coup de froid, "coup d'air", refroidissement
7122 affection due au froid, "chaud et froid"
7123 grippe, prévention
7124 grippe intestinale
7130 fièvres éruptives
7131 rougeole
7132 varicelle
7133 scarlatine
7140 fièvres périodiques
7141 fièvre de Malte (brucellose)
7142 fièvre de Malte, prévention
7143 paludisme
7150 méningite
7160 fièvre typhoïde, paratyphoïde
7170 convalescence des maladies infectieuses
7171 régime alimentaire des convalescents
8111 maigreur, *pour grossir*
8112 obésité
8113 cellulite
8114 *pour maigrir*, AMAIGRISSANT, AMINCISSANT
8115 cholestérol
8116 urée
8117 acide urique
8120 croissance

8121 croissance difficile, faiblesse des enfants
8122 faiblesse générale
8123 rachitisme
8124 vitamines
8125 vitamine C
8126 vitamines, carences ; avitaminose
8130 lymphatisme
8131 glandes, grosseurs, adénite (origine imprécise)
8140 diabète
8141 soif excessive
8142 ANTIDIABÉTIQUE
8143 diabète, effets secondaires, circulation
8150 goitre
8160 troubles de la nutrition, divers
9110 DÉPURATIF (sans précision d'indication)
9111 *pour dépurer le sang* et assimilés ; *pour purger le sang, pour décrasser le sang*, "vices du sang", "crasses du sang"
9112 NETTOYANT (dépuratif)
9113 "humeurs" (champ dépuratif)
9120 cure dépurative
9121 cure de printemps
9122 cure d'automne
9123 *pour renouveler le sang*
9124 "purge" dans le sens de cure dépurative
9130 cure dépurative, visée dermatologique
9140 cure dépurative, visée "sang", visée circulatoire
9150 cure dépurative, visée digestive
9160 cure dépurative, visée antirhumatismale
9170 cure dépurative, médecine infantile
9171 "purge [dépuration] des nourrissons"
9172 dépuratif pour les enfants
9180 cure dépurative, visées diverses
9200 pratiques dérivatives, préventives
9210 DÉRIVATIF
9211 RUBÉFIANT
9212 RÉVULSIF
9213 CAUSTIQUE
9214 abcès de fixation
9220 prévention s. l.
9230 recette de longue vie, contre le vieillissement
9231 cure de jeunesse, de jouvence
9311 DIURÉTIQUE *(pour uriner)*
9312 SUDORIFIQUE *(pour transpirer)*
9313 NETTOYANT (non dépuratif)
9321 FORTIFIANT, RECONSTITUANT
9322 REMONTANT, DÉFATIGANT, *contre la fatigue* (générale)
9323 TONIQUE

9324 TONIQUE-AMER, AMER
9325 STIMULANT du cœur, CORDIAL
9326 EXCITANT
9327 RÉCHAUFFANT
9328 STIMULANT général/des défenses immunitaires
9329 préventif des maladies ; STIMULANT de l'immunité
9331 CALMANT, SÉDATIF (troubles nerveux, nervosisme)
9332 TRANQUILLISANT
9333 ANALGÉSIQUE, CALMANT des douleurs physiques, des spasmes
9334 NARCOTIQUE
9335 ANTISPASMODIQUE
9336 contre un mal, une douleur de cause inconnue (membres)
9337 contre un mal, une douleur de cause inconnue (viscères)
9341 ADOUCISSANT
9342 ÉMOLLIENT
9343 RAFRAÎCHISSANT
9344 ASSOUPLISSANT
9345 DÉCONGESTIONNANT
9346 ANTI-INFLAMMATOIRE
9351 VULNÉRAIRE (au sens large)
9352 DÉSINFECTANT
9353 *pour tirer le sang* (visée générale)
9354 *pour tirer le pus*
9355 *pour tirer le mal*
9356 ANTISEPTIQUE
9357 ANTIBIOTIQUE
9361 VULNÉRAIRE (au sens strict : plaies)
9362 ASTRINGENT
9363 ANTIHÉMORRAGIQUE, HÉMOSTATIQUE
9364 DÉTERSIF
9365 CICATRISANT
9366 ANTIGLAIREUX
9370 remède universel, panacée
9371 *guérit tout, bon pour tout*
9380 propriétés diverses
9381 *pour le plaisir*, bon goût (infusion)
9382 infusion du soir (au sens large)
9383 pour améliorer le goût des tisanes
9400 contre-indications, précautions d'emploi
9410 contre-indications, précautions d'emploi, affections externes
9420 contre-indications, précautions d'emploi, affections internes
9421 contre-indications, précautions d'emploi, estomac
9422 contre-indications, précautions d'emploi, intestin

9423 contre-indications, précautions d'emploi, voies urinaires
9424 contre-indications, précautions d'emploi, voies respiratoires
9425 contre-indications, précautions d'emploi, grossesse, allaitement
9426 contre-indications, précautions d'emploi, circulation
9510 polluants
9511 polluants ménagers
9520 polluants agricoles, produits de traitement, insecticides, etc.
9510 rencontres des thérapeutiques
9520 domaine chirurgical
9521 soins postopératoires
9522 suites d'opération

CODES DES NOMS DE PROPRIÉTÉS ET D' INDICATIONS DE L'ETHNOMÉDECINE VÉGÉTALE FRANÇAISE

INDEX ALPHABÉTIQUE

Cet index réunit l'ensemble des noms d'indications et de propriétés médicinales répertoriées dans la "classification hiérarchisée". Il intègre donc beaucoup de synonymes, ce qui explique la répétition éventuelle d'un même code. L'indexation détaillée, où plusieurs entrées peuvent correspondre à un même code, entraîne aussi des redoublements.
En *italique*, l'expression populaire des propriétés telles qu'elles sont recueillies lors des enquêtes.
En CAPITALES, l'expression savante des propriétés (parfois aussi exprimée au niveau populaire).

BIBLIOGRAPHIE

[Alexandre, Dom Nicolas, bénédictin] 1751 (1716). *Dictionnaire botanique et pharmaceutique*, 796 p. et tables, Paris. – Compilation traitant des plantes, minéraux, animaux, préparations d'apothicaires courantes, et "remèdes" à forte charge symbolique comme la main d'un mort.

Amir, Magali, 1995. "Enquêtes ethnobotaniques en Luberon", 1re partie, Plantes. Document multigraphié à diffusion interne, 342 p. et annexes, Apt, parc naturel régional du Luberon. – Réunion d'informations brutes, non commentées, ordonnées par plantes. Ce matériau d'une très grande richesse, auquel le présent travail fait souvent référence, est exploité en partie seulement dans l'ouvrage ci-après.

— 1998. *Les Cueillettes de confiance*. 250 p., fig. et phot., Apt et Mane, PNR du Luberon et Association Alpes de lumière.

Barrau, J., 1971. "L'ethnobotanique au carrefour des sciences naturelles et des sciences humaines". *Bull. soc. bot. fr.*, 118, p. 237-348. – L'un des premiers articles de synthèse en français sur la discipline ; fournit une biblio. de base.

Bastin, abbé Joseph, 1939. *Les Plantes dans le parler, l'histoire et les usages de la Wallonie malmédienne*. 260 p., Liège. – Ethnobotanique attentive, surtout dévolue aux aspects linguistiques, mais fournissant aussi de nombreuses données sur les usages, les pratiques festives, les croyances, etc. Classement par thèmes et par plantes.

Bellakhdar, Jamal, 1997. *La Pharmacopée marocaine traditionnelle. Médecine arabe ancienne et savoirs populaires*. 764 p., pl. coul. h. t., Paris, Ibis Press. – Travail d'un grand intérêt historique, linguistique, botanique, ethnobotanique, médical, etc., indispensable pour toute étude comparative intéressant l'ethnomédecine méditerranéenne française.

Bézanger-Beauquesne, L., M. Pinkas, M. Torck & F. Trotin, 1990. *Plantes médicinales des régions tempérées*. 2e éd., 394 p., fig. trait., Paris, Maloine. – Résumé des données chimiques et pharmacologiques récentes sur plus de 400 plantes, la plupart européennes ; intègre quelques végétaux subtropicaux ; biblio. par espèces.

BRISEBARRE, Anne-Marie, 2006. "Les plantes utilisées en suspension dans les bergeries cévenoles : efficacité symbolique ou phytothérapeutique", in *Plantes, sociétés, savoirs, symboles. Matériaux pour une ethnobotanique européenne*, actes du Séminaire d'ethnobotanique de Salagon, vol. III, années 2003-2004, p. 127-136, *Les Cahiers de Salagon*, n° 11.

BRÜSCHWEILLER, Sabine, 1999. *Plantes et savoirs des Alpes, l'exemple du val d'Anniviers.* Sierres (CH), éd. Monographic, 287 p., 29 pl. coul. h. t. (préface de P. Lieutaghi). – Recueil important abordant de nombreux aspects de la relation au végétal dans une région d'élevage où beaucoup de savoirs traditionnels se sont maintenus, en particulier pour ce qui concerne la médecine vétérinaire.

CARRARETTO, Maryse, 2008. "La contribution des folkloristes français à l'ethnobotanique : Paul Sébillot, Eugène Rolland", *in* LIEUTAGHI, P., et F. HALLÉ, *op. cit.*, 2008, p. 486-501. – Présentation de l'œuvre des "pères fondateurs" de l'ethnographie des plantes, à la fin du XIXe siècle.

CAZIN, Dr F.-J., 1997 (reprint de l'éd. de 1868). *Traité pratique et raisonné des plantes médicinales indigènes.* 3e éd., XXVIII-1 189 p. et atlas 40 pl. coul., Paris et Boulogne-sur-Mer (1re éd. 1850). Mane, éditions de l'Envol, avec une introduction de P. Lieutaghi : "Le *Traité* de F.-J. Cazin, une leçon de médecine du partage", 14 p. – Ouvrage d'un médecin humaniste, remarquable observateur, fondateur de la phytothérapie savante de langue française. Historique détaillé des usages, nombreuses observations cliniques ; relations fréquentes d'emplois populaires dans le Nord de la France, etc.

CHOMEL, P. J. B. 1782. *Abrégé de l'Histoire des plantes usuelles.* Nouvelle éd., in-8°, XLVIII-650 p., Paris (1re éd., 3 vol. in-12, 1712). – Bon résumé de la pharmacopée végétale du XVIIIe siècle, avec ici et là des citations d'emplois populaires.

(Collectif), 2003. *Les Salades sauvages. L'ensalada champanèla.* 3e éd., 176 p., nombr. fig. et phot., Prades-le-Lez, Les Ecologistes de l'Euzière. – De loin le meilleur manuel pour la reconnaissance des plantes de ramassage méditerranéennes ; traitement inédit des aspects historiques et linguistiques ; utiles généralités sur la biologie et l'écologie, etc. ; excellentes illustrations.

CORSI, Gabriella, G. GASPARI & Anna Maria PAGNI, 1980 (1981). "L'uso delle piante nell'economia domestica della versilia collinare et montana". *Atti soc. tosc. sc. nat., Mem.*, ser. B, 87, p. 309-386.

CROSNIER, Capucine, 1987. "Recherches ethnobotaniques liées à la connaissance des plantes médicinales et des usages du végétal en Bourgogne-Morvan", multigraphié, 159, 103 p. et annexes (46 p.), Montsauche, PNR du Morvan. – Enquête de grande valeur, attentivement analysée, fournissant beaucoup d'informations originales.

— (éd.), 1993. "La plante et le corps". *Ecologie humaine*, 11 (1 et 2), 113 et 113 p. – Importante réunion d'articles sur les relations plantes/représentations du corps/représentations de la maladie et du remède, etc. Laboratoire d'écologie humaine et d'anthropologie, université d'Aix-Marseille III.

— 1998. *La Cueillette des savoirs. Les usages du végétal en Morvan-Bourgogne.* Introduction de P. Lieutaghi. 128 p., fig. et phot., Montsauche, Parc naturel régional du Morvan. – Version grand public de l'enquête précédente.

— 2003. "Le terrain comme chemin d'apprentissage. Problématique d'inventaire et de recherche en ethnobotanique du domaine français. Quelles approches et quelles méthodes ?", *in* P. LIEUTAGHI & D. MUSSET (éd.), *op. cit.*, 2003 a, p. 57-78, fig., tabl. – Très utile introduction à l'ethnobotanique de terrain (et davantage).

DALÉCHAMPS, J., 1653. *Histoire générale des plantes contenant XVIII livres... faite françoise par Me Jean des Moulins.* 2 vol. in-folio, nombreux bois gravés, Lyon.

DELCOUR, Denise, 1999. "Hommes du Néolithique et Briançonnais d'aujourd'hui : une réflexion sur les pathologies et le recours aux plantes médicinales", 132 p., fig., phot., tabl., mémoire de DEA de préhistoire, archéologie, histoire des civilisations de l'Antiquité et du MA, université de Provence, Civilisations et Humanité, UMR 6636, 1998-1999. – Comparaisons d'un grand intérêt entre la pharmacopée actuelle en Briançonnais (Hautes-Alpes) et les témoignages de la paléobotanique postglaciaire ; hypothèse sur l'ancienneté des savoirs médicinaux.

— 2004. *Plantes et gens des Hauts. Usage et raison de la flore populaire médicinale haut-alpine.* 256 p., phot., Mane, Alpes de lumière, coll. "Les cahiers de Salagon", n° 9. Avant-propos de P. Lieutaghi, p. 6-15. – Bilan d'une enquête particulièrement attentive en Vallouise et régions limitrophes. Beaucoup de données inédites. Généralités ; traitement thématique très pertinent des divers domaines de la médecine populaire montagnarde.

DIOSCORIDE. Voir MATTHIOLI, 1680.

DUFOUR, Annie-Hélène, 2001. *L'Arbre familier en Provence.* 109 p., nombr. phot. n. et coul., Aix-en-Provence, Edisud. – Un regard d'ethnologue enseigne beaucoup sur des arbres que leur banalité même rend, croit-on, anonymes. Dernière publication d'une chercheuse de grande valeur, disparue prématurément.

FONT QUER, P., 1973. *Plantas medicinales. El Dioscorides renovado.* CXL-1 033 p., fig., pl. n. et coul., Madrid, Buenos Aires, éd. Labor. – Commentaires sur Dioscoride à la lumière de la botanique et de la médecine modernes ; assez peu de données originales (beaucoup d'emprunts à Leclerc et Fournier) ; quelques citations d'emplois populaires en Espagne ; remarquables figures.

FOURNIER, abbé Paul, 1947-1948. *Le Livre des plantes médicinales et vénéneuses de France* ; *1 500 espèces par le texte et par l'image d'après l'ensemble de nos connaissances actuelles.* 3 vol. (LXXVIII-447, 504 et 636 p.), Paris, Lechevalier. – Vaste réunion d'informations qui, pour le XXe siècle, emprunte beaucoup à la phytothérapie allemande et au Dr H. Leclerc. Nombreuses mentions d'emplois anciens, malheureusement le plus souvent sans précision de sources. Clef d'identification simplifiée.

FOURNIER, abbé Paul, 1990. *Les Quatre Flores de France, Corse comprise.* Nouveau tirage, XLVIII-1 003 p., 8 075 fig., Paris, Lechevalier. – Cette flore, bien vieillie quant à la systématique et à la nomenclature, reste cependant le manuel de terrain le plus utile au niveau national.

GAMISANS, J., & D. JEANMONOD, 1993. *Catalogue des plantes vasculaires de la Corse.* 2e éd., 258 p., Genève, Conservatoire et Jardin botaniques.

GARIDEL, Pierre, 1715. *Histoire des plantes qui naissent aux environs d'Aix, et dans plusieurs autres endroits de la Provence.* In-folio, XXXIV-XLVII-522 p., tables, 100 pl. h. t., Aix-en-Provence. – Ouvrage d'un rare esprit critique pour son temps ; très peu de références aux connaissances populaires mais cependant source d'informations majeure pour la relation à la flore dans la Provence du XVIIIe siècle ; 47 p. de biographie des auteurs cités.

GARRAUD, Luc, 2003. *Flore de la Drôme, atlas écologique et floristique.* 925 p., cartes, fig. n. et coul., phot., Gap, Conservatoire botanique national alpin. – Cet atlas est désormais la référence pour tout ce qui concerne la nomenclature, l'écologie, la distribution, la conservation des plantes dans les Préalpes du Sud et zones adjacentes. Intéresse un bon nombre d'espèces méditerranéennes.

GARRONE, Benoît, 2003. "Les plantes dans le milieu méditerranéen", *in* LIEUTAGHI, P., & D. MUSSET, 2003 a, p. 81-92, 2 phot., tabl. – Particularités du climat méditerranéen, adaptations spécifiques des végétaux ; synthèse très utile à ceux qui fréquentent la flore du Midi.

GAST, Marceau, 2000. *Moissons du désert, utilisation des ressources naturelles au Sahara central.* 160 p., fig. et phot., Paris, Ibis Press. – Ressources alimentaires de ramassage dans une région regardée comme stérile ; observation fine ; beaucoup d'informations inédites ; illustration de qualité.

GIRERD, Bernard, 1991. *La Flore du département de Vaucluse. Nouvel inventaire.* 391 p., 28 fig. et phot., Avignon, éditions

Barthélemy et Soc. bot. du Vaucluse. – Inventaire non descriptif, mais quelques traits morphologiques sont donnés pour chaque espèce. Nouvelle édition en préparation, avec clefs d'identification.

GEOFFROY, Etienne François, 1757. *Traité de matière médicale ou De l'histoire, des vertus, du choix et de l'usage des remèdes simples*, 17 vol. in-12, Paris. – Vaste compilation pouvant valoir comme source générale d'information pour les savoirs médicinaux des siècles classiques ; flore indigène vol. V-X. Rare dans les grandes bibliothèques, cet ouvrage n'a pu être consulté dans le cadre du présent travail.

GIRARD, Marie, 1991. "De la plante à la cueillette, et représentation du corps en Chartreuse". Multigr., 74 p., annexes, tableau des données (44 p.). Paris, EHESS (DEA d'ethnologie et d'anthropologie sociale). – Riche enquête, avec beaucoup de données intéressantes pour l'ethnomédecine végétale ; précisions sur la "vulnéraire du Dauphiné".

GRIEVE, Mrs M., 1976. *A Modern Herbal. The Medicinal, Culinary, Cosmetic and Economic Properties, Cultivation and Folklore of Herbs, Grasses, Fungi, Shrubs and Trees, with All Their Modern Scientific Uses.* Edited and introduced by Mrs C. F. Leyel. 912 p., 96 pl. n. h. t., Penguin books (1re éd., 1931). – Traite des plantes indigènes et de nombreuses exotiques. Beaucoup d'informations, en particulier sur certaines plantes européennes importantes (aulne, jusquiame, sureau, etc.), une certaine part étant faite au "folklore" ; malheureusement la plupart des données sont dépourvues de source précise.

HILDEGARDE DE BINGEN. *Le Livre des subtilités des créatures divines* (*Physica*, XIIe siècle), XII, vol. I (Les plantes, les éléments, les pierres, les métaux) et II (Les arbres, les poissons, les oiseaux, les animaux, les reptiles), 257 et 243 p., Grenoble, Jérôme Million, 1994-1996. – Abbesse visionnaire, poétesse, musicienne, naturaliste, médecin, etc., sainte Hildegarde a rédigé des commentaires médicinaux sur des plantes qu'il n'est pas toujours possible d'identifier, commentaires le plus souvent sans antécédents écrits, et sans descendance manifeste, où le symbole a une part majeure.

HIPPOCRATE. *Œuvres complètes*, traduction Littré revue, 5 vol., Paris, Union littéraire et artistique, 1955.

HONNORAT, S. J., 1840. "Fruits sauvages propres à la nourriture de l'homme". *Annales des Basses-Alpes*, 3, p. 45-61. – Concerne surtout la région de Barcelonnette ; apporte des informations intéressantes sur certains fruits comme les cynorrhodons.

HOSTINGUE, F., 1996-1997. "D'hier à aujourd'hui, des savoirs sur les végétaux. Enquête ethnographique dans le massif des Monges : les exemples de Barles et d'Auzet", maîtrise d'ethno. Université de Provence, multigr. A4, 118 p. et annexes (phot., tabl., cartes). – Fournit des informations utiles sur les différents aspects de la relation au végétal dans une zone peu étudiée des Alpes du Sud.

JEAN-BLAIN, Claude, 1973. *Les Plantes vénéneuses, leur toxicologie.* In-4°, 140 p., 51 dessins de M. GRISVARD. Paris, La Maison rustique. – Après des généralités initiales, monographies de 75 plantes toxiques sauvages ou communément cultivées en France. Synthétique et précis. Traite exclusivement du domaine vétérinaire.

LECLERC, Dr Henri, 1935. *Précis de phytothérapie ; essais de thérapeutique par les plantes françaises.* 3e éd., XV, 308 p., Paris Masson (4e éd., XV-363 p., 1954). – Cet ouvrage d'un praticien érudit, familier des traités anciens de médecine, expérimentateur sagace, reste le repère majeur de la phytothérapie française au XXe siècle.

LIEUTAGHI, P., 1983. *Les Simples entre nature et société. Histoire naturelle et thérapeutique, traditionnelle et actuelle, des plantes médicinales françaises.* 160 p., nombr. fig et phot., Mane, EPI. – Livre associé à l'exposition itinérante du même nom ; résume les grands thèmes du sujet ; rappel de la flore médicinale de base ; biblio.

— & Isabelle SAGE, 1984. *Médecine populaire par les plantes, réalités et renouveau.* A4, 112 p., fig. et phot., Mane, EPI, *(épuisé)* – Rappel des intentions et des contingences de l'enquête nationale du même nom, conduite en 1979-1980 sous l'égide de la Fédération nationale des foyers ruraux. Tableaux des données obtenues.

— 1984 a. "Les plantes dépuratives de la pharmacopée populaire haut-provençale". 232 p. + annexes 94 p., fig., phot., tabl., Mane, EPI *(épuisé)*. – Rapport de recherche rédigé à l'intention de la Mission du patrimoine ethnologique du ministère de la Culture, premier état du titre suivant.

— 1986. *L'Herbe qui renouvelle. Un aspect de la médecine traditionnelle en Haute-Provence.* 374 p., fig., tabl., Paris, éd. de la Maison des sciences de l'homme. – Traite des herbes de cures saisonnières dans les contingences, entre autres, de leurs relations avec l'usage des milieux en haute Provence et la notion traditionnelle de prévention. Généralités sur le concept de "dépuratif".

— 1986 a. Voir PLATEARIUS.

— 1996. *Le Livre des bonnes herbes.* 3e éd. revue, 517 p. et tables, fig., Arles, Actes Sud (1re éd., 1966).

— 1998. *La Plante compagne. Pratique et imaginaire de la flore sauvage en Europe occidentale.* 2e éd., Arles, Actes Sud, 299 p., fig., phot. (1re éd., Genève, Neuchâtel et Vevey, 1991). – Introduction aux thèmes de base de l'ethnobotanique européenne ; s'interroge en particulier sur les relations aliment/remède et les "signes" du végétal.

— 2003. “Entre naturalisme et sciences de l’homme, quel objet pour l’ethnobotanique ? Eléments pour une approche globale des relations plantes/sociétés” [*in* publication suivante] “Les cahiers de Salagon”, 8, p. 41-56, 3 phot.
— & D. Musset (éd.), 2003 a. *Plantes, sociétés, savoirs, symboles. Matériaux pour une ethnobotanique européenne.* Actes du Séminaire d’ethnobotanique de Salagon, vol. I, année 2001, “Les cahiers de Salagon”, 8, 179 p., fig. et phot., Forcalquier, Les Alpes de lumière, Mane, Musée ethnologique de la Haute-Provence. – Réunion d’articles aidant à la compréhension de l’ethnobotanique européenne : histoire de la discipline, objet, application à l’enquête de terrain, botanique historique, exemples de monographies, etc.
— 2004. *Le Livre des arbres, arbustes et arbrisseaux.* 2e éd., 1 322 p., fig., Arles, Actes Sud (1re éd., 1969).
— 2004 a. “Le végétal, pratique d’un monde périlleux”, *Ethnologie française*, 34 (3), p. 397-406, 5 phot. ; “Aux frontières (culturelles) du comestible”, *idem*, p. 485-494, 7 phot.
— & D. Musset (éd.), 2004 b. “L’arbre dans l’usage et l’imaginaire du monde” ; “la plante, de l’aliment au remède”. *Plantes, sociétés, savoirs, symboles. Matériaux pour une ethnobotanique européenne.* Actes du Séminaire d’ethnobotanique de Salagon, vol. II, année 2002, “Les cahiers de Salagon”, 10, 203 p., fig. et phot., pl. coul. – Réunion d’articles privilégiant les thèmes de l’arbre et de la relation aliment végétal/remède.
— 2005. *Jardins du chêne blanc.* Grd in-8° carré, 123 p., phot., Arles, Actes Sud. – Texte associé au “Jardin du chêne blanc” du Musée ethnologique de Salagon (Mane, Haute-Provence) ; description et dynamique des milieux végétaux du “cortège floral” du chêne blanc en haute Provence ; évolution des paysages ; aspects ethnobotaniques.
— & D. Musset (éd.), 2006. *Plantes, sociétés, savoirs, symboles. Matériaux pour une ethnobotanique européenne.* Actes du Séminaire d’ethnobotanique de Salagon, vol. III, 2003-2004, “Les plantes alimentaires : du ramassage au jardin” ; “Du symbolique à l’ornemental” ; “Du géranium au paysage”. “Les cahiers de Salagon”, 11, 248 p., fig. et phot., pl. coul.
— 2006 a. *Petite ethnobotanique méditerranéenne.* 335 p., phot., Arles, Actes Sud. – En 55 chapitres, une introduction aux relations plantes/sociétés dans le contexte floral méditerranéen ; généralités sur les principales formations végétales ; point critique sur la question des incendies de forêt ; monographies de plantes connues, méconnues, inconnues.
— & F. Hallé (éd.), 2008. *Aux origines des plantes,* vol. II, *Des plantes et des hommes*, 665 p., nombreuses illustr. coul., fig., tables, cartes, Paris, Fayard.
— 2008 a. “L’ethnobotanique, science humaine au miroir des

plantes", *in* P. Lieutaghi & F. Hallé (éd.), *op. cit.*, 2008, p. 320-351, fig., phot. – Chapitre de généralités prenant ses exemples dans le domaine européen.

Loux, Françoise, 1976. "L'enfance et les savoirs sur le corps. Pratiques médicales et pratiques populaires dans la France traditionnelle". *Ethnologie française*, 6 (3-4), p. 309-324.

— 1979. *Pratiques et savoirs populaires. Le corps dans la société traditionnelle.* Grd in-8°, 180 p., nombr. fig. et phot., Paris, Berger-Levrault. – Texte de base, remarquablement illustré, sur les représentations du corps, de la maladie, de la prévention, de l'hygiène, de la grossesse et de la maternité, sur le soin dans l'ordre matériel et immatériel, sur les métaphores du corps, etc.

Luccioni, Pascal, 2004. "Les remèdes comme mains des dieux guérisseurs : jeux de mains, jeux de vilains ?", in *Plantes, sociétés, savoirs, symboles. Matériaux pour une ethnobotanique européenne*, actes du Séminaire d'ethnobotanique de Salagon, vol. II, année 2002, p. 191-200 "Les cahiers de Salagon", 10, Forcalquier, Les Alpes de lumière, Mane, Musée ethnologique de la Haute-Provence, 2004).

— 2008. "La prairie et l'officine : cueillette de savoirs antiques", *in* Lieutaghi, P., & F. Hallé, *op. cit.*, 2008, p. 372-391. – Perception, représentation, dénomination, classification, appropriation sociale du végétal dans l'Antiquité.

Madon, Olivier, 1999. *La Flore du Ventoux. Des plantes et des hommes.* 192 p., phot., Avignon, Barthélemy. – Notices ethnobotaniques d'après des enquêtes dans la région du Ventoux ; noms locaux vauclusiens ; étymologies ; beaucoup d'informations intéressantes.

Marinval, Philippe, 1988. *L'Alimentation végétale en France du Mésolithique jusqu'à l'âge du fer.* 192 p., cartes, tabl., Paris, éd. du cnrs.

Matthioli, P. A., 1680. *Les Commentaires* [...] *sur les six livres de la Matière médicale de Pedacius Dioscoride* [...], *traduit par M. Antoine Du Pinet.* In.-f°., 636 p. et tables, nombreux bois gravés, Lyon. – Edition tardive, aux nombreux tirages, de ce traité fondateur dont la première édition française date de 1566 ; la traduction d'A. Du Pinet est la meilleure.

Méchin, C. (éd.), 1984. "La vallée de la plaine, savoirs naturalistes populaires". Multigr., 234 p., Paris, ministère de la Culture, Mission du patrimoine ethnologique. – Bel exemple d'exploitation pertinente des données d'enquête, en particulier pour ce qui concerne l'ethnomédecine.

Meilleur, Brien A., 1982. "Du ramassage à la cueillette. L'exemple des Allues dans les Alpes du Nord", *Etudes rurales*, 87-88, p. 165-174.

— 1985. "Gens de montagne, plantes et saisons. Termignon en Vanoise", 79 p., fig., phot., *Le Monde alpin et rhodanien*, 13e année, n° 1. – Monographie d'une vallée alpine, relations à l'espace et à sa flore ; liste commentée des noms vernaculaires des plantes. Bon exemple d'ethnobotanique où l'ensemble du milieu végétal est pris en compte.

— & Eric DE GARINE, 2008. "Les classifications biologiques populaires : peut-on vivre avec les plantes sans savoir les classer ?", *in* LIEUTAGHI, P. & F. HALLÉ, *op. cit.*, 2008, p. 352-371.

MÉRAT, F. V., & DE LENS, A. J., 1846. *Dictionnaire universel de matière médicale et de thérapeutique générale contenant l'indication, la description et l'emploi de tous les médicaments connus dans les diverses parties du globe.* 6 vol., Paris, 1829-1834 et *Supplément.* – Recensement très complet de la pharmacopée ancienne ; citation de nombreux noms de substances médicinales du temps des apothicaires.

MISTRAL, Frédéric. *Lou Tresor dóu Felibrige, ou Dictionnaire provençal-français.* 2 vol., réimpr. Aix-en-Provence, Edisud, 1983.

MOERMAN, Daniel E., 1977. *American Medical Ethnobotany. A Reference Dictionnary.* 527 p., New York et Londres, Garlan Publ. Inc. – Sous forme de listing, dépouillement abrégé des principales sources relatives à la médecine des Indiens d'Amérique du Nord. Utile base de données.

MUSSET, Danielle, & Dorothy DORE, 2006. *La Mauve et l'Erba bianca. Une introduction aux enquêtes ethnobotaniques suivie de l'inventaire des plantes utiles dans la vallée de la Stura.* Bilingue, 216 p., phot. coul., tabl., Mane, Salagon, Musée départemental ethnologique de Haute-Provence ; préface de P. Lieutaghi. – Publication d'une enquête franco-italienne conduite en Piémont, sur le versant italien du col de Larche ; beaucoup d'informations intéressantes, certaines inédites ; texte très utile de D. Musset sur la conduite des enquêtes ethnobotaniques.

NOUALLET, Jean-Claude, 1989. "Usage traditionnel médicinal et domestique des plantes dans le Vercors". Multigr., 187 et 295 p., phot., Assoc. pour la promotion des agriculteurs dans le parc du Vercors. – Très riche recueil d'informations souvent inédites, malheureusement non exploité dans le détail.

PLATEARIUS [XIIe-XIVe siècle]. *Le Livre des simples médecines,* ms. 12322 de la Bibl. nationale. Grand in-4°, 361 p., pl. coul., Paris, éd. Ozalid, "Textes cardinaux", BN, 1986. – Pharmacopée majeure du Moyen Age, élaborée sur une base salernitaine du XIIe siècle ; commentaire de P. Lieutaghi, p. 284-312 : "Un printemps de la pensée médiévale du corps et de la nature". Le manuscrit de Platearius a été imprimé pour la première fois vers 1490 sous le titre *L'Arbolayre,* et connut une vingtaine d'impressions à Paris, au début du XVIe siècle, comme *Grant herbier en françoys.*

PLINE L'ANCIEN. *Histoire naturelle*. Paris, Les Belles Lettres, 1950-1985. – Publication séparée des 37 livres de l'*Hist. nat.*, avec annotations et commentaires portant, en particulier, sur l'identité des plantes citées. Les livres XII à XXVII, traduits pour la plupart par J. André, concernent la flore en totalité ou en partie. L'encyclopédie de Pline est la source d'informations majeure sur la perception et l'usage des plantes dans l'Antiquité, indispensable à toute étude sérieuse des assises de l'ethnobotanique européenne. Outre ce qui revient en propre à l'auteur, qui se fait souvent l'écho des connaissances de tradition orale du temps (où ce qui relève de la magie est très présent), elle emprunte beaucoup à des écrits antérieurs ou contemporains dont plusieurs ne sont connus que par son intermédiaire.

POPLIN, François, 2004. – "Non loin du sauvage, le noyer", *in* P. LIEUTAGHI & D. MUSSET (éd.), *op. cit.*, 2004, p. 69-80. – Réflexion subtile et savoureuse sur la perception du noyer dans la campagne bourguignonne.

PORTÈRES, Rolland, 1970. "Ethnobotanique générale. Cours du laboratoire d'ethnobotanique du Muséum national d'histoire naturelle", multigraphié, 151 p., 1969-1970. – Surtout basé sur des exemples en milieux tropicaux, le cours de l'un des fondateurs de l'ethnobotanique française. L'auteur y expose la notion de "taux d'ethnobotanicité".

RÉGUIS, J. M. F. *La Matière médicale populaire au XIXe siècle*. IX-106 p., Montpellier et Paris, 1897. – Recueil, par un pharmacien adepte de la Raison, très imbu des prérogatives savantes, des pratiques de médecine populaire en basse Provence rhodanienne et Languedoc limitrophe. En dépit de son titre, cette thèse de pharmacie ne concerne que ladite région. Intéresse la flore, mais aussi les produits animaux et minéraux, et les "superstitions". Beaucoup de données inédites, et des témoignages exacerbés du désir d'éradication de "l'erreur populaire" qui contredit et menace l'ordre rationnel.

RIGOUZZO, Anne-Laure, 1993. "Plantes de femmes. Corps et sang féminin", *Ecologie humaine*, 11 (1), p. 85-96. – Analyse de ces thèmes dans les enquêtes de l'EPI, avec des références à des données grecques modernes.

ROLLAND, Eugène, 1896-1914. *Flore populaire ou Histoire naturelle des plantes dans leurs rapports avec la linguistique et le folklore*. 11 vol., Paris. Reprint Paris, Maisonneuve et Larose, 1967. – Liste par ordre systématique de la plupart des plantes communes, Monocotylédones exclues, avec un répertoire très vaste de leurs noms vernaculaires dans les provinces françaises (pour les 3 premiers vol., dans les diverses langues d'Europe) ; citations non critiques d'emplois traditionnels, où la part de la magie et des "superstitions" est privilégiée, de jeux d'enfants et devinettes en rapport avec le végétal, etc. ; source majeure pour l'ethnobotanique européenne.

SEIGNOLLE, Claude, 1963. *Le Folklore de la Provence.* 387 p., Paris, Maisonneuve et Larose. – Ethnographie des âges de la vie, des fêtes, etc. La médecine populaire n'y a qu'une place mineure, p. 317-350. L'auteur cite plusieurs sources anciennes, la plupart manuscrites, qui vaudraient d'être recherchées.

SIMONPOLI, PAUL (éd.), 1985. *Arburi, Arbe, Arbigliule. Savoirs populaires sur les plantes de la Corse.* 304 p., fig. et phot., Ajaccio, parc naturel régional de la Corse. – Publication (bilingue) des résultats d'une enquête ethnobotanique intéressant tous les aspects de la relation à la flore. Utiles généralités p. 193-295. Voir ce qui est dit ici de cette enquête p. 577-578.

TURNER, Nancy J. *et al.*, 1990. *Thomson Ethnobotany. Knowledge and Usage of Plants by the Thomson Indians of British Columbia*, 335 p., phot., Royal British Columbia Museum, Memoir n° 3, Victoria BC. – Informations très détaillées sur la perception et l'emploi de la flore par les Indiens non côtiers du Sud de la Colombie-Britannique ; nombreuses citations du discours des informateurs. Peu d'analyse anthropologique proprement dite. Source majeure.

VALNET, Jean, 1972. *Phytothérapie. Traitement des maladies par les plantes.* 860 p. en 2 vol., Paris, Maloine. – Résumé des propriétés et des indications, nombreuses informations d'origine savante (mais pas toujours vérifiées, sources non précisées), recettes tirées de la médecine populaire, index thérapeutique détaillé : ce manuel largement diffusé a influencé la pratique populaire de la fin du XXe siècle en Europe francophone. Son influence est perceptible çà et là dans l'enquête EPI.

LEXIQUE

Sont privilégiés ici les termes généraux d'occurrence fréquente dans l'ouvrage mais plus ou moins ignorés du langage courant. Pour le vocabulaire botanique comme pour celui de la pharmacopée, se reporter aux lexiques des livres grand public (par ex., Lieutaghi, *op. cit.*, 1996).

Abcès de fixation. Plaie suppurante déterminée et entretenue par l'introduction sous (parfois l'application sur) la peau d'un corps étranger irritant, d'une écorce ou d'une racine caustiques, etc. Surtout pratiqué en médecine vétérinaire, parfois aussi chez l'homme, l'abcès de fixation a une fonction dérivative : il "tire le mal" (voir "dérivatif").

Acidophile (flore). Plantes intolérantes au calcaire, qu'on rencontre surtout sur les substrats siliceux ou décalcifiés.

Astringent(e). Substance qui resserre les tissus et les muqueuses, les rendant plus aptes à la contraction. Peut ainsi modérer les sécrétions, tarir les écoulements pathologiques, hâter la cicatrisation des plaies (action, de surcroît, souvent plus ou moins antiseptique). Plantes à tanins, les astringents sont vulnéraires, hémostatiques, antidiarrhéiques, etc. (chênes, cyprès, sorbier domestique, renouée des oiseaux, etc.).

Biotope. Habitat d'une plante considérée dans ses aspects physico-chimiques : nature du sol, climat, altitude, exposition, etc. Un éboulis, un causse, un marécage sont des biotopes.

Caducifolié(e). Se dit des plantes ligneuses qui perdent leurs feuilles à l'automne. Dans certains cas, comme chez le chêne pubescent, les feuilles meurent à l'automne mais ne tombent qu'en fin d'hiver ou à l'apparition des nouvelles. Ce type de feuillage est dit *marcescent.*

Décoction (bas lat. *decoctio*, de *coquere*, "cuire"). Potion à usage interne ou solution d'emploi externe, obtenues par *ébullition* d'une plante dans l'eau (parfois dans du vin).

A noter que, dans l'ancienne médecine, c'est la décoction (donc la *cuisson*) qui est de règle dans la préparation des plantes en solution aqueuse.

Dérivatif. Topique d'action irritante/révulsive, destiné à produire sur la peau une inflammation, voire une sécrétion de sérosités, réactions regardées comme le transfert à l'extérieur d'une inflammation interne qui, de cette façon, va s'atténuer et se résoudre. Le cataplasme de farine de moutarde, mais aussi la flagellation d'ortie (rhumatismes) sont des procédés dérivatifs. En médecine vétérinaire, la pratique des sétons, *abcès de fixation* (voir ce nom) provoqués par une substance irritante qu'on glisse sous la peau (racine d'ellébore, écorce de daphné ou de rhododendron, etc.), relève de la même représentation du mal.

Endémique. Se dit d'un être vivant, plante ou animal, connu à l'état spontané seulement dans la contrée considérée ; s'applique généralement à des espèces ou sous-espèces à aire restreinte. La fougère *Asplenium jahandiezi*, qui n'existe au monde que dans les gorges du Verdon, est une endémique provençale. L'*endémisme* d'une espèce. Dans le cadre du présent travail, s'applique aussi à une connaissance de la culture orale propre à la région, ou supposée telle.

Epistémologie. Dans le cadre du présent travail, étude de la connaissance populaire, de ses modes de constitution et d'évolution.

Ethnobotanique. Ethnologie au miroir des plantes, l'ethnobotanique considère les sociétés dans l'ensemble de leurs rapports avec le végétal (dénominations, classification, mythes, croyances, symboles, usages alimentaires et médicinaux, emplois divers d'ordre matériel, fonction ornementale, etc.), ce qui aide à la compréhension des spécificités sociales et culturelles, mais aussi de ce que plusieurs sociétés peuvent avoir en commun (plus de détails chez P. Lieutaghi, *op. cit*, 2003, et 2006 p. 124-128).

Ethnographie. Phase de constitution des matériaux destinés à l'étude ethnologique. L'enquête orale, l'exploration de la littérature ancienne à des fins analogues sont des démarches ethnographiques. Les "folkloristes", grands rassembleurs de faits bruts, ont fait de l'ethnographie implicite. L'ethnographie est par elle-même attention aux faits de société ; bien conduite, elle vaut déjà comme ethnologie : la seule mise en forme d'un recueil attentif peut enseigner bien davantage qu'une ethnologie superficielle.

Ethnologie. A partir de l'observation d'une société (ethnie, terroir, quartier, mais aussi bien corps de métier, troupe de théâtre, groupe d'âge, etc.), l'ethnologie tente de mettre en évidence ce qui en fait la singularité, ses lignes structurantes, son autoreprésentation, l'image qu'elle privilégie au regard des autres groupes, ses pratiques (et les raisons de ces pratiques) dans les registres matériel et symbolique, etc. Le propos central est la compréhension de la nature, de l'image, du fonctionnement de la société en question, des enjeux qui lui sont propres. L'ethnobotanique a le même objet, si ce n'est qu'elle prend à témoin ce qui intéresse la relation au végétal. Il faut prendre garde, toutefois, de regarder l'ethnologie comme une science humaine dont la fonction implicite serait de mettre en évidence ce qui différencie les sociétés, validant du même coup les replis identitaires (on le lui a reproché à propos des cultures tropicales). L'ethnologie, qui pointe les différences, révèle aussi bien des éléments qui rapprochent. L'ethnobotanique, ici, est en situation particulièrement favorable à l'échange.

Ethnomédecine. Ensemble des savoirs et pratiques médicaux de tradition orale (mais pouvant être influencés par l'écrit, en particulier dans l'Ancien Monde), où les représentations du corps, de la maladie, du soin, etc., sont cohérentes avec celles de la nature, des influences qui s'y manifestent, leur vécu et leur gestion. Dans nos cultures, de nos jours, ce qui tient lieu d'ethnomédecine est très pénétré d'influences savantes plus ou moins contemporaines, bien que la "tradition" tende à s'y réinvestir de nouveau *via* les transferts de croyances (médiévales, animistes, chamaniques, etc.) et de savoirs issus des représentations étrangères du corps et de la maladie (médecines chinoise, ayurvédique, etc.). Pour ce qui concerne nos sociétés, le terme mériterait désormais l'ajout de "postmoderne".

Ethnopharmacologie. Etude des relations d'une société aux ressources médicinales, des modalités de leur perception, de leur classification, de leur mise en œuvre, etc. Longtemps simple inventaire unilatéral, recherche de molécules susceptibles d'être exploitées par l'industrie pharmaceutique (non sans impacts négatifs sur les cultures spoliées), l'ethnopharmacologie tend désormais à prendre en compte (surtout quand elle est libre de la tutelle des laboratoires) les contingences sociales et naturelles à l'arrière-plan des connaissances vernaculaires. De nombreux enjeux de pouvoir y circulent, où le prétexte du "bien" des sociétés, auxquelles on voudrait restituer leurs propres connaissances validées par le regard savant, peut conduire à de dangereuses dérives[1].

Ethnopharmacopée. Ensemble des substances médicamenteuses et des remèdes simples ou composés dont dispose une culture de tradition orale.

1. A ce propos, voir Pordié, L., "L'évaluation thérapeutique des remèdes végétaux traditionnels", *in* F. Hallé & P. Lieutaghi (éd.), *op. cit.*, 2008. p. 552-575.

Etiologie. Branche de la pathologie qui étudie les causes des maladies.

Habitat. Lieu de vie d'un organisme donné (d'une plante dans l'acception retenue ici), considéré du point de vue de ses caractéristiques écologiques : sol, climat, altitude, exposition, association végétale compagne, influence humaine éventuelle, etc.

Infusion (lat. *infusio*, action de répandre dans un liquide). Préparation obtenue par contact de 5 à 15 minutes, à couvert, d'une quantité donnée de plantes et d'eau versée bouillante. L'infusion dans son sens actuel n'apparaît dans nos pays qu'aux Temps modernes, peut-être avec la vogue du thé.

Naturalisé(e). Plante d'origine étrangère, introduite accidentellement ou volontairement, trouvant dans la région d'accueil des conditions de croissance favorables, s'y multipliant et s'y disséminant d'elle-même et finissant par s'y comporter comme une espèce indigène (l'acanthe, la canne de Provence, le robinier, le "mimosa" sont des plantes naturalisées en France).

Nosographie. Dénomination et classification des maladies.

Pelouse. Dans le langage de l'écologie végétale, formation végétale basse constituée en majeure partie de végétaux herbacés associés ou non à des sous-arbrisseaux (ex. en haute Provence : parcours à thym).

Pharmacologie. Etude des substances médicamenteuses.

Pharmacopée. Ensemble des remèdes (plantes, animaux, minéraux, produits dérivés) d'une société, d'une médecine.

Phytothérapie. Thérapeutique moderne qui privilégie les remèdes végétaux. Le mot ne figurait pas dans la 1re édition du *Petit Robert* (1967), bien qu'il fasse le titre du *Précis* d'H. Leclerc dès 1922.

Pionnier (-ière). Végétal ou association végétale colonisateurs des sols nus ou des milieux ouverts.

Ripisylve. Peuplement de grands et/ou moyens ligneux du bord des cours d'eau. En haute Provence, ripisylves à peuplier blanc, peuplier noir, saules pourpre et drapé, etc.

Rudéral(e) (du latin *rudus, -eris,* "déblais", "décombres", "ruines"). Qualifie les plantes qui recherchent ce type de milieu très humanisé, et, par extension, les sols nitratés (ortie, bardane, orge des rats, sureau, armoise, etc.) ; le milieu lui-même.

Rudéralisé(e). Milieu/association végétale sous dépendance humaine forte, accueillant les plantes des décombres, les nitrophiles, etc.

Subspontané(e). Plante soit introduite par accident, soit échappée des cultures et se rencontrant généralement dans leur voisinage ou dans les lieux sous influence humaine forte, non intégrée à une végétation indigène permanente.

Dans le Midi, cas de certaines fleurs ornementales comme la rose trémière ou la Polygonacée grimpante "voile de la mariée", de la sauge sclarée, de la tomate, etc. Les plantes subspontanées sont souvent peu durables dans leurs localités, mais leur statut évolue parfois jusqu'à la naturalisation.

Terrain. En ethnologie, lieu où se passe la recherche.

Tisane. A l'origine, décoction d'orge mondée, boisson "rafraîchissante" qui représentait le premier traitement des affections fébriles, boisson à laquelle on peut ajouter des herbes à visées spécifiques, la *ptisanê* de la médecine hippocratique a perduré sous cette forme jusque dans la médecine populaire des Temps modernes. Le terme désigne de nos jours toute boisson médicinale à base aqueuse, même s'il sous-entend surtout "infusion".

Topique (du grec *topos*, "lieu"). Terme général désignant les médicaments d'emploi externe : cataplasme, compresse, lotion, etc.

Tradition. Dans le sens courant, ensemble de modes de penser et d'agir hérités du passé, volontiers considérés comme le véhicule d'une certaine "sagesse" (des sociétés paysannes, en particulier) dans l'usage du monde, de la nature, dans les rapports entre les hommes, etc. Habituellement perçue comme inamovible, la tradition est au contraire une dynamique lente dont les transformations passent inaperçues quand elles ne sont pas consignées par l'écrit, ce qui est habituellement le cas. Lieu d'investissement des pires régressions idéologiques (retour des nazis aux sources germaniques, éloge des valeurs terriennes sous Vichy, etc.), la tradition est un concept des plus suspects qui n'a pas fini de valider replis sur soi, crainte de l'autre, exclusions, et, en ce qui concerne le domaine des savoirs populaires, bien des *a priori* sur des "valeurs" perçues d'avance comme indiscutables. Dans ce livre, *traditionnel, tradition* se réfèrent à ce qui relève de la transmission orale.

Vernaculaire. Qui se réfère à un pays, à une culture donnés. Ordinairement employé dans le sens de "populaire" : "langue vernaculaire", "classification vernaculaire", etc.

Vulnéraire. Médicament des plaies et des ulcères, antiseptique, détersif, cicatrisant.

Xérophile ("qui aime le sec"). Qualifie un végétal (un *xérophyte*) propre aux lieux secs : aphyllanthe, thym, romarin, etc.

INDEX DES THÈMES DE QUESTIONNEMENT RELATIFS A L'ETHNOPHARMACOLOGIE, A L'ETHNOMÉDECINE ET A L'ÉPISTÉMOLOGIE DE LA CONNAISSANCE POPULAIRE

La liste suivante, non exhaustive, énumère les thèmes prêtant à interrogation qui sont apparus dans l'analyse de l'enquête EPI. Ils sont rapportés aux plantes concernées et aux codes (ou aux paragraphes) où figure l'information. Dans certains cas, on se contente de signaler des occurrences de thèmes déjà traités dans la littérature ethnobotanique ou ethnomédicale : "bouquets suspendus", "vers", etc.

Beaucoup des entrées répertoriées ici n'ont jamais été prises en compte dans le traitement des enquêtes relatives à l'ethnomédecine végétale européenne. Cet index renvoie donc à ce que la collecte de l'EPI a révélé de plus intéressant. C'est en même temps une incitation à la comparaison avec d'autres recueils, bien des interrogations pouvant se voir précisées, sinon élucidées, par la mise en parallèle avec des informations extérieures. La liste ci-dessous est encore une invite à privilégier certains thèmes dans la mise en œuvre même de nouvelles enquêtes.

animale ; chiendent, **5233** ; dompte-venin, **1161** ; serpolet, emplois médicinaux, brucellose.

Apiculteurs, savoirs particuliers aux. Coquelicot, **2233**.

Archaïsmes thérapeutiques, survivances d'indications et de pratiques médicinales anciennes (liste non exhaustive ; voir aussi l'Index des emplois médicinaux supposés relever de la seule tradition orale, p. 677). Armoise, **1761** ; armoise aurone, **1140** ; bouillon-blanc, **2236** ; buis, **1470** ; chardon bénit, **1312** ; chêne pubescent, **2230** ; cognassier, **2530** ; coquelicot, **9312** ; églantier, **2512** ; frêne, **1946**, **2512** ; germandrée pouliot, **1451** ; jusquiames, **2236** ; laitue cultivée, **7121** ; lavande, **2475** ; menthe, **3120** ; mercuriale, **7141** ; noyer, **1114** ; oignon, **3222** ; panicaut, **1530** ; pin sylvestre, divers commentaires ; pivoine, **6124** ; ronce, **1530** ; rue, **7141** ; sauge sclarée, **1220** ; scabieuse colombaire, **1811** ; sureau, **1331**, **4314**.

Automédication animale. Bifora, emplois vétérinaires ; champignons ; chiendent, **5243** et emplois vétérinaires ; pin sylvestre, emplois vétérinaires.

Bouquet de la Saint-Jean. Ail.

Bouquets suspendus. Ellébore, emplois vétérinaires ; gui ; rue, emplois vétérinaires divers.

Circulation des savoirs. Dorycnie hérissée, **2512** ; ficaire, **1765**.

Comparaison entre données analogues, ses enseignements. Aigremoine, **1830** ; lavande, **1111** et **1150**, commentaires.

Confusions entre plantes. Ficaire, **2490** ; inule des montagnes, introduction et texte ; lamier blanc, **1945** ; laurier-sauce, **1765** ; pastel, aliment de ramassage ; sarriette annuelle, emplois condimentaires ; serpolet, introduction.

Connaissance médicale populaire, modes de constitution. Voir ci-dessous.

Constitution des savoirs médicinaux. Ail, **4321** ; aigremoine, **1830** ; aubépine, **4111** et *sq.* ; chiendent, **5243** ; dorycnie hérissée, **2512** ; olivier, **4321** ; prêle, **1383** ; serpolet, emplois médicinaux, brucellose.

Contre-indications. Voir "Effets secondaires des remèdes végétaux".

Croyances relatives à l'agriculture. Cerisier.

Dépuratifs et perception du corps. Bardane, **9110**.

Dépuratifs, généralités. Germandrée petit-chêne, **9110** et *sq.*

Dépuration des enfants. Chicorée, **9110-9121** ; pariétaire, **2516** et *sq.* ; pensée sauvage, **1614** et *sq.* ; scabieuse colombaire, **9110**.

Dérivatifs (voir aussi "abcès de fixation"). Cerisier sauvage, emplois vétérinaires, blessures ; momordique, **1946** ; moutarde, **3221**.

Description/perception populaire de la plante. Armoise aurone ; chardon bénit ; épervière piloselle ; euphorbes,

1761, **2574** ; ficaire ; gaillet jaune, **3112** ; jusquiames, **2236** ; serpolet.

Diététique ancienne. Chou, **2574** et *sq.* ; épeautre.

Distribution des savoirs. Armoise, **1761** ; chêne pubescent, **2230-2240** ; églantier, **2512**.

Ecrit/oral, passage de l'un à l'autre (domaine contemporain). Ail, **4321** ; aubépine, **4111** et *sq.* ; buis, **7120** ; camomille romaine, **2430** ; cassis, **9140** ; chou, **6220** ; figuier, **2340** ; tilleul, **1945**.

Effets secondaires des remèdes végétaux. Aubépine, **9461** ; génépi, **5272-7120** ; hysope, **9382** (commentaire) ; germandrée petit-chêne, **9111** ; romarin, **9336** ; thym, **1414**.

Emergence de l'indication thérapeutique (causes inductrices). Achillée, **1851** ; aigremoine, **1830** ; aubépine, **1811** ; lavande officinale, **1111** (commentaire) ; plantain badasson, **1831**.

Endémisme d'un savoir. Ronce, **1530**.

Evolution dans la mise en œuvre des diverses parties des plantes-remèdes. Sureau, généralités, **1331** ; tilleul, généralités.

Evolution des recettes médicales traditionnelles. Voir "Recettes médicales traditionnelles, évolution et adaptation".

Expérimentation, invention populaires ; spécificités de la pharmacopée de tradition orale. Cerisier, **9311** ; chardon bénit, commentaire à **7141** ; chélidoine, **1761** ; chicorée, **2315** et *sq.* ; coquelicot, **5112** ; courge, **6230** ; cyprès, **9383** ; dorycnie hérissée, **2512** ; eucalyptus, **5140-9356**, emplois vétérinaires ; fenouil, **2121** ; germandrée petit-chêne, **9150** (mélange "bon pour l'estomac") ; serpolet, **2121** (Mme C., Revest-des-Brousses).

"Fonds commun" des savoirs médicinaux. Bardane, généralités ; coquelicot, généralités ; frêne, généralités ; noyer, **2271** ; ortie, généralités, **1930** ; persil, **5232** ; pin sylvestre, **7120**, emplois médicinaux, fractures ; ronce, généralités, **1530** ; serpolet, généralités ; sureau, généralités.

Fumigations. Ail, pratiques vétérinaires, coliques du cheval ; buis, **1470** ; jusquiames, **2236** ; mercuriale, **2231** ; orpin blanc, **4370** ; sureau, **4314**.

Guérisseurs comme source des recettes. Achillée, **4321** ; cerisier, **2621** ; paliure, **2611** (commentaire).

Informations médicinales sans attestation dans les sources écrites consultées (liste non exhaustive, voir index p. 677). Absinthe, **3220** ; achillée, **1851** ; aigremoine, **1830**, **1943**, **1945**, **3222**, **5243** ; ail, **8131** ; aphyllanthe, **4321** ; argousier, **3111** ; aubépine, **1811** ; avoine, **8115** ; bardane, **2537** ; capucine, **1114** ; centaurée chausse-trape, **5272** ; cerisier, **2650** ; cerisier sauvage, emplois vétérinaires, blessures (2) ; chardon bénit, **3112** ; chélidoine, **5170** ; chou, **2415**, **3116** ;

INDEX DES EMPLOIS MÉDICINAUX SUPPOSÉS APPARTENIR A LA SEULE TRADITION ORALE

Le code renvoie à une indication (nom de maladie). Se reporter à son occurrence au chapitre qui concerne la plante. Voir aussi l'index des équivalences des numéros de code, p. 618.
Comme il est dit dans l'introduction, il subsiste ici une importante marge d'incertitude : on n'a consulté qu'une sélection de repères écrits ; d'autres sources pourraient invalider la nature présentée comme inédite d'un certain nombre de citations qui suivent. Par ailleurs, certaines d'entre elles ont des occurrences orales dans d'autres enquêtes (la mention "ronce **1231**" a ainsi une attestation contemporaine en Morvan).

INDEX DES EMPLOIS ALIMENTAIRES ET ASSIMILÉS, ET DES USAGES DIVERS

INDEX VÉTÉRINAIRE

Le recueil manque de précisions en ce domaine, où les affections sont le plus souvent désignées au niveau du "domaine pathologique".

INDEX DES INDICATIONS ET PROPRIÉTÉS MÉDICINALES RELEVÉES PAR L'ENQUÊTE EPI, AVEC RENVOI AUX PLANTES CONCERNÉES

Les entrées de l'index n'énumèrent que *les propriétés et indications citées par les informateurs*, non celles qui sont attribuées aux plantes par les livres de phytothérapie. Il y a par exemple dans le texte davantage de plantes antirhumatismales que celles qui figurent ci-dessous à cette entrée, mais seules sont citées ici les espèces désignées comme telles lors de l'enquête. Pour en connaître d'autres, il faut se reporter à "rhumatismes", "douleurs de type rhumatismal" et autres mentions d'affections issues du discours populaire.
On ne devra donc pas confondre cet index avec celui d'un ouvrage à destination thérapeutique. Le présent livre, au propos d'abord ethnologique, est sans pertinence médicale pratique. Tout essai d'application de ses recettes ne peut aller sans préalable critique d'un thérapeute compétent.
En *italique*, expression vernaculaire des propriétés.

INDEX DES PLANTES RÉPERTORIÉES LORS DE L'ENQUÊTE

En **romain gras**, noms français usuels ;
en ***italique gras***, synonymes vernaculaires français ;
en romain maigre, noms botaniques (suivis de l'abréviation du nom d'auteur) ;
en *italique maigre*, synonymes botaniques, suivis du nom valide.

TABLE DES MATIÈRES

REMERCIEMENTS

La rédaction de ce livre, conduite de façon discontinue sur plusieurs années, a été soutenue en 2001-2002 par une subvention du conseil régional de la région Provence-Alpes-Côte-d'Azur, service de la Recherche, appuyée par un cofinancement du ministère de la Recherche, mission de la Culture scientifique et technique et des musées. Ces subventions ont transité par l'association Alpes de lumière (Forcalquier), qui les a converties en salaire de chercheur sur une année. En 2003-2004, un nouveau salaire, cette fois du conseil général des Alpes-de-Haute-Provence associé aux mêmes partenaires publics, a concerné en partie l'analyse de l'enquête. Par la suite, le conseil général des Alpes-de-Haute-Provence a aidé ponctuellement mais régulièrement ce même travail, *via* le Musée départemental ethnologique de Salagon (Mane) et l'association Etudes populaires et initiatives (EPI, Mane). Je remercie les divers interlocuteurs qui, aux niveaux public et associatif, ont suivi le dossier avec efficacité, bienveillance, et autant de constance que le permettent des contingences administratives pas toujours simples.

Les séminaires ethnobotaniques de Salagon, qui se poursuivent depuis 2001 sous la responsabilité conjointe de Danielle Musset, directrice de Salagon, et de moi-même, outre de multiples échanges fructueux avec intervenants et participants, ont favorisé des réflexions et des bilans dont le présent ouvrage bénéficie.

Une reconnaissance particulière s'adresse à Magali Amir, qui a réalisé, en même temps que la saisie initiale des données, l'application du système de codage à ce qui concerne la médecine humaine, travail d'attention s'il en est ! Cette enquêtrice experte m'a autorisé (en même temps que le parc naturel régional du Luberon) à prendre à témoin les résultats bruts de sa très riche collecte de 1994-1995, ce qui a permis des comparaisons d'un grand intérêt.

Mes remerciements vont aussi à Mme Claude Martel, linguiste CNRS, spécialiste des parlers provençaux, qui a bien voulu revoir et commenter les noms locaux de plantes recueillis au cours de l'enquête EPI.

M. Patrick Perret, conservateur de la superbe bibliothèque des Conservatoire et Jardin botaniques de Genève, m'a donné libre accès à ses sources iconographiques, d'où proviennent toutes les illustrations qui accompagnent les monographies. Mon ami Laurent Burgisser, secrétaire de l'association Les Naturalistes romands, s'est chargé de les scanner.

Il me faut enfin remercier les éditions Actes Sud qui, après avoir publié cinq de mes livres plus ou moins ouvertement tournés vers le grand public, osent le pari d'éditer celui-ci, qui l'est moins, dont elles valident ainsi la portée patrimoniale et didactique.

Ouvrage réalisé
par l'atelier graphique Actes Sud.
Reproduit et achevé d'imprimer
en février 2009
par Normandie Roto Impression s.a.s.
61250 Lonrai
pour le compte des éditions
Actes Sud
Le Méjan
Place Nina-Berberova
13200 Arles.

Dépôt légal
1re édition : mars 2009
N° impr : 090487
(Imprimé en France)